한국 사회의 개혁 길라잡이

촛불항쟁 세력의 승리를 바라며

한국 사회의 개혁 길라잡이

촛불항쟁 세력의 승리를 바라며

초판 1쇄 인쇄 2021년 7월 30일
초판 1쇄 발행 2021년 8월 03일

지 은 이 정호일
펴 낸 이 정연호
편 집 인 정연호
디 자 인 이가민

펴 낸 곳 도서출판 우리겨레
주　　소 서울시 은평구 통일로 71길 2-1 대조빌딩 5층 507호
문의전화 02.356.8410
F A X 02.356.8410
출판등록 2002년 12월 3일 제 2020-000037호
전자우편 urikor@hanmail.net
블 로 그 http://blog.naver.com/j5s5h5

ISBN 978-89-89888-25-3 (03300)

한국 사회의 개혁 길라잡이

촛불항쟁 세력의 승리를 바라며

정호일 지음

도서출판 우리겨레

글에 들어가며

단군조선 시기의 동예에서는 무천이라는 제천행사가 있었는데, 그때에는 모두가 하늘에 제사 지내면서 맘껏 마시고 춤추고 노래했다고 합니다. 하나같이 흥겨워하는 축제의 분위기였다는 것입니다.

그로부터 오랜 세월이 흘렀습니다. 지금은 21세기의 대한민국의 세상이 되었습니다. 그런데 이 세상에서 흘러나오는 말들은 흥겨운 축제의 분위기와는 너무도 다릅니다. 헬조선이나 흙수저, 비정규직, 아르바이트 등과 같이 삶의 고단함과 불평등한 처지를 표현하는 단어들이 핵심을 이루고 있습니다. 그에 따라 한국 사회를 고쳐야 한다는 개혁이라는 단어도 덩달아 사람들의 입에 자주 회자되고 있습니다.

개혁한다고 하면서 정치개혁, 재벌개혁, 언론개혁, 검찰개혁, 사법개혁, 적폐청산 등이 거론되고 있습니다. 이런 주장들이 수없이 제기되는 것은 그만큼 그 해결이 절실하기 때문일 것입니다. 그런데 빈 수레만 요란하듯 도무지 개혁의 실체가 보이지 않습니다.

한 나라의 살림을 운영하는 데 있어서 사회의 지도층 인사라면 그 구성원에게 존경까지는 받지 못할지라도 최소한 자괴감과 비애감에 빠질 정도는 되지 않아야 할 것입니다.

하지만 한국의 현실은 대통령이 인사 임명권을 행사하여 인사청문회를 하게 되면 정말 감동을 주는 인물이 별로 없습니다. 이를 보고 코드인사라며 비판하지만 실상은 사회적 눈높이가 다르기 때문입니다. 능력 있고 저명하다는 사회의 지도층 인사들일수록 사회적 눈높이에 맞지 않을 정도로 심각한 결함이 발견되고 있다는 사실입니다. 그런데 그런 인사들로 개혁을 하겠다고 하면 힘 있게 진행될 수 있을까요?

하긴 먹물 근처에 있으면서 먹물 들지 않고 살아가기는 무척 힘들 것입니다. 지도층 인사가 되기까지의 과정에는 여러 험난한 일들이 있었을 터인데, 그때마다 과연 독야청청했다고 할 정도로 자유로운 사람이 얼마나 존재할 수 있을까요? 비난하자는 게 아니라 인간의 삶이 그러하다는 것입니다.

개혁을 하자면 떡 하나 던져주는 것보다는 원칙적인 입장을 견지하는 것이 중요합니다. 그런데 한국의 실정은 이와 매우 다릅니다. 자신들의 이익이 침해당했다고 여겨지면 세를 형성해서 압력을 가합니다. 그러면 떡 하나 더 주는 모습이 비일비재하게 발생하고 있습니다. 청년층에 대한 대응도 이런 모습에서 결코 벗어나지 못하고 있습니다.

청년이라 함은 인생에서 가장 혈기왕성하고 도전정신이 강한 때라 할 수 있습니다. 그래서 청년들을 시대의 개척자라고 칭하기도 합니다.

이런 청년층이 헬조선이라며 더 이상 못 살겠다고 하소연하고 있습니다. 이에 대해 20~30대의 표심을 걱정하는 정치권은 청년들에 대한 몇몇 대책을 거론합니다. 떡 하나 던져주는 식이지요. 하지만 과연 그게 대책이 될 수 있을까요?

청년들의 요구가 진정 무엇인지 몰라서 그런 것일까요? 흙수저와 금수저로 갈라진 상태에서 아무리 노력해도 그 고통의 나락에서 벗어날 수 없으니, 그런 세상을 고쳐 달라는 것 아니겠습니까? 힘써 노력하면 희망을 찾을 수 있는 세상을 만들어 달라는 것입니다.

인생에서 정신적으로, 신체적으로 가장 혈기왕성한 청년들이 좌절감과 절망감에 빠져있다면 도대체 거기에서 벗어날 수 있는 사람이 몇이나 될까요? 청년들이 할 수 없다면 그 사회 구성원의 거의 대부분은 못 한다고 봐야 할 것입니다. 그런데 거기에다 대고 모든 문제 해결의 해법인 양 일자리 창출을 주장하고 있습니다. 아무리 열심히 일해도 먹고살기도 힘들뿐더러 흙수저 같은 삶에서 빠져나오지 못하니 그 대책 마련을 호소하고 있는데, 결코 거기에서 벗어나지 못하는 그런 일자리 창출을 대안이라고 제시한 격이니 그게 무슨 해결책이 될 수 있을까요?

지금껏 개혁이 실질적으로 추진되지 못했던 것은 이처럼 근원적인 문제를 해결하려는 방향으로 나아가지 않고 회피하고 있기 때문입니다. 사회의 지도층 인사들이 떡 하나 던져주면서 민을 대신해서 다 해결해줄 것처럼 기만해왔다는 것입니다.

사회와 역사의 주체인 민은 이제 이런 상황에서 벗어나기 위해 자리를 박차고 일어나야 합니다. 개혁은 떡 하나 받아먹는 방식처럼 부분적으로, 일면적으로 진행해서는 성공할 수 없습니다. 전방위에 걸쳐 총체적으로, 그것도 동시에 밀고 나가야 가능합니다. 그러자면 민의 집체적인 지혜와 힘이 필요합니다.

제 발로 스스로 선다는 것이 말처럼 쉽지는 않을 것입니다. 더욱이 지금 세상은 말로야 사람이 중심이고 소중하다고 하지만 실질적으로는 자본의 법칙이 곳곳에 스며들어, 즉 돈 중심의 세상이 되어버려 인간 생활의 곳곳을 옥죄이고 있습니다. 그만큼 삶이 핍박하다는 것입니다.

하지만 세상의 희망을 찾으려면 개혁하기 위해 민이 직접 일어서는 것 말고는 다른 방안이 없습니다. 개혁은 모두가 춤추고 노래하는 축제의 세상입니다. 촛불항쟁은 이를 증명했습니다. 그런데 어찌 소리만 요란하고 떡 하나 받아먹는 방식으로 끝내서야 되겠습니까? 사회의 전 영역과 부분에 걸쳐 실질적인 개혁을 이룩하여 민이 주인으로서의 권리를 누리고 살자면 그 누가 대신해 줄 것이라고 여기지 말고 촛불항쟁처럼 직접 나서야 합니다.

그 누가 아닌 민 자신이 개혁의 과업을 수행하자면 어떻게 하면 그리할 수 있는지 직접 고민해야 할 것입니다. 그리고 그 길을 찾아내야 합니다.

이 글은 그런 문제의식의 맥락 속에서 개혁에 대해 총체적이고 전면적으로 고민하고자 여러 면면들을 살펴보고자 하였습니다.

1장에서는 개혁의 필요성과 그 의미에 대해서 서술하였으며, 2장에서는 개혁을 대하는 관점과 입장을 다루었고, 3장에서는 일치와 입체, 통일이라는 개혁의 방법론을 언급하였으며, 4장에서는 그에 근거하여 개혁의 내용에 대한 최소한의 기준과 잣대를 제시하였으며, 5장에서는 한국에서 진행되는 개혁의 본질인 자주, 민주, 통일이 세계사적인 과제로도 된다는 것을 밝혔습니다.

아무쪼록 개혁에 대해 고민하신 분들이 심사숙고하고 실질적인 개혁의 추진에 조금이나마 보탬이 됨으로써 새 역사 창조의 길에 도움이 되었으면 하는 바람입니다.

2021년 7월

서울에서 정호일

차례

1장

왜 개혁을 거론하는가?

1 ▸▸▸
현 시대적 상황은 개혁을 절박하게 요구하고 있다

개혁의 필요성을 거론하는 이유는 무엇보다 인간이 인간답게 생존하며 살기 위해서입니다.

지금 세상 사람들은 고통스러운 삶의 무게에 짓눌러 신음소리를 내뱉고 있습니다. 살려달라고 절규하고 있는 형국입니다. 하지만 이런 현실은 외면받고 있으며, 그로 인해 혼돈과 혼란만을 거듭하고 있습니다.

세상이 바뀌어야 한다는 외침에 개혁의 화두가 던져지고 있기는 합니다. 하지만 좀처럼 세상은 기대만큼 변화하지 않고 있습니다. 어떻게 변화시킬 수 없도록 거대한 장벽이 인류 앞을 가로막고 서 있는 느낌입니다. 도저히 빠져나올 수 없는 미로 속에 단단히 갇혀버린 듯합니다. 그 속에서 홀로 사력을 다해 헤매보았지만 끝내 제풀에 지쳐 자신의 생을 한탄스러워하다가 주위 사람의 아무런 눈길도 받지 못한 채 생을 마감하고 있는 사람들이 부지기수로 늘어나고 있는 형국입니다. 아니 그 정도는 약과입니다. 세상에 대한 절망과 원망의 한풀이로 어떤 연고도 없는 사람을 아무런 이유도 없이 살해해버리는 기가 막힌 범죄 행위마저 발생하고 있습니다.

이런 세상을 언제까지 속수무책으로 지켜보아야 합니까? 과연 여기에서 벗어날 수 있는 탈출구는 없을까요?

씨앗이 새싹을 틔우려면 껍데기를 벗어던져야 합니다. 누에가 고치를 짓고 실을 토해내자면 허물을 벗기듯 말입니다. 껍데기는 전진의 장애물입니다. 위선과 거짓, 편견은 사회 역사적 껍데기이고, 시대적 전진의 장애물입니다. 이 장애물을 넘어서자면 우선 그 실체를 명확히 가려보아야 합니다. 거기에 탈출구가 있습니다. 그것이 바로 개혁을 실질적으로 추진하기 위한 첫출발 조건입니다.

장애물의 실체가 무엇인지 명확히 이해하자면 무엇보다 과학과 경제가 어떤 역할을 하는지부터 살펴보아야 합니다.

과학 기술과 경제 성장 자체가 인간에게 저절로 안정된 삶을 보장해주지는 않는다

인류는 한때 경제적 발전을 이룩하기만 하면 부러움 없이 행복하게 세상을 살 수 있을 것이라고 타산하였습니다. 그 영향으로 엄청난 생산능력을 갖추게 되었습니다.

1차 산업혁명을 시작으로 오늘날에는 4차 산업혁명이 진행되고 있습니다. 소품종 대량생산체제로부터 다품종 유연화 생산체제를 뛰어넘어 이제는 인공지능을 통해 실제와 가상을 통합시켜 사물을 지능적으로 자동화하고 제어할 수 있는 물리 시스템을 구축해 나가고 있습니다. 과거에는 상상할 수 없을 정도로 생산능력이 확장되었습니다. 이제는 물건을 만들지 못해서 못 파는 것이 아닙니다. 살 수 있는 재력을 가진 유효수요가 창출되지 못해 물건을 만들지 못하는 역설적인 상황까지 벌어지고 있습니다.

이런 생산력의 급상승으로 인간의 삶이 얼마나 나아졌을까요? 일정 시기 동안은 인간의 삶의 개선에 큰 도움을 주었습니다. 가난한 삶으로부터 벗어날 수 있는 길을 열어주었기 때문입니다. 그러나 그 효과는 반작용을 가져오기에 이르렀습니다. 먹고살 수 있는 문제를 해결하는 것이 주요 초점이 아니었고, 이윤 추구 자체가 목적인 양 변질되었기 때문입니다. 인간에게 아무리 필요하다고 하더라도 이윤 추구에 도움이 되지 않으면 생산할 필요가 없고, 돈을 벌 수만 있다면 심지어 인간의 몸에 해로운 물건까지도 생산하였습니다. 그 과정에서 수많은 노동자들은 온갖 산업 재해를 겪으며 병들어 죽어가고 있습니다. 생산물이 썩어나더라도 이윤 가격을 유지하기가 어려워 돈을 벌 수 없다면 설사 옆의 사람이 굶주려가고 있다손 치더라도 그 사람에게 생산물을 나눠주어 살아가도록 도와주기보다는 차라리 못 파는 물건을 태평양의 바닷속에 버리는 현상이 발생하였습니다.

오로지 이윤 추구만을 위해 생산하는 현상이 벌어진다면 인간에 대한 예의와 사회에 대한 의무도 필요 없게 될 것입니다. 자신의 이익을 추구하기 위한 온갖 편법이 동원되고 무분별한 지구 자원의 훼손이 이뤄집니다. 지구의 허파라고 하는 아마존의 밀림이 이미 황폐화되어 가고 있습니다. 플라스틱 같은 수많은 산업폐기물이 지구 곳곳을 감싸고 있는 형편입니다. 지금껏 전기를 공급해 편리한 생활을 보장해줄 것으로 여겨졌던 원전이 이젠 각종 사고로 연결되어 방사성 물질이 유출되면서 그 주위의 생태 환경 자체가 완전히 폐허가 되는 상황도 발생하고 있습니다.

예전에는 아침에 눈을 뜨고 태양을 보면서 상쾌한 기분으로 오늘 하루의 일과를 시작했다고 한다면, 지금은 매일 아침뉴스에서 보듯 미세먼지의 농도가 얼마인지 따지면서 대기의 오염을 걱정해야 하는 상황에 이르렀습니다. 과다한 이산화탄소의 배출가스로 인해 지구 온난화를 걱정하고 탄소가스 배출을 엄격히 규제해야 한다고 목소리를 높이게 되었습니다. 지구 온난화와 환경 훼손, 산업 폐기물과 환경 쓰레기, 미세먼지 등의 소식이 하루하루 지구촌의 뉴스가 되고 있습니다. 이제는 지구의 생태 환경을 보호하기 위해 친환경적인 자원 재생 개발을 추진하여 나가야 한다는 주장이 힘을 얻어가고 있습니다.

생산력을 발전시키면 가난과 굶주림으로부터 인간의 삶을 해방시킬 것이라고 여겼고, 처음엔 그 예상이 그럴 듯해 보였습니다. 그런데 왜 지금에 이르러서 단순히 가난한 정도가 아니라, 아예 지구촌의 환경까지 파괴해 인간이 살아가는 삶의 터전인 객관적 환경 자체까지 위험에 빠뜨리게 한 요인은 무엇일까요? 여기서 위선과 거짓, 편견이 어떻게 작용하고 있는지 파악하면서 그 껍데기를 벗겨내야 합니다. 과학 기술과 생산력이 인간에게 가난으로부터 벗어나게 하는 데에 도움을 주는 것은 분명하지만, 그 과학 기술과 생산력 자체가 인간에게 저절로 그렇게 되는 삶을 보장해주지 않는다는 사실을 말입니다. 과학 기술과 생산력을 누구를, 무엇을 위해, 어떻게 이용해야 하는가가 이제 문제의 초점으로 대두되었다는 것입니다. 과학 기술의 발전과 자연의 개발은 그 자체가 목적이 아닙니다. 인간의 목적에 따라 행해지는 인간의 작업일 뿐입니다. 그래서 인간에 의한 규제, 즉 사회적 규제가 필요하다는 것입니다.

과학 기술과 생산력의 발전이 인간들의 관계에 어떤 변화를 가져왔는가를 살펴보면 그 껍데기는 더욱 명확하게 드러납니다.

생산력의 엄청난 확충으로 지금 인간의 세상은 어떻게 변화되었습니까? 여러 부분을 따져보아야 하겠지만, 그중에서 가장 중요한 측면은 삶의 안정성일 것입니다. 아무래도 안정적인 삶을 살아가고 있는 사람이 많아졌다면 인간의 삶에 크게 도움을 주고 있다고 판단할 수 있기 때문이지요. 그런데 현실은 안정적인 삶을 보장해주는 정규직보다는 비정규직이나 아르바이트라는 형태의 노동 직군이 대거 늘어나고 있습니다. 언제 직장에서 잘릴지 모를 만큼 불안정한 환경에 처한 사람이 더 많아지고 있다는 뜻입니다. 인간의 생산능력이 늘어났으니 그만큼 더 나아져야 하는데, 도리어 더 악화되는 처지는 도대체 무엇을 의미하는 것일까요?

삶의 안정성 속에서도 특히 눈여겨봐야 할 측면은 앞으로 사회를 걸머지고 나갈 청년들의 삶이 어떠하냐는 것입니다. 당장 삶이 어렵다고 해도 조금만 고생하면 더 나은 삶이 열어질 수만 있다면 그건 감수할 수 있습니다. 하지만 청년들의 삶에 희망이 보이지 않는다면 그것은 바로 미래의 전망이 어두운 사회라고 볼 수밖에 없습니다. 하지만 안타깝게도 지금 세상은 청년들의 취직이 가장 어려운 상황이 조성되고 있습니다. 아무리 노력해도 부모로부터 도움을 받지 않고서는 자신의 힘만으로 삶의 근거지라 할 수 있는 집 한 채도 결코 마련할 수 없는 형편입니다.

아시다시피 청년 시기는 인간의 삶에 있어서 가장 활동적이고 진취적이며 개척자적 역할을 하는 시기입니다. 그런 청년들의 대다수가 삶의 위기에 빠져 허우적대고 있는 사회라면 다른 사람들의 경우는 더 따져볼 필요도 없습니다. 몸도 약하고 진취적인 정신력 또한 결코 청년들보다 더 강하지 못하는 사람들이 이 어려운 세상을 뚫고 나가기는 결코 쉽지 않을 것이니까요. 장애인이나 노인, 부모 없는 어린애들, 집 없는 사람들, 영세 소상공인들의 삶은 더 악화되었으면 되었지 더 나아질 수는 없을 것입니다. 이들의 삶이 나아질 것 같았으면 원초적으로 청년들의 삶이 개선될 수 있는 여지가 충분했을 터이니까요. 저성장이나 저출산 등이 성장의 커다란 걸림돌이라고 거론되고 있는 현실은 결코 우연이 아닙니다.

그럼 왜 인간의 세상이 이토록 좌절과 절망을 안겨주는 상황으로 되어버렸냐 하는 것입니다. 한마디로 몇몇 소수를 제외한 대다수의 사람들이 희망을 품을 수 없도록 빈부의 격차가 확대되기에 이르렀냐 하는 것입니다.

빈부 격차가 확대된 원인은 어디에 있을까?

빈부 격차를 표현할 때 처음엔 20대 80이라고 했지만 지금은 10대 90이라고 표현하고 있습니다. 재력을 가지고 있는 자들은 그만큼 부를 축적해가고 있지만, 돈이 없는 사람들의 삶은 더 어려워지고 있다는 뜻입니다. 아무리 생산력이 거대하게 진척된다고 해도, 가진 자가 더 많이 가져가버리니 그 성과물을 재력이 없는 사람들은 누리지 못한다는 것입니다.

자원이 골고루 분배되어 있으면 순환이 자연스럽게 이뤄집니다. 하지만 한쪽에 너무 몰려 다른 여타의 곳이 부족하게 되면 순환 자체에 큰 어려움을 겪게 됩니다. 결국 빈부 격차의 확대는 자원의 순환에 걸림돌로 나타나고, 이로 인해 저출산, 저성장의 결과가 나타나게 된 것입니다. 이것이 바로 거대한 생산력의 진척이 이뤄졌지만 대부분의 인간에게는 삶의 고통으로 다가오게 한 요인이었습니다.

이런 상황은 단순히 재력이 부족한 사람에게만 고통을 가져다주는 것에 멈추지 않습니다. 돈이 없는 사람이야 단순히 먹고살기 위해 고통을 감내하는 것이야 당연하다고 여기겠지만, 재력이 있는 사람들 또한 오로지 그 자신이 살아남아야 한다는 개인주의적이고 이기주의적인 무한경쟁의 삶 속에서 처절한 생존경쟁의 터널을 통과하기 위한 질주를 강요당하고 있으니까요. 이 정도라면 거의 모든 인간에게 고통을 가져다주고 있다고 봐도 무방할 것입니다.

이제 단순히 생산력을 발전시키고 경제를 성장시키기만 하면 저절로 인간에게 편안하고 더 나은 삶을 가져다줄 것이라는 껍데기를 벗겨내야 합니다. 시장의 가치는 인간의 개입이 이뤄지지 않아야만 가장 효율적인 결과를 가져올 것이라는 환상을 버려야 합니다. 시장에 맡겼을 때 대부분의 사람들에게 고통을 가중시키고 있다는 명백한 사실을 더 이상 외면하지 말아야 합니다.

인간에 의한 규제, 즉 사회적 규제가 필요하다는 것은 개혁이 요구되는 이유를 설명해준다

자연의 법칙과 객관적 법칙은 그저 그 법칙에 따라 움직일 뿐입니다. 인간에 대한 삶을 생각하고, 더 나은 삶을 생각한다면 그 법칙이 인간에게 어떤 결과를 가져올 것인지에 대해 면밀히 타산하면서 인간의 규제, 사회적 규제를 가하여야 합니다.

인간의 규제와 사회적 규제가 필요하다는 것은 코로나19라는 질병의 발생 과정에서 명백히 확인되었습니다. 단지 종교의 자유라는 이름으로, 아니면 개인의 자유라는 이름으로 사회적 규제를 따르지 않고 제 맘대로 행동했을 때 코로나19를 확산시키며 사회 전체를 고통으로 몰아넣었습니다. 하지만 자신의 생각보다는 사회적 규제를 받아들이고 협력하였을 때 코로나19의 확산은 얼마든지 저지해 나갈 수 있었습니다. 앞으로 인류의 미래 사회에서 얼마든지 코로나19 같은 질병과 재난은 다가올 수 있습니다. 그때 자신만의 자유라는 이름으로, 아니면 자국의 이익이라는 이유로 사회적 규제를 수용하지 않았을 때 인류는 수많은 죽음을 목도하게 될 것이며, 참담한 고통을 마주하게 될 것이라는 것을 명확하게 보여주었습니다.

이제 결단해야 합니다. 지금까지 펼쳐지고 있는 세상을 맹목적으로 받아들이며 절망과 좌절에 휩싸이다가 죽음에 이를 것인지, 아니면 과감히 개혁의 길로 나서서 이 세상을 뜯어고쳐 모든 사람이 행복할 수 있는 새로운 희망의 미래 사회를 열어나갈 것인지를 말입니다.

암담한 상황을 더 이상 받아들이지 않으려고 한다면 인간에 의한 규제, 즉 사회적 규제가 필요할 수밖에 없습니다. 이것이 바로 개혁이 요구되는 이유입니다. 좌절과 절망 속에서 죽어가고 있는 수많은 사람들은 결코 지금의 상황을 더 이상 수수방관하지 말고 나서야 한다고 목놓아 외치고 있습니다.

이러한 생존을 위한 처절한 몸부림은 시급히 개혁에 나서라고 절박하게 호소하는 모습들입니다. 그 절박성 앞에서 위선과 거짓, 편견의 껍데기를 과감히 벗어던져 버리고 세상을 새롭게 고쳐 나가야 합니다. 그것이 개혁의 출발을 선언하는 것이자 동시에 지금껏 수수방관해 오면서 잃어버려 왔던 인간에 대한 믿음과 신뢰를 다시 회복하게 하는 길이기도 합니다.

2 ▸▸▸
인류사의 대전환을 가져오는 중차대한 개혁

생존을 위한 처절한 몸부림이 개혁의 시급성을 설명해주고 있다고 한다면, 현 시기의 개혁이 갖는 시대사적 위치와 의미에 대한 파악은 개혁에 대한 열의와 참여도를 더욱 높여줄 것입니다.

현 시기의 개혁이 갖는 시대사적 위치와 의미를 파악하자면 사회제도의 발전 과정에 대해 살펴보아야 합니다.

사회제도가 부정적 역할을 하는 단계에 이르면 개혁이 요구된다

사회제도는 시대의 발전에 따라 변화되어 갑니다. 시대의 흐름에 맞춰 형성된 사회제도가 일정 부분 긍정적인 역할을 끝내고 부정적 역할을 하는 단계로 들어서면 인간 세상에 여러 폐해를 일으키게 됩니다.

부정적인 폐해의 등장에 마음 착한 사람들은 선행을 베풀기도 합니다. 그건 아직도 그 사회제도에 대한 믿음을 갖게 하는 요소입니다. 하지만 부정적인 측면이 더 강해질수록 점점 더 그 후과가 커집니다. 고통을 겪는 사람들이 엄청나게 불어나게 되면 그런 몇몇 사람의 선행만으로는 감당할 수 없는 상황에 처하게 됩니다. 더 이상 어떻게 할 수 없는 사람들은 이렇게 된 사회의 모습에 해결책을 국가에 요구하고 나섭니다. 이것이 매시기의 사회제도가 더 이상 긍정적 역할을 할 수 없었을 때 개혁을 들고 나서게 된 배경입니다.

개혁의 요구 조건을 들어주면 좋겠으나 그때마다 위정자들은 거짓과 위선, 편견의 껍데기를 쉽게 깨지 못했습니다. 위정자들은 백성들의 압력에 요구를 들어주는 척 시늉을 하다가 또다시 형해화시키고 도로 아미타불 형식으로 만들었습니다. 이에 참다못한 백성들은 생존을 위해 과감하게 떨쳐나서게 됩니다. 이렇게 해서 일어난 것이 역사적 과정에서 드러난 수많은 민란과 봉기였습니다. 그 과정에서 수많은 사람들이 목숨을 잃었습니다.

역사의 제단에 바쳐진 그 생명은 결코 헛되지 않았습니다. 그로 인해 새로운 역사적 전진이 이뤄졌기 때문입니다. 민주주의는 피를 먹고 산다고 하는 것이 바로 이런 표현입니다. 이렇듯 역사적 과정은 항상 개혁의 요구 조건을 내세우고 힘 있게 추진하였을 때 그에 수반되어 전진되어 왔습니다.

지금 우리가 살고 있는 세상도 절실히 개혁을 요구하고 있습니다. 이를 부정하려고 하는 것은 대다수의 사람들이 절망과 좌절에 휩싸여 신음하고 있는 현실을 애써 눈감고 보지 않으려는 행위일 뿐입니다.

누구나 노력하면 잘살 수 있을 것이라고 말을 합니다. 하지만 부와 권력을 세습 받을 수 있는 소수 사람들을 제외하고는 성공의 신화를 이룩하기가 거의 불가능에 가깝습니다. 부와 권력을 독점하는 세력은 더욱 그것을 집중시켜 나가고 있고, 반면에 대다수의 사람들은 더욱 주변화, 빈곤화되어 가고 있습니다. 개천에서 용 나는 시기는 이미 지나버렸다고 단적으로 표현하고 있는 사실이 이를 대변합니다. 이제 개혁의 추진만이 이 모든 것을 극복할 수 있는 길임이 명확해지고 있습니다.

그럼 사회제도가 부정적인 역할을 놀 때마다 개혁을 추진해야 하는 것일까요? 앞으로의 인류 역사가 어떻게 펼쳐질지 예측할 수 없기 때문에 단언해서 말할 수는 없습니다. 하지만 인간은 이미 그려진 사회제도를 그저 수립하여 나가는 수동적인 존재가 아니라 끊임없이 찾아 세워나가는 능동적인 존재입니다. 이런 사실을 염두에 둔다면 아마 그렇게 되리라 판단할 수 있습니다. 계속 혁신하며 개선해 나가야 한다는 것이지요. 다만 분명한 사실은, 지금 시기의 개혁은 지금까지의 인류 역사 과정에서 벌어졌던 개혁과는 그 질을 달리하는 새로운 역사적 대전환기를 열어주는 위치에서의 개혁이라는 점입니다.

현 시기의 개혁은 새로운 역사적 대전환기를 열어주는 개혁이다

인류가 걸어왔던 역사적 맥락을 살펴보면 지금 시기에 인류가 처해 있는 역사적 위치를 가늠할 수 있습니다. 지금의 역사적 위치가 인류 역사의 대전환기를 가져오는 시기라면 개혁의 의미 또한 그런 역사적 의미를 갖게 됩니다.

인류의 역사적 진행 과정은 보는 관점에 따라 여러 가지로 파악할 수 있을 것입니다. 하지만 다름 아닌 인간이 그 역사적 과정을 헤쳐 나왔다는 점에서 인간을 주체로 놓고 파악하는 것이 가장 합리적이고 타당하다고 할 수 있습니다. 즉 인간이라는 존재가 어떻게 자기 자신을 스스로 자각해오면서 그 지위와 역할을 높여왔는지를 놓고 바라보아야 한다는 것입니다,

이로 놓고 볼 때 원시 사회는 아직 인간으로서의 자각이 전면적으로 이뤄지지 못했던 시기라고 할 수 있습니다. 직립을 하고 도구를 사용하고 불을 이용해 뇌 용량을 키워오기는 하였으나 아직 주체적인 자각까지에는 이르지 못했습니다. 어린애가 태어나 사람의 몸을 가지고 있지만, 아직 성인으로 인정받지 못한 것과 똑같은 이치입니다. 하지만 그 갓난애는 일정한 나이에 이르면 나라의 주인으로 대접받게 됩니다. 사회적 학습을 통해 인간으로서의 능력과 자질을 향상해 왔기 때문입니다.

사회적 학습은 인간으로서 자각하느냐, 못 하느냐의 결정적 요소입니다. 그래서 인간을 거론할 때 사회적 존재라고 말하게 됩니다. 사회적 학습은 국가를 세웠을 때 전면적으로 이뤄지게 됩니다. 하지만 원시 사회로부터 초창기 국가를 세웠다고 하더라도 인간으로서의 자각을 분명하게 수립하지 못했다면 아직은 원시적인 자각 수준의 상태에 머물고 있다고 볼 수 있습니다.

엄밀한 의미로 볼 때 인류 역사의 시작은 국가적 수준에서 인간으로서의 자각을 이뤄냈다는 징표를 분명하게 보여주었을 때라고 할 수 있습니다.

이로 보면 단군조선의 건국은 인류 역사의 첫 시작점으로 봐도 무방할 것입니다. 단군조선의 건국사화는 그 건국이념으로 홍익인간의 사상을 분명하게 보여주고 있습니다. 널리 인간을 이롭게 하기 위해 나라를 건국했다는 것입니다(신시개천과 홍익인간의 사상은 엄밀히 말하면 환웅 시기에 개척되었다.).

물론 단군조선 시기의 인간에 대한 자각은 모든 인간에게 적용되지 못했습니다. 권세와 힘을 가진 소수 세력만이 그 대접을 받았습니다. 나머지 사람들은 아직 인간이 아니라 짐승으로부터 벗어나지 못했다고 하여 한낱 도구처럼 취급받았습니다. 그 사회제도가 노예제 사회였습니다. 노예제 사회가 인류 역사의 첫 출발점을 차지하게 되는 것은 결코 우연이 아닙니다. 인간으로서 스스로 자각했느냐, 그렇지 못했느냐를 그 기점으로 삼을 수밖에 없었기 때문입니다.

노예제 사회는 점차 많은 사람들이 스스로 인간으로서 자각해감에 따라 반발에 부딪치게 되었습니다. 크게 다른 것도 없는데 똑같은 인간을 어떻게 한낱 도구처럼 취급할 수 있냐는 항거였습니다. 그 합당한 주장에 의해 어쩔 수 없이 인간이라는 것을 인정할 수밖에 없었습니다. 하지만 노예주를 대신해서 새로운 지배세력으로 등장한 양반과 귀족들은 인간이라고 해서 다 똑같은 존재로 취급되어서는 안 된다고 주장하고 나왔습니다. 고귀한 신분과 혈통을 통해 태어난 사람과 그렇지 않는 사람은 서로 분리해서 봐야 하고, 그에 상응하게 대접을 받아야 한다는 주장이었습니다. 이로써 인간으로는 인정받았으나 신분과 혈통에 따라 양반과 상놈 내지는 귀족과 천민으로 서로 달리 대접받고 취급되는 신분제 사회가 세워지게 되었습니다.

신분제 사회 또한 인간에 대한 자각이 더욱 높아지면서 더는 유지될 수 없게 되었습니다. 인간은 혈통과 신분에 따라 달리 취급되어서는 안 된다는 주장이 터져 나온 것입니다. 인간은 태어나면서 누구도 부정할 수 없는 천부인권을 부여받았기에 평등하게 대접받고 자유를 누리고 살아야 한다는 주장이었습니다. 이로써 인간은 누구나 자유와 평등을 누리고 살아야 하는 존엄한 존재가 되기에 이르렀습니다. 자유와 평등 사상의 탄생은 인간을 그 자체로 놓고서는 결코 차별받아서는 안 된다는 것의 천명이었기에 노예제와 신분제와는 다른 인류 역사의 커다란 전환을 가져왔습니다.

하지만 양반과 귀족을 대신해서 새로운 지배 세력으로 등장한 자본가 계급은 인간은 누구나 평등하고 자유를 누리고 살아야 하는 존재라는 사실을 인정하면서도 또 다른 계책을 들고나왔습니다. 인간 그 자체를 가지고 차별해야 한다고 주장할 수가 없으니 인간 외적인 조건을 들고나온 것입니다. 자신들이 생산물을 만들어 낼 수 있는 생산수단이나 자본을 가지고 있으니 그 자본으로 인간의 노동력을 사서 노동자로 고용하겠다는 것이었습니다. 노동력의 가치로 산만큼만 노동을 시키겠다는 주장이었습니다. 서로 등가교환이 되지 않을 경우 받아들이지 말고 노동하지 않으면 될 것이라고 덧붙이기까지 하였습니다. 이것이 자본주의 사회의 시작입니다.

자본가 계급의 주장은 그럴듯했지만 거기엔 함정이 숨겨져 있었습니다. 인간은 생명을 가진 존재로서 먹어야 하니만큼 필연적으로 생산물이 필요합니다. 먹지 않고는 살 수 없습니다. 또 사회적 존재로서 사회적 학습을 통해 배우지 않는다면 인간다운 존재로서 삶을 유지하며 살아갈 수 없습니다. 어쨌든 간에 인간의 생존에 필요한 물건을 소비하고 살아가야 합니다.

그런데 자신의 육체 이외에 아무것도 가진 것이 없는 노동자는 물건을 소비하고 살아가자면 노동을 해야만 합니다. 노동을 통해 벌어들인 수입으로 소비품을 구입할 수 있으니까요. 그 때문에 노동력을 팔지 않을 자유라는 것은 엄밀히 말하면 굶어죽을 자유를 뜻할 뿐이었습니다. 게다가 간과할 수 없는 것은, 생산물을 생산하는 노동은 시장에서 거래되는 상품과 달리 인간 자체의 몸으로부터 나온다는 사실입니다. 겉으로야 값을 지불한 만큼 노동시키는 것이라고 하지만 그 노동이 인간의 몸과 떨어질 수 없는 관계이기에 실상은 값을 지불한다는 이유로 그 노동자를 맘대로 부려먹게 되는 관계가 성립됩니다. 똑같은 값을 지불했더라도 당연히 더 많은 생산물을 생산하도록 노동의 강도를 강화시키면 노동자의 몸은 더욱 혹사당하게 될 것입니다.

인간 자체로는 평등하고 자유를 누리고 살아야 한다고 해 놓고는 생산수단이나 자본 같은 인간 외적인 조건의 차이를 이용해 사실상 인간을 차별하는 기묘한 상황이 벌어지게 된 것입니다.

차별이 이뤄지는 세상을 고치자면
인간이 자본의 대상으로 전락한, 이 전도된 상황을 바꿔내야 한다

생산수단이나 자본 같은 인간 외적인 조건에 의한 차이가 인정되는 방식으로 되자, 부와 권력은 점차 소수 세력으로 집중되어 갔습니다. 왜냐하면 그들이 더 유리한 위치에 있었기 때문입니다. 그래서 자본주의 사회의 발전 과정은 처음에 산업자본의 자유시장 경쟁체제로부터 독점 경쟁체제인 독점자본, 국가독점자본의 단계로 나아갔습니다. 독점자본에 이른 세력들은 그 외적인 힘을 이용하여 제국주의 국가로 자신들의 체제를 더욱 정비 강화하고 약소국들을 침략하여 식민 지배를 강요하여 나갔습니다. 이런 부당한 지배체제에 반대하여 민족해방과 노동해방을 위한 운동이 전개되기에 이르렀습니다.

세계거대독점자본의 단계로 이르러서는 세계화란 말에서 드러나듯 지구촌 사회를 거미줄 망처럼 연결시키면서 빈국과 부국으로 그 격차를 더욱 확대시켰습니다. 그러면서도 빈국이든, 부국이든 관계없이 각 나라의 내부 영역에서도 20대 80에서 10대 90이라는 말로 표현하듯 소수 세력에 부와 권력을 더욱 편중시켰습니다. 세계적 차원으로 연결되어 진행된 부와 권력의 편중은 지구촌의 대다수 사람들의 생존을 극도로 위협하면서 고통 상태로 몰아넣었습니다.

이런 상태에서 벗어나기 위해서는 새롭게 개혁하는 길밖에 없게 되었습니다. 그것은 인간 외적인 조건이 무조건 용인되어서는 안 된다는 사실에 있었습니다. 그리되면 결국 인간에 대한 차별로 이어지기 때문입니다.

인간 외적 조건인 자본의 활동을 무조건 용인한 결과, 자본주의 사회에서의 자유는 자본이 맘대로 이윤을 추구할 자유가 되었고, 평등은 같은 값어치의 자본이 동등한 평가를 받아야 한다는 것에 지나지 않게 되었습니다. 인간은 자본에 지배받는 객체로 전락하게 되었고, 자본이 세상의 주인이 되었습니다. 이 전도된 가치를 바로잡아야 합니다. 사람이 가장 존엄 있고 소중한 존재이기에 마땅히 세상의 주인으로 대접받아야 하고, 인간 외적인 자본은 당연히 주인인 인간을 위해 사용되어야 합니다. 인간에 의한 규제, 사회적 규제를 받아야 한다는 것입니다. 인간에 의한 규제, 사회적 규제를 통해 이 거꾸로 된 관계를 바로잡아 인간이 주인으로서 삶을 살아가는 세상을 만들어야 합니다.

물론 인간에 의한 규제, 사회적 규제를 가해야 한다는 것은 지금껏 그런 일이 전혀 이뤄지지 않았다는 뜻을 의미하지는 않습니다. 공황이 발생하고 실업자가 대거 등장할 때 공공성을 제기하고 그에 따라 국가가 개입하였던 사례들은 그런 일들이 벌써 진행되었다는 것을 보여줍니다. 하지만 인간이 주인으로 대접받는 상황으로까지는 이끌어내지 못했습니다. 인간이 객체로 전락된 세상에서 주인으로 대접받는 세상으로 확연히 질적 전환을 이뤄낼 정도로까지 사회적 규제가 진행되어야 한다는 것입니다.

사회적 규제를 진행해 사람이 주인으로 대접받는 새로운 세상을 만들어 내자는 것이 현 시기 개혁의 시대적 요구입니다. 자주적이고 민주적인 사회를 이룩하자는 것입니다. 자주는 인간이 세상의 주인으로서 살아가야 할 권리를 표현한 것이고, 민주는 그 자주적인 사회를 실현하기 위한 제도와 질서 체계를 세우는 것입니다. 자주와 민주는 사람이 세상의 주인으로 대접받으며 살아야 한다는 새로운 세상을 드러내는 가치이기에 서로 밀접한 관계를 가지고 있습니다. 하지만 자주가 새로운 세상이 되어야 할 근본 입장과 방향성을 주되게 표현하고 있다고 한다면 민주는 새로운 세상을 세워 나갈 방법과 실천성을 주되게 담보해주고 있습니다.

주인으로서의 권리를 표현하고 있는 자주와 민주의 사상은 지금껏 인류의 역사 과정에서 보여준 일련의 개혁과는 다른 질적 대전환을 가져오는 개혁 사상이다

노예제와 신분제, 자본제 사회의 세상은 또 다른 억압의 형태로 변환되면서 여전히 인간에게 구속을 가해 왔습니다. 하지만 자주와 민주의 새로운 세상의 개혁은 인간이 또 다른 인간에게 억압과 구속해온 역사에 종지부를 찍게 하고 있습니다. 모든 사람이 세상의 주인으로서 대접받고 살아야 한다는 입장에서는 또 다른 형태의 억압과 구속을 용인할 수 없기 때문입니다.

그 때문에 자주와 민주를 실현해나가야 하는 새로운 세상의 개혁은 인류 역사에서 지금껏 있어 보지 못했던 새로운 활로를 열어가는 중차대한 의미를 가진 개혁입니다. 사람이 사회와 역사의 참다운 주인으로 살아가게 되느냐, 마느냐의 갈림길에 선 개혁이라고 할 수 있습니다. 이런 시대적 높이를 갖고 있는 새로운 개혁을 기필코 성공시킴으로써 새로운 역사를 써 내려가야 합니다.

3 ▸▸▸

인류 미래 사회의 전망을 열어놓기 위한 개혁

개혁이 아무리 급하다고 하여 바늘허리에 실을 매어 쓸 수는 없습니다. 녹이 더덕더덕 붙어 있는 철판에 관성적으로 납땜을 한다 한들 그게 얼마나 가겠습니까? 도리어 그런 식으로 임시 처방책을 사용하면 나중엔 더한 후과를 가져오게 됩니다.

몸에 고름이 들었으면 그 고름을 드러내고 병이 발병하게 된 근원을 처리하여 새로운 살이 돋아나도록 해야 합니다. 그래야 다시 건강을 회복할 수 있습니다. 눈앞의 위기를 벗어나고자 고름이 든 살 위를 눈가림으로 그냥 덮고 꿰매는 방식으로 처리한다면 나중엔 고름으로 끝나지 않고 뼈까지 썩어 들어가게 될 것입니다.

현 시기 중차대한 개혁을 성공적으로 이룩하자면 눈가림식, 땜질 방식의 처방에서 벗어나 그 문제의 근원으로 파고 들어가 새싹을 키워내야 합니다. 그 새싹이 잘 자라게 한다면 미래는 희망찬 모습으로 열어지게 될 것입니다.

현 시기의 개혁이 인류 미래 사회의 전망에도 부합한다면 사람들은 더욱 개혁에 대한 정당성과 확신을 갖고 힘 있게 추진할 수 있을 것입니다.

개혁을 하자면 빈익빈부익부가 발생하는 근원적인 문제 해결로 들어가야 한다

현 시기 빈익빈부익부의 가속화로 빈부의 격차가 극심해짐에 따라 사람들의 불만이 팽배해지고 있습니다. 이 고통에서 벗어나자면 그 원인이 무엇인지 살펴보고 그것을 고치기 위해 나서야 할 것입니다. 그런데 아직도 지금껏 진행되어 왔던 관성대로 움직일 뿐입니다. 그러다가 사회적 파장을 일으키는 사건이 터지면 호들갑을 떨며 나섭니다. 개혁의 이름으로 법안들을 들고나와 해결하는 듯 나서지만, 결국 용두사미 꼴로 그 결과는 별반 달라지지 않고 있습니다.

그러면 왜 이런 현상이 지속되는 것일까요? 그것은 자본의 이윤 추구를 절대 범접할 수 없는 신처럼 절대화시키고 있기 때문입니다. 이윤 추구를 절대화시키면 무한 경쟁이 필연적으로 벌어질 수밖에 없습니다. 정글의 법칙이 통용되어 피 튀기는 싸움을 벌여야 합니다. 가난하고 힘없는 자들이 최소한 살길만 열어달라고 호소하지만, 부와 권세를 가지고 있는 자들 또한 경쟁에서 살아남기 위해 그런 희생을 외면할 수밖에 없습니다.

무한 경쟁은 사람을 포악하게 만들고, 인간을 더욱 개인주의적이고 이기적인 존재로 만듭니다. 살아남아야 한다는 강박 앞에 인간으로서

해서는 안 되는 짓도 서슴없이 벌이게 합니다. 서로 먹고살기가 힘든 경우라면 자신의 주위를 살펴주기가 힘듭니다. 먼저 살아남고 봐야 한다고 마음먹는 것은 어쩌면 당연한 이치일 것입니다.

그런 심리를 이용해 자신들의 욕심을 챙기고자 서로 패거리를 지어 배척하고 적대하게 하는 주장까지 나오고 있는 실정입니다. 힘든 상황에서 서로 돕고 살도록 지원해주지는 못할망정, 어떻게든 살아보려는 사람들에게 자신들만 살겠다는 식으로 욕심을 부추겨 싸우게 만든다면 어떻게 되겠습니까? 그 부추김에 넘어가지 않을 것이라고 여기겠지만 실상은 그렇게 단순하지 않습니다. 일단 서로 싸우게 되면 그 상황이 발생하게 된 근원적인 원인은 뒷전에 둔 채 감정적인 싸움으로 비화되기 십상입니다. 심지어 테러나 전쟁으로까지 번지게 됩니다.

빈익빈부익부가 가속화됨에 따라 집단 간의 세 대결이 수시로 벌어지고, 국제 사회에서 전쟁과 테러가 하루가 멀다 하고 일어나는 것은 결코 우연히 아닙니다. 어렵고 힘든 상황일수록 밥그릇 싸움이 더 많이 벌어지는 것은 단지 상황적 조건 때문만은 아닙니다. 그걸 이용해 자신들의 이익을 추구하려는 세력이 있기 때문입니다. 자신들의 부와 권세를 유지하려는 꼼수가 크게 작용하고 있다는 뜻입니다. 한번 그 꼼수가 통하게 되면 근원적인 문제의 해결은 잡을 수 없는 무지개 같은 허튼 꿈으로 여겨지게 됩니다. 원론적으로야 근원적인 문제를 해결하는 방향으로 나가야 한다고 생각하지만, 현실에서는 그게 가능하지 않다고 바라보게 된다는 것입니다. 많은 사람들이 양심적 가책을 느끼면서도 어떻게 사회를 고칠 수 없다고 체념하고 살아가는 원인이 거기에 있습니다. 미래의 희망이 꺾여지고 사라져버린 것입니다.

미래의 희망을 찾지 못한다면 개혁은 이뤄질 수 없습니다. 왜 자살하는 사람들의 숫자가 늘어나겠습니까? 만약 그 사람들이 일말의 희망이라도 가질 수 있었다면 그 길을 선택했겠습니까? 어렵고 힘든 상황에 처해 고통을 겪고 있는 사람일수록 막바지에 몰려 있다는 점을 인정해야 합니다. 이것을 수용해야만 그 해결책을 찾아낼 수 있습니다.

인간들끼리 서로 싸우게 되면 누구에게 이익이 될지는 상식적으로 직감할 수 있습니다. 이겨야만 생존할 수 있는 곳에선 법도, 정의도, 진리도 필요 없습니다. 이기는 것만이 급선무이니까요. 정글의 싸움에서 이기는 것은 강한 것일 수밖에 없습니다. 인간다움의 싸움이 아니라 정글의 법칙이 통용되는 싸움이니 부와 권세를 가지고 있는 자가 이기게 될 것입니다. 하지만 부와 권세를 가진 자 또한 그 정글의 싸움으로 해서 인간다움을 간직하는 것이 아니라 부와 권세의 노예가 되어가고 있습니다.

없는 자들은 없는 자대로 불만을 표출하고, 가진 자는 가진 자대로 부와 권세를 지키고자 불안에 떨고 있는 형국입니다. 이런 수렁에서 벗어나야 합니다. 그 때문에 근원적인 문제로 접근하여야 한다고 말하는 것입니다. 정글의 싸움이 아니라 인간이 인간으로서 존엄을 누리고 살아야 하는 참다운 사회 개혁이 되어야 하기 때문입니다.

그러면 왜 이런 현상이 발생하는 것일까요? 도대체 그 근원이 어디에 있느냐는 것입니다. 그것은 인간 외적인 것에 근거와 기준을 두고 행동하기 때문입니다. 이윤 추구가 강하게 작동하고 있는 이유는 자본의 논리와 같은 인간 외적인 것이 주인 행세하고, 도리어 인간은 그 외적인 산물을 위해 움직이는 객체로 전락 당하고 있기 때문입니다. 인간이 객체로 취급되고 있는 조건에서 행복과 만족을 찾을 수는 없습니다.

인간의 행복과 만족을 찾으려면 인간 외적 조건이 아무리 인간의 삶에 필수적이라고 해도 주인 행세하도록 해서는 안 됩니다. 인간을 주체로 내세우고 주인 대접을 받도록 그 전도된 상황을 전환시켜야 합니다. 그렇게 해결 방법을 전환시키면 자본의 논리와 같은 외적 조건은 얼마든지 바꿔낼 수 있고, 인간을 위한 방향으로 사용되도록 만들 수 있습니다. 인간 외적 조건의 법칙에 따라 휘둘릴 것이 아니라 인간 자체가 가장 소중한 존재이기에 삶의 주인으로서 대접받고 살아가야 한다는 원칙이 분명하게 고수되도록 해야 한다는 것입니다.

소중한 존재인 모든 인간이 주인으로 대접받고 살아가자면 인간이 어떻게 살아가고 있는가를 먼저 살펴보아야 합니다. 인간이 살아가는 삶의 방식을 이해한다면 그에 맞춰 모두가 주인답게 살아갈 수 있는 길을 찾을 수 있습니다.

인간은 개인과 집단, 나라와 민족 단위로 살아가고 있기에 이 모든 부분과 영역에서 주인의 권리를 누리고 살아야 한다

인간은 사회적 존재로서 개성을 가지고 집단을 구성하여 나라와 민족 단위로 살아가고 있습니다. 그래서 이 모든 부분에서 주인으로서의 권리를 누리고 살아갈 수 있도록 민주적인 제도와 질서 체계를 세워내야 합니다. 그러자면 여러 다른 개인과 집단, 나라와 민족이 있고, 그 이해관계가 서로 다르게 상존한다는 점을 인정해야 합니다. 자기 자신이나 집단, 나라만 소중하고 다른 사람이나 집단, 나라는 짓밟아도 된다고 여긴다면 그것은 인간을 참답게 사랑하지 않는 것입니다.

자신이 소중하면 다른 사람도 소중합니다. 다른 사람을 소중히 여기지 않으면 자신 또한 소중한 존재로 대접받지 못합니다. 각기 다른 이해와 요구를 갖고 있으니 서로 다른 생각과 판단을 존중해야 한다는 것입니다.

다른 사람의 생각을 존중하는 것은 함께 하려는 뜻이 있기 때문입니다. 그리고 거기엔 모든 인간이 주인으로 대접받고 살아야 한다는 대전제가 깔려 있습니다. 그래서 함께하기 위해서는 이 부분에서의 공통된 이해관계의 일치를 찾아내야 합니다.

서로 당장 입장은 다르나 궁극적으로 일치하는 부분이 있었을 때 어떻게 풀어가야 하겠습니까? 일치된 부분은 함께하고, 서로 다른 부분은 입체적 관점으로 존중하면서 결국 그 모든 부분이 해결되도록 통일시켜 나가는 방법으로 풀어나가야 할 것입니다.

이처럼 현 시기에서 근원적인 문제를 제기하고 풀어나간다고 하는 것은 인간 외적인 조건이 주인 행세하고 있는 상황을 주체적 인간의 문제로 전환시켜 인간이 삶의 참다운 주인으로서 대접받고 살아가도록 만든다는 의미입니다. 그렇게 하자면 이해관계가 서로 복잡하게 얽혀 있는 인간관계를 서로 일치시키면서 입체성을 견지하여 통일시켜 해결해 나가도록 하여야 합니다.

인간이 주인으로 대접받고 삶의 참다운 주인으로 살고자 한 것은 인류의 오랜 꿈이었다

인류의 오랜 소망이 지금껏 실현되지 못한 것은 그 의지가 없었다기보다는 아직 그걸 실현할 수 있는 능력이 담보되지 못했기 때문입니다.

단군왕검께서 인간은 짐승과 다르니 인간 세상을 이롭게 하겠다는 홍익인간의 정신을 선포하고 단군조선을 건국할 수 있었던 힘은 무엇이었겠습니까? 인간으로서의 자각과 함께 실질적으로 그것을 구현할 수 있는 힘이 조성되었기에 가능했던 것입니다. 신석기 혁명 이후 농업혁명이 이뤄짐으로 해서 정착해서도 살 수 있는 여건이 마련되었기 때문입니다. 정착해서 먹고살 수 없는 형편이었다면 계속 유목생활을 해야 하고, 떠돌아다녀야 했을 것입니다. 그런데 거기서 국가를 세운다는 것이 가당키나 했겠습니까? 마찬가지로 인간이 자유를 누리고 평등하게 살아야 한다는 것도 산업혁명으로 인해 급속하게 진전되었습니다. 산업혁명으로 인한 기술적 발전이 이뤄지지 않았다면 지주들의 반발은 매우 거셌을 것입니다. 신분제적인 틀로 묶어 세워 농사를 짓도록 해야 그들의 먹을 것을 해결해 주는 데 더 유리하니 말입니다. 결국 산업혁명에 의한 과학 기술의 발전이 신분적으로 얽매이게 하는 것보다는 신분제를 해방시켜 노동자로 고용하는 것이 더 경쟁력이 있었고, 먹고살기에 더 유리한 조건이 되었다는 것입니다.

그와 같은 이치로 인간이 주인으로 대접받는 세상을 만들자는 말이 실효성을 갖게 하자면 인간이 그리 해결할 수 있는 능력을 가지고 있다는 징표를 보여주어야 합니다. 인간이 주인답게 살아갈 수 있는 객관적 조건이 무엇이고, 근거가 어디에 있는지를 따져보아야 한다는 것입니다. 한마디로 인간들의 이해관계를 일치시키고 입체적으로 받아들여 통일적으로 풀어나갈 수 있는 실질적인 능력이 갖추어졌는지를 명백히 살펴보자는 것입니다. 그 부분이 확인되면 그 능력을 활용하여 인간이 주인 대접을 받으며 삶의 주인으로 살아갈 수 있도록 만들면 됩니다.

그러면 그 능력을 보여주는 객관적 징표가 무엇일까요? 그것은 세계화로 인해 지구촌 사회가 거미줄 망으로 연결되었고, 그 속에서 4차 산업혁명이 이뤄지고 있는 지금의 과정이 그에 대한 객관적 조건으로 되고 있음을 보여주고 있습니다.

4차 산업혁명은 인류의 꿈을 실현할 수 있는 객관적 조건을 보여준다

4차 산업혁명은 인공지능, 빅 데이터, 사물인터넷, 로봇기술, 드론, 자율주행차, 가상현실, 플랫폼 등으로 대표되고 있습니다. 눈부실 정도의 발전을 가져온 4차 산업혁명은 비단 어느 한 부분의 과정으로 끝나지 않고 있습니다. 초연결과 초지능, 초융합의 모습을 보여주고 있는 4차 산업혁명은 나노기술이나 생명공학은 물론이고 제조 산업 과정에서의 3D프린트 등과 연결되어 비약적 발전의 길을 보여주고 있습니다. 또 의료나 건강 분야에서 각각의 인간에게 가장 적합한 맞춤형의 치료 가능성을 열어주고 있으며, 가정생활은 물론이고 도시의 기반

시설을 구축하는 과정에서 인간의 삶의 질을 높여 나갈 수 있는 스마트 도시 건설 등의 움직임으로도 나타나고 있습니다. 이처럼 4차 산업혁명으로 부르는 과학 기술의 발전은 인간의 능력을 상상할 수 없을 정도로 배가시켜주고 있습니다.

그런데 이 4차 산업혁명이 이뤄지는 그 근본 바탕이 무엇일까요? 그것은 지금껏 인간에게만 고유하다고 여겨왔던 인간의 특성을 이용해서 발전시킨 것입니다. 인간은 원래 세상을 하나의 흐름으로 연결시켜 이해하였고, 그 과정에서 여러 범주와 계기를 포함시켜 분석하고 종합적으로 통찰해 왔습니다. 연결과 지능, 융합은 원래 인간이 세상을 바라보면서 항상 적용해왔던 방식입니다. 인간의 시각 자체가 평면적으로가 아니라 입체적으로 바라보았으며, 하나의 흐름으로 연결시켜 이해하면서 종합적으로 고찰해 왔기 때문입니다. 여기에다 '초' 자를 하나 덧붙여 초연결과 초지능, 초융합을 거론하고 있는 겁니다.

달라진 것이 있다면 그 이해가 한 인간에게서 멈추지 않고 집단적인 지혜, 즉 대중적인 지혜와 힘으로 연결되고 있는 측면입니다. 어떤 특출한 한 사람의 기발한 사상과 사고보다는 수많은 인간의 집단적인 지혜와 힘이 기본으로 되고 있다는 점입니다. 그에 기초해야 인간의 능력을 더욱 향상시킬 수 있고, 발전시켜 나갈 수 있다는 뜻입니다.

민의 집체적인 지혜와 힘은 인류의 꿈을 실현할 수 있는 주체적인 징표이다

대중적이고 집단적인 지혜와 힘의 인정은 모든 인간이 주인으로 대접받고 살아가야 한다는 것을 수긍하게 합니다. 지금껏 부와 권세를 가지고 있는 자들은 대중적이고 집단적인 지혜와 힘을 부정하면서 자신들을 제외한 사람들을 항상 객체와 대상으로 전락시켜 왔습니다. 세상은 그런 못나고 모지랑이 같은 수많은 사람들이 아니라 자신들처럼 잘 나고 특출한 사람에 의해서 발전되어 왔다고 주장해오는 격이었으니까요. 하지만 인간의 특성을 이용한 초연결, 초지능, 초융합은 그걸 부정하고 있습니다. 세상이 발전하는 근원은 인간의 대중적이고 집단적인 지혜와 힘이라고 말입니다. 그래서 대중적이고 집단적인 지혜와 힘의 인정이야말로 인간이 참다운 삶의 주인으로 살아갈 수 있는 주체적인 힘이자 바탕이고 싹이 되는 것입니다.

대중적이고 집단적인 지혜와 힘을 중심에 놓고 생각하지 못했을 때 사람들은 4차 산업혁명의 중요한 부분 중의 하나인 인공지능에 대해 이러저러하게 생각했습니다. 그중에서 가장 중요하게 여긴 사고방식은 인간의 지능을 결코 기계가 대신할 수 없을 것이라고 본 것이었습니다. 손과 발이야 기계가 대신할 수 있다 쳐도 지능까지 인간을 대신하게 되면 과연 인간을 무엇으로 판별할 수 있겠는가 하는 질문이 엄습해온 것입니다. 그래서 기계가 인간을 일정 부분 대신한다고 해도 지능만큼은 인간으로서의 존재를 유지하기 위한 기반이라고 보았기에 불가능하다고 여겼고, 실상 그것을 당연시하는 분위기였습니다.

하지만 그 판단은 그른 것으로 드러났습니다. 단적으로 바둑은 워낙 변수가 많아서 아무리 기계의 분석 능력이 뛰어나다고 해도 인간을 이길 수는 없다고 보았습니다. 그러나 세계 우승을 여러 번 하고 자타가 공인한 세계 1인자 이세돌은 인공지능으로 무장한 알파고와의 대결에서 졌습니다. 지능 자체도 인간이 기계를 이길 수 없는 상황이 도래한 것입니다.

그러면 그게 무얼 의미하는지 면밀히 따져보아야 할 것입니다. 그런데 여전히 인간으로서의 존재감을 찾고자 하는 바람에 또 다른 주장을 내놓습니다. 그런 분석 능력이야 인공지능이 대체할 수는 있지만, 인간의 감수성은 따라오지 못할 것이라고 말입니다. 그러나 상식적인 판단만 해도 그 감수성 또한 인공지능이 더 풍부하다고 보는 것이 당연한 이치 아니겠습니까? 인공지능은 한 인간이 아니라 빅 데이터로 수많은 인간의 감수성을 자신의 것으로 수용하고 받아들이고 있습니다. 그렇다면 기껏해야 100년 정도밖에 살지 못한 한 인간보다 더 풍요로울 수밖에요. 너무도 당연한 그 이치를 이해하지 못하는 이유는 대중적이고 집단적인 지혜와 힘을 이해하지 못했기 때문입니다.

인간의 지능적 능력이 인공지능보다 더 떨어졌으니 그 지배를 우려하는 현상도 실상은 대중적이고 집단적인 지혜와 힘을 이해하지 못했기 때문에 발생한 것입니다. 그런 우려는 공상소설에서 제법 그럴 듯하게 그려지고 있습니다.

하지만 기계가 손발을 대신했다고 해서 인간의 손발이 없어지지 않습니다. 마찬가지로 인공지능이 나왔다고 해서 인간의 지적 능력이 필요 없어진 것도 아닙니다. 기계가 손발을 대신하니 인간의 손발은 또 다른 분야에서 더 많은 일을 했듯이, 인공지능의 능력이 나타남으로써 인간의 지적 능력은 또 다른 부분에서 더 많은 일을 할 수 있게 되었습니다. 더욱이 인공지능은 인간이 참답게 주인으로서 대접받고 살아가는 데에 있어서 사람들 간의 관계를 일치시키고 입체적으로 받아들여 통일적으로 풀어갈 수 있는 능력을 인간에게 가져다주고 있습니다. 사람들 간의 일치와 입체, 통일의 방법을 찾아가는 과정은 매우 복잡합니다. 과학적인 타산 능력에서부터 사람들의 감정과 이해관계 등 전반을 검토하여야 합니다. 그런데 그것을 해결해 줄 수 있는 지능적인 능력에 커다란 보탬이 되고 있습니다.

인공지능이 인간에게 도움을 주어 인간의 힘을 더 배가시켜주고 있는데, 도리어 그와 정반대로 인공지능을 가진 로봇에게 인간이 지배될 수 있다니? 왜 그런 우려와 사고방식이 나오느냐 하는 것입니다. 그걸 따지자면 그 사고방식의 요체가 무엇인지를 알아야 합니다. 그건 남보다 힘이 세거나 우월하면 지배하는 것이 당연하다고 보는 것에 있습니다. 그렇게 보는 근거는 우월한 힘을 갖게 된 요인이 초인으로부터 전수받았든, 아니면 다른 무엇으로 이루었든지 간에 자신의 힘이 주요했다고 보기 때문입니다. 대중적이고 집단적인 지혜와 힘에 기초했다는 것을 원초적으로 부정하고 있다는 것입니다.

하지만 창조는 모방으로부터 비롯됩니다. 위대한 영웅도 대중적이고 집단적인 지혜와 힘에 근거하지 않고 나오는 경우는 없습니다. 지금까지의 인류 역사의 전 과정을 살펴보더라도 천재 과학자든, 영웅이든 시대의 발전 과정에서 사회적으로 이룩된 재부를 이용하여 조금씩 질적으로 발전시켰을 뿐입니다. 인류의 모든 역사의 발전 과정은, 비록 천재와 영웅이 나타난다고 해도 그 기초는 대중적이고 집단적인 지혜와 힘에 있었습니다, 사회적 자산이었다는 것입니다. 이 사실을 부정하는 것은 하늘을 보지 않으려고 자기 손바닥으로 눈을 가리는 것과 같습니다. 자기 눈을 가린다고 해서 하늘이 없어지는 것도, 사라지는 것도 아닙니다. 그런데도 그런 주장을 계속한다면 그것은 대중적이고 집단적인 지혜와 힘에 기초해서 이룩된 사회적 재부를 온전히 자신들만의 것으로 독차지하려는 이기적 욕심을 드러내는 꼴이라고밖에 볼 수 없습니다.

대중적이고 집단적인 지혜와 힘이 부정되면 그 지혜와 힘으로 이룩된 성과물을 모든 인간을 위해 사용될 수 없게 됩니다. 사회적 재부라는 사실이 부정되기에 인간적 규제와 사회적 규제를 받아야 한다는 근거가 사라지게 되기 때문입니다. 그리되면 대중적이고 집단적인 지혜와 힘으로 창출된 사회적 재부가 부와 권세를 가진 소수 세력의 욕심을 채우는 수단으로 이용되게 됩니다.

4차 산업혁명의 특징의 하나로 거론된 플랫폼 산업은 그 내용물이 대중적이고 집단적인 지혜와 힘으로 채워지고 있음에도 그 성과물의 대부분은 플랫폼 소유자에게 돌아가고 있습니다. 도리어 4차 산업혁명으로 인해 더 많은 사람들이 더 열악한 비정규직의 불안정한 삶의 환경으로 빠져들어 가고 있는 형국입니다.

부동산 투기의 모습도 이와 전혀 다르지 않습니다. 땅값이 올라가는 것은 땅 주인이 소유하고 있기 때문이 아닙니다. 인간이 세상을 개척하는 과정에서 이룩한 사회적 재부가 커졌기 때문입니다. 사회적으로 창출된 재부를 부동산을 소유했다는 이유만으로 부동산 소유자가 그 이득의 대부분을 가져가는 격입니다. 그래서 부동산이 없는 대다수 사람들은 도리어 그런 투기적 행위로 인해 인간이 편안하게 거주해야 할 집 한 채마저 평생 일해도 마련하지 못하는 상황에 빠져들고 있습니다.

그뿐이 아닙니다. 정보의 홍수가 넘쳐나고 있는데도 도리어 그 정보들이 진짜인지 가짜인지 구별하기가 힘들어지고 있습니다. 온라인 연결로 사람들 간의 연결 면이 더 넓어진 것처럼 보이는데, 사람들은 더 고립감에 빠져들고 있습니다. 사회적으로 창출된 재부가 사람을 더 이롭게 하는 것이 아니라 더 고통스럽게 만드는 역설적인 현상이 나타나고 있습니다.

이처럼 대중적이고 집단적인 지혜와 힘을 인정하느냐, 하지 않느냐는 사회적 재부를 어떻게 이용하고 그 결과가 어떻게 귀결될지에 대한 문제와 직결됩니다.

대중적이고 집단적인 지혜와 힘을 동원하여 일치와 입체, 통일의 방법으로 개혁을 성공시켜 시대사적 대전환을 이룩하자

언뜻 보면 자본과 총알은 그 자신의 법칙대로 움직이기에 꽤 객관성을 유지하고 있는 것처럼 여겨집니다. 하지만 총알은 눈이 없지만 총을 쏘는 사람은 눈이 있습니다. 마찬가지로 자본은 눈이 없지만 그 자본을 소유하고 있는 자는 눈을 가지고 이용합니다. 과학과 법칙을 운운하지만 실상은 자신들이 자본과 정보, 총 등을 가지고 있다는 이유로 대중적이고 집단적인 지혜와 힘에 기초해서 창출된 사회적 재부를 온전히 그들의 수중으로 차지하기 위해 꼼수를 부리고 있다는 것입니다.

과학은 과학일 뿐이고, 법칙은 법칙일 뿐입니다. 그 과학과 법칙을 어떻게 이용하느냐 하는 것은 사람에게 달려 있습니다. 더욱이 사회제도에서 운영되는 원리는 원래 사람이 적용시킨 것입니다. 대중적이고 집단적인 지혜와 힘에 기초해서 사회적 재부가 만들어졌던 만큼 당연히 사회적 규제와 인간적 규제를 받아야 합니다. 시장과 자본, 정보, 그 무엇이든 인간이 이룩한 사회적 재부는 설사 그게 과학의 이름으로 치장되고 있다손 치더라도 인간 외적인 그 자체의 법칙에 온전히 떠맡겨서는 안 됩니다. 오직 모든 인간이 삶의 주인으로 살아가는 데에 이용되도록 해야 합니다. 인간 외적인 그 자체의 법칙에 맡기게 되면 인간은 객체로 전락할 수밖에 없기 때문입니다. 그러면 그때로부터 인간은 그 외적인 법칙을 수행하기 위해 움직여야 하는 비참한 존재로 굴러떨어지게 됩니다.

대중적이고 집단적인 지혜와 힘에 대한 인정은 이처럼 사회적 재부에 대한 인간적 규제와 사회적 규제가 필요하다는 것에 대한 근거를 명확히 제시해주고 있습니다. 아울러 시대사적 대전환을 이루어 인간이 주인으로 대접받고 살아가는 세상을 만들 수 있는 가능성까지 확고히 보여줌으로써 미래 사회의 전망을 활짝 열어주고 있습니다.

인간이 주인으로 대접받고 살아가자면 그에 합당한 제도와 질서 체계를 세워야 할 것입니다. 그런데 인간이 개성을 가진 존재로서 집단을 구성하여 나라와 민족 단위로 살아가고 있는 조건에서 그 길은 각기 다른 사람들의 이해와 요구를 일치시키고 입체적으로 받아들여 통일적으로 풀어나갈 때 해결될 수 있습니다. 그 해결의 가능성을 보여준다면 미래 사회에 대한 희망과 전망을 세울 수 있습니다. 그런데 대중적이고 집단적인 지혜와 힘은 일치와 입체, 통일의 방법으로 풀어나갈 수 있는 그 가능성을 명징하게 보여주고 있습니다.

대중적이고 집단적인 지혜와 힘을 더욱 키우고 동원한다면 인류의 미래는 창창하게 열어질 것입니다. 이것은 인류가 그토록 자신의 참된 삶의 주인으로 살고자 했던 오랜 소망을 현실에서 실현할 수 있게 하는 것으로서 인류의 오랜 꿈에도 부합합니다. 바로 현 시기의 개혁은 인류사에서 미래 사회의 꿈을 실현하는 데에까지 연결되어 있다는 것입니다.

대중적이고 집단적인 지혜와 힘을 동원한다면 못 해낼 것이 없다는 단호한 확신과 두둑한 배짱을 가지고 기필코 개혁을 성공시켜 시대사적 대전환을 이룩하여야 합니다.

2장

어떤 관점과 입장으로 개혁의 과제를 바라보아야 하는가?

개혁의 과제를 옳게 실현하기 위해서는 개혁을 대하는 관점과 입장을 바로 세워야 합니다.

개혁의 필요성에 대한 이해가 개혁에 대한 의지를 불러일으켜 주는 문제라고 한다면, 개혁에 대한 관점과 입장을 똑바로 세우는 문제는 도화지 위에 그림을 그리는 데 있어서 스케치 작업을 잘해 내도록 하는 것이라고 할 수 있습니다.

그저 망탕 그림을 그리게 되면 망처 먹기 십상입니다. 면밀하고 충분히 타산한 후에 그려야 명화로 탄생할 가능성이 높습니다.

만약 포악한 곰 무리를 제거하려고 했는데, 도리어 그 결과가 힘만 믿고 설쳐대는 곰과 달리 더 영악하고 잔혹한 늑대 떼로 변신한 상태로 된다면 어떻게 되겠습니까? 그건 또 다른 변형일 뿐입니다. 지금껏 개혁이라는 화두가 수많은 사람들의 입에 오르내리면서도 본질적인 변화가 일어나지 못했던 데는 여기에 큰 원인이 있습니다.

어떤 그림을 그려낼 때 그에 대해 면밀히 타산해야 하듯, 개혁을 추진하려고 한다면 그 전망과 방향을 가늠해 볼 수 있는 기초와 토대가 확립되어 있어야 합니다. 개혁을 진행하기 위한 기초와 토대는 바로 개혁을 어떻게 바라보느냐 하는 관점과 입장의 문제와 관련된다고 할 수 있습니다.

개혁에 대한 관점과 입장이 분명하게 확립되면 진실로 개혁하려고 하는지, 그렇지 않은지를 파악해 낼 수 있습니다. 그러면 사람들 앞에서 개혁을 거론하며 자신들이 나서서 다해 낼 것처럼 해 놓고서는 점차 시간을 끌다가 끝내 슬며시 실종시켜 버리는 기만행위에 농락당하지 않게 될 것입니다. 그 성과로 개혁을 중도반단 없이 힘 있게 밀고 나아갈 수 있게 될 것입니다.

1 ▸▸▸ 개혁은 민을 주체로 내세우는 것이자 인적 청산의 문제이다

무엇보다 개혁을 대하는 첫 번째 관점과 입장은 민을 주체로 내세우면서 인적 청산을 시행하는 것입니다.

설계도면을 그릴 때 가장 중요한 것은 그 건물을 지으려고 하는 주인의 의중입니다. 주인의 의중을 무시하는 설계도면은 다시 바꿔야 합니다. 주인에게는 별반 쓸모없기 때문입니다.

그런데 주인에게 이렇게 하는 것이 더 멋지다는 둥, 아니면 지금 시대의 추세가 이렇다는 둥 하면서 주인의 의견을 무시하고 제 맘대로 밀고 나가려고 한다면 어떻게 되겠습니까? 자본의 평등 관계가 성립된 상식적인 곳에서는 있을 수 없는 일이겠고, 주인은 당장 설계사를 바꿔버릴 겁니다.

하지만 그 설계사를 거느리고 있는 회사가 매우 독점적입니다. 어느 정도냐면 설계도면을 그릴 수 있는 사람들을 거의 망라하고 있습니다. 그걸 기초로 건축사나 목재소, 철공소 등 건물을 짓는데 연관된 모든 회사에 영향력을 행사하고 있습니다. 그뿐만 아니라 건물 건축과 관련된 법률을 입법할 수 있는 정계는 물론이고, 그것을 감시 감독하고 시정 조치를 해야 하는 고위 관료들, 불법과 부조리를 조사해서 처벌할 수 있는 검찰과 경찰, 최후의 보류로 정의를 세워야 할 사법부, 나아가 여론을 좌우할 수 있는 실세 언론인 등 그들과의 유착 관계가 공고하게 형성되어 있다는 것입니다. 여기서 설계사는 단지 회사에서 내려준 방침을 따르려고 했을 뿐이고요.

이런 상황에서 과연 설계사를 내칠 수 있겠고, 그렇게 해서 지은 건물이라면 애초에 기대했던 바대로 건물이 지어졌을까요?

이런 비유가 소설과 같은 에피소드에 불과하다면 얼마나 좋겠습니까? 하지만 현실이 소설보다 더 진면목을 보여주는 경우가 많습니다.

분통이 터지겠지만 냉정하게 살펴봐야 하는 것은 주인이 설계도면을 의뢰했는데, 감히 설계사 따위가 왜 주인의 의도를 무시하고 따르지 않으려 하냐는 겁니다.

인류의 역사 과정을 살펴보면 민이 주체로 인정받는 과정은 순탄하지 않았다

민이 주체로 인정받는 과정은 장구한 세월이 걸렸습니다. 지금도 쉽사리 민을 사회와 역사의 주체로 인정하지 않으려 하고 있습니다.

하긴 아주 사소한 떡고물조차도 힘겹게 싸워서 얻은 경우가 다반사입니다. 그런데 다른 것도 아니고 사회와 역사의 주체는 민이라는 것을 당당하게 선포하는 행위입니다.

주체의 선언은 민의 요구 사항을 절대적으로 따르라는 지상명령과도 같습니다. 그런데 민을 부려먹으려고 하는 사회 역사의 위정자들이 그렇게 손쉽게 수긍하고 수용하려고 하겠습니까? 그 때문에 지난한 과정이 수반되었습니다.

노예제와 신분제 사회에서는 아무리 뛰어나도 너는 노예이고, 또 상놈으로 취급당했습니다. 인간으로서 평가받지 못했습니다. 일하는 도구로 삼거나 아니면 좀 모자라고 덜떨어진 놈으로 취급되었습니다. 그런데 자본제 사회에 와서 인간은 누구나 자유를 누리고 평등하게 살 수 있는 존재가 되었습니다. 이건 역사에서 커다란 전진이었습니다.

인간으로서 대접받지 못하다가 똑같이 대해 준다고 하니 그동안 인간으로 취급받지 못했던 서러움이 모두 풀린 것만 같았습니다. 하지만 역사는 냉정했습니다. 인간으로는 똑같으나 인간 외적 조건을 가지고 인간을 다스리려고 획책하였습니다. 그게 자본이었습니다. 인간으로는 똑같이 대접해주겠지만 자본의 법칙을 따르라는 것이었습니다. 자본은 돈을 가진 자가 그들의 뜻대로 할 수 있는 사회였습니다.

인간으로 인정해 주었으니 노력만 하면 될 줄 알았습니다. 그러나 그것이 헛된 꿈이라는 것을 깨닫게 되기엔 얼마 걸리지 않았습니다. 아무리 노력해도 고통스러운 생활고에서 벗어나지 못했습니다. 인간은 누구나 자유를 누리고 평등하다고 했기에 당연히 형식적인 인간관계에서는 여전히 자유롭고 평등한 것 같았습니다. 하지만 인간 외적 조건인 자본의 법칙이 세상에 관철되기 시작하자 자유롭고 평등한 인간관계는 별반 의미가 없었습니다. 대신에 자본을 얼마나 가지고 있느냐가 더 지대한 영향을 끼치게 되었습니다. 자본만이 아니라 인간 외적 관계인 정보 가치가 더 중요하게 대두되었습니다.

인간으로서 존엄을 누리고 살자면 이런 상황을 타파해야 했습니다. 실상 인간 외적인 조건의 법칙을 따르고 살아야 했던 것은 인류 역사의 맥락으로 살펴봤을 때 합법칙적인 발전 과정이라고 볼 수 있습니다.

일하는 도구로 취급되었던 노예제 사회, 그다음으로 혈통과 신분을 내세워 인간을 차별했던 신분제 사회를 지나 자본주의 사회에 이르러서야 인간은 누구나 사람으로 인정받게 되었습니다. 인간은 누구나 천부인권을 가지고 태어나기에 자유를 누리고 평등하게 살 수 있는 존재가 된 것입니다. 그런데 여기서 인간끼리는 누구나 자유롭고 평등한 관계라는 것을 인정한 조건에서 무엇을 근거로 하여 사회를 운영해 나갈 것인가의 문제가 제기되었습니다. 그로 인해 인간 외적 조건인 자본의 법칙을 내세우게 된 것입니다. 인간이 생명 활동을 유지하자면 소비품을 생산하고 소비해야 합니다. 그런데 자본의 이용은 그에 필수적이었기 때문입니다.

인간 외적 조건인 자본의 논리라는 객관적 법칙을 따르게 된 것은 노예제나 신분제를 내세워 차별했던 것에 비하면 커다란 전진이었습니다. 노예제와 신분제는 인간 자체를 인정하지 않거나 차별을 가하기에 강제적인 폭력성을 수반하지 않으면 유지될 수 없었습니다. 이것은 자유와 평등이 인정받지 못한 독재 사회에서 왜 그토록 경찰이나 군대에 의한 가혹한 폭압이 저질렀는지를 쉽게 이해할 수 있게 합니다.

물론 자유와 평등이 인정되는 자본제 사회에서 폭력성이 다 사라졌다는 뜻은 아닙니다. 자본의 논리를 따르라는 객관적인 법칙을 제시한 것이기는 하지만, 자본제 또한 넓은 의미에서 볼 때 인간을 여전히 대상으로 취급한다는 점에서는 하등 다를 바가 없기 때문입니다. 자본의 이윤 추구가 사회 운영의 기본 법칙으로 되는 조건에서 인간은 자본의 법칙을 따라야 하는 대상으로 전락하지 않을 수 없었습니다. 그런데 그 속에서는 인간의 존엄성을 온전히 보장받을 수 없습니다. 자본제 사회에서도 의연히 강제적인 폭력이 수반되는 이유가 여기에 있습니다. 단 인간은 누구나 자유를 누리고 평등하게 살아야 한다는 것을 대놓고 부정할 수가 없기에 자본의 법칙이라는 객관적인 탈을 쓰면서 더욱 영리하게 운영한다는 점이 다를 뿐입니다.

그러면 이런 상황에서 인간으로서의 존엄을 참답게 누리고 살기 위해서는 어떻게 해야 하겠습니까? 그것은 인간 외적인 자본의 법칙이 인간 사회를 좌우하게 할 것이 아니라, 인간이 자본을 다스리는 방식으로 되어야 할 것입니다. 인간이 자본이나 아니면 또 다른 객관적 법칙인 인간 외적 조건에 의해 대상으로 밀려나게 되면 그때로부터 인간 외적 조건을 장악한 힘 있는 세력에 의해 농락당하게 되는 현상을 피할 수 없기 때문입니다. 그 때문에 인간 자체가 삶의 주인으로 당당히 서야 했습니다. 이것이 바로 민이 사회와 역사의 주체임을 선언하게 된 역사적 맥락입니다.

주체의 문제 제기는 인류의 역사 발전 과정에서 질적 전환의 계기가 되다

주체의 문제 제기가 인류 역사 발전 과정에서 커다란 질적 전환의 계기가 되는 이유는, 주체로 인정받게 되면 인간은 참다운 삶의 주인으로서 살아갈 수 있기 때문입니다. 그러면 인간에 의한 인간의 착취와 억압도 종지부를 찍을 수 있습니다. 이것은 모든 인간이 자기 삶의 주인으로서 살아가는 것과 대상으로 취급되어 착취와 억압을 당하는 삶은 서로 양립할 수 없기 때문입니다.

그래서 과연 인간은 주체로서 살아갈 수 있는 존재인가의 대해 명확한 해답이 필요하게 되었습니다. 인간에 대한 근본적인 해명이 요구되었다는 것입니다. 여기서 인간은 사회적 존재로서 주인으로 살아가려는 자주성과 세상을 개조 변혁 나가는 창조성, 그리고 자신과 세계를 인식하고 파악해 나가는 의식성을 가지고 있음으로 하여 세상을 자주적이며 창조적으로 개조하며 발전시켜 왔다는 것이 밝혀지게 되었습니다. 이로 인해 인간은 자기 삶의 주인으로 살아가는 사회적 존재라는 것이 명확하게 확인되기에 이르렀습니다.

자기 삶의 주인으로서 살아가는 사회적 존재로서의 사람은 사회와 역사에서는 민으로 지칭됩니다. 민으로 지칭된다는 것은 삶의 주인으로서 살아가고자 하는 사람의 특성을 민이 체현하고 있다는 뜻입니다. 그래서 민의 구성원에는 주체로서 자각하며 자신의 힘에 의거하여 세상을 개척하려고 하는 모든 사람들을 포괄하게 됩니다. 힘이 있는 사람은 힘을 내고, 돈이 있는 사람은 돈을 내고, 지혜가 있는 사람은 지혜를 보탬으로써 사회 역사의 발전에 이바지합니다. 한마디로 사회와 역사의 발전에 조금이라도 기여하는 모든 사람과 세력들을 하나의 사회 역사적 집단으로서, 즉 민으로서 통칭한다는 것입니다.

당연히 지금 시기의 민은 지난날의 육체적인 노동에 복무했지만, 그

성과물을 압제자들에게 속절없이 빼앗기는 그런 힘없고 서글픈 존재가 더 이상 아닙니다. 주체 문제를 제기하는 시대사적 위치에 맞게 주인으로서의 자각성을 비상히 높여가고 있으며, 계급적 처지에 놓인 상황에 맞게 대중조직을 구축해 나가는 것은 물론이고, 사안별이나 의제별로도 조직을 구성하여 집단의 권리를 실현하기 위해 움직이고 있으며, 나라와 민족 단위에서도 주인의 권리를 실현하기 위해 적극 나서고 있습니다.

이런 힘 있는 활동으로 인해 민은 사회와 역사의 당당한 주체로 설 수 있게 되었고, 세상에서 가장 존엄 있고 힘 있는 존재가 되었습니다. 이제 사회와 역사의 주체인 민의 힘을 더욱 강화해 나간다면 주인으로 대접받고 주인의 권리를 실현하는 세상을 만들 수 있게 되었습니다.

개혁의 주체도 민이다

주체 문제가 시대사적으로 제기되었고, 민이 사회와 역사의 주체로 설정된 조건에서 개혁의 주체 또한 민일 수밖에 없습니다. 사회 역사의 주체 따로 있고, 개혁의 주체가 따로 있을 수 없기 때문입니다.

그런데 개혁을 거론함에 있어서 국민이나 민중, 시민 등의 개념을 혼용해서 사용하고 있습니다. 그리한 데에는 피치 못한 이유도 있고, 나름대로 필요성이 있기 때문일 것입니다. 하지만 주체 문제가 제기됨으로써 사회와 역사의 주인으로 대접받는 세상을 개척해 나가야 하는 시대사적 위치를 염두에 둘 때 그 담당자를 민으로 통칭해서 사용하는 것이 올바르다고 할 수 있을 것입니다.

국민이라는 것은 황국신민의 준말로써, 일본 천황 폐하 제국의 신하된 백성이라는 뜻을 담고 있습니다. 사회와 역사의 주체를 신성하게 선언하는 마당에 일제의 식민 잔재가 남아 있는 단어를 사용한다는 것은 어불성설입니다.

민중이라는 개념은 억압받고 착취 받는 계급적 존재들을 설정하고, 그들을 하나의 억압받고 착취 받는 집단으로 통칭해서 부르고 있습니다. 그래서 억압과 착취의 관계로부터 벗어나 참해방을 이뤄가야 한다는 지향이 반영됩니다. 주되게 계급적 의미를 담고 있다는 것입니다.

하지만 사회와 역사의 주체인 민은 계급적 관계로만 한정시킬 수 없습니다. 주인으로서의 권리를 실현하자면 계급해방만이 아니라 인간해방, 민족해방까지도 이룩해야 합니다. 그러니만큼 개성을 가진 측면은 물론이고 나라와 민족 단위로 살아가고 있는 측면도 포괄하여야 합니다. 더욱이 민이 집단을 구성해서 살아가고 있으니 계급적 처지라는 부분으로 축소할 것이 아니라 집단의 권리를 실현해 나가야 하는 것으로 더욱 확대해가야 합니다. 실상 민은 계급적 처지를 반영한 대중조직을 건설하는 부분에서 멈추지 않고 사안이나 의제별로도 조직을 구성하여 권리를 실현하기 위해 노력하고 있습니다.

이것은 어떤 단어를 사용해야 하는 것을 놓고 시시콜콜 말싸움하자는 것이 아닙니다. 어떤 단어를 사용하든지 간에 주체 문제가 제기되는 현 시대사적 위치와 의미를 담아내야 한다는 뜻입니다. 그래야 개혁을 성공적으로 실현할 수 있습니다.

시민이라는 개념은 주되게 자본주의 초기 때의 부르주아 계급의 지향을 반영하고 있다고 볼 수 있습니다. 자유와 평등을 이념적으로 받아들인 부르주아 계급은 인간이 자유를 누리고 평등하게 사는 데 있어서 참정권의 행사를 매우 중요하게 여겼습니다. 참정권의 적극적인 행사야말로 시민으로서의 권리를 행사하는 것이고, 그로써 자유와 평등의 이념이 더욱 잘 실현될 것으로 보았습니다.

그러나 역사적 과정을 보면 부르주아 계급의 주장과 달리 재산을 가지지 못했던 노동자는 물론이고 여성은 오랜 기간 참정권의 기본인 선거권조차도 가지지 못했습니다. 물론 지금 시대에서야 거의 대부분의 나라들은 투표권을 가지고 있으며, 정권과 국가에 대해서도 일정 부분 권리를 행사하고 있습니다.

하지만 따져보아야 할 것은 자유와 평등을 주장한다고 해서 과연 지금 민이 처한 생존권적 문제와 빈부 격차를 해결하며 개혁을 완수할 수 있느냐 하는 것입니다. 이것은 '자유와 평등'의 문제와 '주체'의 문제가 제기되는 시대사적 위치의 관계를 따져보면 명확히 드러납니다.

주체의 문제가 제기된 것은 인간끼리 서로 평등하고 자유를 누려야 한다고 했으나, 실질적으로 인간 외적 조건인 자본의 법칙에 의해 인간이 대상으로 밀려남에 따라 사실상 자유와 평등의 의미가 무색해졌기 때문입니다. 그래서 자유와 평등을 논할 때 형식적인 측면이 아니라 실질적인 의미에서의 자유와 평등을 누려야 한다는 말이 나오게 된 것입니다. 실상 인간관계를 주된 의제로 설정하여 놓고 논하게 되면 누구나 자유를 누리고 평등한 관계가 되어야 한다는 것 이상의 것이 나올 수 없습니다. 이런 실타래를 풀기 위해서 인간끼리의 관계가 아니라 인간과 인간 외적 대상과의 관계문제를 중심 논제로 설정하게 된 것입니다. 그로부터 인간이 대상으로 전락하지 않고 주인의 대접을 받으며 주인의 권리를 누리고 살아야 한다는 주장이 나오게 된 것입니다. 이것이 주체의 문제가 시대사적으로 제기되어 나오게 된 배경입니다.

주인 대접을 받고 주인의 권리를 누리고 살게 되면 인간 간에 있어서 실질적인 자유와 평등의 관계가 이뤄지게 됩니다. 하지만 역으로 자유와 평등을 주장한다고 해서 저절로 주인의 권리가 실현되는 것은 아닙니다. 그렇다면 주인으로서의 권리를 실현하려는 민을 주체로 놓고 보는 것이 실질적인 자유와 평등을 누리게 하는 입장이라고 할 수 있을 것입니다.

개혁은 주체인 민의 힘에 의거해 추진해 나가야 한다

사회와 역사의 주체가 민이고, 개혁 또한 민이 주체가 되어 추진해야 하는 만큼 성과적으로 진행하기 위해서는 제반 방면에서 민의 힘을 더욱 키워나가야 합니다. 그 누구에게 의지하여 해결하려고 할 것이 아니라 오로지 민이 자신의 힘에 의거하여 풀어나가도록 하여야 합니다. 주체인 민의 힘을 제반 방면에서 강화시켜 나가는 것이 바로 개혁을 대하는 올바른 관점과 입장이라는 것입니다.

그래서 민의 요구를 깡그리 무시하는 것은 물론이고 자신들이 대신해서 해결해줄 것처럼 하는 것은 개혁을 사실상 거부하는 입장과 관점이라고 할 수 있습니다. 민이 주체이지 그 어떤 세력도 대신할 수 없습니다. 대신하겠다는 사고방식이야말로 민이 주체라는 사실을 부정하는 것에 다름 아닙니다. 따라서 정계나 사법부, 검찰과 언론 등은 마치 자신들이 개혁을 대신 처리해줄 것처럼 할 것이 아니라 민의 준엄한 요구에 따르는 것이 마땅하다 할 것입니다.

특히 시혜를 베푸는 방식으로 진행하는 것은 주인으로서의 정당한 권리를 부정하는 것이면서 동시에 민을 위정자들이 베풀어주는 은총이나 받아먹고 사는 대상자로 전락시키는 행위입니다. 따라서 이 또한 민을 주체로 일어서지 못하게 한다는 점에서 개혁에 반하는 입장과 관점임을 분명히 하여야 합니다.

지금껏 세상을 바꾸려는 사회적 분위기가 고조되는 시점에 이를 때, 위정자들은 선심 쓰듯 시혜를 베풀어주는 조치를 취하곤 했습니다. 그럴 때 손쉽게 대오가 흐트러졌던 것은 그 시혜 조치가 사실상 개혁을 좌초시키는 반개혁적 입장과 관점임을 명백히 하지 못한 데에도 그 원인이 있습니다.

개혁의 방해 세력을 청산해야 한다

개혁을 거부하는 세력이 있는 조건에서 민은 자신의 힘을 키워나가면서도 개혁의 걸림돌이 되는 세력들을 청산하여야 합니다.

개혁이 추진되지 못하는 이유는 한사코 그걸 막으려고 획책하는 방해 세력이 있기 때문입니다. 방해 세력이 없는데, 인간이 주인으로 대접받고 주인의 권리를 누려야 한다는 시대사적 요구가 실현되지 않을 리 만무합니다. 개혁의 훼방 세력을 청산한 그만큼 민의 힘은 커지고, 그 힘만큼 개혁을 추진할 수 있습니다. 그래서 개혁의 성패는 인적 청산에 있다고 해도 과언이 아닙니다.

그런데 인적 청산에 대해 화합과 관용을 내세우면서 그걸 부정하는 주장이 나오기도 합니다. 화합하고 관용을 베풀어야 한다는 말 자체가 그릇된 것은 아닙니다. 하지만 무엇을 위한 화합이고, 누구를 위한 관용이냐는 것입니다. 화합은 민이 주인으로 대접받으면서 주인의 권리를 실현하는 차원이어야 합니다. 그런데 남이 힘들게 공들어 만든 성과물을 단지 인간 외적인 힘이 세다는 이유로 빼앗아간다면 그런 사람을 그대로 두고서 어떻게 화합이 이뤄지겠습니까? 화합이 이뤄지자면 그런 행동을 다시는 못 하게 해야 할 것입니다.

인적 청산은 사람을 처벌하는 데에 목적이 있지 않습니다. 부정부패와 비리를 근절시켜 사회를 개혁시켜 나가자는 데에 있습니다. 그런 행동을 앞으로 하지 않는다고 한다면 화합하지 못할 이유가 없습니다. 그렇지만 앞으로도 계속 그런 부정한 짓을 계속하겠다고 하는데, 관용을 베풀어야 하겠습니까? 그런 상황에서 만약 관용을 베풀게 된다면 그들로 하여금 앞으로 계속 그런 짓을 해도 괜찮다는 뜻을 내비쳐주는 꼴이나 다름없습니다. 그러면 사회는 화합되기는커녕 그들로 인해 개혁이 안정적으로 추진되지 못하고 더욱 소란스럽게 될 것입니다.

인적 청산의 문제를 개혁의 성패와 관련지어 바라보는 것은 지금껏 부와 권세를 장악한 세력들이 스스로 제 발로 물러난 사례가 없기 때문이기도 합니다. 단지 인간 외적인 힘을 가졌다는 이유로 남이 힘들게 만든 성과물을 뺏어가는 행위는 제 발로 걷지 못하고 남의 힘에 기생해서 살아가는 기생충의 모습과 별반 다를 바 없습니다. 기생충적인 삶을 버리지 않는 한 그들은 계속 남의 피를 빨아먹는 거머리처럼 행동하게 될 것입니다. 그래서 인적 청산을 통해 뿌리를 뽑자는 것입니다. 그럼으로써 모든 인간이 남의 힘에 기댈 것이 아니라 자신의 힘으로 주인의 권리를 누리고 살게 하자는 것입니다.

인적 청산을 철저히 수행하자면 적폐 세력들의 연결망을 이해해야 합니다. 신분제나 노예제 사회도 아니고 자유를 누리고 평등하게 사는 것이 인정되는 조건에서 적폐세력이 의지하게 되는 인간 외적인 힘은 크게 자본과 국가권력 기구와 기관, 여론을 좌우할 수 있는 언론과 방송 등이라고 할 수 있습니다.

자유와 평등까지도 쉽사리 부정해버리는 군사독재의 시기에는 국가권력의 힘이 압도적이어서 국가권력의 실세를 중심으로 해서 자본과 언론, 방송이 결합되어 나갔다고 할 수 있습니다. 하지만 군사독재가 무너지고 자유와 평등이 일정 부분 보장되는 조건에서는 자본의 힘이 비대하게 되어 재벌을 중심으로 국가권력 기구와 정계, 언론, 방송이 결합되는 형태로 진행되어 나갑니다. 그 때문에 적폐 세력들은 어느 한 곳에만 편재한 것이 아니라 재벌과 금융, 정계는 물론이고 사법, 검찰, 경찰 등을 비롯해 정부 각 부처 기관 및 공공기관, 그리고 언론과 방송 기관에 걸쳐 연계 고리를 형성하고 있습니다.

이들은 자신들의 외적 조건의 힘을 이용하여 안정적으로 계속 자신들의 욕심을 채우고자 개혁의 요구가 나올 때마다 그에 반대되는 의견들을 제시합니다. 소요 비용이나 경제 성장, 국가 재정, 국제 경쟁력 등 여러 현실적인 조건을 거론하는 것이 그것입니다.

그러나 그들이 정말 경제와 성장, 재정, 국제 경쟁력 등 나라와 민족의 미래를 걱정한다면 지금까지와는 다른 입장을 취했어야 할 것입니다. 돈을 더 많이 번 자들이 세금을 더 많이 내도록 하고, 일해도 생활

비도 못 벌고 사는 사람들에게 임금을 더 올려주도록 하고, 돈을 아끼기 위해 더 인건비 낮은 외국으로 생산 공장을 옮길 것이 아니라 국내의 중소기업을 지원하면서 연계 고리를 강화하는 데로 나아가야 했을 것입니다. 그러면 그만큼 빈부 격차가 줄어들어 경제도 더 원만하게 성장할 것이고, 또 더 많이 걷힌 세금으로 국가의 전략적인 부분에 활용할 수 있게 되니 더 좋아지면 좋아졌지 나빠지지는 않을 것이니 말입니다.

그들이 진실로 걱정했다면 가장 부유하고 힘이 있는 그들은 이런 것들을 충분히 해낼 수 있었을 것입니다. 그런데 그들이 걱정을 토로했던 말과 달리 상반되는 행동을 계속하면서 개혁에 반대되는 의견만 제시하고 있는 것을 보면 결국 자신들의 이권을 포기하지 않겠다는 뜻이 아니고 뭐겠습니까?

적폐세력이 사회 곳곳에 연결망을 형성해 개혁의 발걸음을 사사건건 붙잡고 늘어지고 있는 조건에서, 개혁을 성과적으로 진행하자면 인적 청산을 어느 한 부분에서 멈출 것이 아니라, 전 부분에 걸쳐 전면적으로 진행해 나가야 할 것입니다.

2 ▸▸▸
개혁은 민주적인 제도와 질서 체계를 확립하는 문제이다

다음으로 개혁을 대하는 관점과 입장은 주인으로서의 권리를 실현하기 위한 민주적인 제도와 질서 체계를 수립하는 것입니다.

구슬이 서 말이라도 꿰어야 보배라고 합니다. 사용될 수 있도록 만들어야 쓸모가 있다는 뜻입니다. 재벌개혁, 사법개혁, 검찰개혁, 언론개혁 등 개혁이라는 말이 무성하게 오가지만 그걸 수행할 수 있게 제도로 안착시키지 못하면 의미가 없습니다. 말로야 무엇인들 못 하겠습니까? 말로는 지구를 들어 옮겨버리겠다고 허풍을 칠 수도 있습니다. 세상을 고치는 데에는 말이 중요한 것이 아니라 실천 활동이 중요합니다.

민을 주체로 내세우면서 인적 청산을 시행하는 관점과 입장이 그림을 스케치할 때 머릿속으로 구상하고 전망을 내오는 것이라고 한다면, 주인으로서 권리를 실현하기 위한 민주적인 제도와 질서 체계를 수립하는 관점과 입장은 도화지 위에다 머릿속에 구상된 것을 4B 연필로 그 구도를 직접 밑그림으로 그려내는 작업이라고 할 수 있습니다.

머릿속의 구상을 전혀 반영하지 않고 스케치한다면 엉뚱한 그림이 될 것입니다. 반영한다고 하더라도 부분적으로만 이뤄지면 그림의 구도에 틈새가 생기게 되어 훌륭한 그림이 되지 못할 것입니다. 그래서 머릿속의 구상을 어떤 빈틈이 발생하지 않도록 도화지 위에 전면적으로 반영하여 그려야 합니다.

마찬가지로 개혁에 있어서도 민이 주체로 등장하여 주인의 권리를 실현하려는 시대사적 과제가, 어떤 사각지대가 발생하지 않도록 민주적인 제도와 질서 체계를 전면적으로 수립하여 나가야 합니다.

개혁을 추진하기 위해서는 사회 제도로 안착시켜 나가야 한다

개혁의 추진은 사회 제도로 안착시키는 것에 있으니만큼, 민주적인 제도와 질서 체계의 수립을 훼방 놓은 사람들은 개혁을 실질적으로 추진할 마음이 없다고 보아야 합니다.

개혁을 반대하는 세력들은 사회 제도로 안착되지 못하도록 하기 위해 여러 방법으로 방해 공작을 벌입니다. 그 대표적인 수법이 민의 집중된 초점을 분산시키기 위해 시일을 마냥 끌다가 유야무야 무산시켜 버리는 짓입니다. 시일을 끌기 위해 개혁의 시대사적 의미를 퇴색시키거나 전혀 반영하지 않은 주장을 펼침으로써 소모적인 논쟁을 유발하기도 합니다. 그 과정에서 서로 간의 세 대결이 벌어지기라도 하면 어느 한 편만 들어줄 수 없는 난처한 처지인 듯한 모양새를 꾸미다가 구렁이 담 넘어가듯 은근슬쩍 무산시켜 버립니다.

개혁을 실질적으로 추진하기 위해서는 이런 반개혁 세력의 방해 책동을 극복하고 기필코 사회 제도로 안착시켜 나가도록 하여야 합니다.

사회 제도로 안착시켜 나가기 위해서는 수립하려는 그 제도와 질서 체계가 무엇을 의미하는지 분명하게 이해하여야 합니다. 수립하려는 제도와 질서 체계가 무엇인지 분명하게 이해하지 못하면 그로 인한 여러 소모적인 논쟁에 시달리게 되고, 끝내 좌초되는 상황에 이르기 십상입니다.

사회 제도와 질서 체계의 수립은 그 자체로 세워지지 않습니다. 시대적 사상과 감정을 반영하여 그 근거에 따라 세워집니다. 머릿속의 구상에 따라 4B 연필로 스케치의 밑그림을 그려내는 것과 같습니다. 그래서 제도 수립에 관계되는 시대사적 사명과 과제를 명확히 하여야 합니다. 그런데 현 시기에 있어서 시대사적 과제는 민이 주체로 등장하여 주인의 권리를 실현하는 것입니다. 그래서 개혁을 수행하기 위한 제도와 질서 체계는 주인으로서의 권리를 실현하는 민주적인 제도와 질서 체계를 수립하는 것이라고 할 수 있습니다.

사회 제도의 수립은 주로 법률과 관계된다고 할 수 있습니다. 인간에게서 나타나는 도덕과 윤리, 미래의 꿈과 연관된 의지와 열정 등의 사상과 감정도 사회 제도의 수립에 일정한 영향을 미칩니다. 하지만 대부분 부분적으로만 반영됩니다. 법률로 제정된다는 것은 그 당시의 시대사적 사상과 감정을 가장 당위적이면서도 필연적 관계로 연결된다고 보기 때문입니다. 그런데 도덕과 윤리, 미래의 꿈과 관련된 의지와 열정 등은 사회 제도화하는 데 있어서 당위적이거나 필연적인 관계로는 직접 연결되지 못합니다.

선행을 행하면 사람들이 칭찬하고, 도덕 윤리에 반하는 행동을 하면 비난하기는 합니다. 하지만 법적으로 처벌하지는 않습니다. 또 미래의 꿈과 열정을 가지고 살아가시는 분들에 대해 실험정신이 매우 강한 사람이라고 칭송하기는 합니다. 하지만 그 사상과 감정을 사회와 연결지어 법적인 제도로 정착시키고자 하는 데에는 쉽사리 수긍하지는 않습니다.

물론 도덕과 윤리, 미래의 꿈과 연관된 의지와 열정 등이 사회의 발전에 이바지하지 않는다는 뜻은 아닙니다. 사회가 발전할수록 선행을 쌓는 사람들이 많아집니다. 기부하는 방식만 놓고 보더라도, 예전에는 아주 특별한 사례에 해당되었다고 한다면 지금은 여러 제도적, 법적 조치가 취해지고 있습니다. 선을 행하는 사람들이 많아지도록 더욱 도덕과 윤리를 강조해 나가야 합니다.

인류 미래에 대한 꿈을 실현하기 위한 의지와 열정 또한 현재 인간이 처한 조건과 제약을 뛰어넘어 상상의 나래를 펼친 행동을 보여줌으로써 인간의 삶에 일대 도약을 이룩할 수 있는 발판을 마련해주기도 합니다. 미래에 대한 꿈과 의지, 열정이 높으면 높을수록 인간 세상의 삶은 더욱 풍부해집니다. 또 그로 인해서 지금껏 생각하지 못했던 새로운 희망의 길을 찾기도 합니다. 그래서 미래 사회에 대해 도전 정신이 강한 사람들이 많이 나오도록 하여야 합니다.

하지만 사회 제도를 수립하는 데 있어서는 이런 도덕과 윤리, 미래의 꿈과 관련된 의지와 열정 등에 의거하려고 해서는 안 됩니다. 도덕론이나 윤리론, 이상론 등의 사상과 감정은 시대사적 과제를 수행하는 데 있어서 그 당위성과 필연성을 직접적으로 담보해주지 못하기 때문입니다. 그에 의거했을 때 시행되면 좋지만, 안 해도 상관없다는 식의 문제가 발생하게 됩니다. 우연적 요소에 맡기거나 선의에 기대게 되는 현상이 발생하게 된다는 것입니다.

개혁은 해도 되고, 안 해도 상관없는 문제가 아닙니다. 시대사적 과제를 해결하기 위해서 기필코, 그것도 민 자신의 힘으로 수행해 내야만 합니다. 그래서 개혁을 실현하기 위한 제도와 질서 체계의 수립은 시대사적 과제를 직접 해결할 수 있는 당위성과 필연성에 근거한 원리에 입각해야 합니다.

사회 제도의 수립과 관련하여 정의와 공정에 대한 이해

사회 제도의 수립과 관련해서 정의와 공정이 주되게 논의되고 있습니다. 정의와 공정도 시대적 상황에 따라 그 의미가 다르게 파악됩니다. 정의와 공정이 주되게 거론되는 시대는 자본주의 시기에 이르러서라고 할 수 있습니다. 노예제 사회나 신분제 사회에서처럼 인간이 인간으로 대접받지 못하거나 차별받고 있는 상황에서 정의나 공정을 말한다는 것이 무슨 큰 의미가 있었겠습니까? 그래서 자본주의 이전 시기의 정의는 주되게 도덕론이나 이상론적인 이해로 받아들여졌습니다.

하지만 인간은 누구나 자유와 평등을 누리고 살아야 한다는 이념이 확고하게 보장되는 자본주의 사회에 이르게 되면 상황은 달라집니다. 정의나 공정에 대한 이해가 그런 도덕론이나 이상론에 머물러 있을 수 없게 되었기 때문입니다. 인간끼리의 관계에 있어서 어떤 원리와 근거에 의해 이뤄져야만 정의롭고 공정하냐가 당장 현실의 문제로 제기된 것입니다. 여기서 먼저 자유롭고 평등한 관계가 되어야 한다고 주장하게 되었습니다. 하지만 자본주의 사회의 현실은 빈부 격차가 심화되면서 점차 인간관계에서의 자유와 평등이 사실상 위협받기에 이르렀습니다. 이 물음에 대답하기 위해 인간 외적인 조건에 대해서도 따지지 않을 수 없었습니다. 거기서 나온 해답들로서 기회 균등이나 차등적 분배 등이 거론되었습니다. 인간끼리의 관계 속에서 정의와 공정을 논하게 되면 인간은 누구나 자유롭고 평등한 권리를 누려야 한다는 것 이상을 내세울 수 없습니다. 그래서 인간 외적인 부분에 대해서도 해답을 포함시키게 된 것입니다.

하지만 정의와 공정을 논한 두 해답 사이에는 종합시킬 수 있는 원리가 부재합니다. 그래서 필연코 모순 관계가 발생할 수밖에 없습니다. 하나는 인간끼리의 관계에 대한 해답으로 자유와 평등을 제시한 것이고, 다른 하나는 인간 외적 조건에 대한 해답으로 기회의 균등과 차등적 분배를 거론한 것이기 때문입니다. 이 모순을 해결하자면 두 원리의 관계에 대해 선후차를 설정해야 했습니다.

그런데 자유와 평등을 제1 원리로 보게 되면 사실상 빈부 격차를 해결하기 위한 방향으로 힘 있게 나아가지 못해 실질적인 자유와 평등이 위협받게 됩니다. 반면에 기회의 균등이나 차등적인 분배를 강조하게 되면 약자를 배려하고 앞세웠다는 이유로 그 반대쪽에 있는 사람들은 자유와 평등을 사실상 침해당했다고 주장하게 될 것입니다. 그러면 그렇게 바라본 정의와 공정의 모순적 관계를 어떻게 풀어야 하겠습니까?

일례로 어떤 사람은 덩치가 커서 밥을 많이 먹어야 하고, 또 다른 사람은 소식주의자여서 밥을 적게 먹어도 된다고 상정해 봅니다. 이럴 때 공평한 정의와 분배는 어떤 것이어야 할까요? 두 사람의 평균치의 양을 똑같이 나눠주었다면 소식주의자는 밥을 남기게 될 것이고, 덩치 큰 사람은 배고프게 될 것입니다. 반면에 두 사람에게 필요한 만큼 다 주었다면 모두 만족하게 될 것입니다. 전자는 형식적인 평등이 이뤄진 것이고, 후자는 실질적인 평등이 이뤄진 것이라고 볼 수 있습니다.

여기서 주목해야 할 점은 실질적인 평등 관계가 이뤄진 원리가 사람을 중심에 놓고 그 해답을 찾았다는 데에 있습니다. 인간이 주인 대접을 받고 주인의 권리를 실현하여 나간다는 시대사적 과제가 그 물음에 대한 명확한 해답을 제시해주고 있다는 것입니다. 따라서 정의와 공정성을 따질 때도 인간끼리는 자유롭고 평등한 관계가 되어야 한다는 입장에서 멈춰서는 안 됩니다. 시대사적 요청을 받아들여 인간이 자기 삶의 주인으로서 살아가기에 그걸 보장해야 한다는 차원으로 격상시켜 파악해야 합니다.

주인의 권리를 보장하는 차원으로 접근하면 인간 외적 조건에 대해서도 또 다른 원리를 제시할 필요가 없습니다. 인간 간에도 실질적으로 자유와 평등을 누릴 수 있게 하기에 더 정의롭고 공정한 사회를 만들어 갈 수 있게 합니다. 그런데 인간끼리의 관계는 자유와 평등을 제시하고, 인간 외적 조건 부분에 대해서는 기회 균등과 차등적 분배를 주장하면 서로 강조점을 달리하게 되므로 갈등이 상존할 수밖에 없습니다. 그로 인해 어느 것 하나 쉽게 해결할 수 없는 상황에 처하게 될 것입니다. 따라서 개혁을 실질적으로 수행하기 위한 사회 제도의 수립과 관련해서는 민이 주체로 등장한 시대사적 의미를 반영하여 민주적인 제도와 질서 체계를 세우는 것임을 분명히 하여야 합니다.

민주적인 제도와 질서 체계를 세운다는 것은 주인으로서의 권리를 실현하기 위한 제도와 질서 체계를 수립한다는 뜻입니다. 민주라고 해서 독재에 반대되는 개념으로만 한정시켜 이해할 필요가 없습니다.

민이 사회와 역사의 주체로 등장하는 시대사적 위치에서, 민은 인간 외적의 대상으로 전락하지 않기 위해 노력하였습니다. 즉 주인으로 대접받고 주인으로서의 권리를 실현하기 위해 나섰습니다. 그 노력으로 인간끼리의 관계에 있어서도 주인의 권리를 실현하는 관계로 되어, 자유와 평등을 실질적으로 실현하면서도 그보다 더 거룩한 동지적 의리와 사랑이 싹트게 되었습니다. 그래서 정의와 공정도 이런 시대사적 높이에 맞게 주인의 권리를 실현하기 위한 정의와 절차를 세우는 문제로 이해해야 한다고 말하는 것입니다.

그런데도 시대사적 의미를 무시하고 여전히 주되게 자유와 평등 관계로 보는 것에 안착해야 하겠습니까? 당연히 민이 사회와 역사의 주체로 등장한 시대사적 의미를 받아들여 인간 간의 관계를 참다운 사랑과 의리가 싹트는 관계로 상승시켜 나가야 할 것입니다.

그래서 이런 시대사적 의미를 받아들여 주인으로서의 권리를 보장하고자 하는 입장과 자세를 자주라고 말하고, 주인으로서의 권리를 실현하기 위한 제도와 질서 체계를 수립하는 것을 민주라고 말하는 것입니다.

주인으로서의 권리를 실현하기 위한 민주적인 제도와 질서 체계를 수립하려면 무엇보다 주체의 힘을 강화하는 것을 기본으로 삼아야 한다

주체가 당장 먹고살기가 힘들다고 한다면 생존권을 해결하기 위해 허덕일 수밖에 없을 것입니다. 생존권의 문제 때문에 막바지에 몰려서야 부득불 나서기도 하지만, 그 반대로 먹고사는 것을 해결하기 위해 다른 곳에 전혀 신경 쓸 겨를이 없는 상황이 발생하기도 합니다. 많은 사람들이 생존권의 문제에 시달리게 된다면 그 원인은 대개 정책의 잘못으로 인한 요소가 클 것입니다. 그렇다면 그에 대해 관심을 기울여야 하건만 정반대로 무관심한 현상을 보이는 것은 이런 요인 때문이기도 합니다. 그래서 생존권적 문제를 해결하기 위한 제도와 질서 체계를 우선적으로 수립하여 나가야 합니다.

빈부 격차의 심화는 사람들 간의 위화감을 형성함으로써 사실상의 자유와 평등권 자체도 유명무실하게 만듭니다. 주체의 활동을 원활하게 수행하자면 이런 환경부터 개선해 나가도록 제도와 질서 체계를 마련하여야 합니다.

생존권적 해결과 빈부 격차의 해소가 민이 주인으로서 활동할 수 있는 여건을 마련해주는 것이라고 한다면, 주체가 주인으로서의 활동을 적극 펼칠 수 있는 환경을 조성시켜 나가는 것은 더욱 중요하다고 할 수 있습니다.

민이 주체로서 적극적인 활동을 펼쳐 나가자면 지금까지의 불합리하고 불리한 여건을 극복할 수 있도록 적극적인 지원이 필요합니다.

잘하라고 백 마디 말한다 한들 실질적으로 수행할 수 있는 여건을 마련해주지 않는다면 그것은 빈말에 지나지 않습니다. 그래서 주체의 활동에 기반이 되는 대중조직의 건설과 활동에 국가적인 지원 체계가 수립되도록 하여야 합니다.

민이 주체로서 대중조직을 적극 건설하지 못한 것은 국가적인 지원 체계가 수립되지 못한 데에만 있지 않습니다. 적극적으로 나설 수 없게 만드는 불합리한 제도에도 그 원인이 있습니다.

원래부터 사회와 역사의 주체인 민은 남의 힘에 기대지 않고 자신의 힘으로 풀어 왔습니다. 남이 도와주지 않아도 스스로 제 발길로 걸어가는 것이 원칙이었다는 것입니다. 그런데 스스로 서지 못하도록 온갖 꼬투리와 시비질로 가로막아 왔기에 그 길이 지체된 것입니다. 도와주지 않는 것이야 뭐라고 말하지 않겠지만 훼방을 놓은 행위는 그냥 넘어갈 수 없는 일입니다. 그래서 걸림돌을 조성하고 훼방을 놓는 것에 대해 무엇보다 경각심을 갖고 고쳐 나가야 합니다.

대중조직을 건설하려고 해도 맘대로 건설할 수도 없고, 정치 활동을 적극 전개하려고 해도 여러 제약이 가해지고 있는 것은 민이 주체로 서는 데에 커다란 난관이 되고 있습니다. 특히 국가보안법은 악법 중의 악법이라고 지칭되고 있음에도 폐지되지 않고 있는 것은 심히 걸림돌로 작용하고 있습니다. 그래서 민이 주체로 자기 활동을 하는 데 있어서 제약을 가하는 제도와 법률을 폐지하는 것은 민주적인 제도와 질서 체계를 수립하는 데 관건적인 문제라고 할 수 있을 것입니다.

민이 주체로서의 자기 역할을 할 수 있는 여건을 마련하고 걸림돌을 제거하는 데에 있어서 매우 중요한 것은 그 조치가 보편적이어야 한다는 것입니다.

보편적이라고 하는 것은 한 영역에 그치지 않고 전 영역에 걸쳐 누구에게나 공평하게 적용된다는 뜻입니다. 보편적으로 적용되었을 때 사회적으로 공인되어 한 단계 더 전진해 나갈 수 있는 길이 열립니다. 그래서 제도와 질서 체계를 수립하는 데 있어서 예외적으로 인정되거나 부분적으로만 수용되는 경우를 철저히 경계해야 합니다. 예외와 부분적인 인정은 보편타당성을 인정받지 못한 데에서 멈추지 않고, 그로 인해 주인의 권리를 실현하는 집단 세력 간에 분열을 초래할 수 있는 원인이 되기도 하기 때문입니다.

민이 사회와 역사의 위력한 주체로 된 비결은 대중적이고 집단적인 지혜와 힘에 기초한 단결에 있는데, 그 힘이 분산된다면 자기 사명을 다할 수 없게 될 것입니다. 도리어 분산되어 싸운다면 부와 권세를 장악하고 있는 세력에 의해 각개 격파되기 십상입니다. 따라서 대중적이고 집단적인 지혜와 힘을 하나로 모아내는 데 만전을 기해야 합니다.

개혁을 방해하는 세력을 청산하기 위한 제도와 질서 체계를 수립해야 한다

주체의 힘을 강화하여 민주적인 제도와 질서 체계를 수립하는 것이 한 측면이라고 한다면, 다른 한편으로는 민이 주인으로 살아가는 것을 한사코 반대하는 세력을 청산하기 위한 제도와 질서 체계를 수립하기 위해 노력해야 합니다.

민주적인 제도와 질서 체계를 세우는 과정은 그걸 방해하는 세력을 분쇄하지 않고서는 불가능합니다. 주체 세력의 성장과 훼방 세력의 분쇄는 똑같은 과정입니다. 방해 세력이 번연히 건재하는 속에서 주체 세력의 성장이라는 것은 있을 수 없습니다.

시대사적 요청에 의해 등장한 민이 힘 있게 성장하지 못한 것은 다름 아닌 방해 세력의 끝없는 시비질 때문입니다. 방해 세력이 없었다면 주인의 권리를 실현하는 과정에서 몇몇 잡음이 있을 수는 있지만, 큰 난관이 없이 전진의 길로 손쉽게 나아갈 수 있었을 것입니다. 개혁의 길로 전진시키느냐, 아니면 또다시 주춤거릴 것이냐의 그 갈림길은 방해 세력을 어떻게 분쇄하느냐에 달려 있습니다.

방해 세력이 분쇄되면 민이 주인으로서의 자기 역할을 더욱 잘 해내게 될 것입니다. 그러면 그만큼 사회는 더욱 정의롭고 공정한 질서 체계가 수립될 것입니다.

방해 세력을 분쇄하고자 하는 것은 민이 주인으로서의 삶을 살고자 하는 데에 그 목적이 있습니다. 보복이나 복수심으로 위해를 가하려는 것이 아닙니다. 따라서 방해 세력의 분쇄는 그들의 위법 부당한 행위에 대해 법적 처벌을 가하는 것으로 되어야 합니다.

법적 처벌을 강조하는 것은 처벌 자체가 목적이 아니라 그런 부정과 불의가 더 이상 사회적으로 통용되지 못한다는 것을 사회적으로 공인받고 공식화하려고 하기 때문입니다. 사회적으로 공인되고 통용되어야 그런 부정과 위법 행위가 쉽사리 발생하지 않도록 막아지게 될 것입니다.

방해 세력을 분쇄하는 데서 중요한 것은 그들의 세력이 국가 기구와 기관들을 비롯해 재벌, 언론계 등으로 서로 연결고리를 구축해 대응하고 있다는 점입니다. 그래서 이 모두를 하나의 세력으로 염두에 두면서도 각각의 핵심 실세에 초점을 맞춰 대응하여야 합니다. 핵심 실세를 건드리지 못하고 피라미만 공격해서는 성과를 내오기가 어렵습니다. 설사 몇몇 사람을 처벌했다손 치더라도 제2, 제3의 사람이 나타나는 관계로 별반 도움이 되지 않습니다. 그래서 서로 연결고리를 가지고 있는 모든 세력을 염두에 두면서도 핵심 실세에 초점을 맞추어 궁극적으로는 그 기반 모두를 송두리째 제거해 나가는 방식으로 진행해 나가야 합니다.

부정부패 세력과 방해 세력을 송두리째 뿌리 뽑아내기 위해서는 공개성과 투명성의 원칙이 견지될 수 있도록 제도화시켜 내야 합니다.

부정부패와 불의는 어둠 속에서 싹틉니다. 공개되지 않고 투명하지 않으니 그 속에서 음모와 비밀협잡이 탄생하게 됩니다. 공개성과 투명성의 원칙이 사회 제도적으로 수립되도록 함으로써 바로 그 온상을 제거해버려야 합니다. 그 온상이 제거되면 함부로 부정과 불의를 저지르려고 하지 못하게 될 것입니다. 그러면 그만큼 사회는 더욱 공정하고 정의롭게 될 것이며, 주인으로서의 권리를 실현하는 길로 힘 있게 나아갈 수 있을 것입니다.

주체를 강화하고 방해 세력을 분쇄할 수 있는 사회 제도와 질서 체계를 수립해 나가려는 관점과 입장이 분명하게 수립되면 개혁을 추진하기 위한 밑그림이 잘 그려졌다고 할 수 있습니다. 그러면 개혁을 성과적으로 수행할 수 있는 길이 확고하게 열리게 될 것입니다.

3 ▸▸▸
개혁의 뿌리는 자주와 민주, 통일 운동이다

다음으로 개혁을 대하는 데서 견지해야 할 관점과 입장은 그 뿌리가 한국 사회의 자주와 민주, 통일 운동으로부터 비롯되었다는 것을 명확히 하는 것입니다.

민이 사회와 역사의 주체로 등장하는 시대사적 요청은 어느 누가 임의의 방식으로 만들어 선언되는 것이 아니라 사회 역사적 발전 과정을 통해 드러납니다. 더 정확히 말하면 사회 역사적 발전 과정에서 구체적 활동을 통해 그 진면목을 보여주었기에 민이 사회 역사의 주체라고 정식화된 것입니다.

마찬가지로 한국 사회에서 개혁이 집중적으로 거론되고 있는 것은 어느 누가 임의로 조장해서 그렇게 된 것이 아닙니다. 한국의 민이 실질적으로 개혁을 실시하기 위해 적극 움직이고 있기 때문입니다. 따라서 한국의 민이 어떤 지향과 요구를 가지고 활동을 전개하여 왔는가를 살펴보면 주체로 등장하는 시대사적 요청뿐만이 아니라 개혁의 참내용과 구체성을 더욱 정확하게 파악할 수 있습니다.

어떤 사건을 제대로 파악하자면 그 전체의 맥락 과정을 살펴보아야 합니다. 전후 맥락을 사상하고 한 부분이나 결과만을 뚝 떼어내어 보게 되면 원래의 내용과 전혀 다르게 이해되기도 합니다. 항간에서 녹취록의 공개 내용을 놓고 고의적인 왜곡 보도라며 명예훼손으로 고소하겠다는 식의 공방이 벌어지고 있는 것도 이런 단면을 잘 보여주는 것이라고 할 수 있습니다.

한국 사회에서 벌어지는 있는 개혁의 모습에 대해서도 그 역사적 맥락을 살펴보아야 합니다. 맥락을 제대로 살펴보지 않고 벌어지는 현상만을 놓고 보게 되면 시대에 뒤떨어진 개혁안을 내놓거나, 아니면 개혁은 한국 사회에 근본적인 변화를 가져다주지 못할 것으로 보아 무관심하게 대하는 현상이 발생하게도 됩니다.

맛있는 과일을 먹으려면 과일나무의 뿌리가 잘 자라도록 영양분을 충분히 공급해 주어 꽃이 활짝 피어나게 해야 합니다. 그뿐만 아니라 꽃가루의 수정이 잘 이뤄져 열매가 잘 맺히게 해야 하고, 나아가 온갖 병충해를 막아주면서 햇빛을 충분히 받아 속살이 잘 여물도록 해 주어야 합니다. 개혁 또한 결실을 맺기 위해서는 그동안 한국 민이 이룩해 왔던 성과물을 충분히 받아들이면서도 민의 지향과 요구가 더욱 활짝 피어나도록 해야 합니다.

사회운동은 합법칙적 발전 과정을 통해 이뤄집니다. 갑자기 하늘에서 뭔가 뚝 떨어지는 식으로 전개되지 않습니다. 한국 사회에서 요구되는 개혁 또한 민이 주인으로서의 권리를 실현하기 위한 합법칙적 발전 과정에서 발생하였습니다. 자주와 민주, 통일 운동을 전개하는 과정에서 개혁이 제기되고 요구되었다는 것입니다. 한마디로 개혁의 뿌리는 자주, 민주, 통일의 운동으로부터 비롯되었다는 것입니다.

개혁의 뿌리가 자주와 민주, 통일의 운동으로부터 비롯되었으니만큼 개혁을 대하는 데서 견지해야 할 관점과 입장은 자주와 민주, 통일의 목표를 지향하는 것입니다. 그 목표를 놓치게 되면 뿌리를 잃어버린 격과 같아 개혁의 방향성은 실종될 것이고, 그 내용 또한 속빈 강정에 지나지 않게 될 것입니다.

주인의 권리를 보장하는 자주, 주인으로서의 권리를 실현하기 위한 제도와 질서 체계를 세우는 민주, 한반도 차원에서 민의 권리를 실현하기 위한 통일의 목표를 지향하는 관점과 입장은 개혁의 구체적인 목표와 내용을 더욱 명확히 확증시켜 줄 것입니다. 나아가 개혁이 그 자체로서 머물지 않고 더욱 풍부화되도록 함으로써, 사회와 역사의 주체로 나선 민이 시대사적 요청을 더욱 원만하게 실현할 수 있게 할 것입니다.

한국의 민은 주인의 권리를 실현하기 위한 투쟁을 장구한 세월 동안 벌여왔다

한국의 민이 처음부터 주인의 권리를 보장하는 자주, 주인으로서의 권리를 실현하기 위한 제도와 질서 체계를 세우는 민주, 한반도 차원에서 민의 권리를 실현하기 위한 통일의 목표를 가지고 투쟁했던 것은 아닙니다. 그것은 지난하고도 장구한 세월을 겪으면서 합법칙적인 발전 과정을 통해 이뤄졌습니다.

1945년 8월 15일, 일제의 패망으로 해방된 우리 단군민족은 2차 세계대전의 발생에 아무런 책임도 없고 도리어 피해국이었습니다. 당연히 자주 독립의 길을 가야 했고, 그것은 지극히 마땅했습니다.

하지만 동서 냉전의 기류는 우리 민족의 소망과 기대를 철저히 짓밟고 국토의 허리를 두 동강 냄으로써 분단의 상황으로 만들었습니다. 프랑스는 독일 나치로부터 점령당했던 알자스로렌 지방을 되찾고 다시 제국으로 나섰습니다.

프랑스로 말할 것 같으면 2차 세계대전의 발발에 전혀 책임이 없다고 말할 수 없는 나라입니다. 그런데 승리했다는 미명하에 다시 화려하게 복귀했습니다. 그러면 왜 우리 민족은 그 전쟁에 아무런 책임도 없고 피해를 당하기만 한 나라인데, 독립은커녕 지금껏 한 하늘 아래에서 살아왔던 민족이 서로 만나지도 못하도록 허리가 부러져 비극적인 고통을 겪어야 합니까?

이 비극과 고통을 안겨준 책임을 누구에게 물어야 할까요? 힘이 없었던 우리 민족을 탓해야 합니까? 아니면 냉혹한 국제 질서 사회에서는 힘의 역관계에 의해 굴러가기에 어쩔 수 없다는 식으로 체념하거나 인정해야 하는 겁니까?

하지만 분명한 사실은 우리 민족 성원의 대다수는 사상과 정견을 뛰어넘어 분단을 원하지 않았고, 그대로 받아들이려 하지 않았다는 점입니다. 일제의 식민지로부터 벗어나기 위해 첫째도 둘째도 자신의 소원은 대한 독립이라고 외쳤던 김구 선생님은 민족이 분단될 위기에 처하자 외세가 제 맘대로 강제로 그어놓은 38선을 뛰어넘었습니다. 그러나 끝내 막아내지는 못했습니다. 그렇게 된 이유는 우리 민족 성원 내부에서는 분단을 원치 않는 사람들이 압도적으로 많았음에도 불구하고 분단을 강제한 외부 세력의 힘을 극복하지 못했던 데에 있었습니다.

분단으로부터 비롯된 한국 현대사의 질곡

조국 분단은 자신들의 국익을 위해 분단을 강제한 미국과 끝내 그에 추종해 자신의 사욕을 채우려는 사람들에 의해 공고하게 구축되면서 이뤄졌습니다. 한국 현대사의 질곡이 발생하게 된 원인과 시초가 모두 여기에 담겨 있습니다. 분단이 진행되는 과정을 외면하고서 한국 현대사의 본모습을 잘 볼 수 없습니다. 그래서 한국 현대사를 살펴볼 때 미국과의 관계를 중심에 놓고 바라보아야 합니다.

미국은 2차 세계대전의 최대 승전국이었습니다. 미국은 2차 세계대전에 끼어들기 전에 영국과 프랑스 등 연합국에 전쟁 물자와 군수 무기를 대주는 것은 물론이고 독일 나치에게도 군사 무기를 팔아먹었습니다. 그럼으로써 막대한 이득을 취했습니다. 그러다가 나중에서야 참전하였습니다. 일본에 의해 하와이 진주만의 습격을 받았다 치더라도 사실상 본국에서는 거의 피해를 입지 않고 승전국으로 되었습니다.

이런 미국의 상황은 세계사의 획을 긋는 사건이 되었습니다. 미국이 2차 세계대전 이후 그 어떤 나라와 비교할 바 없이 압도적이고 우월적인 힘을 가지게 되었기 때문입니다. 1차 세계대전의 결과야 승전국이라고 해도 어느 일방이 압도적인 우위를 차지하지 못했습니다. 그런 관계로 제국의 연합에 의해 유지되었습니다. 하지만 2차 세계대전의 결과는 그와 달리 미국을 우두머리로 하는 형태로 세계 질서가 재편되기에 이르렀습니다.

지금껏 세계를 호령했던 칭기즈칸이나 나폴레옹 등에 의해 제국이 탄생했지만 6대륙과 5대양을 하나로 연결시켜 지배체제를 형성한 국가는 없었습니다. 바로 미국은 인류사에서 지금껏 존재하지 않았던 세계적 지배체제를 이루어 나가고자 했던 것입니다.

미국은 세계적인 지배 질서를 형성하기 위해 그 근거를 마련해야 했습니다. 그런데 위정자들이 쓰는 상투적인 수법이 외부의 적을 만들어 내는 것입니다. 외부의 적을 양산해 냄으로써 모든 불행과 죄악의 근원은 그 적에 있으니 그들을 조금이라도 이롭게 하면 죄를 짓게 된다는 것입니다. 따라서 자신들의 말에 절대적으로 복종하고 따르라는 식입니다. 절대적 신을 믿고 따르게 하기 위해 모든 불행과 죄악은 사탄에 있으니 절대 사탄의 유혹에 흔들리지 말고 오직 신만 믿고 의지해야 한다는 식과 똑같은 논리입니다.

미국은 자유와 평등이라는 민주주의적 가치를 최상의 가치로 끌어올렸습니다. 그리고서는 그것을 위협하는 최대의 적이 사회주의와 공산주의 세력이라고 주장하면서 동서냉전을 불러일으켰습니다. 소련이 사회주의 종주국으로서 계속 팽창주의 정책을 실시하며 주변의 나라들을 계속 사회주의, 공산주의화 한다고 몰아감으로써 동서냉전의 책임이 주로 소련에 있는 것처럼 기만하기까지 하였습니다.

그 당시 소련은 국제 사회에서 미국보다 힘이 열세에 놓인 상태였습니다. 그러면 그렇게 대결적인 상태가 소련에게 무슨 도움이 되겠습니까? 자신들의 세력을 확장시키려고 해도 대결적인 관계보다는 협력적인 관계가 더 좋으면 좋았지 나쁘지는 않았을 것입니다. 그러면 중세 시기의 마녀사냥을 당했던 것이 그들이 정말로 마녀였기 때문이었습니까? 그들이 마녀로 몰려 죽게 되었던 이유는 세속 권력과 교회의 성직자들이 중세 질서가 흔들리며 자신들의 지위마저 위태롭게 되자 새로운 희생양을 만들어 냄으로써 자신들의 지배권을 지켜내려는 목적 때문이었습니다. 그로 인해 수많은 사람들이 목숨을 잃었습니다. 백년전쟁의 과정에서 프랑스의 영웅으로 칭송받았던 잔 다르크마저 마녀로 몰려 화형을 당해 죽었습니다.

미국은 세계적 지배 질서를 세우고자 냉전체제를 조성시켜 놓고서는 유럽에서 나토(북대서양조약기구)를 창설해 유럽을 하위 동맹체제로 삼았고, 아시아에서는 일본을 하위 동맹체제로 끌어들이려고 하였습니다.

미국이 아시아에서 일본을 하위 동맹체제로 끌어들이려고 한 것은 독일과 일본의 전후 처리 과정에서 극명하게 드러납니다. 독일은 전범국으로써 서독과 동독으로 강제 분단되어 그 책임을 지게 되었습니다. 하지만 일본은 분단은커녕 전범 국가로서 책임도 지지 않았습니다. 이것은 왜 지금까지 일본이 식민 지배에 대해 제대로 된 반성을 하지 않는지에 대해서도 설명해줍니다.

독일의 경우, 소련이라는 나라가 있고, 또 전승국인 프랑스가 존재했던 관계로 아무리 냉전체제를 강조한다고 해도 어떤 형태로든 전범국가로서의 책임을 묻지 않을 수 없었습니다. 나치의 침략을 받았던 프랑스는 무엇보다 독일의 위협을 매우 경계하였기 때문입니다. 그런 프랑스를 달래놓지 않고서는 나토의 성립 자체가 불가능했던 것입니다. 프랑스에서 나치 부역자들을 철저히 처벌하고 독일에서 나치의 범죄적 행위에 대해 책임 있게 반성하고 뉘우치는 모습을 평가절하하자는 것이 아닙니다. 유럽에서 반공전선을 형성시키는 데 있어서 그 당시 조성되어 있던 정세를 절대 무시해서는 안 된다는 것입니다.

마찬가지로 미국이 세계적 지배 체제를 형성하고자 아시아에서 일본을 하위 동맹체제로 끌어들이려고 한 것은 미국의 한반도 정책과 남한의 정책 결정에 규정적 역할을 하게 됩니다. 이것은 해방 이후 일본의 총독부 대신 남쪽의 통치 기구로 등장한 미군정의 활동 과정에서 여실히 드러납니다.

미국의 주된 목적이 일본을 하위 동맹체제로 끌어들이는 데에 있었던 결과, 일본에 대해 전범국으로써의 책임을 묻고 다시는 그런 전쟁을 일으키지 못하도록 일본 사회를 새롭게 개건시키는 데로 적극 나아가지 못하게 만들었습니다. 한반도 남쪽에서도 일제로부터 해방된 사회에서 추진해야 할 역사적 과업을 성실히 수행하는 데에 최대의 방해물로 작용하였습니다.

해방 후, 친일파 청산과 토지개혁의 역사적 과제가 좌절되다

일제로부터 해방된 우리 민족 앞에 나선 가장 중요한 과업은 친일파 청산과 토지개혁이었습니다. 친일파 청산 작업은 일제의 식민지로부터 벗어나 자주 독립을 이룩하기 위해 투쟁해왔던 활동을 민족사적으로 그 정통성과 정당성을 확립하는 차원의 과업이었습니다. 토지개혁은 그 당시의 산업 구성에서 농업이 큰 비중을 차지하고 있고, 그로 인해 농민이 사회적 구성원의 대다수로 되고 있는 조건에서 앞으로 건설

된 새로운 사회 세상에 대해 그 전망과 희망을 일떠세워주게 하는 과제였습니다. 토지개혁이 이뤄지지 못하면 민족 성원의 절대 다수를 차지하고 있는 농민이 일제 식민지 때와 마찬가지로 여전히 소작농의 처지에서 벗어나지 못하게 될 것입니다. 그러면 농민이 생산한 농산물을 지주에게 소작료로 거의 대부분 빼앗김으로 해서 생존권조차 해결하지 못하고 기아와 빈곤에 허덕이게 될 터인데, 과연 그런 세상에서 무슨 희망을 기대할 수 있겠습니까?

친일파 청산과 토지개혁의 역사적 과제를 어떻게 해결할 것인가는 향후 새로운 세상이 어떻게 펼쳐질 것인지를 가늠하게 하는 관건적 문제가 되었습니다.

다른 것은 차치하고 이 두 과업에 대해서만큼은 북쪽에선 철저하게 추진되었습니다. 친일파들은 체포되어 단죄되었으며, 토지는 친일적 지주로부터 무상몰수 되어 경자유전의 원칙에 따라 무상분배 되었습니다. 이런 북쪽의 소식은 남쪽 사회에도 자극이 되어 친일파 청산과 토지개혁의 열망을 불러일으켰습니다.

하지만 미군정은 이에 소극적이었습니다. 미국은 자신들의 세계적 지배 질서를 세우는 것이 주된 목표가 된 상황에서 남쪽을 그들의 지배 체제 망으로 끌어들여야 했습니다. 그런데 이에 협조적인 사람들이 주로 친일파였기 때문입니다.

상식적인 이치로 봐도, 나라와 민족을 걱정한 사람이라면 이 역사적 과업을 결코 외면할 수가 없었을 것입니다. 하지만 자신의 욕심을 위해 나라와 민족도 배반하고 일제의 앞잡이로 행동했던 사람이라면 과연 그들이 나라와 민족의 앞날을 안중에 두었겠습니까? 도리어 친일파 청산과 토지개혁이 이뤄지면 자신들의 목숨조차도 부지할 수 없게 될 것을 동물적 감각으로 직감했을 것입니다. 그래서 그들은 미국의 요구에 추종하며 친미파로 변신해가며 살아남으려고 획책하였습니다.

친일파 청산과 토지개혁이 철저하게 진행되지 못한 것은 민족사의 정기를 똑바로 세우지 못하는 후과를 가져왔고, 그것은 한국 현대사에서 두고두고 후환거리와 걸림돌로 작용하게 되었습니다.

친일파 청산과 토지개혁의 과제는 우선 미군정과 남쪽 민과의 갈등을 불러일으켰습니다. 그리고 그것은 신탁과 반탁 같은 주권 문제는 물론이고 민주주의적 과제를 어떻게 실현할 것인가의 문제에까지 연동되면서 남과 북으로까지 확산되어 나갔습니다. 마침내 전쟁으로까지 비화 되어 동서냉전의 격화 속에 국제전으로까지 번지게 되었습니다.

1950년 6월의 한국전쟁은 우리 민족에게 엄청난 참화를 가져왔습니다. 수많은 사람들이 죽어갔으며, 전 국토가 황폐화되었습니다. 그뿐만 아니라 우리 민족의 이익 실현에 별반 도움이 되지 않는 이념대결이 극악한 형태로 진행되어 서로가 서로를 죽이는 참화도 발생하였습니다. 그런 가운데 적대적 감정으로 똘똘 뭉친 반공 이데올로기가 남쪽 사회의 확고한 틀로 갖춰지게 되었습니다. 반공 이데올로기 앞에 나라와 민족의 주권 행사에 가장 기본이라고 할 수 있는 군대에 대한 지휘 통제권도 주한미군사령관 앞에 바쳐지게 되었습니다.

이런 상황이었으니 남쪽의 초기 정부로 탄생한 이승만 정권에 대해 큰 기대를 건다는 자체가 무의미할 수밖에 없었습니다. 민족의 정기를 세우고자 했던 반민족행위특별조사위원회(반민특위)가 이승만 정권에 의해 사실상 무산되어 해체되었습니다. 토지개혁도 아니고 농지개혁으로 진행된 것 또한 유상몰수 유상분배라는 방식으로 불철저하게 진행되기에 이르렀습니다. 일제의 식민지 잔재를 청산하고자 하는 민족적 요구를 가로막고, 대다수 농민의 세기적 숙원을 적극적으로 해결하려고 하지 않는 정권이 취하는 통치 방식이란 뻔할 것입니다. 자신의 권력욕을 채우기 위한 심산으로 독재적 지배 방식에 의거했습니다.

미국은 자유와 평등을 보장하는 자유 민주주의 사회를 지키기 위해서라는 명분으로 동서냉전을 조성시켜 놓고서는 한국의 독재적 통치 방식에 대해서는 외면하였습니다. 한국의 민이 민주주의를 누리고 사는 것보다는 미국의 지배 질서 체계 속에 한국을 편입시키는 것이 더 중요했기 때문입니다. 통치자가 독재자인가, 민주주의자인가가 중요한 것이 아니라 미국의 말을 얼마나 잘 따르느냐가 기준이었다는 것입니다.

반공 이데올로기가 무소불위의 힘을 행사하고 있는 조건에서는 민족과 통일에 대한 언급은 물론이고 제반 사회적 요구에 대해서도 입을 열고 말하기가 힘들게 됩니다. 하지만 한국의 민은 이승만의 독재 통치에 계속 머리를 숙이고 있지 않았으며, 그것을 극복하기 위해 항거에 나섰습니다. 그것이 바로 1960년 4월 혁명입니다. 부패한 이승만의 자유당 정권을 몰아냄으로써 부정부패와 비리를 척결하고 자유를 누리며 민주주의 사회를 이룩하자는 요구였습니다.

한국의 민은 자유와 민주의 요구만이 아니라 통일에 대한 열기도 뜨겁게 달궜습니다. "가자 북으로, 오라 남으로"라는 구호가 그것입니다. 이것은 오랫동안 한 하늘을 이고 살았던 민족이 인위적 장벽에 의해 오가지도 못한 민족적 설움을 토해내면서 통일의 길로 나아가자는 민족적 감정의 표출이었습니다.

4월 혁명의 민족적 과제와 민주적 요구는 5.16 군사 쿠데타에 의해 가로막히다

4월 혁명의 요구는 1961년 박정희의 5.16 군사 쿠데타에 의해서 가로막히게 됩니다.

자유와 민주가 부정되고 부정부패와 비리가 버젓이 행해지는 곳에선 독재적 통치 방식이 통용됩니다. 독재적 통치 방식이 오랫동안 횡행하게 되면 약육강식의 법칙이 쉽게 관철되는 방식으로 됩니다. 그런데 그것은 결국 가장 힘 있는 자가 통치권을 장악하게 되는 방향으로 이끌게 됩니다. 국가에서 무력이 가장 결집 되어 있는 곳은 군대이고, 그 군대를 지휘하고 동원하는 자가 결국 지배 통치하는 군사독재 방식으로 귀결된다는 것입니다.

민족사의 정기가 똑바로 세워지지 못하고 부정부패가 만연한 신생약소국에서 처음엔 명망가의 탈을 쓴 자가 흔히 독재정치를 실시합니다. 그러다가 끝내 일부 정치군인의 군사 쿠데타에 의해 군사독재 체제의 모습으로 변환되는 과정에는 이런 내막이 담겨 있습니다.

당연히 군사 쿠데타를 일으킨 세력은 민족사의 정기를 바로 세우고 자유를 보장하는 민주주의적 사회를 실현하는 데에 관심이 없습니다. 자신의 권력욕을 채우기 위해 정치군인으로서 군사 쿠데타를 일으킨 것인데, 그와 달리한다면 얼마나 이율배반적인 행동이 되겠습니까?

더욱이 미국은 자국의 국익을 위해 세계 지배적 질서 체계를 세우는 목적 밑에 한국 군대의 작전 지휘권도 행사하고 있는 데다가 곳곳에 군사고문단까지 파견한 상태입니다. 사실상 한국의 군대를 장악하고 있는 형편입니다. 그런데 과연 이런 상황에서 미국의 이익에 배치되는 행동을 미국의 묵인 없이 그리 쉽게 군대를 동원할 수 있었겠습니까? 만약 그리했다가는 세계에서 가장 정보가 빠르기로 소문난 미국의 정보국 앞에서 벌써 제거되고 말았을 것입니다.

이것은 결국 미국이 4.19혁명으로 민의 요구가 더욱 분출되어 민족사적 과제 해결과 자유와 민주를 누리고 살려는 방향으로 나오게 되면 미국의 지배 체제의 유지에 도움이 되지 못할 것으로 보고, 그래서 차라리 군대를 동원해서라도 민의 요구를 억누르는 게 미국의 이익에 부합한다고 보았다는 것입니다.

이승만 독재정권에서 박정희 군사독재 정권으로 변환은 권력의 실세가 군인으로 바뀌게 되었다는 점에서 군대 문화가 사회 전체에 큰 파급력을 갖고 퍼지게 됩니다. 즉 지휘 명령권을 행사하는 군대의 특성으로부터 상명하복식의 군대 문화가 형성됩니다. 이로부터 구타나 기합 같은 인간 탄압의 가혹 행위가 쉽게 벌어집니다. 게다가 한국 군대는 친일적 잔재가 많이 상존해 있었습니다. 그 결과 군대 문화의 확산은 올바른 민족정기의 확립과 민주주의 권리 실현에 큰 장애 요소로 등장합니다.

박정희 군사정권은 이렇게 한국 사회에서 제기되는 중대한 과제를 외면하고서는 자신들의 군사독재를 정당화하기 위해 경제개발 계획을 추진합니다. 민족사적 과제 해결과 민주주의 사회를 실현하려는 과제를 가난으로부터 벗어나겠다는 경제개발로 치환한 것입니다.

박정희 군사정권이 독재정치를 실시하더라도 경제개발 계획을 수립했다는 것은 국가가 장기적인 목표와 계획을 세우고 추진했다는 점에서 그저 권력욕에 사로잡혀 독재정치를 실시했던 이승만 독재정권과는 또 다른 차이점이기도 합니다. 물론 그렇다고 하여 그 경제개발이 민을 위한 방식으로 진행되었다는 뜻은 아닙니다. 만약 그리할 것 같았으면 무엇 때문에 군사 쿠데타를 일으켜 자유와 민주주의를 누리려는 4월 혁명의 요구를 가로막았겠습니까? 경제개발 과정은 철저히 군대식으로 진행되어 노동자의 권리를 철저히 억압하였습니다. 또 경제개발을 위한 자금을 마련한다는 미명하에 무리하게 한일협정을 체결하여 일본으로부터 침략 행위를 저지른 사실에 대해 인정도 못 받고 진정한 사과도 받아내지 못했습니다. 그로 인해 강제징집이나 위안부 등의 문제에 대해 지금까지도 일본이 책임을 인정하지 않으려는 등의 여러 후환거리를 만들어 놓게 된 것입니다.

박정희 군사정권의 경제개발 정책은 한국 사회에 커다란 변화를 가져왔습니다. 어찌 보면 박정희 군사정권의 경제개발 정책은 운이 좋은 경우였다고 할 수 있습니다. 물론 박정희 정권의 경제개발 정책은 북한의 경제발전 상황으로부터 자극받는 측면이 있었습니다. 남북 간에는 체제 경쟁이 굉장히 심했는데, 60년대와 70년대만 해도 북이 남보다 더 잘 살고 있었다는 것은 잘 알려진 사실이니까요.

하지만 경제개발 정책이 성공하려면 의지만 갖고 되는 것도 아닙니다. 여러 변수가 맞아 들어가야 합니다. 특히나 한국의 경제개발 계획은 내부적 자원을 온전히 이용하는 자립적 경제발전을 지향하는 것이 아니었습니다. 수출 지향적 경제 성장 전략이어서 국제 환경적 조건이 매우 중요하게 작용할 수밖에 없었습니다. 그런데 국제자본의 흐름에서 이것은 잘 맞아 들어갔습니다.

그때껏 선진 자본주의 국가들은 약소국의 자원과 원료를 수탈하고 상품을 더 많이 팔아먹으려 하면서도 더 많은 이윤 추구를 위해 공업과 농업의 분업적 생산관계를 형성했습니다. 그런데 세계 경제가 더욱 발전하면서 또 한편으로 공업 내부에서도 중공업과 경공업이라는 분업적 구조가 요구되었습니다. 이런 형태가 자본의 이윤 추구에 더 도움이 되었다는 것입니다. 이 점에서 박정희 군사정권의 경제개발 계획은 미국의 이익에도 부합하는 것이었습니다. 이런 속에서 한국의 경제는 급속도로 성장해 갑니다.

박정희 군사정권의 성장 일변도 정책의 추진 과정에는 민의 아픔과 고통이 고스란히 담겨 있습니다. 수많은 농촌 인구가 대도시로 몰려들었고, 주거지도 제대로 해결하지 못해 빈민촌에 거주하면서 생존권을 해결하기 위해 공장에 취직했습니다.

하지만 군사독재가 실시되고 군대문화가 만연된 조건에서 근로조건은 지켜지지 않았고, 무시되기 일쑤였습니다. 저임금과 장시간 노동, 열악한 근로 환경으로부터 수많은 산업재해가 발생하며 노동자들이 쓰러져갔습니다. 경제개발을 위한 자금 마련에 도움이 된다는 이유로 수많은 사람들이 조국을 떠나 타국에 산업 전사로 진출하기도 하였습니다. 농민들에게는 노동자의 저임금 구조를 유지하기 위한 방편으로 저곡가 정책을 실시하였습니다. 그로 인해 생산비에도 미치지 못하게 되어 더욱 열악한 삶의 환경으로 빠져들어 갔습니다. 반면에 재벌들에게는 경제 성장의 주역으로 칭송하며 온갖 특혜를 부여하였습니다. 그 과정에서 부정·비리와 뇌물 관행이 형성되었고, 권력자들이 개인적으로 착복하는 현상이 비일비재하게 발생하였습니다.

이렇게 한국 사회를 병들게 만든 박정희 군사정권은 유신체제와 긴급조치로 더욱 탄압의 고삐를 조이면서 영구 집권을 획책하였습니다. 하지만 한국의 민은 그저 가만히 있지 않았습니다. 무엇보다 경제 성장의 과정에서 대거 등장한 노동자들은 이런 불합리를 극복하고자 "노동자도 인간이다, 인간답게 살아보자"는 구호하에 노동조합을 결성해 나가며 완강하게 투쟁해 나갔습니다. 이와 함께 유신체제를 반대하며 자유와 민주주의 실현을 위한 투쟁으로 점차 확산되어 나갔습니다. 급기야 당시 야당이었던 신민당사에 농성중인 YH 무역 여성노동자 진압 사건에서부터 부마항쟁으로 확산되는 과정에서 박정희의 유신정권은 집권 세력 간의 내부 갈등을 빚다가 실권자 박정희가 총탄에 피살됨으로써 막을 내리게 됩니다. 이것이 바로 1979년 10.26사태입니다.

박정희의 죽음으로 자유와 민주주의를 누리려는 기세가 더욱 높아지고, 그것이 실현되는 사회로 나가는 듯했습니다. 그러나 전두환의 군사 쿠데타 행위로 인해 또다시 좌절을 겪게 됩니다.

80년 광주 민주항쟁은 미국의 실체를 확인하게 하다

전두환은 권력을 장악하고자 민주화를 위해 나선 광주 시민을 향해 공수부대를 투입하여 총격을 가하게 함으로써 살해하였습니다. 아직까지도 무고한 시민을 살해한 행위에 대해 반성하거나 사과하지 않고 있습니다. 하지만 광주 시민의 무고한 죽음은 결코 헛되지 않았습니다.

한국 민을 지켜야 할 군대로부터 광주 시민이 학살당한 사건은 군사독재 정권의 잔혹성만이 아니라 미국이라는 국가에 대해 대중적으로 심도 깊은 고민을 하게 만들었습니다.

그때껏 한국의 민은 반공 이데올로기의 폭압적 족쇄 밑에 민족의 주권 문제조차도 제대로 제기하지 못했습니다. 그뿐 아니라 미국은 철저히 반공 이념의 동맹자로 여겨졌고, 심지어는 자유 민주주의의 수호자로 여기기까지 하였습니다. 그래서 한국의 가혹한 군사독재 정치와 인권 유린에 대해 미국에 도와 달라고 청원하기까지 하였습니다. 이런 상황이었으니 미국에 대한 반대는 몇몇 소수의 선각자들을 제외하고는 꿈도 꾸지 못했고, 곧장 빨갱이나 간첩으로 몰려 탄압받아야 했습니다.

하지만 백주 대낮에 민의 생명을 지켜야 할 군대가 도리어 광주 시민을 학살한 군사독재 세력의 만행은 이런 미국에 대한 환상을 단숨에 깨우치게 하였습니다. 한국 군대에 대한 작전 지휘권과 통제권을 가지고 있는 미국의 승인 없이는 군대가 동원되어 학살극을 벌일 수 없다는 지극히 상식적인 이치에 기초한 깨달음이었습니다.

이로써 한국 민은 독재정치로터 민주주의 사회를 이룩하겠다는 목표와 함께 민족적 과제까지 해결해야 함을 분명히 하게 되었습니다. 그리하여 일제로부터 해방된 시기에 제기되었다가 해결되지 못하고 미뤄져 왔던 민족사적 과제와 민주주의의 실현이라는 과제의 맥을 다시 잇게 되었습니다.

한국의 민은 해방 이후의 역사적 맥을 다시 이으면서도 시대적인 발전 과정에 맞게 더욱 풍부화시켰습니다. 반미 자주화와 반독재 민주화, 그리고 조국 통일의 목표가 분명하게 설정되었습니다. 아울러 한국에 절대적 영향력을 행사하는 미국에 대해 반미 자주화 없이는 민주화도 불가능하다는 입장도 분명하게 밝히게 되었습니다.

반미 자주화와 반독재 민주화, 조국통일을 위한 투쟁은 6월 항쟁으로 이어지다

반미 자주화와 반독재 민주화, 조국 통일의 위업을 실현하기 위한 투쟁은 전두환 군사정권의 폭압 속에서도 줄기차게 전개되어 1987년 6월 항쟁을 불러일으켰습니다. 그 성과로 대통령 직선제를 쟁취하여 직접 자신의 손으로 대통령을 뽑게 되었습니다.

하지만 6월 항쟁의 성과물로 이뤄진 87년 12월 13대 대통령 선거에서 군사독재 세력의 일당인 노태우가 당선됨으로써 커다란 패배를 겪게 됩니다.

그 패배의 후유증은 주되게 단일후보 추대와 독자 정치 세력화의 차이로 나타난 분열에 있었습니다. 이 입장의 차이는 그 후 선거 때마다 반복되어 나타남으로써 민을 하나로 단결시키는 데 적잖은 걸림돌로 되고 있습니다. 그러나 민에 있어서 단결하지 못할 이유가 없습니다. 원칙적 입장을 견지하면 됩니다.

민의 이해와 요구는 결코 누가 대신해서 해결해 줄 수 없습니다. 민 자신이 수행해야 합니다. 그래서 자기 발로 걸어야 하며, 자기 의자에 앉아야 합니다. 남의 힘에 의지하여 불편하게 걸터앉으려고 해서는 안 된다는 것입니다. 또한 민은 몇몇 계급적 세력으로만 존재하지 않으며 광범위한 세력으로 존재합니다. 그러니만큼 이 모든 세력과 함께 단결해나가야 합니다. 함께할 수 있는 광범위한 세력을 하나로 모아내어 그 힘을 계속 키워나가면 되는 것입니다.

배신세력의 등장은 한국 정치사의 지형에 복잡한 변화를 가져오다

87년 13대 대선의 패배는 한국 정치사에 있어서 또 다른 전환을 가져오는 계기가 됩니다. 바로 한때는 민과 함께했지만 자신의 욕심을 위해 민을 배신하는 배신세력의 등장이 그것입니다. 배신세력이 등장했다는 것은 몇몇 소수 사람이 배신한 행위를 두고 말하는 것이 아닙니다. 집단적인 투신 현상이 벌어졌다는 뜻입니다. 그로 인해 그들의 사회 정치적 영향력이 지대해졌다는 의미를 담고 있습니다.

그때껏 민주화의 투사처럼 반독재 민주화 투쟁을 전개해 온 김영삼은 통일민주당을 이끌고 1990년 2월 군사독재 세력의 일당 및 유신 잔당과 함께 민자당을 창당해 합당하였습니다. 그리고는 마침내 1992년 12월 14대 대통령에 당선됨으로써 배신정권의 서막을 열었습니다. 이후 김대중 정권 또한 유신 잔당인 김종필의 자민련과 연합함으로써 권력을 잡았습니다. 물론 김대중 정권은 군사독재 세력이 중심이 된 곳으로 합류한 김영삼과 달리 자신을 중심으로 끌어당겨 연합했던 점에서는 차이가 있습니다.

배신세력이 등장하게 된 것은 1988년 4월 13대 총선에서 당시 노태우 정권 시기 여당이었던 민정당이 국회의 과반수를 확보하지 못함으로써 더 이상 군사독재 세력이 맥을 추지 못하게 된 상황과 관련이 있습니다. 그래서 군사독재 세력은 그 위기를 탈피하고자 독재 반대를 외친 진영의 한 세력을 자기편으로 합류시켜 정권의 안정을 이룩하고자 하였고, 대권욕에 마음이 동한 일부 세력이 그들과 야합함으로써 빚어진 것입니다.

배신 세력의 등장은 한국 정치사의 지형에 복잡한 변화를 가져왔으며, 민의 진영에도 일정한 혼란을 초래하였습니다. 정치권에서만 이런 현상이 벌어진 것이 아니었기 때문입니다. 그 이후에 한때 반미 자주화와 반독재 민주화, 조국 통일의 구호를 들고 싸웠던 일부 인사마저 대오를 이탈해 배신세력이나 군사독재 세력의 잔당과 결탁하는 상황도 나타났던 것입니다.

배신세력이 내건 개혁과 세계화의 화두

김영삼 정권은 야합이라는 정치적 꼬리표를 불식시키고 자기 정권의 정당성을 확보하기 위해 개혁과 세계화의 기치를 내걸었습니다.

김영삼 정권 이래로 배신세력이 실세로 등장하고 그들이 집권하면서 개혁이라는 화두와 세계화 및 그와 연관된 단어들이 정책적 구호로 빈번하게 사용된 것은 결코 우연이 아닙니다. 이것은 단지 한국 정치세력에서의 역량 관계의 변화와만 관련되어 있지 않습니다. 한국 경제의 산업 구조의 개편과 노동자 계급의 급성장, 그리고 미국의 세계거대독점자본이 세계 유일의 패권적 지배체제를 확립하려는 흐름과도 밀접히 연관되어 있습니다. 가장 중요하게는 반미 자주화와 반독재 민주화, 조국 통일 운동의 성장과 관계되어 있습니다.

한국의 경제는 박정희 정권의 경제개발 계획에 따라 추진되면서 처음엔 경공업과 중공업의 분업적 구조로 발전했습니다. 그러나 점차 중공업 부분으로 진출해 나갔고, 마침내 조선과 자동차, 반도체 등의 일부분 첨단산업으로도 전진해 나갔습니다. 여기서 중요한 것은 한국의 대기업이나 재벌이 거기에 소요되는 첨단 부품을 얼마나 자체로 제작 조달할 수 있느냐가 아니라, 세계적 차원의 산업적 연관 관계를 형성해서 진행되었다는 점입니다.

개혁의 화두와 세계화 정책은 미국의 세계거대독점자본의 이해와 부합하였다

한국 경제구조와 산업구조의 개편 방향은 국가독점자본으로부터 세계거대독점자본으로 더욱 진화되고 강화된 미국의 이해와도 맞는 부분입니다. 거대독점자본은 처음엔 약소국에게 분업적 구조 과정을 통해 점차 자신들의 생산과 상품 판매 구조에 결부시켜 나갑니다. 그러다가 자신들이 직접 투자에 나서서 생산해서 판매해도 좋은 여건이 조성되면 문호 개방을 강요하고 나섭니다. 중소기업이 죽도록 고생해서 시장을 개척해 돈을 좀 벌 것 같은 상황이 조성되면 대기업이 그곳에 진출해서 집어삼키는 것과 같은 방식입니다. 미국은 한국 경제를 그들과 결코 떨어질 수 없는 관계로 만들어 놓고서는 쌀 시장과 소고기 시장 개방에서부터 은행과 금융 등의 직접투자에 이르기까지 집요하게 자유화하라고 강요한 것이 바로 그것입니다.

더욱이 세계정세는 80년대 말 동구권이 붕괴됨으로써 미국의 독주를 막을 수 있는 세력은 더 이상 지구상에 존재하지 않게 되었습니다. 미국의 유일적 패권 지배체제 형성의 걸림돌이라고 한다면 미국의 말을 듣지 않고 자주권을 고수하려는 힘없는 소수 몇몇 국가에 불과했습니다. 미국은 이런 나라들에게 불량국가라는 딱지를 붙여 붕괴시키려 하면서, 동시에 세계를 하나의 거미줄 망처럼 연결해 세계거대독점자본의 이해와 요구에 맞게 세계 유일의 패권적 지배체제를 확립하려고 하였습니다. 2차 세계대전 이래 세계적 지배 질서를 세우려는 야심을 사실상 달성할 수 있는 상황이 조성된 것입니다.

미국이 세계 유일의 패권적 지배 질서를 한국에 세워내기 위해서는 한국의 상황을 고려해야 했습니다. 당시 한국의 상황은 한국의 경제구조가 중공업 내지는 점차 일부 첨단산업으로 발전해가면서 노동자 집단이 대거 등장하고 있었습니다. 노동자들은 1987년 6월 항쟁 이후 지난날의 투쟁 성과를 이어받으면서 더욱 노동조합을 건설하고 그 권리를 위한 투쟁에 적극 나섰습니다. 그런 속에 대기업 특히 온갖 특혜를 받고 자라난 재벌 기업의 노동조합 또한 적극 투쟁에 나서면서 그 집단적 위력을 똑똑히 시위하였습니다.

이처럼 노동자들이 대거 투쟁에 나서게 되면 자유와 평등이라는 민주주의의 원리는 더는 누구도 부정할 수 없는 사회 원리로 정착되어 갈 수밖에 없게 됩니다. 원래 신생 부르주아지들은 입으로는 자유와 평등을 내세웠습니다. 그러나 그들의 자유와 평등은 엄밀히 말하면 자본을 가진 만큼의 자유와 평등을 의미했을 뿐입니다. 그래서 그들은 초기에 결코 노동자들이 노동조합을 결성하여 권리를 추구하려고 하는 것을 인정하려 들지 않았습니다. 그래서 노동자들은 저임금과 장시간 노동, 열악한 근로 환경에서 일하다가 쓰러져갔습니다. 이런 불합리함을 극복하기 위해 노동조합을 결성하여 투쟁함으로써 형식적인 자유와 평등을 인정받기에 이르렀습니다. 그토록 자본가들이 입에 닿도록 내뱉었던 자유와 평등을 실질적으로가 아니라 형식적인 것만이라도 인정받게 된 것은 노동자들이 노동조합을 결성하여 투쟁함으로써만 가능하게 되었다는 것입니다.

마찬가지로 한국에서도 그토록 자유와 평등의 원리를 강조하여 민주주의를 실현하려고 하였지만 이루어내지 못했습니다. 그러나 반미자주화와 반독재 민주화, 그리고 조국 통일의 구호를 들고 적극 투쟁에 나서고 6월 항쟁을 거치면서 노동자들의 대투쟁이 벌어짐으로 하여 인간관계에 있어서는 더 이상 자유와 평등을 거부할 수 없는 사회 분위기가 형성되어 나갔습니다. 자유와 평등의 원리를 대놓고 거부하지 못하는 이상 시대 흐름상 군사독재 식의 정치가 사회에서 맥을 추지 못하게 되는 방향으로 나아가게 될 것은 당연했습니다. 그런데 노동자들의 요구는 결코 인간관계에서의 형식적인 자유와 평등을 요구하는 수준에서 멈추지 않고, 실질적인 자유와 평등을 누리는 방향으로 나아가려고 할 것입니다. 나아가 민족의 자주권을 회복하고 조국 통일을 위한 방향으로 나아가려고 할 것입니다.

세계 유일의 패권적 지배 질서 속에 한국을 편입시키려고 의도한 미국으로서는 이런 노동자와 민의 흐름에 제동을 걸면서 제어하려고 하였습니다. 형식적인 자유와 평등은 인정하면서도 그 이상의 요구 조건을 내걸고 진출하려는 것은 막으려고 한 것입니다. 형식적인 자유와 평등을 인정한 것은 그것이 세계거대독점자본의 이윤 추구와 활동에 더 유리했기 때문입니다.

이치로 따져 봐도 자본의 법칙이 언제든지 자유스럽게 관철되자면 인간관계에서는 형식적인 자유와 평등의 관계가 이뤄져야 합니다. 만약 인간관계가 형식적으로 자유롭고 평등하지 않고 가부장제 원리나 신분 봉건적 요소가 사람을 움직이게 하는 주되는 요소로 된다면 자본의 법칙이 그대로 관철되는 데에 큰 제약 조건으로 작용할 것입니다.

결국 한국 민의 적극적인 진출을 가로막고 세계거대독점자본의 활동에 유리한 조건을 조성시켜 한국을 미국의 세계 유일의 패권적 지배 질서 속에 편입시키는 데에 가장 적합한 세력으로 배신세력이 선택된 것입니다.

미국에 의해 선택된 배신세력은 세계거대독점자본의 이해와 요구에 맞게 행동하였다

배신세력은 미국의 세계거대독자본의 이해와 요구와 척척 맞아가도록 개혁의 화두를 던지면서 세계화해야 한다고 주장하고 나왔습니다.

세계화란 것은 단순히 세계 여러 나라와 교류하고 협력하자는 차원의 뜻이 아닙니다. 한 나라의 주권이 미치는 국경을 헐어버리고 모든 영역에 걸쳐 자유화시킴으로써 세계적 차원에서의 무차별적인 경쟁을 벌이자는 것입니다. 그렇게 되면 그 경쟁에서 살아남을 수 있는 기업은 세계 1등 기업, 즉 세계거대독점자본이 될 것이 분명한바, 이건 그들의 논리라고 봐야 합니다. 한국의 기업 같은 처지에서는 결코 주장할 내용이 아닙니다. 그런데도 그런 주장을 펼친다면 그것은 세계거대독점자본의 이해와 요구에 편승해서 그 떡고물을 주워 먹자는 꼴과 다를 바 없습니다.

물론 김영삼 정권 시기에 개혁의 명분은 군사독재 세력으로 둘러싸인 환경으로부터 벗어나 집권 안정을 유지하기 위한 목적에서 비롯되었다고 할 수 있습니다. 그렇더라도 군부 실세와 연결된 군대 사조직인 하나회를 뿌리 뽑은 것이라든가, 역사 바로 세우기 등을 외치면서 광주민주항쟁을 탄압한 책임자들을 처벌하여 군사독재 세력의 실세를 제거한 것은 그의 공적이라고 할 수 있습니다. 군사독재 세력의 실세가 제거됨으로 하여 한국사에서 다시는 군사독재 정치가 행해질 수 없게 만들었기 때문입니다. 하지만 김영삼 정권은 반미 자주화와 조국통일은 물론이고 군사독재의 철저한 청산을 요구하는 세력을 탄압함으로써 한국 사회에서 근본적으로 제기되는 과업을 외면하였습니다.

민은 김영삼 정권의 탄압에도 불구하고 군사독재 세력이 더는 맥을 추지 못하는 유리한 상황과 조건을 이용하여 더욱 투쟁에 나섰습니다. 형식적인 자유와 평등이 아니라 실질적으로 자유와 평등을 누리는 방식으로의 개혁을 점차 요구하게 된 것입니다.

세계거대독점자본은 이런 민의 진출을 억누르고 더욱더 한국 사회를 장악하고자 한국의 경제 상황을 파국으로 몰아갔습니다. 그것이 1997년 외환위기로부터 벌어진 IMF 환란입니다. 세계화만 주구장창 외치다가 세계거대독점자본의 의도를 전혀 눈치채지 못하고, 사실상 미국의 절대적 통제를 받고 있는 IMF의 통치를 받게 된 것입니다.

김대중 정권은 평화적으로 정권 교체를 이룩했다고 자랑했는데, IMF의 지배를 받는 상황에서 어떻게 해서든지 경제적 주권을 지키려고 노력했어야 했습니다. 그런데 도리어 더 개방하고 세계화시키는 것만이 살 길이라고 외치면서 사실상 김영삼 정권이 그토록 외쳐댔던 세계화 정책을 사실상 집행하는 꼴이 되었습니다.

김대중 정권은 IMF의 지배를 가장 빨리 종식시켰다고 주장하지만, 사실상 IMF의 구조 조정의 요구를 무조건 수용하여 알짜배기 기업은 물론이고, 주요 은행 등에 이르기까지 세계거대독점이 장악하게 만든 게 과연 그 해결책이라고 할 수 있겠습니까? 3대 재벌의 하나로 거론된 대우그룹은 공중 분해되어 해체되었습니다. 심지어 한국의 내로라하는 삼성 그룹의 지분을 외국계 자본이 50% 이상까지 장악하고 있는 상황입니다. 이를 보면 과연 한국 경제의 실질적인 주인이 누구인지를 말해주는 격이라고 할 수 있습니다. 이런 점에서 김대중 정권의 외환위기 해결 방식은, 말레이시아의 마하티르가 IMF의 요구 조건을 거부하며 도리어 외환과 주식 거래를 통제하는 등 경제 주권을 행사하면서 경제 위기를 극복했던 것과는 참으로 대비된다고 할 수 있을 것입니다.

더욱이 김대중 정권에서 IT 정보화를 강력히 추진해 나갔던 것은 자본의 거래를 활성화해 세계거대독점자본이 더욱 활개 칠 수 있는 여건까지 조성해 주는 셈이 되었습니다. 한국 사회에서 정보화가 급속도로 진행됨으로 하여 여과 없이 외국의 이색 저질 문화가 퍼지게 되었습니다. 그로 인해 정치와 경제, 사회, 문화 등 모든 방면에서 미국의 세계 유일의 패권적 지배 질서 체계에 더욱 편입되어 나갔습니다.

세계화 정책의 적극적인 추진으로 세계거대독점자본 및 그와 연결된 축을 중심으로 하는 세력이 한국 사회에서 더욱 영향력을 행사하는 방향으로 나아가게 되었다

지난날 한국 사회는 미국과 군사독재 세력을 중심축으로 하여 지배되고 통치되었습니다. 그런데 세계화가 급진전 되면서 세계거대독점자본과 그와 연결된 자본을 중심으로 해서 재계와 정관계, 언론계 등이 하나의 똬리를 틀어 움직여가는 상황으로 변화되어 가고 있습니다. 이것은 자유와 평등이 형식적으로 이뤄진 조건에서 인간 외적인 힘인 자본의 법칙을 기반으로 하여 사회 전반이 돌아가는 형태가 사회 운영의 기본 방식으로 되었다는 뜻입니다.

이로 인해 자본의 무한한 이윤 추구가 정당화되었습니다. 그럼으로써 투기와 불로소득을 누리려는 형태가 사회에 만연하게 되었습니다. 군사독재 시기엔 부동산 투기만 보더라도 군사독재의 실권자와 연계된 몇몇 사람과 군사독재 정권으로부터 특혜를 받는 재벌이 중심이 되어 진행되는 식이었습니다. 그런데 세계화가 확산된 조건에서는 돈과 정보를 가진 사람이라면 거의 다 부동산 투기를 하게 되는 셈입니다. 이렇듯 투기와 불로소득을 통해 부를 축적하는 것이 횡행하게 되면 부와 권세가 있는 자는 더욱더 부를 축적하고, 반면에 힘없고 빽 없는 사람은 더욱 비참한 상황에 빠지게 됩니다.

이렇게 자본의 힘을 축으로 하여 세계거대자본과 한국 국내의 세력이 긴밀히 연계되면서 한국 사회를 지배 통치하는 주되는 세력으로 형성되어 사회의 전 부분을 통제하여 나가고 있다고 한다면 이를 극복하기 위해서는 어떻게 해야 하겠습니까? 형식적인 자유와 평등의 인정이 아니라 인간이 살아가는 모든 영역에서 실질적으로 자유와 평등을 누릴 수 있도록 만들어야 할 것입니다. 그래서 한국의 민은 재벌개혁, 언론개혁, 사법개혁, 검찰개혁 등 전방위적인 부분에 걸쳐 개혁의 구호를 들고나왔으며, 이를 민주적인 운영 원리에 입각해 제도와 질서 체계를 세우려고 하였던 것입니다.

시대적 발전에 맞게 자주와 민주, 통일의 풍부화되고 심화된 내용이 개혁의 요구로 되었다

인간은 개성을 가진 존재로서 집단을 구성하여 나라와 민족 단위로 살아가고 있습니다. 그렇다면 이 모든 부분에서 실질적인 자유와 평등을 누리게 하자면 결국 이 모든 영역에서 주인의 권리를 보장해야 한다는 입장에 근거하여 민주적인 제도와 질서 체계를 세워내야 할 것입니다.

그 때문에 자주는 단순히 민족 자주라는 의미의 내용으로부터 개인과 집단, 나라와 민족 단위의 모든 부분에서 주인의 권리를 실현하는 부분으로 더욱 풍부화되었습니다. 민주라는 내용도 단순히 반독재의 내용을 가진 의미로부터 개인과 집단, 나라와 민족 단위의 모든 부분에서 주인의 권리를 실현하기 위한 제도와 질서 체계를 세우는 것으로 풍부화되었습니다. 조국 통일 또한 단순히 하나의 민족이기에 남북이 통일하자는 것으로부터 한반도 차원에서의 민의 권리를 실현하기 위한 내용으로 더욱 풍부화되었습니다.

이렇듯 한국의 민은 독재정치를 청산하여 형식적인 자유와 평등을 누려야 한다는 것으로부터 점차 개인과 집단, 나라와 민족 단위의 전 부분에 걸쳐 주인의 권리를 보장해야 한다는 입장하에 민주적인 제도와 질서 체계를 세우는 내용으로 심화시켜 나갔습니다.

물론 김영삼 정권에서 개혁이라는 화두가 나왔던 관계로 처음엔 사이비 개혁으로 받아들이며 개혁이라는 말 자체를 배신과 연관 지어 해석하기도 하였습니다. 하지만 개혁은 민의 요구입니다. 그래서 개혁의 화두가 처음엔 반미 자주화와 반독재 민주화, 조국 통일의 목표를 실현하기 위한 투쟁 과정에서 주되게 군사독재 정치를 청산해야 한다는 과제를 위주로 삼아 시작되었지만, 민은 거기에서 멈추지 않고 주체로 나선 시대사적 요청에 맞게 더욱 심화시키고 발전시켜 왔다는 것입니다.

그 때문에 개혁은 자주와 민주, 통일 운동으로부터 비롯되었다고 말하는 것이며, 자주와 민주가 각각 주인으로 권리를 보장해야 한다는 입장에 근거하여 민주적인 제도와 질서 체계를 세우는 것으로 되었으니만큼, 개혁 또한 그 방향으로 나가야 한다고 말하는 것입니다.

풍부화되고 심화된 내용으로 개혁을 받아들이지 않으면 개혁은 성공할 수 없다

개혁의 심화된 내용을 받아들이려고 하지 않고 여전히 독재정치의 청산, 형식적인 자유와 평등의 보장, 내지는 부분적인 측면에서의 개선에 머무른다면 개혁을 제대로 추진할 수 없습니다.

한국의 민은 김대중 정권의 경우 IMF의 지배를 받았고, 또 정치 세력의 역관계상 소수 세력이었기에 제대로 시행하지 못했던 측면도 있을 것이라고 보고, 노무현 정권을 탄생시켜 또 한 번의 기회를 주었습니다. 노무현 정권은 그 누구와 야합하지도 않고 권력을 잡았으며, 나중엔 집권 여당이 다수당으로까지 되었습니다.

하지만 노무현 정권은 근본적으로 세계화 정책을 수정하기는커녕 계속 밀고 나가면서 부분적인 개혁을 시도하려고 하였습니다.

세계화 정책을 수정하지 않는 이상 세계거대독점자본에 의해 주권을 제약받을 수밖에 없으며, 빈부의 격차는 커질 수밖에 없습니다. 그런데 그걸 고치지 않는 조건에서 아무리 부분적으로 개혁하자고 외친다고 한들 그 속에서 어떻게 개혁이 성공하겠습니까? 개혁을 철저히 실시하라는 민의 요구를 듣지 않으니 민으로부터 외면당하는 것은 당연한 귀결이었습니다. 그 결과 아예 개혁 자체를 뒤로 돌리려는 반동세력이 권력을 잡아 이명박 정권과 박근혜 정권 등의 반동정권이 탄생하게 되었습니다.

민은 역사를 다시 되돌리려고 하는 반동정권의 모습을 결코 좌시하지 않았고, 촛불혁명을 일으켜 문재인 정권을 탄생시켰습니다. 하지만 문재인 정권 또한 세계화 정책을 전혀 수정하려 하지 않고 있으며, 부분적으로 개혁을 실시하려고 하고 있습니다. 그런 방식으로 해서는 개혁이 성공할 수 없다는 것은 노무현 정권 시기에 이미 확인되었습니다.

개혁을 참답게 시행하기 위해서는 입으로 부분적인 개혁만을 주구장창 외치거나, 반개혁 세력 때문에 안 되는 것처럼 그 책임을 돌리려고 해서는 안 됩니다. 지금껏 한국 민이 어떤 전진 과정을 거쳐 개혁을 요구하고 있는지부터 명확히 파악해야 할 것입니다. 그리하여 지금 시기의 개혁은 주인으로서 권리를 보장해야 한다는 입장에 근거하여 사회 전반에 걸쳐 민주적인 제도와 질서 체계를 수립하는 것임을 분명하게 이해하고, 개인과 집단, 나라와 민족 단위의 전 영역에 걸쳐 전면적으로 시행해 나가기 위해 응당 노력해야 할 것입니다.

그리한다면 몇몇 부분에서 비록 난관이 있을 수는 있겠지만 전반적으로 개혁의 미래를 성공적으로 열어나갈 수 있을 것입니다.

3장

개혁은 일치와 입체, 통일의 방법론에 의거해야 한다

1 ▸▸▸
개혁은 일치와 입체, 통일의 방법론에 의거해야 한다

개혁을 성공적으로 완수하기 위해서는 개혁의 근거와 필요성 및 목표와 방향성은 물론이고 개혁의 방법론까지 밝혀야 합니다.

아무리 포부가 원대하더라도 방도가 없다면 그 꿈을 실현할 수가 없습니다. 더욱이 현 시기에 시대사적으로 요구되는 개혁은 모든 영역과 전 부분에 걸쳐 민이 주인으로서의 권리를 실현하는 문제입니다. 이 거창한 개혁의 과제를 성공시키기 위해서는 시대사적 요구에 맞는 방법론까지 해결하여야 합니다.

일례로 도심 한가운데에 멋진 공원을 조성하려고 합니다. 나무와 꽃도 심고, 놀이터와 쉼터 등 여러 문화 공간을 만들려고 합니다. 이렇게 해 놓으면 분명 삭막한 콘크리트의 도심 같은 모습에서 벗어나 좀 더 쾌적한 환경 속에서 숨 쉬며 살아갈 수 있게 될 것입니다. 멋진 공원을 조성하려는 필요성이나 목적 등은 충분히 이해할 수 있지요.

그런데 추진 방법이 일방적입니다. 그 공원 구획 지역의 주민들에게 언제까지 공사를 진행할 것이니 그곳에서 살고 있는 집을 무조건 비워 달라고 통고한 겁니다. 그러고서는 불도저로 밀어버리려는 방식으로 진행한다면 어떻게 되겠습니까? 아마 주민들의 거센 반발에 부딪혀 매우 혼란스러운 상황으로 빠지고 말 것입니다.

개혁에 대한 말들이 하루도 빠지지 않고 거론될 정도이지만, 어느 것 하나 제대로 추진되지 못하고 혼란스러운 상황을 맞이한 데에는 개혁의 방법론을 명확히 확립하지 못하는 점에도 그 원인이 있습니다.

예전에는 목적이 정당하다면 그 수단과 방법은 별로 따지지 않았습니다. 어차피 약육강식의 법칙이 통용되는 곳에서는 부와 권세가 있는 자들에 의해서 세상이 돌아가게 되어 있고, 또 그 속에서는 추진 방법의 정당성까지 따지고 진행하면 애초의 목적을 달성할 가능성이 더 낮아진다고 보았기 때문입니다.

인간을 인간으로 인정하지 않거나 차별했던 자본주의 이전 사회에서는 목적을 달성하자면 인간적인 대접이 아니라 그 인간을 어떻게 부려먹는 것이 효과적인가가 중요했을 뿐입니다. 자본주의 사회에 와서 말로는 인간은 자유롭고 평등하다고 했지만, 진짜는 자본의 법칙이나 시장의 법칙에 순응해야 하는 대상으로 전락되어 있기에 이윤 추구의 효율성을 타산하지 않을 수 없었습니다.

하지만 인간이 삶의 주인으로서 살아가야 한다는 시대사적 요구 앞에서는 이런 사고와는 결별해야만 합니다. 주인으로서 살아간다는 것은 삶의 목적이기도 하지만, 삶의 모든 과정에서 지켜져야 할 원칙이기도 하기 때문입니다. 모든 일의 진행 과정에서도 주인으로서의 대접을 받지 못하면 주인으로서의 삶을 살아갈 수 없습니다.

민이 주체로 등장한 세상은 이처럼 지금까지와는 전혀 달리 목적뿐만이 아니라 수단과 방법에 이르기까지도 인간이 삶의 주인으로서 살아가야 한다는 원칙을 견지해나갈 것을 요구합니다. 바로 여기서 주체로 등장한 시대사적 요구에 맞게 개혁을 어떤 방도에 의거해 풀어나가야 하는지에 대한 방법론까지 밝혀야 할 이유가 등장하게 됩니다.

개혁의 방법론은 민이 살아가는 삶의 방식에서 찾아야 한다

개혁을 추진하기 위한 올바른 방법론을 세우기 위해서는 그 방법론을 민에서 찾아야 합니다. 민이 사회와 역사의 주체이고, 개혁의 주체 또한 민이기에 민으로부터 찾아야 할 것은 분명합니다. 하지만 여기에서 멈추면 안 됩니다. 다른 것도 아니고 민이 주인으로서 삶을 살아가려고 하는 거창한 과제인 만큼 그 삶의 방식까지 명확히 밝혀내고 거기에서 해결 방법을 수립하여 나가야 합니다.

민이 살아가는 삶의 방식의 문제가 시대사적으로 제기되게 된 것은 오랜 세월을 통한 합법칙인 발전 과정을 통해서였습니다.

자본주의 사회에 이르기까지 인간에 대한 이해는 주되게 인간관계의 문제를 해명하려고 하는 데에 집중하였습니다. 인간관계가 어떠하냐에 따라 인간의 삶에 지대한 영향을 미쳤기 때문입니다. 그래서 노예제나 신분제 사회에서는 인간에 대한 해명도 노예제와 신분제를 옹호하기 위해 주되게 인간에 대한 차별을 정당화하기 위한 방편으로 이해되었습니다.

그런데 자본주의 사회에 와서 인간은 차별적인 관계에서 벗어나 누구나 자유를 누리고 평등하게 살아야 한다는 것이 인정되기에 이르렀습니다. 이로써 인간관계에 대한 해명은 기본적으로 해결되었습니다. 그런데 자본주의 사회에서는 인간 외적 법칙인 자본의 법칙에 따라야 했습니다. 그것이 정의롭고 공평하다는 것이었고, 자유와 평등을 보장한다는 주장이었습니다. 하지만 이것은 자본의 법칙이 사회 운영의 기본 법칙으로 된 이상 자본의 자유와 평등을 의미했습니다. 인간은 자본의 법칙을 따라야 하는 대상으로 전락된 것이었습니다. 그리하여 자본의 법칙에 따라 사회는 빈부 격차가 극심해졌고, 사실상의 자유와 평등마저 위협받기에 이르렀습니다.

여기서 인간이 주인으로서의 삶을 살아가자면 단순히 인간관계에 대한 해명으로만 끝나서는 안 되게 되었습니다. 인간은 과연 인간 외적 대상과의 관계에서 여전히 대상으로 전락해서 살아가야만 하는 존재인가, 아니면 그것을 극복하고 주인으로서의 삶을 살아갈 수 있는 존재인가에 대한 해명이 관건적 사항으로 제기되기에 이르렀습니다. 인간이 외적 대상과의 관계에서 대상으로 전락해서 살아가지 않으려면 인간 자체에 대한 해명에 기초해서 주인으로서 자신의 삶을 살아갈 수 있다는 근거를 밝혀야 했습니다.

인간은 사회를 구성하여 생존하며 삶을 살아가는 사회적 존재라는 해명은, 인간 자체에 대한 해명에서 커다란 질적 전환을 이룩하게 하였습니다. 인간이 사회적 존재라는 것이 밝혀짐으로 하여 신에 의지해야 하거나 그렇지 않으면 우주의 기를 받아서 세상을 개척하는 것이 아니라 사회적인 힘에 기초해서 전진시켜 나간다는 것이 파악되었기 때문입니다. 이로써 어떤 외부적인 존재에 기댈 것이 아니라 사회적 존재로서 사회적인 생산물을 발전시켜서 세상을 합법칙으로 개척해 나갈 수 있다는 주장이 과학적 토대 위에 올라서게 되었습니다.

하지만 사회적 생산물을 발전시켜 내는 사회적 존재라는 해명만으로는 인간이 인간 외적 대상으로부터 필연코 대상으로 전락하지 않고 주인으로서의 삶을 살아갈 수 있다는 것을 명확히 확증시킬 수는 없었습니다. 인간이 사회적 존재로서 갖는 사회적 힘이 어디로부터 기인하는지 그 근거까지 밝혀야 했기 때문입니다. 그 부분까지 해결하지 못하면 인간이 사회적 존재로서 창출시켰던 그 사회적 힘 앞에 또다시 대상으로 전락될 수 있었습니다.

자본이나 물질적 성장은 분명 인간이 사회적 힘으로 창출한 것들입니다. 그런데 이런 자본의 법칙이나 물질적 성장이 저절로 인간에게 이롭게 사용될 것이라고 본다면 어떻게 되겠습니까? 지금 현 시기 자본의 노예가 되다시피 하여 빈부의 격차가 심화되면서 대다수 사람이 극심한 고통을 겪고 있는 상황은 그 실상을 단적으로 보여주고 있습니다. 이것은 인간이 사회적인 힘으로 창출시켰다는 점에서 신이나 자연의 법칙 같은 것에 순응해야 하는 것과는 좀 차이가 있습니다. 하지만 본질적인 측면에서 인간이 또다시 대상으로 전락되고 있다는 점에서는 하등 다를 바가 없습니다. 그 때문에 인간이 사회적 존재로서 갖는 사회적인 힘이 형성되는 근원적인 부분에 대한 해명이 필요하게 되었습니다.

그에 대한 해답으로 인간은 자기 삶의 주인으로서 살아가고자 하는 자주성, 주인으로서 삶을 살아가기 위해 세계를 개조 변혁해 나가는 창조성, 자기 자신과 세계를 인식하고 파악해 나가는 의식성을 지닌 존재임으로 하여 세상을 개척해 나갈 수 있는 사회적 존재라는 사실이 밝혀지게 되었습니다.

인간이 자주성, 창조성, 의식성을 지닌 사회적 존재라는 사실이 파악됨으로 하여 자주성과 창조성, 의식성을 높여 나가면 인간 외적 대상에 대하여 결코 대상으로 전락하지 않고 주인으로서의 자기 삶을 살아갈 수 있다는 것이 확증되기에 이르렀습니다.

인간이 삶의 주인으로 살아간다는 것은 마치 인간이 신처럼 세상을 맘대로 조종하거나 움직여 나간다는 뜻이 아닙니다. 인간은 우주의 법칙이나 지구 환경, 자연의 법칙이 전개되는 곳에서 살아갑니다. 이런 삶의 환경을 뛰어넘을 수는 없습니다. 그래서 인간이 삶의 주인으로 살아가려고 한다는 것은 객관적 삶의 환경을 무시하려고 하는 것이 아니라, 인간이 세계와의 관계에서 어떤 관점과 입장을 가지고 세계를 대하는가에 대한 문제를 제기하고 그 부분에 대해 해답을 내린 것이라고 할 수 있습니다.

객관적인 법칙은 단지 법칙일 뿐입니다. 그 법칙에 대해 어떻게 대하는가는 인간의 주체적 특성과 요구에 달려 있습니다. 그래서 인간은 자주성과 창조성, 의식성을 지닌 사회적 존재라는 말은 인간의 객관적 특성을 설명해주는 것이면서 동시에 주체적 특성을 밝히는 것으로도 됩니다.

이를 세계와 관련지어 논하게 되면 인간은 세계에 대해 주체의 사회적인 힘으로 대응하면서 자기 삶의 주인으로서 살아가려고 하는 사회적 존재라고 설명할 수 있게 됩니다. 객관적인 법칙에 대해서도 그저 순응하려고 하는 것이 아니라, 과학 기술을 발전시켜 그것을 더 잘 이해하고 파악함으로써 주인으로서의 삶을 더 높은 수준에서 실현하려고 하는 측면에서 접근한다는 것입니다.

인간이 자주성과 창조성, 의식성에 의거하여 주인으로서의 삶을 실현해나가자면 주인으로서의 권리가 보장되어야 하고, 그 주인의 권리를 실현하기 위한 민주적인 제도와 질서 체계가 세워져야 합니다.

그런데 주인으로서의 권리 보장과 민주적인 제도와 질서 체계는 어느 한 부분이 아니라 모든 부분에 걸쳐 진행되어야 합니다. 어느 한 부분이 관철되지 않는다면 그 부분의 권리 실현에만 장애를 겪는 것이 아닙니다. 그로 인해 다른 부분의 영역에까지 영향을 미치기 때문입니다.

인간이 살아가는 삶의 전 부분에 걸쳐 관철되게 하자면 인간 주체가 어떤 방식으로 삶을 살아가는지, 즉 삶의 방식에 대해 살펴보아야 합니다. 인간이 살아가는 삶의 방식이 밝혀지고 그 모든 부분에 대해 주인으로서의 권리가 보장되고, 주인의 권리를 실현하기 위한 민주적인 제도와 질서 체계가 세워지면 주인답게 삶을 살아갈 수 있게 됩니다.

인간은 개인과 집단, 나라와 민족 단위로 지구라는 행성 위에서 살아간다

인간은 누구나 관계없이 개성을 가진 존재로서 집단을 구성하여 나라와 민족 단위로 지구라는 행성 위에서 삶을 살아가고 있습니다. 어떤 인간도 여기에서 벗어나서 살아갈 수는 없습니다.

개성을 가진 존재라는 것은 쌍둥이도 각기 다른 개성을 가지고 살아가고 있다는 점에서 명백히 밝혀지고 있습니다. 집단을 구성하여 살아간다는 것은 우선 인간이 계급과 계층, 성별, 그리고 지역적 공동체로 집단을 구성하고 살아가고 있는 객관적 측면을 밝힌 것이라고 할 수 있습니다. 하지만 인간은 단순히 객관적 측면에서만 머무르지 않고 각기 주체적인 가치관의 지향과 요구를 반영하여 집단을 구성하여 살아가기도 합니다. 종교별이나 취미별은 물론이고 정치와 경제, 사회, 문화 등 전반에 걸쳐 자신들의 지향과 요구를 실현하기 위해 조직을 구성하여 나갑니다. 종교별 행사를 하는 것이나 등산과 같은 취미 모임을 구성하기도 하고, 정치적 결사체를 결성하기도 하는 것이 그것입니다.

하지만 아무리 집단의 조직이 크다고 할지라도 나라와 민족 단위로 살아가는 삶을 부정할 수는 없습니다. 인류사의 발전 과정에서 주권을 행사하는 것은 나라와 민족 단위로 이뤄지고 있기 때문입니다. 이 주권의 행사로 인해서 나라와 민족 단위가 사회와 역사에서 중대한 의미를 갖게 됩니다.

인간이 지구라는 행성 위에서 살고 있다는 점은 지구촌의 세계가 더욱 긴밀하게 연계되고 있고, 과학 기술의 발전으로 인해 인간의 활동이 지구에 미치는 영향력이 점점 커지고 있는 측면을 반영한 것이라고 할 수 있습니다. 지구가 파괴되어 버린다면 인간의 생존 자체가 위협받게 될 것입니다. 지금 무분별한 개발로 지구의 생태계가 심각하게 파괴되고 있습니다. 또 자국의 이익을 추진하기 위한 수단으로 진행된 우주 개발로 해서 우주 쓰레기가 생성되고 있습니다. 이런 것들은 지구에 생존하는 모든 생명체의 존재 자체를 위협하는 일이 될 수 있습니다. 그러기에 지구라는 행성 위에서 살아가고 있는 측면에서 함께 대응해야 할 과제로 되고 있습니다.

특히 지구라는 행성 위에서 전쟁이 끊이지 않고 일어나는 것은 결코 간과할 수 없는 문제입니다. 옛날과 달리 엄청난 화력이 동원되면서 진행되는 전쟁은 수많은 인명 피해를 가져다주는 것은 물론이고 지구 환경을 엄청나게 황폐화하고 있습니다. 지구상에서 일체 벌어지는 전쟁을 막아야 합니다.

그런데 지구상에서 전쟁의 참화가 발생하는 가장 큰 이유는 미국의 패권적 지배 질서 유지와 군산복합체의 이득을 위해 약소국들을 군사무기로 위협하거나 침략을 감행해서 벌어지는 경우가 다반사입니다. 그 침략으로 가장 힘없는 노약자들이 먼저 죽어가고 있습니다. 지구상에서 일어나는 전쟁 참화와 지구의 황폐화를 막기 위해서는 그런 패권적 지배 질서를 추구하는 세력에 대해 전 지구적 차원에서 단합해서 싸워야 합니다.

전 지구적 차원으로 단합하는 부분이 있다 하여 나라와 민족 단위로 주권을 행사하고 있는 영역을 함부로 제약하려고 해서는 안 됩니다.

앞으로 인류 미래는 정말 지구촌의 모든 인류가 하나의 대가정처럼 되어 언젠가는 전 지구적 차원에서의 연방정부가 성립될 수도 있을 것입니다. 이 지구적 차원의 연방정부는 먼 훗날 외계인과 접촉하고 교류하게 될 때는 지구촌의 인류를 대표할 수도 있을 것입니다. 그런데 이런 지구적 차원의 연방정부가 세워지기 위해서라도 국제적 차원에서 패권적 지배 질서를 추구하는 세력이 더는 힘을 쓸 수 없게 청산시켜야 합니다.

국제 사회에서 여전히 패권적 지배 질서를 추구하는 세력이 활개 치고 있는 상황에서 나라와 민족 단위로 행사하는 주권을 제약하려고 하는 것은 이런 패권적 지배 질서를 청산하기 위해 대항해야 하는 가장 강력한 무기를 손에서 내려놓으라는 것과 같은 행위입니다. 이것은 세계 유일의 패권적 지배 질서를 형성하려고 하는 미국이 자신의 말을 듣지 않는 나라들을 향해 인권 문제를 들고나와 불량국가로 매도하며 내정을 간섭하고, 심지어는 주권까지 유린하며 침략에 나서고 있는 것에서 여실히 드러나고 있습니다.

인권은 개인과 집단, 나라와 민족 단위의 모든 부분에서 주인의 권리를 누리고 사는 것으로 확장되어 이해되어야 한다

미국은 개인의 자유와 평등을 인권의 전부인 것처럼 주장하지만, 주인으로서의 권리를 실현하려고 하는 시대사적 요청 앞에서 인권은 그 부분만으로 한정될 수 없습니다.

인간은 개인적 존재로만 살아가는 게 아닙니다. 집단과 계급적 존재로서 뿐만이 아니라 나라와 민족 단위에 걸쳐서 동시적인 적용을 받으며 살아가고 있습니다. 그래서 인간을 어느 한 부분의 삶의 영역만으로 한정할 수 없습니다.

인간의 삶을 개인과 전체의 대립적 관계로만 극단화시켜 살펴보면 어떤 식으로든 개인의 자유가 그 무엇에도 속박받지 않아야 한다는 식의 개인주의적 인간관이나, 아니면 전체의 이익이 절대 우선한다는 식의 전체주의적 주장을 펼칠 수밖에 없게 됩니다. 그러나 인간이 개인과 집단, 나라와 민족 단위로 살아가고 있는 조건에서 그렇게 대비시켜 볼 필요도, 근거도 없습니다. 그 모든 삶의 영역에서 주인의 권리를 누리고 살아야 합니다.

이로 놓고 볼 때 인권은 글자 그대로 인간의 모든 권리라고 할 수 있으니만큼 인간이 살아가는 삶의 모든 영역에서 주인으로서의 권리를 누리게 하는 것으로 확장해서 이해되어야 합니다. 인권은 형식적인 측면에서 개인의 자유와 평등을 보장하는 시민권이나 자유권, 아니면 정치와 경제 사회적 측면에서의 몇몇 부분의 내용으로만 결코 제한받을 수 없습니다.

단적으로 민이 나라와 민족 단위로 살아가고 있는데 그 주권이 유린되어 침략을 받아 수많은 사람이 무참히 살상되며 죽어가고 있습니다. 그런데 거기서 주권의 침략 행위는 인권에 대한 영역에 해당되지 않는다고 제외한다면 얼마나 기가 막힌 일이 되겠습니까? 사람의 생명조차도 지켜주지 못한 게 인권의 내용이라면 침략을 당한 나라의 민에게는 별반 가치 있게 다가오지 못할 것입니다.

인권을 시대사적 요청에 맞게 지켜내기 위해서는 결코 그 영역을 한정된 내용으로 제한해서는 안 됩니다. 개성을 가진 존재로서 집단을 구성하여 나라와 민족 단위로 지구라는 행성 위에서 살아가고 있으니만큼 이 모든 부분에서 주인의 권리가 실현되도록 하여야 합니다.

누구나 개성이 존중받고 집단의 권리가 보장되며 나라와 민족의 존엄을 누리고 지구라는 행성 위에서 평화롭고 쾌적한 삶을 살 수 있도록 하여야 한다는 것입니다.

주인의 권리를 실현하기 위해서는 주체인 민을 하나의 강력한 사회 정치적 집단체로 결집해내야 한다

인간이 개성을 가진 존재로서 집단을 구성하여 나라와 민족 단위로 지구라는 행성 위에서 살아가고 있는 조건에서 이 모든 부분에서 주인의 권리를 실현하기 위해서는 어떻게 해야 하겠습니까? 이 부분에 대한 해답이 바로 사회와 역사의 주체인 민을 통일 단결시켜 하나의 강력한 사회 정치적 집단체로 결집해내는 문제입니다.

하나의 강력한 사회 정치적 집단체로 형성되면 민은 그 모든 삶의 영역에서 주인으로서 권리를 원만히 실현할 수 있습니다. 그래서 하나의 강력한 사회 정치적 집단체로 결집해내느냐, 그렇지 못하느냐는 개혁을 힘 있게 추진할 수 있느냐, 없느냐와 관련된 관건적 문제라고 할 수 있습니다.

사회 정치적 집단체로 결집해내기 위해서는 일치와 입체, 통일의 방법론에 의거해 풀어가야 한다

하나의 강력한 사회 정치적 집단체로 결집해내는 방식은 매우 간단합니다. 공통적인 것은 일치시키고 차이점은 서로 존중하면서 모든 사람이 주인의 권리를 실현하는 방향으로 전망성 있게 밀고 나가면 됩니다. 그래서 개혁은 일치와 입체, 통일의 방법론에 의거해서 풀어가야 한다고 말하는 것입니다.

인간이 개성을 가진 존재로서 집단을 구성하여 나라와 민족 단위로 지구라는 행성 위에서 살아가는 조건에서, 우선 공통적인 부분은 일치시켜서 풀어가면 될 것입니다. 이해와 요구가 같으니 뭐 어려울 이유도 없습니다.

하지만 일치만 가지고는 제반 문제를 다 풀기 어려울 것입니다. 제각각 의견과 입장이 다를 수 있는 조건에서 의견의 차이를 존중하면서 그 부분이 해결되는 방향으로 풀어나가야 할 것입니다. 그것이 입체적 방법입니다. 당장 풀리는 것은 아니지만 각기 의견을 존중하여 입체적으로 해결되는 방향으로 나가는 것이니만큼 계속 갈등을 겪거나 싸울 이유가 없습니다. 도리어 그 해결 방향으로 나가자고 하는 것에 목적이 있고, 서로 협력할수록 도움이 되니 더욱 단합할 수 있을 것입니다.

여기서 차이를 존중한다는 것은 모든 주장이나 의견을 다 존중한다는 뜻이 아닙니다. 차이를 존중하는 목적은 주인으로서의 권리를 실현하기 위해서입니다. 주인의 권리를 침해하거나 부정한다면 그것은 받아들일 수 없습니다. 도리어 폐기시켜야 합니다. 모든 사람이 전 영역에서 주인의 권리를 누리고 살아야 한다는 것을 인정하고 전제하는 조건에서 각기 다른 차이를 존중하고 배려해야 합니다.

공통적인 측면을 일치시키고, 각기 차이가 있는 부분을 입체적으로 존중하여 풀어나간다고 해서 모든 것이 다 해결되지는 않습니다. 전망성과 방향성을 확고히 담보하지 않으면 여러 혼란을 겪을 수 있습니다. 큰 숲을 보지 않고 앞에 있는 나무만 보고 걷다 보면 길을 잃어버리는 것과 같은 이치입니다. 이 부분을 해결하자면 일치와 입체의 방법으로 추진되는 것이 결국 모든 부분과 영역에서 주인의 권리가 실현되는 방향으로 나아가도록, 즉 전망성을 확고히 보장해주는 것입니다.

일치와 입체의 추진 방식에 그 전망과 방향성을 확고히 담보해주는 것이 바로 통일적으로 풀어가는 방법론입니다.

일치와 입체, 통일의 방법론은 개혁 실현의 큰 밑천이다

공통적인 것은 일치시키고, 각기 다른 차이는 존중하여 입체적으로 풀어가면서 모든 사람이 전 영역에서 주인의 권리를 누리도록 하겠다는 전망과 방향성을 확고히 담보하여 통일적으로 풀어나간다면 여러 우여곡절은 있을지라도 개혁은 성공적으로 추진할 수 있게 될 것입니다.

일치와 입체, 통일의 방법론은 개혁을 힘 있게 추진할 수 있는 큰 밑천을 마련해주는 것이라고 볼 수 있습니다.

지금껏 개혁한다고 하면서 서로 상이한 주장들 속에 혼란만 거듭하다가 무산된 사례가 많았습니다. 이제 그런 현상도 막을 수 있게 되었습니다. 개혁을 추진하기 위한 방법론적인 기준과 잣대가 명확히 제시됨으로 하여 정말로 개혁을 하려고 하는 것인지, 아니면 방해하기 위해서 그리하는지를 가려볼 수 있게 되었기 때문입니다.

일치와 입체, 통일이라는 방법론에 의거하여 민을 하나의 강력한 사회 정치적 집단체로 결집해 나간다면 개혁은 기필코 성공적으로 이뤄질 것이고, 끝내 민은 삶을 살아가는 모든 부분과 영역에서 참답게 주인의 권리를 누리고 살아갈 수 있게 될 것입니다.

2 ▸▸▸
일치와 입체, 통일의 방법론을 구현하자면 사상의 자유가 보장되어야 한다

일치와 입체, 통일의 방법론을 구현하여 개혁을 수행하기 위해서는 우선적으로 사상의 자유가 전면적으로 보장되어야 합니다.

일치와 입체, 통일의 방법론은 민이 개성을 가진 존재로서 집단을 구성하여 나라와 민족 단위로 지구라는 행성 위에서 살아가고 있는 삶의 방식을 근거로 하여 도출된 것입니다.

서로 일치하는 지점도 있지만, 저마다 개성과 집단의 특성이 다르듯 각기 다른 의견이 제기될 수도 있습니다. 또 전혀 예측지 못한 시급한 현안이 나타날 수도 있습니다. 예상하지 못할 만큼 천차만별의 다양한 요구가 분출할 수도 있다는 뜻입니다. 그때마다 제기되는 과제를 해결하고 민을 하나의 강력한 사회 정치적 집단체로 결집해내기 위해 일치와 입체, 통일의 방법론이 제시된 것입니다.

그래서 일치와 입체, 통일의 방법론이 실현되기 위해서는 무엇보다 사람들의 의견이 자유스럽게 개진될 수 있어야 합니다. 그런데 어떤 압력 때문에 자유롭게 말할 수 없어 입을 봉해야만 하고, 설령 그 압력에 굴하지 않고 의견을 개진할 경우 처벌을 받는다고 한다면 어떻게 되겠습니까? 일치와 입체, 통일이 이뤄지기는커녕 부당하다고 여긴 점에 대해 항거하게 되어 혼란스러운 상황으로 치닫게 될 것입니다. 그뿐만이 아닙니다. 의견을 밝히지 못함으로 하여 그 입장은 무시될 것입니다. 그러면 그 반대쪽 주장만 관철되는 방식으로 되어 더욱 불공평한 결과로 귀결될 것입니다. 자신의 의사를 소신껏 표명할 수 없는 사회에서 공평하지 못한 결정이 시정되기보다는 더욱 확대 심화되는 방향으로 나가게 되는 연유가 여기에 있습니다.

여기서 말을 자유롭게 할 수 없다는 것은 무조건 어떤 말도 다 하지 못하게 막는다는 뜻이 아닙니다. 실례로 양반이 쌍놈을 부려먹으려고 하는데 입도 벙긋하지 않는다면 얼마나 속이 답답하겠습니까? 당연히 쌍놈이 말을 할 수 있어야 편할 것입니다. 하지만 그 범위는 양반이 의도한 목표를 잘 수행할 수 있는 차원 내에서 이뤄져야 합니다. 그 선을 넘어서면 안 된다는 것입니다. 만약 양반이든 쌍놈이든 다 사람인데, 왜 쌍놈은 양반의 말에 무조건 복종해야만 하느냐고 따지고 나온다면 어떻게 되겠습니까? 양반은 그 쌍놈을 봐주지 않을 것입니다. 그걸 허용하면 양반이 쌍놈을 부려먹을 수 없게 되니까요.

이렇듯 말하지 못하게 하는 범위는 전체적인 것이 아니라 부분적인 측면에 한정되어 있습니다. 그래서 많은 사람들은 그걸 지적하고 나오면 그것은 소수 몇몇 사람의 문제이고, 자신들과는 직접 관계가 없다고 여기며 무관심하게 대하는 경우가 많습니다. 세상이 참으로 바뀌지 아니하고 개혁이 쉽게 이뤄지지 않는 이유에는 이런 요인도 작용합니다.

하지만 말을 못 하게 하는 범위가 비록 부분적인 측면에 한정되어 있다고 해서 결코 하찮게 여기거나 사소하게 치부될 성질의 것이 아닙니다. 바로 말하지 못하게 하는 그 좁은 범위가 인간이 얼마나 권리를 누리고 사는지를 가늠하는 징표가 되기 때문입니다.

인간이 얼마나 자신의 권리를 누리고 사느냐는 기본적으로 정치적인 권리와 수준에서 드러난다

인간이 얼마나 자신의 권리를 누리고 사느냐의 기본적인 잣대는 무엇보다 얼마나 정치적인 권리를 누리며 행사할 수 있느냐에 달려 있습니다. 그렇게 된 이유는 인간이 살아가는 사회 속에서 정치가 차지하는 지위와 역할 때문입니다. 아무리 경제적으로 부유하여 돈을 많이 가지고 있다손 치더라도 정치적 권리를 누리지 못하면 그 돈 자체도 지키지 못하고 권력자에게 빼앗길 수 있습니다.

예전에 매우 부유한 사람이 어떤 이에게 큰 은혜를 입어 뭔가 보답해주고 싶은 마음에 무엇이든 다 들어줄 것이니 하나만 말해 보라고 했다고 합니다. 그때 그 사람은 부자인 당신을 갖겠다고 대답했다는 얘기가 있습니다. 부자인 사람을 소유하게 되니 당연히 부자가 소유한 재산 또한 전부 갖게 된 것입니다.

정치란 것은 이처럼 다른 무엇이 아닌 사람 자체를 지휘 통솔하면서 조절 통제하는 기능을 수행합니다. 그래서 정치 활동을 통해 자신의 입장에 맞는 제도와 질서 체계를 세워나가게 됩니다. 우리 주변에서 부와 명예를 이룬 사람을 볼 때, 그만한 성공을 거뒀으니 이제 세상만사에 초연하게 살면 될 터인데, 뭣 때문에 구태여 정치한다고 정계에 진출하는지 모르겠다고 여기는 경우가 많습니다. 그런데 그들이 그리 행동하는 데에는 이런 내막이 담겨 있습니다.

정치가 사회 속에서 수행하는 지위와 역할이 결정적이고 중대하니만큼 정치적 권리를 누리고 활동하는 것이 비록 부분적인 범위에 한정된다고 하더라도 대수롭지 않게 여길 수 없습니다. 도리어 인간 사회가 어떻게 돌아가고 운영되어야 하는지에 대해 규정적인 역할을 하기 때문에 무엇보다 관심을 기울여야 합니다. 그래서 입을 봉하게 한 문제에 대해 항거한 사람들이 탄압을 받았을 때 그것은 결코 소수 몇 사람에게만 해당되는 게 아닙니다. 도리어 정치적 권리를 누리고 행사할 수 있느냐와 관련된 관건적 요소가 되기에 사회 구성원의 전체 차원의 문제로 받아들여야 합니다. 그래서 위정자들은 이런 소수의 선각자들을 한사코 전체 민과 떨어뜨려 놓고자 획책하였습니다. 국가와 사회 체제를 붕괴시켜 혼란을 조성시키는 반국가단체나 이적단체의 구성원 내지는 불순분자라고 매도하는 것이 바로 그것입니다. 이런 혹세무민의 정책에 속아 넘어가서는 결코 세상을 바꿀 수 없습니다.

얼마나 정치적 권리를 누리고 활동할 수 있는지는 사람이 나라와 민족 단위로 살아가고 있는 조건에서 그 주권을 대표하는 국가 기구와 조직에 의해서 담보됩니다. 국회에서 법을 제정하면, 그러면 그 법을 지켜내기 위해 정보를 탐지하고 감시하는 특별 기구를 비롯해 경찰이나 검찰 조직 및 사법 체계가 형성됩니다.

여기서 특별감시기구나 경찰, 검찰 조직을 비롯해 사법 체계는 정치적 권리와 활동을 규제하는 법에 의해서 집행하는 활동을 하는 것에 불과합니다. 법이 바뀌면 이들의 조직은 쓸모없어지거나 아니면 새롭게 제정된 법에 따라 달리 집행되어야 합니다. 역으로 법이 바뀌지 않으면 그 기구나 조직 등은 여전히 그 법을 집행하기 위해 움직여야 합니다. 지금껏 검찰개혁이나 사법개혁 등이 무수하게 쏟아져 나왔지만, 성과적으로 이뤄지지 못하는 데에는 이처럼 민의 입에 재갈 물린 법을 그대로 놔두고서 진행하는 데에도 그 원인이 있습니다.

정치적 권리와 활동을 규제하는 법은
그 사회의 기본적인 특성을 대변하는 사상과 직접 연계되어 적용된다

사람들의 정치적 권리와 활동을 규제하는 법은 아무 근거나 이유 없이 제정되는 것이 아닙니다. 그 사회의 기본적인 특성을 드러내는 사상과 밀접히 관련되어 있습니다. 사상이란 게 원래 사람의 이해와 요구를 가장 집중적으로 표현하고 있기 때문입니다. 사람들의 이해와 요구가 매우 다양한 만큼 사상 또한 매우 많고 천차만별이기까지 합니다. 하지만 한 사회의 정치적 권리와 활동은 이 모든 사상 일반과 직접 관련 맺지는 않습니다. 그 사회의 가장 기본적인 특성을 대변하는 사상과 직접 연계되어 적용됩니다.

신분제 사회에서는 신분적 차별을 옹호하는 사상에 근거하여 그 정치적 권리와 활동을 보장하고, 반면에 신분적 차별을 부정하는 사상에 대해서는 어떤 정치적 권리도 부정하고 탄압합니다. 일제 식민지 시대에서도 대동아공영권과 일본의 제국주의적 침략 정책을 옹호하는 사상에 근거하여 정치적 권리를 행사하게 하였지만, 제국주의적 침략 정책을 부정하고 조선의 독립을 주장하는 사상을 펼치면 치안유지법을 적용하여 철저히 탄압하였습니다. 자본주의 사회에서 인간은 자유롭고 평등하다고 하여 사상 일반에 대해 자유를 보장하는 것처럼 행세합니다. 하지만, 실상은 인간 외적 대상인 자본의 법칙을 따라야 하는 조건에서 자유 민주주의와 사적 소유를 주장하는 사상은 그 권리를 적극적으로 보장합니다. 대신에 그에 반하는 주장을 펼치는 사상은 여러 제약과 제한을 가하며 탄압하고 있습니다.

이렇듯 정치적 권리와 행사에 관계되는 법은 그 사회의 기본적 특성을 드러내는 사상과 연계되어 있습니다. 그 사회의 기본적 특성을 드러내는 사상은 맘대로 자기주장을 펼칠 수 있지만, 반대로 그 사회의 기본적 특성과 관련된 주장을 부정하는 사상은 철저히 억압하는 방식으로 진행됩니다. 그래서 사상의 자유를 논할 때 사상 일반의 자유를 논할 것이 아니라 그 사회가 운영되는 기본적인 특성이 무엇인가를 놓고 어떤 부분에서는 사상의 자유를 말하고, 또 어떤 부분에서는 억압하는가를 명확히 가려보아야 합니다.

민이 주인으로서의 권리를 누리고 살아가도록 담보하는 사상은 애민사상이다

사회의 기본적인 특성이 무엇인가에 따라 사상의 자유가 서로 다르게 적용되고 있으니만큼, 한국 사회에서 사상의 자유를 논하려면 무엇보다 현 시기 한국 사회가 나아가야 갈 세상의 상이 무엇인지부터 이해해야 합니다. 그걸 이해하면 사상의 자유를 통해 언급하고자 하는 내용이 명확하게 밝혀집니다.

현 시기의 시대사적 요청은, 민이 사회와 역사의 주체로 등장하여 주인으로서의 삶을 살아가고자 한다는 것입니다. 그것도 개성을 가진 존재로서 집단을 구성하여 나라와 민족 단위로 지구라는 행성 위에서 살아가고 있기에, 이 모든 부분과 영역에서 주인의 권리를 누리고 살아가고자 일치와 입체, 통일의 방법론으로 풀어나가려고 한다는 것입니다. 이런 사회에 걸맞은 사상은 그 명칭을 어떻게 붙이든 관계없이 결국은 사회와 역사의 주체인 민을 가장 소중히 여기고 사랑하는 애민사상일 수밖에 없습니다.

이 세상에서 민을 가장 소중히 여기고 사랑하는 애민사상이 사회 속에서 실현되도록 하기 위해서는 이 애민사상을 부정하는 사상이 발호하지 못하도록 하여야 합니다. 민이 사회와 역사의 주체임을 부정하고 계속 민을 억압하고 지배하겠다는, 그런 불의한 사상을 그대로 놔두고서는 애민사상에 맞게 민이 주인의 권리를 누리고 살아갈 수 없기 때문입니다.

민이 주인의 권리를 누리고 살도록 하겠다고 하면서 애민사상을 부정하는 사상은 발호하지 못하게 하는 것을 두고, 이 또한 지난날의 사회에서처럼 똑같이 사상의 자유를 억압하는 것이라고 의문을 제시하는 사람도 있을 것입니다. 하지만 이것은 잘못된 이해입니다. 자유를 누리고 살기 위해서는 자유를 파괴하는 자들의 준동을 막고 그 잘못된 행위를 처벌해야 합니다. 이와 똑같은 이치입니다.

게다가 애민사상은 지난날의 사상과는 그 질을 달리합니다. 지난날 신분적 차별을 강요한 사상이나 일본의 제국주의적 사상은 자신들의 지배적 질서를 유지하고자 그에 반대하는 사상을 무참하게 억압하였습니다. 한마디로 그들 지배 집단의 이익만 소중하고 다른 민족이나 집단의 권리는 중요하지 않을뿐더러 자신들에게 지배당하고 살아야 한다는 식의 날강도 같은 주장이었습니다. 다른 사람을 억압하고 지배하려고 들면 차별적 지배 질서가 필요하기에 반드시 사상적 탄압이 가해지는 것은 필연적 이치입니다.

하지만 애민의 사상은 다른 사람에 대한 억압과 지배를 철저히 반대합니다. 아니 사회 속에서 영원히 폐기시키고자 합니다. 자신의 삶이 소중한 것처럼 다른 사람의 삶 또한 소중하기에 정당하게 보호하려고 하는 것입니다. 그래서 다른 사람의 권리를 억압하고 지배하려고 하지 않는 한, 모든 범위에서 각종의 의견을 자유스럽게 개진할 수 있습니다. 이것이야말로 사상의 자유를 전면적으로 보장한 것이 아니고 무엇이겠습니까?

민이 사회와 역사의 주체로 나선 세상에서 사상의 자유는 '모든 사상의 자유'를 뜻하는 것이 아닙니다. 딱 한 가지 사상, 즉 '다른 사람의 사상의 자유를 억압하려는 사상'의 자유는 절대 허용하지 않는다는 점에 그 특징이 있습니다. 그래서 진정한 의미에서 사상의 백화제방은 애민의 사상에 의해 담보된다고 말할 수 있습니다. 따라서 다종다양하게 개진되는 수많은 의견들을 종합해 그 집체적인 지혜와 힘으로 일치와 입체, 통일의 방법론을 실현해 나갈 수 있게 되는 것입니다.

애민의 사상은 애국의 기치로 드러나니만큼 애국법을 제정해야 한다

애민의 사상은 사회가 발전함에 따라 그 내용이 더욱 심화되어 나가겠지만 우선적으로 애국의 기치로 드러납니다. 그 이유는 민이 나라와 민족 단위로 살아가고 있고, 그 주권을 국가가 대표하고 있기 때문입니다. 그래서 우선 주권을 대표하는 국가에서 민이 주인으로서의 권리를 누리고 살아가도록 하겠다는 것이 애국의 기치입니다.

애국의 기치는 자기 나라와 민족만이 소중하고 다른 나라와 민족은 무시해도 괜찮다는 뜻이 아닙니다. 자기 나라와 민족이 소중한 만큼 다른 나라와 민족도 소중합니다. 그래서 다른 나라와 민족을 존중하면서도 우선적으로 자기 나라에서 참다운 애민의 사상을 꽃피워내겠다는 결의와 의지의 표현입니다. 그러므로 애민의 사상이 사회적으로 적용되고 확산되도록 하기 위해서는 애국법이 제정되어야 합니다.

애국법의 제정은 사회와 역사의 주체인 민이 삶의 주인으로서 살아가고자 하는 의지와 뜻을 받들어 나라와 민족 단위에서 꽃피워내겠다는 의미를 담고 있습니다. 그러니만큼 철저히 나라와 민족의 주권을 고수하며 그 존엄을 빛내어 나가는 내용으로 채워져야 합니다. 따라서 나라와 민족의 주권을 유린하거나 존엄을 훼손하는 행위에 대해서는 단호히 응징하고 처벌해야 합니다.

그런데 이 신성한 애국의 기치를 한국 사회에서는 오용해서 사용한 결과 안 좋은 영상으로 비치고 있습니다. 일부에서는 애국이라는 단어를 극우보수 단체들이 쓰는 용어라고 보고 혐오스럽게 여기는 경향마

저 나타나고 있습니다. 이를 하루빨리 시정하여 애국이라는 신성한 단어가 올바르게 사용되도록 만들어야 합니다.

한국 사회에는 극우보수는 거의 없고 매국노가 있을 뿐이다

예전엔 좌익과 우익으로 갈라보는 것이 유용했을지 몰라도 현 시기 민이 주체로 나서서 주인으로서의 권리를 실현하려는 시대적 상황에선 그런 식의 구분법은 시대에 뒤떨어진 분석이라고 할 수 있습니다. 민이 주인으로서의 권리를 실현하는 데에 필요하다면 어떤 사상이냐에 관계없이 적극적으로 반영하여 시행하여야 합니다. 주체인 민의 이익보다 더 앞서는 것은 없기 때문입니다.

하지만 한국 사회에서 극우보수 세력이 정말 있는지 확인하기 위해 좌익과 우익의 개념을 기초로 해서 살펴보도록 하겠습니다.

좌익과 우익의 기원은 1789년 프랑스 혁명 직후에 소집된 국민의회에서 좌측 편에는 좀 급진적인 세력이 앉아 있고, 우측 편에는 좀 보수적인 세력이 앉아 있어서 자리 배석을 기준으로 그렇게 부르면서 사용되었습니다. 하지만 그 의미는 시대에 따라 변화되었습니다.

어떻게 변천되었던 그 구분의 요점은 인간이 자유와 평등을 누리고 살아야 한다는 것을 인정한 조건에서 어느 부분에 강조점을 두느냐였습니다. 거기에서 차이점이 드러난 것입니다. 좌익은 평등권을 강조함으로써 실질적인 자유를 누리도록 해야 한다고 주장하고, 우익은 자유권은 결코 침해받을 수 없을 정도로 중요하기에 자유를 누리기 위해서는 어느 정도 평등권이 침해되어도, 즉 차별되는 것도 감수해야 한다는 주장이었습니다.

극우의 입장은 우익의 주장을 더욱 극단화해서 차별 자체를 정당화합니다. 힘없는 사람은 힘 있는 자에게, 힘없은 민족은 힘 있는 민족의 지배를 받아야 한다는 식의 주장입니다. 억압과 차별적 질서가 정당하다고 보기에 극우적 성향을 지닌 자들은 다른 나라와 민족을 침략하여 짓밟고 패권을 추구하고자 하였습니다. 일본의 군국주의 세력이나 독일의 나치즘, 미국에서의 백인 우월주의 등이 바로 그것입니다.

한국에서 극우가 있으려면 어찌하든지 간에 한반도의 주변국을 침략하여 패권적인 질서를 세워내겠다고 주장하는 것이 그에 어울리는 모습이라 할 수 있을 것입니다. 그런데 한국에서 보이는 행태들을 보면 그런 배짱 있는 모습은 거의 보이지 않습니다.

미국에 의해 주권이 유린당해도 동맹 관계를 맺어야 하니 어쩔 수 없다면서 미국의 요구를 무조건 들어주어야 한다는 식입니다. 또 일본의 식민 지배에 대해서도 그 침략성에 대해 따져 물어 사과를 받아내려고 하는 것이 아니라, 도리어 식민 지배로 해서 조선이 근대화되었다고 주장합니다. 그런데 어찌 이것이 극우적 모습이고 행동이란 말입니까? 이로 보건대 한국에는 극우는 거의 없고 미국과 일본의 요구에 따라 부화뇌동하는 매국노가 있다고 보아야 할 것입니다. 따라서 이런 매국노들이 애국이라는 신성한 단어를 사용하여 더는 오염시키지 못하게 해야 합니다. 뿐만이 아니라 나라와 민족의 주권을 유린당하게 만들고 민족의 존엄을 훼손시키는 행위에 대해서는 애국법에 따라 단호히 단죄하여야 합니다.

애국법으로 외세의 간섭을 배제하고 매국노의 준동을 통제해야 한다

애민사상에 의거하여 애국법이 제정된다면 나라와 민족 단위에서 주권이 고수되면서 외세의 간섭을 배제하고 내부에서는 매국노들의 준동을 확고히 통제해나갈 수 있게 될 것입니다. 그러면 개인과 집단, 나라와 민족 단위의 모든 부분에서 주인의 권리를 실현하기 위한 의견들을 누구나 자유스럽게 개진할 수 있게 될 것입니다. 사실상 사상의 백화제방이 이뤄져 일치와 입체, 통일의 방법론을 구사할 수 있게 된다는 뜻입니다. 그리되면 개혁을 성과 있게 추진할 수 있는 길이 확고히 열리게 될 것입니다.

하지만 안타깝게도 한국 사회에서는 애민사상에 근거하여 애국법을 제정하고 일치와 입체, 통일의 방법론을 적용하여 개혁을 힘 있게 추진할 수 없는 상태에 놓여 있습니다. 국가보안법이 실정법으로 존재하고 있기 때문입니다.

시대 흐름에 맞지 않은 국가보안법은 폐지되어야 한다

국가보안법은 한국 사회의 기본적인 특성이 무엇인지를 적나라하게 보여주고 있습니다. 국가보안법에 의하면 자유 민주주의 체제를 지켜내기 위해 같은 민족인 북에 대해 절대적으로 적으로 삼고 대응해야만 합니다.

국가보안법은 1945년 해방 이후 일본 총독부를 대신해서 미군정이

들어선 시기에, 또 일제 식민 시기에 독립군을 탄압하는 데 사용되었던 치안유지법을 근간으로 해서 만들어졌습니다. 이런 상황을 보면 그 정치적 배경을 어느 정도 유추할 수 있을 것입니다. 냉전 이데올로기에 의거해 자유 민주주의의 수호국인 미국과 무조건 동맹해야 하고, 반면에 그런 사상에 의거해 같은 민족조차도 적으로 삼아야 한다는 논리입니다.

냉전 이데올로기는 우리 민족이 만든 사상이 아닙니다. 우리 민족의 이해와 요구와도 맞지 않습니다. 해방 이후 우리 민족 성원의 대부분은 분단을 원하지 않았습니다. 그런데도 분단이 된 것은 냉전 이데올로기를 강요한 외세의 강박 때문이었습니다. 이처럼 냉전 이데올로기 자체가 우리 민족의 이익에 부합하지 않을뿐더러 그로 인해 분단의 고통을 당하고 있는 것이 현실입니다. 그런데 어찌하여 지금에 이르러서까지 냉전 이데올로기를 신줏단지처럼 받들어 모셔야 하겠습니까?

더욱이 현 시기는 민이 주체로 등장하여 민족적 주권을 고수하며 개인과 집단, 나라와 민족 단위의 모든 부분에서 주인의 권리를 실현하기 위해 나서고 있는 상황입니다. 그런데도 냉전 이데올로기를 신줏단지처럼 모셔야 한다고 주장한다면 그것은 미국의 요구에 절대적으로 추종해야 한다는 의견에 다름 아니기에 매국적 주장이라고밖에 볼 수 없을 것입니다.

국가 간의 동맹이라는 것도 결코 영원할 수가 없습니다. 영원한 우방도 없고, 영원한 적도 없다는 것이 국제질서의 냉혹한 현실입니다. 그런데 뭣 때문에 미국은 우리의 영원한 우방으로만 존재해야 합니까? 우리 민족에게 이익이 되면 동맹 관계를 맺고, 민족의 이익을 침해하면 그 관계를 청산해야 합니다.

냉전 이데올로기도 우리 민족의 것이 아니었고, 영원한 우방도 없다는 것이 명백한 조건에서 이제 남은 것은 같은 민족인 북과 절대적으로 적대하는 것만이 남습니다. 실상 국가보안법은 이 점이 핵심입니다. 북과 적대하지 않고 남북이 뜻을 같이하여 통일의 길로 나가자고 하면 바로 적대해야 하는 북을 이롭게 하는 것이 되기에 처벌받게 된다는 것입니다.

하지만 세상에서 영원불변한 것은 없습니다. 동구권도 붕괴되었고, 한국은 그들 나라와도 교류하고 협력하고 있습니다. 남북 간에도 1972년 7.4 공동성명, 1991년 남북 사이의 화해와 불가침 및 교류, 협력에 관한 합의서, 2000년 6.15 남북공동선언, 2007년 10.4 선언, 2018년 4.27 판문점선언, 9.19 평양공동선언 등이 발표되면서 점차 통일을 향한 방향으로 발전해 나가고 있습니다. 이렇게 세상이 변해가고 있는데, 왜 북과는 영원불변하게 적대적 관계로만 남아야 합니까? 이 변화된 현실을 받아들이려고 하지 않는 점에 국가보안법의 폐해성이 여실이 드러납니다.

변화된 현실을 받아들이려고 하지 않는 것은 사람을 사상적 통제하에 가두어 현 지배 체제를 계속 유지하겠다는 것과 하등 다를 바가 없습니다. 사람이 사상을 통제해야지, 사람이 사상에 의해 통제되면 그로부터 사상의 노예가 됩니다. 그래서 역사의 위정자들은 사람을 항상 사상의 통제하에 가두어 두고자 하였습니다. 그럼으로써 자신들의 지배 질서 체계를 유지하고자 획책한 것입니다. 그러나 노예제나 신분제, 자본제 등의 사회 역사적 발전 과정은 그런 사상적 통제를 과감히 허물어버림으로써 전진해 왔습니다.

국가보안법은 한국의 민을 북과 적대 관계라는 사상적 통제하에 가둠으로써 현 지배 질서 체계를 유지하기 위한 최후의 보루가 되고 있습니다. 북과 적대해야 한다는 미명하에 민이 주인으로서의 권리를 누리고 살아야 한다는 사상의 발전을 저지하고 탄압하기 위한 수단으로 작용하고 있다는 것입니다. 그래서 민이 시대사적 요청을 실현하기 위해 사회와 역사의 주체로 나서는 것을 한사코 반대하며 감히 의견을 표명하지 못하게 입을 봉하게 만들고 있습니다. 그로 인해 일치와 입체, 통일의 방법으로 개혁을 성과적으로 실행하는 데에 가장 큰 걸림돌이 되고 있습니다. 이런 이유로 국가보안법은 절대적으로 폐지되어야 합니다.

국가보안법의 존재는 민이 주인으로서의 권리를 누리고 살아가는 것을 가로막거나, 남북관계를 적대적 관계로 여겨 통일의 관계로 지향하지 못하게 하는 데에만 그치지 않고 있습니다. 국가보안법이 존재함으로 하여 주인으로서의 권리 실현을 위해 나서는 민을 탄압하고 조국통일의 길에 장애를 조성하면서도 마치 그것이 무슨 애국적인 행위인 양 처세하게 하는 근거로도 작동하고 있습니다. 늑대가 양의 탈을 쓰듯 매국이 애국의 탈을 쓰며 거리를 활보하고 있는 격입니다. 이로 인해 애국에 대한 신성한 이미지가 심히 오염되기에 이르렀습니다. 이 잘못된 애국에 대한 영상의 이미지를 하루빨리 바로잡기 위해서라도 국가보안법은 시급히 폐지시켜야 합니다.

남과 북과의 관계는 국가보안법이 아니라 조국통일법의 제정이 필요하다

남과 북과의 관계는 국가보안법처럼 서로 적대적인 관계로 여길 이유가 없습니다. 민이 주체로 나서서 한반도 차원에서 주인의 권리를 실현해야 한다는 시대사적 요청을 받아들여 통일을 지향하는 관계로 설정되어야 합니다. 그래서 현 시기 필요한 것은 국가보안법이 아니라 조국통일법의 제정이라고 할 수 있습니다.

남북은 오랫동안 서로 이질적인 사회 체제 속에서 살아왔습니다. 그래서 서로의 적대적 관계를 청산하기 위해 노력하면서 불신의 벽을 허물어야 합니다.

서로에게 신뢰를 쌓고 적대적 관계를 청산하자면 우선적으로 서로의 체제를 상대방에게 강요하거나 집어삼키려고 해서는 안 됩니다. 서로의 체제를 강요하거나 집어삼키려고 하면 반발이 생길 것입니다. 그것은 더욱 서로에게 감정의 골만 깊게 할 뿐입니다. 남과 북 모두는 서로 상대방의 체제를 인정해주면서 공통점을 강화하는 방향으로 나가야 합니다.

아울러 지금껏 남북이 합의한 사항은 서로의 신뢰에 관계된 부분인 만큼 철저하게 지켜지도록 하여야 합니다.

또한 남북 간에 전쟁이 발발할 경우 엄청난 민족적 참화를 가져오기에 평화적인 방법으로 통일을 이룩하기 위해 노력해야 합니다. 그래서 긴장을 조장하거나 전쟁의 분위기를 불러오는 행위들을 철저히 막아야 합니다.

이처럼 조국통일법에는 지금껏 남북이 합의했던 내용을 법적으로 공고화하고 통일을 지향하는 관계로 나아가도록 노력하는 부분이 들어가야 합니다. 아울러 통일에 장애를 조성시키는, 즉 서로의 불신과 적대적 감정을 불러일으키거나 긴장을 조성하고 전쟁 분위기를 고조시키는 행위들을 하지 못하게 하는 법적 조치들이 포함되어야 합니다.

남북 간의 교류와 협력에 관한 부분적인 내용으로 그치지 않고 조국통일법의 제정으로 나아간다면 그에 의거해서 조국통일을 실현하기 위한 방향으로 힘 있게 나아갈 수 있게 될 것입니다. 그러면 한반도 차원에서 민의 권리를 실현할 수 있는 길도 기필코 열리게 될 것입니다.

국가보안법을 폐지하고 애민의 사상에 근거한 애국법과 통일을 지향한 조국통일법이 제정된다면 나라와 민족 단위에서의 주권을 견결히 옹호 고수할 수 있게 될 것입니다. 나아가 개혁을 반대하는 세력들의 준동을 저지시킬 수 있게 됨으로써 누구나 사상적 통제에서 벗어나 더 이상 눈치 볼 필요도 없이 자유스럽게 자신의 주의 주장을 소신껏 펼칠 수 있게 될 것입니다. 그리하여 일치와 입체, 통일의 방법론을 적용할 수 있는 길이 활짝 열리게 될 것입니다. 일치와 입체, 통일의 방법론이 적용되면 개혁을 원하는 모든 세력이 하나의 사회 정치적 집단체로 거듭 태어나게 될 것이고, 그 힘으로 시대적 과제인 개혁을 더는 미룰 수 없는 확고한 방향으로 밀고 나갈 수 있게 될 것입니다.

3 ▸▸▸

개혁의 추진을 법적으로, 물적으로 담보해주어야 한다

일치와 입체, 통일의 방법론을 적용하여 개혁을 실질적으로 추진하자면 법적으로 뿐만이 아니라 물질적으로도 담보해주어야 합니다.

사상의 백화제방이 일치와 입체, 통일의 방법론을 적용해 개인과 집단, 나라와 민족 단위에서의 주인의 권리를 실현하기 위한 개혁의 내용들을 확정지어 줄 수 있게 한다면, 법적으로 물적으로 담보하는 문제는 그 방법론에 따라 사회 제도적인 질서 체계를 세우고 예산을 편성해서 집행하게 함으로써 개혁이 실질적으로 성과 있게 추진되도록 하는 것이라고 할 수 있습니다.

아무리 의견이 정당하다고 할지라도 실행력을 담보해내지 못한다면 별반 쓸모가 없습니다. 어떤 안건에 대해 의견을 제시하는 것은 그것을 실현하자는 것이지 그저 공리공담을 일삼기 위해서가 아닙니다. 그래서 실행할 수 있는 여건이 조성되지 않으면 의견조차도 잘 내지 않습니다. 그토록 공을 들여 일치와 입체, 통일의 방법론을 통해 의견을 내왔는데, 그 실행력을 담보해주지 못한다면 어떻게 되겠습니까? 다음부터는 그런 의견 조정 과정에 참여조차 하지 않으려고 할 것입니다.

실천력을 법적으로, 물질적으로 담보해주지 못하면 단지 그것을 실행해내지 못했다는 차원에서만 머물지 않습니다. 일치와 입체, 통일의 방법론조차 통용되기 어렵게 만듦으로써 민이 주인으로서의 권리를 누리고 살아가려는 의지마저 저하시켜 버립니다. 따라서 일치와 입체, 통일의 방법론에 의거해 개혁이 추진되도록 하기 위해서는 법적인 조치를 취해 사회 제도적으로 안착시켜내야 합니다. 아울러 물질적인 담보인 예산 편성과 집행 과정에 이르기까지 관심을 기울여 개혁이 성공적으로 추진되도록 만들어야 합니다.

애민사상에 근거하여 애국법을 제정하는 것은 주인으로서의 권리 실현을 가로막는 걸림돌을 제거하여 사실상 사상의 백화제방을 이룩하게 함으로써 개혁의 실현에 질적 전환을 가져다줄 것이지만, 이것만으로 개혁을 성과적으로 원만하게 실현할 수는 없습니다. 지금의 개혁은 개인과 집단, 나라와 민족 단위의 전 부분과 영역에 걸쳐 주인으로서의 권리를 실현하는 것을 그 내용으로 갖고 있습니다. 이 중차대한 개혁을 성공시키자면 어떤 한 부분에서만이 아니라 전체적이고 전방위적인 측면에서 추진되어야 합니다.

개인과 집단, 나라와 민족 단위의 전 부분과 영역에서
민의 이해와 요구가 반영되도록 하면서
각종 대중단체의 활동을 적극 보장하고 국가적인 지원 체계를 확립
하여야 한다

모든 부분과 영역에서 성과가 나오도록 진행하기 위해서는 불합리하고 미비한 제도와 질서 체계를 끊임없이 개선해 나가야 합니다. 그런데 그 미비점을 끊임없이 개선해 나가느냐, 그렇지 못하느냐는 결국 사람에 달려 있습니다. 아무리 제도가 잘 세워졌다고 하더라도 그 제도를 운영하는 사람이 역량을 담보하지 못한다면 제대로 시행될 수가 없습니다. 민주주의적 운영 원리가 제대로 시행되고 정착되도록 하자면 사람이 민주주의를 구사할 수 있는 능력과 자질을 갖추는 것이 관건적 요소가 되는 것과 같은 이치입니다.

한국 사회에서 경제시민단체가 조직되어 여러 정책들을 제안하고 감시 활동을 전개함으로써 재벌개혁이 사회적 쟁점으로 등장하며 여러 불합리한 경제 정책들이 시정되어 나갔습니다. 또 환경단체의 활동이 활발하게 벌어지면서 정책 실현 과정에서 환경 보호의 측면이 강화되어 나가고 있습니다. 이런 사례들은 얼마나 정부 정책에 관심을 가지고 참여하는 것이 중요한가를 잘 보여주고 있습니다. 사법부 체계에서 법관의 독립적 판단 영역으로 남아 있었던 부분에 대해서도 배심원 제도의 도입은 사법부의 판단에 큰 영향을 미치고 있습니다.

하지만 민이 개인과 집단, 나라와 민족 단위의 전 부분과 영역에서 주인의 권리를 실현하기 위해서는 이런 부분적인 측면에서의 참여와 보장만으로는 부족합니다. 전 부분과 영역에도 민의 요구와 이해가 반영되도록 하여야 합니다.

전 부분과 영역에 걸쳐 민의 이해와 요구가 반영되도록 하자면 이 모든 부분에서 노력하는, 즉 노동조합과 농민단체 등을 비롯해 각종 대중단체들의 활동을 적극 보장해야 할 뿐만이 아니라 그에 대한 국가적인 지원 체계를 확립하여야 합니다.

노동조합과 농민단체 등을 비롯한 각종 대중단체들에 대한 국가적인 지원 체계의 확립은, 민이 모든 부분과 영역에서 주인으로서의 권리를 누리고 살아가게 하느냐와 관련된 관건적 요소입니다. 민이 사회와 역사의 주체로 된 것은 다름 아닌 집체적인 지혜와 힘에 의거하여 전진시켜 왔기 때문입니다. 각종 대중단체에 대한 국가적인 지원 체계가 확립되면 이 모든 부분과 영역에 걸쳐 집체적인 지혜와 힘에 의거하여 풀어갈 수 있고, 더욱 민의 역량과 힘을 키워나갈 수 있게 될 것입니다.

진실로 사람을 사랑하고 도와주려고 한다면 그 사람이 스스로 살아갈 수 있도록 힘을 키워주라고 합니다. 국가적 지원 체계의 확립은 이처럼 사회와 역사의 주체인 민의 힘을 키워주고 성장시켜 줌으로써 더욱 주인으로서의 권리를 원만히 실현할 수 있게 할 것입니다.

국가적인 지원 체계가 확립되어 민의 집체적인 지혜와 힘에 의거하여 풀어갈 수 있게 된 것은 법적으로, 정치적으로 제도가 한층 정비되었다는 뜻입니다. 그렇지만 그것으로 모든 문제가 해결된 것은 아닙니다. 물질적으로 담보되어 집행되는 단계로 나아가야 합니다.

개혁적 정책이 예산에 편성되어 집행되도록 하자면
그 과정에도 대중적인 참여와 감시 체계가 확립되어야 한다

예산이 부족해서 못 하겠다고 한다면 지금까지의 과정은 솔직하게 표현하면 하나의 말싸움이나 하고 있었다는 뜻입니다. 특히나 지금의 모습을 보면 어떤 정책이 제시될 때마다 다 좋지만 예산이 없어서 못 하겠다는 식으로 구실로 삼는 경우가 태반입니다. 그래서 개혁적 정책이 실질적으로 추진되도록 하기 위해서는 예산 편성에 반영되어 집행되도록 관철해 나가야 합니다.

개혁적 요구가 예산 편성에 실질적으로 반영되고 집행되도록 하기 위해서는 각각의 영역과 부분에 대해서도 대중적인 참여와 감시 체계가 확립되도록 하여야 합니다. 이것은 민주주의의 기본 원칙의 수립과 관계되는 것으로서, 민이 주인으로서의 권리를 실현하기 위해서는 예산 편성의 각각의 영역과 부분에서도 당연히 참여가 보장되고 그 이해와 요구가 반영되도록 하여야 하기 때문입니다.

지금껏 개혁의 요구가 수없이 제기되면서도 실질적으로 추진되지 못한 이유 중의 하나가 예산으로 굳건히 뒷받침되지 못한 측면이 많았습니다. 그렇게 된 것은 예산을 편성하는 데에 있어서 정부 조직과 국회의 입김이 크게 작용하고, 대신에 민의 참여와 감시가 매우 소홀하게 이뤄지면서 진행되었기 때문입니다. 예산 편성 당시의 사회적 상황이 주된 쟁점으로 등장하면 그 부분에 대해서만 마지못해 좀 시행하는 식이었습니다. 그러다 보니 형식적인 측면에서만 반영되기 일쑤였습니다. 그것도 감시가 소홀해지거나 적극적으로 대응하지 않으면 그때껏 해왔던 관행으로 예산이 짜이게 된 것이 다반사였습니다.

그런 관계로 선거 시기에 민의 요구에 따라 개혁적 정책을 내걸고 정권을 잡았더라도 선거가 끝난 이후엔 빈 공약에 그치는 경우가 태반이었습니다. 현실을 인정해야 한다는 식으로 후퇴하는 모습이 속출한 것도 그 때문입니다. 그래서 예산의 편성과 집행에 있어서 단지 국회에서 심사하고 비준하는 선에서 그 책임을 다했다는 식으로 여겨서는 안 됩니다. 어떤 형태로든 대중적인 참여가 보장되고 그 이해와 요구가 반영되는 방식으로까지 질서 체계를 수립하여 나가야 합니다.

예산의 편성과 집행에서 각각의 영역과 부분에서까지 대중적인 참여가 보장되고 그 이해와 요구가 반영되는 방식으로 질서 체계를 확립하는 것은, 예산에 있어서 불합리한 관행과 부정·비리를 근절하게 함으로써 민주적으로 운영되는 데에 크게 기여할 것입니다. 예산을 비합리적으로 사용한다는 것은 국가 예산을 낭비한다는 의미입니다. 이는 그만큼 민이 주인으로서의 권리를 실현하는 데에 해악을 끼치고 있다는 뜻이기도 합니다.

예산의 사용과 집행에 있어서 인적 관계나 권세를 이용하여 일감 몰아주기식과 같은 특혜를 주는 방식이 통용되게 해서는 안 됩니다. 이런 부분이 시정되지 않고서는 예산을 공정하게 사용하는 데 방해가 됩니다. 특히 고위급 관료들이 자신들의 퇴직 이후의 상황을 고려하여 부정부패 행위를 저지르는 것을 막지 못하게 되어 개혁의 커다란 걸림돌로 작용할 것입니다. 한국 사회에서 고위급 관료들은 퇴직 이후 사기업의 고위직 임원으로 등용되어 엄청난 연봉을 받고 있습니다. 이런 현실은 이들 세력이 서로 카르텔을 형성해 자신들의 이익을 도모하는 방식으로 이뤄지고 있는 모습을 적나라하게 보여주는 격이라고 할 수 있습니다. 이런 현상을 막기 위해서라도 예산 편성과 집행 과정이 투명하게 진행되게 하면서도 대중적인 참여가 보장되고 그 이해와 요구가 반영되는 방식으로 확고히 질서 체계를 수립하여 나가야 합니다.

예산의 각 부분과 영역에 대한 각각의 대중적인 참여가 보장되고 그 이해와 요구가 반영되는 방식으로 질서 체계를 수립하여 나간다면, 지금껏 잘못된 예산의 편성과 집행의 걸림돌들을 시급히 제거하고 새로운 시대사적 요청에 맞는 민주적 방식이 세워지게 함으로써 주인으로서의 권리를 실현하는 데에 더욱 기여하게 될 것입니다.

예산 배분의 원칙은 생존권적 해결과 빈부 격차의 해소를 기본으로 삼으면서 민의 물질적 생활을 끊임없이 개선해 나가는 방향에서 진행하는 것이다

예산에서의 민주적 방식을 확고히 하고 주인으로서의 권리 실현에 이바지하도록 하기 위해서는 또한 예산의 편성과 집행에서 있어서 배분의 원칙을 마련해야 합니다. 예산의 배분이 잘못되어버리면 여러 혼란을 겪을 수 있습니다. 그러면 개혁을 힘 있게 추진하는 데 난관이 조성될 수 있습니다. 예산의 편성과 집행에 있어서 배분의 원칙이 확고히 마련되면 그 물질적 힘으로 누구나 주인으로서의 권리를 누리고 살 수 있게 해야 한다는 시대사적 요청에 맞게 개혁을 더욱 힘 있게 추진할 수 있습니다.

예산의 배분 원칙은 생존권적 해결과 빈부 격차의 차이를 해소해 나가는 것을 기본으로 삼으면서 민의 물질적 생활을 끊임없이 개선해 나가는 방향에서 진행하는 것입니다.

생존권적 해결과 빈부 격차의 차이를 해소해 나가는 것을 예산 배분의 원칙에서 기본으로 삼는 것은, 민이 사회와 역사의 주체로 나서서 주인으로서의 권리를 실현하려는 시대사적 요청으로부터 기인합니다. 부와 권세를 갖춘 사람만이 아니라 누구나 주인으로서의 권리를 누리고 살아가야 하기 때문입니다.

민이 물질적인 풍요로움을 누리고 번영하는 삶을 살아가는 것은 물질적 영역에서 최고의 꿈이자 이상이라고 할 수 있습니다. 그래서 당장 모든 사람이 최고의 만족을 누리고 살 수는 없지만, 기본적으로 모든 사람이 생존권을 보장받도록 하는 가운데 빈부의 차이를 끊임없이 해소해 나가면서도, 궁극적으로 모든 민이 풍요로운 삶을 살아가도록 계속 개선하고 향상시켜 나가야 합니다.

생존권적 문제 해결 등의 보편적 복지정책을 위주로 삼아 예산 배분의 원칙을 계속 밀고 나간다면 사람들은 일하지 않으려 할 것이고, 그러면 경제 성장이 주춤거리게 되어 세금이 점차 줄어들게 되니, 궁극적으론 더욱 사회를 빈곤화시킬 것이라고 주장하는 사람도 있을 것입니다. 실상 이런 내용들이 보편적인 복지정책의 추진을 반대하면서 경제 성장이나 기업 위주의 정책을 펴 나가야 한다는 주장의 핵심이라고 할 수 있습니다. 정말 어렵고 힘든 사람들을 선별적으로는 지원하는 것은 반대하지 않지만, 보편적인 복지정책을 추진하게 되면 사회가 더 열악해진다는 논리입니다.

언뜻 보면, 참으로 나라와 민족을 위하는 논리인 것 같습니다. 게다가 게으르고 나태한 사람들에게 보편적인 복지정책을 실시함으로써 더 국가에 의존적인 성향으로 만드는 현상을 고치려고 하니 인간 세상 사회에서 많은 사람들에게 자립심을 키워주려는 의지도 충만한 것처럼 보입니다. 이런 선의를 부정할 필요까지는 없습니다.

하지만 분명한 사실은, 사회 활동 속에서 이루어진 사회적 재부는 그 사회의 구성원이면 누구나 그것을 누릴 권리가 있다는 점입니다. 지구의 생명체라면 다 지구의 환경을 누리고 살 권리가 있다는 것과 같은 이치입니다. 그래서 인간의 생존을 위해 부득이한 것이 아닌 이상 함부로 생명체를 살상해서는 안 됩니다. 마찬가지 이치로 인간 사회 속에서 절대적 평균을 주장하지 않는 한 최소한의 차이를 인정한 범위를 제외하고는 누구나 사회적 재부를 향유하고 살아갈 수 있어야 합니다.

기업들이 자신들의 힘으로 물건을 만들고 팔아서 수익을 올렸다고 치더라도 그 또한 사회적 재부를 이용한 것입니다. 사회적 재부는 이처럼 누구나 이용할 수 있으니만큼 그걸 이용해서 이뤄진 사회적 재부 또한 마땅히 모든 사람이 향유할 수 있어야 합니다. 기업들도 이런 점을 인정하기에 스스로 사회적 기업이라고 주장하고 있습니다. 그런데 경제 성장과 발전 속에서 빈부의 격차는 더욱 심화되어 가고 있습니다. 이것은 사회적 재부가 심히 불공평하게 분배되고 있다는 사실을 분명하게 드러내 줍니다. 그렇다면 최소한의 차이를 인정한 범위를 제외하고는 누구나 사회적 재부를 골고루 누릴 수 있도록 개선해 나가기 위해 세금이나 예산 정책에 반영하는 것이 당연하지 않겠습니까? 그래서 생존권의 문제를 해결하고 빈부의 격차를 점차 해소해 나가는 것을 예산 배분의 기본 원칙으로 삼자고 하는 것입니다.

생존권적 해결과 빈부 격차의 해소는
사회의 모든 구성원을 더욱 능력 있는 존재로 키워내어
집체적인 지혜와 힘을 배가시켜준다.

모든 사람이 생존권의 문제를 해결하고 살면 얼마나 좋겠느냐마는 그렇게 하면 국제적 경쟁력이 저하되어 나라가 망하게 될 것이라고 반문하고 나온 사람도 있을 것입니다. 그러나 과학 기술이 고도로 발전하고 있는 지금 시기의 국가 경쟁력은 지난 시기처럼 임금이나 적게 주는 것 같은 방식으로 해결될 수가 없습니다. 사회 구성원인 인간을 얼마나 능력 있는 존재로 키워 내어 그 집체적인 지혜와 힘을 이용할 수 있느냐에 달려 있습니다.

집체적인 지혜와 힘을 이용하는 문제는 이미 기업들에서 추진하고 있는 모습입니다. 산·학·연 등의 연결 구조가 그것이고, 지금은 여기에 정부의 기관까지 연계되어 진행되고 있습니다. 집체적인 지혜와 힘이야말로 인간의 무궁무진한 힘의 원천입니다. 이로 볼 때 사회 국가적 차원에서 생존권의 문제를 해결하고 빈부의 격차를 줄여가는 것은 나라의 모든 구성원들이 어려운 삶의 환경에서 벗어나 더욱 능력과 재질을 키워나가게 할 것입니다. 그리고 사회와 국가로부터 받았던 혜택으로 인해 운명 공동체적 소속감을 갖고 더욱 집단적인 지혜와 힘을 발휘하게 할 것입니다. 생존권의 문제 해결과 빈부의 격차를 줄여가는 배분 원칙이 궁극적으로 국가의 경쟁력을 제고시키는 길이 된다는 것입니다.

더욱이 경제를 발전시키는 것은 인간이 물질적으로 풍요로움을 누리고 살기 위한 것이지 경제 성장 자체가 목적이 될 수는 없습니다. 경제적 발전의 성과물들을 그 구성원이 누리고 사는 것은 너무도 당연하다 할 것입니다.

게다가 현 시대는 민이 사회와 역사의 주체로 등장하여 주인으로서의 권리를 누리고 살아갈 것을 요청하고 있습니다. 그렇다면 재능을 키워나가게 함으로써 각기 꿈과 이상을 자각적으로 추구하여 나가도록 하여야 할 것입니다. 그런데 생존권적 문제조차 해결하지 못하고 빈부 격차가 극심해지는 조건 속에서 위압감을 가지고 살아가는 환경이라면 어떻게 그런 세상이 이루어질 수 있겠습니까?

사람은 원래 이기적인 존재라고 섣불리 규정하는 경향이 있긴 합니다. 그렇지만 사회와 국가에서 아무런 책임도 지지 않고 오로지 혼자 힘으로 생존경쟁에서 살아남으라고 각 개인에게 책임을 전가하는 식이라면 그런 곳에서 다른 사람에 대한 배려나 공동체에 대한 사랑을 기대하기란 거의 환상에 가까울 것입니다. 서로 돕고 배려하는 사회에서 사람들은 운명공동체로서의 소속감을 느끼고 더욱 사회의 발전에 공헌하고자 노력합니다. 생존권의 문제에 대해 돈이라는 채찍으로 사람을 강제하여 움직이게 할 것인가, 아니면 사회와 국가의 책임을 인정하고 모든 사람들의 재능을 키워나가게 함으로써 자신들의 꿈과 이상을 실현하게 함과 함께 사람들의 자각성에 기초하여 사회에 이바지하게 할 것인가를 놓고 어떤 방식이 앞으로의 미래 사회에 더 어울릴지에 대한 판단은 너무도 자명하다 할 것입니다.

예산을 확보하자면 국가적 차원에서 물질적 토대를 계속 강화하여야 한다

예산의 배분에서 생존권적 해결과 빈부 격차의 차이를 해소해 나가는 것을 기본으로 삼으면서도 민의 물질적 생활을 끊임없이 개선해 나가자면 국가적 차원에서의 물질적 담보를 계속 강화하여 나가야 합니다.

예산은 국가적 차원에서 마련되기에 무진장할 수가 없습니다. 그런데 민의 물질적 생활 조건을 개선하고 향상시켜야 할 부분은 계속 늘어날 수밖에 없습니다. 사회를 끊임없이 발전시키기 위해서는 그만큼 그에 소용된 비용도 많아지게 된다는 뜻입니다.

이를 해결하기 위한 확실한 방법은 국가적 차원에서 물질적으로 담보해내는 것입니다. 물질적으로 담보해내지 못하면 하고 싶어도 할 수가 없습니다. 국가의 물질적 담보는 경제적 주권과도 관련된 문제이기도 합니다. 민의 물질적 생활환경의 개선은 어떤 개인이나 기업이 할 수 있는 성질의 것이 아닙니다. 나라와 민족 단위에서 주권을 대표하는 국가만이 원만히 해결할 수 있는 문제입니다.

그래서 민의 삶에 지대한 영향을 끼치거나 한국 경제에 심각한 파장을 가져올 수 있는 금융이나 전력, 철도, 농업, 수자원 등 중요 부분에 대해서는 국가적 차원에서 적극적으로 장악해 들어가야 합니다. 더욱이 세계화의 진전으로 외세 자본의 공격이 수시로 전개될 수 있는 조건에서 그에 대한 대응력을 높여가는 것은 중대한 문제라고 할 수 있습니다.

민이 주인으로서의 권리를 누리고 살아가자면 국가의 물질적 담보를 끊임없이 높여 나가야 합니다. 그 물질적 담보가 강화되면 그만큼 민의 물질적 삶이 더욱 개선되는 부분으로 사용될 수 있습니다.

군사 주권의 확립과 조국통일법의 제정으로 국방비의 낭비를 줄이면서 국방력을 강화하여 나가야 한다

예산에서 쓸데없는 낭비를 없애고 그 예비 자원을 옳게 사용한다면 그만큼 민의 삶을 개선해 나갈 수 있습니다. 여러 부분이 있겠지만 그 중의 국방비에 대해서는 꼭 거론되어야 합니다.

나라의 방위를 위해서는 국방력을 끊임없이 강화해 나가야 합니다. 나라를 지켜내지 못하면 주권을 고수할 수 없고, 민의 생명과 재산을 지켜낼 수 없습니다. 하지만 한국에서 국방비가 진정으로 나라의 방위력을 강화하며 민의 생명과 재산을 지켜내기 위해 올바르게 사용되고 있느냐 하는 것입니다.

더욱이 현 시기는 민이 사회와 역사의 주체로 등장한 조건에서 한반도 차원에서 주인의 권리를 실현하기 위해 조국통일을 이뤄 나가야 합니다. 그래서 애민사상에 근거해 조국통일법을 제정함으로써 남과 북이 합의한 사항을 더욱 공고히 하고, 남북 간의 진전에 장애를 조장하거나 긴장 관계를 불러일으키는 행위를 단호히 응징하여 조국통일에 유리한 환경을 조성시켜 나가야 합니다.

그런데 조국통일법을 제정하여 이런 시대적 흐름을 개척해 나가는데 있어서 한미관계는 매우 큰 걸림돌이 되고 있습니다. 미국이야 세계 유일의 패권적 지배 질서체계 속에 한국을 편입시키는 것이 기본 목적이라고 볼 수 있겠지만, 한국으로선 그런 미국의 요구에 따라야 할 하등의 이유가 없습니다. 미국은 자신들의 목적을 위해 한국 땅에 주한미군을 주둔시키고 있으므로 마땅히 그에 합당한 비용을 지불하는 것이 상식적인 이치라고 할 수 있습니다. 그런데도 미국은 도리어 방위비분담금이라는 명목으로 한국으로부터 엄청난 비용을, 그것도 계속 올려가면서 받아내고 있습니다.

이런 불합리한 일들이 벌어지고, 그로 인해 예산이 낭비되는 이유는 아직도 미국이 한국 군대의 전시작전권을 행사하고 있는 관계로 사실상 군사적 주권을 확립하지 못하고 있기 때문입니다. 그래서 미국으로부터 주한미군 주둔비를 받기는커녕 아까운 혈세를 바치고 있습니다.

민이 사회와 역사의 주체로 등장하여 개인과 집단, 나라와 민족 단위의 전 부분과 영역에서 주인의 권리를 누리고 살아야 할 마당에 군사적 주권조차 갖지 못한다는 것은 있을 수가 없는 일입니다. 나라와 민족의 주권을 고수하고 민의 생명과 재산을 지켜내기 위해서 국방이 필요한데, 군사적 주권을 행사하지 못해서야 그 무엇을 할 수 있겠습니까? 더욱이 통일은 한반도 민이 한반도 차원에서 주인의 권리를 실현하고자 하는 것입니다. 다른 외세가 이를 바라는 것은 아닙니다. 그래서 외세가 개입하거나 영향력을 행사하게 되면 그때로부터 조국통일은 물 건너갈 수밖에 없습니다. 남북이 어렵게 합의를 성사시켰는데 전시작전권을 가지고 있는 미국이 지키지 않고 파토시켜 버린다면 어떻게 조국통일이 이뤄지겠습니까? 그래서 나라와 민족의 주권 행사와 함께 조국통일을 이룩하기 위해서는 기필코 미국으로부터 군사적 주권을 찾아와야 합니다.

미국으로부터 군사적 주권을 확립하지 못하고 있는 상황은 한국 자체의 국방력 강화에도 큰 지장을 초래하고 있습니다. 미국이야 세계 유일의 패권적 지배 질서체제를 유지시키기 위해 한국의 국방 체계를 그들의 군사 체계와 연계시키는 것이 필연적일 것입니다. 하지만 한국의 입장으로선 미국과 꼭 연계되어야 할 필연성이 없습니다. 한국에서 자체로 무기를 개발하여 점차 국산화하도록 시도해 나가는 것은 그런 모습이라고 할 수 있습니다. 하지만 아직도 미국으로부터 군사적 주권을 확립하지 못함으로 하여 한국이 자체 개발하여 국산화하는 것이 더 국익에 도움이 됨에도 불구하고 미국의 압박에 의해 비싼 비용을 지불하며 미국산 무기를 대거 수입하고 있는 형국입니다.

이처럼 미국으로부터 군사적 주권을 확립하지 못함으로 하여 나라와 민족 단위의 이익을 견결히 고수하지도 못하고 조국통일에 장애가 조성되면서 엄청난 혈세를 낭비하고 있습니다. 이는 결단코 시정되어야 할 부분입니다.

그럼에도 불구하고 일부에서는 북의 침공으로부터 나라를 지키기 위해서는 부득이하지 않으냐고 주장합니다. 그러나 원칙적인 얘기이지만 군사적 주권조차도 고수하지 못하고서 나라를 지켜내겠다는 것 자체가 성립되지 않습니다. 나라를 지켜내는 데 있어서 다른 나라의 선의의 도움을 받을 수는 있습니다. 하지만 나라의 주권을 고수하고 민의 생명과 재산을 지켜내는 것을 일차적 임무로 안고 있는 군사적 주권은 어떤 경우에도 양도할 수 없습니다. 더욱이 지금 한국의 국력은 예전의 상황과 비교할 수 없을 정도로 강화되어 가고 있습니다.

그래서 남북관계를 대할 때 무조건 북쪽 탓만 할 것이 아니라 군사적 주권을 갖지 못함으로써 남쪽 책임을 얼마나 회피하고 있는지를 생각해봐야 합니다. 실질적인 남북관계의 정립은 남쪽이 결단코 군사적 주권을 확립하고 나서야 비로소 바로잡혀질 수 있다는 것입니다. 군사적 주권이 확립되지 않은 조건에서는 남북이 어렵게 합의를 하더라도 전시작전권을 가지고 있는 미국에 의해 언제든지 도로 아미타불이 될 수 있다는 뜻입니다. 이로 보건대 전쟁의 위험성은 한국이 군사적 주권을 갖지 못함으로 해서 제기되는 측면이 크다고 봐야 합니다. 역으로 군사적 주권을 확립한다면 그만큼 줄어들 것으로 보는 것이 더 이치에 부합한다고 봐야 할 것입니다.

미국으로부터 군사적 주권을 확립한다면 외세의 영향을 받지 않고 남북 간의 합의에 의해 남북 자체의 힘으로 풀어갈 수 있을 것입니다. 실상 북쪽은 지금껏 미국의 침략적 위협 때문에 자위권적 조치를 발동해 왔다고 밝혀 왔습니다. 그러니 남쪽이 군사적 주권을 확립하고서 서로 전쟁과 충돌을 방지할 방안에 대해 합의하자고 하면 반대할 명분도 없을 것입니다. 그 위협을 확고히 해소해 나갈 방안을 갖고 서로 합의해 나가면 한반도에서의 전쟁 위협은 분명코 사라지게 될 것입니다. 그래서 서로 합의한 부분의 실효성을 담보하기 위해 남북이 다 같이 법적으로 효력을 발생시키게 함으로써 그에 따라 남북관계가 더욱 진전되어 나가도록 하여야 합니다.

더욱이 나라를 지키는 것은 민의 애국심에 기대야지, 다른 나라의 힘에 기대거나 의존하려고 해서는 안 됩니다. 나라와 민족을 사랑하는 애국심이 강하면 잃어버린 나라도 되찾을 수 있지만, 애국심이 없으면

현존해 있는 나라도 지키기 어렵습니다. 그래서 애국심을 고취시키기 위해 적극 노력해야 합니다. 그런데 강대국이라고 하여 군사적 주권마저 내주어 간섭이나 받고, 그들의 패권적 지배 질서체제를 세우기 위해 주둔하는데도 그 비용을 분담하고, 그들의 요구에 굴복해 자체 무기 개발도 제대로 하지 못하고 비싼 무기나 사들이는 모습을 계속 보인다면 그런 조건에서 어떻게 애국심이 절로 우러나오겠습니까?

나라를 지키는 진정한 힘은 애국심에 있으니만큼 애국심을 함양시키기 위해서라도 군사적 주권은 결코 양도할 수 없습니다.

아울러 지금 지기의 국방력 강화는 단순히 군인 수나 늘려서는 해결할 수 없습니다. 첨단 과학 무기가 등장하고 있는 조건에서 최신식의 첨단 무기를 개발하는 방향으로 적극 대처해 나가야 합니다. 그래서 국방력을 강화하기 위해 군대를 모병제에 근거하여 간부화, 정예화하고 첨단화하는 방향으로 나가야 합니다. 무기도 불가피한 경우가 아니라면 자체 개발하여 국산화하도록 하며, 최신식의 첨단 무기를 지속적으로 개발해 나가야 합니다.

현 시대사적 요청에 맞게 군사적 주권을 확립하고 자체의 국방력을 지속적으로 강화하면서 조국통일법에 의해 남북 간의 합의를 점차 공고히 해 나가야 합니다. 그러면 쓸데없는 예산의 낭비를 막으면서도 남북 간에 전쟁의 위험을 방지하고 평화로운 환경을 조성시키는 가운데 한반도 차원에서 민의 권리를 누리게 되는 조국통일의 세상은 성큼성큼 다가오게 될 것입니다.

4 ▸▸▸
국토의 종합적이고 균형적인 발전 전략이 필요하다

일치와 입체, 통일의 방법론이 원만히 구현되도록 하자면 또한 국토의 종합적인 발전 전망과 함께 지역의 균형적인 발전이 이루어져야 합니다.

사람은 누구나 지역 집단의 공동체 성원으로 살아가고 있습니다. 그런데 국토가 종합적으로 발전하지 못하고 자기가 살고 있는 지역의 존립 자체가 위태롭게 된다면 어떻게 되겠습니까? 일치와 입체, 통일의 방법론을 구사하기는커녕 지역 집단의 공동체 성원으로서의 권리조차도 누리고 살 수 없게 될 것입니다.

농촌 지역 사람들이 생존권이 위협받자 자기가 살고 있는 거주지를 떠나 대도시로 몰려들고 있습니다. 이런 조건이라면 어떻게 전국적 차원에서의 일치와 입체, 통일의 방법론을 거론할 수 있겠습니까? 또 지역 집단의 공동체 성원으로서의 권리에 대해 말을 한다 한들 무슨 소용이 있겠습니까? 농촌 지역의 파괴는 그 자체로만 끝나지 않고 대도시의 문제까지 증폭시킵니다. 그럼으로써 나라 전체에서 주인으로서의 권리 실현에 제약을 가져오게 됩니다. 그래서 국토의 종합적인 발전 전망과 함께 지역의 균형적인 발전이 이뤄져야 합니다. 그래야 중앙정부와 지방정부의 유기적인 연계가 형성되면서 나라의 모든 성원이 주인으로서의 권리를 누리고 살아갈 수 있습니다.

국토의 종합적인 발전 계획과 지역의 균형적인 발전 전망을 내오는 것은 국내의 내부적 자원을 최대한 이용하여 각각의 지역에 거주하고 있는 주민 모두가 개혁의 성과를 실질적으로 누리게 하자는 것입니다. 이것을 어떻게 해결하느냐는 각 지역의 주민 모두를 개혁의 추진에 매진할 수 있게 하느냐와 관련된 문제라고 할 수 있습니다.

개혁은 어떤 한 부분이나 특정 지역만이 해당되는 사항이 아닙니다. 만약 그렇게 진행된다면 그에 해당되지 않은 지역이나 사람은 관심을 가지지 않게 될 것입니다. 그러면 개혁은 좌초되고 말 것입니다. 모든 지역의 사람들이 개혁에 동참할 수 있는 구조를 만들어 나가야 합니다. 한국 사람이라면 어디에 살든지 자신의 꿈을 키우고 살아갈 수 있어야 한다는 점에서 이는 너무 당연한 이치입니다.

더욱이 개혁은 주권을 행사하는 나라와 민족 단위로 진행됩니다. 국내의 물적 토대와 정치적 역량을 가지고 추진하는 것입니다. 그 누가 대신해서 수행해 주지 않습니다. 그 때문에 그런 조건들을 만들어 내고 창출해 나가야 합니다. 그것이 개혁을 추진하는 실질적인 힘입니다. 따라서 내부 자원을 얼마나 동원할 수 있느냐의 문제는 전 국토의 차원에서 일치와 입체, 통일의 방법론을 구사할 수 있느냐와 관련되어 개혁의 성패와 직결된다고 할 수 있습니다. 있는 자원도 이용하지 못하거나 아니면 이용하더라도 불합리하게 사용되어 계속 지역 간 격차를 더 벌여놓은 식으로 진행된다면 국토의 종합적인 발전과 각 지역의 균형적인 발전에 저하를 가져올 것입니다. 이것은 궁극적으로 재원의 효율적인 이용을 방해해 물적, 인적 자원의 동원 역량을 약화시켜 개혁의 추진을 어렵게 만들 것입니다.

국토의 종합적인 발전 계획과 각 지역의 균형적인 발전 전략의 수립은 더 이상 미룰 수 없는 과제이다

지금 한국 사회에서 이 문제가 얼마나 심각한가는 시골에 어린아이의 울음소리가 그친 지 오래되었다고 하는 것에서 단적으로 드러납니다. 어린아이가 없다는 것은 그 시골 마을을 유지하고 계승해 나갈 사람이 없다는 것을 의미합니다. 그런데 도리어 시골의 청년들은 생존을 위해 도시로 계속 모여들고 있습니다. 이런 현상이 지속되면 시골 마을은 폐가가 쌓이고 끝내는 마을들이 사라지게 될 것입니다.

이런 현상은 비단 한 마을에 그치지 않고 전국적인 시골 마을의 보편적인 현상이 되고 있습니다. 이 문제를 해결하지 않고 그대로 방치해 둔다면 시골 마을이 사라지는 것으로 그치지 않을 것입니다. 그다음엔 중소도시가 위기에 봉착하게 될 것이고, 궁극적으로 한국 사회는 서울이나 부산 등의 몇몇 대도시권을 제외하고는 중소도시조차도 유지되기가 힘겨운 상황으로 귀착될 것입니다.

이렇게 시골 마을이 사라지는 현상이 발생하게 된 것은 공업화의 발전 전략에 따라 오랫동안 도시 위주의 개발 정책이 시행되어 왔기 때문입니다. 그런데 그 정책을 시정하려고 하지 않고, 도리어 그 연장선상에서 세계화 정책으로까지 상승시켜 나감으로써 더더욱 대도시 위주의 개발 정책이 추진되고 있습니다. 세계화는 세계에서 1등 기업만이 살아남아야 할 정도로 무한경쟁을 강요한 정책입니다. 그 결과로 나타난 것은 세계 1등 같은 기업이 싹쓸이하는 현상입니다. 세계적 차원에서 빈국과 부국의 격차가 심화되었으며, 각국 내부적 상황에서도 빈부의 격차가 극심하게 확대되었고, 도시와 농촌 간의 격차도 더욱 심화시켰습니다.

세계화의 진행 속에서는 세계의 1등 기업만이 살아남아야 하니 자본의 이윤 추구가 무한정 추진됩니다. 그런데 그 이윤 추구의 대상은 대도시 위주가 될 수밖에 없습니다. 이윤의 극대화를 추구하는 데 있어서 사회적 기반 시설이 갖춰 있고 그만한 수요가 형성된 곳이 대도시이기 때문입니다. 대도시와 개발 지역을 중심으로 부동산 투기가 경쟁적으로 벌어지고 있는 것은 결코 우연한 현상이 아닙니다.

세계화 정책으로 인한 이윤 추구의 극대화는 비단 여기에만 그치지 않고, 사람들의 사고방식과 지역 개발에도 영향을 미치고 있습니다. 세상에서 돈이 절대적 가치로 숭앙받는 돈 중심의 사회로 전변되어 나가고 있습니다. 그 결과 지역 개발을 하더라도 어떻게 상품화시켜 돈을 벌 수 있는가가 중요한 판단의 척도로 작용하게 되었습니다.

하지만 지방의 소도시나 농촌이 아무리 자기 지역을 상품화하려고 한들 대도시와 경쟁이 될 수 있겠습니까? 세계거대독점자본과 중소기업이 경쟁하면 당연히 중소기업은 압도적인 자본의 힘을 가진 세계거대독점에 거의 패배할 수밖에 없습니다. 마찬가지로 중소도시나 농촌은 대도시에 밀리게 될 것입니다. 중소도시나 농촌에서 생존하기 위해 그토록 기업의 유치 경쟁을 벌이고, 또 상품화해서 지역 개발을 하려고 해도 큰 성과가 나타나지 않는 것은 이런 이치 때문입니다. 그래서 세계화 정책으로 인한 이윤의 무한 추구가 시정되지 않는 한 대도시 위주의 개발 정책이 추진될 수밖에 없습니다. 그 결과는 점차 농촌이나 중소도시의 몰락으로 귀결될 수밖에 없게 될 것입니다.

농촌과 중소도시의 몰락은 지역 문화와 삶의 형태를 사라지게 할 것입니다. 그리되면 인간 문화의 풍요롭고 다양한 삶 자체가 축소될 것입니다. 대도시와 같은 삶의 문화로 획일화되는 결과를 빚어내게 된다는 것입니다. 이 결과는 민의 권리 실현에도 심대한 영향을 미치게 됩니다. 각 집단의 권리가 보장되고 누리게 되어야 민이 주인으로서의 권리를 더 원만히 실현할 수 있습니다. 그런데 지역적 집단이 생존조차도 보장받지 못하고 흩어져버렸으니 그 영향이 어떻게 나타나겠습니까? 대도시 지역에 있어서도 가장 힘없고 힘든 사람이 그 권리를 보장받지 못하는 상황으로 귀착될 것입니다.

가장 힘없는 사람이 당하는 것을 용인했을 때, 그 결과는 항상 약육강식의 법칙이 통용되는 방식으로 귀결됩니다. 약육강식의 법칙이 통용되지 않게 하려면 가장 힘없고 약한 자의 권리가 보장받도록 해야 합니다. 그래서 예수는 99마리의 양보다도 가장 힘없고 약한 한 마리의 길 잃은 양을 가장 염려하고 소중히 여겼던 것입니다. 가장 힘없고 약한 자의 권리가 보장되면 모든 사람이 권리를 누릴 수 있게 되니까요.

농촌과 중소도시의 몰락은 국가적 차원에서도 식량 안보나 환경 보전 등을 비롯해 국토 자원의 효율적인 사용을 저해합니다. 궁극적으로는 나라의 물질적 재정 능력을 약화시켜 전체 민의 생활환경의 개선에도 제약으로 다가올 것입니다.

물론 국가적인 발전 전략을 수립하는 데 있어서 초창기엔 어느 정도 집중이 필요합니다. 하지만 그 집중이 너무 비대화 되면 역효과가 나타납니다. 자본주의 초기에 자본에 집적이 이뤄지자 비약적인 발전이 이뤄졌습니다. 하지만 자본이 너무 한쪽으로 집중되는 거대독점자본으로까지 비대화 되자 더 이상 먹을 것이 없어, 즉 유효수요가 창출되지 않아 수시로 침체와 불황을 겪는 것과 같은 이치입니다. 유효수요를 창출하기 위해 수시로 그 해결책으로 국가 재정을 풀고 있습니다. 그러나 그것 또한 거의 폭식해버리는 식이니 별반 달라질 바가 없습니다. 너무나 비대해져 한쪽으로 쏠린 이 현상을 바로잡아야만 경제가 원활하게 순환될 수 있다는 뜻입니다. 이와 마찬가지로 대도시 위주의 개발 정책은 나라의 발전 전망에도 파행을 불러올 것입니다. 이를 바로잡기 위해서는 국토의 종합적이고 균형적인 발전 전망을 기필코 내와야 합니다. 그래야만 전국적 차원에서 일치와 입체, 통일의 방법론을 구사해 나갈 수가 있습니다.

**국토의 종합적이고 균형적인 발전 전망을 내오는 데에 있어서
중요한 것은 중앙정부와 광역별 자치단체에서
중소도시와 농촌에 대한 지원 정책을 확고히 하는 것이다**

도시와 농촌 간이나 대도시와 중소도시 간의 격차가 극심해진 상황

에서, 국가의 재정적인 지원을 소극적으로 하겠다는 것은 중소도시와 농촌을 살리지 않겠다는 것이나 다름없습니다. 중소도시나 농촌의 문제를 그 지역만의 문제로 떠넘겨서는 안 됩니다. 지금도 중소도시와 농촌 지역에 재정적인 지원이 이뤄지고 있지만 획기적으로 늘려야 한다는 것입니다.

중소도시와 농촌 지역에 대한 지원을 획기적으로 늘린다는 것은 지금껏 중소도시나 농촌지역이 차별적 대접을 받았던 부분에 대한 시정이기도 합니다. 한 나라에서 창출한 사회적 재부는 그 구성원이라면 누구나 공평하게 누릴 권리가 있습니다. 그런데 이처럼 도시와 농촌 간, 대도시와 중소도시 간의 격차가 심화되어 왔던 것은 결국 차별적 대접을 받았다는 뜻에 다름 아닙니다. 민이 주체로 나서서 개인과 집단, 나라와 민족 단위의 전 영역과 부분에서 주인의 권리를 누리고 살아야 하는 마당에 지역 주민의 권리가 계속 침해되는 현상이 더 이상 지속되도록 해서는 안 됩니다.

중앙정부와 광역별 자치단체가 중소도시와 농촌 지역에 보내는 획기적인 지원이 성과를 발휘하기 위해서는 형식적이고 평균적으로가 아니라, 전 국토의 종합적인 발전 계획과 균형적인 발전 전략에 따라 수립되고 진행되어야 합니다.

전 국토의 종합적인 발전 계획과 균형적인 발전 정책을 수립하기 위해서는 국토의 중간중간에 거점을 두고 또 다른 대도시권을 형성시켜 나가는 것이 필요하다

전 국토의 종합적인 발전 계획과 균형적인 발전 정책을 수립하자면 어떤 한 지역에 치우치게 개발해서는 안 됩니다. 그런데 한국의 국토개발은 주로 수도권과 부·울산권을 중심으로 해서 그 외곽을 확대해 나가는 방향으로 이뤄지고 있습니다. 이를 해소하자면 국토의 중간중간에 거점을 두어 수도권과 부·울산권 같은 대도시권을 또다시 형성시켜 나가도록 하는 것이 합리적으로 보입니다.

이렇게 국토의 중간중간에 거점을 두어 또 다른 대도시권을 형성시켜 나가려고 하는 것은 도시 건설에 있어서 사회적 기반시설이 필수적이기 때문입니다. 그런데 그 기반시설을 갖추려면 그만한 인구를 포괄해야 합니다. 인구가 없는 조건에서는 백약이 무효입니다. 그래서 생활권을 기반으로 해서 각각의 지역적 특성에 맞게 거점을 설정해 광역을 단위로 한 대도시권을 형성해야 합니다. 그렇게 하기 위해서는 행정 체계도 그에 맞춰 과감히 개편해 나가야 합니다. 예를 들어 광주광역시와 전라남도와 같이 생활권이 서로 중복되는 영역은 두 개의 광역단체를 둘 필요가 없이 하나로 통합시켜야 한다는 것입니다.

이렇게 전국을 생활권을 중심으로 지역적 특성에 맞게 몇 개의 거점을 설정해 수도권이나 부·울산권 같은 대도시권을 몇 개 설정한다면, 그것을 기반으로 해서 전 국토를 종합적이고 균형적으로 발전시켜 나갈 수 있는 토대가 마련될 것입니다. 물론 그다음에도 각각의 대도시권은 수도권이 외곽으로 확대되어 나갔듯이, 그 거점을 중심으로 중소 도시의 거점과 연계되면서 농촌 지역으로까지 연결하여 발전시켜 나가야 합니다. 당연히 중앙정부와 각각의 대도시권은 중소도시와 농촌 지역의 개발에 적극 지원하여야 합니다(『지방분권이 지방을 망친다』, 2018년, 개마고원, 마강래 저, 참조).

생활권과 지역적 특성을 기반으로 한 대도시권의 설정과 그 외곽의 거점 마련을 위한 통폐합 과정, 그리고 행정 도시 개편 작업은 여러 이해 집단의 갈등과 상충을 불러일으킬 수 있습니다. 특히 정치권은 지역구의 통폐합에 아주 민감하게 반응할 것입니다. 그러기에 그들에게만 맡기는 식으로 진행되어서는 안 됩니다. 전 국토를 종합적이고 균형적으로 발전시켜 나가고자 하는 것은 전 국토를 효율적으로 이용해 나라의 모든 성원이 주인으로서의 권리를 누리고 살자는 것에 그 목적이 있습니다. 그러니만큼 전체 민이 적극 참여하여 진행하여야 합니다.

그 합의 과정이 결코 순탄치는 않을 것입니다. 하지만 지금과 같은 방식으로 국토 개발이 계속 진행된다면 수도권과 부·울산권의 외곽 지역의 확장으로 이어지고, 그 외 대다수의 나머지 지역은 계속 인구가 줄고 침체되는 상황을 벗어나지 못하게 될 것입니다. 한국의 경제 발전에도 질곡을 가져다주는 부메랑으로 돌아오게 된다는 것입니다.

그렇지만 생활권과 지역적 특성을 기반으로 행정 도시를 개편해 수도권과 부·울산권만이 아니라 광역 단위에서도 새로이 대도시권이 탄생하게 만든다면 그 부분으로 인구 유입을 유도할 수 있을 것입니다. 그러면 수도권이나 부·울산권으로만 인구가 집중되는 상황을 막아낼 수 있을 것입니다. 아울러 수도권과 부·울산권만이 아니라 또 다른 대도시권이 형성됨으로 하여 그 유기적 연계가 이뤄지면 더욱 상승 발전의 길을 열어주게 될 것입니다. 동시에 새로운 대도시권의 형성으로 그 외곽의 중소도시와 농촌 지역의 개발에도 활력을 불어넣어 줄 것입니다. 행정 도시와 구역을 통폐합하는 개편 과정이 비록 쉽지 않다고 해도, 시간이 흐를수록 그 후과가 큰 조건에서 장기적인 경제 발전은 물론이고 국토의 종합적인 발전 계획과 지역 간의 균형적 발전을 이룩하기 위해서는 적극적으로 추진하여 나가야 합니다.

국토의 종합적인 발전 계획과 지역 간의 균형적 발전을 이룩하기 위해서는 지방자치단체의 권한을 강화하고 더욱 활성화해 나가야 한다

국토의 종합적인 발전 계획과 지역 간의 균형적 발전을 이룩하려고 하는 것은 국토를 효율적으로 이용함으로써 모든 지역에 거주하는 주민이 합당하게 주인으로서의 권리를 누리고 살게 하려는 데에 그 목적이 있습니다. 그런데 생활권과 연결된 지역적 권리는 지방자치제에서 가장 잘 실현될 수 있습니다. 생활권과 연결된 문제는 그 지역 주민이 가장 잘 알고 있기 때문입니다. 그래서 중앙정부와 지방정부가 서로 유기적으로 연계되어 지방자치가 얼마나 성공적으로 운영되느냐는 각 지역의 주민이 얼마나 지역적 권리를 누리며 삶의 환경을 개선해 나갈 수 있느냐와 직결된 문제라고 할 수 있습니다.

하지만 현 시기 한국의 지방자치는 중앙정부와 지방정부의 유기적인 연결이 원만히 이뤄지지 못하고 많은 부분에서 미흡한 상태에 머물고 있습니다. 그 이유는 무엇보다 중앙정부 차원에서 나라의 주인인 민의 권리가 많은 부분 가로막혀 있는 것처럼, 지방자치단체에서도 주민의 요구가 적극적으로 반영되는 데 많은 제약들이 작용하고 있기 때문입니다. 어떤 사안에 대해 주민들이 제안하여 결정하려고 해도 그 장벽이 높다면 그건 거의 형식적인 글귀에 불과합니다. 지역 주민의 이해와 요구를 적극 반영하려고 하는 것이 지방자치의 취지입니다. 지방자치가 얼마나 잘 실현되느냐는 곧 민주적인 제도와 질서 체계의 기본 운영과도 관련된다는 것입니다. 그러니만큼 철저히 지역 주민의 요구가 적극 반영될 수 있는 부분으로 대폭 개선해 나가야 합니다.

지방자치가 성과 있게 실현되지 못한 것은 또한 지방자치단체에서 가진 권한이 너무 적고 재정에 대한 독자적인 재량권이 많은 부분 협소하기 때문이기도 합니다.

지역 주민의 이해와 요구의 반영에 높은 장벽이 설정되어 있는 것이나, 중앙정부가 지방자치단체에 많은 간섭과 규제를 가하도록 되어 있는 것은 아직도 자방자치제에 독재정권의 잔재가 말끔히 청산되지 않고 있음을 보여줍니다. 군사독재정권은 자신들의 부당한 권력을 유지하기 위해 지방자치를 실시하려고 하지 않았습니다. 지역적 단위에서 생활권적 권리를 누리고 향유하게 되면 당연히 다른 사회적 영역에서도 권리를 누리려고 주장하게 될 것입니다. 그래서 군사독재정권은 그걸 원천적으로 사전에 차단하려고 했던 것입니다. 하지만 군사독재정권을 몰아내기 위한 투쟁 과정에서 지방자치법은 1991년에 다시 부활하게 되었습니다. 그런데 아직도 중앙정부의 간섭과 규제는 매우 강력하다고 할 수 있습니다.

지방자치가 전면적으로 실현되어 지역 주민으로서 삶의 권리를 누리고 살게 하자면 지방자치단체의 권한이 대폭 강화되어야 합니다. 지방자치에 참여하라고 말로만 할 것이 아니라 실질적으로 지역 주민의 요구가 반영될 수 있는 조건 또한 만들어 나가야 합니다. 나라와 민족 단위에서 중앙정부가 필수적으로 수행해야 할 외교와 안보, 국방 등을 제외하고는 주민의 생활권과 직결되는 보건과 복지와 같은 서비스 등의 행정은 법률에 기초한 범위 내에서 기초자치단체에 자율적인 재량권을 행사할 수 있도록 보장해야 합니다. 또한 광역자치단체 단위에 교육자치제가 도입되었듯이 검찰이나 경찰, 사법부 등 또한 광역자치단체나 아니면 새로이 개편된 행정체계로 볼 때 대도시권의 지역 단위에서 임명될 수 있도록 새로이 개편되어야 합니다.

검찰이나 경찰, 사법부의 개혁이 쉽게 이뤄지지 못하고 있는 데에는 중앙집권적으로 형성된 그 권력이 비대해진 측면에도 그 원인이 있습니다. 이 조직들의 권력을 각 광역자치단체로 분산시켜서 각 지역의 감시를 받고 통제를 받게 한다면 그만큼 그 개혁 또한 확고하게 실현될 수 있을 것입니다.

지방자치제를 더욱 활성화하기 위해서는 재정의 자율적인 재량권을 대폭 확대하는 방향으로 나가야 합니다.

중앙정부에서 지방자치단체에 여러 부대조건을 걸어 재정을 지원한다면 사실상 지방자치단체에서는 지역 주민의 요구를 받아들여 시행할 수 있는 부분에 큰 제약을 당할 수밖에 없습니다. 그러기에 중앙정부나 광역자치단체에서 특수한 목적성을 가지고 할당한 부분이 아니고, 기초자치단체에 보편적으로 재정을 지원할 때는 지역적 분배 방식에 의거하여 전달하게만 해야 합니다. 그 구체적인 세세한 부분에까지 지시하지 못하게 해야 한다는 것입니다. 그러면 지방자치제는 일정하게 재량권을 행사할 수 있게 될 것입니다. 지역의 구체적인 사정을 잘 알고 있는 지역 주민의 요구를 받아들여 운영하면 더 합리적이고 효율적으로 이용할 가능성이 더 높기 때문입니다.

여기서 진정한 지방자치는 재정자립도를 달성하였을 때 가능하다고 보면서 국세와 지방세로 걷히는 세금의 비율을 따져 지방세의 비율을 높여서 해결하자고 하거나, 아니면 지방소비세를 지방자치단체가 자율적으로 정해 해결하자고 주장하는 것은 옳은 의견이라고 볼 수 없습니다. 그것은 지방자치단체 간에 빈부의 격차를 더욱 심화시키기 때문입니다.

지방세의 비율을 높일 경우, 몇몇 부자 지방자치단체는 재정자립도를 달성할 수 있을 것입니다. 그렇지만 나머지 대다수 지방자치단체는 그 얼마 올린다고 한들 재정자립도에도 턱없이 미치지 못합니다. 도리어 국세가 줄어들어 중앙정부에서 지방자치단체에 지원해 줄 자금만 줄어드는 결과만 초래할 것입니다. 지방소비세를 지방자치단체가 자율적으로 결정한다고 하는 것 또한 부자 자치단체에는 좋은 결과를 가져오겠지만, 가난한 지역자치단체는 더 어려움에 직면하게 될 것입니다. 부자인 몇몇 지방자치단체만 살겠다고 대다수 지방자치단체에 어려움을 가중시키는 정책은 결코 옳다고 할 수 없습니다. 그래서 지방자치단체의 재정적 어려움을 풀 수 있는 방식은 중앙정부나 광역자치단체로부터 지원받는 재정에 대해 지방자치단체가 자율적인 재량권을 확대해 나가는 방향에서 해결해야 한다고 말하는 것입니다.

지역 주민의 요구가 적극 반영되도록 그 장벽들이 대폭 개선되면서 지방자치단체의 자율권이 확대되어 지방자치가 더욱 성공적으로 실현된다면 지역적 단위에서의 권리 실현과 삶의 개선에 큰 전환이 이뤄질 것입니다. 지역적 정치에 참여하여 지역적 권리를 누리게 된다면 다른 사회적 영역과 부분에서도 주인으로서의 권리 실현에 이바지하게 될 것입니다. 당연히 자기 지역에 대한 특성에 맞게 발전시켜 나가는 길도 더욱 넓혀질 것입니다. 그로 인해 자기 지역과 고향에 대한 자부심을 품게 되면서 한국 사회의 삶은 더욱 풍요롭게 될 것입니다. 그 결과 나라와 조국에 대한 긍지심 또한 높아지게 될 것입니다.

4장

개혁을 실행하기 위한 기준과 잣대를 세워 나가자

●●●

개혁의 필요성 및 관점과 입장, 그리고 방법론을 거론했던 것은 시대사적 요청에 맞게 개혁을 실질적으로 한국 사회에서 실현해 내자는 데에 그 목적이 있습니다. 그런데 개혁을 실질적으로 실현해 내자면 어떤 부분적인 측면만으로 그쳐서는 성공할 수 없습니다. 일치와 입체, 통일의 방법론을 통해 종합적인 판단 속에서 총체적으로 진행되어야만 가능합니다.

이 4장에서는 개혁을 실질적으로 수행하기 위해 사회 전반에 걸쳐 개략적인 기준과 잣대를 제시하는 것으로 대신하고자 합니다.

사회 전반에 걸쳐서라고 전제 조건을 단 이유는 앞에서 밝혔던 것처럼 개혁이 종합적이고 총체적으로 진행되어야 하기 때문입니다. 그만큼 사회가 밀접하게 연결되어 있고, 어떤 한 부분에서의 개혁의 후퇴는 단지 그 영역만으로 끝나지 않고 다른 부분으로 확산되어 개혁의 추진을 가로막는 요소로 작용하기 때문입니다.

더욱이 사회가 역동적으로 움직여 나가는 조건에서 어떤 사건이 벌어질 때마다 그에 대한 판단을 수시로 요구받게 됩니다. 경미한 사건이야 별 상관없겠지만, 어떤 경우는 그 사안과 성격에 따라 사회적 파장이 만만치 않아 개혁의 추진에 심각한 장애를 조성할 수도 있습니다. 이럴 때 그 사건에 대해 어떻게 대응하느냐는 개혁의 추진 동력에 엄청난 영향을 미칠 수 있습니다. 여기서 종합적이고 총체적인 토대에 근거해 판단을 내릴 수 있다면 그 사건에 대해서도 효과적으로 대응할 수 있게 될 것입니다.

아울러 선거 때마다 각 정당이 유권자의 표심을 얻기 위해 별별 정책을 쏟아붓는 모습도 총체적이고 종합적인 판단이 필요한 경우라고 할 수 있습니다. 우선 당선되고 보자는 욕심으로 결코 지키지도 못할 정책을 공약으로 내걸기도 합니다. 그래 놓고선 당선된 후에는 나 몰라라 하며 형식적으로 행하는 척하다가 결국엔 여러 구실을 대어 접어버리는 경우가 다반사가 되고 있습니다.

이런 현상이 앞으로도 계속 벌어지도록 놔둔다면 개혁의 기치는 권세를 쥐려는 자들의 농락물로 전락하여 결코 실현될 수가 없게 될 것입니다. 따라서 진실로 개혁하려고 하는가, 그렇지 않는가를 바라볼 때 그 정책 하나만이 아니라 종합적이고 총체적인 시각에서 파악하게 되면 그 진의를 쉽게 간파할 수 있을 것입니다.

이 글에서는 세부적인 것보다는 종합적이고 총체적인 부분을 언급하기 위해 크게 개혁을 바라는 정치 세력을 어떻게 하나로 결집해낼 것인가의 문제와 어떤 입장과 방향하에서 물질적인 생활 조건을 개선해 나갈 것인가의 문제, 아울러 개혁의 정치적, 물질적 토대를 계속 확대 강화하면서 어떻게 미래 사회의 전망을 열어나갈 것인가의 문제 등 크게 세 부분으로 나눠 살펴보고자 합니다.

다음으로 개략적인 기준과 잣대만을 언급하겠다고 하는 이유는, 본질적으로 그것은 민이 집체적인 지혜와 힘을 모아서 일치와 입체, 통일의 방법론을 통해 확정 지어야 하기 때문입니다. 그래서 구체적인 언급은 피하려고 한 것입니다.

그런데도 일정한 부분에 걸쳐 기준과 잣대를 언급한 것은 한국 사회의 객관적인 조건 속에서 그렇게 되어야만 개혁이 성공적으로 진행될 수 있지 않겠느냐는 저자의 생각을 밝힘으로써 그에 근거해 심층적인 토론이 진행되기를 소망하기 때문입니다.

어떤 토론을 하려고 할 때 사전에 아무것도 없는 것보다는 일정한 내용이 펼쳐져 있으면 그에 대해 심사숙고하면서 더 수월하게 논의를 진행할 수 있을 것입니다. 이런 점에서 여기서 제시하는 기준과 잣대가 절대적이라거나 무조건 옳다고 주장하는 바는 아닙니다. 단지 개혁을 실질적으로 성공시켜 민이 주인으로서의 권리를 누리게 하자면 어떤 방향과 입장에서 풀어나가야 하는지에 대해 합의점을 도출하는 데에 이 글의 내용이 조금이나마 도움이 되었으면 하는 바람입니다.

1 ▸▸▸
개혁 세력을 하나로 결집시키면서 반개혁 세력을 청산하자

애민사상에 근거하여 애국법을 공표하고, 또 국가보안법이 폐지되고 조국통일법이 제정되며, 각종 대중단체에 대한 국가적인 지원 체계가 확립된다면 사상의 백화제방이 이뤄지게 될 것입니다. 그러면 누구나 자신의 사상과 정견을 자유롭게 표출하여 일치와 입체, 통일의 방법으로 개혁을 성과적으로 밀고 나갈 수 있게 될 것입니다. 그런데 관건은 누가 이렇게 만들어 나가냐 하는 것입니다.

고양이 목에 방울만 달 수 있다면 만사가 해결될 터인데, 그게 어렵다는 것입니다. 하지만 여기에 무슨 뾰족한 묘수가 있을 수 없습니다. 개혁을 원하는 모든 세력을 하나로 결집해내 오직 그 힘으로 모든 영역과 방면에서 주인으로서의 권리를 보장받고, 그것을 실현하기 위한 민주적인 제도와 질서 체계를 세워 나가야 합니다.

지금껏 개혁이 그토록 입에 닳도록 거론되면서도 실질적으로 추진되지 못했던 핵심적인 이유는 이처럼 개혁을 추진할 정치적 세력을 하나의 강력한 사회 정치적 역량으로 결집해내지 못한 데에 있습니다. 사회 정치적 역량을 마련하지 못하면 개혁은 그저 희망 사항으로 그칠 뿐입니다. 진실로 개혁하고자 한다면 다른 무엇보다도 우선적으로 개혁을 원하는 모든 세력을 강력한 사회 정치적 역량으로 결집해내는 데에 선차적인 힘을 기울여야 합니다.

여러 여론 조사 기관에 의하면, 민심으로부터 불신받고 있기에 가장 먼저 개혁되어야 할 곳이 어디냐고 생각하느냐는 질문에 정치권이라고 응답하는 사례가 상위권에 들 정도로 매우 높게 나타나고 있습니다. 정치권이 민심에 따라 개혁을 추진하여 나가야 하는데, 도리어 개혁의 걸림돌로 작용하고 있다는 뜻입니다. 그런데 개혁의 걸림돌로 작용하고 있는 정치권에 개혁을 맡기고 있는 현상이 계속 되풀이되고 있습니다.

물론 모든 정치인이 개혁의 걸림돌이 된다는 뜻은 아닙니다. 소수이긴 해도 분명 개혁을 원하고 있고, 또 실현하기 위해 소신껏 노력하는 정치인은 있습니다. 하지만 그들은 한국의 정치 현실 속에선 별다른 힘을 쓸 수 없는 구조에 놓여 있습니다. 정치권이 그 나물에 그 밥인 것처럼 섞어찌개와 잡탕찌개와 같은 모습을 보여주고 있기 때문입니다. 이것은 한국의 정치권이 어떤 과정을 거치면서 형성되어 왔는가를 살펴보면 쉽게 이해할 수 있습니다.

한국 정치권의 뿌리는 크게 보아
자유당과 한민당(민주당), 공화당으로 연결되고
이들 세력이 서로 인맥과 파벌에 따라 수시로 이합집산하여 왔다

여당이든 야당이든 관계없이 한국 정치권에서 제1당과 제2당을 차지하고 있는 그 뿌리는 크게 보았을 때 자유당과 한민당(민주당), 공화당으로 연결된다고 볼 수 있습니다. 자유당과 한민당은 이승만 정권 전후 시기부터 활동한 정당입니다. 이 두 정당은 해방 이후 민족적 과제인 친일파 청산 작업이 진행되어야 했으나, 도리어 반공 이데올로기가 기승을 부리자 그에 편승해 이들 친일파까지 정계에 진출함으로써 참여하게 되었고, 그 과정에서 권력을 장악하기 위해 인맥과 파벌에 따라 수시로 이합집산을 거듭했던 정당이라고 할 수 있습니다. 공화당은 박정희가 5.16 군사 쿠데타를 일으키고 나서 군사독재 세력이 정당정치의 모양새를 갖추기 위해 김종필의 주도로 탄생시킨 정당이라고 할 수 있습니다. 여기에는 군사독재 세력을 중심 세력으로 하면서 지난날의 자유당과 한민당(민주당)의 일부 성원까지 포함되었습니다. 세월이 지나가면서 수많은 정치권의 인사가 바뀌기도 하였으나 중요한 것은 이들 정당의 뿌리가 지금의 정당에 이르기까지 서로 밀접하게 연결되어 이어져 오고 있다는 것이 한국 정당의 현주소라는 점입니다.

이들 정당의 탄생이나 활동 과정을 살펴볼 때 노선과 정책이 서로 달라서 자신들의 정치 이념을 실현하기 위해서라고 보기 어렵습니다. 어떻게 하면 권력을 잡는 데에 유리하냐에 따라 서로 인맥과 파벌을 형성해 서로 이합집산하였습니다. 일부야 일제 식민 지배를 반대해 독립운동을 한 인사도 있었고, 해방된 사회에 걸맞게 사회를 혁신시켜 보려는 인사도 있었습니다. 하지만 해방된 사회에 걸맞게 친일파를 척결하고자 반민특위 활동을 한 사람들은 탄압받았습니다. 또 1956년 자본주의도 사회주의도 아닌 사회민주주의 사회와 평화적 조국통일을 주장하며 창당을 목표로 했던 진보당도 탄압받으며 해체되었습니다.

진보당의 이념을 보면 실상 좌익도 우익도 아닌 제3의 길인 중도의 입장을 제시한 것으로 볼 수 있습니다. 아울러 인맥과 파벌로 계파를 형성해 권력 다툼이나 벌이는 모습에서 벗어나 처음으로 노선과 정책을 제시하며 사회를 혁신시켜 나가고자 했던 정당이라고 볼 수 있습니다. 하지만 진보당은 정당을 유지하지도 못하고 일부 성원들은 목숨마저 부지하지 못했습니다. 그 당수인 조봉암은 간첩죄로 체포되어 사형에 처해졌습니다. 인맥과 파벌로 계파를 형성해 권세를 추구하는 사람들에게 있어서 노선과 정책을 분명히 제시한 정당의 등장은 그들의 치부를 그대로 드러내 보여줄 수 있었기에 결코 용납될 수 없었습니다. 그래서 탄압을 받고 죽임을 당했어도 방관자로 지켜보았을 뿐입니다.

인맥과 파벌로 계파를 형성해 권세를 추구했던 한국의 정당은 더 나아가 섞어찌개와 잡탕찌개와 같은 모습으로까지 변해갔다

김영삼의 통일민주당은 전두환의 군사독재세력의 기반이었던 민주정의당과 유신잔당인 김종필의 신민주공화당과 연합하여 1990년 민주자유당을 탄생시켰고, 결국 권력을 잡았습니다. 김영삼 정권의 뒤를 이어 탄생한 김대중 정권은 김종필의 유신 잔당과 또 연합하여 권력을 잡았습니다.

이렇게 야합하는 현상이 벌어졌던 것은 해방 이후 친일파가 철저히 청산되지 못함으로 인해 민족정기의 수립에 커다란 난관을 가져왔던 것처럼 군사독재 세력의 철저한 청산을 하지 못한 후과를 가져왔습니다. 이것은 군사독재 세력이 정계에서 맥을 추지 못하도록 만든 세력이 다름 아닌 그들과 손잡았던 김영삼 정권에서 이뤄졌다는 사실에서 여실히 드러납니다. 군사독재 세력과 야합한 배신세력의 등장으로 인해 군사독재 세력의 잔당들은 철저히 청산되지 못하고 그 명맥을 잇게 되었습니다. 즉 군사독재 세력의 잔당 중 일부만 취사선택하여 생색을 냈을 뿐입니다.

이의 결과가 무엇을 의미하는지는 2011년 12월 창당된 통합진보당이 어떻게 해체되었는가를 보면 명백히 드러납니다. 통합진보당은 주요 강령으로 보편적 복지사회 실현과 국민기본생활 보장, 과거 친일과 친독재 행위의 역사적 심판을 통한 민족사의 정체성 확립, 조국의 평화적 통일, 그리고 국가보안법 비롯한 반민주 제도와 악법 폐지 등을 내걸었습니다. 그 내용의 핵심들은 주로 민족적 성향을 드러낸 중도이념을 표방했다고 볼 수 있습니다. 하지만 통합진보당 또한 반민특위가 해산되고, 조봉암의 진보당이 탄압받고 해체되었던 것처럼 이석기 의원의 비공개 강연을 내란선동 사건으로 연결지어 해산되기에 이르렀습니다. 당연히 섞어찌개와 잡탕찌개로 얼룩진 정치권의 현실에 안주하며 권세를 추구하려고 했던 이들에게 있어서 그들과 다른 노선과 정책을 명확히 들고 나선 통합진보당은 눈엣가시 같은 존재였기에 봐줄 수 없었습니다. 그래서 통합진보당이 탄압받고 해산될 때에 적극

동조하거나 방관자로 관망하였습니다.

일본의 이지메같이 왕따시키며 따돌리는 현상이 다른 어디도 아닌 한국의 정치판에서 벌어지고 있다는 것은 정치권을 개혁하는 데에서 심각하게 고려해야 할 요소가 되고 있습니다.

물론 한국 사회에서 3당이나 4당 내지는 다른 소수 정당이 성립된 적이 없다거나 무조건 탄압받고 해산되었다는 뜻은 아닙니다. 제1당과 제2당의 정책적 입장과 큰 차별이 없거나 위협적 정당으로 다가오지 않았을 때는 허용하였습니다. 정책적으로 큰 차이가 없고, 또 설사 노선과 정책이 다르더라도 세력을 크게 확산할 가능성이 없다고 본다면 자신들의 안위에 두려움을 느낄 필요가 없기 때문입니다. 어차피 조직과 물량의 동원력에 앞선 쪽이 이길 가능성이 클 것입니다. 또 소수 세력의 많은 정당이 존재하니 민주주의 정치가 잘 이뤄지는 것처럼 허상을 심어줄 수 있으니 도리어 더 도움이 되는 것으로 본 것입니다. 하지만 반민특위나 조봉암의 진보당 사건, 2011년에 창당된 통합진보당 해산 사건 등에서 살펴본 것처럼 냉전 이데올로기를 거부하면서 친일청산이나 민족적 주권을 거론하며 평화적인 조국통일을 주장하고 나온다면 결코 봐주지 않았다는 사실입니다. 해방 이후 친일파를 청산하지 못하고 민족적 정통성을 확립하지 못했던 후과가 이처럼 정당정치가 참답게 실현되는 것까지 질곡 시킨 요인으로 작용하고 있는 것입니다.

한국의 정당은 노선과 정책에 별반 차이가 없고 이미지 포장에 더 관심을 기울인다

정당이 자신의 노선과 정책을 명확히 제시하고 그에 따라 민심을 확인하는 것은 당연하다 할 것입니다. 그래야 수정할 것은 수정해서 다시 민의의 판단을 받는 방식으로 나아가 자신의 세력을 확장해 나갈 수 있게 될 것입니다.

그런데 정책에서는 큰 차이가 없는 제1당과 제2당이 그들에게 위협이 되는 새로운 정당이 등장할 것 같으면 서로 협력하여 왕따시켜 파멸시키면서 언제나 제1당과 제2당을 보장받는 조건이라면 그 정당들이 어디에 가장 힘을 쏟겠습니까? 새로운 정책의 개발보다는 드라마 뺨치는 연기 역할을 잘 해내는 것이 중요하게 될 것입니다.

한국의 제1당과 제2당에서 선거 때마다 이미지가 잘 포장된 새로운 인사를 받아들이는 것이라든가, 아니면 수시로 이합집산하여 당명을 바꿔 나가는 것은 결코 이와 무관치 않은 모습들이라고 할 수 있습니다. 하지만 정당의 기본은 당의 노선에 따라 정책을 계속 개발해나가는 것일 터인데, 그에는 큰 신경을 쓰지 않으면서 몇몇 사람을 영입하거나 사람 혹하도록 당명을 바꾼다고 해서 뭐가 크게 달라지겠습니까?

정당이 노선과 정책에 의거하여 정상적인 활동을 하려고 하였다면 벌써 제1당과 제2당은 하나로 합쳐지거나, 아니면 서로의 정치적 입장에 맞게 재편되어야 하는 것이 맞을 것입니다. 소소한 차이는 있을 수 있지만 큰 맥락에서 따져보면 별 차이가 없습니다. 그래서 정말로 정책적 노선과 차이에 근거해서 정당정치를 펼치려고 한다면 그에 따라 새로이 재편되는 것이 합당하다고 여겨지기 때문입니다.

김영삼 정권에서 세계화를 그토록 주장하다가 IMF의 지배를 받게 되었는데, 평화적으로 정권 교체했다던 김대중 정권은 사실상 김영삼 정권에서 주장했던 세계화 정책을 그대로 집행하였습니다. 노무현 정권 또한 세계화 정책을 전혀 바꾸려고 시도하지 않고 그대로 이어나갔습니다. 김영삼 정권은 역사바로세우기 등을 주장하며 광주시민을 학살한 군사독재세력의 실세들을 처벌하였습니다. 그런데 김대중 정권은 화합과 포용이라는 이름으로 반성도 하지 않은 이들 세력을 사면하였습니다. 정치적 목적에 따라 소소한 차이가 없는 것은 아니지만 큰 맥락으로 보면 별 차이가 없는 모습들입니다. 한국 사회에서 제1당과 제2당의 당명과 인물은 계속 교체되어 왔지만 그 깊숙한 뿌리와 정체성은 거의 바뀌지 않고 이어져 왔던 것입니다. 그래서 많은 사람들은 정치권이 시급히 개혁되어야 하는 대상으로 여기게 된 것입니다.

한국의 정치권이 크게 바뀌지 않는 데에는
독재정치가 오랫동안 실시되면서 제왕적 권력이 행사되고
1등만이 독식하는 형태가 고착화되어 왔던 반면에
민이 정치권에 압력을 가할 권리가 거의 부재했기 때문이다

한국 정치권의 뿌리와 맥이 해방 이후부터 지금까지 거의 바뀌지 않고 이어져 온 데에는 여러 이유가 있고, 또 부분적으로 좀 차이가 있기는 합니다. 하지만 큰 맥락으로 보았을 때 오랫동안 독재정치가 실시된 데다 인맥과 파벌 형태로 정치가 진행되는 속에 대통령이나 당수가 제왕적 권력을 행사하면서 선거에서 1등만이 독식하는 형태로 고착화 되어 왔던 측면에 큰 원인이 있습니다. 국회의원의 공천권도 당 대표의 권한에 크게 좌우되고, 지역구 국회의원의 선거도 소선거구로 다수 득표자가 선출됩니다. 이런 상태가 고착화되고 각 지역구마다 조직과 물량의 동원 체계가 세워지니 제1당과 제2당이 압도적으로 우세한 힘을 갖추게 되었습니다. 이런 조건에서 제3의 세력이 나온다고 한들 과연 이기기가 쉽겠습니까?

1987년 6월 항쟁 이후 새롭게 헌법이 제정되었지만 직접 민의에 근거해 국민발안을 하거나 국민투표를 통해 결정할 수 있는 권한도 없고, 국민소환제도 시행되지 않고 있습니다. 제왕적 대통령제 또한 여전히 변하지 않고 있습니다. 결선투표도 허용하지 않아 과반을 얻지 못해도 다수 득표자로서 대통령에 당선되기도 합니다. 당 대표는 옛날처럼 권위를 가진 사람이 나오지 않아 계속 바뀌고 있지만, 여전히 계파와 파벌이 형성되어 있습니다. 또 국회의원 공천권도 지금에 이르러 당원과 여론을 동반한 경선을 시행하고 있기는 합니다. 하지만 여전히 당 대표의 권한과 계파, 파벌의 영향력은 막강합니다. 국회의원의 선출은 지역구와 정당에 각각 투표하는 1인 2표제 방식으로 진행되지만, 지역구는 다수 득표자로 선출하고 있습니다. 비례대표는 정당별 득표율에 따라 의석수를 배분한다고 하나 21대 국회의원 선거에서 보듯 전체 300석 가운데 비례대표 의원이 47석이어서 정당별 득표율과 의석 비율이 서로 비례하지 않아 비례대표 실시란 것 자체가 별 의미가 없을 정도입니다. 입을 풀고 돈을 막는다고 하지만 제3의 세력이 선거 공탁금을 걸고 도전하는 것 자체도 매우 어려운 지경입니다. 한마디로 두 거대 정당이 절대적으로 유리한 구조가 고착화된 것입니다.

두 거대 정당이 나눠먹기식이 된 한국의 정치 지형을 바꿔내는 방법은 없을까?

미국의 공화당과 민주당은 별반 큰 정책적 차이도 없으면서 서로 나눠먹기 하고 있습니다. 마찬가지로 한국의 정치 구조도 옛날의 자유당과 한민당(민주당), 공화당의 뿌리를 이어받아 이합집산하여 형성된 지금의 국민의힘과 더불어민주당이라는 두 거대 정당이 나눠먹기 하는 식으로 된 꼴입니다. 무조건 다수 득표자가 이기게 된 상황에서 당명이 어떻게 바뀌어도 관계없이 오랫동안 조직과 물량의 동원 체계를 공고하게 형성시켜 왔던 제1당과 제2당 중의 어느 하나가 당선되는 것이 너무나 당연한 이치일 것입니다.

이렇게 큰 맥락으로 보아 실질적인 개혁의 추진과는 거리가 먼 그 나물에 그 밥인 두 거대 정당이 서로 나눠먹기식이 됨으로써 사실상 정당정치가 행해지지 못하고 있습니다. 또 개혁 세력을 대표할 수 있는 새로운 정당을 내세우기가 매우 어려운 상황이라고 할 수 있습니다. 이런 조건에서 어떻게 해야 개혁을 추진할 수 있는 사회 정치적 세력을 결집해낼 수 있을까요? 과연 그 길은 없는 것일까요? 또 민족적 주권 회복과 조국통일의 과제를 자기 당의 노선과 정책으로 밝히고 나서면 예전의 반민특위와 조봉암의 진보당 사건, 그리고 통합진보당 사건 때처럼 탄압받으며 해산당하지 말라는 법도 없는데 말입니다. 그러면 하나의 강력한 정치 세력을 형성한다는 것은 감나무 밑에서 우연히 홍시가 떨어지기를 바라는 것과 마찬가지일까요?

민의 요구가 더욱 반영되게 하자면 최소한 대통령만큼은 과반이 넘어야 당선되는 결선투표를 해야 하고, 또 국민발안이나 국민투표 결정권, 국민소환제 등의 권리가 행사될 수 있어야 한다고 주장해도, 또 자신의 사상과 정견을 소신껏 표출할 수 있도록 국가보안법을 폐지해 달라고 해도, 또 지금의 한국 사회에서 필요한 것은 애국법과 조국통일법이 제정되고 각종 대중단체에 대한 국가적인 지원 체계가 확립되어야 한다고 요구해도 정치권이 받아들여 주지 않으면 어떻게 하냐는 것입니다.

4.19혁명으로 이승만의 자유당 정권이 무너지자 장면의 민주당이 권력을 장악했지만 다시 5.16쿠데타에 의해 무너졌습니다. 6월 항쟁을 통해 직선제를 쟁취했지만 김영삼의 통일민주당과 김대중의 평화민주당이 서로 분열해 군사독재 세력인 노태우가 대통령에 당선되었습니다. 노무현 정권 때에는 대통령과 국회의원의 과반수까지 확보해 주어 그 힘을 주었는데도 소소한 차이는 있었지만 본질적인 변화는 일어나지 않았습니다. 박근혜 정부를 촛불의 힘으로 탄핵하고 문재인 정권에 대통령과 국회의원의 과반수를 밀어주었는데도 별반 변화된 것이 없습니다. 말로야 전부 다 개혁할 것처럼 하였지만 실질적으로 그 결과는 미미했습니다. 그 후과로 노무현 정권 이후 이명박 정권과 박근혜 정권이 등장하였고, 2021년 4월 서울과 부산 시장 등의 지방 보궐선거에서는 탄핵으로 심판받았던 정당의 후신인 국민의힘이 다시 모든 것을 싹쓸이하는 현상으로 나타났습니다. 제1당 아니면 제2당인 두 거대 정당이 거의 나눠먹기식이 된 것이니 당연한 결과입니다.

이런 결과가 나오는 것은 더불어민주당이나 국민의힘 등의 국회의

원이 모두 하나같이 다 나쁜 사람들이기 때문이라는 것은 아닙니다. 두 정당 안에도 개혁을 원하고 서로 노력하는 의원들이 있기도 합니다. 어차피 두 거대 정당이 큰 정책 틀에서 차이가 없는지라 인물 대결을 펼치는 꼴이니 각 당 안에도 여러 인사가 있어야 하는 것은 당연할 것입니다. 더 정확하게 말하면 보수당이라고 자처하는 국민의힘에도 개혁을 상징하는 인물이 존재하고, 더불어민주당에는 더 많은 개혁적 인사들이 있겠지만, 또 다른 한편으로 보수적 특징을 상징하는 인물들도 존재합니다. 하지만 그 당에서 그런 인사들은 각 당의 상징적인 인물로 존재하는 것이지 별반 영향력을 발휘할 수 없는 구조라고 볼 수 있습니다. 당연히 국민의힘과 더불어민주당 간에는 얼마간의 정책 차이도 존재합니다. 기업이나 노동, 복지, 조세 정책에서 그 지향과 방향에 차이가 있기도 합니다. 그걸 근거로 선거 때에는 확고히 개혁해 나갈 것처럼 공약을 내겁니다. 하지만 선거가 끝나고 나면 소소한 부분을 제외하고 나면 별반 달라진 것이 없습니다.

실질적인 개혁 추진에는 별반 차이가 없는데도 조금의 차이를 정당으로까지 연결시켜 제1당과 제2당이 서로 여당이 되었다가 야당이 되고, 야당이 되었다가 여당이 되는 구조로 되어 있습니다. 그러니 정치권이 바뀌지 않고 오랫동안 이런 형태로 고착화되어 버린 것이 지금 한국 정치권의 게임의 법칙으로 작용하고 있습니다. 이런 게임의 법칙으로 인해 선거 때만 돌아오면 새로운 세력이 등장할 수 없는 부분으로 되어 실질적인 개혁 세력이 아니라 두 당 중에서 더 나은 세력을 뽑아야 한다는 식의 차선책이 거론되는 것도 그 때문입니다.

한국의 정치 지형을 바꾸자면 개혁을 기치로 해서 정치권의 대립 전선을 새롭게 구축해야 한다

누구와 게임을 할 때 그 게임의 법칙을 정하는 자가 거의 이길 확률이 높습니다. 왜냐하면, 자신에게 유리한 방식으로 게임의 방식을 정하니까요. 지금 한국의 정치권을 바꿔 개혁시키고, 개혁을 원하는 세력을 하나의 강력한 정치 세력으로 형성하자면 이런 정치권의 게임의 법칙을 바꿔야 합니다. 이 방식을 바꾸지 않고서는 절대 한국의 정치 현실은 거의 변할 수가 없는 구조로 되어 있다는 것입니다. 그토록 촛불혁명이 이뤄지고, 절대적 과반수를 밀어주어도 별반 바뀐 게 없다는 것이 그 증거입니다.

그러면 어떻게 정치권의 게임의 법칙을 바꿔내야 하겠습니까? 여기에 무슨 특별한 묘수가 있지 않습니다. 개혁을 기치로 해서 정치권의 대립 전선을 바꿔내는 것 외에는 다른 방법이 없습니다.

정당정치가 활성화되려면 서로 다른 노선과 정책을 발표하고, 그 가운데 토론이 전면적으로 전개되어야 합니다. 그 과정에서 민의에 공감을 얻으면 더 세력을 확장하여 왕성하게 활동하다가 정권을 잡기도 하고, 아니면 민으로부터 전혀 지지를 받지 못함으로 하여 존재 자체도 사멸하기도 해야 합니다.

그런데 한국의 정치권은 실질적인 개혁 추진에 있어서는 서로 이질적인 입장을 가지는 세력이 같은 당에 소속되어 있으면서도 두 거대 정당이 그 나물에 그 밥인 형태로 되어 기득권을 누리고 있습니다. 그 기득권을 지키기 위해 새로운 정당이 나타나 자신들의 정치 활동을 위협할 것 같으면 공격하여 탄압하고 해산시켜 버립니다. 국가보안법의 존재가 그것입니다. 이로써 한국의 정치권은 민의를 제대로 반영할 수 없는 정치 구조가 공고하게 형성되어버린 것입니다. 그래서 한국 사회의 개혁을 바라는 사람들은 국가보안법의 폐지를 그토록 주장해 왔던 것입니다.

하지만 국가보안법은 폐지하느냐, 마느냐는 기본적으로 현 시기의 정치권에 달려 있는데, 계속 폐지하라고 요구하면 그것과 이해관계를 같이하는 사람들이 폐지하려고 적극적으로 노력하겠습니까? 지금껏 국가보안법이 악법 중의 악법이라고 여기면서도 폐지되지 않았던 이유가 여기에 있습니다. 폐지하려고 노력하지도 않고, 오히려 유지하려는 속내를 숨기고 민을 기만하고 있다는 것입니다. 그렇다면 마냥 기다릴 수는 없을 것입니다. 결국, 폐지하자고 한다면 그걸 원하는 세력이 형성되어야 할 것입니다. 그래서 우선적으로 정치 세력을 형성시키는 것에 일차적인 힘을 기울일 수밖에 없습니다.

그러면 정치 세력을 일차적으로 형성시키기 위해서는 어떻게 해야 하겠습니까? 누구나 자신들의 노선과 정책을 제시하고, 그에 대해 사회적 토론 과정에서 검증받도록 하는 것이 좋은 방안이겠지요. 하지만 그렇게 되도록 하기 위해서는 우선 그런 조건들을 창출해내야 합니다. 그러자면 누구나 자신들의 노선과 정책을 발표하고 토론이 활성화되어 민의 심판을 받고자 하는 모든 사람은 하나의 개혁이라는 이름으로 단합하여야 합니다. 그리하여 지금까지와 같이 그 나물에 그 밥이라는 정치권의 카르텔을 깨부숴버려야 합니다. 이 정치권의 카르텔을 깨부수지 않고서는 결코 자신들의 노선과 정책을 소신껏 표출할 수도 없습니다. 언제든지 현 정치권의 위협적 세력으로 등장할 것 같으면 탄압받고 해체될 운명에 처할 수밖에 없게 되니까요. 여기서 자신들의 정책과 노선을 제시하고 심판받고자 하는 세력, 그리고 진실로 개혁을 원하는 세력이 하나로 단합하여 강력한 정치 세력을 형성해야 할 근본 이유가 존재하는 것입니다.

자신들의 정책과 노선을 제시하는 것을 바라는 세력과 진실로 개혁을 원하는 세력이 하나의 강력한 정치 세력으로 뭉치자면 바로 서로의 공통점인 개혁을 강력한 사회의 대치 전선으로 재편시켜 나가야 합니다. 한국의 정치권에서 개혁을 원하는 인사가 없는 것은 아니지만 현재의 정치권은 개혁을 추진할 수 있는 구조가 되어 있지 않습니다. 그래서 그들이 개혁을 추진하기 위해 여러 법안을 제출하지만, 그것은 번번이 무산되는 상황으로 귀결됩니다. 따라서 개혁을 원하는 정치인이라면 제1당과 제2당에 남아 있을 것이 아니라 개혁의 전선으로 모여야 합니다.

정당이 자신의 노선과 정책에 의거해 활동해 나간다고 할 때 개혁을 원하는 세력이 한편이 되고, 개혁을 원하지 않는 세력이 다른 한편이 되는 것은 당연한 이치라고 할 수 있습니다. 개혁을 원하지도 않으면서 행할 것처럼 하는 행위야말로 기만일 뿐입니다. 제1당이나 제2당이 개혁을 추진할 듯한 모습에 더 이상 농락당해서는 안 됩니다. 그러자면 지금의 제1당과 제2당으로 형성되어 있는 정치권의 대립 구조를 개혁을 원하는 세력과 개혁을 원하지 않는 세력의 대치 관계로 정치 전선을 바꿔내야 한다는 것입니다.

개혁을 대치 전선으로 강조하는 이유는 한국 정치권의 카르텔을 깨부숴야 하기 때문만은 아닙니다. 한국의 정치 지형으로 볼 때 노선과 정책에 의해 실질적으로 개혁을 추진하려는 의사와 의지도 없으면서도 연예인처럼 이미지 창출을 통해 극복할 것처럼 처신하여 권력을 잡으려고 꿈꾸는 자가 나타날 수가 있기 때문이기도 합니다.

사람들은 겉으로는 애써 표현하고 있지는 않지만, 한국 사회의 정치권을 보면 제1당이 아니면 제2당이 정권을 잡는다는 것을 직감하고 있습니다. 한마디로 식상하다는 것입니다. 이런 식상한 사람들의 마음을 이용해 이미지 연출로 새로운 세력 재편으로 권세를 잡으려는 움직임이 나타날 수 있습니다. 한국 정치권의 지형을 보면 항상 기득권 세력은 다수이고, 개혁 세력은 소수입니다. 개혁과 반개혁의 전선으로 형성되어 있다면 그 세력 관계는 분명 역전되었을 것입니다. 그러나 서로 인맥과 파벌, 계파를 형성한 데다 섞어찌개와 잡탕찌개가 되다 보니 기득권 세력이 다수를 차지하게 되는 것은 필연적 이치입니다.

이런 조건이라면 개혁을 실질적으로 추진할 의사와 의지도 없으면서도 이미지 연출로 새로운 바람을 일으킬 수도 있습니다. 그렇게 되면 갑자기 거대한 세를 불릴 수 있는 상황이 무르익고 있습니다. 당연한 게 제1당과 제2당으로 나눠먹기 하는 것을 보기 싫어하니 새로운 세력의 등장 자체가 개혁의 등불인 양 합세할 수 있는 명분이 될 것입니다. 또 노선과 정책이 크게 다르지 않으니 같이하지 못할 이유도 없습니다. 정권을 잡을 가능성이 크기만 하다면 함께해 나갈 것입니다.

지금껏 그 시도가 없지는 않았으나 성공하기까지는 못했는데, 한국 정치권의 지형은 그 가능성이 충분히 열려 있습니다. 트럼프가 본질적으로 미국의 민주당이나 공화당의 노선과 정책과 큰 차이가 없고, 도리어 더 철저한 미국의 국익 우선주의자이면서도 미국 사회를 개혁할 것처럼 이미지 연출을 통해 권력을 잡았던 것과 같은 모습입니다. 개혁하지도 않으면서도 개혁할 것처럼 이미지 연출로 세력 재편을 시도하는 것은 민의를 기만하고 우롱하는 행위에 다름 아닙니다. 여기에 놀아나지 않고 극복해 나가려면 이미지 연출에 좌우될 것이 아니라 개혁의 노선과 정책에 충실하게 대치 전선을 분명하게 세워 나가야 합니다.

개혁 세력은 자신이 주체가 되어 정권을 획득하겠다는 분명한 입장을 견지해야 한다

개혁 세력의 정치 세력을 형성한다는 입장은 정권 문제에 있어서도 개혁을 실질적으로 원하는 세력이 자신이 주체가 되어 정권을 획득하겠다는 분명한 입장을 견지한다는 뜻입니다. 정권을 잡는 문제를 다른 정치 세력의 들러리나, 아니면 실질적인 개혁을 원하지 않는 세력과의 협상을 통해 풀려고 해서는 안 됩니다. 개혁 세력 자신의 계획하에서 진행하도록 하여야 합니다. 정권 획득은 개혁 세력의 정치적 무기이기도 합니다. 정권을 잡았을 때 더욱 개혁을 사회의 전 부분과 영역에 걸쳐 힘 있게 추진할 수 있기 때문입니다. 이 무기를 강력히 틀어쥐어야 한다는 것을 명확히 하고 정치활동을 전방위적으로 전개하여야 합니다.

오랫동안 형성되어 왔던 제1당과 제2당의 정치구조를 개혁과 반개혁 세력의 대치 전선으로 재편한다는 것은 그리 쉽지는 않을 것입니다. 하지만 그 방법 이외에는 다른 묘책이 없기에 기필코 수행해야 합니다. 그런데 그렇게 하기 위해서 중요한 것은 개혁의 정치 전선을 어떤 부분적 측면으로 한정해서는 개혁이 실현되지 못한다는 점입니다.

지금껏 정치권에서 개혁을 전혀 시도하지 않았던 것은 아닙니다. 또 기득권의 반발 때문에 개혁이 진행되지 못한 것도 아닙니다. 개혁을 절박하게 요구하고 있는 한국 사회의 현실에서 기득권의 반발이 나오는 것은 전혀 이상한 현상이 아닙니다. 이런 상황을 돌파하느냐, 하지 못하느냐의 관건은 개혁을 추진할 수 있는 주체의 정치적 능력입니다. 개혁을 실질적으로 수행할 수 있는 종합적이고 총체적인 관점을 지니고 추진해야 한다는 뜻입니다. 현 시기의 시대사적 요청은 민이 개성을 가진 존재로서 집단을 구성하여 나라와 민족 단위로 살아가고 있기에 이 모든 부분과 영역에서 주인으로서의 권리를 실현하는 것입니다. 그러자면 일치와 입체, 통일의 방법으로 풀어나가야 합니다. 종합적으로 총체적인 관점과 입장으로 개혁을 추진해 나갈 때 민의 지지를 받으면서 정치권의 지형을 개혁의 대치 전선으로 재편해 나갈 수 있게 될 것입니다.

개혁을 강력한 대치 전선으로 형성하자면 보수와 진보로 정치 전선을 바라보는 관점과 입장을 극복해야 한다

종합적이고 총체적인 관점에 근거해 개혁을 강력한 대치 전선으로 형성해 나가자면 이를 제약하는 관점과 입장들을 극복해 나가야 합니다. 그중의 하나가 보수와 진보라는 형태로 정치 전선을 바라보는 관점과 입장입니다.

정치 전선을 어떻게 바라보고 형성하느냐 하는 것은 원래 자기 노선과 정책에 따라 서로 달리 바라볼 수 있고, 또 그것은 응당 당연한 권리라 할 수 있습니다. 하지만 앞에서 지적했던 것처럼 그런 세상이 되자면 누구나 소신껏 자신의 노선과 정책을 표출하고 자유롭게 토론할 수 있어야 합니다. 그 때문에 그런 세상을 만들기 위해 우선적으로 개혁을 원하는 세력이 하나로 단합해야 한다고 말했던 것입니다. 여기서 진보와 보수의 대치 전선으로 정치권을 설명하는 것이 얼마나 한국의 실상을 왜곡시켜 이해하게 함으로써 개혁의 추진에 걸림돌이 되고 있으며, 한국의 정치 지형을 개혁의 정치 전선으로 재편시키는 데에 어려움을 가져다주는지 명확히 이해해야 합니다.

공자는 세상을 바꾸기 위해서 가장 우선한 것은 정명正名이라고 주장하였습니다. 이름부터 올바로 사용해야 세상을 고칠 수 있는 기본이 된다는 것입니다. 실상을 왜곡 없이 올바로 이해할 수 있는 이름을 사용해야 그 원인이 무엇인지 알고 고쳐 나갈 수 있다는 점에서 매우 당연한 이치라 할 수 있습니다.

그러면 왜 진보와 보수로 정치 세력을 갈라보는 것이 올바르지 않은 것이겠습니까? 진보와 보수의 의미는 사용하는 사람에 따라 매우 다양하기에 어떻게 한마디로 정의하기가 어려운 것이 사실입니다. 하지만 통상적인 의미로는 사회를 운영 관리해 나갈 때의 입장에 따라 보수는 사회의 안정적인 부분을 선호하고 진보는 안정보다는 변화와 개선을 선호한다는 식으로 살펴보는 것입니다. 여기에 이념적 입장까지 개입되면 보수는 자유민주주의 체제를 옹호하는 우파적 입장이고, 진보는 사회 계급적 입장을 일정하게 반영하여 계급적 착취와 억압을 반대하고 인간해방과 노동해방까지 지향하는 좌파적 입장을 어느 정도

대변한다고 볼 수 있을 것입니다.

사회가 올바르게 운영 관리되고 누구나 자신의 사상과 이념을 자유롭게 표출해도 되는 상황이라면 이런 구분법은 크게 문제 될 것이 없습니다. 그러나 과연 한국 사회의 실상이 그러하냐는 것입니다.

안정과 변화라는 각도만 놓고 보았을 때 뭐가 문제가 되겠습니까? 각각의 입장에 따라 얼마든지 자신의 견해를 표출해도 아무런 상관이 없을 것입니다. 하지만 이것은 얼마든지 자신의 견해와 사상을 소신껏 표출할 수 있을 정도의 조건을 갖춰야 할 것입니다. 또 어느 정도 사람이 살 만한 정도로 사회가 안정화되어 있어 구성원으로부터 공고한 지지를 받고 있어야 합니다.

하지만 헬조선을 언급하며 더 이상 이런 세상에서 살 수 없기에, 절대다수가 바뀌기를 바라며 개혁을 요구하는 현실에서 그에 따라 어떻게 개혁해야 하는지 주장을 펼쳤는데, 지금 현 사회의 유지에 맞지 않는다고 탄압하고 구속시키는 상황이라면 그 의미가 전혀 달라질 수밖에 없을 것입니다. 그런데도 이런 상황을 외면하고 보수와 진보의 대치 전선으로 바라본다면 도대체 어떤 의미를 가지겠습니까? 민주 사회의 기본이라고 할 수 있는 사상의 자유도 맘대로 누리지도 못하는 현 한국 사회의 실태를 제대로 인식하지 못하게 작용할 것입니다. 그럼으로써 한국 사회에 대한 잘못된 환상을 심어주어 개혁의 추진에 심각한 장애를 조성하게 될 것입니다.

이념적인 입장에 따라 보수와 진보를 개입시켜 바라보게 되면 이것은 더더욱 문제가 될 수 있습니다. 지금껏 한국 사회의 기득권 세력은 자신들의 지배권을 유지하기 위해 항상 이념적 대결을 이용하여 왔습니다. 냉전 이데올로기가 그것입니다. 그런데 이념 대결을 정당화하는 이유가 자유를 지키기 위해서라는 것입니다. 그러면 자유의 기본 원칙인 사상의 자유를 누리게 해야 하지 않겠습니까? 그러나 기득권 세력들은 자신들의 주장과 배치됨에도 불구하고 그 이념 대결을 이용해 자신들에게 위협이 된다고 여겨지는 세력을 거듭 탄압해 왔던 것이 현실입니다.

국가보안법이 시퍼렇게 살아있는 상황에서 이념 대결적 개념을 사용한다는 것은 얼마든지 그걸 빌미 삼아 탄압받을 개연성이 충분하다고 할 수 있습니다. 실상 민이 사회와 역사의 주체로 나선 이상 이념 대결은 백해무익합니다. 사회와 역사의 주체인 민이 주인의 권리를 누릴 수 있도록 하는 것이 중요한 것이지 이념의 노예가 될 필요가 없습니다. 그래서 한국 사회를 진실로 개혁시키고자 하는 것은 민이 주인으로서의 권리를 누리게 하자는 것과 관련된 것이지 이념 대결을 벌이자는 것이 아님을 분명히 하여야 합니다. 도리어 이념 대결을 벌이는 것은 지금의 기득권 세력이 자신들의 지배체제를 유지하기 위한 방편이라는 것을 분명히 하여야 합니다.

보수와 진보로 정치 세력을 갈라보는 것은 또한 한국 사회의 본질적인 쟁점이 무엇인지를 명확히 드러내지 못하는 한계를 지니고 있습니다. 민이 사회와 역사의 주체로 나서서 개인과 집단, 나라와 민족 단위의 모든 방면에서 주인으로의 권리를 실현하자면 가장 우선적으로 확보해야 할 것이 나라와 민족 단위에서의 주권을 되찾는 것입니다. 그것이 애국의 기치입니다.

민을 사랑하는 것은 기본적으로 애국의 기치로 실현됩니다. 애국의 기치를 들고 나서는 이유는 나라와 주권을 되찾아야만 개성을 꽃피우고 집단의 권리를 누릴 수 있기 때문입니다. 나라와 민족이 주권도 행사하지 못하고 식민지로 처하게 되면 개성을 꽃피우거나 집단의 권리를 누리기는커녕 상가 집 개만도 못한 취급을 받게 됩니다. 진실로 민을 사랑하는 사람은 자신의 조국을 사랑할 수밖에 없는 것입니다. 그래서 개혁의 기치는 애국의 기치로 외화되어 나타날 수밖에 없습니다.

그런데 일명 매국노 세력들은 이 신성한 애국의 기치를 보수 세력의 전매특허처럼 사용하여 이념 대결로 치환하면서 반공 이데올로기야말로 애국이라고 외치고 있습니다. 반공 이데올로기를 위해 자기 나라와 민족의 주권도 양보해야 한다고 주장합니다. 그리고는 개인과 집단, 나라와 민족 단위의 모든 부분에서 주인의 권리를 실현하고자 하는 세력을 탄압하고 있습니다. 이로 인해 신성한 애국의 영상이 많이 흐려지게 되었고, 도리어 애국이 사회의 발전에 걸림돌이 되는 것처럼 오도된 인식이 생겨나게 되었습니다.

진정 나라와 민족을 그토록 소중히 여긴다고 한다면 어떤 경우에도 주권은 양도할 수 없고, 자기 나라와 민족의 이익을 지키기 위해 나서야 할 것입니다. 아울러 민족의 구성원인 집단의 권리도 보장하고 누구나 사상의 자유를 누리며 개성을 꽃피우도록 하여야 할 것입니다. 하지만 그들은 도리어 그 반대의 행동을 하면서도 신성한 애국의 단어를 도용하여 애국자인 양 행세하고 있습니다.

이들이 보수 세력인 척 표방하면서 나라와 민족의 주권을 행사하여야 한다는 주장을 가로막기 위해 이념 대결을 내세운 이유는 간단합니다. 개인과 집단, 나라와 민족 단위의 전 부분에서 주인의 권리를 찾으려고 하는 세력의 등장을 방해함으로써 자신들의 기득권을 지켜내고자 하는 데에 그 목적이 있습니다. 이 때문에 실질적인 개혁이 추진되지 못해 왔던 것입니다.

진정한 애국자인가 아닌가의 기준은 보수나 반공 이데올로기를 내세웠다고 되는 것이 아니라 자기 나라와 민족의 이익을 얼마나 소중히 여기느냐에 따라 결정됩니다. 자기 나라와 민족을 소중히 여기지 않고 도리어 미국이나 일본의 이해와 요구를 앞세우는 사람은 보수적 입장이 아니라 매국노의 짓거리를 행하고 있는 것에 불과합니다. 애국과 매국과의 관계는 이처럼 개혁의 추진과 밀접히 관계되어 있으며, 진정한 개혁주의자는 애국의 기치로 나아가야 합니다.

보수와 진보의 관계로 대치 전선을 설정해서는 안 된다고 하는 이유는 참다운 보수를 비난하기 위해서가 아닙니다. 그런 구분법이 개혁의 추진에 걸림돌이 되기 때문입니다. 실상 참다운 보수를 지향하는 사람이라면 사상의 자유를 억압하거나 나라와 민족의 주권을 고수하고 존엄을 세워 나가야 한다는 주장에 반대할 이유도 없습니다. 도리어 개혁이 되지 않음으로 인해 사회적 혼란이 발생하고 있기에, 개혁이 실질적으로 추진되게 하여 사회적 안정을 이루도록 당연히 개혁의 전선에 참여하는 것이 마땅하다 할 것입니다. 중요한 것은 보수적인가, 진보적인가가 아니라 개혁에 동참하느냐, 그렇지 않으냐가 핵심적 요소라는 것입니다.

보수와 진보의 관계로 한국 사회의 정치 전선을 바라보고 설명하는 것은 지금껏 개혁을 바라는 민의가 한국의 정치권에서 제대로 반영되지 못하게 하였습니다. 그뿐만 아니라 개혁을 반대하는 매국노 세력들이 교묘히 보수라는 단어로 위장하여 애국자인 양 행세하도록 하는 데 이용되었습니다. 그 결과 개혁을 실질적으로 추구하는 세력을 탄압하는 데에 이념 대결적 명분을 줌으로써 개혁의 실현에 장애요소로 작용해 왔습니다. 따라서 정치 전선을 앞으로는 진보와 보수의 관계로 보아서는 안 되고, 철저히 개혁과 반개혁의 대치 전선으로 바라보고 설명해 나가야 합니다. 그것도 부분적인 면에서가 아니라 종합적이고 총체적인 각도에서 설명하고 바라보도록 하여야 합니다.

개혁과 반개혁 전선을 총체적으로 형성하기 위해서는 개혁 세력을 하나의 강력한 사회 정치 세력으로 계속 확대 강화해 나가야 한다

개혁과 반개혁 전선으로 정치적인 전선을 총체적으로 형성하기 위해서는 단순히 말로 끝나서는 안 됩니다. 하나의 강력한 정치 세력으로 결집되도록 해야 합니다. 물론 각기 다른 사상적 견해와 입장이 있기에 그것 자체가 쉬운 일은 아닙니다. 하지만 어떠한 경우에도 하나의 강력한 정치 세력으로 결집하지 못하면 승산이 없습니다. 진정 자신들이 꿈꾸는 이상 사회를 세워보고자 한다면 우선 개혁이 이뤄져 그런 조건이 갖춰져야만 합니다. 따라서 비록 어렵다 할지라도 일치와 입체, 통일의 방법론에 입각하여 하나의 강력한 사회 정치세력으로 결집해 나가야 합니다. 처음부터 모두를 포괄하여 나갈 수 없다면 먼저 할 수 있는 세력부터 진행하여 끊임없이 그 폭을 계속 확대 강화해 나가야 합니다.

개혁을 바라는 모든 세력을 하나의 강력한 사회 정치 세력으로 그 폭을 계속 확대 강화하기 위해서는 그런 정치적 조직을 결성하기 위해 노력해야 할 뿐만이 아니라, 어떻게 하면 개혁이 될 수 있는지에 대해 전반적 사안을 많은 사람에게 알릴 방안을 갖추어야 합니다.

아무리 좋은 정책이라고 하더라도 그 내용을 소수 몇 사람만 알고 있다면 결코 승산이 없습니다. 모든 사람이 쉽게 접하고 그에 대해서 옳은지 그른지를 판단할 수 있도록 만들어 가야 합니다. 그러자면 하나의 강력한 사회 정치적 세력으로 탄생한 부분에 걸맞게 자신의 입, 즉 선전망을 갖추어야 합니다. 하나의 강력한 사회 정치적 집단체로서의 개혁의 입장을 일상적으로 전달할 수 있는 입을 갖추자는 것입니다.

지금껏 개혁을 바라는 세력들이 하나의 강력한 정치 세력으로 등장하지 못한 데에는 여러 이유가 있습니다. 그중에서도 개혁을 추진하는 세력의 입장을 알려 내는 데에 너무나 협소했던 측면은 큰 원인으로 작용하였습니다. 개혁하자는 주장을 전혀 모르는 상황에서 개혁 세력을 지지한다는 것은 있을 수가 없습니다.

개혁 세력의 입장을 적극적으로 알려 내기 위한 입을 갖춰나가기 위해서는 전국적인 차원에서 자체의 방송사와 언론사를 구축하여 나가야 합니다. 이것은 얼마나 많은 사람을 개혁에 공감하게 하면서 정치 전선으로 확대해 내느냐와 관련된 것으로서 개혁의 성패와 직결된 관건적 문제라고 할 수 있습니다.

개혁이 아무리 옳다고 하더라고 개혁에 대한 사상전과 정치전에서 패배하면 개혁을 힘 있게 추진할 수 없습니다. 지금껏 개혁이 좌초되고 정치 전선이 헷갈리게 형성되었던 부분에는 기득권 세력의 여론전과 사상전, 정치전이 항상 압도적으로 진행되어 왔기 때문입니다. 이에 적극적으로 대응하지 못한다면 결코 개혁의 대치 전선으로 재편할 수 없습니다.

지금도 각기 자신들의 사상적 정견과 입장을 발표하고는 있지만, 그것은 너무 협소하고 그에 관계되는 사람만이 아는 정도에 지나지 않습니다. 그래서 이 모든 세력이 전국적 단위로 결합하면서도 각 지역에까지 연결되어 하나의 방송과 언론사를 구축하도록 적극적으로 노력해 나가야 합니다. 전국적인 단위와 지방에까지 연결된 부분으로 방송사와 언론사를 구축한다면 개혁의 내용에 대해 많은 사람이 일상적으로 접하게 됨으로써 개혁의 정치 전선을 더욱 확대 강화하는 데 이바지할 수 있을 것입니다. 또 그 안에서도 각기 자신의 정견과 입장을 적극적으로 개진할 수 있게 됨으로써 개혁의 내용을 더욱 풍부하게 해 줄 것입니다.

개혁과 반개혁 전선으로 형성해서 하나의 강력한 사회 정치적 세력으로 결집해내고 확대 강화해 나가기 위해서는 우선적으로 부정·비리와 부패를 사회에서 근절시켜 나가기 위해 노력해야 합니다.

부정·비리와 부패가 횡행하게 되면 이들과의 카르텔이 공고하게 형성되고 그로 인해 개혁의 추진이 그만큼 어려워지기에 무엇보다 그것부터 제기하고 근절시켜 나가야 합니다. 부정·비리와 부패가 근절되면 그만큼 사회는 깨끗하고 정의롭게 될 것이고, 개혁으로부터 실질적인 혜택을 누리게 되는 영역이 넓혀지게 될 것입니다. 그러면 더욱 많은 사람이 개혁에 공감하게 되고, 그로 인해 개혁은 더는 거스를 수 없는 추세로 되어 갈 것입니다.

하나의 강력한 사회 정치적 세력으로 형성된 개혁 세력을 와해시키려는 움직임에 대해서는 적극적으로 대처해 나가야 한다

개혁과 반개혁 전선을 형성해서 하나의 강력한 사회 정치적 세력으로 결집해내고 확대 강화하는 과정에서 특히 이 조직체를 와해시키려는 움직임에 대해서는 항상 민감하게 대하고 경계에 만전을 기하여야 합니다.

강력한 사회 정치적 세력으로 결집해내려고 하였는데, 초창기에 와해된다면 어떻게 되겠습니까? 모든 것은 물거품이 되고 말 것입니다.

사회 정치적 세력의 결집을 와해시키는 움직임을 막아내기 위해서는 개혁을 바라는 세력이 우선적으로 자신의 삶에서 도덕적으로, 정치적으로, 또 생활적으로 떳떳하게 처신하여 나가야 합니다.

지금 정치권의 모습만 봐도 거의 인신공격에 가까울 정도로 공격이 이어집니다. 이런 상황에서 한국 사회를 개혁해서 참답게 민이 개인과 집단, 나라와 민족 단위의 모든 방면에서 주인으로서의 권리를 누리게 한다고 나섰는데, 전혀 생활에서 그런 모습을 보이지 않는다면 어떻게 되겠습니까? 지금 정치권에서도 부정한 행동이 사후에라도 발견되면 더 이상 정치활동을 하지 못하게 되고 있습니다. 그렇다면 개혁 세력에 대해서는 더하면 더했지 못하지는 않을 것입니다. 게다가 자신의 입으로 개혁을 주장해놓고 생활에서 그런 모습을 보이지 못한다면 얼마나 이율배반적이겠으며, 과연 그런 사람을 믿고 신뢰할 수가 있겠습니까? 그래서 도덕적으로, 정치적으로, 또 생활적으로 떳떳하고 당당하게 처신해 나가는 것은 개혁 세력을 하나의 강력한 사회 정치적 세력의 결집이 와해되지 않고 계속 확대 강화해 나갈 수 있는 부분의 핵심적 요건이라고 할 수 있을 것입니다.

개혁 세력의 정치적 집단을 와해시키려는 움직임은 비단 개인적 차원의 인신공격으로만 끝나지 않습니다. 지금껏 어떻게 반민특위가 와해되었고, 조봉암의 진보당이 붕괴되었으며, 통합진보당이 해체되었는지를 명확히 보아야 합니다. 개혁을 바라지 않고 기득권을 지키려는 사람들은 언제든지 사상과 이념 대결의 잣대를 들이대면서 공격해 오려고 할 것입니다. 이에 대해 원칙적으로야 민이 사회와 역사의 주체로 등장한 조건에서 냉전 이데올로기에 의한 이념 대결은 백해무익할 뿐더러 민이 개인과 집단, 나라와 민족 단위의 전 부분과 영역에서 주인의 권리를 누리기 위해 개혁을 추진하는 것은 지극히 정당하다고 주장하면서 대응하여야 할 것입니다.

하지만 그런 대응만으로는 부족합니다. 그런 식이면 언제든지 기회가 생길 것 같으면 또다시 공격의 화살을 가할 것이 분명하기 때문입니다. 그래서 개혁을 추진하기 위한 하나의 강력한 사회 정치적 세력을 탄압하려고 한다면 그것을 시도하려는 자에게 선차적인 공격의 화살을 돌려야 합니다.

일제 식민지 치하 때 관동군의 앞잡이가 되어 독립군을 체포하는 데 앞장섰던 이유가 무엇이었겠습니까? 민족까지 배반하였다는 점에서 그 어떤 곳에서 정당성을 찾을 수 없으니 그건 곧 오직 자신의 사욕을 챙기기 위한 것이라고밖에 볼 수 없을 것입니다. 마찬가지 이치로 사회와 역사의 주체로 나선 민이 개인과 집단, 나라와 민족 단위에서 주인의 권리를 누리도록 하기 위해 개혁하자는 것인데, 거기에 이념의 잣대를 들이대 탄압한다는 것은 결국 자신의 사욕을 챙기기 위한 것이라고밖에 볼 수 없을 것입니다. 그래서 그 사람이 무슨 욕심으로 그리 하는지 철저히 조사해서 공격하여야 합니다.

이렇게 대응하자는 것은 한 개인을 인신공격하자는 것에 목적이 있는 것이 아니라, 그런 탄압 행위가 얼마나 부도덕한지를 세상에 드러내기 위해서입니다. 그 부도덕함이 밝혀지면 감히 탄압하려고 나서는 사람이 없어지게 될 것입니다. 국가보안법은 폐지되어야 한다고 아무리 소리 높여 주장한다고 해서 없어지는 것이 아닙니다. 그걸 적용하는 것이 얼마나 시대에 뒤떨어지고 부도덕한 행위인지를 분명하게 직시하게 함으로써 그 썩은 칼을 어느 누구도 감히 사용하지 못하도록 하였을 때 없어지는 것입니다.

실상 법의 개정은 사회에서 그 법의 적용이 용인되지 못했을 때 사후적으로 진행됩니다. 먼저 법이 개정되어 사회를 바꿔 나가는 경우는 별로 없습니다. 우리 사회에서 부분적인 개혁이 이뤄지는 것만 봐도 민의 분노를 사는 사건이 터져 나오면서 더는 이를 방치할 수 없다는 공감대가 형성되었을 때가 되어서야 비로소 개선되어 나가고 있는 사례가 이를 증명하고도 남음이 있습니다.

개혁을 위해 결집된 사회 정치적 세력을 와해시키려는 반개혁 세력의 움직임을 극복하면서 계속 확대 강화하여 나가야 합니다. 그러면 누구의 힘에 의지할 필요도 없이 개혁 세력의 자체의 힘으로 사회의 전방위 부분에 걸쳐 개혁시켜 나갈 수 있게 될 것이며, 개인과 집단, 나라와 민족 단위의 전 부분과 영역에 걸쳐 주인으로서 권리를 누리고 살아갈 수 있는 길도 활짝 열리게 될 것입니다.

2 ▸▸▸
생존권을 해결하고 빈부 격차를 해소해 개혁의 실질적 성과를 이뤄내자

개혁 세력을 하나의 강력한 사회 정치적 역량으로 결집해내려고 하는 것은 인간의 물질 생활적 조건을 개선하고자 할 때 그 부분이 가장 중요한 역할을 하기 때문입니다. 그래서 개혁 세력의 장성 과정은 인간 생활의 물질적 조건과 환경을 끊임없이 개선해가는 성과로 나타나야 합니다. 그 결과가 좋게 나타나면 날수록 개혁을 지지하는 사람들이 더욱 많아지게 될 것입니다. 그러면 개혁은 더는 거스를 수 없는 사회적 추세로 될 것입니다.

그런데 사람의 물질문화와 사회문화적 생활은 총체적으로 밀접하게 연결되어 있으며, 예산은 무궁무진하지 않고 한도가 존재한다는 사실입니다. 그런 관계로 사회 복지제도가 더욱 강화되어야 한다는 점에서는 서로 공감하지만, 그 방법과 방안에 대해서는 의견이 분분합니다.

그러나 분명한 건 현 시기의 개혁은, 민이 사회와 역사의 주체로 등장하여 개인과 집단, 나라와 민족 단위의 전 부분과 영역에 걸쳐 주인으로서의 권리를 누리고 살아야 한다는 시대사적 요청 속에서 제기되고 있다는 사실입니다.

사회의 물질 문화적 운영 원리는 매우 다양합니다. 그중에 돈을 빌려 쓴 경우만 한번 예를 들어 보겠습니다. 친구 간에 돈을 빌리기도 하고, 제1금융권이나 제2금융권을 이용하기도 하고, 그도 안 되면 마지막에 사채를 쓰기도 합니다. 어떤 친구냐에 따라 다양하겠지만 서로 잘 아는 지인을 통할 때 거의 이자를 받지 않고 통상적으로 빌려주는 형태가 많을 것입니다. 하지만 금융권을 이용할 경우에는 그에 해당한 이자를 물어야 합니다. 사채는 그보다 더한 고율의 이자를 갚아야 합니다.

원래 자본의 법칙이나 시장의 법칙에 근거한다면 금융권을 이용하는 정도의 이자만 물어야만 할 것이지만, 현실은 이 모든 것도 시장의 법칙이라고 주장하고 있는 격입니다. 이 주장의 이면을 따져보면 고율의 이자가 가치의 법칙에 어긋난다고 해도 어차피 인간은 자본의 법칙이나 시장의 법칙에 순응해서 살아가야 하는 대상으로 전락되어 있기에 그에 따라야 한다는 것입니다.

경제 활동에서 가치의 법칙이나 시장의 법칙을 무조건 부정하고자 해서 이리 말하는 것은 아닙니다. 경제 활동이 원활하게 돌아가는 데 있어서 그 객관적인 토대인 가치의 법칙이나 시장의 법칙을 발견한 것은 인류사의 큰 공적입니다.

하지만 인간의 삶은 물론이고 경제 활동에서도 가치의 법칙이나 시장의 법칙만 존재하는 것은 아닙니다. 사채를 통해 고율의 이자를 받아가는 것은 돈 없는 조건을 이용해 폭리를 취한다는 의미에서 가치의 법칙은커녕 시장의 법칙도 문란케 한 행위라고 볼 수 있습니다. 다른 한편 친구나 지인에게 돈을 빌렸지만, 금융권의 이자가 아니라 원금만 갚은 경우도 있습니다. 경제를 운영하는 데 있어서 무조건 시장의 법칙만 통용되는 식으로 오산해서는 안 된다는 뜻입니다.

경제를 발전시키는 근본 이유는 사람이 물질 문화적인 생활을 풍요롭게 누리면서 살자는 것이지 경제 성장 그 자체에 목적이 있지 않습니다. 아무리 경제 성장과 발전을 일으켜준다고 해도 인간의 물질생활에 도움이 되지 않고 해악을 가져다준다면 그런 것은 쓸모없습니다. 반대로 가치의 법칙이나 시장의 법칙에 의하면 비효율적이고 돈이 많이 든다고 해도 그 개발이 사람에게 도움이 된다면 만들어 냅니다. 그런데 그건 개인이 할 수 있는 것이 아니어서 국가가 시행합니다. 개인이 하게 되면 손해가 되지만 공공과 국가적인 이익이 될 때 국가는 예산을 들어 추진해 나가는 것입니다. 이런 부분은 시장의 법칙이 아니라 공공의 이익과 민의 이익이 우선한다는 원칙입니다. 이뿐만이 아니라 협동조합의 경우에도 단순히 시장의 법칙이나 가치의 법칙을 따르는 것이 아니라 협동조합의 목적을 더 우선해서 사업을 진행합니다.

인간의 삶은 물론이고 경제 활동의 운영에서 단지 가치의 법칙이나 시장의 법칙만 있는 것이 아니고 협동조합이나 공공의 원칙, 그리고 민의 이익을 가장 앞세우는 원칙 등이 분명히 존재하는 조건에서 무조건 시장의 법칙에 근거해서만 생존권의 문제와 빈부 격차를 해결하려고 해서는 안 됩니다.

현 시기의 개혁은 민이 개인과 집단, 나라와 민족 단위의 모든 영역과 부분에서 주인으로서의 권리를 누리고 살아야 한다는 시대사적 요청에서 나온 것입니다. 그러니만큼 민의 물질적 생활 조건을 개선하고 풀어가는 데 있어서도 이런 입장과 관점을 견지하여야 합니다.

따라서 개혁을 진행하는 성과로 물질적 생활과 환경을 개선하는 데 있어서 절대 자본의 법칙이나 시장의 법칙에 근거해서만 보려고 해서는 안 됩니다. 민이 어떻게 주인으로서의 권리를 실현하고 누릴 것인가에 초점을 맞춰서 해결하려고 하여야 합니다. 민이 주인으로서의 권리를 누리고 살아갈 수 있도록 한다는 원칙하에서 민의 이익을 우선하는 원칙, 공공이익의 원칙, 협동조합의 원칙, 시장의 법칙 등이 서로 조화를 이루어 운영 관리되도록 해야 한다는 것입니다.

민이 주인으로서의 권리를 누리도록 하기 위해서는 국가가 부모의 심정으로 대하고 그 책임을 다하는 것으로 되어야 합니다. 열 손가락 깨물어서 안 아픈 손가락이 없다고 하듯이 국가는 사회의 모든 구성원을 그런 부모의 심정으로 대해야 합니다. 처음엔 말썽도 많이 일으키고 능력도 없어 보였지만 나중에 그런 자식이 부모에게 효도하는 경우가 많습니다. 국가가 부모의 심정으로 애정을 쏟고 그 능력과 자질을 키워 나간다면 나중엔 국가의 자산으로 돌아오게 될 것입니다.

이 단락에서는 개혁을 실질적으로 실행하여 물질 문화적 생활에서 성과를 내오기 위한 부분으로 생존권의 해결과 빈부 격차의 해소에 대해 살펴볼 것입니다.

최소한의 부분만 검토하려고 하는 것이니만큼 결코 여기서 언급되지 않았다고 하여 개혁의 명분으로 지금보다 생활적 조건과 환경을 후퇴시키는 빌미로 삼아서는 안 될 것입니다. 그런 식의 개혁이라면 안 하느니만 못한 것 아니겠습니까?

아울러 여기에서의 언급은 한 부분으로만 끝나는 것이 아니기에 총체적으로 관련지어 이해해야 한다는 점입니다.

1) 생존권적 문제를 신속히 해결하여야 한다

생존권은 인간이 인간으로서의 기본적인 생활을 영위할 수 있느냐와 관련된 문제입니다. 생존권이 담보되지 못했을 때 인간은 인간으로서의 체모와 체통을 지킬 수가 없습니다. 목구멍이 포도청이라는 말이 있듯이 생존을 위해 비록 그 짓이 나쁘다는 것을 알면서도 범죄의 유혹에서 쉽게 벗어나기가 어렵습니다.

인간이 짐승과 다른 것 중의 하나는 생존의 문제를 짐승의 법칙인 약육강식의 법칙에 맡기려고 하지 않았다는 점입니다. 즉 사회를 구성하여 사회 제도와 질서 체계를 통해 해결하려고 하였습니다. 그 결과로 인간은 많은 부분에서 사회적인 해결을 위한 제도와 질서 체계를 끊임없이 발전시켜 왔습니다. 하지만 아직도 사회 제도와 질서 체계는 미비하고, 그로 인해 생존권조차 해결하지 못해 많은 사람이 고통에 신음하며 살아가고 있습니다.

이렇게 된 원인 중의 하나가 사회 제도와 질서 체계를 세워서 해결하려고 하지 않고 각자도생의 방식을 추구하였던 데에 있습니다.

사회적으로 해결하지 않고 각자도생이라는 미명하에 개인에게 책임을 전가해버리는 것은 사회적 책임을 회피하는 것이자, 동시에 또 다른 사회 영역에서의 약육강식의 법칙이 작용하도록 강제하게 합니다.

생존권이 위협받는 조건에서 약육강식의 법칙이 통용되면 인간으로서의 기본적인 삶을 영위해 나가야 하는 체모와 체통을 지킬 수 없습니다. 나아가 인간이 기본적으로 사회 속에서 지니고 살아야 할 인격 자체까지도 파괴해 버립니다. 자식이 돈 때문에 부모를 살해하는 반인륜적인 범죄가 일어나고, 부모가 생계에 시달리는 고통을 견디다 못해 자녀를 살해하거나 동반자살을 시도하는 불미스러운 사건이 수시로 벌어지고 있는 것은 이런 사례들이라고 할 수 있습니다.

생존권의 문제를 사회적인 책임으로 받아들이지 않고 개인에게 책임을 전가한다면 사회 체제를 안정시킬 수 없습니다. 도리어 더욱 극악한 범죄를 유발케 함으로써 혼란만을 가중시킬 것입니다.

이 문제를 해결하자면 나라와 민족 단위에서 주권을 대표하는 국가가 책임을 떠안고 사회적으로 풀어가도록 하는 것 외에 다른 방안이 있을 수 없습니다. 더욱이 민이 사회와 역사의 주체로 등장하여 개인과 집단, 나라와 민족 단위의 모든 부분과 영역에서 주인으로서의 권리를 누리고 살아가자면 생존권의 문제 해결을 가장 우선해서 풀어가야 합니다. 생존권조차 해결하지 못하는 조건에서 사회생활의 전 영역과 부분에서 주인의 권리를 누리고 산다는 것은 나무에서 물고기를 구하려고 하는 것처럼 불가능하기 때문입니다.

그 때문에 생존권의 문제를 몇몇 사람을 선별적으로 해결하는 방식의 차원으로 접근해서는 안 됩니다. 누구나 생존권의 위협에서 벗어나 살아갈 수 있어야 한다는 보편론적인 입장에서 풀어나가야 합니다.

생존권의 문제를 보편론적인 입장에서 풀어나간다는 것은 어떤 특정한 사람만이 아니라 누구나 해당하게 한다는 것입니다. 아울러 어느 한 부분적 측면만으로 그치지 않고 인간이 살아가는 삶의 전 영역과 부분에까지 관련지어 총체적으로 풀어나가는 방향하에서 해결하여 나간다는 것입니다.

여러 입장과 방안이 있겠으나 여기에서는 현 시기에 가장 시급한 사안으로 요구되는 저임금과 비정규직 문제, 영세상공인과 영세농업인 및 중소기업 문제, 열악한 근로환경과 환경 파괴의 문제, 주거와 주택의 문제, 건강과 의료 환경의 문제, 유아와 청소년 등의 교육 문제, 노령화 사회로 접어든 사회로서 노인 문제, 그리고 장애인, 고아 등 혼자 생계를 꾸려갈 수 없는 문제 등에 걸쳐 살펴보고자 합니다.

저임금과 비정규직 문제 및 영세상공인과 영세농업인, 그리고 중소기업의 문제

노동은 신성합니다. 일하는 사람이라면 그에 합당한 대가를 받고 인간다운 생활을 영위할 수 있어야 합니다. 이것이 사회를 유지해 나가는 질서 체계의 기본이라 할 수 있습니다.

일을 하는데도 기본적으로 인간적인 생활을 할 수 없다고 한다면 그것은 노동에 대한 차별이 이뤄지고 있다는 뜻에 다름 아닙니다. 그런데 이것은 노동의 차별로만 끝나지 않고 직업의 차별로 나타나고, 끝내는 인간의 차별로 귀결될 것입니다.

노동의 결과에 대해 차이가 존재할 수는 있으나 차별로는 진행되지 않아야 합니다. 그 이유는 인간 간의 사회적 협동이 이뤄져야만 사회가 유지되고 발전해 나갈 수 있기 때문입니다. 그래서 각각의 영역에서 노동하는 경우에 그 차이가 있을 수 있으나, 사회적 협동이 이뤄져야만 한다는 차원에서 노동의 차별이 이뤄져서는 안 됩니다.

차별이 이뤄지지 않는다는 것은 임금의 차이를 부정하는 것이 아니라, 어떤 노동을 하든지 간에 기본적으로 인간적인 생활을 할 수 있을 정도의 임금을 받도록 보장해야 한다는 뜻입니다. 언뜻 보았을 때 고도의 기술을 가진 노동을 수행하여 큰 이익을 수행하면 엄청 많은 임금을 받는 것이 너무 당연해 보입니다. 하지만 실상 그리된 내막을 보면 그것을 추구할 수 있는 부분의 기본적인 노동을 어디에선가 누군가 수행해 주었기에 그 또한 가능했던 것입니다. 이것이 사회가 유지되면서 점차 발전해 나가는 통합적인 힘입니다. 여기서 어떤 노동을 하든지 간에 사회의 발전에 기여했다는 점에 근거하여 기본적인 생활을 영위할 수 있을 정도의 임금을 받아야 할 이유가 존재합니다.

지금 한국 사회의 현실에서 노동하여 최소한의 생활을 영위할 수 있는 부분은 대기업이나 국가 공무원, 아니면 공공기관에서 일하는 사람들이라고 할 수 있습니다. 그 외의 노동자를 비롯해 비정규직이나 아르바이트 직원, 영세상공인이나 중소기업 등에서 일하는 사람들은 노동하고서도 인간으로서 기본적인 생활을 영위할 수 없을 정도의 수입과 임금을 받는 경우가 다반사입니다.

하지만 앞에서 말했던 것처럼 이런 노동이 있었기에 대기업이나 국가 공무원, 공공기업의 노동자는 물론이고 그 기업의 사장이나 임직원 등은 높은 임금을 받고 있다는 것입니다. 그래서 사회적 협동에 기여하고 있다는 점에서 임금은 기본적으로 인간적인 생활을 자유롭게 영위할 수 있는 정도로 최저임금을 절대적으로 올려야 할 필요성이 존재합니다.

임금의 최저임금을 절대적으로 올렸을 때 가장 문제가 되는 것은 영세상공인이나 영세농업인 및 자영업자와 중소기업일 수밖에 없습니다. 어차피 대기업이나 국가기업, 공공기업 같은 경우는 처음부터 문제가 되지 않았고, 또 그것을 받지 못하는 경우도 드물다고 할 수 있습니다. 문제는 최저임금을 올렸을 때 일하는 노동자야 좋겠지만 영세상공인이나 영세농업인 및 자영업자와 중소기업은 대책이 있을 수가 없다는 점입니다.

실상 영세상공인이나 영세농업인 및 자영업자와 중소기업의 경우 돈을 많이 벌기 위해서라기보다는 생존 문제를 해결하기 위해 마지못해 가족 단위로 나선 경우가 다반사입니다. 대기업이나 1등 기업만이 살 수 있는 조건에서 이는 당연한 귀결입니다. 자기 인건비도 건지기 힘든 조건에서 최저임금을 올리는 상황이 된다면 어떤 해결책이 나올 수 없을 것은 불을 보듯 뻔한 이치입니다.

최저임금을 올리는 정책을 확고히 추진하고자 한다면 영세상공인과 영세농업인, 그리고 자영업자와 중소기업에 대한 국가적인 지원책을 세워야 합니다. 그 지원을 통해 일하는 사람은 물론이고 영세상공인과 영세농업인 및 자영업자와 종소기업인 또한 무조건 인간적으로 기본적인 생활을 영위할 수 있도록 수입을 얻을 수 있도록 하여야 합니다.

영세상공인과 영세농업인 및 자영업자와 중소기업에 대해 국가적인 지원책을 강화하는 것은 앞으로도 영원히 그렇게 해야 한다는 뜻이 아닙니다. 최저임금을 올렸을 때 현실에서의 부작용을 최소화하면서 영세상공인이나 영세농업인 및 자영업자와 종소기업인들이 기본적인 생활을 영위할 수 있도록 하는 데 그 목적이 있습니다. 그래서 그 경쟁력을 높여 나가도록 하는 데에 지향점이 모아져야 할 것입니다.

그 경쟁력을 강화하기 위해서는 같은 영세상공인이나 영세농업인 및 자영업자와 중소기업들이 협동조합을 건설하여 그 방향성을 모색하거나 아니면 대기업과의 유기적인 협업 관계를 통해 자생력을 높여 나가도록 적극적인 지원책을 강구해 나가야 할 것입니다.

동일노동에 동일임금이 적용되지 않고, 실직의 위협이 가장 높은 직군은 비정규직 노동자입니다. 그래서 비정규직을 정규직화하라는 요구가 사회적으로 빗발치고 있습니다. 이 문제의 해결은 영세상공인이나 영세농업인, 중소기업 등에서 이를 진행할 수 있는 정도의 임금과 노동환경 조건을 만들어 낼 수 있느냐가 관건으로 됩니다. 이 부분을 해결할 수 있다면 대기업에서 하청사업을 통해 벌어지는 비정규직화의 문제는 더욱 자연스럽게 해결할 수 있는 상황으로 조성되어 갈 것입니다.

영세상공인이나 영세농업인, 중소기업에 대한 국가적인 지원 체계를 형성한다면 임금 차별을 통한 이윤 추구의 현상은 많이 약화 될 것입니다. 하지만 그렇다고 해서 지금까지 사회가 유지되어왔던 방식이 하루아침에 바뀌기는 쉽지 않을 것입니다. 또 급속하게 늘어난 비정규직화 현상이 순식간에 사라지지도 않을 것입니다.

기업들은 임금을 덜 주는 식으로 이윤을 추구할 것이 아니라 어떻게 하면 과학 기술화해서 풀어 나가려고 노력해야 합니다. 정말 자신들에게 필요한 인력이라면 정규직화해서 풀어나가도록 노력해야 합니다.

국가적인 지원 체계를 형성해 기본적으로 동일노동에 대해서는 동일임금을 받게 한 조건에서 그다음으로 밀고 나가야 할 것은 실업이나 해고에 대한 대책을 더욱 강화해 나가는 것입니다.

임금이 아니면 생계가 위협받는 조건에서 일자리를 잃게 될 때 최소한의 생계를 유지하기 위한 준비 기간을 가질 수 있도록 하여야 합니다. 이것도 가장 어려운 것은 영세상공인이나 영세농업인, 중소기업이니만큼 이 부분에서 기필코 진행될 수 있도록 하여야 합니다. 영세상공인이나 영세농업인, 중소기업에서 이 부분을 진행할 수 있다고 한다면 대기업은 그만큼 더 쉽게 할 수 있을 것입니다.

그래서 어떤 조건에서 노동하든지 간에 3개월 전에 실직을 통보하도록 하다가 점차 6개월 전에 통고하는 방식을 원칙으로 삼아가도록 하여야 합니다. 만약 불가피하게 그 전에 통고할 수 없을 경우에는 사업가가 전적으로 해명하도록 하고, 그 해명이 불명확할 때에는 그때껏 영세상공인이나 영세농업인, 중소기업에 지원했던 부분에 대해 일정 부분 보상하도록 하여야 합니다.

노동자가 3개월 전이나 6개월 전에 통보를 받고 실직하였을 경우에도 노동자는 여타의 특별한 사유가 있지 않은 한 사각지대가 발생하지 않고 누구나 실업보험을 받을 수 있도록 대책이 마련되어야 합니다. 그렇게 되면 노동자는 실직으로 인한 생계로부터 좀 자유롭게 되어 취업 준비를 다 하게 되고, 임금의 협상력 또한 더 좋아지게 될 것입니다.

열악한 근로환경과 환경 파괴로 인한 피해의 문제

잘 먹고 잘살기 위해서 일하는데 도리어 각종 사고와 산업재해, 환경 파괴로 죽어가는 현상이 벌어진다는 것은 있을 수가 없는 일입니다. 이런 현상이 발생하는 이유는 적정한 근로환경과 환경 파괴에 대한 대책을 세우지도 않고, 즉 비용을 적게 들임으로써 더 많을 이윤을 추구하기 위해 무리한 작업을 강행하고 있기 때문입니다. 이런 현상을 근절하자면 적절한 근로환경과 환경 피해에 대한 대책을 세우지 않고 작업을 강행했을 경우 더 많은 비용을 물게 하는 것입니다.

산업재해나 환경 피해에 대한 여러 문제가 발생했을 때 근로 환경이나 작업 때문에 산업재해나 환경에 피해가 발생하지 않았다는 근거를 노동자나 그 피해를 본 주민이 아니라 사업주가 증명하도록 하여야 합니다. 만약 그 증명이 명확하지 않거나 불명확하였을 때에도 그에 대한 보상을 사업주가 기본적으로 부담하도록 하여야 합니다. 그래야만 근로환경이나 환경 피해에 대한 개선책을 적극 강구하게 될 것입니다.

건설현장이나 대기업에서 근로자 파견제를 근거로 하여 하청에 하청을 주는 도급제 방식으로 일이 전개되고 있는 경우가 많습니다. 하도급에 책임을 전가하여 임금을 제대로 주지도 않고, 제대로 된 근로환경의 조성에도 책임을 지지 않음으로써 더 많은 이윤을 추구하려고 하기 때문입니다.

그로 인해 하청의 노동자들은 열악한 환경 속에서 일하게 되고, 그 속에서 수많은 산업재해가 발생하고 있습니다. 그런데도 원청은 파견제라는 형식을 들어 그 책임을 면하고 있습니다. 중소기업과 영세상공인에게 노동자의 임금을 보전하도록 국가적인 지원 체계를 세운다고 하더라도 이런 하도급의 사업구조가 만연된다면 근로 환경이 열악하게 되고 그로 인해 산업재해가 발생하게 되는 것은 필연적인 이치입니다.

원청과 하청의 구조를 없애 버리자면 산업재해나 여러 문제가 발생하게 되면 원칙적으로 원청에서 그 책임을 우선적으로 부담하게 하는 방식으로 바꿔야 합니다. 그래야 하청에 하청을 주는 방식이 근절되어 갈 것이고, 불가피한 경우라도 원청은 그에 대한 대비책을 세우기 위해 적극적으로 나서게 될 것입니다.

주거와 주택 마련의 문제

주거와 주택은 삶의 터전을 마련하는 문제입니다. 삶의 터전이 마련되지 못했을 때 생활의 안정을 이룩하지 못하고 가정의 파탄과 국민적 생활의 파괴를 가져온다고 할 수 있습니다.

주거와 주택의 문제를 해결하는 데서 중요한 것은, 토지는 인간이 자연으로부터 부여받는 공유의 성격으로부터 재산 축적의 방도로 이용되어서는 안 된다는 점입니다.

투기와 재산 축적으로 주거와 주택을 보지 않고 삶의 터전을 마련하고 안정적인 생활을 담보한다는 점에서 1가구 1주택을 전 국민이 마련하는 방향으로 정책을 풀어나가야 합니다.

지금의 상황에서 1가구 1주택을 마련할 수 있는 경우는 부모의 도움이 없이는 거의 불가능합니다. 사실상 국가적인 차원에서 해결하는 것 이외에 다른 방안이 있을 수 없습니다.

국가적인 차원에서 해결할 때 중요한 것은 집을 살 수 있는 수요 중심으로 공급할 것이 아니라 정말 집이 필요로 하는 사람, 즉 실수요자 중심으로 공급해가는 것입니다.

집을 살 수 있는 수요자 중심으로 주택을 공급하는 정책을 추진하게 되면 주택을 돈벌이 수단으로 이용하는 것을 막을 수 없게 될 것입니다. 그러면 진짜 집이 없거나 아니면 비좁아서 인간으로서의 기본적인 생활을 할 수 없는 사람들이 주택을 마련할 수 있는 길이 사실상 불가능해집니다.

돈이 있는 사람이야 스스로 알아서 해결할 수 있으니 그 부분은 민간에게 맡기면 됩니다. 국가는 우선적으로 정말 집이 필요한데 스스로의 힘으로 마련할 수 없는 사람들을 중심으로 하여 직접 토지를 마련하고 주택을 지어서 값싼 임대 방식을 통해 적극 공급해 주어야 합니다. 물론 사회가 발전하면 발전할수록 사회의 모든 구성원에게 국가가 주거와 주택의 문제를 책임지고 풀어가는 방식으로 지향하여 나가야 할 것입니다.

건강과 의료 보건제도

질병에서 벗어나 건강하게 살고자 하는 것은 인간의 기본적인 생존의 요구입니다. 병든 사람이 많으면 사회는 그만큼 우울해지고 침체될 수밖에 없습니다. 사회에 활력을 불어넣고 생기가 솟구치게 하자면 기본적으로 모두가 건강한 삶을 살아갈 수 있도록 하여야 합니다.

건강과 관련한 의료 보건 체계는 본질적으로 돈벌이 수단으로 전락해서는 안 된다는 점입니다. 코로나19 상황에서 본 바와 같이 인류 미래 사회에 있어서 어떤 질병이 대두될지 알 수 없습니다. 코로나19의 대처에 있어서 한국의 방역이 국제적으로 큰 자랑거리로 될 수 있었던 데에는 여러 요인이 있겠지만 기본적으로 의료보장 체계가 국가적으로 구축되어 있었던 점이 큰 부분을 차지하고 있습니다.

맞벌이 부부가 보편화 된 상황에서 병든 부모나 아이 등 가족 성원의 치료 문제를 개인에게 전가한다면 가정의 파탄을 초래할 수밖에 없습니다. 간병인이나 치료 등 많은 부분에서 국가적인 지원이 진행되고 있으나 아직도 개인에게 전가하고 있는 부분이 많습니다. 하루빨리 국가적인 차원에서 전면적인 무료 지원 체계를 마련하는 부분으로 그 영역을 계속 넓혀 나가야 합니다.

돈벌이 수단으로 의료 체계를 바라보는 자들은 더 나은 의료 혜택을 받게 해야 한다는 명분을 내세워 의료보장 체계를 민영화해야 한다고 주장합니다. 하지만 이것은 생존에 필수적인 질병의 치료를 돈 있는 자만이 받을 수 있고, 돈 없는 사람들은 받을 수 없게 만드는 결과를 초래할 것입니다. 민이 사회의 모든 영역과 부분에서 주인의 권리를 누리고 살아가야 하는 시대사적 요청 속에서 개혁이 진행되고 있는데, 건강과 보건의료 체계에서 돈에 의한 차별이 이뤄지도록 놔둔다는 것은 있을 수 없는 일입니다.

사회의 구성원이 모두 건강하게 살아가는 것이야말로 인간의 기본적인 생존의 요구라는 점에서 민영화는 허용할 수 없습니다. 도리어 아직도 의료 치료의 혜택이 돌아가지 않는 부분의 사각지대가 없도록 국가적인 의료 체계를 더욱 넓혀가야 합니다. 기본적으로 예방적 치료를 우선시하면서 궁극적으로는 완전한 무료 무상의 의료 체계가 구축되도록 끊임없이 노력해 나가야 합니다.

유아와 청소년 등의 교육 제도

생존권의 문제는 현재 살고 있는 사람의 문제로서 끝나는 것이 아니라 미래의 주역이 되는 새로운 세대의 생존권도 담보되어야 합니다. 인간의 전 생애가 건강하게 살아야 하는 만큼 새 세대의 생존권에 대한 확고한 전망과 대책을 세워 놓아야 합니다. 유아와 어린이들, 그리고 사회에 진출하기 전까지 청소년들이 건강을 보전하면서 자신의 재능과 능력을 맘껏 키워 나간다면 사회의 미래는 더욱 활짝 열릴 것입니다.

유아와 청소년 등의 문제를 가정에만 위임하면 이를 감당하지 못하는 가정은 파탄으로 이르게 되고, 또 흙수저와 금수저의 논란을 가져오게 됩니다. 미래의 희망이 없을 때 유아와 청소년들은 범죄의 유혹에 손쉽게 빠져들게 됩니다.

삶이 팍팍하다 보니 자식까지 키울 수 없어 저출산의 문제가 사회의 심각한 과제로 등장하고 있습니다. 이것은 유아와 청소년 등의 문제를 전적으로 가정으로 위임하는 상황을 뜯어고쳐야지, 단지 출산에 대한 몇몇 지원책을 펴는 정책만으로는 해결될 수 없다는 것을 보여줍니다. 누구의 자식으로 태어났든지 관계없이 자신의 자질과 능력을 발휘하고 살아가는 사회로 만드는 것이 주인으로서의 권리를 누리고 살아가야 하는 시대사적 요청에도 맞습니다.

이런 시대사적 요청에 부응하기 위해서는 유아부터 청소년의 대학 시기까지 전적으로 사회적 차원의 책임 문제로 놓고 풀어가야 합니다. 유아에 있어서는 국가적 차원에서 어린이집을 전적으로 수용할 수 있게 보급하여야 합니다. 초기에 국가적 차원으로 전부 다 해결할 수는 없겠지만 원칙적으로 민간에게 위탁하는 방식으로 전개해서는 안 됩니다.

국가적 차원에서 진행하는 것이니만큼 어린이집에도 교사에 준하는 자격증 시험을 실시하는 제도를 마련하여야 합니다. 아울러 전국적 차원의 각 동과 마을에 어린이집 등을 설립하여 풀어나가야 합니다.

유치원에 들어갈 나이가 되어서는 이를 교육 체계에 편성하여 초등학교에서 이들을 수용하는 방향으로 나아가야 합니다. 이것은 조기 교육의 풍토 형성에도 도움이 된다고 할 수 있을 것입니다.

초등학교와 중학교, 고등학교는 무료 의무교육 제도를 전면적으로 실시하여야 합니다. 특히 이 시기에 가장 중요한 문제로 대두되고 있는 것이 사교육 열풍입니다. 과외와 학원을 개인적으로 하는 경우에야 강제로 막을 필요까지는 없겠으나 기본적으로 그런 사교육이 사실상 필요 없게 만들어야 합니다.

과외와 학원 등록 같은 사교육 열풍은 교육의 문제를 성적순으로 하기 때문에 일어나는 현상이라고 볼 수 있습니다. 일등만이 살아남을 수 있는 구조가 사회뿐만이 아니라 교육의 현장에서도 일어나는 모습이라고 할 수 있습니다.

이 문제를 해결하자면 사회적 구조를 모두가 상생하는 차원으로 만들어 가야 합니다. 아울러 성적순으로 대학을 가는 방식에서 벗어나 초등학교, 중학교, 고등학교를 졸업하면 기본적으로 그에 해당한 자격시험을 치르는 제도를 확립하고, 그 자격시험에 합격하면 자신의 꿈과 희망을 찾아 학교에 들어갈 수 있는 구조로 만들어야 합니다.

초, 중, 고등학교가 성적순에서 벗어나 참된 교육 과정이 되느냐 마느냐의 문제는 대학의 서열화를 폐지하는 데 있고, 대학의 서열화를 없애자면 사회에서의 서열화를 없애고 상생의 과정으로 만들어 가야 합니다.

사회가 1등만이 살 수 있게 된 조건에서는 대학의 서열이 세워지기 마련이고, 대학의 서열은 고등학교와 중학교, 초등학교 순으로 서열을 형성하게 만듭니다.

사교육 열풍을 없애 버리고 참된 교육 과정을 확립하자면 사실상 서열이 형성된 지금의 대학을 전부 없애버리고 새롭게 편성시켜야 합니다. 사립대학을 없애버린다면 반발이 있을 수 있겠지만 차별을 없애고 자질과 능력을 발휘하는 사회를 만들려면 이런 방향으로 나가야 합니다. 이를 수행하지 않고 입시교육 제도를 바꾸니 하는 것은 서열화 체계에 아무런 변화를 일으키지 못한 점에서 거의 효과가 없다고 보아야 합니다.

각기 자질과 능력을 발휘할 수 있는 방식으로 대학을 전면적으로 다시 세워나가고, 어떤 대학이든 간에 일단 자격을 갖추면 진학할 수 있도록 하는 것을 기본으로 삼아야 합니다. 물론 지원했다고 해서 무조건 합격할 수 있는 방식은 아닙니다. 일정한 정원이 있으므로 여기서도 선의의 경쟁이 벌어질 수 있습니다.

그런데 중요한 것은 대학에 들어가기는 쉬우나 일단 실력이 되어야 대학을 졸업할 수 있는 방식으로 전환하는 것입니다. 이런 제도가 성립되도록 하자면 대학의 교육 또한 국가적 차원에서 진행하여야 합니다. 또 대학을 나왔든 안 나왔든 간에 임금의 차별도 거의 없애버려야 합니다. 당연히 사회 자체도 상생의 차원으로 바꿔 나가야 할 것입니다.

노인 문제와 장애인, 고아 등 혼자 생계를 꾸려갈 수 없는 문제

한국 사회는 2000년에 65세 이상의 인구가 전체 인구의 7%를 넘어서면서 고령화 사회로 되었고, 2017년엔 14.2%를 기록하여 고령 사회로 진입했으며, 2026년 정도에는 대략 20%를 넘어서서 초고령 사회로 도달할 것으로 예측되고 있습니다.

초고령 사회로 접어드는 조건에서 노인에 대한 대책을 어떻게 세우는가 하는 것은 그 사회가 어떤 방향으로 나가고 있는가를 단적으로 보여준다고 할 수 있습니다.

한국에서도 노후 보장과 노인들에 대한 대책으로 기초노령연금이나 각종 사회적 연금 제도를 실시하면서 그 대책을 강구해 나가고 있습니다. 하지만 기초노령연금은 수혜를 받기도 까다로울 뿐만 아니라 그 지원 또한 생계를 전적으로 보장하기에 턱없이 부족한 실정입니다.

노인들은 젊었을 때 사회적 활동을 함으로써 지금껏 사회가 발전하도록 기여해왔다는 점에서 노후에 생계를 보장받도록 하는 것은 당연하다 할 것입니다. 그렇지만 노후의 대책에서 개별 간에 너무나 큰 편차가 존재하고 있을 뿐만이 아니라 많은 노인들이 아직 생계를 충분히 꾸려갈 수 있도록 충분히 보장받지 못하고 있습니다.

노후에서의 대책의 차이는 당장 생계에 곤란을 수반하는 노인들만의 문제로 끝나지 않습니다. 그 차별이 사회적으로 묵인됨으로 하여 노후 대책을 세우기 위해 각자 도생하기 위한 방향으로 나가게 합니다. 그 결과 약육강식의 법칙이 뿌리를 내리도록 하고 그 속에서 극악한 이기심이 조장되게 합니다.

그래서 노인들의 생활 보장 문제는 국가적 차원에서 지원 체계를 수립하는 방향으로 나가야 합니다.

국가적 차원에서 지원 체계를 수립하기 위해서는 사회적 연금이나 기초노령연금 등을 사실상 통합하여 누구나 기본적인 생활을 영위할 수 있도록 지원 체계를 보편화하고, 실질적으로 현실화하여 나가야 합니다.

고아나 장애인, 또는 혼자 생계를 꾸려갈 수 없는 사람들은 기본적으로 사회적 약자라고 할 수 있습니다.

사회적 약자를 사회적 차원으로 해결해 나가려고 하면 서로 돕고 사는 상생의 차원의 길로 사회가 나가게 될 것입니다. 그렇지 않고 개인의 책임으로 떠넘기게 되면 누구나 주인으로서의 권리를 누리고 살아가야 하는 시대사적 요구를 실현할 수 없게 될 것입니다.

사회에서 가장 약자라고 하는 사람이 무방비 상태로 몰려 생존권에 위협을 받게 되면 그다음으로 약한 자가 그 대접을 받게 됩니다. 그래서 누구나 인간으로서 주인의 권리를 누리게 살게 하자면 약자가 도태되어 나가는 방식의 연결고리를 끊어버려야 합니다.

고아나 장애인 및 혼자서 생계를 꾸려 나갈 수 없는 사람들은 국가적인 지원 체계를 수립하여 기본적인 생활을 영위할 수 있도록 만들어 나가야 합니다.

2) 빈부의 격차를 해소하는 방향으로 나가야 한다

생존권을 해결하는 정책이 인간으로서의 기본적인 생활을 영위할 수 있도록 하는 데에 초점을 두고 있다고 한다면, 빈부의 격차를 해소하는 방향으로 나가는 것은 불평등을 완화함으로써 사회 구성원 간에 유기적 연계와 협력적 관계를 강화하는 데에 주안점을 두는 정책이라고 할 수 있습니다.

빈부의 격차가 극대화됨으로 하여 어떤 사람은 사치와 향락으로 돈을 물 쓰듯 하여도 여전히 감당할 수 없을 정도로 재부가 쌓입니다. 반면에 한번 가난한 사람은 입에 풀칠하기도 힘들어 생존의 위협을 받고 극악한 근로 환경에서 일하게 되는 상황이 다반사로 발생하고 있습니다.

이처럼 빈부 격차는 사람들 간의 불평등한 상황을 초래하고, 그 불평등은 인간의 존엄은 물론이고 궁극적으로 생존권까지 위협하는 상황으로 귀결됩니다.

빈부의 격차를 해소하는 방향으로 나아가는가, 그렇지 않는가는 단순한 정책상의 차이가 아닙니다. 개혁의 성패와 관련되고 미래 사회를 시대사적 요청에 맞게 열어 나가려고 하느냐에 대한 명확한 입장과 태도와 연관된 문제입니다. 이것은 빈부 격차의 해소를 반대하는 사람들이 결국엔 사회적 책임을 개개인에게 전가하는 등 생존권의 보장조차 부정하려 든다는 점에서 분명하게 드러납니다.

빈부의 차이가 극대화되면 사회가 조화롭게 안정적으로 발전하는 데 장애가 됩니다. 빈부 격차가 극심해질수록 사회는 불안정해지고 혼란에 빠지게 됩니다. 이것은 모든 사람이 주인의 권리를 실현하는 데 있어서 엄청난 사회적 비용을 지불하게 합니다.

더욱이 인공지능이 등장할 정도로 사회가 발전함에 따라 생산력이 따라가지 못해서 굶주리기보다는 유효수요가 없어서 물건을 만들어 내지 못한 상황으로 치닫고 있습니다. 생산과 소비가 원활하게 돌아가도록 하기 위해서라도 빈부의 차이를 해소해 나가야 합니다.

빈부의 격차를 해소하는 데 있어서 기본은
자신의 노력에 의하지 않고 이뤄지는 불로소득과 부의 이전, 투기,
그리고 임금의 큰 차이 등의 문제를 해결해 나가는 것이다

자신의 노력보다는 돈으로 돈을 버는 방식이 정당화되었을 때 사회는 불합리와 편법, 부정의가 싹트게 될 수밖에 없습니다.

모든 사람이 주인의 권리를 누리고 살아가는 사회의 진면목은 기본적인 생활을 영위할 수 있을 정도로 생존권을 사회적으로 책임지어 주는 가운데 자신의 자질과 능력을 개발하여 사회 속에서 꿈과 이상을 실현해 나가는 모습이라고 할 수 있습니다. 기본적인 생활을 영위할 수 있을 정도로 사회적으로 책임져 주지 않고 각자 도생하게 하는 방식으로 개인에게 그 책임을 전가해버리니, 자신의 꿈과 이상의 실현보다는 자기 자구책을 찾기 위해 이기적인 경쟁을 벌이게 되는 것입니다.

기본적인 생활을 영위할 수 있을 정도로 사회적으로 보장되어 있다면 구태여 이기적 경쟁을 벌일 필요가 없을 것입니다. 또 돈을 모으기 위해 악귀처럼 애달아야 할 필요도 없을 것입니다. 따라서 자신의 노력으로 이룩한 부분에 대해 보상받도록 하는 것이 기본으로 되어야 합니다. 자신의 노력으로 이뤄진 것도 아닌데 그로 인한 혜택을 누리는 것이 정당화된다고 한다면 결코 돈 중심의 사회로 굴러가는 것을 막을 수가 없게 될 것입니다.

기본적인 생활을 영위할 수 있도록 생존권을 보장하자면 과세를 강화하고, 그 방식은 빈부 격차를 해소하는 방식으로 되어야 한다

자신의 노력 이상의 것을 가져가는 것은 부당합니다. 노력 이상의 부는 원래 사회적인 것이었기에 노력한 만큼만 가져가고 나머지는 사회에 환수되어야 합니다. 이를 해결하는 기본 방식은 세금으로 환수하는 것입니다.

자신의 노력에 의하지 않고 능력 이상으로 부를 축적하는 방식은 정부 정책의 온갖 특혜 조치 및 토지와 주택, 주식 등의 투기, 그리고 임직원들의 엄청난 임금 등이라고 볼 수 있습니다. 이 부분을 해결하는 데 있어서 공정한 세금의 정책을 명확히 하는 것은 빈부의 차이를 해소하느냐, 그렇지 않고 그 차이를 존속시킴으로써 생존권까지 위협하는 사회로 치닫게 하느냐와 관련된 본질적인 문제라 할 수 있습니다.

과세할 때는 빈부의 차이를 해소하는 것을 본질적인 내용으로 견지하면서도 여러 예외적인 조항을 최소한으로 줄이고 보편적이면서 단순화하여 일관성 있는 정책을 명확히 하는 것이 중요합니다.

소득이 있다면 누구나 예외 없이 세금을 내도록 하는 것을 원칙으로 삼아야 합니다. 예외를 많이 두게 된다면 그로 인해 과세 원칙이 명확히 적용되지 못하고, 도리어 온갖 특혜와 탈루의 원천으로 작용하게 됩니다. 거의 모든 방면에서 예외를 최소한으로 줄이고 모든 소득에 대해 원천 징수되도록 하여야 합니다.

재벌 위주의 경제성장 정책을 추진해 오면서 재벌에 대해 온갖 세금 감면과 공제 혜택을 부여해 왔던 특혜를 폐지하는 것은 과세의 보편성과 일관성을 견지하느냐 마느냐와 관련된 관건적 문제라고 할 수 있습니다. 재벌은 실상 법인세율에 있어서 실효세율이 중견기업보다도 더 적게 물고 있습니다. 이런 특혜 조치는 조세 정책의 정의에도 어긋날 뿐만이 아니라 그로 인해 빈부 격차를 더욱 확대하는 온상으로 작용하고 있습니다. 재벌에 대한 온갖 예외적 특혜 조치를 폐지하고 법인세를 더욱 강화해 나가야 합니다.

부동산과 주택에 대한 투기의 활성화는 빈부 격차를 더욱 확대하는 요인으로 되어 많은 사람들로부터 원성의 대상이 되고 있습니다.

토지와 주거는 인간이 자연으로부터 생존하기 위해 부여받는 자연적 소산물이자 공유물이라고 할 수 있습니다. 따라서 토지와 주거는 인간이 자연을 이용하여 평화롭게 안락하게 살아가기 위한 요소로 이용되어야 하지 부의 증식 수단으로 이용되어서는 안 됩니다.

재산의 증식 수단으로 이용되지 않도록 하기 위해서는 생존이나 사업에 필요한 기본적인 요소 이외에는 재산의 증식 수단으로 보고 철저히 중과해서 세금을 물려야 합니다.

특히 재벌의 부동산 과다 소유는 근본적으로 고쳐 나가야 합니다.

최대한 호의적으로 생각할 때 경제 개발 초창기엔 선진국보다 기술도, 자본도 부족한 상황에서 자본축적을 위해 부동산 투기가 어느 정도 불가피한 측면도 있었다고 볼 수 있습니다. 하지만 현재 상황은 자본축적이 안 되어서가 아니라 너무 거대해서 문제가 발생하고 있습니다.

이제 산업의 경쟁력은 얼마나 부동산을 소유하고 있는가가 아니라 얼마나 과학 기술적 능력을 갖추고 새로운 첨단 제품을 만들어 내느냐에 달려 있습니다. 한마디로 집체적인 지혜와 힘을 얼마나 동원할 수 있느냐에 좌우된다는 것입니다. 부동산 투기는 첨단 기술 개발이나 생산적 투자에 방해가 되기 때문에 도리어 산업 경쟁력을 약화시키는 요인으로 되고 있습니다.

이제 쓸데없이 과다하게 부동산을 보유해서 불로소득을 얻는 구조를 고쳐 나가야 합니다. 기업이 자신의 제품 경쟁력을 갖춰 나가는 부분으로 최대한 노력을 기울이도록 하기 위해서라도 사업의 필요성 때문이 아니라면 원칙적으로 불로소득을 얻기 위한 부분으로 간주하고 재벌의 부동산 소유에 대해 무겁게 과세하여야 합니다.

모든 부동산의 소유에 대해서도 사업상의 필요성이나 선묘 등의 합당한 이유가 없다면 재산의 증식 수단으로 보고 엄격한 방식의 세금부과가 이뤄져야 합니다. 국토의 효율적인 이용뿐만이 아니라 토지와 부동산 등의 가격 상승으로 인한 혜택을 사회 전체 구성원이 누릴 수 있도록 한다는 점에서 철저히 집행해 나가야 합니다.

주택 또한 생존과 거주의 목적 외에는 재산 증식과 투기의 목적으로 보고 중과세하여야 합니다.

원칙적으로 1가구 1주택을 기본으로 하고, 그 이외에는 보유세를 강화해 나가야 합니다.

임대주택 사업은 주택을 투기의 장으로 이용하는 것을 합법화시켜 주는 것이니만큼 절대 용인되어서는 안 되고, 중과세하여야 합니다.

토지와 주택이 재산증식의 수단으로 이용되지 않도록 하기 위해서는 기본적으로 돈을 벌기 위해 주택을 사는 행위에 초점을 맞춰 개발할 것이 아니라, 정말 주택이 필요한 사람들에게 공급하는 원칙을 견지해야 합니다.

주택이 있으면서도 재산을 증식하기 위한 용도로 주택을 구입하는 것을 사회적으로 통용되도록 한다면 주택 문제의 해결은 요원합니다. 주택이 정말 필요한 사람들은 돈이 없으니 구입할 수 없을 것이고, 주택 가격은 가파르게 상승하니 앞으로는 더더욱 구입할 수 없는 상황으로 귀결될 것은 당연한 이치입니다.

국가는 정말 주택이 꼭 필요한 사람들에 대해 우선적으로 직접 책임지고 해결하겠다는 입장에서 적극 나서야 합니다. 공공임대주택 방식으로 1가구 1주택의 보급률을 높여 나가도록 적극 노력하여야 합니다. 주택 보급률을 국가적 차원에서 높여 나간다면 주택이 부의 증식 수단으로 이용하는 현상은 급속히 줄어들게 될 것입니다.

일정한 소득 이상의 고소득에 대해서도 빈부의 차이를 줄이기 위해 누진세를 강화해야 한다

소득에 있어서 빈부의 격차가 크게 발생하는 지점 중의 하나는 대기업 임직원들의 엄청난 고소득이라고 할 수 있습니다. 이들이 그렇게 고임금을 받는 이유는 주되게 영업에서의 이익을 확보해 주기 때문이라고 볼 수 있습니다. 따라서 사업의 수주를 받을 때 인맥을 활용하는 것을 철저히 차단하면서 투명성을 높여 나가야 합니다.

누구나 기본적인 생활을 영위할 수 있도록 국가의 지원 체계를 수립하여 나가는 조건에서는 구태여 지나치다고 할 정도로 고임금을 받을 이유도 없고, 엄청난 임금 격차가 존재할 필요도 없습니다. 임금 격차가 해소되어 나간다면 그만큼 빈부의 차이도 줄어들 것이고, 사람들 간에 유기적인 협력과 협동 관계가 생성되어 나갈 것입니다.

금융이나 주식의 거래 및 투기에 대해서도 당연히 근로소득보다는 더 높은 비율로 원천징수하도록 하여야 합니다.

자신의 노력이 아닌 여러 형태의 투기와 부의 이전 등으로 소득을 취하는 부분에 대해서도 누진세를 적용하면서도 더욱 중과하는 조세 정책을 추진해 나가야 합니다.

소득이 있는데도 아직껏 세금을 내지 않는 방식으로 남아 있는 영역은 영세상공인이나 중소기업 등에서 일하는 시간제 아르바이트나 근로자들이라고 할 수 있습니다.

수입과 임금이 너무 작기 때문에 신고하지 아니하고 그 조그만 부분을 생계유지에 이용하기 위해서입니다. 하지만 이로 인해 4대 보험도 들지 못하고, 실업급여 같은 국가적인 지원 혜택도 누리지 못하는 사각지대가 발생하게 됩니다.

국가적인 차원에서 기본적인 생활을 영위하도록 하는 조건에서 영세상공인이나 중소기업은 물론이고 근로자들 또한 수입과 임금이 얼마 되든지 간에 소득이 있다면 무조건 세금을 내고 4대 보험에 가입할 수 있도록 하여야 합니다. 국가적인 지원 체계가 확립되자면 어떠한 경우에 있어서도 소득에 대해서는 원천 징수되어야 한다는 것입니다.

기본소득에 대한 이해

생존권을 해결하며 사회 복지를 확대하기 위한 방향으로 기본소득에 대한 논의도 진행되고 있습니다.

기본소득을 주장하는 사람들은 재산의 유무나 근로 여부와 관계없이 국가가 사회의 모든 구성원에게 개별적으로 일정한 수준의 소득을 무조건 지급하자고 합니다.

무조건성과 보편성, 개별성을 특징으로 갖고 있는 기본소득은 특히 보편성을 강력히 언급하고 있다는 점에서 심사숙고하게 합니다. 코로나19에서 재난지원금을 선별적으로 하는 것보다는 보편적으로 지급했을 때 중소기업이나 영세기업에게도 더 효과적인 결과를 드러내는 것으로 나타났습니다. 이처럼 보편성의 획득은 사회 제도와 질서 체계를 수립하는 데 있어서 핵심적인 요소입니다.

그런데 보편성의 획득은 기본소득에 대해서만 관철될 것이 아니라 사회의 전방위 영역과 부분에 있어서도 적용되어야 합니다. 기본소득을 실시하자는 주장만으로는 개혁을 성공시킬 수 없기 때문입니다.

아무리 기본소득을 주더라도 자본의 법칙과 시장의 법칙으로 이윤 추구만이 만능의 보검인 양 사용되는 환경이라면 빈부의 격차는 해소되기는커녕 확대되어 나갈 것입니다. 그러면 기본적인 생활을 완전히 담보할 수 있을 정도의 기본소득을 주지 않는 한 생존권의 위협에서도 벗어나지 못할 것입니다.

사회와 경제 전반에 걸쳐 생존권의 해결과 빈부 격차를 해소하기 위한 방향이 아니라 이를 용인한 상태에서 추진된다면 기본소득을 준다고 해도 큰 효과를 보지 못할 것입니다. 도리어 기본소득을 주었다는 핑계로 생존권의 해결과 빈부 격차의 해소를 사회적 책임이 아니라 개개인에게 떠넘길 소지도 다분히 존재합니다. 얼마 되지도 않는 기본소득을 받았다는 구실로 의료제도와 교육제도, 실업급여, 노후 연금 등의 복지제도를 강화할 대신에 이를 해체해 버린다면 이건 복지제도의 후퇴라고밖에 말할 수 없을 것입니다.

개혁은 민이 개인과 집단, 나라와 민족 단위의 전 부분과 영역에서 주인으로서의 권리를 누리고 살아가기 위해서 하는 것입니다. 그래서 이를 물질 문화생활에서 누리며 살게 하려고 경제의 영역에서 우선적으로 생존권을 보장하면서 빈부의 격차를 해소해 나가는 방향에서 진행해 나가는 것입니다. 따라서 생존권을 해결하려는 기본소득의 원래 참뜻을 실현하자면 개혁이라는 총체적이고 종합적인 관점에서 바라보고 진행하여야 성과를 거둘 수 있을 것입니다.

빈부의 격차를 점차 해소하기 위해 누진세를 적용하고 자신의 노력이 아닌 소득에 대해 중과세하는 조세 정책을 추진하려는 것은 누구나 생존권의 위협을 받지 않고 주인으로서의 권리를 누리게 하여 참답게 자신의 꿈과 이상을 사회 속에서 실현하도록 하는 데에 그 목적이 있다고 할 수 있습니다.

모든 소득에 세금을 원천 징수하고 누진세를 확고히 적용한다면 비록 더 많은 부분을 세금으로 내는 것이지만, 그것은 전체 사회의 모든 구성원이 기본적인 생활을 영위하도록 하기 위해 다시 국가적 차원에서 재투자하는 것과 똑같습니다. 따라서 이것은 생존권의 해결과 빈부의 격차를 해소해 모든 사람이 더 나은 삶의 환경을 확보하는 데에 이바지하게 될 것입니다.

3 ▸▸▸
개혁의 정치적, 물질적 토대를 확대 강화하면서 미래 사회의 전망을 열어 놓자

한국 사회에서 개혁의 대치 전선을 명확히 수립하여 나가면서 생존권을 해결하고 빈부 격차를 해소하는 방향으로 끊임없이 나아간다면 정권을 획득할 수 있는 길도 열리게 될 것입니다. 하지만 정권을 잡았다고 해서 개혁이 다 끝날 수는 없습니다. 또 그 자체가 개혁의 성공을 담보하는 것도 아닙니다.

개혁은 일회성의 추진으로 끝날 수 없습니다. 민이 개인과 집단, 나라와 민족 단위의 전 부분과 영역에서 주인으로 권리를 실현하고자 하는 것인데, 어찌 몇몇 부분을 고쳤다고 해서 완결되겠습니까? 게다가 정권을 장악하는 것은 개혁을 수행하기 위한 강력한 정치적 무기를 쥐는 것이기도 하지만, 다른 한편으론 개혁을 놓고 실질적으로 그 길로 나갈 것인가, 아니면 반개혁 세력의 방해로 좌초될 것이냐를 놓고 기로에선 심각한 정치투쟁이 동반될 수도 있습니다. 여기에서 개혁 세력의 정치적, 물적 토대를 계속 강화하면서 방해 세력의 움직임을 극복해내지 못한다면 개혁은 성공적으로 완수될 수 없습니다.

지금껏 개혁이 이뤄지지 못한 원인이 어디에 있었는가?

촛불 혁명으로 박근혜 정권이 탄핵받고, 그 여망으로 문재인 정권이 등장했지만 개혁은 실질적으로 이뤄지지 못했습니다. 도대체 그 연유가 어디에 있는지 심각하게 따져보아야 합니다. 그 교훈을 찾지 못한다면 개혁 세력이 설사 정권을 잡는다고 하더라도 또다시 그 모습을 반복하지 않는다고 장담할 수 없을 것입니다.

그러면 왜 그토록 힘을 실어 주었는데도 개혁이 되지 못한 이유가 어디에 있었겠습니까? 여러 요인이 있겠지만 촛불의 대오를 해산시킴으로써 그 역동적인 힘을 계속 살려내지 못한 것이 매우 큰 원인으로 작용했습니다.

민이 주인으로서의 권리를 행사하자면 항시 그리할 수 있도록 정치적 역량을 갖춰야만 합니다. 그렇지 못하면 주인으로서의 권리 실현은 제약받을 수밖에 없습니다. 그래서 루소는 투표할 때만 주인이고 투표가 끝나면 노예로 되돌아간다고 말했던 것입니다. 한국에서도 선거 시기엔 그 출마자들이 유권자의 표심을 얻기 위해 90도로 고개 숙이며 정중하게 인사하며 모든 애로 사항을 다 들어줄 것처럼 행동합니다. 하지만 선거가 끝나면 나 몰라라 하는 식이 다반사가 되고 있습니다. 대의 민주주의의 허점인 것이죠.

민이 개인과 집단, 나라와 민족 단위의 모든 부분과 영역에서 주인의 권리를 누리고 살자면 대의 민주주의에 결코 안주할 수 없습니다.

민의 이해와 요구가 직접 반영되도록 만들어 나가야 합니다.

그런데 민의 이해와 요구가 직접 반영되는 직접 민주주의의 방식은 현실에서 그렇게 쉽게 형성되지 않습니다. 평상시 대부분의 과정은 투표권을 행사하는 부분으로 끝나버리기 일쑤입니다.

민이 사회와 역사의 주체로서 주인의 권리를 실현하기 위해 직접 들고 일어서는 과정을 보면, 우선 더 이상 제도권 내에서는 민의 이해와 요구를 수용할 수 없다는 것이 확인되어야 합니다. 아울러 장기간의 지속적인 투쟁이 수반되어야 수많은 사람들의 동참을 이끌어낼 수 있습니다.

박근혜 정권이 탄핵에 이르는 과정만 봐도 세월호 참사, 국정교과서 추진, 위안부 졸속 합의, 사드 배치, 개성공단 전격 폐쇄, 물대포에 의한 백남기 농민 살해 사건 등이 발생했습니다. 그리고 마침내 최순실 게이트 사건이 터지면서 2016년 겨울부터 2017년 봄에 이르기까지 무려 1500여 단체에 1700만 명에 이르는 인원이 참여하게 되었습니다.

이 정도가 되어서야 제도권을 움직일 수 있었고, 마침내 민의 이해와 요구가 직접 반영될 수 있는 길이 열리게 된 것입니다. 그런데 박근혜의 탄핵으로 승리했다고 여기면서 모였던 대오를 해산하였습니다. 그리고 대선을 치르는 과정에서 적폐세력을 청산하겠다고 주장했던 문재인 정권을 탄생시켰습니다.

그런데 여기서 분명하게 이해해야 할 것은 광장으로 뛰쳐나와 주인의 권리를 직접 행사하기 위해 수많은 인원이 모였을 때의 압력은 어마어마했다는 것입니다. 하지만 해산한 이후부터는 민의 이해와 요구를 직접 반영할 길은 막히고 사라지게 되었다는 점입니다. 오직 제도권 내에서의 싸움에, 그것도 현존하는 법적 테두리 내에서 진행될 수 밖에 없는 상황으로 치달았다는 것입니다.

민의 이해와 요구를 수용하지 않기에 직접 들고 나서서 이룬 성과였는데, 과연 해산한 이후에 제도권 내에서 그 요구를 원만히 해결해 주겠느냐 하는 것입니다. 상식적인 이치로 봐서도 매우 불리한 여건이라는 것은 이해할 수 있을 것입니다. 그래서 다시 한번 2020년 4월 총선에서 문재인 정권에 절대 과반 의석까지 확보해 주었습니다. 그러나 개혁의 소리는 요란했으나 별반 달라진 것은 없었습니다.

원래 참된 인간관계를 상정했을 때에 서로 일정하게 합의를 하면 그 약속을 지키는 것은 매우 당연합니다. 만약 부득이한 상황이 발생해 지키지 못할 경우에는 그간의 사정을 설명하며 이해를 부탁하는 것이 인지상정일 것입니다. 민은 최순실 게이트를 통해 박근혜를 탄핵시키면서 마땅히 그 원인으로 된 재벌개혁과 적폐청산을 강력히 요구하였습니다. 그러면 박근혜 탄핵에 동참하였던 세력이라면 최소한 재벌개혁과 적폐세력을 청산하는 길로 나가는 것이 신의에도 맞을 것입니다. 그리되었다면 한국 사회를 새롭게 개혁시킴으로써 한 단계 더 상승시키는 효과를 분명히 가져왔을 것입니다.

하지만 박근혜의 탄핵에 동참했던 기득권 세력은 촛불 세력이 해산되자 다시 자신들의 권력을 되찾는 방향으로 나아갔습니다. 재벌개혁을 이룩하고 적폐세력을 철저히 청산하는 과제가 중요한 것이 아니라 어떤 입장이 자신들의 기득권 유지에 더 유효한가가 정치적 판단의 기준이 되어버렸습니다. 이런 상황에서 재벌개혁과 적폐세력의 청산을 기대한다는 것은 고양이에게 생선을 맡기면서 안전하기를 바라는 것과 같은 이치일 것입니다.

사회와 역사의 주체인 민은 어느 누구도 대신할 수 없습니다. 마찬가지 이치로 개혁 또한 그 누구도 대신해서 수행할 수 없습니다. 주인의 권리를 누리고 행사하자면 민 자신이 직접 나서서 해야 하지 그 누가 절대 대행해 줄 수 없다는 뜻입니다. 더욱이 기득권 세력은 민이 직접 들고 나서서 거대한 대오를 형성했을 때에는 그들의 기득권을 전부 잃어버릴까 봐 노심초사하며 다 들어줄 것처럼 처신합니다. 그렇지만 그 약속을 철석같이 믿고 해산하게 되면 언제 그랬냐는 듯 기만하기 일쑤입니다. 이런 기만행위에 농락당하지 않기 위해서는 어렵게 하나의 대오로 형성된 정치 세력을 절대 허투루 해산해서는 안 됩니다. 기득권 세력이 진정 민의 이해와 요구를 직접 받아안고 움직여 나가는지 철저히 감시하고 지켜보아야 합니다.

민을 힘 있는 존재로 장성시키기 위해서는 하나의 대오로 형성된 세력을 더욱 조직화하고 강화해야 한다

개혁을 위해 하나의 대오로 형성된 세력을 더욱 조직화하고 강화하여 나가야 하는 이유는 그 과정이야말로 민을 더욱 정치적으로 각성시키고 힘 있는 존재로 장성시켜 나가는 확실한 방법이기 때문입니다.

민주적인 제도와 질서 체계가 아무리 잘 세워졌다고 하더라도 그걸 운영하는 사람이 능력과 자질 부족으로 잘못 이끌어간다면 성과를 기대할 수는 없습니다. 능숙하게 운영할 수 있는 능력과 자질을 갖춰야만 그 진가를 발휘할 수 있습니다. 그런데 민이 개인과 집단, 나라와 민족 단위의 전 부분과 영역에서 주인의 권리를 실현하기 위해 그 능력과 자질을 갖춰가기 위한 훈련은 선거 시기 때의 투표권 행사나 하는 방식으로는 이뤄질 수 없습니다.

개인과 집단, 나라와 민족 단위의 전 부분과 영역에서 주인의 권리를 실현하자면 이 모든 부분에 대해 자유롭게 의견을 표출하면서 집체적인 지혜와 힘을 모아 나가야 합니다. 수많은 다양한 의견들이 표출되지만, 그 속에서 공통점은 일치시키고 차이점은 서로 존중하면서 어떻게 하면 통일적으로 풀어갈 수 있는지를 집단적인 지혜와 힘으로 해결해 나갈 수 있어야 합니다. 그런데 그것은 광범위한 세력이 하나의 대오로 형성되었을 때 그 역동적인 힘을 하나로 모아내는 과정에서 가장 효과적으로 진행될 수 있습니다. 촛불항쟁의 진행 과정만 보더라도 이는 확인됩니다. 촛불항쟁에서는 위아래도 없었고, 누구나 자유발언을 할 수 있었으며, 또 자신들의 의사와 요구에 맞게 전시회나 놀이마당, 행진들을 자연스럽게 진행하였습니다. 어찌 보면 축제마당 같은 모습이었다고 할 수 있습니다.

민이 주인으로서의 권리를 행사하는 것은 재미있고 신나는 일이며 환희에 찬 축제나 다름없습니다. 서로가 비록 다양한 의견과 견해가 있다손 치더라도 그 차이를 존중하고 통일적인 방향하에서 움직였습니다. 이런 분위기에 추위에 고생한다고 핫팩을 나눠주고, 김밥 먹고 힘내라고 북돋워 주고, 촛불을 더 힘 있게 흔들라고 양초를 나눠주는 사람들도 자발적으로 나타났습니다. 힘 있는 사람은 힘을 내고, 돈이 있는 사람은 돈을 내고, 지혜가 있는 사람은 지혜를 내는 모습이 그 과정에서 절로 피어났습니다. 이것이 민이 주인으로서의 권리를 실현해 나가는 진짜 모습입니다.

하지만 그런 모습은 민의 정치사와 생활사에서 큰 이변이라고 할 만큼 드뭅니다. 투표권 행사나 하는 것이 권리의 전부인 양 여기고 살아오는 것이 대부분이었다는 것입니다. 그 때문에 탄핵이 받아졌으니 그 요구가 관철되었다고 여기고 다시 생활전선으로 돌아가고자 했던 사람들이 많았던 것이고, 그로 인해 대오가 해산되기에 이르렀다고도 할 수 있습니다.

하지만 민이 주인의 권리를 누리고 행사하자면 그런 모습에서 벗어나야 합니다. 절대 주인의 권리는 누가 나서서 찾아줄 수 없습니다. 민 자신이 해내야만 하는 과업이기에 이제 단호히 나서야 합니다. 촛불항쟁에서 보여주었던 것처럼 하나의 세력으로 뭉치면 못 해낼 것이 없습니다. 위아래가 없이 누구나 기쁘고 즐거운 마음으로 세상을 뜯어고칠 수 있습니다. 그 과정에서 서로 자유롭게 의사를 표명하면서 참다운 개혁을 위해 일치와 입체, 통일의 방법론에 의해 풀어나가야 합니다. 이런 훈련을 통해 개혁 세력의 대오는 민주적인 제도와 질서 체계를 능숙하게 운영하는 힘 있는 존재로 성장하게 되는 것입니다. 그래서 주인의 권리를 누리고 행사하자면 어떠한 경우에도 모처럼 형성된 정치 대오를 그저 해산시켜 버릴 것이 아니라 더욱 조직화하고 강화하여 나가야 한다고 말하는 것입니다.

광장에서 형성된 대오를 더욱 조직화하고 강화하는 방향으로 나가지 않고 해산시켜 버림으로써, 그 결과로 민을 힘 있는 존재로 키워내지 못하게 되었다는 것은 이후 재벌개혁이나 검찰개혁, 사법개혁 등이 진행되는 과정에서 분명하게 드러났습니다.

만약 대오를 해산시키지 않고 더욱 조직화하고 강화하는 방향으로 나갔다면 참된 개혁에 대해 자연스럽게 논의 과정을 밟아 갔을 것입니다. 그러면 분명 적폐세력을 청산하기 위한 재벌개혁과 검찰개혁, 사법개혁 등에 대한 기본적인 원칙을 점차 마련해 나갈 수 있었을 것입니다. 그런데 해산되어 버렸으니 사회 전체적 차원으로 그 논의 과정 자체가 이뤄지지 못하게 되었습니다. 그저 공감대를 형성하는 차원에서 머물러 있게 되었습니다. 서로 합의된 구체적인 내용과 기준을 마련하지 못하게 되었다는 뜻입니다. 그 결과 검찰개혁이나 사법개혁에 대해 어떻게 해야 정말 개혁할 수 있는지에 대해 합의된 내용과 기준을 제시할 수 없게 되었습니다. 이는 결국 참된 개혁을 바라는 세력들의 손을 떠나 정치권의 싸움이나 지켜봐야만 하는 무기력한 상태로 전락하게 만들었습니다. 그로 인해 검찰개혁과 사법개혁은 이상야릇하게 정치권이 서로 권력싸움이나 벌이는 형태로 변질되어 버렸습니다.

이 변질된 양태를 극복하는 데에는 다른 뾰족한 방법이 없습니다. 개혁을 원하는 세력이 더욱 강력한 정치 세력으로 결집하여 민의 이해와 요구를 직접 반영하는 형식의 검찰개혁이나 사법개혁의 방안을 마련하여 제시함으로써 또다시 강제해 나가는 것뿐입니다. 어떻게 하는 것이 참된 개혁의 길인지 그 기준과 내용까지 합의하여 창출해내면서 그 길로 정치권을 강제하려면 개혁 세력의 대오를 더욱 강화해 나가야만 가능하다는 것입니다. 그 과정에서만 일치와 입체, 통일의 방법론에 의해 그 방안을 만들어 낼 수 있으며, 개혁 세력의 대오를 더욱 힘있는 존재로 키워 낼 수 있기 때문입니다. 그리되면 개혁을 권력싸움으로 변질시켜 버리는 정치권의 행태를 다시 옳게 세워내고 참된 개혁이 이뤄지도록 할 수 있습니다.

개혁 세력의 대오를 확대 강화하는 것은 인류의 미래사가 진척되는 발전 과정과도 부합한다

개혁을 바라는 사람들의 대오를 계속 확대 강화해 나가는 것은 개혁 세력의 정치적 역량이 든든히 뒷받침되어야만 개혁이 실질적으로 추진될 수 있다는 점에서 그 정당성이 너무나 명백합니다. 그런데 이것은 인류의 미래사가 진척되어 나가는 합법칙적인 발전 과정에도 부합합니다.

개혁은 헬조선으로 변한 한국 사회를 새롭게 바꿔 나가자는 것인데 그 본질은, 민이 사회와 역사의 주체로 등장한 조건에서 개인과 집단, 나라와 민족 단위의 모든 부분과 영역에서 주인의 권리를 누리면서 살아가게 하자는 것입니다. 그래서 개혁은 주인으로서의 권리를 보장하는 자주, 그 주인의 권리를 실현하기 위한 제도와 질서 체계를 세우는 민주, 그리고 한반도 차원에서 민의 권리를 실현하기 위한 통일의 과제를 그 본질적 내용으로 갖고 있습니다.

그런데 개인과 집단, 나라와 민족 단위의 모든 부분과 영역에서 주인의 권리를 실현하는 데 있어서 그 주체는 민이지만, 그걸 가로막고 방해하는 세력은 하나같이 나라와 민족의 주권을 제약하는 외세와 그에 추종해 특권을 누리면서 자신의 탐욕을 추구하려는 매국노들로 그 세력이 일치합니다. 그래서 민족적 해방이 달성되고 나서 계급적 해방과 인간해방이 이뤄지는 식으로 순차적인 방향에서 전개되지 않습니다.

개혁의 주체와 대상이 서로 같으므로 인간해방과 계급적 해방, 민족적 해방은 서로 유기적으로 연계되어 일치되어 가면서도 입체적으로 전개되고 통일적인 방향하에서 풀어지게 됩니다. 즉 나라와 민족 단위에서 우선 주권을 되찾는 것처럼 개인과 집단의 영역에서도 특권과 패권 및 억압적 지배 질서를 먼저 고쳐 나가게 됩니다. 그다음에 나라와 민족 단위에서 민족적 존엄을 더욱 빛나게 꽃피워나가는 것처럼 개인과 집단의 영역에서도 자신들의 능력과 자질에 맞게 꿈과 이상을 펼쳐나가는 단계로 발전하게 됩니다. 따라서 민족적 해방의 주체와 대상이 따로 있고, 계급적 해방이나 인간해방에서도 그 주체와 대상이 따로 있는 것처럼 여겨서는 안 됩니다. 도리어 개혁 세력을 계속 확대 강화해서 개인과 집단, 나라와 민족 단위의 전 영역과 부분에 걸쳐 합법칙적인 발전 단계에 맞게 주인의 권리를 더욱 확대해 나가도록 노력하여야 합니다.

민주적인 제도와 질서 체계를 세우자면 우선적으로 애국법과 조국통일법을 제정하고 각종 대중단체에 대한 지원 체계를 마련해야 한다

개혁을 대치 전선으로 삼아 개혁 세력의 대오를 더욱 조직화하고 힘있는 존재로 키워나가는 과정이 지속적으로 전개된다면 개혁 세력이 정권을 장악할 수 있는 길도 열리게 될 것입니다. 당연히 정권을 잡았다고 할지라도 개혁 세력의 대오를 더욱 조직화하고 확대 강화하는 원칙을 계속 견지하여 나가야 합니다.

하지만 정권을 장악하기 전과 후는 일정한 차이가 존재합니다. 정권을 잡기 전에는 개혁을 위해 기존의 잘못된 제도와 질서 체계를 바꿔내는 것이 우선이었다면, 정권을 잡은 이후에는 개혁에 걸맞게 새로운 제도와 질서 체계를 세워내는 것이 중요한 임무로 다가오기 때문입니다. 민주적인 제도와 질서 체계를 확고히 수립하여 개혁을 완수해 나가야 한다는 뜻입니다.

민주적인 제도와 질서 체계를 세워 개혁을 완수해 나가기 위해서는 우선적으로 애국법과 조국통일법을 제정하고 각종 대중단체에 대한 국가적인 지원체계를 법적으로 마련해 나가는 조치를 확고히 취해 나가야 합니다.

애국법과 조국통일법을 제정하고 각종 대중단체에 대한 국가적인 지원 체계의 확립을 우선적으로 취해야 하는 이유는 지금껏 한국 사회에서 개혁 세력이 힘 있게 형성되지 못하고, 그토록 개혁이 이뤄지지 못했던 본질적인 문제에 대한 답변에서 비롯됩니다.

현 시기의 개혁은 민이 개인과 집단, 나라와 민족 단위의 전 부분과 영역에서 주인으로서의 권리를 실현하기 위한 것입니다. 그런데 이를 한사코 막기 위해 사용해 왔던 무기가 북과 적대적인 대치 관계를 이유로 한 냉전 이데올로기였습니다. 그걸 무기 삼아 주인의 권리를 실현하기 위해 개혁하고자 나서는 세력을 빨갱이로 매도하며 탄압하여 왔습니다. 국가보안법의 적용으로 개혁 세력의 입에 재갈을 물리고 왜곡 조작하여 왔다는 것입니다. 어느 정도냐면 나라와 민족의 주권보다는 한미동맹을 강조하는 문재인 대통령마저 빨갱이라고 매도하며 왜곡 선전하였습니다. 국민투표로 당선된 대통령마저 빨갱이 사냥으로부터 자유로울 수 없다면 한국 사회에서 빨갱이 탄압으로부터 벗어날 수 있는 사람이 어느 누가 있겠습니까?

애국적인 행위인가 아닌가는 나라와 민족을 얼마나 사랑하며 그 주권을 얼마나 고수해내느냐에 달려 있습니다. 반공 이데올로기와 한미동맹의 지지가 아니라 철저히 나라와 민족의 주권을 수호하고 그 이해와 요구를 얼마나 지켜내느냐에 따라 판단된다는 것입니다. 이를 명확히 함으로써 더 이상 매국적인 행위를 애국적인 행위인 양 위장하거나 허세 떨지 못하게 하여 더는 개혁 세력을 탄압하지 못하도록 하기 위함입니다.

나라와 민족을 사랑하는 애국의 기치를 분명히 하는 것은 애국이라는 이름으로 사람들의 입을 막고자 하는 것이 아닙니다. 도리어 누구나 주인의 권리를 누리게 할 뿐만이 아니라 불평등하고 차별적으로 뒤틀어진 나라와 민족 간의 관계를 올바로 정립시켜 나가기 위함입니다.

애국에 대한 감정이 안 좋은 영상으로 흐려지게 된 것은 지금껏 제국주의적 부르주아지들이 민족적 감성을 자극해 타민족을 침략해 식민지로 지배 통치했고, 극우 파시스트들이 타 민족에 대한 지배와 패권을 추구하고자 민족적 자긍심을 도용했고, 독재자들이 자기 민족만의 독특성이 있다는 식으로 주장하면서 독재정치를 정당화하는 데 이용했기 때문입니다.

그러나 애국의 기치는 이와 전혀 의미가 다릅니다. 참된 애국의 기치는 민이 개인과 집단, 나라와 민족 단위로 지구라는 행성 위에서 살아가고 있지만, 나라와 민족 단위로 주권이 표현되고 있는 현실에서,

이 모든 부분과 영역에서 주인으로서의 권리를 누리고 행사하자면 어떻게 풀어나가야 하느냐 하는 질문으로부터 제기되어 도출된 것입니다. 그래서 무엇보다 나라와 민족을 열렬히 사랑하는 애국의 기치에 의거하여 주권을 고수해내야 한다고 바라보는 것입니다.

애국의 기치는 나라와 민족을 도용해 이용하자는 것이 아니라, 나라와 민족 간은 물론이고 개인과 집단의 영역에서도 철저히 지배와 특권, 패권을 반대합니다. 민이 삶을 살아가는 모든 부분과 영역에서 주인의 권리를 누리고 살아가야 한다고 주장해놓고, 지배와 특권, 패권의 추구를 허용한다는 것 자체가 서로 배치되기 때문입니다.

자기 자신이 소중하면 남도 소중하고, 자기 나라와 민족이 소중하면 다른 나라와 민족도 소중한 것입니다. 애국의 기치는 다른 나라를 침략하자는 것이 아닙니다. 또 그것을 이용해서 독재를 정당화하기 위한 것도 아닙니다. 도리어 나라와 민족 단위로 주권이 표현되고 있는 현실에서 그 주권을 고수하여 나라와 민족 간에 잘못 형성된 침략과 지배 관계를 청산하고자 합니다. 또 나라와 민족 단위의 모든 개인과 집단에 주인의 권리를 누리게 보장함으로써 개인과 집단 간에 있어서도 지배와 억압의 관계를 고쳐 나가고자 합니다.

세계 패권적 질서를 수립하려는 제국주의자들과 극우 파시스트, 독재자들은 나라와 민족을 참답게 사랑하는 것이 아니라 단지 민족적 감성을 도용하여 자신들의 지배와 패권적 질서를 수립하려고 하였을 뿐입니다. 거기에 목적이 있었다는 것은 그들이 그 행위의 정당성을 반공 이데올로기에서 찾았다는 점에서 적나라하게 드러납니다.

패권과 지배, 독재를 실시하려고 하는 자들은 항상 적들을 양산해

냅니다. 그리고는 그 적에 대항하기 위해 싸워야 한다는 명분으로 자신들의 패권과 지배, 독재적 행위를 정당화합니다. 세계 패권적 지배 질서를 수립하기 위해 제국주의자들은 자유와 민주를 지켜야 한다는 차원으로 반공 이데올로기를 강제하고서는 자신들에게 이익이 된다면 자유와 민주를 짓밟은 독재정권도 묵인합니다. 극우 파시스트들은 자기 민족의 우월성을 자극하면서 타 민족에 대한 배타적 감정을 불러일으켜 다른 민족에 대한 침략과 지배를 반대하는 자국의 평화주의자들을 탄압합니다. 한국에서는 반공 이데올로기라는 명분으로 같은 민족까지도 적대하게 하면서 조국통일을 이뤄야 한다고 주장하는 세력은 물론이고 독재정치에 반대하는 세력까지 탄압하는 데 이용하였습니다.

나라와 민족 단위에서의 주권을 고수하지 못하게 되면 지배와 패권이 허용되고, 그것은 개인과 집단의 영역에서도 지배와 억압이 통용되도록 만듭니다. 한국에서는 북과의 적대적 대치 관계를 빌미로 삼아 반공 이데올로기로 민이 개인과 집단, 나라와 민족 단위에서의 주인의 권리를 실현하는 것을 한사코 막아왔습니다. 개혁을 그토록 소망하였지만 개혁을 원하는 정치 세력이 형성되지 못하고, 그로 인해 개혁이 실질적으로 이뤄지지 못했던 데에는 민족적 주권이 확고히 고수되지 못하고 북과의 적대적 대치 관계를 빌미 삼아 반공 이데올로기에 의해 탄압받아 왔던 측면이 큰 원인으로 작용하였습니다.

개혁 세력이 정권을 잡았다고 하더라도 이 부분을 그대로 놔두고서는 개혁을 힘 있게 추진할 수 없습니다. 아니, 개혁 세력의 정권 자체도 유지할 수 없게 될 것입니다. 개혁 정권이 자신들의 정치적 역량과 토대를 강화해서 자기 정권을 지켜내면서 계속 개혁을 추진할 수 있느냐, 그렇지 못하느냐는 이 문제를 어떻게 해결하느냐에 달려 있습니다. 개혁 정권은 무엇보다도 그 썩은 칼을 다시는 사용하지 못하도록 만들어야 합니다. 그래서 어떤 것보다 우선해서 애국법과 조국통일법을 제정하고, 노동조합과 농민단체를 비롯한 각종 대중단체에 대한 국가적인 지원 체계를 확고하게 확립하여 나가야 합니다.

애국법과 조국통일법을 제정하고 각종 대중단체에 대한 국가적인 지원 체계를 법적으로 공고히 하였다면 그 힘을 바탕으로 미국과의 불평등하고 불합리한 관계를 고쳐 나가야 한다

미국과의 불평등한 관계를 고쳐 나가야 하는 이유는 나라와 민족 단위에서 주권이 고수되지 못하고 불평등한 관계가 조성되어 있으면 그 요인으로 인해 개인과 집단 단위에서의 지배와 억압적 구조도 고쳐 나갈 수 없기 때문입니다.

어느 한 부분에서 불평등하고 패권적 지배 질서가 확립되어 있으면 그로 인해 개인과 집단 단위에 걸쳐서까지 불합리한 관계가 순차적으로 연계되어 형성되는 것은 자연스러운 이치입니다.

한국에 대한 미국의 군사적 주둔으로 인한 피해는 이루 말할 수 없을 정도입니다. 이를 바로잡아 정상화하지 않고서는 개인과 집단의 권리를 실현할 수 없으며, 나라와 민족의 주권을 고수하였다고 말할 수 없을 것입니다. 미군의 주둔으로 인한 환경오염 문제를 비롯해 사드 배치, 주한미군의 범죄 행위, 주둔 비용, 전시작전권을 비롯해 미국과의 불평등하고 불합리한 관계를 전면적 측면에서 적극 고쳐 나가야 합니다.

나라와 민족 단위에서의 주권을 견결히 고수하고 미국과의 관계를 올바르게 정립하여 나가면 개인과 집단의 부분에서도 주인의 권리를 실현해 나가기 위한 행동이 더욱 추동될 것입니다. 미국과의 관계를 올바로 정립하자고 주장하면 북과의 적대적 대치 관계를 빌미로 삼아 반공 이데올로기에 의한 탄압을 받아왔던 측면이 많았습니다. 그런데 그토록 강고한 요새로 여겨졌던 금기가 허물어졌다면 다른 어떤 영역에서도 주인의 권리를 실현하지 못하게 막을 장벽은 존재하지 않게 될 것이기 때문입니다.

미국과의 불평등하고 불합리한 관계를 고쳐가면서 그 시발점을 열었다면 그것을 계기로 사회의 전방위적 측면에서 개혁을 힘 있게 진행하여 나가야 한다

사회의 전방위적 측면에서 개혁을 힘 있게 밀고 나가는 데서 중요한 것은 내부 고발자들을 보호하면서 적극 활동할 수 있도록 보장해주는 것입니다.

내부 고발자들을 보호하고 적극 활동하도록 보장하는 것은 조직 성원들을 서로 이간질하게 하고 대립시키기 위해서가 아닙니다.

개혁의 커다란 걸림돌 중의 하나가 오래된 관습과 습관이라고 할 수 있습니다. 고쳐야 한다는 것은 머리로는 알아도 실제로는 행하지 않는 경우가 많습니다. 이래서는 개혁이 힘 있게 진행될 수 없습니다. 개혁은 잘못된 습관과 관습도 고쳐 나가야 합니다. 그 속에서 인간이 새롭게 태어나야 합니다.

개혁의 걸림돌이 되는 세력은 부정부패를 일삼거나 특권을 행사하며 권세를 부리는 자들이라고 할 수 있습니다. 그들의 대부분은 고위급 관리들을 비롯한 관료들과 연관됩니다. 관료들이라고 하면 민의 충복으로서 자기 사명을 다해야 할 것이지만 도리어 지금껏 특권화되어 권한을 남용하고 있습니다. 이 부분을 바로잡지 못한다면 민이 주인으로서의 권리를 행사할 수 없게 됩니다.

한국 사회에서 민의 충복이 아니라 아직도 특권의식에 사로잡혀 얼마나 권세를 휘두르려고 하는지는 검찰개혁과 사법개혁의 과정에서 잘 드러나고 있습니다. 여러 국가 기관을 비롯해 검찰과 경찰, 사법부, 국세청, 금감원, 국정원 등 고위급 관료들과 관리들이 나라의 충복에 걸맞게 일할 수 있도록 철저히 개혁시켜 나가야 합니다. 이를 힘 있게 추동해 나갈 수 있도록 하는 제도가 내부자 고발입니다.

애국법과 조국통일법의 제정, 각종 대중단체에 대한 국가적인 지원 체계의 확립을 기초로 하여 미국과의 관계를 올바르게 정립시켜 나가면서 사회의 전방위에 걸쳐 개혁을 힘 있게 추진해 나간다면 나라와 민족 단위에서의 주권은 더욱 고수되게 될 것이며, 개인과 집단 단위에서도 더는 지배와 패권, 특권이 허용되지 않고 누구나 주인의 권리를 실현할 수 있는 길이 확고하게 열리게 될 것입니다.

개혁 정권이 그 정권을 유지하면서 실질적인 개혁을 계속 추진하여 나가자면 정치적인 부분에서의 토대를 계속 강화하여 나가면서도 물질 경제적 토대를 강화해 나가는 데에도 응당 주의를 돌려야 한다

개혁은 하나의 문제를 풀면 해결되는 단순한 과제가 아닙니다. 주인의 권리를 실현하기 위해 전면적인 부분과 영역에서 민주적인 제도와 질서를 세워 나가는 것이니만큼 개혁을 추진할 수 있는 물적 토대가 공고해야 합니다. 아무리 의지가 있더라도 그것을 추진할 수 있는 물적 토대가 공고하지 않는다면 공염불에 지나지 않게 됩니다. 개혁하자고 주장할 때마다 그 반대 세력의 논리가 그 자금을 어떻게 마련하느냐는 문제로 걸고들어 왔다는 점에서 이는 명확히 드러납니다.

더욱이 국제 사회에서 세계 유일의 패권적 지배 질서를 추구하려고 하는 세력들은 다른 나라에서 개혁 정권이 등장하면 그 정권을 무력화시키면서 개혁을 무산시키기 위해 경제적 위협까지 서슴지 않았습니다. 그 위협을 견뎌내지 못한다면 개혁 정권은 힘을 잃게 될 것이고, 개혁은 사실상 물 건너가게 됩니다. 개혁 정권은 성과적으로 개혁을 추진하자면 그 물적, 경제적 토대를 강화하는 데에 사활을 걸고 대비하여 나가야 합니다.

개혁을 통해 많은 사람들이 물질적, 경제적 혜택을 누리도록 하자면 물적 경제적 토대를 강화해야 합니다. 그런데 세계거대독점자본의 세력들이 개혁 정권을 무력화시키면서 개혁을 무산시키려고 획책하는 조건에서, 물적 경제적 토대를 강화하자면 민의 삶에 결정적이고 중대한 의미를 갖는 부분에 대해서는 국가가 책임을 지고 장악해 들어가야 합니다. 금융이나 은행, 전력, 철도, 주거, 수자원, 농업 등은 민의 삶에 중대한 영향을 미치고 있으며, 개혁을 흔들림 없이 추진해 나가는 데 있어서 담보가 되기에 국가적 차원에서 관리하고 장악해 들어가야 합니다.

민의 삶에 결정적이고 중대한 영향을 끼치는 부분에 대해 국가가 그 물적 토대를 담보하고 확대하여 나가는 것은 미래 사회의 발전 법칙에도 부합합니다.

민은 사회와 역사의 주체로 등장하여 개인과 집단, 나라와 민족 단위의 전 부분과 영역에서 주인의 권리를 누리고 살아야 합니다. 미래의 인간형은 돈의 노예가 아니라 사회의 발전에 기여하면서 자신의 꿈과 희망을 펼쳐가며 건강하게 살아가야 합니다. 그러자면 그 물적 경제적 토대가 구축되어야 할 것인데, 과연 민영화로 그 모든 것이 보장되겠습니까? 기업의 기본 목적은 이윤 추구입니다. 그래서 민의 삶에 결정적이고 중대한 영향을 미치는 부분에 대해서는 민간 기업에 맡겨서는 그 해결책이 될 수 없습니다.

국영기업이나 공공기업은 효율성이 떨어진다고 주장들을 합니다. 그러나 실상 그렇게 된 데에는 권력자나 기득권 세력들이 자신들의 권력 안정이나 탐욕을 위해 그 자리들을 이용해 먹는 것이 큰 요인으로 작용하고 있습니다. 대통령에 임명되어서 보은 인사로 국영기업이나 공기업의 장에 임명하는 식이나, 또 그렇게 해서 임명된 사람들이 그 자리를 꿰찬 것을 기화로 이권을 추구해 나가는 것이 그런 모습들이라고 할 수 있습니다. 국영기업이나 공기업에 대해 자료가 투명하게 공개되어 감시 체계가 적합하게 진행되면서 국영기업이나 공공기업의 특성에 맞게 집단적인 지혜와 힘을 통해 운영해 나간다면 결코 풀지 못할 문제는 없을 것입니다.

개혁 정권이 물적, 경제적 토대를 확대 강화하는 데에 있어서 한국 경제에서 큰 비중을 차지하고 있는 재벌개혁을 어떻게 수행해 내느냐는 매우 중대한 의미를 지닌다고 할 수 있습니다.

실상 지금 한국 경제의 중요한 명맥은 IMF의 지배 통치 과정을 통해 이름만 한국 기업의 명칭만 달고 있을 뿐인 경우가 많습니다. 은행 등을 비롯해 알짜배기 기업들의 소유권은 거의 외세자본에 의해 장악되어 있다고 해도 과언이 아닙니다. 한국 기업 중 세계 일류기업으로 인정되는 삼성만 해도 그 주식의 과반 이상을 외세자본이 차지하고 있습니다. 하지만 그렇다고 하여 이를 그대로 방치할 수는 없습니다.

한국의 국영기업이나 공공기업, 그리고 재벌 등이 성장하여 세계 일류기업들과 어깨를 나란히 하며 경쟁할 수 있었던 데에는 민의 피땀어린 노고와 고혈이 담겨 있습니다. 국영기업과 공공기업이야 그 자체가 세금으로 이뤄진 것이니 더 언급할 필요도 없을 것입니다. 그런데 재벌들 또한 그들에게 이루어진 엄청난 특혜 자체가 내막을 따지고 보면 민으로 돌아가야 할 재부가 재벌들의 수중으로 들어갔다는 것에 다름 아닙니다. 이 부분을 정상화하는 것이 재벌개혁의 요체라고 할 수 있습니다.

재벌개혁은 민으로 돌아와야 할 부분을 되찾으면서 정상화하는 것이기에 재벌해체로 진행되어서는 안 됩니다. 개혁 정권의 물적 경제적 토대를 확대 강화하는 방향하에서 진행되어야 합니다.

재벌해체가 경제 민주화라고 하면서 그 방향으로 진행된다면 도리어 한국 경제의 국가 경제력만 저하시킴으로써 개혁 정권의 물적 경제적 토대를 약화시킬 것입니다. 그러면 그만큼 물질 경제적 부분에서의 개혁 추진에 장애를 겪게 될 것입니다. 그래서 재벌개혁 또한 개혁 정권의 물적, 경제적 토대를 계속 확대 강화해 나간다는 원칙하에서 추진하여 나가야 합니다.

개혁 정권은 물적 경제적 토대를 강화하면서도 한국 경제가 원만히 돌아가도록 적극 노력하여야 합니다.

대기업과 중소기업이 유기적 연계를 가져가도록 하면서도 국토의 종합적이고 균형적인 발전이 이뤄지도록 하여야 합니다. 특히 기업의 운영에 있어서 기업인과 노동자들의 협력이 잘 이뤄지도록 적극 지원하여야 합니다. 이제 기업의 경쟁력은 사람을 얼마나 재능 있고 힘 있는 존재로 키워내며 그 집체적인 지혜와 힘을 이용해 낼 수 있느냐에 달려 있습니다. 그래서 기업의 운영과 관리에 있어서도 적극적으로 노동자의 참여를 보장하고 그 재능과 능력을 발휘할 수 있도록 하여야 합니다.

개혁 정권은 정치적 토대와 함께 물적, 경제적 토대를 계속 확대 강화하여 개혁을 실질적으로 추진하면서도 남과 북의 조국통일에 있어서도 획기적인 전환을 이룩하기 위한 조치를 적극 취해 나가야 한다

남과 북의 적대적 대치 관계는 민이 주인의 권리를 실현하는 데에 엄청난 제약과 걸림돌로 작용하여 왔습니다. 북과 적대해야 한다는 것이 가장 우선적인 순위로 작용하는 냉전 이데올로기에 의해 노동자의 합법적인 단체 활동마저 규제받았으며, 민주적인 제도와 질서 체계를 요구하는 행위도 반공 이데올로기에 의해 탄압받았습니다. 더욱이 안보와 반공을 이유로 정치군인이 국정을 마비시키며 쿠데타를 감행해 군사독재 정치를 오랫동안 실시하기도 하였습니다.

남과 북의 적대적 대치 관계를 획기적으로 전환시키지 않고서는 또다시 시대에 뒤떨어진 냉전적 사고방식에 벗어나지 못한 정치군인들이 쿠데타를 감행하고 나오지 말라는 법도 없습니다. 더욱이 남과 북 간에 긴장이 고조되어 전쟁이라도 일어난다면 개혁은 사실상 물 건너가게 될 것입니다. 그뿐 아니라 지금껏 남과 북이 각각 힘들게 창조했던 창조물마저 잿더미로 화할 정도로 그 후과가 엄청날 것입니다.

이런 파국을 막기 위해 개혁 정권은 우선적으로 남과 북 간의 적대적 대치 관계를 이용해 또다시 쿠데타를 감행하려는 정치군인의 등장을 철저히 경계해야 합니다. 미국으로부터 전시작전권을 즉각적으로 환수하여 군 통수권을 확고히 장악하여야 합니다.

아울러 남과 북 간의 관계를 더 이상 전쟁이 일어나지 않을 방도를 확고히 찾아가야 합니다. 남과 북 간의 적대적 대치 관계를 이용해 민이 주인으로서의 권리를 누리고 살아가려고 하는 정당한 행동들을 가로막고 제약했던 근원을 신속히 제거해 나가야 한다는 뜻입니다. 그래야만 북과의 적대적 감정을 고취시키면서 냉전 이데올로기라는 썩은 칼로 개혁을 가로막아 나서려는 움직임 자체를 철저히 저지시킬 수 있기 때문입니다.

남북 간에 전쟁이 일어나지 않게 할 수 있는 방도는 서로의 체제를 인정하면서 통일을 추진하는 것 말고는 다른 방안이 있을 수 없습니다. 남과 북이 서로 자기 체제를 강요하여 상대방을 집어삼키려고 하는 목적을 갖고 있다면 서로 싸울 수밖에 없고, 남북 간의 적대적 대치 관계를 절대로 해소할 수 없습니다.

남과 북이 서로 자기 체제를 강요하여 집어삼키려고 하지 않고 평화적으로 통일하겠다는 원칙에 의거해 남과 북은 조국통일법을 제정해 나가면서 절대 전쟁이 일어나지 않을 방안을 확고히 마련하여야 합니다. 당연히 이 흐름과 배치되게 남과 북 간의 긴장 관계를 조성하려고 획책하는 행위에 대해서는 단호히 조치해 나가야 합니다.

개혁을 대치 전선으로 하여 개혁 세력을 더욱 조직화하여 확대 강화함으로써 개혁 정권을 탄생시키고, 개혁 정권을 탄생시킨 그 힘으로 정치적 토대는 물론이고 물적 경제적 토대를 계속 확대 강화해가면서 남과 북 간에도 평화적인 관계를 이룩할 획기적인 조치를 취해 나간다면 여러 우여곡절은 있을 수 있겠지만 개혁을 실질적으로 성과 있게 추진할 수 있게 될 것입니다. 그러면 개인과 집단, 나라와 민족 단위의 전 부분과 영역에서 주인의 권리를 더욱 폭넓게 행사하는 방향으로 굳건히 나아가게 될 것입니다. 그리되면 미래 사회는 헬조선이 아니라 꿈과 희망이 가득 차고 활력이 넘치는 새 사회의 모습으로 점차 전변되어 나가게 될 것입니다.

5장

자주와 민주, 통일의 시대사적 과제를 해결하여 새 역사를 창조해 나가자

●●●

개혁의 본질이 주인으로서의 권리를 보장하는 자주, 그 주인의 권리를 실현하기 위한 제도와 질서 체계를 세우는 민주, 그리고 한반도 차원에서 주인의 권리를 실현하기 위한 통일의 과제로 되는 이유는 시대적 발전 때문입니다.

일반적으로 볼 때 사회를 고쳐가는 방식에는 개혁적 방식과 혁명적 방식이 있습니다. 개혁은 사회제도의 본질적인 요소를 유지하면서도 부분적이고 점진적인 발전을 꾀하지만, 혁명은 기존의 사회제도까지 전면적으로 혁신시키고자 합니다. 그래서 개혁이 실패했을 때 거기에서 벗어나 혁명적인 방식으로 넘어간다고 보는 것이 보편적인 이해입니다.

한국의 역사 과정을 살펴보더라도 사회 개혁을 위한 시도가 실패한 이후에 새 왕조로 교체되는 혁명적 과정을 겪기도 하였습니다. 하지만 그런 이해 방식은 민이 사회와 역사의 주체로 등장한 시대적 발전 때문에 자연스럽게 해소되기에 이르렀습니다.

개혁이 처음 제기된 시기엔 한국 사회의 본질적인 해결을 요구하는 혁신의 과제와는 일정한 괴리가 존재하였다

한국의 현대사에서 개혁의 구호를 적극적으로 제기하고 일정하게 개혁적 조치를 취해 나간 정권은 자칭 문민정부라고 하는 김영삼 정권이었습니다. 김영삼은 민주화의 투사라고 할 만큼 반독재 민주화 투쟁을 견결하게 전개해 왔습니다. 그러나 그는 결국 군사독재 세력인 민정당과 유신 잔당인 공화당과 야합하여 정권을 창출하였습니다.

야합으로 정권이 탄생되었다는 사실은 김영삼 정권의 큰 아킬레스건으로 작용하였습니다. 그래서 그 정치적 약점을 가리고 정국의 주도권을 장악하며 이끌어가고자 개혁의 기치를 내걸었습니다. 호랑이를 잡기 위해서 호랑이굴로 들어가야 한다는 김영삼식다운 모습이었습니다. 김영삼 정권은 실제로 군사독재 세력의 실세들을 제거함으로써 군사독재 세력이 더 이상 한국 사회에서 맥을 추지 못하게 만들었습니다. 그뿐만 아니라 고위 공직자 재산 등록과 금융실명제 또한 전격 실시하였습니다.

하지만 그런 개혁 정책은 경부선 무궁화호 열차 전복사건, 아시아나 항공기 해남 야산 추락사건, 서해 페리호 침몰사건, 한강의 성수대교 붕괴사건, 대구 지하철 1호선 1~2구간 도시가스관 폭발사건, 삼풍백화점 붕괴사건, IMF의 지배 통치 등의 과정을 통해 드러난 것처럼 한국 사회의 여러 병폐를 근원적으로 해결하기엔 역부족이었습니다. 그래서 한국 사회의 본질적인 문제를 해결하기를 바라는 사람들은 반미 자주화와 반독재 민주화, 조국통일의 구호를 내걸고 적극 투쟁하였습니다.

개혁이 처음 전개되는 시기엔 이처럼 개혁적 요구와 한국 사회의 본질적인 해결을 요하는 혁신의 과제는 일정한 괴리가 존재하였고, 또 질적 차이도 존재하였습니다. 그래서 이 시기의 개혁은 본질적인 과제를 해결하기 위한 시대의 돌파구 계선으로서의 의미를 지녔습니다. 개혁을 바라는 광범위한 세력을 하나로 모아내어 사회의 부조리하고 불합리한 부분을 적극 개선해 나가자는 것이었습니다. 그럼으로써 유리한 공간을 열어내고, 마침내 한국 사회의 본질적인 문제인 반미 자주화와 반독재 민주화, 조국통일의 과제를 해결하려는 것이었습니다.

김영삼 정권 이후, 여러 우여곡절은 있었지만 사회의 전반적인 추세는 개혁을 추진하기 위한 방향으로 나아갔습니다. 정치, 경제, 사회, 문화 등 제반 영역에 걸쳐 진행되었습니다. 재벌개혁, 언론개혁, 사법개혁, 검찰개혁, 적폐 청산 등은 물론이고 개인과 집단, 나라와 민족 단위의 모든 영역과 부분에 걸쳐 제기되었습니다. 조국통일에 있어서도 6·15 남북공동선언이 합의됨으로써 남과 북 간에도 새로운 길이 열리게 되었습니다.

하지만 김영삼 정권 이후부터 문재인 정권에 이르기까지 개혁의 소리는 요란하였으나 근본적으로 변한 것이 없었고, 해결되지 못하고 있습니다. 그렇게 된 데에는 개혁의 내용이 시대적 흐름을 반영하지 못할 만큼 미비했다는 점에 큰 원인이 있습니다.

현 시기의 개혁은 주인으로서의 권리를 보장하는 자주,
그 주인의 권리를 실현하기 위한 제도와 질서 체계를 세우는 민주,
그리고 한반도 차원에서 주인의 권리를 실현하기 위한
통일의 과제를 본질적인 내용으로 갖고 있다

지난 역사적 과정에서의 개혁은, 민이 사회와 역사의 대상으로 취급된 상태에서 진행되었습니다. 그런데 현 시기의 개혁은 민이 당당히 사회와 역사의 주체로 등장한 시기에 추진되고 있습니다.

헌법에도 대한민국의 주권은 국민에게 있고, 모든 권력은 국민으로부터 나온다고 명확히 밝히고 있습니다. 그래서 현 시기의 개혁은 사회의 모든 영역과 부분에 걸쳐 주인의 권리를 실현하기 위한 내용으로 전개되고 있습니다. 풀뿌리 민주주의와 직접 민주주의적 요소가 부쩍 강조되고, 미투운동이 활발하게 벌어지며, 촛불항쟁이 거국적으로 전개되는 것도 이런 시대적 흐름을 반영하고 있는 것이라고 볼 수 있습니다.

이런 시대적 흐름으로 인하여 한국 사회의 근본적인 혁신을 이룩하기 위해 제기된 반미 자주화와 반독재 민주화, 조국통일의 과제는 민이 주인으로서의 권리를 누리고 살아야 한다는 내용으로 더욱 풍부해지고 심화되기에 이르렀습니다.

자주가 반미 자주화만이 아니라 개인과 집단, 나라와 민족 단위의 전 부분과 영역에 걸쳐 주인으로서의 권리를 보장하는 내용으로 되었고, 민주는 이 모든 영역과 부분에 걸쳐 주인의 권리를 실현하기 위한 제도와 질서 체계를 세우는 내용으로 되었고, 통일 또한 한반도 차원에서 주인의 권리를 누리고 실현하기 위한 내용으로 더욱 풍부화되고 심화되었습니다.

개혁이 사회의 모든 영역과 부분에 걸쳐 주인의 권리를 실현하기 위한 내용으로 되고, 그 본질이 더욱 풍부해지고 심화된 자주와 민주, 통일의 과제로 되는 것은 사회와 역사의 합법칙적인 발전 과정에도 부합합니다.

한때는 민과 함께하다가 민의를 배반한 배신세력이 권력을 잡고 행사하고 있지만, 그 배신세력이 더 이상 맥을 못 추게 만든다면 그때부턴 처음부터 끝까지 민과 함께한 세력들이 권력을 잡게 될 것입니다. 그것은 곧 민이 자연스럽게 직접 주인의 권리를 누리고 실현하는 단계로 접어들었다는 것을 의미합니다.

그래서 지금의 개혁은 누가 대신해주는 것이 아니라 민 자신이 직접 수행하여 사회의 전 영역과 부분에 걸쳐 주인의 권리를 찾기 위한 것으로 되었습니다. 주인으로서의 권리를 보장하기 위한 자주, 그 주인의 권리를 실현하기 위한 제도와 질서 체계를 세우는 민주, 한반도 차원에서 주인의 권리를 실현하기 위한 통일의 과제로 정립되는 것은 사회의 합법칙적인 발전 과정으로 보아서도 지극히 자연스럽다는 것입니다.

한국 사회에서 제기되는 자주, 민주, 통일의 개혁 과제는 세계사적인 보편성까지 갖고 있다

자주와 민주, 통일이라는 개혁의 본질적 과제는 한국 사회에서 뿐만이 아니라 세계사적인 측면으로 보았을 때도 큰 의미를 지니고 있습니다.

자주와 민주, 통일의 개혁 내용이 세계사적 측면에서 큰 의미를 지니게 된 것은 국제 사회에서 차지하고 있는 한국의 위상으로부터 자연스레 도출됩니다.

한국은 세계에서 아시아, 아프리카, 라틴 아메리카 등의 약소국들이 걸었던 아픔을 겪었습니다. 그러나 현상적이긴 하지만 GDP 기준으로 세계 12위의 경제 대국으로 발돋움하였습니다. 경제 선진국이라는 나라들과도 어깨를 나란히 하고 있다는 것입니다.

정치적인 과정도 제3세계의 약소국들처럼 군사 쿠데타가 발생하며 독재정치가 오랫동안 실시되었습니다. 그러나 지금은 군사독재 세력이 더는 맥을 못 추게 되었고, 형식적이기는 하지만 일명 선진국이라고 하는 나라들처럼 민의 권리가 점차 확대되고 있습니다. 사회복지체계 또한 제3세계의 약소 빈국처럼 가난에 허덕이는 나라로부터 민의 물질 문화적 삶을 보장하는 보편적 복지제도를 실시하는 방향으로 나아가고 있습니다. 당연히 세계적 차원에서 세계화 정책이 추진됨으로 하여 빈국과 부국의 격차가 커지고, 국가 내부의 관계 또한 빈부 격차가 극심해지는 등의 모습을 공통점으로 갖고 있습니다.

이처럼 한국 사회의 모습은 약소국들의 특징적인 면모도 가지고 있고, 경제 선진국의 특성도 갖고 있습니다. 그래서 한국 사회에서 개혁의 과제로 제기된 자주와 민주, 통일의 내용은 한국적인 특수성을 갖고 있으면서도 동시에 세계사적인 측면에서도 보편성을 지니게 됩니다. 민이 사회의 전 영역과 부분에 걸쳐 주인으로서의 지위와 역할을 다해 나가는 자주와 민주, 통일의 과업은 한국 사회만이 아니라 세계 각국이 해결해야 할 시대적 과제이자 목표가 될 수 있다는 뜻입니다.

한국 사회에서 제기된 자주와 민주, 통일의 개혁 과제가 한국적인 특수성뿐만이 아니라 세계사적인 보편성까지 갖게 된 것은 1945년 이후 국제 사회가 어떻게 유기적으로 연결되어 발전해 왔는가를 살펴보면 쉽게 이해할 수 있습니다.

1945년 9월 미군정이 실시된 이래, 한국의 정치 사회적 질서는 미국의 세계 유일의 패권적 지배 질서체제의 형성 과정과 밀접한 관계를 맺고 있습니다.

1차, 2차 세계대전이라는 제국주의 전쟁이 끝나면서 동서냉전이 되었다가 동구권의 붕괴로 인해 미국의 세계 유일의 패권적 지배 질서체제가 형성되었습니다.

세계 유일의 패권적 지배 질서체제가 형성된 이후의 미국의 행동을 보면, 한미동맹을 비롯해 나토나 미일동맹 등을 단순히 1차 세계대전이나 2차 세계대전에 맺었던 연합 세력이나 동맹 세력의 형성이라는 각도 차원의 이해로만 바라볼 수 없게 합니다.

소련과 동구권이 대항 세력으로 존재할 때에는 나토나 미일동맹 등은 동맹 세력으로서 유의미한 내용을 가질 수 있었고, 또 미국을 우두머리로 하는 제국주의 세력 간의 연합 형태를 보였으며, 한미동맹 또한 동북아에서 반공 초소로서의 역할을 수행하였습니다. 하지만 동구권이 붕괴되고 미국의 세계 유일의 패권 질서가 형성되자 미국은 그런 동맹국들과의 관계 유지보다는 일정한 대립까지 드러내면서 세계 유일의 패권적 지배 질서체제를 더욱 확대 강화하고자 하였습니다. 즉,

세계화정책을 강력히 밀고 나갔습니다. 유럽에서 정치, 경제적 통합을 더욱 확대 강화하기 위해 탄생된 유럽연합과의 일정한 마찰이나 불협화음도 그런 일련의 과정에서 발생하였습니다. 여기에서 한국은 철저히 미국의 세계화 정책 추진의 적극적인 협력자로 나섰습니다. 그 과정에서 한국은 세계 10위권에 근접하는 경제 대국으로 성장했습니다. 하지만 주권조차 실질적으로 제대로 행사하지 못하고 있는 현실은 미국의 세계 유일의 지배 체제의 수립 속에서 한국의 상황을 이해해야 함을 명확히 보여주고 있습니다.

미국의 세계 유일의 패권적 지배 질서체제의 형성 과정과 세계화 정책은 일정한 표리관계를 갖고 있습니다. 자본의 흐름은 눈이 없기에 오로지 이윤 추구만을 위해 움직일 것이라고 보는 경향이 많습니다. 그러나 실상 자본을 소유하고 있는 자는 눈이 있고, 눈이 있는 자는 국적이 있기에 그 국적을 매개로 해서 이윤 추구의 활동을 벌입니다. 미국의 세계거대독점자본은 세계 유일의 패권적 지배 질서체제가 형성되어 나가자, 이를 더욱 확대 강화하고자 미국을 중심축으로 하여 세계 각국의 일부 세력과 공모 결탁하여 세계화 정책을 세계적 차원으로 진행하여 나갔습니다.

세계 유일의 패권적 지배 질서를 더욱 확대 강화하기 위한 움직임은 단지 경제적 차원에서만이 아니라 정치와 군사, 사상 문화 등 제반 방면에서 진행되었습니다. 한국 사회에서 세계화가 주창되는 중에 정신문화적 측면만 놓고 보더라도 미국식의 사상과 문화가 유일한 기준인 양 인식되며 얼마나 급속도로 퍼져 나갔는지를 떠올려보면 이를 충분히 짐작할 수 있을 것입니다. 그렇지만 세계 유일의 패권적 지배 질서

체제의 확대 강화하는 데에서 첨병의 역할을 한 것은 무엇보다도 군사적인 위협과 침략이라고 할 수 있습니다.

미국이 세계 유일의 패권적 지배 질서체제를 수립하는 과정은 모든 지배 통치자들이 그러하듯 철저히 분열과 대립을 조성시키면서 전개되었습니다. 처음엔 소련과 동구권을 적대 대상으로 설정하여 나토와 미일동맹, 한미동맹 등을 내세워 대립 전선을 형성시켰습니다. 그러나 동구권이 붕괴되자, 나라와 민족의 주권을 고수해 나가고자 하는 몇몇 약소국들을 불량국가나 테러국가로 매도하면서 적대 세력으로 만들어 붕괴시키고자 하였습니다.

동구권의 붕괴 이후, 동구권과 중동 지역이 광란적인 전쟁으로 휩싸이게 된 데에는 미국의 이런 세계 유일의 패권적 지배 질서체제의 수립 강화와 밀접히 연관되어 있습니다.

세계 유일의 패권적 지배 질서체제를 더욱 확대 강화하고자 한 미국은 동구권의 붕괴 이후 그 주된 공격의 화살을 우선적으로 주권을 고수하려고 하는 나라들을 향해 겨냥했습니다. 그 이유는 그리스 신화에서 제우스가 불을 훔쳐 인간에게 주었다는 구실로 프로메테우스에게 가혹한 형벌을 가했던 내막을 살펴보면 그 실상을 쉽게 이해할 수 있습니다.

그리스 신화에서 하데스는 2인자로서 끊임없이 제우스의 권력까지 넘보며 반역을 꾀하였습니다. 하지만 제우스는 제법 아량 있게 하데스를 용서합니다. 그 이유는 하데스가 그 지배 질서 자체를 반대하거나 바꾸려고 하지 않았고, 제우스의 힘이 압도적이었기에 크게 염려할 필요가 없었기 때문입니다. 도리어 하데스의 존재가 그 지배 질서체제의 유지에 도움이 된다고 보았습니다.

하지만 프로메테우스는 제우스의 자리를 넘보려고 하지도 않았고, 반역도 꾀하지 않았습니다. 단지 제우스가 엄금했던 명을 어기고서 몰래 불을 훔쳐 인간에게 전달해 준 것뿐이었습니다. 그러나 제우스는 프로메테우스를 카우카소스산 정상의 큰 바위에 쇠사슬로 단단히 묶이게 해 놓고서는 독수리로 하여금 그의 간을 파먹게 하는 형벌을 내렸습니다. 그것도 하루 종일 파 먹힌 간이 밤새 다시 돋아나게 하여 그 이튿날에도 독수리가 또 파먹게 하는 고통을 3000년이나 겪도록 하였습니다.

언뜻 보면 제우스의 행위가 매우 편파적으로 보일 것입니다. 하지만 제우스의 입장에서 보았을 때 프로메테우스의 행위는 결코 용납할 수 없었습니다. 인간이 불을 이용하여 신처럼 되어 버린다면 신과 인간의 지배 관계가 깨지게 됩니다. 그것은 곧 자신의 공고한 지배 질서체제가 허물어지는 것을 의미했기 때문입니다.

인간이 신이 되어 버리면 당연히 인간은 신에게 맛있는 고기 같은 제물을 바칠 필요가 없게 될 것입니다. 더 이상 제우스의 지배 통치는 가능하지 않게 되어 버린 것이죠. 그래서 자신을 위협하는 2인자의 세력이 없거나 약했을 때는 자신의 공고한 지배 질서체제를 유지하고 강화하자면 프로메테우스 같은 세력을 결코 봐주어서는 안 되었던 것입니다. 미국이 동구권의 붕괴 이후 주권을 고수하며 미국에 반기를 든 나라들을 불량국가나 테러국가로 낙인찍고 붕괴시키기 위해 광란적인 전쟁을 벌였던 이유가 여기에 있었던 것입니다.

하지만 달이 꽉 차면 그때로부터 기울기 시작하는 것은 자연스러운 이치입니다. 동구권의 붕괴 이후 세계 유일의 패권적 지배 국가로 확고히 등장했던 그때로부터 미국의 국세는 점차 기울어지기 시작했습니다.

세계 유일의 패권적 지배체제를 더욱 확대 강화하고자 광란적으로 전쟁을 벌인 결과는 미국으로 하여금 참혹한 결과를 가져오게 하였습니다.

정말 힘이 세면 싸움을 벌이기도 전에 굴복을 받아내기가 쉽습니다. 굴복하지 않을 때는 단호히 응징하여 곧바로 무릎을 꿇려야 합니다. 그리고는 그 전쟁 비용 이상의 것을 패전국에 부담시켜야 합니다. 영토를 팽창하며 거대 제국을 형성했던 칭기즈칸이나 나폴레옹 같은 이들은 그렇게 하였습니다. 그런데 말을 듣지 않는다고 침공하였는데 속전속결로 끝내지도 못하고 질질 끌려다니거나 끝없는 반항에 직면하게 되면 그때로부터 국력의 한계를 노출하며 쇠약의 길로 빠지게 될 수밖에 없습니다.

미국이 아프가니스탄, 이라크, 리비아, 시리아 등 세계 도처에서 전쟁을 벌인 결과는 끝없는 항쟁을 불러일으켰습니다. 그 결과 전쟁으로부터 뭘 얻기는커녕 더욱 수렁에 빠져 허우적거리게 했습니다. 세계 면전에서 미국이 쇠약의 길로 빠져들어 가고 있음을 드러내 준 꼴에 다름 아니었습니다.

미국이 광란적인 전쟁을 벌이며 허우적거리고 있는 상황에서 중국은 2001년 세계무역기구에 가입하면서 급속도로 경제성장을 이룩하여 나갔습니다.

중국이 세계무역기구에 가입할 수 있었던 데에는 미국의 협조가 매우 중요했습니다. 중국은 지난날 중소분쟁을 계기로 반소정책을 추진한다는 명목으로 1972년에 핑퐁외교를 통해 미국과 손을 잡고 국교를 맺어 결국 동구권은 붕괴되었습니다. 또 북한이 미국의 침략에 대비한다며 자위권적 차원으로 핵실험을 실시하고 대륙칸탄도미사일을 개발하자, 미국이 그에 대응해 북한에 강도 높은 국제적인 압력과 경제 봉쇄 정책을 추구하여 나갈 때는 자국의 경제부흥을 위해 미국과 협조관계를 유지하고자 미국의 압박 정책에 동조하여 나갔습니다.

미국은 이런 중국의 움직임을 이용해 중국을 WTO에 가입시켜 시장의 문을 열고 더욱 개방화시켜 나간다면 중국 또한 자신들의 손아귀에 넣을 수 있다고 타산하였습니다. 하지만 중국에 대한 미국의 타산은 먹혀들지 않았습니다. 도리어 미국의 패권적 지위마저 위협하는 대국으로 다가오게 되었습니다.

지금껏 미국이 경제적 측면에서 압도적인 역량의 우위를 보이게 된 것은 세계에서 미국이 다른 어떤 나라보다도 가장 자립적인 경제구조로 되어 있었기 때문이었습니다. 첨단 제품에서 1차 산업인 농수산물에 이르기까지 미국의 상품 경쟁력이 높지 않은 것이 없습니다. 그런데 세계화 정책을 추진하면서 점차 노동력이 싼 지역으로 기업을 옮기게 되면서부터, 특히 제조업이 공동화하는 과정으로 치달아갔습니다. 자국 경제의 연관성이 점차 깨져 나가게 된 것입니다. 게다가 투기와 불로소득 등 이윤 추구를 극대화하려는 세계화 정책의 추진 과정에서 2007년 서브프라임 모기지 사태를 불러일으켜 미국의 경제만이 아니라 세계 경제까지 위기로 몰아넣었습니다.

다른 약소국이야 그렇다고 쳐도 세계화 정책을 추진하는 총본산의 나라인 미국마저 사실상 경제 부도가 된 상황이라면 세계에서 어떤 나라도 안전할 수가 없다는 것이 명확하게 된 셈입니다. 반면에 중국은 국가적인 차원에서 경제를 계획하고 성장시켜 나갔습니다. 여기서 세계거대독점자본을 주축으로 한 미국식의 방식과 국가적 차원에서 계획적으로 진행한 중국식의 방식에서 어느 것이 더 경쟁력이 있는 것인지 그 우열이 드러나게 되었습니다. 중국이 그토록 급성장하게 된 데에는 여러 요소도 있겠지만 국가적인 차원에서 진행하는 것이야말로 경제 발전과 성장에 훨씬 효과적임을 증명한 셈입니다.

세계 경제에서 차지하는 미국의 영향력이 점차 약화되는 반면에 중국의 영향력이 점점 커지는 상황은, 세계 유일의 패권적 지배체제를 더욱 확대 강화하고자 했던 미국으로 하여금 중국에 대한 대응을 더는 미룰 수 없는 상황으로 몰아넣었습니다.

2인자인 하데스가 힘이 약해 상대가 안 되었을 때는 프로메테우스라는 세력에 주된 화살을 돌렸지만, 2인자가 1인자의 자리까지 넘보는 상황으로 전변되니 이제 프로메테우스 세력 따위에 크게 신경 쓸 여력이 없게 된 것입니다. 프로메테우스 세력이야 당장 손봐주지 않더라도 1인자의 자리를 넘보지는 않습니다. 하지만 2인자에게 깨지게 되면 세계 유일의 패권적 지위를 유지하기는커녕 1인자의 자리마저 내주어야 하기 때문입니다.

트럼프 정권이 등장하면서 미국은 중국에 대한 공격을 노골적으로 전개하기 시작했습니다. 그 방식은 지난날의 동맹국들은 물론이고 그들이 그토록 주창했던 세계화 정책의 기본 규칙마저 어긴 것이었습니다. 미국의 국익 우선주의라는 주장을 들고나온 것이 바로 그것입니다. 미국의 국익이 우선한다는 주장은 세계화 정책의 민낯을 그대로 보여주는 꼴이었습니다. 세계화 정책은 미국의 세계 유일의 패권적 지배 질서체제를 위한 것이었기에 미국의 이익이 곧 세계의 이익이라는 식의 날강도 같은 주장이었다는 뜻입니다. 미국의 국익 우선주의는 그만큼 미국의 힘이 약화되었음을 상징적으로 드러내 주었습니다.

물론 그렇다고 해서 세계 유일의 패권적 지배 질서체제를 아예 포기한 것이라고 볼 수는 없습니다. 그것은 트럼프가 백인우월주의와 인종차별, 멕시코와의 진입 장벽, 이민 세력의 저지 등의 정책을 펴 나갔던 것에서 확인할 수 있습니다. 세계화 정책의 폐해를 진짜로 고치려고 한다면 지배와 패권 추구는 물론이고 차별 정책을 펴서는 안 되기 때문입니다. 지배와 패권 추구, 차별 정책은 세계화 정책 추진의 핵심적인 방식입니다. 그로 보건대 트럼프의 국익 우선주의 정책은 세계 유일의 패권적 지배 질서체제가 흔들리자 미국의 힘을 하루빨리 키워 다시 세계 유일의 패권적 지위를 돈독히 구축하기 위한 속셈이자 발악이라고 볼 수 있을 것입니다.

바이든 정부에 이르러서도 미국은 중국과의 대립각을 세워가며 패권 전쟁을 벌여가고 있습니다. 단지 트럼프의 방식과 달리 미국의 힘이 약화된 상태에서 그들의 동맹체제와 힘을 합쳐 중국을 견제함으로써 우위를 차지하려는 식입니다.

중국 또한 옛 중화의 영광을 재현하고자 일대일로의 전략적 구상 아래 미국과의 한판 싸움이 불가피하다고 여기고 대국굴기를 외치며 맞받아쳐 나가고 있습니다.

세계 패권을 둘러싸고 벌어지는 미국과 중국의 싸움은 단지 경제적 측면만이 아니라 정치, 군사, 사상 문화의 전 방면으로 격화되어 나가고 있습니다.

중국과 미국의 패권 경쟁이 벌어지면서 세계 각국은 어느 한 편에 줄 서기를 강요당하는 형세가 조성되고 있습니다. 특히 한국은 중국과 미국이 각각 최대 교역 상대국이기에 매우 난처한 상황에 빠져들어 가는 형국입니다.

하지만 사실 따지고 보면 세계 각국이 미국과 중국이라는 나라의 한 편 줄에 서야 할 하등의 이유도 없고 정당성도 없습니다. 더욱이 세계화로 인해 세계가 거미줄 망처럼 연결된 상황에서 앞으로 세계적인 교류와 협력 자체가 사라질 수는 없을 것입니다.

두 국가의 싸움이 어찌 진행되든 세계화 정책으로 인한 폐해가 극심했던 만큼 그걸 극복해 나가야 합니다.

세계화 정책으로 나타난 가장 큰 폐해는 세계적 차원에서 자본의 이윤 추구 활동을 철저히 보장하게 만듦으로써 나라와 민족 단위의 주권까지 제약받게 만든 것이었습니다. 주권을 제약받으면 국가는 자국민에 대한 대책을 적극적으로 세워 나가는 데에도 제약을 받을 수밖에 없습니다.

세계화 정책으로 부국과 빈국 간은 물론이고 각 나라 내부에서도 빈부의 격차가 더욱 격화되어 감에 따라 세계적 차원에서 반세계화 운동이 적극 진행되었습니다. 그런데 주권이 제약받는 조건에서 반세계화 운동을 세계적 차원에서 전개한다고 하여 그것을 해결할 방도를 찾기는 어려울 것입니다. 나라와 민족 단위의 주권이 고수되어야 그 힘으로 자국에서 민주적인 제도와 질서 체계를 강화해 나갈 수 있습니다.

또 그 역량에 의거하여 세계적 차원으로 진행되는 세계화 정책을 막고 세계 각국은 서로가 이익이 되는 교류와 협력 관계를 새롭게 정립시켜 나갈 수 있기 때문입니다.

그런데 아이러니하게도 각 나라의 주권이 필요하다는 것을 가장 역설적으로 보여준 게 세계화정책의 총본산인 미국이라는 나라의 트럼프 행정부였습니다. 트럼프 행정부는 미국의 국익을 우선시한다는 주장 아래 타국의 주권도 짓밟을 수 있다는 것을 보여줌으로써, 역설적으로 자국의 문제를 풀려면 그 방식이 어떠하든지 간에 무엇보다 주권을 확보해야 한다는 것을 세계 면전에서 각인시켜 주었습니다.

미국과 중국의 패권 경쟁이 어떻게 벌어지든 관계없이 인류사의 미래 상황은 결코 세계 유일의 패권적 지배 질서 체계를 강요하는 상태로 다시 돌아갈 수는 없습니다. 그런 세계적 지배 질서 체계는 세계 각국의 민들을 더욱 고통스러운 상황에 처하게 하기 때문입니다. 그 해결 방향은 우선적으로 나라와 주권을 고수하면서 각 나라 내부에 민주적인 제도와 질서 체계를 세워 나가 세계 모든 나라가 이익이 되는 교류와 협력 체계를 새롭게 꾸려내는 방식으로 되어 가야 합니다.

세계적 차원에서 자본의 이윤 추구를 극대화하는 방식은 인간을 자본의 대상으로 전락시켜 세계의 민들을 고통스러운 상황으로 치닫게 할 뿐입니다. 자본의 법칙이 관철되는 대상으로 전락될 것이 아니라 인간이 사회의 주인으로서 가치의 법칙과 시장의 법칙을 규제하여 나가야 합니다. 그것은 결국 세계 각국에서 사회와 역사의 주체인 민이 주인으로서의 권리를 보장하기 위한 자주와 그 주인의 권리를 실현하기 위한 제도와 질서 체계를 세워내는 민주가 그 핵심 과제로 된다는 것을 의미합니다.

사회의 전 영역과 부분에서 주인으로서의 권리를 보장하는 자주, 그 주인의 권리를 실현하기 위한 제도와 질서 체계를 세워내는 민주는 새로운 4차 산업혁명의 발전에 의해서도 확고히 담보되어 나가고 있습니다.

초연결과 초지능, 초융합으로 표현되는 4차 산업혁명은 인공지능과 빅 데이터, 사물인터넷, 산업 플랫폼, 로봇기술, 드론, 가상현실, 로봇기술 등으로 나타나고 있습니다. 특히 인공지능과 빅 데이터 등은 인간의 예측 능력을 급속도로 키워줌으로써 앞으로의 사회를 계획적으로 운영해 나가는 데에 커다란 인류의 자산으로 되고 있습니다. 민이 직접 주인으로서의 권리를 실현하기 위한 제도와 질서 체계를 수립하는 것이 가능할 뿐만이 아니라, 앞으로 사회 발전의 큰 맥락은 얼마나 사람을 힘 있는 존재로 키워내면서 그 다중의 집체적인 지혜와 힘을 이용할 수 있느냐에 달려 있다는 것을 보여주고 있습니다.

물론 현 시기의 4차 산업혁명은 자본의 힘에 의해 추진되고 있습니다. 그로 인해 비정규직이나 불안정한 일자리가 더욱 늘어나면서 세계 거대독점자본을 제외한 대다수의 사람들을 빈곤의 고통으로 빠져들게 하고 있습니다. 그러나 사회적으로 이룩한 재부를 단지 자본을 소유했다는 이유로 대부분을 가져가고, 나머지 대다수를 고통으로 몰아넣은 방식은 더 이상 통용될 수 없습니다. 사회의 모든 성원이 그 혜택을 받는 방향으로 돌려세워야 합니다.

과학 기술 자체가 중요한 것이 아니라 그 과학 기술을 어떻게 사용하는가가 중요한 것처럼, 4차 산업혁명을 이제 인간에게 도움이 되는 방향으로 돌려세워야 합니다. 그 방향은 인간이 자본의 대상으로 되어 노예로 전락 당할 것이 아니라 자본 자체가 사람에게 복무되도록 만드는 것입니다. 4차 산업혁명도 민이 주인으로서의 권리를 실현하는 데에 복무되도록 돌려세워야 참의미를 갖게 된다는 것입니다. 4차 산업혁명을 올바른 방향에서 진행하면 민에게, 주인의 권리를 보장하는 자주, 그 주인의 권리를 실현하기 위한 제도와 질서 체계를 세우는 민주를 현실화할 가능성을 더욱 높여주게 될 것입니다.

결론적으로 미국에 의한 세계 유일의 패권적 지배 질서체제의 형성은 미국 내부를 포함하여 세계 각국의 모든 민들에게 주인의 권리를 누리지 못하게 하는 참혹한 결과를 형성시켜 왔습니다.

하지만 미국의 세계 유일의 패권적 지배체제가 점차 붕괴되어 나가면서 세계 각국의 민은 자국에서 더욱 주인으로서의 권리를 실현하기 위해 움직여가고 있습니다. 그 성과물로 민주적인 제도와 질서를 수립하는 방향으로 나아가고 있습니다. 그 구체적 과정이야 각국의 정치적 역량과 수준에 달려 있을 것입니다. 하지만 전체적인 흐름으로 볼 때 분명한 것은 미국의 세계 유일의 패권적 지배 질서체제가 무너져가는 과정은 곧 세계 모든 나라에서 민이 주인의 권리를 세워가는 방향으로 될 것이라는 점입니다.

이렇듯 자주와 민주는 세계적 차원에서 미국의 세계 유일의 패권적 지배 통치 방식과 연관되어 있으므로 한국 사회에서만 타당한 것이 아니라 세계 각국에서도 보편성을 갖게 된 것입니다.

통일도 세계사적인 보편성을 지니고 있다

자주와 민주는 시대적 과제이자 세계사적 요구이지만 통일은 분단된 우리 민족만의 요구라고 보는 것 또한 협소한 이해하고 볼 수 있습니다.

한국 사회에서의 통일은 한반도 차원에서 민의 권리를 세워가는 운동으로 풍부화되고 심화되었습니다.

분단은 엄밀히 말하면 미국이 세계 유일의 패권적 지배 질서를 세워나가기 위해 분열과 대립 정책을 펼침으로 해서 빚어진 고통의 산물입니다. 분단을 극복하는 것은 단순히 남북 간의 민족적 통합만을 의미하지 않습니다. 남한 내부의 분열과 대립을 극복하면서 권리를 찾아가는 것임과 동시에 한반도 차원에서의 분열과 대립을 극복하면서 권리를 찾아가는 것을 그 내용으로 담고 있습니다. 시대적 발전에 맞게 더욱 풍부해지고 심화된 내용으로 조국통일을 이해하면 세계 각국은 그 나라 내부의 분열과 대립을 극복하고 민을 하나로 통일시켜 나가는 방식으로 이해할 수 있습니다.

한국 사회의 분열과 대립을 보면, 단순히 남북 분단이라는 민족 간의 분열과 대립만이 존재하는 것이 아닙니다. 빈부갈등에서부터 계급갈등, 세대갈등, 지역갈등, 학력차별, 종교갈등, 성차별 등 수많은 형태의 분열과 대립을 겪고 있습니다. 세계 각국 내부의 면면을 살펴봐도 이런 대립과 갈등을 겪고 있습니다. 이렇게 된 이유는 미국이 세계 유일의 패권적 지배 질서체제를 유지하기 위해 세계적 차원에서 분열과 대립 정책을 전개했기 때문이다. 각 나라와 민족 간의 대립과 갈등이 수시로 빚어지고 있는 것도 미국의 세계 유일의 패권적 지배 질서 체제를 세우기 위한 정책의 연장선상에서 이해될 수 있습니다.

자주와 민주, 통일의 과제가 비록 한국의 구체적 현실에서 개척되어 오면서 확립된 것이지만, 미국의 세계 유일의 패권적 지배 질서에 포섭되어 전개돼왔다는 점에서 세계사적인 측면에서도 보편적 의미를 지니게 되었습니다. 그 근거로 인하여 주인으로서의 권리를 보장하는 자주, 그 주인의 권리를 실현하기 위한 제도와 질서 체계를 수립하는 민주, 나라와 민족 내부의 분열과 대립을 극복하고 하나로 단합시켜가는 통일은 세계적 차원에서도 시대적 과제로 제기되었다고 말할 수 있게 된 것입니다.

한국의 민은 개혁을 성공시킬 수 있는 역량을 보여주었다

자주와 민주, 통일이 한국만이 아니라 세계적 차원에서 보편적 의미를 띄게 되었다고 할지라도 현실적으로 중요한 것은 그 과제를 어떻게 실현할 수 있느냐 하는 문제입니다.

하지만 안타깝게도 세계 각국의 면면을 보면 그 가능성이 잘 보이지 않고 있습니다. 그 이유는 한국의 정치 사회의 현실을 볼 때 확인되는 것처럼 제1당과 제2당이 서로 여당과 야당을 번갈아 가면서 권력을 잡는 구조로 고착화되어 있기 때문입니다. 어느 일순간 개혁의 바람이 불었다고 할지라도 이런 정치적 구조는 크게 바뀌지 않습니다. 미국만 보더라도 공화당 아니면 민주당이 정권을 잡게 되어 있습니다. 제3당이 등장하여 개혁을 진행할 수 있는 여지가 아예 존재하지 않는 정치 사회 구조가 세계 각국의 태반을 차지하고 있다는 것입니다.

그러나 한국은 그걸 돌파할 수 있는 사회 정치적 역량을 보여주었습니다. 촛불항쟁이 바로 그것입니다. 한국은 제3세계의 약소국들처럼 군사독재 정치의 과정을 겪었지만, 그것을 극복하였고, 다시 배신세력이 등장하여 개혁을 가로막는 주된 세력으로 나섰지만, 또다시 촛불항쟁을 불러일으켜 개혁을 추진해 나갈 것을 시대적 흐름으로 만들었습니다.

그뿐만이 아닙니다. 한국은 제3세계 약소국이나 다름없이 빈국의 처지에 놓여 있었습니다. 그러나 그 빈국에서 벗어나 GNP 대비 세계 12위의 경제 대국으로 되었습니다. 반도체와 자동차, 조선과 선박 등에서 커다란 발전을 이룩한 것은 물론이고, 민이 주인으로서의 권리를 직접 실현하는 데에 그 가능성을 열어주고 있는 제4차 산업혁명의 발전 과정에서도 세계 선진국이라는 나라들과 당당히 어깨를 나란히 할 수 있는 정도가 되었습니다.

한국 사회에서 개혁을 성공시켜 세계를 향도하여 나가자

국제 사회에서 개혁의 성공 가능성을 가장 크게 열어놓고 있는 한국 사회에서 개혁을 실질적으로 추진하여 그 본질인 자주와 민주, 통일의 과제를 기필코 해결하여 나가야 합니다.

한국에서 주인으로서의 권리를 보장하기 위한 자주, 그 주인의 권리를 실현하기 위한 제도와 질서 체계를 수립하는 민주, 한반도 차원에서 주인의 권리를 실현하기 위한 통일의 과제를 수행하게 되면 국제 사회에서 차지하고 있는 한국의 위상으로부터 세계 인류사에 커다란 반향을 불러일으키게 될 것입니다. 한국에서 개척한 그 포효와 함성은 한국 사회의 울타리를 뛰어넘어 전 세계 인류사에 자주와 민주, 통일이라는 과제의 실현을 시대사적 흐름으로 형성시켜 나가게 만들 것입니다.

한국의 민은 개혁을 성공시켜 자주와 민주, 통일의 과업을 달성할 수 있는 충분한 잠재력을 가지고 있습니다.

그 잠재력은 우선 홍익인간이라는 사상적 힘에서 배출되고 있습니다.

한국 민족의 시조인 단군 할아버지는 인류 최초로 인간으로서의 자각을 사회적 차원으로 해결하고자 홍익인간의 사상에 기초하여 단군조선을 건국하였습니다. 각 나라마다 건국사화가 있기는 하지만 이처럼 인간세상을 널리 이롭게 하기 위해 나라를 건국했다는 사화는 없습니다.

홍익인간의 사상은 한국 민족의 사상적 정신이자 뿌리가 되고 있으며 지금에 이르기까지 면면히 계승되어 오고 있습니다. 그 계승으로 나타난 것 중의 하나가 한글의 창제입니다.

한글은 세종대왕이 백성들로 하여금 누구나 글을 쉽게 익혀 자기 뜻을 펼칠 수 있게 하고자 하는 민본사상에 의해 창제되었습니다. 그 창제 원리도 천지인을 근거로 한 모음과 사람의 발음 기관의 형상을 본뜬 자음을 서로 결합시켜 만들었다고 밝히고 있습니다. 홍익인간의 사상과 정신에 의거하면서도 사람의 발음기관이라는 과학성을 결합시켜 탄생된 것이 한글입니다.

한글은 그 창제 원리의 사상적 정신과 사람의 발음 기관에 근거한 과학성의 결합으로 인하여 배우기가 매우 쉽습니다. 그뿐만 아니라 이 세상의 어떤 소리도 표현하지 못할 것이 없을 정도로 그 표기가 넓습니다. 한국에서 정보통신기술이 발전하고 인터넷 강국이 되었던 측면에는 이런 한글의 위대성과 우수성이 큰 기여를 했다고도 볼 수 있습니다. 이 한글의 기본 정신이 바로 홍익인간의 정신과 사상에 뿌리를 두고 있습니다.

한글은 인류사의 발전 방향과도 그 맥락을 같이하고 있습니다. 앞으로 인류사의 발전 방향은 인간을 얼마나 재능 있고 힘 있는 존재로 키워 내어 그 집체적 지혜와 힘을 어떻게 이용할 수 있느냐에 달려 있게 되었습니다. 한글은 누구나 쉽게 배우고 자신의 뜻을 펼칠 수 있게 함으로써 매우 이에 부합한다고 볼 수 있습니다.

홍익인간의 사상과 정신은 현 시기 사회와 역사의 주체로 등장한 민에게 가장 어울리는 사상적 자양분으로 되고 있습니다. 널리 인간세상을 이롭게 한다는 사상과 정신은 민을 사랑하는 애민사상으로 그 꽃을 활짝 피워나갈 수 있게 되었습니다. 홍익인간의 사상을 한국 민족의 뿌리와 정신으로 면면히 이어왔기에 어떤 나라보다도 주인으로서의 권리를 보장하기 위한 자주, 그 주인의 권리를 실현하기 위한 제도와 질서 체계를 세우는 민주, 그리고 한반도 차원에서 주인의 권리를 실현하기 위한 통일을 실현할 수 있는 길이 확고히 열리게 되었습니다.

한국이 세계에서 가장 먼저 개혁을 실질적으로 실현하여 자주와 민주, 통일의 과업을 해결할 수 있는 잠재력은 다음으로 한국 민의 위대성에서 찾을 수 있습니다.

한국 민의 위대성은 다른 무엇보다도 지난날 제3세계의 약소국처럼 식민지적 지배와 통치를 받았던 나라로부터 지금 선진국이라고 할 수 있는 나라들과도 어깨를 나란히 할 수 있는 경지에 도달했다는 것에서 확연히 드러나고 있습니다.

이런 한국 민의 위대성은 하늘에서 뭐가 뚝 떨어진 것처럼 갑자기 나타난 것은 아닙니다. 인간 주위에 가장 많이 널려져 있는 것이 흙과 돌, 나무입니다. 그 흔한 흙과 돌, 나무를 이용해 고인돌과 고려청자, 한옥 등을 건축하고 만들어 냄으로써 세계 인류 문화유산의 발전에 크게 기여하여 왔습니다. 이러한 역사적 자양분을 갖추고 있었기에 한국의 민은 오늘날의 그 저력을 보여줄 수 있었던 것입니다.

이번 코로나19의 방역 과정에서도 지금껏 선진국이라는 나라들의 민낯을 확인할 수 있었습니다. 하지만 한국은 일부 세력의 불미스러운 행동에도 불구하고 서로 간의 협력과 협동 과정을 통해 능히 극복할 수 있는 저력을 보여주었습니다.

게다가 현 시기에서 가장 중요하게는 한국의 민 자체의 힘으로 개혁할 수 있다는 저력을 촛불항쟁으로 보여주었습니다. 촛불항쟁의 정신을 계속 이어나간다면 분명코 개혁을 성공시켜 낼 수 있을 것입니다.

한국이 세계에서 가장 먼저 개혁을 실질적으로 실현하여 자주와 민주, 통일의 과업을 해결할 수 있는 잠재력을 지니고 있다는 것은 그다음으로 어떤 나라보다도 한국의 민이 평화를 사랑하는 민족이었다는 것에서 확인할 수 있습니다.

세계 인류사는 오랜 기간 침략과 전쟁의 참화에서 벗어나지 못하고 있습니다. 자국의 힘이 좀 세면 다른 나라와 민족을 침략하여 지배와 패권의 질서를 강요하고 나서기 때문입니다.

한국 민의 민족사는 이런 지배와 패권의 추구와는 관계가 없습니다. 철저히 평화를 사랑하였고, 패권과 지배를 반대하며 싸워 왔습니다.

동북아의 강자로 군림하였던 단군조선과 고구려만 보더라도 자기 민족의 위대성을 다른 나라에 대한 지배와 통치에서 찾지 않았습니다. 천손의 후예로서 자긍심을 세우고 모두가 오순도순 함께 살아가는 것을 희망하였습니다. 단군조선의 홍익인간 정신과 고구려의 천하관이 그러하였습니다.

한국에서 개혁을 실질적으로 수행하여 자주와 민주, 통일의 과업을 이룩하고자 하는 것도 지배와 패권의 추구와는 관계가 없습니다. 도리어 그 지배와 패권 추구가 횡행해 왔던 인류사의 과정에 그 종지부를 찍고자 합니다. 모든 나라와 민족이 주권을 고수하는 가운데 온 인류가 하나의 대가정처럼 화목하게 살아가는 새로운 국제질서의 수립에 방점이 찍혀져 있다는 것입니다.

한국 민의 저력과 잠재력을 확인하고 기필코 개혁을 실질적으로 수행하여 자주와 민주, 통일의 과제를 완수해 나가야 합니다. 그리한다면 지배와 패권이 난무하였던 세계적 지배 질서 체계에 종지부를 찍고 모든 인류가 하나같이 주인으로서의 권리를 실질적으로 누리면서 평화롭고 화목하게 사는 방향으로 나아가게 될 것입니다. 이것은 세계 인류사를 새롭고 참답게 창조하는 과정이 될 것입니다. 당연히 한국은 세계를 향도하는 나라로서 세계 중심국의 위상을 차지할 수 있게 될 것입니다.

베트남 설화 (II)

홍부놀부를 닮은 형제와 콩쥐팥쥐를 닮은 자매, 그리고…

건국대 서사와문학치료연구소
다문화 구비문학대계 5

베트남 설화 (II)
흥부놀부를 닮은 형제와 콩쥐팥쥐를 닮은 자매, 그리고…

2022년 5월 10일 초판 인쇄
2022년 5월 15일 초판 발행

지은이 신동흔 외
펴낸이 이찬규
펴낸곳 북코리아
등록번호 제03-01240호
전화 02-704-7840
팩스 02-704-7848
이메일 ibookorea@naver.com
홈페이지 www.북코리아.kr
주소 13209 경기도 성남시 중원구 사기막골로 45번길 14
우림2차 A동 1007호
ISBN 978-89-6324-855-4 (94810)
978-89-6324-850-9 (세트)

값 18,000원

건국대 서사와문학치료연구소
다문화 구비문학대계 5

베트남 설화 (II)

흥부놀부를 닮은 형제와
콩쥐팥쥐를 닮은 자매, 그리고…

신동흔 박현숙 김정은 오정미
조홍윤 김영순 황혜진 강새미
김민수 김자혜 김현희 엄희수
이승민 이원영 한상효 황승업

북코리아

머리말 : 현장에서 만난 1,364편의 생생한 이야기

캄보디아, 베트남, 필리핀, 중국, 일본, 인도, 카자흐스탄, 에스토니아, 브라질….

세계 여러 나라에서 온 이주민 화자들이 한국어로 구술하는 설화들을 들으면서 마치 꿈속의 한 장면에 들어와 있는 듯했다. 그들의 입에서 가지각색 설화들이 술술 흘러나오고 있는 광경이 거짓말 같았다. 책에서나 볼 수 있었던, 아니 책으로도 볼 수 없었던, 깊은 재미와 의미가 차락차락 우러나는 원형적 이야기들! 그 보물 같은 이야기들을 현장에서 만날 수 있다는 것은 최고의 축복이었다.

한국에 이주해서 생활하는 외국 출신 제보자들을 대상으로 한 설화 조사를 계획하면서 기대보다는 걱정이 컸다. 한국과 달리 설화 문화가 유지되고 있어서 구전설화를 기억하고 전해줄 수 있으리라는 기대가 있었지만, 30~50대가 주축을 이루는 제보자들이 설화를 오롯이 구연할 수 있을지 의문이었다. 모국어가 아닌 한국어로 구술해야 하는 상황이라서 더 그랬다. 한국생활이 쉽지 않을 이주민들이 선뜻 마음을 열어줄까 하는 걱정도 없지 않았다.

결과는 기대 이상이었다. 수많은 이주민 제보자들이 기꺼이 자국 설화 구연에 나서 주었다. 모국의 이야기와 문화를 알린다고 하는 책임감과 자부심이 주요 동기였지만, 그들은 곧 설화 구연이 매우 즐겁고 유익한 일이라는 사실을 깨달았다. 그들은 한 명의 문학적 주체가 되어서 자신이 아는 이야기들을 성심성의껏 들려주었다. 고향에 계신 어른들에게 연락해서 묻거나 숨은 자료를 찾아서 구연해 주기도 했다.

모든 이야기는 책이나 자료를 읽어주는 형태가 아니라 내용을 기억하고 새겨서 말로 구술하는 형태로 조사를 수행했다. 마음으로 기억해서 재현한 것이라야 화소(話素)와 스토리가 살아있는 진짜 구비문학 자료가 되는 것이기 때문이다. 제보자들이 구술로 전해준 이야기들 속에는 실제로 구비문학적 힘이 생생히 깃들어 있다. 재미있고 의미심장하며, 현장감이 넘친다. 그 언어는, 살아 있다.

조사 과정에서 이야기를 들으면서 놀란 적이 한두 번이 아니다. 이주민 제보자들은 평균적인 한국 사람들보다 훨씬 이야기를 잘했다. 한 사람이 수십 편의 설화를 유려하게 구술한 사례가 여럿이며, 한 편의 설화를 30분 이상 완벽하게 구연한 경우도 꽤 많았다. 캄보디아의 킴나이키 제보자 같은 경우는 한 편의 설화를 2시간에 걸쳐 생생하게 구연하기도 했다. 한국의 유력한 이야기꾼들에게서도 좀처럼 보기 어려운 모습이다.

10여 명으로 구성된 조사팀이 만 3년에 걸친 현지조사를 통해 만난 화자는 150명 이상이며, 수집한 자료는 약 2,000편에 이른다. 이 중 공개 동의를 얻지 못한 이야기와 완성도가 낮은 이야기들을 제외하고 가치 있는 것들을 선별한 결과 27개국 130여 명 제보자가 구술한 1,364편의 이야기 자료가 추려졌다. 자료마다 기본 구연정보와 줄거리(개요) 등을 갖추어서 정리하니 분량이 단행본 20권을 채우게 되었다. 양적·질적 측면에서 '한국구비문학대계'에 비견될 '다문화 구비문학대계'라고 해도 좋겠다고 생각해서 이를 총서명으로 삼았다. 『한국구비문학대계』(1980~1988; 전 82권)는 한국 구비문학 조사사업의 빛나는 성과이자 인류의 소중한 문화유산으로서, 갈수록 가치가 증대되고 있는 구술자료집이다. 우리의 『다문화 구비문학대계』도 그와 같은 역할을 하게 될 것으로 믿는다. 세계 각국의 설화를 생생한 한국어로 집대성했다는 점에서 전에 없던 새롭고 특별한 언어문화 자료집이다. 이와 같은 현지조사 성과는 세계적으로도 유례없는 일임을 강조하고 싶다.

다문화 구비문학대계는 20권의 자료집과 1권의 연구서로 구성되어 있다. 자료집 구성은 다음과 같다.

1~2권 : 캄보디아 설화 (64편)
3권 : 태국·미얀마 설화 (53편)
4~5권 : 베트남 설화 (114편)
6권 : 필리핀·인도네시아·대만·홍콩 설화 (72편)
7~9권 : 중국 설화 (186편)
10권 : 몽골 설화 (92편)
11~12권 : 일본 설화 (149편)
13권 : 인도·네팔 설화 (78편)
14권 : 카자흐스탄 설화 (61편)
15권 : 러시아·중앙아시아 설화 (55편)
16권 : 유럽·중동·중남미 설화 (57편)
17권 : 세계의 문화와 풍속 이야기 (93편)
18권 : 세계의 속신·금기와 속담 (160편)
19권 : 세계의 신과 요괴 전승 (91편)
20권 : 한국 이주 내력 및 생활담 (39편)

1~16권까지 각국 설화를 나라별로 정리해 실었고, 17~20권에는 세계 여러 나라 문화 이야기와 속담, 생애담 등의 구술담화를 모아서 수록했다. 15권의 '중앙아시아'에는 우즈베키스탄, 키르기스스탄, 타지키스탄이 포함되며, 16권에는 에스토니아, 스웨덴, 터키, 아제르바이잔, 사우디아라비아, 도미니카공화국, 칠레, 브라질, 파라과이 등 9개국 자료가 실려 있다. 다 합치면, 설화가 수록된 나라는 총 27개국에 이른다. 중국편 자료가 가장 많은데, 한족과 조선족 자료를 포괄한 것이다. 7권에 한족 제보자의 구술자료를, 8~9권에 한국계 중국인 제보자 구술자료를 수록했다. 설화는 각 나라마다 앞쪽에 신화와 전설에 해당하는 것들을 싣고 뒤쪽에 민담을 실었다. 같은 유형의 자료를 한데 모으고 서로 내용이 통하는 자료를 이어서 배치함으로써 효과적으로 내용을 견줘볼 수 있게 했다.

27개국 총 1,364편에 해당하는 설화 자료 가운데는 한국에 처음 소개되는 것들이 매우 많다. 1, 2권에 해당하는 캄보디아 설화는 대부분 길고 흥미로운 것들인데, 모두가 한국어로 처음 출판되는 것들이다. 필리핀과 몽골, 인도, 카자흐스탄 등의 수많은 이야기들도 대부분 새로운 것들로 구성돼 있다. 베트남과 중국, 일본 설화 가운데는 한국에 알려진 유명한 이야기들도 포함돼 있지만, 새롭게 소개되는 것들도 많다. 각국의 대표 설화, 예컨대 베트남 설화 〈의붓자매 떰과 깜〉이나 일본 설화 〈복숭아 동자 모모타로〉 같은 경우는 제보자마다 이야기를 구술해서 최대 7~8편에 이르는 각편을 수록했는데, 세부 내용상 크고 작은 차이가 있다. 각편(各篇)마다 미묘한 차이가 있는 것은 구비설화의 본래적 특징으로, 이는 중요한 연구대상이 된다. 각국 주요 설화의 구술자료 각편들을 생생한 구어로 풍부하게 갖춘 것은 해당 국가에도 없던 일로서, 본 자료집의 가치를 더욱 높여주는 요소가 된다.

구비문학에 낯선 독자들로서는 구술을 녹취한 본문이 처음에 다소 어색하게 여겨질 수도 있을 것이다. 하지만 찬찬히 읽어나가다 보면 구술 담화의 맛과 가치를 생생히 느끼게 되리라고 믿는다. 구술자의 다양한 목소리가 귀에 쟁쟁 울려오는 듯한 경험을 할 것이다. 이주민 구술자들에 대하여, 이들은 오롯한 문화적·문학적 주체이자 구비문학 아티스트라고 말하고 싶다. 설화를 전공하는 한국인 연구자들에게 한국어 구술로 큰 감동과 깨우침을 안겼으니 특별한 아티스트가 아닐 수 없다. 현지조사 과정에서도 틈나는 대로 부탁했거니와, 이들이 앞으로도 적극적인 설화 구술로 21세기 한국어문화의 한 주역이 되어 주기를 기대한다.

본 자료집은 구비문학 연구와 언어문화 연구, 다문화 한국사회 연구를 위한 기초 자료로 널리 활용될 수 있다. 학술연구 외에 문화콘텐츠와 교육용으로도 본 자료집은 큰 의의를 지닌다. 작가와 기획자들에게 새롭고 특별한 소재를 제공할 것이며, 각급 학교와 평생교육 기관 등에서 다문화 교육자료 등으로 활용될 것이다. 아울러 본 자료는 일반 독자들에게도 재미있고 소중한 문학적·문화적 경험을 전해줄 것이다. 한국인 독자들은 외국의 문학과 문화에 대한 이해를 넓히는 한편으로 이주민들에 대한 인식을 일신할 것이며, 이주민과 다문화가정 구성원들은 문화적 정체성과 자부심을 내면화할 것이다. 아무쪼록 이 책이 한국사회 구성원들이 열린 마음으로 서로를 이해하는 가운데 상생적 화합과 발전을 이루어나가는 데 기여하기를 바라는 마음이다.

3년간의 현지조사와 정리 작업은 한국학중앙연구원 한국학 토대연구 지원 사업에 힘입어 진행되었다. 꼭 필요한 지원이 이루어져서 좋은 자료들을 널리 수집할 수 있게 된 데 대해 감사의 뜻을 밝힌다. 자료의 출판은 연구지원과 별개로 이루어진 것으로, 출판사의 후의와 결단에 의해 이루어졌다. 자료집의 가치를 이해하고 기꺼이 출판을 맡아준 북코리아 이찬규 사장님과 편집부 김수진 과장님께 깊은 감사 인사를 드린다.

이 자료집이 나올 수 있었던 것은 현지조사와 자료정리의 실무를 맡아 수고한 전임연구원과 연구보조원들이 있었기 때문이다. 팀장을 맡아서 일련의 길고 힘든 작업을 훌륭히 감당해준 박현숙, 김정은, 오정미, 조홍윤 박사와 이원영, 황승업, 김자혜, 김현희, 한상효, 김민수, 이승민, 엄희수, 강새미 등 여러 연구원의 노고에 감사와 사랑의 마음을 전한다. 공동연구원으로서 현지조사와 연구작업을 적극 뒷받침해준 김영순, 황혜진 선생님께도 깊이 감사드린다.

이 책은 기꺼이 이야기를 들려준 여러 제보자들에 의해 이루어진 것이다. 낯선 조사자들을 반갑게 맞이하고 바쁜 시간을 쪼개어 열성껏 이야기를 풀어내 주신 130여 명 제보자들께 머리 숙여 인사드린다. 본 자료집이 특별하고 귀중한 문화유산으로 자리 잡아 오래도록 널리 활용됨으로써 제보자들의 열정과 노고가 빛을 발할 수 있기를 바라 마지않는다. 모두들 행복하게 씩씩하게 잘 지내면서 한국사회의 실질적 주역 구실을 해주시기를 기원하며, 다시 만나 많은 이야기들을 즐겁게 나눌 수 있기를 기대한다.

2022년 5월
저자를 대표하여
신동흔

목차

일러두기

1. 본 자료집은 한국에 와 있는 세계 여러 나라 이주민이 한국어로 들려준 설화와 생애담, 문화 이야기 등을 화자가 구술한 대로 녹취하여 정리한 것이다. 현지조사는 구비문학 전공자들이 만 3년에 걸쳐서 진행했으며, 구비문학 조사 및 정리 방법에 따라 자료를 수집 정리했다. 27개국에서 온 130명 이상의 제보자를 직접 만나서 구술 자료를 녹음했다. 제보자의 주축은 결혼이주민이며, 유학생과 이주노동자도 포함돼 있다.

2. 자료집은 총 20권으로 구성되어 있으며, 총 1,364편의 구술 이야기 자료가 수록되어 있다. 1~16권에는 각 나라별로 신화와 전설, 민담 등 설화자료를 실었고, 17~20권에는 여러 나라 문화 이야기와 속신·속담, 신과 요괴 전승, 생애담 등을 종합해서 실었다. 별권으로 연구서 『다문화 이주민 구술설화 연구』를 갖추어 조사사업의 성격과 의의를 밝히고, 자료 총목록을 제시했다.

3. 모든 자료마다 조사일시와 장소, 제보자와 조사자 등 기본 구연정보를 제시하고, 이야기 줄거리(또는 개요)를 제시하여 이해의 편의를 도왔다. 그리고 모든 설화와 생애담 자료에 '구연상황'을 제시하여, 해당 이야기가 어떤 맥락에서 구술되었는지 알 수 있게 했다. 설화집에 해당하는 1~16권 말미에는 나라별 제보자에 대한 정보가 제시되어 있다. 제보자 인적사항과 특성은 조사 당시를 기준으로 삼은 것으로, 추후에 변동되었을 수도 있다.

4. 이야기 본문은 녹음된 내용을 그대로 받아 적었으며, 현장 상황을 생생히 전하기 위해 조사자와 청중의 반응 부분을 함께 담았다. 한국어 어법에 맞지 않는 구술도 그대로 반영하여 전사했으며, 오해의 소지가 큰 경우 괄호 속에 표준어 표기를 제시했다. 내용 이해를 위해 필요한 경우에는 각주를 달아서 보충 설명을 했다.

5. 이야기 본문에서 제보자의 구술 외에 조사자와 청자의 반응은 [ ] 속에 넣어서 정리했으며, 기타 보충설명은 ( ) 안에 제시했다. 여러 조사자가 발언한 경우 '조사자 1', '조사자 2' 등으로 표시했는데, 번호는 구연정보의 조사자 순서에 준한다. 본문은 이야기 전개 흐름에 따라 문단을 나누었으며, 대화에 해당하는 부분은 행을 바꾸어 표현했다. 대화에 부수되는 언술은 행을 달리하되, '고'나 '구'는 구어체 특성을 살려 대화문 뒤에 붙였다. 2인 이상의 제보자가 공동으로 구술한 자료는 각 제보자와 조사자의 발화를 단위로 삼아 단락을 나누는 방식으로 편집했다.

6. 본 자료집에 자료를 수록한 모든 제보자들에게는 사전에 자료공개 동의를 받았다. 다만, 생애담 등의 구술에서 사적 정보가 노출될 수 있는 부분은 내용을 일부 삭제하거나 **로 표시하기도 했다. 조사장소도 개인정보 보호를 위해 번지수와 같은 세부정보를 삭제했다.

해골 물과 코코넛 아이 [1]

● **구연정보**

조사일시 : 2017. 12. 09(토) 오후

조사장소 : 경상북도 경산시 자인면 다문화벗들 성바오로배움터

제 보 자 : 부티프엉 [베트남, 여, 1990년생, 결혼이주 7년차]

조 사 자 : 김정은, 황승업, 강새미

● **구연상황**

제보자가 〈형제와 별나무〉를 구연한 후, 다음 이야기를 시작하기에 앞서 조사자에게 한국에 바가지가 있는지 물었다. 베트남의 바가지에 대한 설명을 마친 뒤 본 이야기 구연을 시작했다. 긴 이야기를 오랫동안 집중해 구연했다. 캄보디아 출신 제보자 씨앙리티아가 함께 이야기를 들었다.

● **줄거리**

어느 가난한 부부가 있었는데 50살이 넘도록 아이가 생기지 않았다. 어느 날 남자가 나무를 하러 갔는데, 목이 몹시 말라 죽을 것 같아서 옆에 있던 해골의 물을 마셨다. 몇 달이 지나자 아내는 임신을 하고, 남편은 갑자기 죽게 되었다. 아기가 태어났는데 동그란 코코넛 박 모양이었다. 아이는 집을 나가 돈벌이를 하고 싶어 부잣집에 들어갔는데, 데굴데굴 굴러다니며 소를 잘 몰았다. 부자는 세 딸들에게 교대로 밥을 가져다주라고 했다. 막내딸이 피리소리가 나서 가보니 멋진 총각이 있었는데, 가까이 가니 총각은 사라지고 바가지만 있었다. 바가지는 부자의 시험을 통과하고 막내딸과 결혼을 하게 됐다. 결혼하는 순간 바가지는 보이지 않고 멋진 신랑이 서 있었다. 바가지는 대사가 되었는데, 길을 떠나면서 아내에게 부싯돌과 칼, 계란 두 알을 주었다. 바가지의 아내가 되고 싶었던 두 언니가 막내를 꾀어서 배를 타고 나가서 바다에 밀어 버리자 고래가 한입에 삼켜 버렸다. 막내딸은 남편이 준 칼로 고래의 배를 갈라서 살아남았지만 무인도였다. 막내딸은 부싯돌로 고래를 구워먹으며 생활했다. 그때 계란 두 개가 부화해서 암탉 수탉이 되었다. 세월이 흘러 수탉울음소리를 듣고 한 배가 다가왔는데, 남편인 바가지였다. 바가지는 아내를 구한 것을 비밀로 하고, 동네 사람들을 불러 음식을 대접했다. 두 언니가 막내 동생이 나타나자 부끄러워서 집을 나가 돌아오지 않았다.

옛날에 그 가난한 부부가 살았어요. 그 이 집이 너무 가난해서 다른 부잣집에 일해주고 밥 얻어먹어요. 근데 나이 좀 많은데 애기도 안 생겼어요. 매일 그 아기 생기라고 많이 빌었어요.

근데 어떤 날에, 너무 여름이잖아요. 너무 뜨거워서, 햇빛도 많이 지고. 그 할머니 수수밭에 들어, 아주머니. 수수밭에 들어가고 그 나무 찾으러 집에, 우리 베트남에 그냥 나무 찾아서 막 판대(판매) 그렇게 해요. 옛날에 네 그걸로 막 판대해요(판매해요).

그래서 너무 햇빛 많이 뜨거워서 목을 많이 말랐어요. 수수밭에 물이 없었어요. 계속 찾아서 근처에도 없었어요. 그때 옆에 그냥 그 뭐지? 해골, 해골 있잖아요. [조사자 1: 해골이 있었어요?] 네 해골이 있어서 안에 물이 조금 있었어요. [조사자 1: 해골물이 있었구나.] 네 그래서 너무 목이 말라서 또 참을 수 없었어요. 그냥 그 물 안에 마셨어요.

마셔서 집에 가서 좀 후에 임신했어요. 그 9개월만, 9개월 10일 만에 애기 나왔어요. 한 애기 나왔는데, 애기 좀 그렇게요. 팔도 없고, 다리도 없고, 그냥 금방 이야기한 바가지처럼 생겼어요. [조사자 1: 바가지처럼 생긴 아이가 태어났어요.] 네네.

근데 그 살로, [조사자 3 : 피부?] 네네. 그 생겼어요. 그 가면서 그냥 데굴데굴 굴렀어요. 발이 없잖아요. 그래서 엄마도 많이 좀 아프고 버리려고 했는데 그때 말했어요.

"버리지 마세요. 저 키워주라."고.

했어요. [조사자 1: 아 그 저기가 얘길 하는 거군요. 애기가, 바가지 같은 애기가.] 네. 그래서 그 뜨면서 안 버려서 그냥 키웠어요. 이렇게 바가지, 그냥 바가지라고 불렀어요.

그래, 같이 살면서 엄마보고 마음이 아프잖아요. 많이 좀 부담스러워요. 그래서 그렇게 생각해서 엄마한테 뭐 부잣집이 그,

"제가 뭐, 소떼."

소 먹이고 키우잖아요. 그 뭐라고 해지 소떼? [조사자 1: 소 먹이는 거, 소 이렇게 먹여 키우는 거요?] 네 자기 그냥 소 논에 가서 먹이고 그냥. [조사자 1: 네, 소 몰고 이렇게 왔다갔다하는 거요?] 네 그거라고 이

야기해서,

"나 할 수 있다."

고 해요.

그래서 엄마도 그렇게 뜨면서 너무 걱정하고,

뭐 '할 수 있나?'

걱정을 해서, 그래도 그냥 너무 많이 말해서 그 대감님한테 이야기했어요. 근데 대감님 보면서 또 걱정하고. 그래 생각에,

'뭐 돈이 많이 얼마 안 주고, 밥도 얼마 안 먹어서 그냥 해보자.'

생각해서 시켰어요.

그래서 매일매일 소 그냥 뒤에 데굴데굴, [조사자 1: 굴러서 소를 몰았구나.] 네네. 소 뒤에 따라 이렇게 하고. 근데 소를 집에 갈 때까지, 나, 집에 나갈 때부터 집에 나올 때까지 너무 배불러서 많이 먹었어요. 그래서 대감님 보면 너무너무 마음에 들었어요. [조사자 1: 아 얘가 마음에 들었구나, 일하는 게.] 네. 그래서 계속 일 시켰고.

그래 어떤 날 자기, 아 매일매일 대감님 딸이 세 명 있어요. [조사자 1: 대감님한테 딸이 세 명 있었어요.] 네. 세 명 있어서 매일매일 그 밥, 아 뭐지?

"도시락 싸줘, 가져가."

라고 했어요.

그때 둘째, 아 첫째하고 둘째이고 자기 너무 거만? 거만하고. 바가지 좀 많이 무시하고 가까이 안 와요. 근데 셋째이면 그렇게 안 하고 착해서 그 너무 잘해줘요.

그래서 어떤 날에 그 바가지가 셋째 딸 바가지 그 도시락 가져주고, 산 밑에 그 피리 소리 갑자기 많이 들렸어요. 그래서 이런 여기, [조사자 1: 이렇게 예쁘게 소리를] 네네. 그래서 몰래, 그냥 산 몰래 가보고. 거기에 바가지 안 보이고 한 멋진 총각만 보였어요. 그 피리 불고 있었어요.

그때 그 셋째 딸이 보, 생각하고,

'평범 사람 아니야.'

라서 점점점 좋아졌어요.

그래서 그 조금 후에 또 바가지 그 셋째 딸 보면서 착하고, 같이 결혼했어요. 자기도 바가지도 좋아서 결혼하고 싶어서 엄마한테,

"뭐 대감님 이야기해 주라."

고 했어요. 근데 엄마 너무 걱정해요.

'이렇게 해서 누구 딸 몰래 주겠나.'

그렇게 생각해서 많이 걱정하고 안 가고 싶은데 계속 말하라고 했어요.

그냥, 그냥 물어갖고 대감님도 많이 웃기고.

"우리 딸이 결혼하고 싶으면 뭐 금이 한 항아리."

[조사자 1: 아 있어야 하고.] 네.

"술도 뭐 그 항아리 하고, 여러 가지 가져오면 나 딸 몰래 준다."

고 했어요.

그래 집에 엄마도 많이 걱정해,

"일이 또 어디 있냐."고.

바가지한테 이야기해줬어요.

그 이야기해서, 뭐 표정이 없고 그냥 아무도 말 안 하고 갑자기 다음날에 집안에 다 요구하는 물건 다 있었어요. 뭐 또 다 있고, 집도 갑자기 더 부잣집 되었어요. 엄마도 이해 못하고.

그래서, 근데 그 멋진 총각도 아직 안 나와요. 그냥 바가지 모습이 나와서. 가서 그 대감님 집에 가서 딸 세 명 다 불러서 물었어요.

"누가 바가지가 결혼하고 싶냐?"

물었어요.

근데 첫째하고 둘째는 (손을 저으면서) 네, 안 하고, 셋째 바로 한다고 해요.

"같이 결혼한다."고.

해서 같이 결혼했어요. 그래서 셋째 딸하고 바가지 집에 가서 같이 살아요.

근데 집에 가서 그때 멋진 총각이 되었어요. [조사자 1: 아 거기서 사니까 드디어 멋진 총각이 되는 거야.] 네. 그래서 언니하고, 두 언니 보면서 너무 질투하고, 또 동생 나쁜 일이 생각났어요.

그래 바가지도 그때 공부도 너무 잘해서, 그 뭐라고 하지? 공부 잘해서 옛날에 그냥 높은 사람들 고관이라고 해요? [조사자 3: 과거?] [조사자 2: 고관, 대작.] 네 높은 사람. 궁궐 안에 들어가 있어요. 그거 해서. 근데 그거 돼서도 다른 동네에 일하러 가야 돼요. 그래 또 와이프 집에만 있고. [조사자 1: 네. 혼자 있어야 돼요.] 네.

근데 가기 전에 한 달걀 한 개 주고, 칼은 한 개 주고. 뭐지 또 돌 같은 거. 돌 뭐, (양 주먹을 부딪치면서) 불이 나오는 거? [조사자 3: 불 나오는 돌?] 네 그거 줬어요. [조사자 2: 부싯돌, 부싯돌.] 네네.

"항상 몸 안에 있으라."

고 말했어요.

가서 어떤 날 두 언니 집에 놀러 와서. 그 자기 생각에,

'지금 동생 죽이면 자기 바로 그 바가지 와이프 될 수 있어요.'

라고 머릿속 안에 둘이 다 생각하고.

그래 동생한테 죽이려고 했어요. 그래서 둘이 동생한테,

"바다에 가서 놀러 가자."

고 했어요. 그래 가다가 바다에 그냥 배에서 밀었어요.

그 바다에 가서 그 물고기 먹었어요, 동생한테. 먹어서, [조사자 2: 먹혔어요.] 네. 그래 자기 둘이 집에 와서 그냥 그렇게 무슨 일이, 그냥 생각 없이 그냥 갔어요.

동생 그때 물고기 먹어서 배 안에, 그전에 남편이 줬던 물건에 칼이 있잖아요. 그 배 찔러서 나왔어요. [조사자 1: 그 칼로 이렇게 해서.] 네. 그때 섬에서, 네, 섬에서 들어가서 그 물고기로 먹고 살면서.

그 조금 후에 그 간딴(계란) 두 개, 두 개 줬어요. 두 개 간딴(계란) 두 개 줬어요. 남편이 가기 전에. [조사자 1: 가기 전에?] 네 계란, 계란도 두 개 줬었어요. 그래 그 계란으로 병아리 나왔어요. 한 뭐 여자애고 남자애고 (웃으며) 그렇게. 그래서 그 섬에서 라이터 뭐 같은 거 없잖아요. (돌을 부딪치는 동작하면서) 그 돌로, [조사자 1: 부싯돌로.] 네 불로 해서 물고기 먹었어요. 살면서 배 지나갈 때 기다렸어요.

그 어떤 날에 한 배 지나가고 그때 또 병아리 또 컸어요. 그때 뭐 닭처럼 생겼어요. [조사자 1: 네 닭처럼 돼버렸어요.] 그 어떤 배 지나가

서 갑자기 그 닭은 울었어요. 뭐,

"꼬끼오, 꼬끼오! 바가지 배이면 빨리 와이프 데리러 오세요."

라고 했어요.

그래 배 그냥 소리 들려서 그 섬 들어갔어요. 들어가서 바로 와이프 거기 있었어요. 그거 바가지 배예요.

집에 지나가서. 그래서 와이프 데려가서 집에 그냥 몰래 집안에 놔두고, 와이프 그 잔치 그냥 열어서, 동네 사람들 다 부르고 뭐 언니도 다 불렀어요. 그 잔치 열어서 와이프 안 불렀어요. 그냥 집안에.

뭐 언니, 어떻게 하냐고 보면서 둘이 그냥 마음속에 너무 좋았어요. 이제 바가지 집에 왔는데,

'와이프 없어져 나도…'

[조사자 1: 될 수 있지 않을까.] 네 와이프 될 수 있잖아요. 많이 좋아했어요.

근데 갑자기 또 바가지 와이프 아내 불렀어요. 불러서 나와서 언니들 동생 보면서 너무 놀랐어. 부끄러워서 그 뭐지 도망갔어요. 집에도 안 가고 어디론가 사라졌어요. 네 그렇게 끝났어요.

[조사자 1: 아 고생하셨어요, 너무 재밌다. 그래서 행복하게 살았다는 옛이야기이군요.] 네.

해골 물과 코코넛 아이 [2]

● **구연정보**

조사일시 : 2018. 04. 04(수) 오전
조사장소 : 충청북도 청주시 서원구 모충동
제 보 자 : 누엔티한 [베트남, 여, 1991년생, 결혼이주 7년차]
조 사 자 : 오정미, 이원영

● **구연상황**

제보자가 한국 살이 이야기를 마친 뒤 조사자가 옛날이야기 구연을 청하자 어떤 이야기를 할까 고민하다가 〈해골 물과 코코넛 아이〉를 시작했다. 팜티루엔 제보자가 청자로 함께 하면서 중간중간 도움을 주었다.

● **줄거리**

아이가 없는 오십대 부부가 나무 아래 해골에 고인 물을 마신 뒤 아이를 잉태했다. 그런데 아이는 머리만 가지고 태어났다. 아이가 엄마 일을 돕기 위해 양반 집에서 일했는데, 양반집의 세 딸 중 막내딸만 예의바르게 아이에게 밥을 주었다. 어느 날 셋째 딸은 밥을 주러 가다가 멋있는 청년으로 변한 아이를 보았다. 이후 아이는 청혼을 해서 셋째 딸과 결혼했다. 그 후 남편은 높은 자리에 오른 뒤 출장을 가면서 셋째 딸에게 라이터와 칼을 주었다. 그러나 동생을 질투하고 있던 언니들이 셋째 딸을 배에 태워 섬으로 멀리 보내버렸다. 셋째 딸이 칼과 라이터를 가지고 불을 피우며 살아갔다. 어느 날 연기를 발견한 남편이 셋째 딸을 찾아왔다. 이후 둘은 다시 행복하게 살았다.

옛날에, 어느 그, 농민 부부가 양반집에서 그, 일꾼이었는데. 일찍부터, 젊을 때부터 그 부부, 둘 부부 양반집에서 일을, 일을 하면서 지냈는데 오십대 돼도, 됐는데도 애를, 애기는 안 생기는 거예요. 애기가 안 생기구.

어느 날 숲속에 가서 땔감을, 땔감을 구하러 갔는데. 와이프, 농민 와이프, 아내가 숲속에 가서 땔감을 구하러 갔는데. 근데 가다가 날씨가 너무, 너무, 덥구. 날이 엄청 더운 날이었는데, 목도 마르고 근데 물이 없어요. 물, 물이 엄청 마른데 물이 없어. 없는데 가다가 어느 그, 한 나무, 큰 나무 밑에 해골 안에 물이 조금 있는 거예요. 근데 목이 너무 마르니까 그 해골 안에 있는 물을 마셔버렸, 마셨어요.

그 아내가 마셔, 마시면서, 마시면서 그 물이 들어가면서, 그 상쾌한 느낌이 느꼈대요. 그 느끼면서. 근데 그러고서 집에 갔는데 얼마 후에 임신했다는 소식 들었어요.

임신은 십 개월, 십 개월 동안 열 달 동안, 애기 가지면, 가지, 가지, 가지고 애기 낳았는데 머리만 있는 거예요. 팔 없고 다리 없고 몸도 없어요. 몸도 없는데, 근데 사람들은 다, 음, 외계인이라고, 외계인인가? 괴물. 괴물이라고 사람이 아니구. 놀렸어요.

"이 사람은 괴물 낳았네."

소문나면서, 그 소문은 퍼지면서 그니까 그 왕따를, 왕따라기보다는 참, 좀, 왕따 식으로 멀리했어요. 근데 그 애기가, 그 애기, 해골 애기가, 머리만 있는 애기가 말도 할 수 있고 조금 몇 살 되면. 몇 살 된, 그 기억은 안 나는데, 좀, 점점 나이, 시간 지나면은 엄마한테….

그니까 잘 먹어요. 다리, 몸 없지만은 먹는 거 잘 먹고. 엄마도 꼬박꼬박 먹는 거 잘 챙겨주고 하니까. 일은, 엄마가 일하는 게 도와주고 싶어서, 그 양반집에… (청자를 보며) 소, 소? 맞지 언니? 소, 소를 바깥에서, 산, 산에 뭐 풀 먹으러 이렇게, 이렇게 풀어서 키우잖아요, 옛날에? 그니까 그 애기가 엄마한테,

"엄마, 내가 엄마 일 덜어줄 테니까 내가 그, 양반, 양반네 집의 소를 봐주는 일을 엄마 대신 할게."

하구, 그 산에서 소를 보는 거예요.

그니까 그 양반 집에 딸 세 명, 딸 세 명 있는데 돌아가면서 점심밥을 갖다 주는 거예요. 그니까 첫째 딸하구, 둘째 딸은 좀 못됐어요. 못됐는데, 갖다줄 때마다 던져, 던져주고,

"야, 너 먹어."

그런 식으로. 못생긴 괴물, 먹, 그니까 그냥 던져주고. 그냥 그서, 서즈어라고 받아먹고.

근데 셋째 딸이 착하니까 갖다 줄 때도 제대로 갖다 줘요. 음, 제대로 갖다 주고. 그냥 존중해주고. 그니까 되게 잘 해준, 잘해줘요.

근데 어느 날, 어느 날 점심 때 갖다 주, 점심밥 갖다 주는 시간이었는데 어, 그 막내딸, 셋째 딸이 갔는데. 그냥, 어느, 그 산 언덕에 어느 그 청년, 되게 잘생긴 청년, 그 악기 베트남 악기 뭐야? [청자: 그거 뭐지? 이렇게 긴 거.] 길, 하고 이러는 거. 너무 멋있게. [청자: 한국도 있는데.] [조사자 1: 우리나라 단소? 그 단소.] [조사자 2: 대금. 피리 같은 거.] [조사자 1: 맞아요. 피리라고 할까요?] 네, 피리. 연주하고 있는 거 너무 그 소리가 너무 멋있었어요. [조사자 1: 아, 그 머리만 있는 아이가?] 네, 머리. 머리가, 머리만 있는 아이인데 근데. [청자 : 멋있는 청년으로 변했어.] 멋있는 청년, 청년으로 변했어요.

근데 사람이 없을 때, 사람이 없을 때 멋있는 사람으로 변해가지고 있다가, 사람이 오면, 사람이 오면은 또 원래 모습으로 돌아가요. 근데 그날은, 그날은 혼자서 소 보면서 연주를 했는데, 그 셋째 딸이 오는 것도 몰랐어요. 몰르면서 그렇게 했다가 셋째 딸이 그 모습 본 거예요. 탁하는 무슨 소리 들려가지고 원래 돌아가는 모습으로, 그 막내딸은 봤어요.

근데 그 청년도 못생긴 애기도 막내딸하고 마음이 있는 거죠? 근데 막내딸도 그 모습 보니까, 서로, 그다음엔 서로 좋아하게 됐어요. 그러고서 응, 그다음에 그 못생긴 애기가. 애기라고 하니까. 양반, 아빠 [조사자 1: 머리만 있는 괴물 아이가?] 네. 괴물의 아이가 양반한테 와서,

"막내딸 나한테 시집 보내라."

했는데, 어이가 없죠. 양반이,

"너 같은 애는 어떻게 내 막내를 주냐?"고.

그래가지고 되게 그거는 예, 예물이라든, 예물인가? 예물은 왕창, 그 저기 했어요. [조사자 1: 달라고.]

"너 이렇게 이렇게 이렇게 하면 내가 막내딸을 너한테 시집보내

겠다.”

하고 엄마 아빠도 너무 황당한 거예요.

“우리 집 형편에 이런, 그런 거 그런 예물들 어떻게 준비를 하냐?”고.

“너 결혼 못 하겠다.”고.

하는데 근데 애기가 엄마한테,

“엄마 걱정하지 말라.”고.

“내가 준비하고 꼭 셋째 딸을 엄마 며느리로 해주겠다.”고.

했는데, 그 예물은 언제 언제 하라고 하잖아요. 딱 그 마지막, 그 기간 끝나고 그날, 젊은, 젊은 멋있는 청년, 청년을 예물 [청자: 예물 갖고 와서.] 예물을, 준비하라고 한 예물 다 갖고 와가지고 그 양반 앞에서 갖다 주는 거예요.

그니까 그, 그러고 나서. 어, 막내딸하고 결혼하게 됐어요. 근데 언니랑 둘째, 첫째랑 둘째랑 되게 너무너무 싫어해요. 싫어해가지구 뭐 한 거 같애.

[청자(팜티루엔): 그거는, 그 후에는, 그 아기가. 암튼 요괴 아기가 그 서드 아기가 멋진 모습으로 변했잖아요. 그때부터 열심히 공부해서 다음에, 그 시험 있잖아요. 왕궁에서 시험 있잖아요. 합격해서 그, 누구?] 암튼, 옛날에 저기. [청자: 왕궁에서 높은 직급으로.] 그런 거라고, 네. [조사자 1: 시험? 시험에 합격해서.] 공부 열심히, 시험 합격해서. 궁, 궁에서 일하는 신하가 되는 거죠. [청자: 암튼 왕궁에서 높은 직급으로 일하잖아요.] 신하로.

[청자: 근데, 그 어느 날에 그 출장, 우리 말할 때 지금처럼 하면 출장 갈 예정 있잖아요. 근데 가기 전에는 아내한테 라이터?] 라이터? 라이터. 그게 맞아? [청자: 어, 맞아.] 아, 그니까 출장가기 전에… 기억났다. 가다가 라이터하고 칼하고, 그 뭐지? [청자: 두 개만.] (청자를 보며) 세 개, 세 개인가? [청자: 두 개만 줬어. 라이터하고 칼만.] 라이터하고 칼 줬어요.

“항상 가지고 있으라.”고.

그니까 남편이 출장을 가고 나서 두 언니가 욕심이 많아가지고. 음모를 할라고, 동생을. [청자: 없애버리고 자기 대신에] 죽이고 자기 대신 남편이랑 살려고. [청자: 그거 맞을 수 있거든. 베트남에서 옛날에는 만약에 동생이 죽으면은 언니들 와서 대신, 동생 대신 할 수 있어.] 대신하려고. [청자: 남자도 그랬고 여자도 그랬어요.] 바다로 놀러 갔어요, 셋이.

바다로 갔는데, 바다로, 바다로, [조사자 1: 밀어버렸어요?] [청자: 아니요, 그 배 타러 갔잖아요.] 배 타서 멀리 나가서. [청자: 같이 타려고 했는데 언니들은 뭐 가져와서 안 탔어요. 동생만 타고, 몰래 잘라서, 멀리에서 갔거든요.] 멀리 가서, 멀리 가서…

뭐, 멀리 가니까 이게 돌아올 수 없어서 그냥 무인섬으로, 가다가, 무인섬으로 그냥 어, 내려와가지고 거기 살다가. 그니까 칼이 있으니까, 칼이 고기 잡아서 먹고. 라이터 있으니까 불을 때고.

그러고 그렇게 하니까, 저 바다에 큰 배 갔다가, 그니까 출장. 그곳에 일하러 갔는데 거기서 불이 나는 거예요. 푸른 연기 보니까 그 가보니까 아내가 있는 거예요. 아내 데리고 와서 그 행복하게 살고, 언니, 언니들은 창피해가지고 도망갔어요. 그렇게.

저도 기억은 확실하게 안 나는데 아무튼. [조사자 1: 그러면 그 남자는 칼하고 라이터를 준 게 어떻게 보면 미래를 조금 어느 정도?] 네. 예측을 하고. 혹시나, 그냥 본인, 남편도 언니들 못된 거 알고서.

"네 몸을 지키라."고.

[청자: 그리고 남편이, 일반, 우리 일반 사람 아니잖아요. 신 같은, 그치. 그런 식으로.]

[조사자 1: 그러면 아까 그 베트남으로 이거 서즈아라고 하셨어요?] 서즈어. [조사자 1: 근데 그게 그 아이의 이름인 거예요?] 네. [청자: 아니, 그 아기, 아기가 모양은 엄마는 그 코코넛 해골 물에서 먹었잖아요. 아기도 그런 모양으로 생겼으니까 그러라고 불렀어요.]

[조사자 2: 서는 뭐고, 즈아는 뭐예요?] 서는 해골이에요. [청자: 서는 해골이구 즈아는 코코넛. 네. 그래서. (웃음)] [조사자 1: 그래서 베트남 사람들은 이 이야기를 할 때 그 머리만 있는 아이를 서 즈아라고 이름을 붙여서?] 네. [조사자 1: 아 재밌다.]

코코넛에 고인 물과 코코넛 아이

● **구연정보**

조사일시 : 2018. 03. 24(토) 오후
조사장소 : 강원도 강릉시 입암동 제보자 지인의 집
제 보 자 : 저우티탄융 [베트남, 여, 1985년생, 결혼이주 9년차]
조 사 자 : 박현숙

● **구연상황**

제보자가 〈제비가 물어다준 박씨와 형제〉 구연을 마쳤을 때 조사자가 어릴 때 할머니에게 들은 이야기 중 또 기억나는 이야기가 있는지 물었다. 제보자는 코코넛처럼 생긴 사람이 있다면서 구연을 시작했다.

● **줄거리**

옛날 어느 할머니가 농사를 짓다가 목이 말라 코코넛 안에 고인 물을 마시고 임신했다. 할머니는 손발이 없이 코코넛처럼 동그랗게 생긴 아이를 낳았다. 그래서 아이 이름을 코코넛 알맹이라는 뜻의 '서유'라고 지었다. 서유는 부잣집에서 소 돌보는 일을 하겠다고 해서 모두에게 비웃음을 샀지만 둥글둥글 굴러다니면서 소를 잘 돌보아 부자에게 인정을 받았다. 부자의 세 딸이 교대로 소를 지키는 서유에게 식사를 갖다 주었다. 막내딸이 식사를 가져갔을 때 서유가 미남자의 모습으로 피리를 불고 있었다. 서유는 인기척을 듣고 갑자기 사라졌다가 둥근 모습으로 다시 막내딸 앞에 나타났다. 막내딸은 미남자를 다시 만나고 싶어서 언니들 대신 매일 서유에게 밥을 날랐다. 어느 날 서유가 부잣집 딸에게 장가를 들겠노라고 했다. 부자는 비웃으며 세 딸에게 의중을 물었는데 막내딸이 자원했다. 부자는 서유를 사위로 맞고 싶지 않아서 가난한 서유가 도저히 마련할 수 없을 정도의 예물을 요구했다. 서유는 하루아침에 가난한 집을 부잣집으로 바꿔 놓았고 부자가 요구한 예물을 모두 준비해서 부잣집으로 갔다. 부자는 할 수 없이 막내딸과 서유를 결혼시켰다. 서유는 결혼 첫날밤에 피리를 불던 미남자로 변했다. 서유는 아내에게 자신은 신의 아들이었으나 하늘에서 죄를 지은 벌로 코코넛 아이로 태어났으며 그 모습을 진정 사랑하는 사람을 만나서 본래 모습을 찾게 되었다고 말했다. 서유와 막내딸은 서로 사랑하며 많은 자식을 낳고 잘 살았다.

코코넛 나무. 코코넛처럼 생긴 사람이 있어요. [조사자: 코코넛처럼 생긴 사람이 있어요?] 네, 있어요. 그리고 태어나자마자 둥글둥글하게 머리만 있고 뭐 다리 손하고 없고 막 이렇게 굴러다니는 사람이 있대요. 그분을 뭐라고 하지?

옛날에 어떤 분이 남편이 없고 애 낳았어요. 어떻게 애 낳았냐면은 농사지었다가 갑자기 발자국 갑자기 엄청 큰 어마어마하게 큰 발자국 있어요. [조사자: 발자국이?] 네. 그러니까 할머니가…

(내용을 정정하며) 아, 발자국 아니고. 발자국은 다른 이야기고. 뭐지? 동그라미 [조사자: 웅덩이?] 구멍 아니고 뭐지? 아, 코코넛 이렇게 반쪽 잘라가지고 빗물에 받은 그런 거 있어요. 사람들이 먹고 버리는 거. 근데 거기 안에만 밖에 껍데기 없고 알맹이만 뜯어내는 거, 물을 받았는데 할머니가 일하다가 너무 목말라서 그거, 농사하다가 그냥 그거 물 맑은 물 있으니까 그냥 먹었어요.

그냥 꿀꺽꿀꺽 삼켜 먹었는데 갑자기 임신 됐어요. 남편도 없고 갑자기 임신했는데 애 낳다 보니까 사람도 아니고 또 동물도 아니고 근데 어떻게 애매한 상황이었어요. 둥그란 게 눈 입이 이렇게 다 있는데 다 있는데 근데 다리 손만 없고 굴러다녀요.

이게 또 되게 효도하고 엄마한테 많이 생각해주고 하는데 근데 손발 없으니까 도움이 안 되고 엄마가 되게 걱정했어요. 그때는 이름을 지어주는데 '서유'라고 [조사자: 서유?] 네, 서유. 서유는 코코넛의 알맹이에요. 그냥 코코넛 알맹이에요. 코코넛 알맹이라고 불렀는데요. 얘가 좀 크고 걸음 한창 할 때가 났는데 다른 아이처럼 뭐 다른 사람처럼 걸음이 되는 것도 아니고 엄마 되게 속상하고 맨날 걱정했어요.

"얘가 어떻게 사나? 집이 가난한데 어떻게 키우나? 어떻게 밥은 내가 없으면 네가 혼자도 먹을 수 없고. 그리고 니 이런 상태에 누가 시집을 오겠나?" (웃음)

되게 슬퍼하는데 어느 날 할머니가 앉아서 울다가 서유가 쪼르륵 굴러서 엄마한테 왔어요.

"엄마, 저기 부잣집에 그 동네에서 제일 부잣집에 가서 물소 지키는 일이 저한테 일 해달라고 하면 안 되냐?"고.

하니까 엄마가 깜짝 놀랐는데,

"니가? 이 조그만 해갖고 니가 가서 물소 밟혀 죽어. 니 무슨 일 하겠어? 니가."

그러니까,

"괜찮아. 엄마 나 할 수 있어. 그냥 가서 부잣집에 가서 얘기만 해 주라."

그러니까 ,

"해 달라."

그러는데 계속 그렇게 얘기하니까 엄마가 어쩔 수 없어서 데려갔어요. 데려갔는데 부잣집에 그 양반이 딱 볼 때 막 빵 터진 거예요. 우스워가지고,

"니가 뭘 할 수 있나? 가서 니가 거기 가서 내 소 한 마리 두 마리 있는 것도 아니고 몇 십 마리 있는데 거기 가면 소 한 번만 밟으면 니가 죽는데 가서 뭐하냐?"

하니까 서유가 뭐라고 하냐면,

"저 믿고 한번 하루만 맡겨 달라. 맡겨주시고 만약에 제가 잘 할 수 있으면 다음부터는 제가 그 일로 쭉 해도 되냐?"고.

물으니까 어이가 없잖아요. 다 웃었는데 어이없으니까.

"알았어. 근데 딱 한 문제가 있는데 만약에 내 소가 한 마리 없으면 니가 얼마나 돌려줄 수 있나? 감당할 수 있나?"

"가난해서 그러니 어떻게 감당할 수 있냐?"고.

엄마가 쩔쩔매지.

"하지 말자. 그냥 그대로 살자. 그냥 아무 일 저지르지 말자."

하니까.

"엄마. 나 할 수 있어."

부잣집 양반이,

"알았어. 그럼 내일 아침에 와라. 이렇게 할 수 있다면. 너 내가 너 쫓아내면 동네 사람들이 나 야박하다고 생각하니까."

자기 명예 때문에 그렇게,

"나도 좀 뭐라고 해야 되나? 나도 좀 가난한 사람들은 뭐 봐주지."

이렇게 얘기하면서,

"할 수 있으면 얼마든지 와."

이러니까 다음 날 아침에 굴러와 갖고 딱 새벽부터 대문 앞에서 기다렸어요. 하루는 열자마자 무시하는 눈빛으로,

"내가 소 열 마리 줄 테니까 오늘 잘 지키고 밥은 저 멀리 데려가서 밥 배부르게 배 빵빵해야 내가 소 배부른 거 봐야 배가 쑥 들어가면 니가 진짜로 안 봐준다."

이렇게 얘기하더니 데려가 주고 갔어요. 열 마리 주고 갔는데 신기했는데도 얘가 둥글둥글하고 쪼끄만 앤데 어떻게 그렇게 소 잘 지키는지 몰라요. 이 그 아침에 열 마리 데려오면 오후에 열 마리 데려오고 엄청 배부르게 먹여 보더니 딱 몇 개월 만에 소가 통통하게 살쪘어요.

그 모자 양반이 보니까 탐이 나갖고,

"아 너 진짜 잘하는 애구나."

그러니까 믿고 맡겨 줬어요.

그러다가 아침에 가면 부자 양반이 딸내미 집에 딸내미 세 명 있어요. 근데 하루에 한 명씩 교대하면서 밥 배달하는 거예요. [조사자: 애들이.] 얘한테 갖다 주라 밥을 하루에 큰딸 가고 둘째 날에 둘째 딸 가고 셋째 날에 셋째 딸 가고 밥을 먹여주더니, 이러게 주더니 갑자기 어느 날에 거기 뭐라고 그러지? 막내 딸내미가 아주 멀리서 피리 소리가 들리는 거예요. [조사자: 피리소리?] 네.

그 대나무로 만드는, 그 부르면 되게 우아하게 소리 나더니 살금살금에 따라왔어요, 그 소리 듣고. 따라왔는데 그 엄청 잘생기는 분이 앉아고 돌멩이, 돌하고 바위 위에 앉아가지고 피리 불렀는데 근데 다가오다가 갑자기 말하는 나무들이 죽은 나무들이 밟다가 '따락' 소리가 났어요. 그러다가 갑자기 '뿅' 없어지고 그 자리에서 갑자기 둥근 하고 서유만 남은 거예요.

그래서 그게 신기하고 와서,

"그분 어디 가냐?"고.

이렇게 물어봤더니,

"어떤 분?"

이렇게 모른 체하는 거예요. 그러니까 서유만 남았고.

그러니까 궁금했어요, 그분이. 계속 생각나고 그분이 되게 잘생기고 키 크고 뭐 피부도 잘생기고 그러니까 집에 와도 그분만 생각하고.

그러니까 다음날, 다음에도 둘째 날. 둘째 날, 첫째도 돌아오고 큰딸하고 둘째는 얘한테 못생긴 애한테 밥을 날라가지고 그런 거 싫어하는 거예요. 그래서,

"안 가겠다."

고 하고 동생한테 미루는 거지.

"막내한테 가라."

하는데 그 막내가,

'혹시 또 가면 그분 만나는 거 아닌가?'

싶어갖고 매일 매일마다 갔어요. 갔는데 둘째, 셋째는 안 하고 그 일을 시켰더니 가는데 그 어느 날 또 똑같이 봤어요. 봤는데 그 남자가 소리가 나면, 발자국만 나면 '뿅' 없어져요, 또. 그러니까 그 막내가 의심하죠.

'혹시 서유 아닌가? 서유 아닌가?'

했는데 말을 걸 수가 없어요. 말하면 모른다고 하고, 아니라고 하고,

"나는 이렇는데, 손도 없고 팔도 없는데 어떻게 피리 불렀냐? 뭘 잘못 들었겠지?"

이렇게 가다가 자기가 어느 날에 진짜 너무 그분의 보고 싶어서 병 생겼어요. 병 생겼는데 어느 날 서유가 엄마한테 얘기하고 그 집에 가서 뭐라고 하지?

"엄마 나 이제 결혼할 나이 됐는데 나 결혼시켜주라."

엄마가 막 방법 없으면서,

"니 좀 정신 차려라."고.

"니 이런 모습에 누가 시집오겠나? 얘야, 좀 달라는 거 달라하

고, 못하는 거 알아야 된다."하고.

"너 누가 집이 가난하지. 니는 사람도 아니고 동물도 아니고 내가 어떻게 남의 집에 가서 어떤 아가씨한테 얘기할 수 있겠나?"

하니까 어머니가,

"어이가 없어서 못 가겠다."

고 하니까 저희한테 알려주는 거예요.

"되게 부잣집에 양반이 할아버지 그분인데 가서 자기가 삼 년에 공짜로 소를 돌보고 일해 주니까, 삼 년 일해 주니까 딸 한 명, 세 명 중에 한 명을 나한테 시집보내 주라."

하는데 원래 저 나라에서는 양반들이 양반만 같이 결혼해요.

[조사자: 양반끼리 결혼하고.] 네. 집 있는 사람들끼리만 하고. 밑에 사람들이나 뭐 가난해서 자격 없다고 생각해요. 그러니까,

"딸내미 이렇게 못 주겠다."고.

"근데 그래도 내가 물어볼게. 딸한테."

이랬는데 세 명이 불러놓고,

"누구 저 집에 시집가는 사람 가고 싶으면 얘기해라."

근데 그 양반은 자기 딸내미 무조건 안 된다고 생각하는데.

"누가 이런 애한테 시집 가겠나?"

막 웃어.

"야, 대놓고 얘기해 괜찮아. 아버지는 니들 원하는 대로 해줄게."

그러니까 둘째가 막 피식 웃으면서 무시하는 눈으로,

"동물도 아니고 사람도 아닌데 니 눈도 엄청 높아."

하면서 그러고 훅 가버렸어요. 둘째도 그렇고.

근데 셋째는, 막내가 마음에 걸렸어요. 자기가 그런 모습을 자주 봤는데 그 남자 계속 생각하고 그런 약간 너무 보고 싶어서 울 정도 마음이, 마음이 아파서 병에 걸려가지고. 그래서 자기가 그렇게 얘기하다가 아버지한테,

"제가 서유 집으로 시집가겠습니다."

얘기했더니 아버지가 깜짝 놀랐어요. 깜짝 놀랐는데 또 뭐라 하지? 약속은 약속한 거기 때문에 어쩔 수 없어 딸내미한테 선택하라

고 했어요.

"맞냐?"고.

"니 진짜 가고 싶은 거 맞냐?"고.

"니 생각해 봐라. 니 평생 이런 모습 보고 살아야 하는데 그래도 가난하고 시집가면 끝. 인생은 끝났다."고.

얘기했다가 그래도 딸내미는,

"시집가겠다."고.

하니까,

"그냥 이대로 보낼 수 없다."

그러니까,

"엄마, 서유 엄마하고 서유하고 예물을 갖고 오면 자기가 예물 오면 소가 아홉 마리, 말 아홉 마리."

되게 귀한 거 옛날에는 가난한 집들이면 없는 거. 아예 한 마리라도 없는 거 했는데 근데 그렇게 얘기하면 일부러 못하게 해는 거지. 그럼 아예 못하게. 뭐지?

"은쟁반에 과일에 여러 과일에 아홉 개 은쟁반 금쟁반 아홉 개 그리고 뭐 떰니 금쟁반 하나 은쟁반 하나 있고 술 하고 그러고 뭐 예물 식 올려가는 준비할 수 있으면 내가 딸내미 보내겠다."

그러니까 서유 엄마 하는 말이,

"지금의 양반이 얘기하는 거는 까먹지 않게 그대로 해 드리니까 약속 그대로 지켜 달라."

하니까, 이쪽에서는 되게 믿음이 안 생기지.

"어떻게 그걸 할 수 있나?"

하니까,

"오케이. 됐어. 그럼 내가 약속 지키니까 너도 약속 니가 지켜라, 갖고 올 수 있다면."

그날에 집에 들어와서 엄마가 펑펑 울었어요. 아들 아마 아들 때문에 마음 아파서,

"얘야. 좀 포기해라. 니가 어떻게 그런 거 모을 수 있나. 귀한 집도 못 구하는 건데."

서유가 엄마한테 안심시켰어요.

“엄마. 걱정 마, 내가 알아서 할 테니까. 안심하고 그냥 푹 하고 자고 일어나는 모습 보인 게 다 내가 다 준비할 테니까 그냥 편하게 있어라.”

라고 하니까 엄마가 그냥 지쳤다고 할까 그냥 자버려갖고,

“니가 알아서 해, 안 되는 게 뻔히 알면서.”

자다가 아침 일어나 보니까 갑자기 집이 바뀌었어요. 가난했을 때 조그만 집 아니고 되게 큰 집으로 자는데 누구 집인지도 모르는 정작 자기 일어나서,

‘내 집 맞나?’

엄마가 당황하고. 그리고 집 안에도 일해 주는 사람도 있고. 꼭 엄마가 가난해 옷도 되게 찢어진 옷도 입었는데 갑자기 양반 옷도 입었어요. 그래서,

“웬일이냐?”고.

하니까 서유는 서유 그냥 그대로예요. 주르륵 굴러다니는 서유. 그러니까

“엄마 내가 해 줄 수 있다고 했지. 엄마 내가 지금 마당 나가 보세요.“

막상 나가보더니 일하는 사람이 쭉 두 줄로 몇 십 명 서고 있어요. 몇 십 명 서고 있는데 거기에서 뭐지? 준비 뭐, 그분이 달라는 거 다 준비해놓고 소는 소대로 말은 말대로 뭐 과일, 금쟁반 하나 은 쟁반 하나 술 하고 예물 하고 다 준비해오고 딱 이렇게 두 줄 이렇게 줄맞춰 서고 있는 상태, 기다리고 있는 상태에서 엄마가 신기하기도 당황하기도,

‘뭐지? 이거 어떻게 되는 일이지? 이거 우리집이 왜 이렇게 됐지?’

이렇게. 그런데 이제 설명을 해주지도 않고 그냥,

“엄마 나 믿고 따라와.”

하니까 자기가 먼저 데굴데굴 굴러가지, 그 집으로.

딸내미 데려오고. 딸내미 데려오고 그러니까 그 아침 일찍 오니까 그 양반집에서 눈을 열어가지고 밥도 신기해갖고 어이가 없어요.

"니가 어떻게 그럴 수 있냐?"고.

그래도 준비할 수 있어도 딸내미는 보내기 싫은 거예요. 그 둥근 코코넛 나무인데. 근데 마음이 아파갖고. 그래도 약속은 약속이고 보내는데, 보내다가 그날 저녁에 그 결혼하고 그날 저녁에 이 집으로 돌아가고. 근데 그날 밤에 갑자기 서유가 뭐지? 서유 아니고 너무 잘생긴 남자 나타난 거예요. 딱 여자가 기다린 남자예요.

그래서 놀라갖고,

"당신은 그분이다. 그렇게 왜 그런 모습으로 살았나. 되게 보고 싶다."고.

얘기하더니 서유 얘기해 주는 건 자기가 신의 아들이래요. 위에서 잘못했기 때문에 아버지가 화나갖고 거기 뭐지? 인간으로 보내버렸어요, 벌 받게.

"그런 모습에 니가 그런 모습을 사랑해야 진짜로 니 좋아해주고 진심으로 결혼해 줄 사람이 있다면 그땐 니 원래 모습에 돌아갈 수 있다."

되게 감사하고 그 여자분한테 되게 감사하고 되게 뭐라 하지? 예뻐해줬어요. 둘이 사랑하고.

그래서 엄마도 자기가 축복받는 거 때문에 이제 가난하지 않고 새집도 있고 있는 거 다 있고 되게 둘이가 오래오래하게 자식 많이 낳으면서 살았어요.

동그란 살덩이 아이 해골야자

● **구연정보**

조사일시 : 2019. 01. 30(수) 오전

조사장소 : 경기도 안양시 만안구 석수동

제 보 자 : 도티탄(이정민) [베트남, 여, 1989년생, 결혼이주 8년차]

조 사 자 : 오정미, 한상효

● **구연상황**

제보자가 〈츠엉 성을 가진 형제〉 이야기를 마치고 나서 다음 이야기를 시작했다. 제보자의 아이가 신기해하며 주변에서 놀았다. 녹음을 위해 조사원이 아이와 놀아주었다.

● **줄거리**

자식이 없는 50대 부부가 나무 아래 야자열매를 먹고 아기를 잉태했다. 그 후 둥그런 살덩이 모양의 아들이 태어났고, 부모는 아이를 해골야자라고 불렀다. 해골야자는 엄마 일을 돕기 위해 양반인 푸엉의 집에서 일했는데 물소를 잘 돌보았다. 양반집의 세 딸 중 막내딸만 예의 바르게 밥을 해서 해골야자에게 주었는데, 어느 날 멋진 청년으로 변한 해골야자를 보았다. 해골야자는 어머니에게 부자의 집에 장가를 보내달라고 했고, 셋째 딸이 청혼을 받아들여서 결혼이 이루어졌다. 그 뒤 해골야자는 높은 자리에 올라 출장을 가면서 아내에게 칼과 닭 한 마리 부싯돌을 주었다. 동생을 질투했던 언니들은 셋째 딸을 바다에 빠뜨려 섬으로 멀리 보냈다. 물고기에게 삼켜졌던 셋째 딸은 해골야자가 준 칼로 배를 갈라 살아남았으며, 섬에서 닭이 낳아주는 알을 먹으며 살았다. 어느 날 닭의 울음소리를 들은 해골야자가 셋째 딸을 찾아왔다. 다시 만난 두 사람은 그 후 행복하게 살았다.

두 번째는 그때 제가 한번 했던 거 같은데 야자, 야자 과일 있잖아요. 야자 밖에 겉은 짤라면은 안에 그냥 사람, 머리 안에 [조사자:

뇌?] 사람 뇌처럼 생긴 거 있잖아요. 그래서 베트남에서는 뇌 아니라, 사람 뇌, 포함, 머리는 뭐죠? 이름 [조사자: 해골?] 해골, 해골, 해골야자라는 이야기인데요. 아마 들어, 아마 유명해서 들어봤던 거. [조사자: 해 주세요. 선생님.]

해골야자인데, 옛날에 부부가 함께 사는데 얘기가 없어가지고 한 50세 넘었는데 얘기가 없는데 어느 날 이 부부 같이 논밭에 일하다가 근데 여자 분이 야자나무, 발 개는 야자나무 발견해서 그거 마셨더니, 집에 가서 임신하게 되었어요, 임신하게 되는데 남편은 아쉽게도 그때는 돌아, 돌아가시고 또 혼자는 애기, 그분은 혼자 임신하고 얘기 낳고 얘기가 나니까, 근데 사람 아니라 그냥 동그란 돌덩이였어요. 그냥 돌덩이야.

근데 동그란 살덩이? 근데 여기서 털 막 나오고 그 되게 보니까 사람 아닌 거 같아. 되게 이상하고 이거 그냥 야자 해골 같았어요. 작게 마셨더니 야자 해골 같았어요. 에 그래서 그거 보고 버리려고 했어요. 근데 막상 버리려고 하니까 그 해골이 말하는 거예요.

"엄마 나는 이상한 거 아냐. 나는 사람이다. 그러니까 내 좀 키워달라."

그 말 듣고 그래서 되게 그래서

"어차피 내가 내 배에서 낳은 얘기인데 그래서 한 번 키워보자."

그래서 키웠는데 근데 막 사람처럼 인간 다른 얘기처럼 잘 먹고 그러는데 그냥 그대로예요. 살덩이 그대로예요. 살덩이 동글동글하게 살덩이 손도 없고 발도 없고 집안에서 막 둥글고 다 다녔대요.

근데 어느 날 엄마도 열심히 일하고 벌고 얘기 막 먹여주고 그러는데 근데 엄마 힘들게 일하는 모습 보니까 그 해골야자가 엄마한테 말했어요.

"엄마 그 마을에서 잘 사는 집 있어요."

그 베트남에서 푸엉이라는 집인데 그래서 그 푸엉의 집에 가서,

"나는 푸엉 네 집에."

그 물소? 물소 돌봐준다 해야 하나.

"그 물소 봐 주겠다."

그래서 근데 그 말 듣고 그래서 엄마가

"너가 할 수 있을까?"

근데 아들이 그렇게 말했으니까 다시 푸엉 네 집에 가서 말했어요.

"우리 아들이 물소 봐 줄 수 있다."

그래서 그렇게 했는데 그런데 물소가, 푸엉이가 그런 말 듣고,

"아니 살덩이 같은 살덩이 둥글고 뒹굴고 다니는 놈이 어떻게 물소 볼 수 있냐?"

근데 푸엉은 한편은 생각해 보니까,

'애 쓰면은 또 밥도 많이 안 들고 돈도 많이 안들 텐데 한 번 맡겨보자.'

그래서 그렇게 했어요. 했더니 그냥 되게 잘 근데 해골야자가 물소이니까 물소는 되게 쑥쑥 크고 또 아침 일찍 갔다가 저녁 들어올 때는 또 물소 배부르게 들어오는 모습 보니까 푸엉 되게 만족스러웠, 만족스러웠어요.

그래서 근데 어느 날은 푸엉 네 집에서 일이 있어가지고 그래서 딸 세 명 중에서 그 밥, 점심 해골야자 있는 곳에 갖다 줘야 하니까 근데 첫째하고 둘째 같은 경우에 되게 싫어하고 그래서 안 가겠다고, 마지막에 막내 가게 되었어요.

그 막내가 그쪽에 가보니까 되게 아름다운 휘파람, 휘파람 소리라고 해야 되나요. 그 소리 듣고 보니까 그 되게 멋진 청년가 있었어요. 휘파람 불면서 근데 소리가 나니까, 그러니까 갑자기 그 환경, 사라지고 또 달리, 또 다시 그 동그란 살덩이만 남아있어 가지고 그래서 그 모습 보니까 셋째가 생각했어요.

'아, 이거 보통 인간 아니구나.'

그 이후부터는 그 셋째는 해골야자 대한 마음이 생겼어요. 되게 관심 가지고 뭐 그래, 그랬어요. 그래가지고 거기서 그 한참 한 몇 년 지나 보니까 몇 날 지나 보니까 또 그 해골야자도 엄마한테 말했어요.

"엄마 푸엉 네 집에 가서 나는 사위로 갖다 주라고 말씀해 주세요."

했어요. 그래서 엄마가 그 말 듣고 어려워서,

"너는 너 같은 동그랗고, 동그 살덩이 동, 했는데 어떻게 그쪽에 사위로 받아주겠냐?"

했는데 그냥 아들 말 부탁하니까 어쩔 수 없이 갔는데 가서도 푸엉도 되게 놀랍기도 한데 근데 거절하기가 그렇고 그래서 말했어요.

"어차피 이 집은 가난한 집인데."

그래서 그냥 되게 뭐 결혼하기 전에는 예물, 예물 해야 하나요. 뭐 바쳐야 되는 거 있잖아요. 예물. 그거 되게, 되게 여러 가지 해달라고 했어요. 근데 일반 사람들은 그 예물 준비할 수 없는 정도로. 근데 엄마가 그 말 듣고,

'결혼 못하겠구나.'

생각했는데, 딱 그날 예물 바치는 날은 그 식판에는 다 놓여 있는 거예요. 차곡차곡 놓여있는 거예요. 그래서 엄마도 또 놓여있고, 또 사람 거기 그 예물 가져오는 사람도 막 거기 그 집에 있어가지고.

그래가지고 그래서 그 그거 가지고 푸엉네 집에 갔어요. 그래서 어쩔 수 없이 그 예물 보니까 푸엉도 어쩔 수 없이 딸 세 명 불러가지고,

"너는 이 중에서 해골야자 같이 결혼하고 싶은 사람 있냐?"고.

했더니 그때는 첫째, 둘째는 싫다고 하고 자리 떠나고. 나머지는 셋째는,

"아 결혼하겠다."

해서 어쩔 수 없이 결혼하게 되고.

근데 결혼, 결혼하는 당일날 보니까 결혼식 당일 날 되게 크게 열려가지고 마을 사람도 많이 초대했는데 근데 이때는 신랑가는 동그란 야자해골 아니라, 그냥 되게 멋진 청년로 해서 그 이후는 야자해골 아니, 멋진 청년, [조사자: 결혼식 날을]. 결혼식 날은.

그래서 그 이후도 그런 모습으로 같이 살았어요. 그 그래서 그 사람은 시험 붙고 또 어느 무슨 시험 봐 가지고 시험 붙고 거기서는 그 한국의, 한국말 따지면 뭐 시장에서 일한다. 그런 거 있잖아요. [조사자: 중요한 관직을 가지고.] 중요한 관직 가지고 해서 하게 되고. 또 이때 보니까 첫째, 둘째 언니는 되게 부러워가지고.

어느 날은 그냥 남편도, 그 부 언니는 또 왕의 임명된 따라서 다른 나라에 가게 되었어요. 근데 가기 전에서는 그 아내한테 말했어요. 칼 하나 주고 계란 두 알 주고 그리고 칼 하나, 계란 두 알, 그리고 불붙는 돌덩이 있잖아요. 그거 줬어요. 그래서 어 이거,

"나는 갈 테, 갈 건데 이거 꼭 가지고 있으라고, 위험한테 이거는 필요할 수 있으니까 그거 하라 가지고 있으라."

그랬더니 난 그분 떠나서 갑자기 첫째 둘째가 셋째 막내 어떻게 지켜서 자기 저기 관에 아내 되겠다는 생각 때문에 동생, 동생 죽겠나? 근데 동생. [조사자: 언니가?] 언니들이 첫째 둘째 둘이 같이 짝지어가지고 거기서 그래서 바다에 떨어뜨렸나? 제가 그 부분 기억 안 나는데, 거기서 아무래도 그분 바다 떨어져가지고 다른 어느 사람도 없는 곳에 거기서 바다에서 거기 깨어났어요.

그 깨어나니까 바다에 떨어져가지고 물고기 무슨 커다란 물고기 입속에 들어갔어요. 그 물고기 입속에 들어가니까 칼로 그분이, 칼로 물고기 빼 찔러가지고 물고기 죽고서 바다에 들어가, 바닷가에 들어가는 거죠? 그래서 바닷가로 나왔어요. 그래서 그때는 물고기 짜르고 나와서 그냥 그 물고기 살, 생 그 물고기 먹고 거기서.

그 어느 날은 알 두 개는 또 닭이 나은, 알 깨고 나왔어요. 그래서 닭이 크고 또 어느 날은 같이 지냈어요. 거기 사람 없는 곳에. 어느 날 그 닭이 지나가는, 지나가는 배 왔어요. 그래서 그 베트남에서,

"어어 해서 혹시 무슨 우리 남편 아니냐? 좀 데려가 달라."

그래서 그 닭의 소리 듣고 그 배가 들어와서 아 자기 아내였다는 것을 알게 되고 또 시대에 갔어요.

집에 갔는데 또 되게 멀리 갔으니까 집에 열 축제가 열려야 되나요? 뭐 여러 사람 초대해서 같이 밥 먹는 자리였는데 근데 이때는 와이프는 숨겨 놓고 그냥 다들 오게 해서 그때, 그때는 첫째, 둘째도 왔어요. 그래서 되게 어 첫째, 둘째는 어, 죽음에 대한 얘기 되게 슬프게 얘기, 남에게 얘기하고 이때는,

'셋째 죽었으니 나는 이 그 자리 들어갈 수 있겠구나.'

생각하고 되게 기뻤어요.

근데 막 먹고 나서는 한참 후에 그 남자가 자기 와이프 데리고 와서,

"자기 와이프 아직 살아있다. 이렇게 하고 있다."

그 모습 보니까 저 둘째, 약간 뭐라 챙피해서 첫째 멀리 떠났다고. 그래서 이 이후로 그 부부는 행복하게 살았다.

[조사자: 아까 그 부싯돌, 불붙이는 돌은 돌멩이가 부싯돌이거든요. 그 부싯돌로는 뭘 했어요?] 요리 해먹고 막 그런 그.

두꺼비 청년

● 구연정보

조사일시 : 2019. 01. 09(수) 오후
조사장소 : 경기도 안양시 만안구 석수동
제 보 자 : 도티탄(이정민) [베트남, 여, 1989년생, 결혼이주 8년차]
조 사 자 : 오정미, 강새미

● 구연상황

제보자가 〈의사가 된 떰〉을 들려준 뒤 바로 이어서 구연했다. 두꺼비에 관한 이야기인데 한국에도 비슷한 이야기가 있는 것 같다고 했다.

● 줄거리

자식이 없던 노부부가 기도하여 아기를 낳았는데, 아이가 두꺼비였다. 두꺼비 아들은 부잣집 딸과 결혼하고 싶어 부자에게 허락을 구했다. 부자는 두꺼비 아이에게 한 개의 화살로 새 아홉 마리를 잡아오는 시험을 냈는데 두꺼비 아들이 이를 해냈다. 부자가 다시 지게 세 개만큼의 나무를 해오라고 했지만, 두꺼비 아들은 이 시험도 완수했다. 부자가 세 딸에게 두꺼비 청년과 결혼할 지를 묻자 막내딸만 승낙했다. 막내딸과 결혼한 두꺼비 청년은 두꺼비 허물을 벗고 멋진 남자로 변신했다. 그런데 이 사실을 모르는 막내딸이 허물을 불태우는 바람에 두꺼비 남편은 허물 없이 지내기가 어려워져서 그곳을 떠났다. 그는 길을 가면서 개와 고양이, 그리고 뱀의 목숨을 구해줬다. 그는 구해준 동물들의 도움으로 부자가 되어 막내딸과 살게 되었다. 부자는 두꺼비 청년을 흉내내서 동물들의 도움을 얻으려다 위의 두 딸만 잃고 말았다.

옛날에 노인 부부 같이 살았는데, 근데 자식이 없어가지고 소원이 한 가지였대요. 바로 자식, 애기 있으면 좋겠다고, 그래서 매일매일 기도하고.

그랬더니 어느 날에는 아내가 임신하게 되어서. 근데 아기가 태어나기 전에는 아빠가 돌아가시고, 엄마는 너무 슬펐는데 근데 뱃속의 아기 생각하면서 혼자 지내게 되었고. 근데 아기는 얼마 이따가 아기 태어났는데, 태어나는 거 보니까 두꺼비였대요.

그래서 자기가 두꺼비 낳은 거 보니까 너무 징그럽고 무서운데, 근데 내가 낳은 애니까 버리기, 못 버리고. 그래서 매일매일 산에 올라가가지고 먹을 거 구해서 두꺼비 키웠어요. 근데 그 두꺼비가 크니까 엄마도 돌아가시고 두꺼비는 혼자 살게 되었고. [조사자: 엄마도 돌아가셨어요?] 네. 두꺼비 크니까, 자라서 청년 되니까 엄마는 돌아가시고.

그 마을에서는 '황디'이라는 부잣집 있는데, 황디 집에서는 여자 세 명 있었어요. 여자 세 명이 있는데 황디는 거의 매년 사윗감, 축제 열려가지고 사윗감 구하려고 했는데 근데 축제 열리더라도 사윗감 구하지 못했어요. 그래서 어느 날도 또 이번에도 그 축제 열리고.

그래서 두꺼비도 거기 와서 말했어요.

"나는 사위로 받아주십시오."

그래서 황디이라는 분이 두꺼비 보면서 화냈어요.

"너는 되게 못생겼는데 어떻게, 어디 보고 우리 딸하고 결혼하겠냐. 바로 가라."

그래서 두꺼비는 무서운데도 그냥 황당하지 않고 자기 뜻을 말했어요. 근데 황디 되게 화가 났는데도 조건 걸었어요.

"네가 산에 올라가서 양궁으로 한 번에 새 아홉 마리 잡을 수 있으면 내 딸 너한테 시집보내겠다."

그래서 그 말 듣고 두꺼비도 양궁 가지고 와서 산 올라가서, 산 위에 올라갔는데. 딱 마침 그때는 하늘에 바람 불고 나무도 쓰러지고. 그래서 거기 산 위에 있는 짐승이라든가 죽어서 두꺼비도 가다 보니까 막 죽어가고 있는 거예요. 새 가지고, 양궁, 뾰족한 거 뭐죠? 거기 넣어가지고 아홉 마리 넣어가지고 갖다 드렸어요.

"나는 한 번에 아홉 마리 잡았다. 그러니까 딸 나한테 시집보내라."

근데 이번에는 황디는 또 정말 대단하다고 생각했는데, 또 한 번 더 조건 걸었어요.

"이번에는 한꺼번에 땔감 아홉 개."

베트남 옛날에 뭐였더라. (어깨에 짐을 지는 동작을 하면서) 이렇게 생긴 거는 양쪽에 다 매는 건데 모르겠어요. [조사자: 지게?] 네 지게. 아홉 지게 가져오래요. 지게 같은데 한꺼번에 아홉. 만약에 한 번 지게 이만큼 있잖아요. 그거 아홉 묶음? [조사자: 아홉 지게에 땔감을 가지고 와라.] 네.

"아홉 지게 땔감 가지고 오면 이때 우리 딸 시집보내 주겠다. 아니면, 너 이러지 못하면 혼내주겠다."고.

그래서 그 말 하니까, 황디가,

'이 조그만 두꺼비는 그럴 수 없다. 그러니까 아마 조금 있으면 내 손에 죽어갈 거라.'고

생각하고.

두꺼비는 또 산에 올라갔다가 땔감 주워오는 척하고 집에 들어왔어요. 집 들어오니까, 그 집에 들어가서 여자 세 명, 부잣집에 여자 세 명 있잖아요. 세 명 앞에 앉아가지고,

"내 발가락에 뭐가 찔렸는데 이거 좀."

[조사자: 발가락에 가시가.]

"가시가 찔러서 아파서 가시가 좀 빼주세요."

도움 요청했는데, 그 말 듣고 첫째하고 둘째 같은 경우는 그냥 싫다고 하고 침 뱉고 그냥 가버렸어요. 그런데 마지막 남아있는 사람 막내 있어요. 막내는 아무 말 없이 가시 빼주려고 했는데 아무리 빼도 안 되더라고요. 그래서 그때는 두꺼비 말했어요.

"정말 좋은 사람인데, 근데 그렇게 해서는 가시가 뺄 수 없다. 망치 가지고 와서 세게 해야 그 가시가 나올 수 있다."

근데 그 말 듣고 너무 황당하고. 근데 하면 두꺼비 아플까 봐 하지 못하고. 그래서 어쩔 수 없이 아빠한테 그 애기 했어요. 황디가 그 얘기 듣고 되게 황당하고. 근데 생각해 보니까,

'나는 이 기회에 그 망치 가지고 얘를 죽여 버려야지.'

그런 생각 했어요. 그래서 바로 집 안에 있는 제일 크고 무거운 망치 가져와서 두꺼비 머리 향해서 했는데. 첫 번째 두 번째, 근데 그 두꺼비는 다 피했어요.

"마지막은 이렇게 하면 안 되고, 그거는 내 발가락에 해 달라."고.

그래서 세 번째는 발가락에 했는데, 하니까 황디란 사람이 네 번째 했잖아요. 너무 힘들어가지고 바닥에 쓰러졌대요. 쓰러져가지고 한참 있다가 눈 떠보니까 앞에서 땔감 아홉 지게가 놓여있는 거예요. 그래서 두꺼비 말했어요.

"나는 땔감 아홉 지게 가져왔으니까 딸 나한테 시집보내 달라."

그래서 이번에는 황디는 어쩔 수 없이 딸 세 명 불러서,

"이 두꺼비한테 시집가고 싶은 사람 있냐?"고.

그 말 듣고는 첫째, 둘째는 그냥 서로,

"안 가겠다."

고 하고, 막내는 가만 앉아 있어요.

그래서 드디어 막내는,

"두꺼비한테 시집가겠다."

그 말 듣고 황디는 되게 화가 났어요.

"너는 정말 두꺼비한테 시집가겠냐?"

그래서 막내는,

"네. 가겠다."

고 해서 어쩔 수 없이 뭐 딸도,

"가겠다."

했으니까 보내주고.

근데 보내면서도 딸한테 바위 하나하고 말 한 마리 주었어요. 그래서 이거 주면서 딸한테 말했어요.

"가다가 너가 이 바위 던져서 두꺼비 죽게 해버려서 다시 말 타고 집으로 돌아가라."

근데 딸은 역시 마음씨 착해서 아빠 말대로 안 하고 그냥 두꺼비한테 가서 살게 되었어요.

그래서 두꺼비 집에 되게 가난해서 둘이 사이좋게 지내고. 열심

히 밭일도 하고. 그런데 이상하게 밭일하면, 밭일하는데. 근데 셋째가 몰래 남편 따라서 밭 갔는데. 근데 밭 가보니까 두꺼비 없고 그냥 되게 젊은 청년, 잘생긴 청년 한 명 있었어요. 근데 실수로 나뭇가지 밟아가지고 소리가 나니까, 청년 그 소리 듣고 되게 숲속에 들어가서 숨어 버렸어요. 근데 셋째 따라가 보니까 청년 없이 그냥 두꺼비 한 마리 거기 있었어요.

또 시간이 한참 지나서, 한참 지나서도 마을에서는 큰 축제 열렸는데. 이번 큰 축제 같은 경우도 두꺼비는 자기 아내 같이 가려고 하지 않고 그냥 아내 먼저 보내고,

"먼저 가고 나는 이따가 가겠다."

근데 가는데도 축제 갔는데도 아무리 찾아도 자기 남편 없는 거예요. 그런데 너무 슬퍼가지고. 근데 보니까 사람들 많이 모이는 곳이 보니까 그 안에서 자기 봤던, 밭에 봤던 청년이 있었었어요. 그 청년 되게 열심히 놀이해서 사람들 막 여자들은 그 청년한테 가서 말 걸으려고 하고 되게 인기 많았어요.

그래서 바로 집에 갔어요. 집에 가보니까 집에는 두꺼비 없고 두꺼비 피부만 벗겨있어요. [조사자: 껍질. 껍질만 벗겨 있어요.] 그래서 그 껍질 가지고 와서 불에 태워버렸어요.

불에 태워버렸는데 그 청년이 거기 축제 있다가 갑자기 몸이 뜨거워져가지고 집에 가보니까 껍질 태우고 있는 거 보고 그다음에는 그냥 청년으로, 두꺼비로 사는 거 아니라 청년으로 살게 되었어요.

청년으로 살게 되는데 근데 이때는 농사짓는데도 잘 안 되고 되게 너무 힘들어하고 먹는 것도 없어가지고. 그래서 이 남자가 아내한테 말했어요.

"이제는 나는 당신 사랑하는데 근데 나는 이렇게 고생하면서 살기가 싫다. 그러니까 나는 잠깐 멀리 가서 일하고 갔다 올게."

그래서 둘이 헤어져가지고 남자는 멀리 떠나서 멀리 떠나는데 가다가 스님이라는 사람 만났는데. 스님 보니까 이 남자가 정말 착하고 재능이 많아서 그래서 이 남자한테 다가와서 물어봤어요.

"어디에 가냐?"고.

그래서 두꺼비는 인사하고,

“우리 집에서는 가난해서 멀리 가서 일해야 된다.”

스님 말했어요.

“그러면 나 따라가라.”

[조사자: 날 따라와라?] 네.

“따라와라.”

그래서 가다가는 강이 봤는데 강 가운데는 물이 맑고 앞에 하고 끝에는 물이 더러워요. 그래서 그거 보고 두꺼비 되게 신기해서 물어봤어요.

“왜 이렇게 강은 이렇게 생겼냐?”

그래서 그 스님 말했어요.

“되게 이상하죠. 근데 물이 원래는 밑에부터 맑아야 되겠죠.”

그래서 둘이 계속 가다가 또 신기한 일 있었어요. 근데 이 모습 보면서 계속 물어봤어요. 두꺼비가 계속 물어봐가지고. 그래서 한참 지나니까 스님이 말했어요.

“지금은 나 너하고 같이 갈 수 없다. 같이 갈 수 없으니까 이제 헤어져야 되겠다.”

그래서 둘이는 길 따라가면서 따로따로 가게 되었고, 이 남자는 어느 마을에 갔어요. 근데 가보니까 마을 사람들이 강아지 한 마리 잡으려고 했어요. 근데 이 남자 강아지 보니까 눈물이 막 흘려가지고 강아지가 자기한테 뭐 말하고 싶은 것처럼 해서 돈 주고 그 강아지 샀어요.

이제는 강아지는 남자 따라가게 되었고, 또 다른 마을에 갔어요. 다른 마을 보니까 여기서는 고양이 한 마리 잠겨가지고, 밤에 강에 넣으려고 했대요. 마을 사람들이 그 고양이 죽이려고 해서 이 남자 돈 주고 고양이 샀어요.

그래서 이 사람은 고양이, 강아지 같이 어느 마을에 갔어요. 어느 마을에 가니까 뱀 한 마리. 또 마을 사람들이 뱀을 죽이려고 했는데 또 이번에도 이 남자는 아무 생각 없이 그냥 주머니 안에 있는 돈 다 가져가서 이 뱀 샀어요. 이 뱀, 강아지 가져가서 집에 돌아갔어요.

근데 이번에는 황디라는 집 있잖아요. 막내딸하고 헤어지고 막내딸은 그냥 죽이는 거 알고 [조사자: 죽을 줄 알고?] 안 죽이고 자기 집 다시 돌아올 줄 알고 계속 딸 기다리는데 기다리고, 기다리고, 기다렸는데도 딸 안 와가지고 딸 집에 찾아왔어요. 딸 집에 찾아왔는데 딸 혼자 있는 거 보고 딸 바로 집으로 끌고 와서 그 마을에 있는 다른 남자한테 시집보내기로 했어요.

근데 막내는 아빠한테는,

"나는 두꺼비 같이 살게 해 달라."

계속 했는데도 안돼가지고. 그래서 황디 말했어요.

"나는 너 마음에 들지만 못생긴 두꺼비한테는 보내줄 수 없다. 그러니까 너는 이 남자한테 장가가라. 이 남자 집 같은 경우는 부자이고 물소, 말 되게 돈 많아서 이 남자한테 가라."

그래서 여자는,

"아빠 우리 남편은 두꺼비가 아니에요. 우리 남편은 사람이에요. 그러니까 우리 남편한테 가게 해주세요."

그 말 듣고 황디는 되게 화가 났어요.

"너 내 딸인데 왜 아빠 말 안 듣느냐? 나는 이번에는 꼭 너 저 남자한테 시집보낼 거라."고.

그래서 결혼식 준비해서 마을 사람들 다 초대하고 밥 먹고 있는데 갑자기 두꺼비 나타나가지고 다들 황당하고. 두꺼비 앉아서 밥 먹으려고 했는데 부잣집 남자, 그 막내딸하고 결혼하려고 하는 남자는 술 따라주려고 하는데 술은 두꺼비 옆에 앉아 있는 사람 다 따라주는데 두꺼비만 안 따라주고.

두꺼비 이 모습 보고 화가 나가지고 말했어요. (한참 생각하다가) 한국 속담 있는데 뭐였더라. [조사자: 윗물이 맑아야 아랫물이 맑다?]

"윗물이 맑아야 아랫물 맑다. 근데 여기는 아랫물 더러워야 윗물이 더럽지 않니? 어느 거는 가운데만 더러울 수 있니?"

그렇게 말해서 또 어쩔 수 없이, 그 말 듣고 어쩔 수 없이 두꺼비한테 술 따라주게 되고.

또 이번에 밥 먹으려고 했는데 또 보니까 젓가락이 딱 한 개 있는 거예요. 그래서 이 남자 크게 말했어요.

"새 다리 한 개 있으면 어떻게 걷느냐? 사람도 마찬가지 젓가락 한 개 있으면 어떻게 밥 먹겠냐?"

또 그 말 듣고 어쩔 수 없이 젓가락 갖다 주고.

그런데 갑자기 집안에서 나오는 사람이 자기 아내 집 안에서 나와서. 머리는 되게 화려한 수건, 화려한 옷 입고 있어요. 그래서 그 모습보고 두꺼비는,

"무슨 일 있냐?"고.

아내는 집에 있었던 일 다 얘기해서 남편한테 다 얘기해서. 그래서 그 말 듣고 두꺼비는 아내 안심시키고,

"너 울지 말고, 나는 강아지하고 고양이 있으니까 우리 그거 집으로 가지고 오고 나는 저쪽에 있는 뱀 가져올게."

근데 이 남자는 뱀 저 끝에 묶어놨는데 나오니까 이상하게 거기는 뱀이 없었고 되게 예쁘게 생긴 여자가 한 명 있었어요. 그래서 이 남자 물었어요.

"우리 뱀 혹시 못 봤나요?"

그래서 여자가,

"그 뱀은 나였다. 내가 여섯 번째 왕의 딸이었는데 근데 어느 날."

여자는, 뱀은 다른 세상에 살고,

"그래서 벗어나서 여기 올라왔는데 인간에 잡혀가지고 그래서 그렇게 되었다. 근데 너는 나를 구해주니까 이제 우리 집에 따라와서 나는 그 은혜 갚겠다."

남자는 물속에 여자 집에 따라왔어요. 가면서도 여자가 말했어요.

"가서 아마 우리 엄마 아빠가 나 구해주는 은혜로 금이나 보석을 줄 건데, 근데 금, 보석은 갖지 말고 집 한가운데에 물고기 꼬리 달라고 해주세요. 그 물고기 꼬리 갖고 있으면 뭐든 소원이 이루어진다."

그래서 그 말 듣고 그 집에 갔어요. 갔는데 똑같이, 그 여자 말한대로 똑같이 말했어요. 물고기 가지고 와서 집에 다시 돌아왔고, 집에 돌아오니까 그 물고기 가지고 소원 빌고 다 이루게 되고. 그래서

이제는 두꺼비 부부는 되게 풍요롭게라고 하나요? 부자 되어서 되게 행복하게 살았는데.

근데 이때는 황디 아내, 아빠 그 소식 듣고 두꺼비 집에 찾아왔어요. 찾아오니까 그 소문이 진짜였다는 것을 알고 그래서 집에 와서 아내한테 얘기했어요. 아내하고 딸 둘이하고 얘기했는데, 또 아내는 이 말 듣고 바로 막내딸 집에 찾아와가지고. 집에 찾아올 때는 두꺼비 부부 되게 잘 모시고 맛있는 거 막 주고 그랬는데도 황디 아내는 욕심이, 탐이 나가지고 물어봤어요.

"어떻게 이렇게 부자가 되었냐?"

부부는 사실대로 얘기했는데 근데 그 말 듣고 바로 엄마가 자기 집 달려왔어요. 자기 집 달려와서 그 아빠, 황디한테 얘기해서. 그래서 둘이는 어떻게 하인 시키고,

"그 똑같은 물고기 만들라."고.

명령을 내렸어요.

근데 똑같은 물고기 가지고 와서 또 다시 두꺼비 집에 가서 바꿔치기했어요. 바꿔치기하니까, 그래서 이제는 황디는 되게 부자가 되어서 그렇게 살고 또 두꺼비 부부는 다시 가난하게 살았어요. 가난해서 둘이는 먹을 것도 없어가지고 그래서 남자가 말했어요.

"어떡하지? 우리 이제는 먹을 것도 없으니까 나머지 강아지하고 고양이 팔아서 그 돈 가지고 와서 먹을 거 구해야 되지 않냐."

아 위에서 같은 경우는 제가 뭔가 뺐어요. 황디는 그거 가지고 와서, 황디하고 아내 가서 보니까 딸은 정말로 잘 살고 있고. 또 집에서는 첫째하고 둘째 있잖아요. 서로,

"자기들 그냥 셋째 죽여서 그래서 두꺼비한테 시집가겠다."고.

둘이 이렇게 짰나 봐요. 그래서 둘이 또 막상 둘이 같이 두꺼비한테 시집갈 수 없으니까 첫째는 둘째 죽여가지고 자기가 산에 가가지고. 베트남 산에 가서 무슨 나무 먹으면 죽는다고 해요. 그 나무는 지금 아직 있어요. 그래서 동생 죽이고 자기가 산에 올려가니까 또 독뱀한테 물려가지고 죽었어요.

[조사자: 그럼 두꺼비 아내가 죽은 거예요?] 아뇨. 첫째. 첫째는 둘째

죽이고, 물에 빠지게 하고 그다음에는 산에 올라가지고 독나무 가지고 동생 먹으려고 했는데 근데 물에 빠져서 이미 죽었잖아요. 첫째는 산에 올라가서 그 나무 따기 전에 독뱀한테 물려서 죽었어요. 좀 바꿨어요, 순서가.

황디 부부는 갑자기 딸 둘이 잃어버려 속상한데 그런데 욕심을 버리지 못하고. 금방 제가 얘기한 것처럼 욕심 버리지 못하고 하인 시켜가지고 물고기 꼬리, 금방 얘기했던 거 그거 바꿔치기 했어요. 그래서 물고기 꼬리 가지고 와서 바꿔서 이제는 황디는 또 부자가 되고 두꺼비부부는 가난하게 되었어요.

그래서 가난해서 사니까 또 아내한테,

"우리 집에서 강아지하고 고양이밖에 없는데 걔네들이라도 팔아가지고 먹을 거 구해야 되지 않냐."

그래서 그 말 듣고 강아지하고 고양이 너무 슬퍼가지고 부부한테 얘기했어요.

"우리 구해준 은혜."

강아지하고 고양이는 같이 두꺼비 부부한테,

"우리 구해준 은혜도 있고 이렇게 잘 키워주는데 우리는 죽이지 말고 우리 그 은혜 갚겠다."

그래서 어떻게 갚냐면 둘이는,

"다시 물고기 꼬리 가져오겠다."

고 했어요. 그래서 둘이는 그 집 가서 물고기 가져와서 고양이는 강아지한테,

"생쥐, 쥐 한 마리 잡아 달라."

잡아서 고양이 말했어요. 물고기 그때는 황디라는 사람 물고기는 물고기 꼬리 통, 보관함에 넣었어요. 그냥 놓을 수 없으니까. 고양이가 생쥐한테 말했어요.

"너는 이거 파가지고 그거 가져갈 수 있으면 너는 안 잡아먹겠다."

그래서 어쩔 수 없이 생쥐는 이렇게 해서 물고기 꼬리 가져가가지고 다시 두꺼비 부부 집에 가져다주게 되었어요. 그래서 부자가 되고.

근데 황디는 또 원래대로 되돌아왔는데. 근데 다시 왜 갑자기 부자였다가 다시 원래대로 되돌아오게 되니까 또 왜 그러는지 한 번, 함을 한 번 열어서 물고기 꼬리 찾아보니까 그 물고기 꼬리 사라지는 거 보고. 그래서 그거 때문에 쓰러져가지고 죽게 되었다. 그래서 끝이요.

[조사자: 아빠가 처음에 두꺼비 머리를 쳐서 죽이려고 하다가 못 죽이고 힘들어서 자빠졌잖아요. 그랬을 때 그 땔감 어떻게 갑자기 생긴 거예요?] 그거는 한 세 번 머리 때리려고 했는데 다 피했어요, 두꺼비가. 근데 마지막에 두꺼비가,

"이러면 안 돼요. 내 발가락에 때려야 그 가시가 빠질 수 있어요."

그래서 이 아빠가 망치로 발을 때렸어요. 발을 때리니까 너무 힘드니까 쓰러져서 눈감았더니, 근데 눈 떠보니까 갑자기 그거 눈앞에 나타나는 거예요. 아마 발가락 때리니까 그게 나타났다고 해야 되나요? [조사자: 그러면 그 빠진 가시가 땔감으로 변했나 봐요. 아마도?] 네.

[조사자: 그리고 또 궁금한 게, 아까 그 물 부분이 잘 이해가 안 가는데. 가운데 물만 맑고 양쪽 물은 더러웠잖아요. 그게 왜, 그 이유가 왜 그렇다고 한 거예요, 스님이?] 그렇게 자세히는 설명 안 해주시더라고요. (준비한 자료를 잠깐 살펴보고) 자세히는 안 나오고 그냥.

"이상하다. 이런 강이 어디 있겠냐. 아랫물이 맑아야 윗물이 맑은 거지. 어떻게 앞에 뒤는 더럽고 가운데만 이렇게 맑을 수 있겠냐."

그렇게 말 나왔어요.

[조사자: 왜냐면 나중에 두꺼비가 또 결혼식에서 그 남자한테 또 뭐라고 하잖아요.] 그거 이용해서, 스님한테 배웠던 것을 이용해서 말했고. 여기도 자세히는 안 나오고.

[조사자: 그거와 관련해서 베트남 뭐 속담이나 말이 있어요? 그런 게?] 베트남에는 그냥 '아랫물이 맑아야 윗물이 맑다' 그런 말이 있어요. 근데 이거는 없고. 그냥 그렇게.

"강에는 가운데 맑고 위하고 아래는 왜 이렇게 더럽냐?"

물어봐서 그 스님은 그냥.

"정말 이상하죠? 어떻게 이럴 수 있냐."

그렇게 말하고. 또 다른 밑에도 되게 자세하게 설명 안 해줬어요. 새도 마찬가지로.

"새는 왜 다리 한 개밖에 없냐?"

물어봤어요. 그래서 이번도.

"새 다리 한 개 있으면 못 걷고 우리 사람도 마찬가지다."

그렇게 말했어요. 또 세 번째도 마찬가지.

세 번째 뭐가 나왔냐면, 제가 이거 아까 얘기 안했는데 나무 한 그루 봤는데 그 나무 한 그루에서 열린 꽃이 있어요. 근데 되게 빨간 꽃이었어요. 나무뿌리라고 하나요, 몸통이라 하나요? 그거 보니까 밑에는 되게 가시가 많고 못생겼어요. 이거 보고,

"이렇게 예쁜 나무가 꽃도 열리는데 근데 나무가 왜 이렇게 못생겼냐."

했더니 이 사람 말은,

"그 나무는 산 사람하고 마찬가지다. 겉에는 못생겼지만 사람 마음에는 착하고 뭐 그런. 나무도 마찬가지다. 못생겼지만 예쁜 꽃이 필 수 있다."

그렇게 말하고 나머지는 자세히.

대나무 속 작은 여인

● **구연정보**

조사일시 : 2016. 11. 17(목) 오전
조사장소 : 강원도 횡성군 횡성읍 읍상리
제 보 자 : 누구엔티미두이엔(원지영) [베트남, 여, 1989년생, 결혼이주 6년차]
조 사 자 : 박현숙, 김현희

● **구연상황**

제보자가 〈어머니를 구원한 아들의 효심〉 구연을 마쳤을 때 베트남에 한국의 <선녀와 나무꾼>이나 〈우렁각시〉 같은 이야기가 있는지 묻자 제보자는 베트남에서는 우렁이가 아니라 대나무라면서 새 이야기 구연을 시작했다. 구연 도중 제보자의 어린 자녀가 엄마를 찾아서 잠시 구연을 중단했다가 다시 이어갔다.

● **줄거리**

옛날 대나무 속에 작은 여인이 살고 있었다. 어느 날 막내 왕자가 작은 여인을 만났는데, 마음이 잘 맞아서 여인을 왕궁으로 데려왔다. 왕이 왕자들에게 세상에서 가장 맛있는 음식을 차리는 사람에게 왕위를 물려주겠다고 말했다. 막내 왕자가 음식 걱정을 하자 대나무 속 작은 여인이 자신이 살던 대나무를 내어주며 대나무밥을 짓게 했다. 왕은 귀하고 비싼 음식보다 밥이 중요하다면서 막내 왕자에게 왕위를 물려주었다.

대나무는 이렇게 한쪽 이렇게 또 막히고 한쪽 또 있잖아요. [조사자: 네. 마디마디.] 마디마디에 마디마디 안에 들어간 여자가 있었어요. [조사자: 아, 대나무 여인이네요? 그 이야기 해 주세요.]

그 여자가 되게 작아요. 조그만 해요. 그래서 거기 대나무 막 살고 있었는데, 그 어느 날 왕자가 야외에 갔을 때 앉아서 쉬고 있었는

데 갑자기 여자 목소리 들리는 거예요. 쳐다보면 안 보여. 그래서 있다가,

"좀 만나게 해달라."고.

그래서 그 여자가 나왔어요. 왕자가 깜짝 놀랐어요.

(제보자가 아이와 대화를 나누느라 구연을 잠시 중단됨.)

[조사자: 목소리 듣고 나오라고 해서 나왔더니 어떻게 됐어요?] 나왔더니 남자가 놀랐어요.

'사람이 왜 이렇게 작냐?'고.

그래도 이해하고 마음이 맞았어요. 그래서 왕자가 왕궁으로 데려갔어요. 데려와서 자기 맨날 마누라가 주머니에 갖고 다닌 거예요. 작으니까. 그런데 가서 또 왕자가 형제가 몇 명 있어요. 그 서로 자기 왕이 되려고 동생 막 샘내고 그러는데. 그 어느 날 진짜 왕이

'아플 때 누구한테 자리해 줘야 되나?'

고민했는데, 마지막 시험할 때,

"제일 맛있는 음식 차려주면 그 왕 자리가 물려준다."

그래서 막내 왕자가,

"아니. 나 요리 못하는데 어떡하라고."

그러는데, 다른 상대는 막 맛있는 거 잡고 그러는데 자기는 아예 해본 적이 없으니까. 그래서 그 소녀가 도와준 거예요. 그 남편보고,

"자기 살고 있는 대나무 거기에서 밥을 끓여 놓으면 될 거예요."

그래서 쌀을 거기에 놓고 끓여요. 밥처럼. 그 왕에게 갖다 드리고. 그래서 왕이,

"어떻게 그렇게 잘 아냐?"고.

그 주민들 생각해주고. 쌀 제일 중요한 거잖아요. 먹는 거 음식 중요한 거 아니에요. 그래서 막내 왕자는 그 왕의 자리 된 거예요.

[조사자: 형들은 음식 뭘 해갖고 왔어요?] 음식 생선구이. 큰 생선 이렇게 껍데기 말고 딱딱한 거 있잖아요. [조사자: 비늘?] 네. 비늘. 그 안 빼고 그냥 튀겨요. 그럼 바삭바삭해요. 이쁘게. [조사자: 그러니까 엄청 비싸고 좋은 음식들 해왔고?] 네. 그래도 안 되고. 그런데 막내 왕자는 그냥 쌀하고 대나무 안에. 그 되게 평범하잖아요. 보통 사람 같

잖아요. 자기 왕 같지 않고 사람들 생각해주고 그런 거.

[조사자: 그래서 나중에 이 대나무 속 작은 여인하고는 결혼을 했어요?] 네. 결혼했어요. 행복하게 살죠, 뭐.

또 거기서 뭐 이 형제들 막 샘내고 이렇게 저렇게 했는데, 생각 잘 안 하고 그냥 간단하게. 그 경쟁, 자기 왕이 되려고 음식 뭐 막 준비하고 그런 거.

대나무통 속의 소녀 새끼손가락

● 구연정보

조사일시 : 2018. 11. 04(일) 오후
조사장소 : 충청북도 진천군 진천읍 벽암리
제 보 자 : 웬태휴 [베트남, 여, 1987년생, 결혼이주 12년차]
조 사 자 : 황혜진, 오정미, 한상효

● 구연상황

제보자가 〈백 명의 자식을 낳은 시조신 락롱꿘과 어우꺼〉 이야기를 마친 뒤 조사자가 〈떰깜〉이나 〈댕잠〉 이야기에 대해 물었는데 내용을 구체적으로 기억하지 못한다고 했다. 그 이야기 대신 대나무통 속에 든 소녀 이야기를 했다.

● 줄거리

아기가 없는 노부부에게 새끼 손가락만한 여자아이가 태어났다. 아이는 새끼손가락으로 불렸다. 어느 날 노부부는 아이를 버리기로 결심하고 대나무통에 먹을 것과 함께 아이를 넣어서 숲에 버렸다. 새끼손가락은 숲에서 자라나서 처녀가 됐다. 어느 날 왕자가 숲에서 수박을 먹다 버렸는데 새끼손가락이 남은 수박 반 통을 먹고서 임신을 했다. 몇 년 후 왕자가 숲에서 자기와 닮은 어린 남자아이를 만났다. 왕자는 그 아이가 자신의 아들인 것을 알고, 새끼손가락에게 청혼해서 결혼했다. 왕자의 형제들이 새끼손가락을 마녀라고 했지만, 새끼손가락은 뛰어난 능력을 보인 뒤 번듯한 여인으로 변했다. 왕자는 새끼손가락 덕분에 왕이 됐고, 새끼손가락은 왕비가 되어서 행복하게 살았다.

하나 있는데요. 뭐지, 어떻게 얘기해야 하나 그 단어가 왜냐하면 대나무 통 안에 사는 저기 막내 여자 아가씨라고 하는데, [조사자 1: 대나무 통에 속에] 통에, 그 통에 [조사자 2: 대나무 통 속에 사는 여자아이.]

그 여자 이름이 어떻게 얘기, 왜냐하면 그 여자 새끼손가락 만큼이라서 새끼손가락이라고 이름 지었는데 그 이름 얘기할 때는 새끼손가락이라고 해야 하나요? [조사자 2: 그냥 그러셔도 돼요.] [조사자 1: 이름이 새끼손가락 요만해서? 새끼손가락?] [조사자 2: 베트남 이름이 있는데 그게 기억이 안 나신다는] 베트남 이름은 새끼손가락이에요. [조사자 2: 아, 그래요? 오케이.] [조사자 1: 우리나라는, 우리나라가 아니라 엄지공주 이런 게 있어요.] 아, 우리는 공주 아니고 그냥 새끼손가락.

어, 옛날에 어느 마을에 저기 노인 부부가 있대요. 그 노인 얘기하는 거 좀 그런데 약간 50대, 40대 정도 있었는데 애기가 없었대요. 너무 외로워하면서 그래서 어느 날에 하늘에다 대고 빌었대요.

"저를 좀 애기 한 명이라도, 작아도 좋고, 못생겨도 좋아."

그래서

"한 명이라도 저기 있게 해 줘."

라고 하늘에 빌었대요.

그래서 갑자기 어느 날에 임신했대요. 아내분이 그 노인 부부가.

그 아내분이 임신했는데 근데 3년이 지났는데 애기 안 낳는 거예요. 기다리면서도 안 낳고, 3년이 지났는데 그 3년이 지나니까 낳는 거예요. 근데 낳자마자 애기가 여자 아이 태어났는데, 근데 몸이 새끼손가락 밖에 안 돼서 그래서 새끼손가락이라는 이름이 지었대요. 처음에는 걱정했는데

"이렇게 작은데 어떻게 살아가냐?"

고 하면서 또,

"아, 그래도 크겠지."

이렇게 했는데도 몇십 년이나 살았는데도 그대로예요. 그래서 노인 부부가 너무 슬프면서 그 아내 분이 남편한테 영감한테 그랬대요.

"그냥 얘가 얘를 데리고 숲, 산속에서 버리자."고

그랬대요.

이제 더이상 안 되겠다고 그래서 처음에는 남편도 동의했는데, 애기 십 몇 년 같이 사니까 좀 정이. 아버지라서 그렇게 버리는 거 좀 안타까워서 맘이 아파서 버리, 데리고 버리 가는 날에 식량이랑

먹는 거랑 많이 준비했대요.

준비해 놓고도 그 막 새끼손가락한테 얘기했대요. 그래서 여기에서 살림을 차려주는 거, 통이, 대나무 통이 조그만 거 갖다놓고 거기 안에 저기 새끼손가락을 안에 놓고 얘기했대요.

"여기 그냥 밭에 수박인가 수박씨도 있고 뭐 먹는 거 있으니까 이제 니가 알아서 살림이 저기 하거라."

그렇게 했는데,

"아빠가 가끔 그 와서 해줄게 봐 줄게."

했는데도 그래서 거기에서 산속에서 사는 거예요. 새끼손가락에 살면서도 가끔 아빠가 와서 아빠가 보고 와서 보고 했는데도

어느 날에 왕자님이 부하들을 저기 약간 동물 찾고 가는 거 뭐라. [조사자 1: 사냥.] 네네, 사냥하러 가는데 그 밖에 그 밖에 지난 거예요. 근데 마침 그때 왕자님이 물이 먹고 싶어가지고 배고파서 아무리 돌아봐도 사람이 없는 수박밭을 발견하는 거예요. 그래서 그 수박밭에 가서 주인한테 찾아서 한 두 개라도 달라고 했는데 사람이 안 보여서 근데 너무 배고파서 어쩔 수가 없어서 그냥 잘라서 먹는 거예요.

근데 수박 너무 커서 반만 먹고 반만 남는 거예요. 그래 남고 가니까 그때 저기 새끼손가락이 나타나는 거예요. 그 아까워서 새끼손가락 수박을 먹고, 그 얼마 안 돼서 임신했는 거예요. 그 임신하고 한 일 년 후에 애기 나니까 잘생긴 남자 애기 태어났대요. [조사자 1: 새끼손가락은 크기가 여전히 새끼손가락이에요?] 네네, 그대로예요. [조사자 2: 수박 반을 먹고 임신을 한 거예요.] 그래서 애기 낳고도 다른 여자처럼 애기 잘 키웠대요.

그 어느 날에도 또 왕자님이 또 사냥하러 나가는 거예요. 거기 밭을 지나서 그래 또 그때는 저기 자장가 부르는 소리 들은 거예요. 좋은 소리 들었는데 쳐다보니까 사람이 없고 그래 가보니까 어떤, 어떤 잘생긴 아기가 맞는, 만나는 거예요. 근데 왠지 자기도 모르게 그 아이가 보자마자 약간 감정이 생기는 거예요. 약간 좋아하고, 약간 감정, 사랑하고 그렇게 느끼는 거예요.

근데 엄마는 안 보이고 그래서 잠깐 애기 안고 보니까 애기 우는 거예요. 애기 울어서 보니까 새끼손가락이 어쩔 수 없어 나타내야 하니까, 그래서 왕자님한테,

"내 애기 내놓으라."고.

내 애기라고 그래서 깜짝 놀랬대요. 왕자님이 왠 저기 새끼손가락만한 사람이 나타나니까 놀랬고, 누구냐고 물어봤는데 새끼손가락 말하는 거예요. 자기 어떻게, 어떻게 했든 그렇게 이야기하면서. 왕자님이 갑자기 그 여자보고

"뭐 그러면 나랑."

뭐지,

"결혼해 주겠냐?"

[조사자 2: 왕자가?] 왕자가. 그래서 새끼손가락은

"내가 이러는 데 왕자님 괜찮은 거냐?"고.

"그래. 괜찮다."고.

했대요. 그래서 결혼하고 나서 그냥 왕자님이 갔다왔다 하는 거죠. 왜냐하면 새끼손가락, 새끼손가락 조그마하니까 또 누구한테 알려주면 좋고 알려주면 좋고 하잖아요.

그래서 서로 그렇게 잘 지내하다가 어느 날에 저기 그 왕자님이 있던 형들이 있잖아요. 그 소문이 들어가는 거예요. 그 소문 들으면서 왕에게 얘기했대요. 이런 얘기라고 그래서 왕은,

"혹시 그 여자가 귀신 아니면 마녀 아니냐?"고.

왜 그렇게 작은지 생각했나 봐요.

"그러면 안 되겠다."

그래서 원래 아들 세 명이 있는데 그 세 명에게 뭐 며칠 날, 며칠에 인제 셋 며느리, 셋 며느리 다 데리고 오라고 만나라고 했는데 왕자님 그때부터 어명이 들으니까 걱정이 되는 거예요.

그래서 새끼손가락이 왕자보고, 걱정하는 얼굴 보니까 물어본 거예요.

"왜 걱정하고 있냐?"고.

"무슨 일이 있냐?"

고 했는데 왕자님 그렇게 말했대요, 말했대요. 어, 무슨 부왕,

"저기 아버지가 며느리 본다고 하는데 근데 당신이 그렇게 작은 데 어떻게 아버지 앞에서 보여줄 수 있는지 진짜 고민이다."

라고 했는 거예요.

그래서 새끼손가락 웃으면서

"걱정하지 마라."고.

"그냥 아버님 뜻대로 따라하겠다고 전해주세요."

했대요.

그래서 왕이 얘기했대요.

"저 며느리도 보고 또 내가 원하는 좋은 옷 준비하고 좋은 음식 준비하면 그 셋 중에 저기 제일 내 맘들면 저기 내가 저기 나라를 물려주겠다."

고 하는 거예요.

그래서 만나는 날에 갑자기 그 새끼손가락 갑자기 크면서 [조사자 2: 커졌어?] 커져가지고 예쁜 여자가 되는 거예요. [조사자 2: 그게 뭐 약을 먹었나요?] 약 먹은 게 아니고 약간 제가 아는 거는 밤에 자면서 선녀가 내려왔대요. 선녀가 내려와가지고 어, 새끼손가락 원래 선녀 하늘에서 살았대요. 그래서 약간 무슨 잘못을 해가지고 저기 내려오면서 저기 벌처럼 받는다라고 해서 이제 크니까 다시 저기 원래대로 돌려주겠다고 그랬나봐요.

그래서 선녀 내리면서 그렇게,

"원래대로 돌려주겠다. 돌려주겠다."

하면서 도와주는 거예요.

왕자 없는 날에 그렇게 변하니까 커졌으니까 남자, 왕자가 [조사자 2: 몰라?] 몰라요. 와면서도 또 여자는 나오니까 또 깜짝 놀라면서 새끼손가락 어디 있는지도 모르고 그러니까 새끼손가락은 얘기하는 거예요.

"나라고. 이렇게, 이렇게 된다."

그래서 기쁘면서 왕을 보러 갔는데 그 세 명 중에서도 옷도 올려주고, 마음에 드나 봐요. 왕이 옷을 들려주고 빵 같은 거도 거기 해줬

는데 왕이 새끼손가락한테

"이 방(빵)을 주는 것은 무슨 뜻이냐?"

고 했는데

"그래 이 방을 약간 부모님 은혜를 감사하다고 하는 말이라."고.

얘기 설명했대요. [조사자 2: 빵을 주면서] 네네.

[조사자 1: 새끼손가락이 임금한테 옷도 주고 빵을 줬다는 거죠?] 네네. 왜냐하면 그거는 약간 왕이 원하는 조건이라고 했는데 준비하는 조건이래요. 그래서 빵을 설명해야 하는데 빵의 의미가, 의미가 좋은 사람한테는 나라 물려주겠다고 하는데 그래서,

"이 빵이 무슨 의미냐?"

고 물어봤을 때는 약간

"부모님한테 저기 은혜를 감사하는 빵이라."고.

얘기하니까 왕은 마음에 들으면서 좋다고 막내한테 저기 나라를 물려주려는 거예요. 그 두 형이 너무 부끄러워서 약간 이간질을 했잖아요. 부끄러우면서 저기 궁전을 나갔대요. 그래서 왕자님이 저기 왕이 되고 그때부터 저기 막내, 새끼손가락이랑 같이 행복하게 살았대요.

[조사자 1: 그 부모님은 왜 새끼손가락을 왜 버릴라 그랬을까?] 한 십몇 년을 저기 키웠는데 계속 작았으니까 너무 힘드는 거예요. 받아들이는 거, 충격이는 거, 기대 많이 했는데 그래도 크겠지, 크겠지 했는데.

[조사자 1: 처음에는 새끼손가락만 했지만 점점 커질 거라 생각했는데.] 하늘의 선물이라고 했는데도 근데 아무래도 기다리면서도 안 크니까 이제 힘 드는 거예요. 나이도 저기 드는데 이렇게도 돌봐줘야 되니까는 너무 힘들다고 해서 그래서 버리는 거부터 어디 숲에다가도 알아서 살고 있으라고 하니까.

신기한 물병 [1]

● **구연정보**

조사일시 : 2018. 11. 04(일) 오후
조사장소 : 충청북도 진천군 진천읍 벽암리
제 보 자 : 웬태휴 [베트남, 여, 1987년생, 결혼이주 12년차]
조 사 자 : 황혜진, 오정미, 한상효

● **구연상황**

제보자가 〈금구덩이와 은구덩이〉 구연을 마친 뒤 조사자가 다른 이야기를 해 달라고 청하자 제보자가 다시 이야기를 시작했다.

● **줄거리**

착한 남자가 까마귀에게 잡아먹힐 뻔한 참새를 구했다. 그러자 참새가 다시 돌아와서 남자에게 물병을 줬다. 물병 안에는 신기한 물이 들어 있었는데 남자는 그 사실을 모른 채 물병을 집에 두었다. 얼마 후 남자는 못생긴 여자와 결혼했는데, 우연히 물병을 발견한 아내가 그 안에 있는 물로 몸을 씻고서 미인으로 변했다. 파밭으로 흘러간 물은 파를 크게 자라나게 했다. 남자는 비로소 물병을 비밀을 알았고, 예쁜 아내와 잘 살게 되었다. 그는 여자의 화상을 가지고 다니며 일을 했는데, 전날의 까마귀가 복수하기 위하여 그 그림을 궁궐에 떨어뜨렸다. 황제는 사람을 시켜 그림 속의 여자를 찾아내 궁궐로 데려갔다. 여자가 웃지도 않고 말하지도 않자, 황제가 아내를 웃게 하는 사람에게 큰 상을 내리겠다고 공표했다. 여자는 통 웃지를 않다가 남편이 큰 파를 들고 나타나자 즐겁게 웃었다. 그 모습을 본 황제가 자신의 곤룡포와 남자의 허름한 옷을 바꿔 입자, 착한 남자가 황제를 쫓아내고 그 자리에 앉았다.

신기한 저기 물이라고 하는데요. [조사자 2: 신기한 물.] 물. 물병이라고 그 안에는 물이 있고. 얘기해보니까 그냥 다 착한 사람이 나

타나가지고 [조사자 2: 원래 다 저희 나라도 그래요.]

그래서 어, 어느 마을에 착한 저기 남자가 있는데 그분도 그 나무하다가 먹고 사니까 어느 날에 저기 숲에 들어가서 나무하러 갔는데 까마귀를, 참새 물고 있는 모습이 봤대요. 그 까마귀가 저기 참새를 잡고 먹는, 그런 거 그런 모습이 봤는데 그래서 청년이 참새가 불쌍해서 그 뭐지, 돌이 까마귀한테 던졌대요.

그래서 까마귀가 아파서 그 참새를 놓고 도망갔는데 그 남자가 착한 남자가,

"빨리 거기 꺼져라. 떨어져라."

이렇게 참새한테,

"떨어져라. 가거라."

이렇게 돌을 던졌대요. 그래서 까마귀 그냥 어쩔 수 없어 도망가고 했는데 그냥 도망가다가 저기 내가 꼭 복수하겠다고 얘기 들었대요. 남자한테 그 남자한테.

[조사자 1: 우리는 그 까마귀가 참새는 안 먹고 독수리나 매가 참새를 먹거든요.] 저희 까마귀. [조사자 1: 혹시 까마귀 진짜 까맣게 생긴 그 까마귀가 참새를 먹어요.] [조사자 2: 육식해요. 잡식이에요.] [조사자 1: 까마귀가 굉장히 크겠네요.] 네, 이렇게. (웃음)

그래서 저기 그때 그 참새가 저기 부상이 됐대요. 그래서 남자가 그 숲에서 치료해 주는데 치료하자마자 바로 회복이 되니까. 참새가 너무 고마워서 남자, 착한 남자한테,

"조금만 기다려 주세요."

했대요.

그래서 한참 있다가 다시 날아오니까 그 입에서 그 물병이 있는데 향수, 향수병처럼 물고 [조사자 1: 이렇게 물고.] 네, 갖다 줬대요. 그래서 참새가 말했대요.

"이거 신기한 물이 있어 병 안에 신기한 물이 있어 이 세상에서는 이거 하나밖에 없어요. 이거 잘 갖고 있고. 나중에 저기 꼭 필요한 일이 있을 거라고 꼭 갖고 있다."고.

했는 대로. 남자가 그거 열어보니까 향기 너무 좋고 되게 신기한

다고 생각했대요. 그래서 이거는,

'진짜 보물이다. 그래서 내가 쓰는 거 아닌 거 같다. 잘 갖고 있어야겠다.'

잘 보관했대요.

집, 집. 그런데 집이 가난하니까 넣는 데도 없고 그냥 아무데나 걸어놓고 까먹는 거예요. 그 얼마 안 된 후에 결혼했대요. 근데 동네랑 원래 농사하는 사람 많으니까 농사하는 집에서 딸을 하고 결혼했는데 그 여자도 못생기고 피부 까맣고 그냥 예쁘지 않았대요. 그래서 같이 근데 둘이는 너무 사랑하고 행복하게 나날을 저기 지냈는데.

어느 때는 저기 남편 일하러 나갔으니까 아내 집에 있고 청소하고 있었는데 그 신기한 물병이 발견되는 거예요. 발견되면서 열어보니까 향기 너무 좋아서 아 이거 저기,

"샴푸인가 봐 저기 샴푸인가?"

[조사자 1: 비누인가?]

"아니면 뭐 향수인가 뭔가? 이렇게 냄새 좋다."

그렇게 하는데, 그래서 샤워할 때 목욕할 때 그거 쓴대요. 저기 같이 하면서 물을 섞으면서 인제 머리도 감고, 몸에도 닦고 하는데 갑자기 이뻐지는 거예요. 세상에서 제일 이쁜 사람이 되는 거예요. 또 피부도 하얗고, 얼굴도 하얗고 이뻐지니까 기분이 너무 좋은데.

그 샤워하는 물이 그 뭐 약간 개울? 개울이 그거처럼 떠내려 [조사자 2: 떠내려갔는데.] 거기 집 옆에 파밭으, 있대요. 파 심어놓은 데, [조사자 2: 파밭.] 네, 파밭이 있는데 그 물에 저기 들어가니까 파가 엄청 크게 나오는 거예요. 약간 저기 큰 꽃병만큼. 그 밑에 그 아래는 그 큰 꽃병만큼이 되고 엄청 길쭉하고 크대요.

그래서 신기하고 남편이 일하러 돌아왔는데 아내는 없고, 또 어디 이쁜 여자가 있으니까,

'선녀인가? 뭔가 들어온 건가?'

생각했는데 그래서 아내가 말했는가.

"나야, 나라고. 당신 아내라."고.

안 믿는 거예요.

"아니, 우리 아내는 안 이뻐요. 당신처럼 이렇게 안 이뻐요. 못생겼어요. 피부도 까맣고 했는데 이럴 리가 없죠."

그래서 아내분이 저기 뭐 신기한 물병에 얘기하면서 그러니까 그때 기억나는 거라.

"아, 그렇다."고.

얘기했는데 그래서 너무 좋대요, 이 남자가.

남편이 너무 좋아서 매일매일 저기 아내하고 사랑하고 행복하게 지냈는데 또 아내 또 너무 이쁘니까 어디 가지도 못하고 일도 많이 못했대요. 어디 두고 나오면 불안해서 그래서 일단 너무 보고 싶으니까도, 화가 부르면서 아내 사진 글 달라고 그려서 갖고 다니라고. 어디 가든, 어디 갈 때마다 그 사진 갖고 나가는 거예요. 논 들어가 얘기하면 나뭇가지에 걸어놓고 일하다가 쳐다보고, 일하다 쳐다보고.

그때 저기 까마귀가 날아오는 거예요. 복수하겠다고 해서, 그 사진 갖고 황궁에 있는 왕한테 마당에서 떨어뜨린 거예요. 그래서 부하들이 저기, 들고 왕한테 불르니까 왕이,

"내 궁에서 이런 몇 십 명 있는데, 궁녀들이 있는데 이렇게 이쁜 사람이 없다."

했는데,

"이제 까마귀 나를 이렇게 기회 줬나?"

이렇게 생각했대요.

이거 저기 인연이나 싶어서 또 부하한테 시켜서 전국 돌아가면서 이 사진의 주인이 나타, 저기 있으면 찾으라고 했는데. [조사자 1: 초상화 그러니까 얼굴 똑같이 그린 초상화.] 네네, 그림 있잖아요. 그래서 이 그림 그리는 주인이 찾느라고 이렇게 약간 이렇게 속셈이 저기 하는 거죠. 주인 아니고 여자를 찾는데.

그 어느 날에 부하들이 저기 남편 동네에 왔는 거예요. 마을에 또 그런 식으로 이제 사람을 그림의 주인이 찾는다고 찾다고 했는데 그 남편이 저기 자기 꺼라고 얘기했는 거예요.

"이거 내 거라."고.

그래서 부하들이,

“저기 어떻게 설, 증명하겠냐?”

그래서

“내 아내라.”고.

“내 와이프 내 아내라.”고.

“못 믿으면 따라고 오라.”

고 했어요.

그래서 집으로 데려와가지고 아내를 봤으니까 왕이,

“저기 이 여자를 데려와야 된다.”

고 했잖아요.

그래서 델고 왔대요. 그 궁전 들어가서 그래서 아내가 궁전 들어, 들어가자마자 말도 안 하고. 목욕도 안하고 머리고 안 빗고. 아무것도 안 한대요. 그냥 가만히 있었대요. 그래서 왕도 이쁜 사람 데려오니까 기쁘고 또 한편은 말도 안 하고 뭐 아무것도 안 하고, 가까이 오지도 못하고 하니까 또 걱정하는 거예요.

그래서 왕은 저기 그렇대요. 공고 나왔대요.

“누구 이 사람이, 이 사람한테 웃게 해주면 상을 주겠다.”

그래서 옛날에 말로는 개그맨, 뭐 웃게 해주는 사람이 많은데 들어와서도 아무리 해도 웃지 않는대요. 웃지 않고 그래서 또 다시 공고내고 하니까. 그 마을에 있는 남편이 그 소식이 듣고,

“내가 나가겠다. 내 아내이다. 그 사람이 내 아내인 거 같다.”

그래서

“저기 궁전에 들어가겠다.”

했는데.

그런데 뭐 해야 되잖아요. 어떻게 웃게 해야 되는데 그 자기 옆에 자라는 큰 파 있잖아요. 막 그거 듣고 하면서 그 저기 들고 올라가는 거예요. [조사자 2: 그 큰 파를] [조사자 1: 막 뿌리가 양파 뿌리만 한 꽃병 같은 양파를] 길쭉하게 하는데 궁전 앞에서 막 그 파는 소리 하잖아요. 그러니까,

“파 사세요. 파 사세요. 우리 파는 저기 그 뿌리가 저기 꽃병만큼

큰다."고.

"누가 내 파를 사면 내 사랑도 받아줘라."

그렇게 했대요.

근데 그 소리를 점점점, 아내한테 귀에 들어온 거예요. 그 아내가 저기 궁녀? 하인, 일하는 여자 있잖아요. 그 사람한테,

"그 사람이 불려 와라. 이거 파, 파는 사람 불러와라."

그래서 불러왔는데 그 서로 만났잖아요. 말도 못하고 그래서 서로 만났으니 웃었어요. 그 왕 앞에서 그래서 왕이 그 아내, 그 여자가 그 파를 보고 웃은 줄 알고, 재미있다고 그래서 남자, 남편한테,

"이거 내 거라. 이거 줘라. 그 파 줘라."

본인도 뭐 옷 곤룡포라고 그런가? 그런 거, 그런 거 벗고 남자한테 주는 거예요. 자기가 그 파 들고 막 빙빙 돌면서 노래하면서 아까 그 노래더러

"내 파, 내 파는 꽃병처럼 크다. 누가 내 파를 사면 내 사랑까지 받아줘라."

그러니까 그 아내분은 더 재미있는 거예요. 그때 갑자기 남자, 남편이 그 옷 입고, 입고 그때,

"여봐라 이 사람한테 쫓아내라."

이렇게 했는데 왕한테. 그래서

"내가 왕이라."고.

부하들한테

"내가 왕이라."고.

"잘 보라."

고 했는데.

근데 옛날부터는 그냥 왕 옷 입으면 그 사람이 왕이라고 하니까 어쩔 수 없는 거예요. 어쩔 수 없이 어명에 따라야 하니까 그래서 그때 그 왕을 쫓아내고 다시 왕궁 저기, 저기, 착한 부부가 이제 그때는 저기 됐대요. 그 사람이 왕이 되고.

[조사자 1: 그러면 저기 남편이 "여봐라 쫓아내라." 그런 거예요?] 네. [조사자 1: 파, 파는 사람 쫓아내라고. 그리고 파 팔면서 그 노래로 했어요?]

네. 노래했죠.

[조사자 1: 조금만 들려주시면 안 될까?] 제가 노래? [조사자 1: 네.] 노래, 노래하지 않고 그냥 말하는데 베트남어로 하는 거예요? [조사자 2: 우선 한국어로] [조사자 1: 아니, 베트남.] 베트남어. [조사자 1: 베트남어로 노래가 있어요?] 베트남어로 약간 노래 아니고 약간 시처럼 이렇게 말하는데 [조사자 1: 고거 약간 베트남어로 해주세요.] 그거는 그냥.

(베트남어로 시를 읊음.)

[조사자 2: 번역하면 무슨 말이에요? 한국어로?] 그거는 '길쭉하고, 뿌리는 꽃병처럼 크고 누가 내 파를 사면 내 사랑까지 받아줘라.' 이렇게 하는 거예요.

[조사자 1: 완전 한국에 있는 얘기랑 너무 비슷하네요. 새샙이 얘기랑 비슷해서, 누가?] [조사자 2: 없어요.]

[조사자 1: 그 까마귀는 어떻게 됐어요?] 그 이 이야기 안에는 그냥 그때 그림 그 궁전 마당에 떨어뜨리고 그냥 나갔대요. 그거 알면서 왜냐하면 옛날 까마귀 그런 거도 미래도 어떻게 됐는지 아니까 이미 아니까 그냥 떨어뜨리는 거 이렇게 하는 거예요.

[조사자 1: 까마귀가 나쁜, 나중에 이렇게 임금이 된 남편이 까마귀를 잡지는 않아요?] 네네. 그런 얘기 그냥 뭐 행복하게, 행복하게 살았다는 그냥 마치고 끝났어요. 나중에 얘기는 없어요.

[조사자 1: 되게 재밌네요. 그 파가, 파가 혹시 이렇게 남성다움, 이런 거하고 관련 있지 않아요?] 그렇지 않아요. 네. [조사자 1: 이 남편이 파를 이렇게 갖고 와서 자랑을 하니까 여자가 예뻐지는 것처럼 남편이 힘이 세지거나 멋져지는 것과 관련이 있지 않을까?]

그거는 그건 저는 잘 모르겠는데. 왜냐하면 파가 아내분이 봤으니까. 그런 파는 자기 남편 집에밖에 없는데 그래서 이런 신기한 물품에 들고 가면 혹시나 저기 궁전에서 저기 왕이 불르지 않겠냐 저기 하니까 또 이렇게 들고 가서 노래도 불르니까 아내 분은 남편인 줄 아니까 만날 수 있게 했으니까, 그러면서. [조사자 1: 남자들이 파를 잘 먹고 하는 건 아니에요?] (웃음)

[조사자 2: 궁금한 게 그 이야기 안에서 참새와 까마귀잖아요? 참새와

까마귀 안 변해요? 이 이야기 베트남에서 구전될 때 참새는 정말 참새로, 까마귀는 정말 까마귀로 혹시 다른 새로 참새가 바뀌거나 까마귀가 다른 새로 바뀌거나.] 없어요. [조사자 2: 그러지는 않아요? 그냥 참새와 까마귀예요?] 네.

[조사자 1: 베트남 까마귀는 진짜 커서 다른 새를 많이 잡아먹어요. 여기 까마귀는 보셨잖아요. 여기 까마귀는 너무 작잖아요.] 저희 이야기 들었을 때는 거의 다 독수리 아니며 까마귀, 왜냐하면 까만색이니까 약간 운이 안 좋은 거다. [조사자 1: 아, 불길한 거.] 그런 거 하면서 생각하면서 그래서 얘기할 때는 약간 나쁜 쪽에 하면 까마귀고, 착한 사람이면 참새고 그런 종류.

[조사자 1: 한국에 있는 참새랑 베트남 참새랑 비슷하게 생겼어요?] 베트남 참새는 조금 더 작아요. [조사자 1: 더 작아요. 베트남 참새도 베트남도 쌀농사 짓잖아요. 곡식들 이렇게 먹고 그래요?] 네. [조사자 1: 참새들 몰아낼려고 허수아비 같은 거.] 허수아비 같은 거 거의 안 해요. 거의 안 하고. 뭐 그렇게 한꺼번에 많지 않아요.

[조사자 1: 왜 참새는 왜 항상 착하다고 그렇게 믿을까?] 저희는 착하다고 믿어요. [조사자 1: 조그맣고 귀엽고.] 힘이 없고 하니까 약간 뭐 좋은 사람 쪽에서 저기 비유적인 하니까. 까마귀는 까맣고 또 크니까 조금 좀 나쁜 쪽에서 얘기하고 하니까. 그래서 뭐 항상 하면 참새나 까마귀 등장하면서 해요.

[조사자 1: '흥부 놀부'에서도 제비가 이렇게 박씨를 물어다 주거든요.] 저희도. [조사자 1: 참새가 신기한 물병을 물어다 준 거예요?] [조사자 2: 혹시 이건 진짜 궁금해서 그러는데 참새, 구해준 참새가 그 여자로 변한 거는 아니죠?] 아니에요. 아니에요.

신기한 물병 [2]

● **구연정보**

조사일시 : 2018. 11. 05(월) 오후
조사장소 : 서울시 관악구 신림동 서울대학교
제 보 자 : 쩐티빅프엉 [베트남, 여, 1977년생, 기타]
조 사 자 : 황혜진, 오정미, 엄희수

● **구연상황**

조사자들은 베트남에서 교수로 있으면서 한국에 연구를 하러 온 제보자를 서울대에서 만났다. 서로 인사를 나누고 인적 사항을 확인한 뒤 제보자는 처음에 무슨 이야기를 해야 할지 고민하다가 〈신기한 물병〉 이야기를 시작했다.

● **줄거리**

옛날에 어느 가난한 남자가 노루를 도와주자 노루가 보답으로 신기한 물병을 선물했다. 남자는 그 물병을 효능을 모르는 채 병을 집에 두었다. 그 후 남자가 못생긴 여자와 결혼했는데 우연히 물병을 발견한 여자가 그 물로 몸을 씻자 미인으로 변했다. 파밭으로 흘러간 물은 파를 크게 자라나게 했다. 남자는 비로소 물병을 비밀을 알았고, 예쁜 아내와 잘 살게 되었다. 그는 여자의 화상을 가지고 다니며 일을 했는데, 전날의 까마귀가 복수하기 위하여 그 그림을 궁궐에 떨어뜨렸다. 황제는 사람을 시켜 그림 속의 여자를 찾아내 궁궐로 데려갔다. 여자가 웃지도 않고 말하지도 않자, 황제가 아내를 웃게 하는 사람에게 큰 상을 내리겠다고 공표했다. 여자는 통 웃지를 않다가 남편이 큰 파를 들고 나타나자 즐겁게 웃었다. 그 모습을 본 황제가 자기 옷과 남자의 허름한 옷을 바꿔 입자, 남자가 황제를 죽이고 그 자리에 앉았다.

그거, 그. 베트남어로 그거는 그, 좀, 아마 북부지방 사람하고 남부지방 사람 이름이 좀 다르게 부르는 부분이 있는 거 같은데. 그거

는 물병보다는 '러륵탄'이라고 하는데. 그, 아마 좀. 북부사람들이 그냥 러륵탄보다는 그냥 '안무항또'라고 해요.

[조사자 1: 그거 무슨 뜻이에요? '더누와탄'은 '물병이 신기해' 이런 뜻이고.] 네, <신기한 물병>이라고 하는데. 그 안무항또이라는 것은 그냥 그, 파 있잖아요, 파. [조사자 1: 그냥 파예요? 아님 신기한 파?] 네, 그냥. '파를 팔아요. 사세요.', '파를 사세요.' 그런 뜻. [조사자 1: 파를 사세요, 파 사세요.] 네, 그런 뜻이에요. [조사자 1: 파 사세요. 아, 재밌네요. 네. '파 사세요.' 좀 들려주세요.]

옛날에 그 남자 있는데 아주 가난해서 어, 아내가 뭘 얻었어요. 산에, 산에 올라가서 그 나무를 하려고 산에 올랐는데 산에 가는 길에서 그 한, 그, 노루? 노루가 나타났어요. 살려 달라고 했구요. 그래서 그냥 그 남자가 살려주었어요.

그 노루를 좀 숨겨주었으니까 그냥 그 노루를 그 한물병을 주었어요, 그냥. 노루가 이 병을 아주 신기한 물병이라고 해요.

"이 물병은 그냥, 그냥 바르면 아주 예쁘게 좀, 예뻐진다"고.

"그리고 그냥 이 물은 나무에 주면 아주 금방 커진다."고.

그래요. 그래서 그냥.

그런데 이 남자가 생각하게 되면, 내가 이 물을, 이 물병을 쓸 데 없다는 물건이라고 생각해요. 그래서 집에 갖다 놓았는데 그냥 그냥 지붕에 좀 숨어줬어요.

그런데 나이가 들어서 한 여자를 결혼하게 됐어요. 그 여자가 좀, 아주 좀, 예쁘지 않은 여자예요. 초라한 여자이구요. 그런데 마음이 아주 따뜻한 여자예요. 그래, 어느 날에 그 남자가 산에 올라가서 그 나무를 했구요. 그 여자가 혼자 집에 혼자 있었어요. 너무 심심해서 그 집을 좀, 물병을 발견하게 됐어요.

"무슨 물병이지?"

너무 궁금해서 그 물병에 꺼내서 자기 리를 감으려고 해요. 그래서 감고 나서 좀 깜빡 놀랬어요. 좀 이뻐졌어요. (웃음) 그 남편이 집에 돌아와서 깜빡 놀랬어요.

"누구지?"

아내가 많이 예뻐져서 좀 알아보지 못했어요.

그래서 그냥 그때부터는 많이 그냥 아내 많이 사랑하게 돼서 좀 논에 가고 싶지 않아요. 계속 집에만 좀 머물고 싶어서 논에 가고 싶지 않았는데 그러면, 그렇지만 혹시 계속 집에 있으면 그냥 먹을거리 없고 다른 것도 없으니까 좀 생각해 보니까,

'아, 그럼 그림을 그리고 아내의 그림을 가지고 오면 해결될 수 있다.'고.

생각이 들으니까 그냥. 사공? [조사자 1: 화공.] 화공을 불러서 그림을 그리라고 부탁했어요. 그림 그리고 그냥 아내 그림 가지고 논에 가서 일을 해요.

그런데 그때는 까마귀는 좀 논에 가서 좀 뼈(벼)를 따서, 좀 뜯어서 먹고 있어요. [조사자 1: 아, 뭔가의 뼈를 뜯어먹고 있어요?] 뼈는 뜯어 먹고 있어요. 그래서 그 남편이가, 남편이 좀 돌을 들어서 까마귀를 쫓았어요. [조사자 3: 까마귀가 벼를 뜯어먹는 거죠?] 네, 벼. [조사자 1: 열매 말고 뭔가 살을 뜯어먹었다며.] [조사자 3: 뼈가 아니라 벼.] 벼. 아, 벼. 네, 벼를 뜯어서 먹고 있어요. 그래서 그 남자가 돌을 던져서 쫓아냈어요.

그래서 그냥 까마귀가 좀 뭐지? 원망해서 꼭 나는 그 원망을 좀 갚아야 돼요. 그래서 그냥 까마귀가 그 그림을 좀 훔쳐서 그 원님, 임금? 임금한테, 임금의 정원에 던져놓았어요.

그런 임금이 좀 원래 미색을, 호색하는 임금이에요. 그림을 보고 '와!' 좋아해요. 이 그냥 그림의, 그림의 주인공을 꼭 찾아봐야 돼요. 그래서 그냥 사신을 보내서 전국에 있는 꼭 그림 주인공을 찾아내라고 해요. 그래서 그 사신이 그냥, [조사자 1: 신하가] 신하가 그 그림을 들고 곳곳마다 가서 찾았는데 그 닮은 여자를 찾았어요. 그래서 그 잡고 그 여자가,

"내가 결혼했고, 남편 있다."고.

그러는데 그냥 신하가 그냥 계속 데리고 갔어요. 그 남편이 어쩔 수 없이 따라갔구요.

따라갔는데 그런데 들어가지 못해요. 그 궁전에 들어가지 못하

게 했는데. 어쩔 수 없이 밖에서 그냥 뭐.

그때는 그 아내가 음, 뭐랄까? 어, 그, 머리를 감았을 때 물을 버렸잖아요. 물을 버렸을 때 그때는 정원에서 파, 파를 심었잖아요. 파를 금방 예, 커졌어요. 파 뿌리가 이만큼 컸구요. 그래서 그냥 남편이 그런 파를 그, 뽑아서 그냥, 뽑아서 들고 그 궁전에, 궁전 앞으로 갔다왔다 하면서 그냥,

"파 좀 사세요! 파 좀 사세요!"

그렇게 해요. 그 아내를 데리고 가서 궁전에 들어갔는데 그냥 그때는 너무 남편이 그리워서 웃지도 못하고 밥도 잘 못 먹어요. 그래서 임금님이 어떻게 그냥 그 여자를 웃길 수 있게 좀 해달라고 했는데 그냥 여러 사람이 그 아내가 웃기지 못해요. 그래서 계속 그, 사람 묵묵히 있고, 있는데. 그런데 그 남편이 그 하는 소리가 들으니까 그때 확 웃었어요.

그래서 그냥 임금이가, 그 사람이가 그 여자를 웃기게 할 수 있으니까 그냥 불러왔다고 그래요. 그래서 그냥,

"들어와라."

했구요.

그래서 어, 그 임금이가, 임금이 그냥,

"너하고 나는 옷 좀 갈아입자."

그렇게,

"바꿔 입자."

그때는 남편이 임금이 되고, 그 임금이 남편이 됐죠.

그래서 그, 그때 임금이, [조사자 1: 임금 옷을 입은 남편이] 임금이 죽여 놓고 자기 임금이 됐고. 그때는 그냥 아내와 함께 행복하게 살았구요. 그렇게.

[조사자 1: 그 임금은 어떻게 됐어요?] 아, 죽여 놨죠. 그런, 그래서 이름이 그냥, 제목이. [조사자 2: '파 좀 사세요'] 네, '파 좀 사세요.'

[조사자 1: 〈신기한 물병〉이라는 제목보다 〈파 좀 사세요〉라는 제목으로 더 전승돼요?] 네, 그 북쪽에서는 그런 제목이 좀 많이 알려진 거.

선녀 아즉과 나무꾼 장유

● **구연정보**

조사일시 : 2018. 11. 19(월) 오후
조사장소 : 서울시 관악구 신림동 서울대학교
제 보 자 : 쩐티빅프엉 [베트남, 여, 1977년생, 기타]
조 사 자 : 오정미, 엄희수

● **구연상황**

제보자가 〈버드나무로 만든 바구니처럼〉 구연을 마친 뒤 조사자와 한국의 시집살이에 대한 이야기를 나누었다. 조사자가 제보자에게 베트남의 〈선녀와 나무꾼〉 이야기를 부탁하자 구연을 시작했다.

● **줄거리**

노루를 살려준 나무꾼에게 노루가 선녀가 내려오는 연못을 알려주었다. 선녀옷을 훔친 나무꾼은 선녀와 결혼했다. 3년이 지난 뒤 남편이 없는 사이에 날개옷을 찾은 선녀는 아이에게 빗을 꽂아주고서 하늘로 날아갔다. 집으로 돌아온 나무꾼은 아이와 함께 연못에서 선녀를 기다렸다. 나무꾼은 거기서 물을 길러 내려온 선녀의 할머니를 만날 수 있었다. 할머니는 다음날 두레박을 내려줄테니 그걸 타고 하늘로 올라오라고 했다. 나무꾼은 그 말대로 해서 하늘로 올라가 선녀를 만났는데, 선녀가 옥황상제 눈을 피해 나무꾼과 아이를 지상에 내려보내려 했다. 선녀가 나무꾼에게 빈랑나무 잎에 싼 밥과 북을 주면서 땅에 다다른 뒤 때 북을 치면 줄을 끊겠다고 했다. 그런데 까마귀가 북위에 있는 밥알을 먹기 위해 부리로 북을 쪼는 바람에 북소리가 났다. 선녀가 오해하고 줄을 끊는 바람에 나무꾼과 아이는 바다에 떨어지고 말았다. 그 사실을 알게 된 용왕이 두 사람을 살려 주어 다시 하늘로 보내주어, 두 사람은 다시 함께 살게 되었다.

다른 이본도 있다. 옥황상제는 까마귀의 죄를 물어서 매년 음력 꼬리를 물어서 다리를 만들라고 해서 두 사람을 하늘로 올려주었다. 하늘에서도 은하를 사이에 두고 따로 살아야 했던 아즉과 장유는 음력 7월에만 서로 만날 수 있다. 그때마다 둘이 많이 울어서 베트남에는 7월에 비가 많이 내린다고 한다. 처음 나무꾼이 선녀와 만난 것이 그가 노루를 살려준 덕분이라고도 전해진다.

한편, 이런 이본도 있다. 하늘로 올라간 나무꾼 장유는 선녀 아즉에게 노모를 보러 내려갔다 오겠다고 했다. 아즉이 준 말을 타고 내려간 나무꾼은 어머니가 밥을 먹고 가라고 해서 말에서 내렸다. 그러자 말은 바로 하늘로 날아가 버리고 나무꾼은 다시 하늘로 올라갈 수 없게 되었다. 나무꾼은 병이 들어 지상에서 죽어 수탉이 되었다. 그래서 수탉은 아침부터 나무 위에 올라가 운다고 한다.

베트남에서는 그냥 '아즉 장유'라는 이름이 붙어요. [조사자 1: 아즉 장유.] 직녀와 우랑. 우랑, 직녀 그런 이야기 있잖아요. [조사자 1: 아즉 장유. 이게 이름인 거예요?] 아즉 장유.

원래 그 한, 나무꾼이죠? 한 나무꾼이 있는데 좀 가난하고, 가난한데 그 아주, 그, 마음씨가 좋고 다른 사람 많이 도와주고 살고 있는데. 어느, 어느 날에… 이본이 되게 많아요. 어느 본은 그냥, 노루, 노루를 살려서 노루가 알려주고. 다른 이본은 저기, 어느 날에 그 나무하러 가는데 그, 발견이 됐구요.

거기 그 숲속에 있는 연못, 연못이 발견이 됐는데 보통 연못이 아니구 아주 그냥 선녀의 연못이라고 해요. 아주 신령한 연못이라고 그래서 거기 사람이 사는 곳에서 좀 멀리 떨어져 있으니까 사람이 좀 발길을 없는 곳이라고 해요. 그래서 거기서 항상 선녀가 하늘에서 내려와서 목욕하고 놀이하고 있어요. 놀고 있다고 그래요.

그래서 그날 나무꾼, 나무꾼가 지나가면서 그냥 발견하게 됐으니까 그래서 그 보니까, 그 연못에서는 선녀 세 명이 좀 놀고 있어요. 놀고 있는데 아주 아름답고 보기가 좋다고 그래서. 원래 나무꾼이 가난해서 아직 장가가지 못하는 상태예요. 그래서 한 치마? 그 뭐라고 할까? 치마 아니고 그냥 아주 예쁜 옷. [조사자 1: 선녀 옷.] 선녀 옷을 훔쳐가고 좀 그, 나무숲에 좀 그, 기다리고 있어요.

그때는 해가 져서 좀 그, 선녀들이 그, 연못에서 올라와서 좀 옷을 찾고 있어요. 찾고 있는데 두 명이 그 옷을 찾아서 그냥 하늘로 날아올, 날아갔는데. 한 선녀는 옷을 찾지 못해서 아직 헤매고 있어요. 찾고 있는데 그때는 나무꾼가 나타나서,

"내가 갖고 있다. 그런데 돌려주지 않다. 나와 따라와서 나를, 뭐지, 아내가 되어 달라."

고 해요.

그래서 선녀 계속 그 옷을 달라주고, 울면서 달라주라고 했구요. 그런데 끝까지 돌려주지 않고 결국 선녀가 그 나무꾼을 따라서, 따라 집에 왔구요. 그래서 그때부터는 아내가 되어서 함께 행복하게 살았어요.

그 얼마 전, 얼마 뒤에 한 동자, 남자 애기가 나왔는데. 그래서 그냥 시간이 지나가면서 그 선녀의, 그, 선녀는 선녀 옷에 대해서 이야기를 점점 좀, 뭐지, 없어져요. 그냥 좀, 잊을 수 있을 만큼 얘기하지, 자주 하지 않았어요.

근데 그때는 3년 후에 어느 날 나무꾼가, 나무꾼이 그, 어, 좀 일이 생겨서 좀 멀리 갈 일이 생겨서 그래서 아내한테 얘기했구요.

"집에서 그냥 쌀을 떨어지면 그냥 벼, 벼를 꺼내서 그냥 쌀 껍질을 떼어서 먹으라."

고 하는데,

"그냥, 여기 그냥 뭐, 동쪽에 있는 그 벼를 꺼내지 말고 서쪽에 있는 벼를 꺼내서 먹으라."

고 해요.

그런데 남편이, 집에 떠난 후에 선녀가 남편이 하는 말을 잊어버렸어요. 그래서 쌀이 떨어진 때는 그냥 서쪽에 있는 벼를 꺼내지 않고 동쪽에 있는 벼를 꺼내서 쌀을 만들었어요. 우연히 자기 옷을 발견하게 됐어요. 너무 반갑고 기뻐서 그 옷을 입어보고 그냥 날아가 보려고 했는데 너무 오랫동안 날아가 보지 못하니까 이제는 너무 어색해요. 애기가 보니까,

"너무 웃기다."

엄마가 웃겨서 계속 웃어요. 웃었어요, 애기는. 그래서,

"웃지 마라. 웃지 마라."

계속 애기한테는 너무 많이 웃고,

"웃으면 뭐가, 이는 다 떨어진다."

그렇게 선녀, [조사자 1: 이?] 네. 아마 그렇게 말했구요.

그래서 매일매일 연습해요. 선녀 옷을 입고 그냥 집 주변에 그냥 날아가는 거를 연습해요. 그런데 그 애기 너무 사랑하고 남편도 사랑하니까 아직 하늘로 올라가지 않고 계속 남편을 기다리고 있어요.

그런데 어느 날, 그냥 세보니까 남편이 곧 온다고 생각해서 떡을 많이 만들어놓고 그 빗, 빗 하나를 애기한테, 애기 옷. 그 뭐지? 메고 그냥 얘기했구요. [조사자 1: 빗을 하나 아이 옷에 꽂았어요?] 네, 꽂았어요. 그래 꽂아서 그냥 꽂으면서 얘기했어요.

"엄마가 좀 멀리 갈 일이 있어서 그냥 혹시 집에 잘 있거라. 혹시 배가 고프면 그냥 떡을 먹거라. 그 목이 마르면 그냥 물을 마셔라. 그렇게 엄마 부르지 말고."

그렇게 얘기하고 그냥 하늘로 날아 올라갔어요.

그때 남편이 왔구요. 집에 왔는데 아내가 없어졌어요. 없었는데, 없어졌는데 아이가 울고 있어요. 그냥 보니까 아, 그 빗이 꽂이(꽂혀) 있는, 빗이 있으니까 좀 어떤 사정인지 좀 알게 됐어요.

너무 슬퍼서, 너무 슬퍼해서 아내, 아이를 안고 울었는데 생각해 보니까 아 그때 자기가 그 선녀 만났던 곳 좀 찾아 가보면, [조사자 1: 연못?]

'그 선녀의 연못을 가보면 아마 선녀를 만날 수 있다.'고

그런 생각이 들어요. 그래서 아이를 안고 그 연못을 찾아갔어요. 찾아갔는데, 그거는 계속 기다리고 있는데 그 선녀가 안 왔어요. 그냥 다음 날, 이튿날, 그냥 할, 선녀 할머니 내려왔어요. 물을 길러고, 길러 내려왔는데. 계속 그냥 할머니한테 빌었어요.

"좀 도와 달라."고.

"저를 혹시 그 선녀가 아냐."고.

그래서 할머니는

"아 나, 안다. 그 선녀는 이름이 '아즉'이라고, '직녀'이라고, 선녀가 있다. 그런데 그 선황, 옥황상제의 말을 어겨서, 명령을 어겨서

더이상 내려가지 못한다. 내려오지 못한다."

그래서 그냥,

"혹시 그 선녀를 만나고 싶어하면 내일 여기 일찍 와라. 내가 도와준다."

그렇게 했구요.

"그래서 내일 내가 그냥,"

뭐지? 둥이? 뭐라고? [조사자 2: 동이?]

"동이를 내려주니까"

[조사자 1: 두레박.] 두레박, 아, 두레박 맞아요.

"내려주니까 그거를 알고 올라가면 그냥 직녀를 만날 수 있다."고 그렇게 말했구요.

그래서 그 내일 아침에 그 나무꾼이 그 아이와 함께 거기 찾아가서 그냥 그 두레박을 안으로 들어가서 그냥 그렇게 올라, 하늘로 올라갔어요. 그런데 어, 그때는 좀 그 원래 이본과 다르게, 이본도 좀 다르게 그런데 여기는 제가 베트남 사람들이 많이 알리는 그 이본은 그 거기 와서, 처음에는 만나지 못했구요, 직녀를.

왜냐면 이제 그냥 옥황상제를 명령을 어겨서 이제 벌을 받고 있어요. 다른, 밖으로 나가지 못하게 하고 있구요. 그리구, 그러니까 계속 그 옥황상제는 시험, 시험을 많이 보고 나서 결국은 허락을 받았어요, 그냥.

아 그거 아니고, 그거 아직 아니구요. 그래서 그냥 선녀 할머니께서 좀 알려주었어요 그냥. 직녀가 어디 있는지 알려주고 그래서 거기를 찾아가서 두 명이 좀 만났어요. 직녀하고 그냥 나무꾼이. [조사자 1: 두레박 타고 올라가서?] 올라가서, 네. 좀 그 만나게 됐어요.

그런데 그냥 그 하늘에서 하늘나라에서 지상에 좀 다르게 하니까 그냥 더 오래 있지 못하다고 그렇게 했구요. 직녀는 그렇게 말했으니까 그냥 바로 밥도 주고, 그 원래 베트남에서는 빈랑나무 있잖아요. 빈랑나무에 나뭇잎에 있거든요? 나뭇잎 끝부분이 있어요. 그거는 그냥 밥을 거기에 싸서 주었어요. 그리고, 그래서, 그리고 그 장구, 장구 하나 있죠? 장구 하나 주고.

[조사자 1: 창구? 창구가 뭐죠?] 북. [조사자 1: 아, 장구.] 장구. 북. 네. 하나 주고. 그리고 뭐 그 밥 그거 빈랑나무에 싸는 그 밥을 하나 주고.

그 주면서 말했어요.

"땅에 내려오자마자, 내려가자마자, 도착하자마자, 땅에 도착하자마자 북으로 치라."

고 그래요.

"치면, 그냥 북소리를 들으면 내가 그냥"

그 뭐지? 나무, 뭐라고 할까? 그 길 있잖아요. 그거. 내려가게 해 주는 거, 줄.

"줄을 끊으려고, 끊어야 되니까 그냥 땅에 도착하면 바로 북을 쳐라."

[조사자 1: 그럼 줄을 내려보내겠다?] 그거 아니라. [조사자 2: 그 두레박에 줄이 매달려 있으니까 땅에 도착하면 북을 쳐서, 소리를 듣고 줄을 끊는다.] 네, 끊는다. 그렇게 했구요. [조사자 1: 아, 왜 줄을 끊어?] 그거 옥황상제 알면, 알게 되면 큰일 난다고 그래요.

그런데 아직 도중에, 땅에 도착하지 못하고 도중에 아이가 너무 배가 고파서,

"좀 밥 먹고 싶다."

그렇게 했구요.

그래서 그냥 나무꾼, 나무꾼은 그냥 밥에, 좀 열어놓고 그냥 북, 북 뭐지? 면에, 북면에 열어놓고 애기 좀 밥을 멕여주고요. 멕여주고 있는데 그때는 바로 까마귀 날아가, 지나가고 있어요. 지나가고 있구요. 그래서 까마귀가 보니까 그냥 애기도 밥 먹고 있는 동안 밥, 밥, 밥, 밥 씨? 밥 뭐라고 할까? 밥 떨어져 있구요. [조사자 1: 밥알. 밥알이 떨어져 있어요.] 네, 밥알. 네, 북면에 떨어져 있구요.

그래서 그냥 까마귀 보니까

"내가, 내 밥이다!"

좀 내려와서 그런, 이렇게 좀 줍어 먹어요. 쪼아 먹어요. 그래서 쪼아 먹으니까 북, 북 소리가 나와요. 그래서 선녀, 직녀는

'아, 우리 남편하고 아이가 그 땅에 도착했구나.'

그런 생각 해요. 그래서 줄을 [조사자 1: 끊었어.] 끊었어요. 네. 그러네요. 그러니까 어, 그때는 바다예요. 바다 있어요. 바다. 그래서 그냥 떨어져서 바다에 있구요. 바다에 떨어졌어요. 바닷물에. 빠져 죽었어요.

그래서 그 까마귀가 너무 그 뭐지? 후회했어요.

"나 때문에 둘, 사람이 두 명 죽었다."

계속 소리가 큰 소리로 내서 꽈악 꽈악했구요. 그래서 그냥 옥황상제가

"그 무슨 소리냐?"

고 물어봤더니 그냥 까마귀가 그런 이야기를 알려주었어요.

"내가 그냥 밥 먹으니까 그냥 둘이가 떨어졌다."고.

"바닷물에 떨어졌다."

고 그래요. 풍덩 풍덩 소리가.

그래서 옥황상제가 그런 사연을 들어보고, 들어보고 아 너무 슬퍼하고 그래서 그냥, 그 뭐지? 바다의 왕 뭐라고 할까? [조사자 2: 용왕?] 아, 아 용왕 말고 그냥. 다른 말. 해왕? 해. [조사자 1: 바다의 왕을 용왕이라고 하긴 하거든요?] 다른 베트남에서는 다른 말로 쓰는데. 제가 기억하지 못해요. [조사자 1: 그냥 바다의 신이라 할까요, 그냥? 바다의 신?] 바다의 신 아니고. 바다의 왕, 용왕. 좀 명령을 했구요. 두 사람을 살려달라고 그래요. 그래서. [조사자 1: 살려주라고 명령을 내렸어요?] 명령을 내렸어요.

그래서 그 용왕은 두 사람을 살려주고 그냥 하늘로 보내주었어요.

[조사자 1: 그럼 결국 셋이 하늘에서 살게 된 거네요.]

그래서, 그거 다른 이본.

[조사자 1: 하늘로 보내준다는 게 하나의 이본이고. 또 다른 이본이 있어요?] 네.

그리고 옥황상제, 옥황상제는,

"까마귀가 죄가 있다. 왜냐면 두 사람이 그 죽게 했으니까. 죄가 있다."고.

매년에 한 번, 까마귀가 그 꼬리 꼬리를 그 뭐지? [조사자 2: 물어서?] 물어서 그냥 다리를 만들어서, 아 이렇게 해요. 살려서 하늘로 보내주었어요.

그런데 그냥 둘이 같이 사는 거 아니고 그냥 원래 그, 하늘에서는 '은하'이라는 강 있잖아요. 은하 강에 그 직녀 이런, 이런 쪽에 살고. 그 나무꾼 이제는 우랑(牛郞)이라고 해요. 우랑. 소, 물소를 기르는 사람. 그 일을 하고 있다고 해요. 그래서 그 일 년에 한 번 만날 수 있게 허락해요. 그 딱 그때는 음력 7월 15일이구요. [조사자 1: 음력 7월 15일.] 아, 15일 아니고 음력, 음력 7월이요. 7월에 이렇게 해요. 음력 7월에 좀 만날 수 있게 해준다고 그래요. 허락해준다고 그러는데.

그때는 원래 그 은하수가 너무 넓어서 건너갈 수 없잖아요. 그래서 다리도 없고, 그래서, 그 까마귀가 죄가 있다고 그래서,

"해마다 7월이 되면 하늘로 올라가서 그냥 머리를, 머리 꼬리 물고 다리를 만들어서 그 우랑, 우랑은 좀 그때 건너갈 수 있게 다리를 만들어라."

그렇게 명령했구요.

그래서 그냥 매년, 매년에 한 번 그때는 어, 그, 만나니까, 만나보니까 너무 슬퍼하잖아요. 그래서 그냥 많이 울어요.

그러니까 그때는 7월은 비가 많이 와요. 베트남에서 그때는 장마예요. 장마철. 그런데 그냥 딱 그 3, 3일에. 음력 7월 3일에. 우랑이 직녀 만나러 간다구요. 그리고 어, 7일은 다시 자기 곳으로 돌아가야 되고. 또 13일날 좀 다시, 예, 직녀를 만나러 건너가고. 그리고 17일은 다시 자기네 곳으로 돌아가고 계속 그렇게 반복해요.

[조사자 1: 13일에 만났다가, 17일에 다시 돌아가고.] 23일날 만나고 27일날 다시 집으로 돌아가고 이렇게. 매년에 그렇게 하구요. 그래서 베트남에서는 꼭 그날에 비가 와요. 어, 3일, 7일. 13일, 17일. 23일, 27일 그렇게는 비가 와요. 그리고 그거 비는 우랑과 직녀가 만나서 많이 슬퍼서 눈물이라고 그래요.

[조사자 2: 〈선녀와 나무꾼〉하고 〈견우직녀〉 이야기가 합쳐진 것 같은 느낌이네요.] [조사자 1: 원래 〈우랑직녀〉가 그렇거든.] 네, 〈우랑직녀〉

좀 비슷한 이야기예요. [조사자 1: 선생님 그럼 궁금한 게, 우랑이 아즉이고 장유가 직녀인 거예요?] 장유 아즉? [조사자 1: 아즉이 지금 선녀예요?] 아즉이 선녀예요. 장유는 나무꾼. [조사자 1: 아즉이 선녀고, 장유가 나무꾼.] 그래요.

[조사자 1: 또 하나, 선생님 너무 궁금한 게. 이 〈아즉 장유〉에도 이본 중에 우리나라처럼 노루가 나와서 "살려주세요." 하는 그 이본이 있어요?] 네네, 있어요.

원래 그 이본이 있거든요.

그 나무꾼이 너무 가난해서 장가가지 못해요. 그런데 마음씨가 아주 좋고 자주 다른 사람을 잘 도와줘요. 그래서 어느 날에 나무하러 가는 길에서 노루 와서,

"좀 살려달라."

고 해요. 그래서 그냥,

"왜 살려달라고 하냐?"

고 그래서 뭐지?

"사냥꾼이 좀 죽여왔다."

고 그래요.

그래서 그냥 직녀, 그래서 그 나무꾼이 그냥 그런 노루를 숨겨줘요. 그, 그래서 그때는 사냥꾼이 와서,

"혹시 노루를 봤냐?"

고 물어봤더니

"아 그래요. 다 도망가셨다."

고 그래요. 다른 방향으로 가르쳤어요.

[조사자 1: 굉장히 한국하고 똑같거든요. 그 스토리가.] 그 가르쳤어요. 그래서 그, 사냥꾼이 그쪽으로 쫓겨갔구요. 그래서 그냥, 그 노루가 너무 감동해서 그래서 알려주었어요.

"이 숲에 있는 그 아주 신령스러운 연못이 있다. 혹시 거기 찾아가서 선녀의 옷을 하나, 한 벌을 숨겨, 훔쳐가면 그 아내를 얻을 수 있다."

고 그래요.

"그런데 그 한 거는 꼭 지켜야 된다."

고 그래요.

"그, 선녀한테는 그냥 옷을 절대로 돌려주지 말라."

고 그래요. [조사자 1: 어, 똑같네 그 금기도.]

[조사자 1: 근데, 또 궁금한 게 선생님. 그러면 지금 음, 그 맨 처음에 얘기해주셨던 것은 어쨌건 용왕이 그래서 두 사람을 살려줘서 하늘로 보내줘서 같이 살게 된 행복한 버전이잖아요, 선생님. 혹시 베트남에는 〈선녀와 나무꾼〉의 해피엔딩 말고, 영원히 그래서 하늘로 올라가고 헤어지는 이본은 없어요? 그것도 있어요?] 있어요.

그거는 다른 그냥, 뭐지? 전설이 되는 거. 그냥 뭐지? 꼭대하고 뭐지? 닭, 닭 뭐지? 수탉이 되는 버전이 있어요. [조사자 1: 진짜요 선생님? 저 처음 들어요 진짜루. 한국에만 이 이본이 있다고 생각했거든요 선생님.] 아니에요. 있어요. [조사자 1: 〈선녀와 나무꾼〉 베트남에도?] 네. [조사자 1: 헤어져서?] 네. [조사자 1: 그 얘기도 좀 해 주세요, 선생님.]

그 원래 그, 나무, 원래 그렇게 했는데요. 좀 행복하게 살았는데 그냥 뭐, 나무꾼이 너무 엄마가 너무 보고 싶어요. 어, 진짜 그 엄마, 원래 그 엄마가 나이가 들어서 이제 어떻게 살고 계신지 몰라서 계속 보고 싶었구요. 그래서 그냥.

[조사자 1: 그럼 수탉 버전에는 노모가, 노모가 같이 사는 거예요?] 네. [조사자 1: 요거 앞에 버전에는 노모가 등장 안하잖아요.] 등장 안 해요. [조사자 1: 근데 수탉 버전에는 노모가 등장해요?] 노모가 등장해요. 네, 노모가 있어서 그래서 항상 양보, 뭐지? 봉양하면서 했구요.

그래서 그냥 노모가,

"너는 아내 좀 얻으라."

고 하라고 해요. 그런데 계속 하지 못해요.

그래서 그냥 좀 행복하게 살고 있는데 고향도 그립고 노모가 너무 그리워서 좀 달라고 해요. 직녀한테.

"나 좀, 지하. 지상으로 보내 달라."고.

"내가 잠깐만, 어머니 잠깐만 보고 올라간다."

고 그래요. 그래서 직녀가 계속,

"안 된다."고.

"안 된다."

고 그래요.

"이제 우리 혹시 내려가면 또다시 볼 수 없다."

고 그래요.

그냥 그런데 그 나무꾼이 너무 슬퍼하고 계속 그냥 매일매일 그냥 거기 은하수에 가서 계속 내려보고, 그 어머니를 그리워하고 있어요. 어쩔 수 없이 직녀는 말 하나 말, 말을 주고, 그리고 뭐지?

되게 그, 원래 그 이본은 원래 그 베트남의 그 북쪽에, 그 북쪽 지방에 있는 그 뭐지? 그, 구전되는 본이 아니고 맨 끝, 맨 끝쪽에 있는, 북쪽 맨 끝에 있는 소수민족의 이본이에요. [조사자 1: 이 수탉 유래담은?] 네. [조사자 1: 아, 베트남의 북쪽에서도 소수민족들.] 네, 소수민족들이 구전되어요. 네, 내려가는, 내려온 이본이에요.

그래서 그냥 뭐, 계속 그 그런데 그냥 어. 와가지고 그, 어머니가 너무 슬퍼하시고 그냥

"애야, 애야 좀, 밥 좀 먹고 가자."

그렇게 했구요. 그래서 그냥 원래 직녀는,

"그냥 말을 내려가지 말라."

고 해요.

그런데 그 어머니를 보니까 좀 그런 말을 좀 하지 못했구요. 그래서 좀, 그 머리, 그 말을 직녀가 하는 말을 잊어버렸어요. 결국 그 말은 하늘로 올라가버렸고, 직녀는, 그 우랑은 땅에 머무르게 했구요.

[조사자 1: 그 말이 왜 올라갔어요? 어떤 이유가 있어요? 그냥 내려주고 그냥 가버렸어요?] 어, 제가 그냥 그거는 잘 기억이 잘. [조사자 1: 괜찮아요 선생님. 그냥 궁금했어요. 오케이.] 물론 이유가 있어요, 뭐가. 이유가 있는데 제가 이제는 기억하지 못하구요.

[조사자 1: 네, 그래서 혼자 내려와서. 그래서?] 그래서 그냥 너무 그 하늘로 다시 올라가지 못하구요. 뭘 타고 계속 거기 연못에, 선녀의 연못에 가서 계속 기다리고 있어요.

혹시 누가 와서 좀 도움을 받을 수 있는지 거기 생각하고 거기,

거기서 가서 했는데 그냥 안 오더라구요. 그냥 사람이 좀 안, 그 선녀가 또 더 이상 내려오지 않았어요. 너무 슬퍼하고 계속 그냥 직녀하고 아들 많이 생각해서 좀 병이 들었어요. 병이 들고, 결국 그 죽었어요. [조사자 1: 누가?] 그 우랑. [조사자 1: 우랑, 나무꾼이.] 나무꾼이. 네.

죽고 그냥 그, 수탉이 되었어요. 수탉은 항상 그냥 뭐지? 아침부터는 그냥 아주 높은 나뭇가지에 올라가서 울어요.

[조사자 2: 똑같네요.] 그쵸. 비슷하지 않아요? [조사자 1: 맞어. 근데 거기 베트남에서도 수탉이 되는 거죠?] 네, 수탉이에요. [조사자 1: 다른 동물 아니고?] 다른 동물 아니고 그냥 수탉이.

[조사자 1: 재밌다, 진짜. 그러면 지금 들려준 버전이 총 세 가지거든요? 근데 이 중에서 가장 대중적인 버전은 아까 처음에 얘기해주신 거예요?] 두 개, 두 번째예요. [조사자 1: 두 번째?] 네, 두 번째. 대중, 누가 베트남 사람들이 누구나 다 알고 있는. [조사자 1: 아, 그거는 저기. 까치가 다리 만드는?] 네, 까치가 만들어주는 거. 그리고 그 뭐지? 7월. 음력 7월에 비가 내리는 거는 그냥 우랑 직녀의 눈물이라고 생각하는 거. [조사자 1: 이게 가장 대중적인 이본?] 네, 대중적인 이본.

[조사자 1: 예를 들면, 한국에서는 선생님, 〈선녀와 나무꾼〉은 한국 사람이라면 다 알고 있거든요? 심지어 저희 나라만의 이야기라고 알고 있을 만큼 아주 대중적인 이야기인데. 어때요 선생님? 이 〈선녀와 나무꾼〉 이야기도 베트남에서 대중적이에요, 선생님? 〈떰깜〉처럼?] 네. 아주 누구나 알 수 있게. 네. 아주 보편적이에요.

[조사자 1: 근데 저희는 개인적으로 첫 번째 이야기가 더 재밌긴 해요.] (웃음) [조사자 1: 바다에 북을 쳐서 까치가 이렇게 해서 떨어져서, 떨어졌다는 이야기가.] 그, 그 두 번째 얘기도 그래요. 그냥, 그냥 계속 그냥 까마귀가 그 북을 쳐서 쪼아 먹고. 그래서 떨어졌고. 근데 구해주고. [조사자 1: 따로 살게 하고. 뒤에 추가 내용이 나오고.] 네.

[조사자 2: 들으면서 재미있었던 게 선녀가 엄마가 아이를 데리고 가지 않고 두고 가면서 옷에 빗을 꽂아준다고 했잖아요. 그게 베트남에서 무슨 의미가 있는 거예요? 엄마가 아이 옷에 빗을 꽂아주는 게.] 원래 빗을 주는 거는 그냥 원래, 베트남 사람들이 항상 그 뭐지? 여자들이 빗 하

나 있잖아요. 그냥 갖고 있는데. 빗은 그냥 그때는 그 빗, 사랑하는 사람에게 항상 그 빗을 선물로 주는 거예요. 그래서 그냥 그냥 신물(선물)으로. 응, 그래요. 내가 떠난다, 그런다는 신물(선물)으로.

[조사자 1: 보통 사랑하는 사람한테 약간 징표로 주는 선물이 머리 빗질하는 빗인 거예요?] 네. [조사자 1: 그러면 뭐 남자가 여자한테 "너 사랑해." 하면서 빗을 선물하기도 해요? 선생님?] 어, 네. 좀. [조사자 1: 엄마가 딸한테?] 엄마가 딸한테도 되게 많이.

선녀와 나무꾼

● 구연정보

조사일시 : 2017. 12. 11(월) 오전
조사장소 : 충청북도 청주시 서원구 모충동
제 보 자 : 띵티름(이지우) [베트남, 여, 1983년생, 결혼이주 9년차]
조 사 자 : 신동흔, 오정미, 한상효

● 구연상황

이야기판에서 뭇할아버지로 화제가 전환되면서, 뭇할아버지와 관련하여 제보자가 <선녀와 나무꾼>을 구술하기 시작했다. 함께 온 팜티루엔 제보자가 청자로 참여해 중간중간에 도움을 줬다.

● 줄거리

어느 선녀가 내려와서 목욕을 하는데 사슴이 나타나서 그 옷을 숨기면 장가를 갈 수 있다고 했다. 그 대신 아이 셋을 낳을 때까지 옷을 돌려주지 말라고 했다. 남자가 옷을 숨기니 다른 선녀들은 다 올라갔으나 그 선녀만 올라가지 못했다. 선녀는 할 수 없이 남자와 결혼을 했다. 선녀가 가족들을 너무 그리워하자 남자가 옷을 돌려주었고 선녀가 아이 둘을 안고 하늘로 올라가 버렸다.

[조사자 2: 저는 베트남 이야기 중에 뭇할아버지가 너무 신기하더라구요.] 뭇할아버지. [청자(팜티루엔): 뭇할아버지하고, 어, 그 아가씨 있잖아요. 천사, 그.] [조사자 2: 천사?] [청자: 할아버지 말고 아가씨. 하늘에 내리는 예쁜 아가씨 이야기 있잖아요.] [조사자 2: 아. 선녀.] [청자: 선녀. 예.]

[조사자 2: 선녀에 대한 이야기 많아요? 베트남에도.] [청자: 네, 이야기에 나오는 선녀들 많아요. 뭇할아버지하고 선녀.] 한국이랑 똑같은 얘기예요. 선녀들 몇 명이 내려와서 목욕하는 동안에 어떤 남자가 옷

하나 훔쳐가서.

[조사자 2: 그 이야기, 해주세요. 그 얘기해 주세요.] [청자: 똑같아요. 한국이랑.] [조사자 2: 똑같아도 해주세요.] [청자: 그래요?] [조사자 2: 왜냐면 똑같은 이야기가 있다는 것도 저희는 굉장히 신기하고, 그게 또 아이들한테도 교육적으로도 좋거든요. 부탁드릴게요.] 생각나는 대로.

그러면 선녀들은 개가(개울가)에 가서 목욕, 시원한 호수한, 호수라고 하면 안 되죠? [조사자들: 계곡?] [청자: 연못. 연못.] 시원한 연못에 가서 목욕하고.

그중에 장가를 못 가는 남자분이 장가를 가고 싶은데 아직은 못 가서 누구한테 들었지. 그 동물, 동물. [청자: 기억 안 나. 너무 오래 돼서.] 동물의 하나. [조사자 1: 사슴.] 사슴! 사슴에 알려줘서.

"당신은 연못에 가서 그 예쁜 여자 옷을 숨겨라. 그러면 장가를 갈 수 있다."

그러면 사슴이 알려주는 장소에 가서 예쁜 아가씨 옷을 하나 숨겨서. 그럼 그 옷은 날개가 있으니까. 다른 아가씨는 다 그 옷 입고 하늘에 올라갔는데, 한 명은 못 올라가서 날개가 없어서 못 올라가서 이 남자분이랑 결혼을 했고.

근데 사슴이 알려준 거는,

"애기는 셋째까지 낳으면, 셋째까지 낳아야 그 아내한테 옷을 돌려줄 수 있다."

그죠? [청자: 난 몰라. 그 얘긴 있긴 있는데 어떻게 순서대로 어떻게 생각 안 나요.] 저도 지금 헷갈리는데. [조사자 2: 아주 잘 하고 계세요.]

그래서 그 아내가 저기 가족들을 많이 보고 싶죠? 근데 날개가 없으니까 못 올라가서, 셋째까지 낳았나? 아니 아냐. 둘째까지만 낳고, 둘만 낳고 아내가 하도 가족들을 보고 싶어 하니까 남편이 이게 돌려줬어요. 옷을 돌려줬어요. 근데 셋까지, 애기 세 명 나면 그래도 애기는 안고 갈 수가 없으니까. 둘만 낳으니까 양쪽에 다 애기 둘 안고 올라갔어요. [조사자 3 : 안고 올라갔구나.] 남편이 사슴 말대로 안 했잖아요.

"셋까지 낳아야 돌려줄 수 있다."

근데 두 명만 낳고 돌려줬어요. 올라갔는데 남편은 혼자는 아내도 보고 싶고 자식들도 보고 싶은데 외롭게 살았고.

어느 날에 갑자기 하늘에서 내려오는 그 아내 옷, 그래서 그건 타고 하늘로 올라갔어요. 거기까지만. 모르겠어요. 생각은.

아, 한국에 똑같은 얘기 있어요. [조사자 2: 맞아요.] 제목은 잘 모르겠지만 똑같은 거 있어요.

[조사자 1: 하늘에서 내려온 걸 타고 올라가서 다시 만난 거예요?] 다시 만나서 행복하게 살았다고 나왔어요. [조사자 1: 한국에서 하늘에서 두레박이라고 바가지 같은 게 내려와서 물을 퍼 올라갔다고.] 아 그래요? [조사자 1: 물을 따르고 그 안에 사람이 들어가서 올라갔다고 그래요.] 한국에서 그렇게 나와요? [조사자 1: 하늘에서 내려와서 목욕을 해야 되는데 내려오지를 못하니까, 또 잡힐까 봐 못 내려오는데 두레박을 큰 바가지를 물을 퍼올려서 올리는데 그걸 타고 올라갔다고.]

그래서 저번에도 어린이집에도 우리 둘째가 와서 얘기하는데, 우리 남편은 저보고,

"그럼 셋째를 낳자. 그럼 어디 도망갈 수 없다"고. (일동 웃음)

[조사자 2: 사랑이, 애정이 남다르시네요.] 아이고. 밥하는 사람 없어서 그렇죠.

[조사자 2: 근데 아까 그 나무꾼 올라갈 때 내려준 게 베트남은 선녀의 옷이었어요?] 네. 아마 그렇게 나왔, 나왔어요. 저도 하도 오랜 그 이야기는 안 들어서.

지금도 댕잠도 이십 몇 년에 들어본 거예요. 댕잠 이야기도. [청자: 저도 다시 봤어요. 안 그러면은.] 나한테도 이야기해 주지. [청자: 준비했잖아. 이야기했잖아.] [조사자 2: 기회는 또 있어요. 다음번에 또.] 저는 하나만 이야기할 줄 알았죠. [조사자 2: 그러셨어요?]

왜냐하면 세 자매는, 저는 유치원 돌아다니면서 문화 수업을 해요. 그래서 세 자매는 알고 있는데. 다른 이야기는.] [청자: (웃음) 난 준비했지.]

괴물을 퇴치하고 공주와 결혼한 닷산 [1]

● 구연정보

조사일시 : 2017. 12. 07(목) 오전
조사장소 : 인천광역시 미추홀구 용현동
제 보 자 : 융티탄프엉 [베트남, 여, 1988년생, 유학 3년차]
조 사 자 : 오정미, 한상효, 엄희수

● 구연상황

제보자가 창세신화 〈백 개의 알을 낳은 시조신 락롱퀀과 어우꺼〉 구연을 마친 뒤 베트남에서 많이 알려져 있는 민담 닷산에 관한 이야기를 구연했다.

● 줄거리

신이 옥황의 왕자를 자식이 없는 부부에게 아들로 태어나게 했다. 그 아들의 이름은 닷산이었다. 닷산이 일곱 살이 되었을 때 노부부는 죽고 옥황이 신하들을 보내 닷산에게 무술을 알려주었다. 청년이 된 닷산은 술을 파는 리텅이라는 남자를 만났고 둘은 의형제를 맺었다. 그러나 리텅은 착한 닷산을 이용하려고 했고 자기 집안일도 다 시켰다. 그때 마을의 나쁜 뱀을 달래기 위해 일년에 한 번씩 사람을 제물로 바치는데, 리텅의 차례가 되었다. 나쁜 리텅이 자기 대신 닷산을 뱀의 제물로 보냈지만, 닷산은 뱀을 물리치고 살아났다. 리텅은 자기가 뱀을 죽인 것처럼 꾸며서 왕의 총애를 받으며 지냈다. 어느 날 공주가 독수리에게 잡혀가 동굴에 갇히게 되었다. 이번에도 리텅은 닷산을 이용하여 지하 괴물에게 잡혀간 공주를 구한 뒤 모든 업적을 가로챘다. 그러나 공주가 자신을 구해준 닷산을 알아봐서 모든 전말이 드러나게 되었고, 결국 공주는 닷산과 결혼했다.

아, 베트남에서 많이 알려져 있는 얘기가 있는데 조금 길기는 해요. [조사자 1: 좋아요, 저희는 좋아요 선생님.] 닷산이라는 얘긴데. 닷산

은 인물 이름이에요.

옛날에 어떤 마을에서 아, 늙은 할아버지 할머니가 부부가 있었는데, 어, 그, 자식이 없었어요. 그래서 하느님이 옥, 옥, 옥황상제가 그거 보고 짠해서? 불쌍해서 그 옥황의 왕자를 다시 인간으로 만들어서, 그 집에 아들로 태어나게 했어요. 태어나서 어, 할머니가 그 아들한테 닷산이라는 이름을 지어줬어요. 근데 되게 건강하고 똑똑한 아들이었어요.

근데 그 한, 일곱 살 됐을 때 할아버지 할머니가, 나이가 많으니까 돌아가셨어요. 그래서 닷산이 혼자 작은 집에서 살고 있었는데, 작은 초가집에서 살고 있었는데. 그때 옥황이 지켜보고 있었죠? 그래서 자기의 부하를 시켜서 어, 그 닷산한테 무술 같은 것도 가르쳐주고 그랬어요.

근데 어느 날 그때 닷산이 컸을 때예요. 그니까 청년이 됐을 때인데 리텅이라는 사람이 있어요. [조사자 1: 누구?] 리텅. 리텅이라는 사람이 있는데 그 사람은 술 파는 사람이에요. 닷산의 집을 지나갔을 때 어, 잠깐 들러서 물을 달라고 했어요. 그래서 아 무슨 둘이 얘기를 하고,

"그 형제를 하자."

그니까 닷산 어차피, 닷산도 어차피 가족이 없으니까 그니까 형처럼 간주하고 보냈어요.

그런 다음에 엄, 아, 왜냐면, 닷, 리텅이 조금 엉큼? 앙큼한 사람이에요. 그래서 닷산보고 되게 건강하고 착하고 성실한 거 같아서 좀 이용을 하려고, 사이좋게 지낼려고 한 거예요. 그래서 자기 집의 일을 많이 부탁했어요. 근까 되게 건강한 청년이니까 부려먹을려고.

그랬는데, 그래서, 리텅은 엄마랑 살고 있어요. 그래서 리텀의 집 일은 다 닷산이 해줬어요 착하니까. 같이, 그 살았는데, 리텅의 집에서 같이 살았는데 그때 그 지역에 되게 큰 뱀. 도깨비 뱀 같은 거. 큰 뱀이 있어서 되게 사람들이 많이 무서웠어요. 막 사람을 잡아먹고 그런 뱀이었어요. 그래서 왕이 명령을 했어요.

"그 뱀을 죽일 수 있는 사람은, 그 사람한테, 음 그 큰 보상을 해

주겠다."고.

그래서 그 마을에 있는 남자들이 그 뱀을 죽이러 갔지만, 다 사망했어요. 그 뱀이 되게 힘이 센 뱀이었어요. 그래서 그 왕이 그 뱀한테 어떻게 해줘요. 왜냐면 무작정 사람을 잡아먹으니까 왕이 그 뱀이랑 상의를 했어요.

"모시는 사당을 지어줘서 1일 년에 한 번씩 보내줄 거니까 그냥 함부로 잡아먹지 말자."

그래서 그렇게 합의를 했죠. 그래서 매년 진짜 그 마을에 한 사람, 한 사람을 이렇게 보내줬어요. 근데 그 해에는 리텅 차례였어요. 그래서 리텅이, 근데 리텅하고 엄마는 그 음모를 만들었어요. 왜냐면 닷산한테 알려주지 않고 일부러 그날, 그 일하고 와서 그 맛있는 밥을 차려서 같이 먹고 리, 아 닷산이 대신 가주는 걸로 이렇게 말했어요.

"우리가 그동안 진짜 형제처럼 살았고, 이제 오늘은 내가 그 사당을 지키는 차례인데, 오늘 술을."

리텅은 술을 파는 사람이잖아요? 그래서 그 술을 근까 만들고 있는데,

"근까 끝까지 만들지 못하고 있어서 니가 대신 가줘라, 나는 술을 담당해야 한다."고.

"그럼 근까 갔다가 내일 아침에 돌아오면 된다."고.

닷산은 너무 착해서 그냥 그 말 믿었어요. 그래서 대신 갔는데 그 사당에 갔는데 갑자기 바람이 불고, 차가운, 근까 차가운 바람이 불고 엄청, 엄청 큰 배가 나타나서 닷산을 잡아먹으려고 했었는데 닷산이 무섭지 않고 그, 그 뱀이랑, 뱀이랑 싸웠어요. 왜냐면 옛날에 신들이 닷산한테 무술 같은 것을 가르쳐줬으니까.

결국 닷산이 그 뱀을 죽였어요. 그 뱀을 죽이고 머리를 잘라서, 태웠어요. 태웠는데, 태운 후에 그 뱀이 어, 금, 금이 됐어요. 아 활 쏘는 거 뭐라고 해요? [조사자 1: 활?] 활? [조사자 1: 활 쏘는 거니까 활.] 아 활이에요? 그니까 금활이 됐어요. 그래서 그 뱀의 머리하고 그 금활을 집으로 가져갔어요.

그니까 리텅이 그거 보고, 그거 보고 또 음, 음모를 만들었어요. 그니깐 아, 갑자기 무릎을 꿇어서 절을 하면서,

"이 뱀은 왕이 키우는 신인데 니가 어떻게 감히 이 뱀을 죽였냐? 너 그렇게 했으면 진짜 큰 벌을, 왕한테서 큰 벌을 받을 것이니까 그냥 그 들키기 전에 도망가라. 나머지는 형이가 책임져 줄게."

그래서 왕, 닷산을 내보내고 자기는 뱀의 머리를 들고 궁으로 가서 본인이 죽였다고. 네, 공을. [조사자 1: 가로챘어요? 공을 가로챘어요?] 네. 공을 가로챘어요. (웃음)

그다음에, 네 그래서 닷산이 다시 옛날 그 초가집으로 갔어요. 그래서 리텅은 그게, 음, 그렇게 했으니까 진짜 출세를 했어요. [조사자 1: 음, 리텅이?] 에. 그, 그 공을 했으니까 출세했어요.

어느 날 왕이 어, 공주한테 사위를 네, 선정해주는 그런 축제를 열었어요. 근데, 음, 그 왕이 근데 왕의 마음에 들어, 드는 사람, 남자는 없었어요. 어느 날 공주가, 그냥 밖에서 산책하고 있는데 큰, 큰 새 중에 뭐가 있죠? [조사자 1: 독수리?] 독수리. 큰 독수리가 음, 공주를 잡아갔어요. 잡아갔는데 그때 닷산이 어떤 나무 밑에서 쉬고 있었을 때예요. 그래서 공주의 그, 소리를 들어서 보니까, 그 하늘로 보니까 독수리가 진짜 어떤 사람을 잡고 가고 있는 거 봤고, 그래서 닷산이 음, [조사자 1: 금활?] 아 금활을 리텅이 가져갔겠죠. [조사자 1: 아 그것도 가져갔어?] (웃음) 네. 아, 그, 그 피가 났어요. 피 흔적을 따라서 그 동굴에 갔어요. 동굴에 갔는데 들어가지 않고, 그 표시를 해 놓고 다시 집으로 돌아갔어요. 아마 준비를. 음.

근데 그때 왕이 리텅한테 시켰어요.

"니가 공주를 구해줘라. 왜냐면 옛날에 뱀도 죽일 수 있었으니까. 니가 이번에 공주를 구할 수 있으면 공주는 너한테 시집보내 줄 거다."

그리고 왕은 아들이 없으니까 왕 자리도 물려줄… 네. 그래서 리텅이 되게 기분 좋았지만 그래도 걱정 많이 했어요. 자기 힘으로는 못하니까.

그래서 닷산의 소식을 알아보기로 했어요. 그래서 축제를 열었

어요. 축제를 열어서, 그 리텅 스스로 축제를 열어서 닷산의 소식을 알아봤는데, 그 사일째 닷산이 그 리텅이 축제 여는 거 듣고 찾아왔어요, 리텅한테.

리텅이 음, 막 기쁜 척하면서 음, 아, 밥 맛있는 거 잔치, 맛있는 잔치도 하고 그다음에 닷산한테,

"그 공주를 같이 구하러 가자."고.

음, 그래서 닷산은 어딘지 알고 있으니까 어, 같이 갔어요. 그 동굴에. 그래서 그 동굴 앞에 도착했을 때에는 리텅이 닷산한테 말했어요.

"너, 이 줄."

옛날에 그 줄 있잖아요. [조사자 1: 밧줄?] 줄 다, 아 밧줄. 밧줄을 근까 동굴이니까 내려가야 되잖아요. [조사자 1: (웃음)] (조사자가 웃자) 왜요? [조사자 1: 아니에요. 한국에도 비슷한 이야기가 있어서.] 아 그래서 리텅이 자기가 뭐 가지고,

"잡고 있겠다."고.

"니가 내려가라."고.

그래서 근까

"공주를 구했을 때는 내가 이 밧줄 가지고 흔들리면 내가 당겨주겠다."고.

그래서 닷산이 그 동굴에 내려가서, 근데 그때 독수리가 잠자고 있었어요. 그래서 닷산이 공주를 구하겠다고 그랬어요. 그래서 공주가 닷산한테 반했어요. 그래서,

"나중에 너랑 꼭 결혼하겠다."고.

그 동굴에서는 그렇게 말했어요.

그다음에 리텅이 닷산을 구했어요. 그다음에 그 밑에 있는 사람들한테 보고,

"공주를 먼저 모시고 가라. 나는 닷산을 구해주겠다."고.

그랬는데. 어, 진짜 구하, 근까 그냥 잘라버렸어요 그 밧줄을. [조사자 1: 그 밧줄을?] 네. 잘라버리고 바위로 그 동굴을 덮었어요, 어.

그다음에 음, 근데 공주가 궁에 돌아가서, 그니까 닷산한테 반했

으니까 닷산을 기다리고 있었는데, 없으니까 너무 우울증에 빠졌어요. 그래서 왕이 리텅하고 그 결혼식을 시킬 수가 없었어요. 그래서 이 공주가 말을 못하게 됐어요. 너무 우울해서 벙어리가 됐어요.

근데 이거 그 동굴에 남아있는 닷산은 그, 올라올 수가 없어서 계속 거기에 있었는데 독수리가 잠 깼을 때 화가 나서 싸웠어요. 그래서 음, 그다음에 닷산이 이겼어요. 독수리가 죽었는데 어, 닷산이가 그 독수리 죽이고 어떻게 빠져나갈려고 해서 좀 더 깊이 들어가서 길을 찾으려고 했었는데 거기 안에는 바다왕의 왕자를 발견했어요. 왜냐면 그 독수리가 그 바다왕, 바다 신의 왕자를 또 납치했으니까.

그래서 그 왕자도 구해줬어요. 네, 그다음에 둘이 빠져 나갔어요. 밖으로. 그래서 그 왕자가 너무 고맙게 생각해서 그 바다로 초대를 했어요. 그다음에, 어, 너무 많아요. 진짜 많은데요? 아, 네. 많진 않아요. 그다음에 거기에서, 또 어떤 도깨비 같은 거 만났어요. 도깨비는 예쁜 여자로 변형을 해서 그, 유혹할려고 했었는데 닷산이 그 도깨비를 원래 모양으로 네, 아무튼 네 그렇게 했어요.

그래서 너무 그 바다신이 너무 고마워서 그 어떻게 해서 잡아서 그 출세를 시키고 싶었지만 닷산은,

"그냥 됐다. 필요 없다."

그래서 어쩔 수 없이 보냈어요. 근데 보내기 전에 선물을 줬어요. 그, 음, 그 악기 하나. 악기 하나. 근데 그 악기는 신의 악기예요. 그니까 그, 음, 근까, 근까 뭐라 그래. 일반 악기 아니고 그 변화를 할 수 있는 악기 있잖아요. 만능 악기 뭐 그런 거 있잖아요, 네. 그 악기하고 아, 밥솥 말고? 아 김치찌개 그거. 도깨비? 아. 뭐죠? [조사자 2: 냄비?] 냄비. 아 솥 같은 거. 아, 선물 했어요. 그 두 개. 악기 하나하고 솥 하나. 밥솥 하나 선물해줬어요. 닷산이 그 두 가지 선물을 받고 다시 옛날 집으로 돌아갔어요.

근데 옛날에 닷산이 죽였던 뱀하고 독수리는 서로 만나서 닷산한테, 닷산을 죽이려고, 아 닷산한테 나쁜 짓을 하려고 했었어요. 그래서 그 두 동물이 왕의 창고에 가서 금이랑 뭐 귀한 물품들을 훔쳐가서 닷산이 사는 곳에 그 묻어놨어요. 그니까 그래서, 왕의 군인들

이 어, 그거 발견해서 닷산을 잡았어요. 그래서 감옥에 가게 됐어요 닷산이.

그래서 닷산이 감옥에 가게 됐는데 너무 슬, 심심해서 그 악기를 네 연주했어요. 그 악기를 연주했는데 그 악기 소리가 너무 좋았어요. 그 억울함과 그 공주의, 공주가 약속했던 그것도 잊었으니까 그런 서러움? 그런 거 있었대요. 그 악기에. 아, 그 악기 소리에.

그래서 그 악기 소리 듣고 공주는 갑자기 정신 차려서 뭐 말도 하고 웃고, 그래서 공주가 그 얘기를 처음부터 해줬어요. 진짜 닷산, 그 공주를 구해준 사람은 닷산이었다고. 리텅이 아니라. 그래서 공주가, 아니 왕이 닷산을 불러서 물어봤어요. 닷산이 처음부터 끝까지 얘기해줬어요.

그래서 닷산이 음, 그래서 아, 왕이 그때 리텅이 나쁜 사람이라는 걸 알게 됐고, 그래서 죽이려고 했었는데 닷산이 그래도 옛날 정을 생각하고 죽이지 말라고 부탁했어요. 그래서 그다음에 리텅은 아무튼 그 궁에서 쫓겨났고. 네. 그다음에 닷산은 공주하고 결혼했어요. 네. [조사자 1: 오케이. 지하대적퇴치담.]

근데 그 밥솥이 어떤 밥솥이었냐면, 여기에는 안 나타났는데 아빠가 그때 그렇게 말했어요. 그 닷산의 밥솥은 밥, 밥을 먹으면 또 다시 밥이 생긴대요. 그런 밥솥이었대요. 그러니까 배고프지 않게. 그니까 먹으면 또 나오고, 먹으면 또 나오고.

그래서 오늘 우리나라에서 그런 얘기가 있어요. 이거 닷산의 밥솥 아니야? 그니까 그러한 일상생활에서 그런 용어도 있어요. [조사자 1: 그걸 뭐라고 해요?] 닷산의 밥솥. [조사자 2: 닷산의 밥솥.] [조사자 1: 아.] 그니까. [조사자 2: 뭐가 계속 나오면 닷산의 밥솥 같네. 이러는 거예요?] 어어. 근데 실제로는, 그거 실제로는 안 되잖아요.

“아 닷산의 밥솥이 어디 있겠어? 그니까 좀 아껴 써라. 아껴 먹어라.”

[조사자 1: 아, 닷산의 밥솥이 어디 있겠냐.] 네. 네. [조사자 1: 아껴 써라.] 네. 네.

[조사자 2: 그 악기는, 악기는 어떤 식으로 연주하는 거예요?] 네? [조

사자 1: 악기, 악기.] 아 묘사되진 않았어요. [조사자 1: 피리인지, 아니면 기타인지.] 약간 그 가야금 같은? 제 상상에는 그래요. 근데 여긴 묘사가 되어 있진 않는데.

[조사자 1: 그러면 닷산의 밥솥에 비유된 말들이 그래도 베트남에 많이 쓰이고 있는 거예요?] 많이 쓰여요. [조사자 2: 마치 속담같이.] 그냥 하나의 관용어가 되는 거예요. 닷산의 밥솥이. [조사자 1: 어 재밌다.]

[조사자 2: 그 뱀이 있던 곳도 약간 동굴 같은 곳이에요?] [조사자 1: 땅속? 땅속이에요?] 아 뱀? 그 동굴? [조사자 2: 독수리는 아까 동굴에 있었는데. 뱀이 있던 곳도 약간 그런 곳인가요?] 모르겠어요. 그거는 모르겠어요.

[조사자 1: 그러면 이 이야기는 아까 그 락롱꿘처럼 닷산 이야기도 많이 아는 이야기겠어요?] 많이 알아요. 다 알아요. 다 알아요. 되게 흔한 얘기예요.

괴물을 퇴치하고 공주와 결혼한 닷산 [2]

● 구연정보

조사일시 : 2018. 03. 09(금) 오후
조사장소 : 강원도 강릉시 성산면 오봉리 자활센터 수공예실
제 보 자 : 저우티탄융 [베트남, 여, 1985년생, 결혼이주 9년차]
조 사 자 : 박현숙

● 구연상황

조사자는 강릉재활센터 직원의 소개로 제보자를 만났다. 조사자가 제보자에게 조사 취지를 설명하고 조사를 시작했다. 제보자가 먼저 닷산과 관련된 지하국대적퇴치설화를 구연했는데 내용이 간략했다. 조사자가 길어도 괜찮으니 아는 대로 다 구연해 달라고 요청하자 제보자가 재구연을 시작했다. 이 이야기는 원래 알고 있던 것이지만 조사 전날 베트남에 계신 친정아버지에게 전화통화로 다시 들었다고 했다. 구연 말미에 닷산이 공주를 구한 배경이 되는 동굴이 실재하며 굴 이름이 닷산 동굴이라고 설명했다.

● 줄거리

옛날에 한 노부부가 간절히 기도하여 닷산을 임신했다. 닷산은 태중에서 3년만에 유복자로 태어났다. 닷산은 태어나자마자 매우 힘이 세고 남보다 성장속도가 빨랐다. 닷산은 사냥과 일을 해서 어머니를 봉양했으나 어머니마저 병으로 세상을 뜨고 고아가 되었다, 마을에는 술장사하는 리텅과 그의 엄마가 살았는데 매우 나쁜 사람이었다. 리텅은 고아가 된 닷산을 이용하기 위해 의형제를 맺고 집에 데려와 강제로 일을 시켰다. 어느 날 왕이 마을 사람들을 괴롭히는 괴물을 처치하는 자에게 공주와 결혼시켜주겠다고 방을 내걸었다. 도전한 사람이 다 죽자 지원자가 없어 마을에서 무작위로 한 명씩 괴물에게 바치기로 했다. 리텅이 희생 제물로 뽑히자 닷산을 대신 보냈고, 닷산은 괴물의 머리를 잘라서 돌아왔다. 리텅은 닷산에게 괴물이 왕의 애완 괴물이라고 속여 숨어 있으라고 하고는 자기가 괴물 머리를 가져가서 닷산의 공을 가로챘다. 리텅은 왕에게 상을 받고 부자가 되었다.

왕이 리텅을 사위로 삼는 일을 미루던 중에 괴물 새가 공주를 납치했다.

리텅이 닷산을 다시 속여서 공주를 구하러 동굴 절벽 속으로 들여보냈다. 닷산이 공주를 구해 동굴 밖으로 올려보냈는데 리텅이 공주와 결혼하고 싶은 욕심에 끈을 잘라버리고 공주만 데리고 가버렸다. 닷산은 동굴에서 괴물에게 잡혀와 있던 용왕의 딸을 구해주고 보답으로 사랑하는 사람에게 목소리를 전달하는 황금조개껍데기를 받았다. 닷산이 황금조개껍데기에 대고 공주를 부르자 공주가 깨어나 닷산을 구했다. 리텅은 그 사실을 모르고 닷산을 죽여서 모든 비밀을 덮으려고 어머니와 함께 동굴에 가서 불을 질렀다. 리텅 모자의 만행이 현장에서 발각되었고, 그들은 추방당해 가는 길에 벼락을 맞아 즉사했다. 닷산과 공주는 왕궁으로 돌아가 결혼하여 행복하게 잘 살았다. 지금도 그 동굴이 남아 있고 사람들은 이를 닷산 동굴이라고 부른다.

닷산과 리텅. [조사자: 닷산과 리텅.] 네.

옛날 옛날에 노부부가 '애기가 하나 생기면 좋겠다.'고 신에게 매일 매일 똑같이 기도하셨어요. 그분이 너무 착하고 그러고 동네 사람들 도와주고 길 만들고, 다리 만들고 약한 사람은 잘 챙겨주고 그래서 신에게 신 아들이 환생해서 할머니가 임신하게 됐어요. 신이 내려 주신 아들. 임신하게 됐는데 그 다른 보통 애기처럼은 십 몇 개월 만에 애기가 나와야 되는데 할머니가 2년 지나고, 3년이 지나가는데 애가 태어나는 소식이 없어요. 어느 날 아버지가 몸이 아파서 돌아가시고, 돌아가시고 나서 아이가 태어났어요.

아이가 태어나자마자 다른 아이보다 더 힘이 더 세고 빨리 컸어요. 그때는 엄마가 할머니가 되고 몸이 약해지고 이 아이가 이름을 지어주는데 이름은 닷산이라고 불러요. 닷산은 힘에 세니까 엄마가 그냥 집에 계시고 닷산은 되게 효도했어요. 엄마 필요한 거 뭐 챙겨주고, 밥 챙겨주고 그리고 자기가 숲속에 들어가고 사냥도 하고 그러고 장작도 자르고 마을에 내려가서 그거를 교환하는 거예요. [조사자: 아, 팔아서?] 네. 쌀도 사고, 고기도 사고 엄마 필요한 거 사 드려요.

근데 두 사람은 그렇게 부자하게 되지 않아요. 왜냐하면 작은 호수마을 옆에서 숲 옆에서 사는 집 있어요. 숲에서 사는데 그 밑에서 마을 하나 좀 큰 마을 하나 있어요. 거기 술장사하는 사람이 리텅이라는 사람이 한 명 있어요. 그 사람이 마음이 독하고 고약하고 항상 남의 거, 자기 거로 만드는 거예요. 리텅도 자기가 아버지가 없고 엄마만 같이 살게 되는데 엄마도 둘이 다 똑같아요. 다 독한 사람하고 항상 고약하게만 생각해요.

어느 날에 술장사해서 닷산 사는 집을 지나갔어요. (제보자가 앞에 놓친 내용이 생각나서) 아, 이게 아니에요. [조사자: 그럼요?] 저도 좀 잘랐네요. [조사자: 아 괜찮아요. 다시 그 앞으로 빠진 이야기 하면 어떻게 되는 거예요?]

그 닷산의 엄마가 갑자기 아파가지고 돌아가셨어요. 닷산이 혼자서 오두막 안에서 사는 거예요. 사는데 리텅에서 그 마을에서 술장사하다가 닷산의 집으로 지나갔어요, 숲속에. 지나가는데 혼자 살다 보니까,

'아 딱 보니까 이 사람이 힘이 세구나. 이 사람을 내 사람으로 만들면 엄청 도움이 될 수 있겠구나.'

하면서 와서 되게 뭐라고 하지? 친하고 싶으니까 자기가 좀 자상하게 얘기하면서,

"나이는 어떻게 되냐"?고.

"이름은 뭐냐?"고.

"왜 여기 혼자 사냐?"고.

이렇게 그러니까,

"너무 불쌍해 보인다. 나는 원래 불쌍한 사람을 보면 돕고 싶다."

하면서 얘기하니까 닷산의 원래 착한 마음은 순수하기 때문에 이 사람이 이러니까,

"그러면 너 여기 혼자 살지 말고 형을 따라와라. 그리고 앞으로 우리 친하고 의형제로 될 거다."

형제라고 생각하고, 그리고 자기가 동생인데 동생이라고 꼭 부르고 동생이라고 집에 데려 엄마한테 인사시키는 거예요, 동생이 생겼다고.

이게 처음에는 할머니가 보자마자 마음에 안 들지만 자기 아들 리텅이 나한테 불러했어요. [조사자: 어 불러서 뭐라고 했어요?]

“왜 그지같이 데려왔니? 개를.”

리텅이 하는 말이,

“힘이 세니까, 우리가 도울 수 있으니까 돈도 안 주고 그냥 밥만 주고 일 시키면 된다.”

그랬다가 할머니가 그런가 보다 해서 지나갔어요.

근데 그 마을에서 되게 안 좋은 일이 생겼는데 리텅이 자기가 동생이라고 만드는 이유가 마음에서는 어느 날 거기 동굴 안에서 거기 한국어로 조그만 절이라고 생각한 게 있어요. 그냥 신을 모시는 곳이 있어요. [조사자: 신을 모시는 곳이 있어요? 한국의 절 같은 곳이?] 네, 절 같은 곳. 그 신을 모시는 곳의 옆에 약간 동굴이 안에 있어요. 거기서 괴물 한 마리 있어요. 괴물이 뭐 마을에 내려가서 소도 잡고, 돼지도 잡고 뭐 다 잡아먹어요. 뭐든지 다 잡아먹으니까 이제 먹고 없어요. 먹고 없으니까 사람 잡아 먹어요. 저녁마다 마을에 내려와요. 사람들이 너무 무서워서 근데 그 괴물 너무 힘이 세 갖고 어떻게 해도 그 괴물 죽일 수가 없어요.

죽일 수 없으니까 왕에게 가서, 왕한테 얘기 드리고,

‘도와 달라.’고.

‘구해 달라.’고.

빌었어요. 이 왕에게는,

“나라에서 힘이 제일 센 사람이 누구냐? 누구든 그 괴물을 죽일 수 있으면 공주랑 결혼하게 해 준다.”고.

약속했었어요.

근데 여러 사람들이 와서 동굴 들어가는 사람들이 거의 나오지 못해요. 다 죽게 되거나 안 그러면 괴물한테 잡아먹히게 되거나 보지도 않아요. 나오는 사람들. 사람들이 무서우니까 점점 오는 사람 한 명도 없어요. 한 명도 없으니까 그 마을에서 평안하게 살기 위해서 그 집집마다 1년에 한 명씩 뽑는 거예요. [조사자: 1년에 한 명씩 사람을 뽑아서 바쳐요?] 네. 그 괴물한테 바쳐주고, 먹이가 되는 거예요.

어느 날에 리텅의 집에 거기에서 뽑히게 되는 거예요. 리텅의 집에서 거기 어떻게 대나무 통에다가, 대나무, 대나무 이렇게 원래 한국에서 게임기 뽑는 것처럼 넣고 이름 적고 넣고 이름을 뽑으면 그 사람은 무조건 가야 된다. 그날에도 그날에 리텅이 운이 없어서 뽑히게 됐어요. 뽑히게 됐는데 자기가 무서워갖고 동생에게 거짓말하는 거예요. [조사자: 뭐라고 거짓말 해요?]

"오늘 형이 그 동굴에 절 안에서 청소하고 그러고 거기 하러 밤에 원래 청소하면 다 하러 밤에 거기 자고 그 묘지가 지켜야 된다. 그럼 여기 동네에서 그런 의식이 있어요. 근데 형이 몸이 너무 아프고 힘드니까 오늘 니가 대신 가면 안 되냐?"

하니까 동생이 원래 숲속에서 살다가 나온 지 얼마 안 돼갖고 그런 거 잘 모르는 거예요. 그러니까 형 말하는 대로,

"제가 더 할 수 있으면 다 해드릴게요. 그 정도는 일도 아니라."고.

그러니까 씩씩하면서 거기 갔어요. 가서 밤에 청소도 하고 형 말대로 거기 자고 아침에 일어나면 집에 갈 수 있다고 알았어요.

그런데 잠이 드는 순간에 갑자기 괴물이 뛰어 나오는 거예요. 사람을 잡아먹게. 리텅을 잡아먹었는데 리텅(닷산) 원래 힘이 세 갖고 [조사자: 리텅 아니고 닷산.] 아아, 닷산을 잡아먹었는데 닷산이 원래 힘이 세니까 그러고 원래 산속에서 사는 사람이라서 도끼 그거 항상 챙기고 다녀요. 그 도끼로 괴물 머리 잘랐어요.

자르고 그리고 그 괴물 머리 갖고 집에 들어왔어요. 집에 들어왔는데,

"형아야, 엄마야 나 집에 왔다. 문 열어주세요."

그 소리 듣는 순간에 두 사람 갑자기 벌벌 떠는 거예요. 무릎 꿇으면서 닷산한테 빌었어요.

"형이 잘못했으니까 니가 귀신이 됐더라도 용서해 주라. 좋은 데 가서 다시는 오지 말아라."

이렇게 막 빌으면서 근데 그 거기서는 동생이,

'어 형이 지금 뭔 말인가?'

해가지고 자기가 지금 괴물 죽여 머리 잘라서 갖고 오니까 너무 기분이 좋은 거예요. 자랑하고 싶어요. 그래서,

"엄마! 나 안 죽었어, 나 살아 있어요."

살아 있다는 소리 들으니까 빨리 가서 문 열어주는 거예요. 열자마자 머리 괴물 보니까 깜짝 놀라기는 놀랬지만 형이 리텅이라는 사람이 또 나쁜 생각 했어요, 자기가.

'아 이거는 내가 했다 하면 나는 부자가 되고 공주랑 결혼도 하고 그러면 이 일을 어떻게 처리해야 할까.'

가만히 있다가 엄청 생각하는 표정 하면서, 동생도 걱정해주고,

"야 동생아 넌 큰일 났다. 이 괴물은 형이 깜빡해서 얘기도 안 해주고 이 괴물은 원래는 왕에서 키우시는 괴물이고 이제 어느 정도 크니까 여기 갖다 놓은 건데 와서 하룻밤 씻게 그래서 씻겨 달라는데 니가 어쩌나 머리를 잘라갖고 이렇게 갖고 오면 왕이 알게 되면 니 목을 벨 거다. 빨리 깊숙이 숲속에 들어가서 거기서 숨거라. 형이 찾기 전에는 절대로 나오면 안 된다."

동생이 원래 너무 착하고 그러니까,

"그럼 형은 어떻게 하냐? 이렇게 가면은 엄마하고 두고 갈 수가 없다."

하면서 그때는 네가 도망갔으니까,

"그러면 내가 안 하면은 사람 아무도 모르니까 지금 당장 바로 가라 모든 일들은 형이 알아서 하겠다."

하면서 동생이 보냈어요.

동생이 형의 얘기 듣고 깊은 숲으로 몸을 숨었어요, 나오지 않게. 여기 리텅하고 엄마하고 엄청 기분 좋아하면서 그 머리 괴물을 왕궁으로 갖고 갔어요. 자기가 자랑하고 자기가 괴물 죽였다고 하면서 근데 그 사람들이 거기 왕궁의 왕족들은 뭐지? 옛날에 힘이 세고 싸움 잘 하는 사람들이 불만 하는 거예요.

"니가 키도 작고 힘도 약해 보이고, 몸도 뭐 보통 사람보다 약한데 어떻게 그 괴물을 죽일 수 있나?"

의심하는 거예요.

그래도 왕은 자기 약속했으니까 어쩔 수 없어 공주랑 결혼하게 하는 말 시켜 해야 되고 그리고 리텅한테는 상을 주고 자기 예쁜 옷을 주고, 집도 주고 그때는 부자가 됐어요. 부자가 됐는데 약속에 결

혼하는 거 약속은 지키지만 결혼식은 왕이 아직 마음에 들지 않으니까 결혼식 안 올려주는 거예요.

그냥 약속 지키고, 그리고 자기가 공주랑 결혼을 약속했기 때문에 매일매일 왕한테 가서,

"빨리 하루라도 빨리 하루라도 결혼식 올리면 좋겠다."

하면서.

그게 왕은 공주를 주는 게 너무 아쉬워서 항상 미루는 거예요. [조사자: 결혼을?]네.

"나중에, 나중에."

어느 날에 공주가 왕궁에서 산책하다가 엄청 큰 뭐였지? [조사자: 독수리?] 독수리가 컸는데 보통 독수리보다는 몇백 배 더 커요. [조사자: 엄청 큰 새구나, 나는.] 네, 엄청 큰 새 말하면 괴물 새처럼 생기고, 공주를 자기 발로 잡고 하늘로 날아가 버렸어요. 하늘 위로 날아가는데 이 공주가 없으니까 왕이 너무 슬퍼하고,

"공주가 찾을 수 있으면 니가 괴물 죽일 수 있으면 공주 찾아와라."

근데 자기가 진짜로 괴물 죽이지 않으니까 그때는 곤란하고 막 벌벌 떨고 있어요. 못 가겠다고 하고. 그러니까 왕이,

"니가 공주를 데려올 수 없으면 3일 동안에 공주를 데려올 수 없으면 너도 죽고 이 결혼식은 없애 버릴 거야."

그러니까 자기가 무서워서 그때는 갑자기 동생이, 닷산이라는 동생이 생각나는 거예요.

'아 얘 힘이 세니까 가서 얘한테 속이고 공주 찾아올 수 있으면은 나한테 좋고.'

그래서 그날 바로 산 깊은 숲속에 들어가서 동생 찾았어요. 동생 찾았는데 동생한테 또 거짓말치는 거예요. [조사자: 뭐라고 거짓말해요?]

"공주가 지금 큰 괴물새가 잡으러 갔는데 니가 만약에 공주가 구할 수 있으면 왕이 너한테 다 용서해 주고 목을 베지 않고, 그리고 엄마하고 형을 만나게 될 거야."

그러니까 동생이 그 소식 들으니까 너무 좋아하는 거예요. 엄마

가 고아니까 엄마하고 가족 생기는 게 너무 좋아서, 형이 이렇게 얘기하니까,

"어 그러면은 내가 오후에서 계곡에서 옆에서 앉아 쉬고 있는데 갑자기 하늘에서 큰 새가 사람을 잡고 지나가는 게 내가 봤다. 봤는데 그분이 공주이구나? 그러니까 내가 새가 지나갈 때 사람이 있는 길에 그래서 양궁으로 [조사자: 화살?] 화살. 화살에서 하는데 날개를 찌르고 그리고 그냥 가버렸다."

형한테 이 얘기 다 해줬어요.

그러면 찾을 방법이 있나 리텅이 물어보는 거예요, 동생한테. 닷산한테. 닷산이,

"아 찾을 수 있어요. 피 흐르는 자국을 따라 가면 아마 찾을 수 있다,"

하니까 그래서 두 형제 핏자국 따라가고 깊은 숲속에서 큰 동굴하고 동굴 안에 절벽처럼 생긴 구멍 있어요. 그 구멍에 깊숙이 들어가고 그 형이 리텅이 또 나쁜 생각 했어요.

'내가 들어가면 안 된다.'

[조사자: 죽을까 봐?] 죽을까 봐. 내가 힘이 약하니까 동생한테 해서 부탁하는 거예요. 착한 척.

"형이 힘이 없고 약한데 거기 들어가면은 괴물한테 싸울 수 없어서 죽게 되어 있는데 니가 들어가면 안 되냐?"고.

그러니까 동생이 바로 됐다고 얘기하는 거예요.

"어 그러면 제가 들어갈게요."

너무 착해요. 그러다가 그러면은 리텅은,

"그러면은 형이 줄을 잡아주니까 니가 내려가고 공주 만나면 공주에서 허리에서 끈을 묶고 끈을 잡고 톡톡 세 번 치면 형이 끈을 잡고 당겨 올릴게."

그러니까 동생이,

"알았다."

고 하면서 그 동굴의 깊은 숲속에서 들어갔어요.

들어갔는데 거기서, 거기서 공주가 만나고, 그리고 공주 구해주

고 끈에서 허리 묶고 이렇게 끈을 잡고 톡톡 두 번 형이 얘기해주는 거잖아요. 세 번 이렇게 하다가 형이 공주를 당겨 올려 갔어요.

당겨올려 가는데 그 공주가 너무 무서우니까 올라가지만 거기서 쓰러졌어요. 쓰러지고 공주가 군사들이 모시고 공주로 궁 들어가게 되는 가마 속에 넣고 궁에 보내는데, 그때 쓰러진 상태라서 닷산을 챙겨주지 못한 거예요. 그 기억도 못하게 쓰러져갖고.

리텅이 자기가 공주 보내놓고 그 계속 동생 밑에서 기다리는 거예요. 기다렸는데 그 새 자기가 여기 날개가 찌른 화살이 아파갖고 옆에 한 구멍에서 누워서 끙끙 소리가 나요. 그러니까 공주 올라가고 밑에가 동생이 도끼 갖고 살금살금 와서 얘가 거기서랑 등 뒤에다가 머리 잘라가지고 죽었어요, 그 새.

죽이고 그리고 죽이는데 계속,

"형아! 형아!"

불러도 대답이 없는 거예요.

이따가 리텅은 어디 안 가요. 거기 앉아서 생각하는 거예요.

'얘가 나올 수 있으면 내가 벌 받게 되고 공주랑 결혼도 못하고 얘가 나오면 안 된다. 그러다가 자기가 닷산을 죽여 버려야 된다.'고.

생각이 드는 거예요. 그래서 끈을 던져줬어요.

"동생아! 빨리 올라와라. 형이 끈 잘 잡아줄게."

얘기하면서 동생이 끈 잡았고 올려 반쯤 정도쯤 되니까 자기가 칼로 끈을 잘라버렸어요, 리텅이가. 동생을 죽이려고. 끈을 자르자마자 거기서 떨어지니까 리텅이 쓰러졌어요. 거기 안에서. 깨어나니까 자기가 혼자가 되어있고.

리텅은 공주 모시고 궁에 들어갔는데 엄마한테 얘기해 주는 거예요.

"백 프로가 닷산은 죽었다. 죽었으니까 엄마 이제 걱정 마라. 이제는 우리 팔자가 활짝 열린 팔자라서 이제 앞으로 엄마가 걱정 없이 부잣집에서 살게 해드린다."

이렇게 얘기하니까 둘이 너무 좋아하면서, 왜 공주가 아프다 하는 게 핑계하고 왕자가 결혼식 안 올린 거예요. 아프다는 핑계로 아프기는 아픈 게 있지만, 그것도 핑계가 되고 공주가 궁에 들어가는데 닷산을 생각하지 못하는 거예요. 몸이 아프고 쓰러지고 개운하지 못했어요.

근데 닷산이 거기에서 지나서 하루 정도 깨어나고 닷산이 일어났는데 또 여자, 동굴 안에서 여자 목소리가 들리는 거예요.

"저 도와주세요. 저 좀 풀어주세요."

하니까, 그 목소리를 따라가면서 거기 들어가 보니까 감옥처럼 이렇게 막아놓고 여자 한 명이 거기서 앉아 있는 거예요. 그 여자분이 자기 풀어 달라고 애원하고 그러니까 닷산이 거기서 도끼로 거기 밖에 다 부수고 그분을 구하고 데려왔는데, [조사자: 그 여자분은 어디서 온 거예요?] 그 여자분이 나오니까 자기가, 자기가 닷산한테 얘기해주는 거예요.

"자기가 영의,"

[조사자: 용왕의],

"용왕의 딸이다. 공주다."

어느 날에 물 밖으로 용왕 몰래 물속에 밖으로 나와 산책하고 있는데 갑자기 괴물한테 걸린 거예요. 그래 잡히게 된 건데. 3년 됐어요, 잡힌 지 3년 됐는데 나올 수가 없어요.

"다행히 당신이 구해줬으니까 너무 은혜가 갚고 싶다."

하면서,

"근데 어떻게 빠져나오는 방법이 없다."

생각해보니까 그 뭐였지? 용왕 공주가 노란 금으로 돼 있는데 조개껍데기가 닷산한테 주고,

"이 빗이 되고 자기 머리에서 마음의 진심으로 사랑하는 사람을 생각하면서 부르면 그 사람 분명히 와서 당신한테 구해줄 거다. 그게 이거 갖고 불러라."

하니까 닷산이 자기가 구해는 사람은 공주이니까 또 가족도 없고 해서 공주만 생각하고 계속 조개껍데기로 불렀어요.

불렀더니 아픈 공주가 갑자기 깨어나고 일어나면서 왕한테,

"한 남자가 거기 나를 구해주는 사람이 이 리텅이라는 사람이

아니라 또 한 사람이 더 있다. 그 사람이 날 구했는데 그 사람은 아직 못 나온 거 같아. 내가 그 사람을 구해줘야 된다. 가야 된다.”

원래 공주는 궁 밖으로 나올 수가 없어요. 몸도 아프지만, 원래는 왕(궁)에서는 허락 없이는 못 나와요. 왕한테 빌고 왕비한테 빌고 달래면서,

“제가 가야 된다. 꼭 가야 된다.”

하니까 원래는 왕이 딸을 사랑하니까 어쩔 수 없이 군사하고 공주하고 보냈어요. 보냈다는 소리 들리니까 리텅이 그때는 겁먹는 거예요, 벌벌 떨면서.

“만약에 닷산이 살아 있으면 공주가 구하면 우리는 벌도 받고 죽게 되고 어떻게 하냐?”고.

엄마한테 상의하는 거예요.

그래서 엄마가 둘이가 또 나쁜 생각을 하면서 그리고 거기 가서 벼하고 나무하고 거기 동굴 속에 집어넣은 거예요, 꽉꽉 집어넣게. 다 던져놓게. 그리고 불 거기서 던져 넣었어요. 거기 태우게. 태우고 열기가 들어가면 분명히 얘가 죽으니까 거기 그런 방식으로 해야 된다.

둘이 떼로 산속에서 거기 갔어요. 거기 둘이가 엄청 신나게 불태우고 하는데, 하고 있는데 자기가 모르는 거예요. 공주가 더 빨리, 자기보다 더 빨리 먼저 왔어요. 그리고 닷산하고 용왕공주도 다 구하고 나오고, 나오시고 거기서 지켜보고 있는 거예요.

지켜보고 자기가 하는 거를 지켜보고 있는데도 모르고 막 불 때는 거예요, 신나게 그러니까. 불 다 때고 하고 있는 순간에 닷산이 뒤에서,

“형아! 뭐하세요?” (웃음)

그때 깜짝 놀라가지고,

“이미 늦었어요. 늦었는데, 거기 군사한테 잡혔어요. 두 사람 잡혀서 끌고 왕궁에 가서 벌 받게 해야 한다.”고.

공주가 그래 그 뭐지? 따라온 공주 따라가는 사람, 이 군사 약간 장군 같은 사람이 있어요. 그 사람이 리텅하고 리텅 엄마하고 둘이 잡았는데 근데 그때 공주가, 공주가 하고.

"어떻게 이 사람 두 사람 하면 좋냐?"고.

"궁에서 데려가야 하는지 지금 여기서 바로 죽여야 되는지?"

물어보는 거예요. 그런데 자기가 그때는 동생한테 와서 막 싹싹 비는 거예요.

"잘못했다."고.

"한 번만 용서해 달라."고.

"엄마가 나이 많이 먹어서 엄마 생각해서 좀 봐 달라."

하면서.

원래 닷산은 마음이 착하고 하니까 그리고 그동안에도 자기가 엄마라고 불렀고 그렇게 하기 때문에 이 장군님한테, 공주한테 비는 거예요. 이 사람한테 풀어 달라고.

"그래도 내가 엄마라고 불렀으니까 나 생각 그러니까 내가 공주 구한 인간이라 생각한다면 이 사람을 한 번이라도 가여워 해주고 풀어 줘라."

이러니까 공주가 닷산의 말 듣고 두 사람을 풀어줬어요.

"가라."고.

근데 가는 길에 갑자기 하늘에 천둥이 크게 쳐갖고 두 사람이 죽게 됐어요. [조사자: 천둥이 쳐서 벼락이 떨어진 거예요?] 네. 천둥에 반짝반짝 쳐갖고 그 사람한테 맞아서 두 사람이 뭐라고 하지 완전히 타 버렸어요. 죽는데 태우고 [조사자: 완전 타버렸구나.] 두 사람이 다 죽게 되고.

공주하고 닷산하고 그리고 용왕 공주가 그때 다시 바다로 가고, 구해준 은혜 갚으라고 닷산하고 그리고 공주가 조개껍데기 그거 선물 들여 주는 거예요. 사랑하는 사람 사이에 그 원래 사랑하는 사람 사이 부르면은 그 사람 목소리 들을 수 있게 하는 거예요. 원래 그 조개껍데기가, 지금 자기가 그거 필요 없으니까 이 두 사람한테 선물로 드리고 그러고 다시 바다속으로 들어갔어요.

그리고 공주하고 닷산하고 다시 왕궁에 들어가고 왕한테 뵙고 왕이 허락해서 두 사람이 결혼식 올려갔어요. 되게 오래오래 행복하게 살았고 지금도 그 동굴이 있어요.

[조사자: 동굴이 있어요?] 제 고향에 오면은 그 동굴이 있는데 거기 사람들이 닷산 동굴이라고 이름 붙여줬어요, 그것까지.

[조사자: 가보셨어요? 닷산 동굴?] 네. 제가 거기 되게 가까웠는데 딱 한 번만 갔어요. 왜냐하면, 거기 올라가는 게 너무 위험해서 사람들이 못 올라가게 했어요. 근데 요즘에 거기 관광지로 만드니까 제가 한국 온 지 십 년 됐어요. 관광지 되니까 거기 사람들이 사다리 같은 거 만들고 올라가게도 됐는데 그 뭐라고 해야 되지? 사다리 내려가고 안에 또 관광도 해야 되고, 해주는 거예요, 나라에서.

근데 사람들이 신기하게도 거기서 이거 전설에서 내리 이야기하지만 거기 동굴에는 그 자리에, '옛날에 공주가 여기 공주가 앉았던 자리이다.' 하면서 그런 것도 있어요. 약간 돌맹이 앉은 자리 그런 거?

진짜로 그 거의 그거 여기서는 무엇 때문에 닷이라고 하는 성이 되게 많아요. [조사자: 아, 베트남에?] 네. 그 구역에 그 동굴 가까운 사람들이 사는 게. [조사자: 동굴 근처에 사는 사람들 중에는 닷 성을 가진 사람들이 많아요?] 네, 많아요.

또 많고 모르는 거의 남쪽 사람이면은 모르는 얘기가 없어요. 애기들한테는 되게 좋은 교육이고 항상 어른들이 하는 말이,

"닷산처럼 살아라. 착하고 순수하고 리텅처럼 살지 말아라."

누가 나쁘면 나쁜 사람이다라고 얘기 안 하시고,

"너는 리텅이다. 리텅 같다."

이렇게 얘기하는 거 많아요.

괴물을 퇴치하고 공주와 결혼한 닷산 [3]

● **구연정보**

조사일시 : 2016. 11. 27(일) 오후
조사장소 : 충청북도 진천군 덕산면 용몽리
제 보 자 : 누엔티김퍼 [베트남, 여, 1990년생, 결혼이주 7년차]
조 사 자 : 오정미, 이원영

● **구연상황**

제보자가 〈의붓자매 떰과 깜〉을 구연하고 난 뒤 잠시 대화를 나누다가 다음 이야기 구연을 시작했다. 중간중간 친정아버지와 베트남어로 대화했는데, 기억이 잘 나지 않는 부분이나 모르는 부분에 대해 질문하는 듯 보였다. 아버지가 아마도 내용을 자세하게 알려주는 듯 부녀간의 대화는 중간중간 꽤 길게 이어지기도 했다.

● **줄거리**

닷산과 다옴은 의형제인데, 일 년에 한 명씩 괴물에게 사람을 바치는 마을에 살았다. 나이가 더 많은 형 다옴의 차례가 되었을 때 다옴은 닷산에게 대신 가라고 시켰다. 위험한 곳인지 모르고 가게 된 닷산이 괴물과 싸워 그 머리를 가져왔다. 다옴은 그 괴물이 왕이 기르는 동물이라 벌을 받을 것이라고 거짓말을 하고는 괴물의 머리를 가로채서 왕에게 바쳐 자신의 공으로 돌렸다. 왕은 공주를 다옴에게 시집보내겠다고 했는데, 공주는 이를 거부하고 궁전을 나와 산으로 도망쳤다. 독수리가 공주를 물어 산속 깊은 우물 속에 숨겼다. 왕은 사라진 공주를 찾으라고 명령했고, 다옴은 닷산에게 공주 있는 곳을 찾으라고 시켰다. 닷산이 공주 있는 곳을 알아내자 다옴은 닷산을 데리고 우물로 간 뒤 줄을 매고 내려가 공주를 올려보내게 했다. 공주가 나오자 다옴은 닷산이 나오지 못하게 우물을 막고 궁으로 돌아갔다. 공주가 사실을 얘기했지만 아무도 믿지 않자 억울해서 실어증에 걸렸다. 우물에 갇힌 닷산은 가지고 간 악기를 연주하며 사연을 노래했는데 그 노래가 왕의 귀에까지 들렸다. 왕은 공주를 불러서 다시 사실을 얘기하게 했고, 억울함이 풀린 공주는 말문이 트였다. 진실을 알게 된 왕은 동생 닷산을 찾아오고, 다옴은 죗값을 받게 했다. 닷산과 공주는 결혼해서 행복하게 살았다.

옛날을(옛날에) 이제 남자, 이게 두 명이. 이제 남으, 남은, 남에, 남은, 이제 하나는 형이 되고, 하나는 동생이 되는데 남이에요. [조사자 1: 진짜 형제가 아니야?] 응, 형제 아니고 남이야. 음, 되게 친하게 지냈어요.

(아버지와 대화.)

두 형제를(형제는) 친하게 지냈어요. 근데 그 마을은 이제 도깨비, 무, 무서운 거, 괴물, 괴물요. 괴물 살아, 살고 있어요. 근데 그 항(한), 이 일 년에 항(한) 명이 인제 괴물한테 갖다 주라고, 그래야 괴물은 그 사람들이 이제 사이, 저기 편하게 살아는 거예요. [조사자 1: 사람을 제물로 보내야 돼? 사람을?] 네. 네. 근데 그, 그 해를, 그 해를 이제 리다옴, 리다옴. 이게 리담능(리다옴은) 이제 형이잖아요. 형이에요. [조사자 1: 아 형이군요, 리다옴이.] 네. 형이고. 이 닷산, 닷산은 동생. 나이 어리니까요. 네. 게 그 해를 리탐를(리다옴이), 리다옴 자기를 괴물한테, 사람 [조사자 1: 보내라고.] 네, 보 [조사자 1: 아 다옴이, 형이 자기를.] 네. 자기를 보내기, 괴물한테 가기로 되는 거예요. 근데 그, 그 형 이름이, 동생보고, 응 거기에서 보고 고기(거기) 가서, 음 거기 가서,

"자기 대신 쳐라. 자기 대신 가라."고.

시키는 거예요.

근데 이 닷산은 몰라요. 위험하게 위험, 자기한테 위험 돼도 몰라요. 그 괴물한테 가고 있는 거예요. [조사자 1: 아 잠깐 형이, 형이 다옴인데, 다옴이 자기 자신을 제물로 괴물에게 보내라라고 했는데, 그다음을 내가 못 알아들었어. 보내라고 했어. 근데.] 이 형을 보내라고 했는데, 동생들(동생을) 시키는 거예요. [조사자 1: 아, 나쁜 형이네.] 네네.

(아버지와 대화.)

[조사자 1: 그러면 처음에 형 다옴이 거기한테 갈려고 했던 거는 누가 시킨 거야? 처음에는?] 이제 마을. [조사자 1: 마을 사람들이.] 네. 마을 사람들이. [조사자 1: 근데, 동생은 닷산은 자기가 거기로 가는지를 몰라.] 네. [조사자 1: 아, 나쁜 형이네.] 네. 네. 맞아요.

[조사자 1: 그래서?] 네 그래서 이 동생이 그, 그 괴물 사는 데 가

서 음, 형이 가라고 가는데 거기 괴물 있다고 몰랐어요. 이게 형 대신 가라고 몰랐어요.

근데 가서 그 괴물 봤, 만나고 그 싸웠어요. 괴물이랑. 괴물 싸워서 이 동생이 이긴 거예요. 그 괴물 머리 잘라, 잘르고 이 형한테 갖다 줬어요. 음 네, 갖다 줘서 그 담에 형이를 동생한테,

"그거 괴물 아니라고. 뭐 음 거기 괴물 아니라 음 뭐, 나라에 높은, 제일 높은 왕을 그 키우는 거라고, 괴물 아니라고. 이거 죽이면 인제 응 죽이면 안 된, 안 돼, 왕, 왕이 이제 이 동생 죽인다."고.

그래요. 그 괴물을 응. 그래서 이 형를, 응, 형은 동생한테,

"그 괴물 머리를 형한테 줘라, 예, 형이 너 대신이(대신에) 왕한테 가서 인제 조, 조사?"

뭐지? 뭐 [조사자 1: 조사 받겠다.] 네, 응,

"조사 받겠다."고.

게 동생도 형이 말 들어서 주는 거예요. 그런데 이 형을 그 괴물 머리를 가지고 왕한테 가요. 가서,

"자기가 그 괴물 죽있다."고.

이게 이제 저기 자기 [조사자 1: 거짓말을 했어.] 예, 거짓말했어요.

그래서 왕이를 공주, 공주를 이 형한테 음, 시집 갈라고 보내는 거예요. 이거 이 형이를 이제 대단한 사람이라고 했잖아요. 괴물도 죽이고, 네. 그, 그러고 나서 근데 공주를, 이 형이를

"싫어한다."고.

"시집 안 간다."고.

그래 반대하는 거예요.

"자기를(자기는) 안 간다."고.

그래서. [조사자 1: 아 왕이, 왕이 공주를 형한테 시집 보낼려 그랬어요?] 네. [조사자 1: 아 오케, 오케이. 근데 공주가 싫다고 그래요?] 네. 싫다고.

싫다고 그래서 그 공주를 왕, 궁정에 나가는 거예요. 싫어서 나가게, 산, 산에 도망갈라고, 산에 도망갈라고.

근데 가다가 이제 큰 독수리가 공주를 보고 이제 물려 갔어요.

네, 물려 가, 가서 이제 공주를 숨기는 거예요. 독수리가. 네, 그래서 이 왕, 게 그 공주 아버지 그, [조사자 1: 왕.] 네, 왕을 이제 공주 찾으라고 사람을 시켰어요. 그리고 이, 이 형를 이제, 이제 공주 찾으라고 시켰어요.

이게 마누라잖아요. 마누라. 네, 근데 이, 이 형이를 못, 못해요. 이 못 찾았는데, 동, 이 동생을 찾았어요. 동생은 찾아서 끔매(끝내) 찾았는데 이 형이도, 형한테 이야기하는 거예요. 아 형이를 동생한테,

"공주를 이제 찾아라."고.

이제 이야기해놓고 동생이 찾아서 근데 형이가,

"나 공주 어디 있냐, 어디 있는지 안다."고.

그래서 이거 둘이 같, 같이 갔어요. 그래서 공주를 이제 그 오물(우물) 그 산속에 깊은 오물(우물)에다 독수리를 갖다 넣었어요. 공주를 깊은 우물에 갖다 뒀어요. [조사자 1: 아 공주가 깊은 산속에 우물 속에 숨었어요?] 독수리가 갖다 놨어요. 그 오물을. [조사자 1: 오물?] [조사자 2: 우물에다가 소녀를 갖다 놨어요?] 네, 공주를. [조사자 1: 어어, 아, 독수리가. 오케 오케이.]

네. 그래서 이 형이를 동생보고,

"그 오물(우물) 내려가서 공주 구해, 그 구해라."고.

그 동생이 내렸어요. 그 이제 끈 하나 가지고. 그거 공주를 이렇게 묶, 이렇게 그 끈 잡고 올라갈라고. 그래서 이 위에는 형이 있어. 기다리고 있어요. 그래서 공주에 나오다가 바깥에 나오다가 이제 그 오물(우물)을 이제 막히는 거예요. 이 형이를, 응.

"그 자기를 공주 구했다."고.

또 가서 했는데 공주이를 이제 음,

"아니라."고.

설명했잖아요. 그 설명했는데 아무도 나 안 믿어줘요.

그래 공주를 말이 못하게 했어요. 말이. [조사자 1: 형이. 형이.] 예, 말이 안 나오게 너무 억울해잖아요. 이게 동생 구했는데 알고 있는데 얘, 얘기했는데, 사람들 아무도 안 믿었, 안 믿었다고요. 음, 그래서 공주를 이제 벙어리가 되는 거예요. 응, 벙어리 되다가, 응, 벙어

리 되다가.

(아버지와 대화.)

그 동생을 이제 오물(우물)에, 오물에다 못 나오잖아요. 근데 그 때 갈 때 동생을 뭐 그 기타 말고 뭐 하나 있어요, 악구(악기)를 가지고, [조사자 1: 기타같이 생긴 악기야.] 네, 네. [조사자 2: 하프? (하프 연주하는 흉내 내며) 이렇게 하는 건가?] 아니에요.

네. 악기를 하나 가져가서 이게, 하, 저기 동굴에, 으음 오물(우물)에 이제 혼자 이제, 혼자 하는 거예요. 악기를. [조사자 1: 혼자. 어, 연주했어.] 네, 연주해. 그리고 인제 연주해거, 근데 연주해는 중에 이제 자기가, 응 자기가 억울해는 거 이제 부르는 거예요.

그거 이제,

"공주는 누가 구했는지, 뭐야 괴물 누가 죽이고, 공주 누가 구했는데 자기는 거기서 막거리면(막아버려서), 막혀버렸다고, 이 자기 죽인다."

고 한 거예요.

이 그, 이야기를 불르는, 불러서 그다음에 그, 그 소리는 왕에, 왕에게 들리는 거예요. 그 소리 멀리 가서 왕에게 밤중에 왕이 들리는 거예요. 그래서 왕이 뭐 처음부터, 처음부터 그 일어나는, 일어나는 일들이 이제 알게 되는 거예요.

그래서 공, 공주한테 불러, 이제 불러 불러 보았, 음 사실을 불러 보는데 공주는 이제 풀리는 거예요. 그 말이 나온 거예요. 그거 억울해는, 억울해는 거 풀리는 거예요.

그 말이 나와서 이제 얘, 그를 이야기해서 그리고 이 동생을 구할러 갔어요. 그 오물(우물)으로 다 동생은 나와서 인제 형이를 죄, 죄값 받았어요. 왕한테. 네, 그래서 공주를 동생한테 시집보내고 이제 사는 거예요.

괴물을 퇴치하고 공주와 결혼한 닷산 [4]

● 구연정보

조사일시 : 2019. 01. 30(수) 오전
조사장소 : 경기도 안양시 만안구 석수동
제 보 자 : 도티탄(이정민) [베트남, 여, 1989년생, 결혼이주 8년차]
조 사 자 : 오정미, 한상효

● 구연상황

제보자가 〈거짓말 잘하는 꿔이〉를 구연한 뒤 〈닷산〉 이야기를 들어봤을 거라면서 구연을 시작했다. 제보자는 준비해온 베트남어 메모를 보면서 이야기를 했는데 이야기를 한국말로 바꿔 말하는 데에 중간중간 어려움을 겪었다. 베트남에서도 들었던 이야기인데 내용이 길고 장면이 많아 모두 기억하는 데 어려움이 있다고 했다.

● 줄거리

닷산이 태어난 지 얼마 되지 않아 부모를 모두 여의고 산에서 혼자 가난하게 살았다. 그때 니히통이 힘이 세고 능력도 있는 닷산과 의형제를 맺었다. 닷산이 니히통의 집에 가서 사는데, 니히통의 마을에는 때가 되면 뱀에게 사람을 바쳐야 했다. 니히통의 차례가 되었는데 니히통은 닷산을 대신 보냈다. 닷산이 뱀을 물리치고 뱀의 머리를 가져오자 욕심이 난 니히통은 닷산의 모든 공적을 빼앗았다. 그러던 중 왕의 딸이 독수리에게 잡혀갔다. 공주를 찾아달라는 방을 본 니히통은 닷산을 데리고서 독수리가 있는 동굴로 갔다. 닷산이 공주를 찾아 동굴을 빠져나오려는데 니히통이 공주만 구하고는 닷산을 안에 두고 동굴을 막아버렸다. 니히통은 자신이 공주를 구한 것처럼 꾸며서 공주와 결혼하려고 했으나, 공주는 닷산을 기다리다가 병이 들었다. 결국 동굴에서 빠져나온 닷산이 공주와 결혼했다. 니히통은 집으로 가는 길에 번개를 맞고 더러운 땅속에 사는 벌레로 변했다.

이것도 닷산도 마찬가지로, 뭐 부부 착하게 사는데 근데 얘가 없어가지고 얘기 갖고 싶어 했는데, [조사자: 혹시 댕잠?] 댕잠 그건가요? [조사자: 댕잠인가?] 아마 그런 거예요. 그거 해 주셔도 돼요. 되게 여자는 임신해서 3년 지나야 그 3년 지나도 얘기 나지 않고서 아빠는 돌아가시고 아빠도 [조사자: 3년 지나도 얘를 못 낳았어요?] 네. 임신해서 [조사자: 그럼 딴 얘기다. 해주세요.] 네. 저는 한 번 봐야 될 것 같아서. [조사자: 천천히 보세요.]

닷산하고 니통. 이것도 되게. [조사자: 한국말로 하면 뭐라고 해야 돼요?] 사람 이름이요. [조사자: 여기다 한 번 한국말로.] 닷산인데. [조사자: 발음이 닷산.]

이것도 부부가 이렇게 사는 뭐 착하게 살다가 그 나이가 들어도 얘기가 없어가지고 아기 갖고 싶어가지고 어느 어떻게 해서, 어떻게 하다가 임신해서, 근데 임신이 3년 지났는데도 얘기 나지 못하고 그래서 그때 남편 돌아가시고 얼마 뒤에서는 그 아내가 얘기가 낳았어요. 되게 멋, 멋쟁이 해야 되나요. 멋있는 사람 태어났어요. 그래서 되게 멋있고 되게 똑똑해 보이는 얘기 있잖아요. 그렇게 낳고, 이름이 닷산이라는 이름, 지어줬어요.

그 어머니도 그 엄마도 돌아가시고 돌아 닷산 혼자 살게 되었어요. 그래서 혼자 사니까 그 무슨 커다란 나무 밑에서 커다란 나무하고 그 천막 치면서 이렇게 천막집에서 그리고 몸에서는 그 천이 가리는 것만 하나 몸 가리는 거하고 이하고 때감, 조금만 있어요. 그렇게 살게 되었어요. [조사자: 매우 가난하게.] 가난하게.

그래 닷산, 또 열세 살에, 열세 살 됐을 무렵에 그 위에서 어디서 사람 내려가지고 닷산이한테. [조사자: 하늘에서.] 하늘에서 사람이 보내서 닷산한테 그 뭐지, 그 무슨 무술 뭐 가르쳐줬어요.

그래서 근데 어느 날은 니히통이라는 사람이 지나가서 물 먹게 말라가지고 그 닷산 네 집에 물 마시게 됐어요. [조사자: 이름이 뭐라고요?] 니히통 [조사자: 니히통.] 근데 닷산이 보니까 니히통이 보니까 닷산 되게 똑똑하고 상냥하고 또 힘이 세고 그래서 그냥 형, 그거 있잖아요. [조사자: 의형제.] 의형, 네. 의형제하기로 했고. 그래서 의형제하고. 그래서 닷산이 니히통 네 집에 가서 살게 되었어요.

그때는 어느 그 마을에 어느 묘이라는 곳이, 묘인데 그 무슨 그 전 같은 곳이 아니라 그냥 만약 옛날에 마을 베트남 옛날 마을 같은 거 마을마다 조그만한 집 같기도 하고 거기서 제사도 지내고 막 그런 거 있어요. 그래서 그 마을에서 또 그 뭐라고 해야 돼죠? 사람 사는 집 아니라, 아닌데 그냥 조상. [조사자: 사당?] 아 사당 같은데, 사당 같은 게 있어요.

그 마을에서도 마찬가지. 그 뱀에 너무 오래 살면은 귀신 뱀 같은 거 있잖아요. 뭐 근데 그 해마다 그 뱀한테 바쳐야 된대요. [조사자: 사람을.] 네, 사람 바쳐야 된대요. 근데 그 해는 니히통네 집 차례였어요. 거기서 니히통이가 닷산한테 말했어요.

"오늘은 내 차례 그 사당 가서 지켜줘야 되는데 근데 그 나는 승, 승 그리고 술 만드는 거, 하고 있으니까 좀 대신 가 달라."

[조사자: 니히통이 닷산한테.] 거기 가면 죽, 죽은 줄 아니까.

그래서 닷산은 그 말 듣고 그래서,

"네. 내가 해주겠다."

근데 가보니까 밤에 되게 그 괴물 나타나가지고 근데 닷산은 어떻게 하다가 물리쳤어요. 괴물이 물리치는, 물리쳤는데 근데 물리쳐가지고 기분, 기뻐서 그 뱀 머리 가져와서 집에 가줬어요. 니히통한테 자랑해서,

"어 나는 이 뱀을 잡았다."

되게 자랑했어요. 근데 이때는 니히통은 되게 욕심이 났어요.

"그러면은 나는 이 머리 이 뱀 머리 가져가서 왕에한테 바치면은 너는 뭐 받을 수 있겠네."

그래서 니히통이 닷산이한테,

"어 이거는 잡으면 안 돼요. 이거 잡으면은 큰일 나요. 빨리 도망가세요."

그래서 닷산이 그말 듣고 도망, 도망갔어요. 그래서 닷산은 그냥 그 니히통 말했으니까 자기도 다시 옛날 다시 자기 살았던 나무 밑에 가서 살게 되었어요.

그 한편 니히통은, 니히통은 그거 가져가지고 왕한테 가져와 바쳤어요. 왕한테 바쳤더니 또 왕은 또 큰 공 얻어가지고 거기서 그 궁궐인가 거기 무슨 뭐, 바꿔가지고 거기서 살게 되고. 또 한편은 닷산은 그 대나무 무슨 나무 밑에서 살았는데.

어느 날, 왕이 사위, 사윗감 찾으려고 열렸는데 한참 지나도 몇 개월 지나도 사위, 공주 맘 드는 사람이 없었어요. 마음 드는 사람 없어가지고 근데 어느, 갑자기 어느 그 무슨 새에는 무슨 새, 독수리인가 독수리 지나가지고 공주 낚아갔어요. 근데 닷산 그 모습 보고 그 총 쏘는 거 아니에요. 그 뭐지, 그 옛날 이 [조사자: 활?] 아 활, 활 쐈어요. 활 쏴가지고 그래서 공주 구해줬어요. [조사자: 누가? 누가 활을 쏴서?] 닷산.

또 이것도 이번에도 그 닷산, 그 활 쐈잖아요. 그 독수리가 그 활 문제, 자기 항, 항이라고 하나요. 베트남어하고 항, 항 아니라 항, 베트남어인데 그 산에, 산에 안에 구멍 아 동굴, 자기 사는 동굴에 들어갔어요. 닷산은 핏방울 자국 따라서 그 독수리 살고 있는 곳에 찾았어요.

근데 어느 날 그 왕이,

"공주 찾을 수 있으면 자기가 공주하고 결혼해서 왕 해주겠다."

그렇게 얘기, 니히통한테 얘기했어요. 또 니히통도 어 소리 들으니까 자기도 왕 될 수 있는 거고. 근데 한편으로,

'어떻게 공주 찾지?'

하다가 쪽지에 그냥 날렸어요. 날려가지고 니히통은 쪽지에 날린 거 소식 듣고 닷산 찾아왔어요. 닷산 찾아와가지고 자기가 이 활,

"자기가 쏴서 이렇게 이런 활 쏘아가지고 그 공주 어디 있는지 안다."

또 니히통이,

"그러면 공주 있는 곳에 데려다 달라."

닷산도 그렇게 니히통 있는 곳에 데려다줘서, 또 닷산은 거기 그거 들어갔어요. 그 독수리 사는 곳에 들어가서 그 공주 구해주고 그리고 독수리한테는 무슨 수면제인가, 수면제 먹여가지고 그래서 그

구해주니까 공주가 그러면.

"닷산이하고 결혼하겠다."고.

그 밑에서 얘기했어요. 근데 이때는 올라 같이 공주 같이 구해서 땅에 위로 올라가잖아요. 땅 올라가니까 니히통은 그 병사 시켜가지고 [조사자: 배신하는구나.] 공주 올라가잖아요. 그러면 니히통 이때는 병사 시키고,

"공주는 먼저 궁궐으로 데려가. 가서, 자기 남겨서 뭐 물리치겠다. 독수리 물리치겠다."

한데 그 니히통은 구, 구멍, 구멍 있잖아요. 동굴 입구 돌로 다 막아놨어요. 돌로.

막았는데 그런데 공주는,

"닷산하고 결혼하겠다."

했는데 한참 기다려도 지나도 한참 지나도 닷산이 들어오지 않고 되게 뭐 슬퍼가지고 말 못게 되었어요. 니히통도 거기서 되게 그거 보니까 왕도,

"어떻게 공주 병을 고칠 수 있느냐?"

니히통도 알아봤는데도 고칠 병은 고칠 수 없어가지고서, 니히통하고 공주하고 결혼은 뭐지 미루게 되었고.

근데 닷산은 그 독수리 안에, 항에 있잖아요. 같이 있고 독수리 한참 깨어나니까 어떻게 감히 자기 와이프, 독수리 여자 가지고 와서 자기 와이프 삼으려고 했는데 어떻게 자기 와이프가 뺏어, 빼앗을 빼앗냐. 그래서 그 독수리하고 닷산는 갑자기 싸와, 싸웠는데. 싸워가지고.

근데 닷산은 그거 보니까 구멍은 다 막아놓고 다 막아 놔가지고 어떻게 해야 되는지 몰라서, 그 속에서 지난 양, 그냥 어떻게 먹혔는지 한 번 보러 돌아가는데 거기 보니까 그 누구의 아, 왕의 아들이 거기서 저 놀는 거예요. 그 안에서, 그 독수리이라는 새, 귀신, 아냐. 그 새가 인제 왕의 아들 무슨 나라 왕의 아들 거기 줘 놓은 거예요.

그래서 그, 그 왕이 아들이 구해주고 구해주니까, 닷산이하고 그 왕이 같이 자기 집에…

어 되게 안 긴데 번역하기가 어려운. [조사자: 간단하게 말씀하셔도 돼요. 그래서 결국 공주와 결혼한 건 누구네요?] 아마 닷산이. 음, 공주는 말하게 되고 닷산이하고 결혼하고 닷산은 왕 되었어요.

왕이 되고 닷산은 니히통 되게 자기 배신했잖아요. 니히통 벌주려고 벌주려고 해서 니히통 네 집에 간, 벌주려고 했는데 그 한편 생각해보니까 엄마도 계시고 그래서 그냥 니히통은 집에 가서 엄마 돌볼 수 있게 해주었는, 해주었어요.

근데 니히통 가다가 집에 가는 길에 갑자기 바람도 불고 바람도 불고, 니히통 엄마, 보통 비가 오면 뭐가 [조사자: 천둥번개.] 천둥번개 맞아가지고, 돌아가셨어요. 근데 조건인가 무슨, 뭐가 땅속에서 사는 그 귀뚜라미라고 해야 하나요. 귀뚜라미 같은 거. 근데 되게 귀뚜라미 죽어가지고 귀뚜라미 되었어요.

[조사자: 땅속 귀뚜라미. 왜 귀뚜라미가 되었을까요?] 귀뚜라미라고 해야 되나요? 무슨 귀, 땅속에 사는 되게 더러운 땅속에 사는 무슨 귀뚜라미 아니고. [조사자: 더러운.] 사슴벌레, 아니면 [조사자: 사슴벌레가 아니라.] 되게 더러운 땅속에 사, 살아가지고…

[조사자: 그럼 귀뚜라미가 아니라 갑자기 생각이 안 나가지고, 쓰레기 같은 속에서 나오고 막 그런 거 말씀하시는 거죠?] 아니, 바퀴벌레 아니에요. [조사자: 바퀴벌레 아니고.] 그냥 땅속인데 더러운 땅속에 사는 거. [조사자: 벌레가 되었어.]

닷산은 왕으로 되어서 왕으로 되니까 그 나라의, 그 나라 잘 일어가고 그런 이야기.

형제와 별나무 [1]

● **구연정보**

조사일시 : 2017. 10. 14(토) 오후
조사장소 : 경기도 안산시 단원구 원곡동 세계문화체험관
제 보 자 : 전티흐엉 [베트남, 여, 1992년생, 결혼이주 6년차]
조 사 자 : 김정은, 강새미

● **구연상황**

제보자가 〈환검호수〉 구연을 마친 뒤 조사자가 다른 이야기를 청하자, 베트남 아이들이 다 아는 이야기이고 한국의 이야기와도 비슷한 것이 있다며 별나무 이야기 구연을 시작했다. 이 나무는 열매가 별 모양이라 별나무라는 이름이 붙었다는 설명을 했다.

● **줄거리**

부모님이 돌아가신 형제가 있었는데, 형은 욕심이 많고 동생은 착했다. 형은 재산을 다 차지한 뒤 동생한테는 나무로 만든 집 하나만 주고 나가서 살라고 했다. 동생은 별다른 불만 없이 집 앞에 별나무 하나를 심어서 그 나무 열매를 팔면서 가난하게 살아갔다. 어느 날 봉황새가 와서 열매를 따먹으려고 했다. 동생이 봉황새에게 열매를 먹으면 우린 어떻게 하냐고 했더니, 열매를 먹는 대신 금을 주겠다며 세 뼘 크기의 주머니를 만들어 오라고 했다. 동생은 새의 등에 타서 강을 건너 보물이 많은 섬에 도착한 뒤 주머니에 금을 담아 와서 부자가 되었다. 동생이 부자가 된 사연을 들은 형은 집을 바꾸어 살자고 했다. 형은 별나무에 날아온 새와 만난 뒤 새가 말한 것보다 훨씬 큰 주머니를 만들어가지고 새를 타고 섬으로 갔다. 주머니 가득 금을 싣고 오던 형은 새가 힘들어서 중심을 잡지 못하는 바람에 강에 빠져 죽었다.

옛날 옛날에 그 두 형은 아빠 엄마 다 돌아가시고 두 형만 같이 살아요. 하지만 그 형은 욕심쟁이라서 땅 다 갖고, 집 다 가지고 동

생한테만 그냥 작은 나무로 만든 집, [조사자 1: 움막. 나무로 만든 집만 줬구나.] 네 나무로 만드는 집만 남겨주고 다 뭐 소, 돼지 다 챙기고, 욕심이 나서 다 챙기고.

그래서 동생도 불만도 없이 그냥 착하게 그 나무 집에 들어오고 살아요. 하지만 열심히, 열심히 부자 집에 가서 일하고 돈 받고, 일하고 돈 벌고 자 이제는 결혼이 됐어요. 드디어 결혼이 되고, 형도 엄청 부자에 되는 사람, 엄청 부자에 되는 사람, 그리고 결혼도 했어요.

이제는 동생 나무집에 그대로 있고 대문 앞에서는 별나무 한 나무를 키웠어요, 심었어요. 그래서 맨날맨날 그 나무는 물을 주고, 맨날맨날 물을 잘 주고 그래서 그 나무는 잘 자랐어요. 잘 자라서 이제는 올해는 첫 번째 열매 생기는, 첫 번째예요. 많이 기대하고, 많이 기대하고 그다음 갑자기 어떤 날 아침 일어나서 그 한 공작새, 한 공작새 열매 먹고 있어요. 그럼 얼마나 기대했는데요. 그 공작새는 먹고 있어요. 아 죄송해요 공작새 아니고 봉황. [조사자 1: 봉황?] 네 공작새 아니고 봉황. 그 봉황 먹고 있어요.

그래서 그 동생이 화나고 또 슬프고 하지만 그냥 울면서 이렇게 말했어요.

"봉황아! 우리 집에 이 나무밖에 없는데 너 다 먹어버리면 우리는 어떡하냐?"

라고 그렇게 말했어요.

그래서 봉황은 바로 말했어요. 이렇게 말해요.

"한 열매 먹고 금 한, 한, (잠시 머뭇거리며) 열매 하나 먹고 금 하나."

[조사자 2: 금덩이?] 금덩이라고 말해요?

"금덩이 준대요."

라고 했어요. (웃음) 그렇게 했어요.

"열매 하나 먹고 금 하나 줄게."

한 봉투? 뭐라고 불러요? 그 손으로, 베트남 손에는 (한 뼘씩 크기를 재는 동작을 하면서) 이거 하나, 둘, 셋. [조사자 1: 아 한 뼘. 우리는 그렇게 얘기하는데. 한 뭐라구요? 한 마?] 베트남 말에는 한 강. 이거

강. 강이라고 부르고,

"3강 봉투 하나 만들고 챙겨 와라."

그래서 이 동생은 와이프한테 다시 얘기해 주고 이제 와이프랑 딱 세 강에는 봉투 만들었어요. 같이 만들었어요.

그다음 날 봉황은 진짜 또 다시 돌아왔어요. 또 다시 돌아왔어요. 자 이제는 그 동생한테 말해주는 거,

"이제 나 등 위에 올라가라."

라고 했어요.

그래서 동생은 그 봉황 등에서 올라가서 이제는 멀리 바다 넘게 또 산 넘게 넘게 갔어요. 멀리멀리 가서 드디어 한 섬에 도착 왔어요. 한 섬에는 그 봉황은 (동생을) 내려주고, 멀리 있는 섬에 내려주고 동생이 내려서 금이 있어요. 진짜 금 있어요. 그래서 금이는 주워서 그 세 강에 가방에는 넣어서 이제 묶어서 다시 봉황 등에 올라가서 봉황은 잘 데려줘 왔어요, 집에 까지.

자 이제는 동생이 집이 다시 만들고 이제는 어려운 사람들이 조금 나눠주고, 그렇게 됐어요. 이제는 그 욕심쟁이 형이 소문이 들어왔어요. 그래서 또 욕심이 생겼잖아요. 그래서 형이 찾아와서 동생한테 이렇게 협박했어요.

"너는 원래 내가 있는 재산 다 너한테 줄게. 내가, 나랑 와이프랑 그냥 이 집에 너 집에 살게."

라고 했어요.

왜냐면 그 나무 때문에. 그래서,

"내가 너 집에 대신 살게."

라고 했어요.

그 동생도 형의 말도 잘 들어서, 잘 듣고 그래서 또 이사 갔어요, 형 집에.

형도 이제는 기다리고 있어요. 봉황 또 다시 돌아오는지. 그래서 그 진짜 봉황 또 진짜 돌아왔어요. 봉황이 또 먹고 그 형이 또 우는 척이 하면서 말하는 거예요.

"봉황아 나도 불쌍해. 너 또 열매 다 먹으면 나 어떡하냐?"

라고 말했어요. 그래서 그 봉황은 또 똑같은 말을 했어요.

"열매 하나 먹고 다시 금이 줄게."

라고 했어요.

"또 세 강 봉투 만들고 기다려라."

라고 했어요.

또 봉황이 또 날아갔어요. 자 이제는 그 형이 마음이 너무 기뻤어요. 와이프랑 세 강 봉투 만드는 거 아니고 엄청 큰 가방이 만들었어요. (웃으며) 큰 가방 만들었어요.

자 이제는 봉황이 다음날에 다시 돌아와서 이제 형도 데려가주는 거예요. 섬도 도착을 와서 그 금 섬에, 금 섬에 도착 와서 내려주고 내리자마자 그 형이는 완전 빠르게 다 주워 가방에 넣었어요. 넣어서 그거는 끝이 아니고 몸에서는 다 금이 넣어서, [조사자 1: 아 몸마다, 주머니마다 넣을 수 있는 건 다 넣었구나.] 네, 다 넣어서 이제는 봉황이 등 위에 올랐어요.

봉황이는(봉황은) 또 다시 그 형 집에 돌아가 주는데, 하지만 가는 김에 너무 무거웠잖아요. 봉황도 힘들어서 이제는 그 날개는 약간 삐덧, 삐끗해서 이제는 형이 중심 못 잡아서 계속 그 바다에서는 넘어졌어요, 떨어졌어요.

그래서 이 동생이 드디어는 또 부자 되잖아요. 이제는 어려운 사람 집에는 도와주고 이렇게 행복하게 살았어요.

[조사자 1: 형은 죽었구나.] 네. 조금 그렇게 됐어요.

형제와 별나무 [2]

● **구연정보**

조사일시 : 2016. 11. 27(일) 오후
조사장소 : 충청북도 진천군 덕산면 용몽리
제 보 자 : 누엔티김퍼 [베트남, 여, 1990년생, 결혼이주 7년차]
조 사 자 : 오정미, 이원영

● **구연상황**

제보자가 〈똑똑한 소녀〉를 구연하고 나서 잠시 조사자와 대화를 나눈 뒤 준비해온 자료를 보면서 구연을 이어갔다. 청자인 친정아버지는 잠시 지켜보다가 방으로 들어갔다.

● **줄거리**

옛날에 형제가 살았는데 아버지가 죽자, 욕심이 많은 형은 동생에게 스타푸르트 나무 하나만 주고 모든 유산을 독차지했다. 어느 날 까마귀가 스타푸르트 나무 열매를 쪼아 먹자 동생은 먹지 말라고 부탁했다. 까마귀는 열매 하나를 먹으면 금을 하나 돌려주겠다고 하며, 동생에게 세 뼘 길이의 자루를 만들게 하였다. 동생은 세 뼘 길이의 자루와 함께 까마귀 등에 타고 섬에 갔다. 동생은 금으로 변할 돌을 자루에 담아 와 부자가 되었다. 그 사연을 들은 형은 자기 재산을 동생에게게 다 주고 스타푸르트 나무를 가졌다. 다음 해 다시 열매가 열렸을 때 까마귀를 만난 형은 욕심을 부려 일곱 뼘의 자루를 만들고서 섬으로 갔다. 형이 돌을 너무 많이 담아 자루가 무거워졌고, 날아오던 중 태풍까지 불었다. 까마귀가 금을 떨어뜨리라고 했지만 형은 금을 버리지 않았다. 결국 태풍 속에서 형과 금 자루는 바다에 떨어졌다.

옛날에 두 형제와 아버지랑 살고 있어요. 그리고 이제 두 형제 장이(장가를) 다 보내고 그 아버지가 돌아갔어요. 그리고 아버지 돌

아가, 가, 가고 나서 그 형이가

"재사를(재산을) 나누라."고.

동생한테 얘기하는 거예요.

그런데 형이를 그 마누라, 마누라 시켜서 아 마누라를 형, 형이 시켜서 인제 재산을 다 갖고. 그 동생은 음, 저 베트남에서는 이렇게 과일을 이제 별처럼 생기는 거 있는데, 그거 한국말로 뭔지 몰라요. [조사자 1: 별처럼 생긴 거? 저 뭔지 알아요.] [조사자 2: 스타푸르트 아닌가?] 제가 사진을 보여 드릴게요.

(휴대폰으로 과일을 찾음.)

[조사자 2: 스타푸르트 이거.] [조사자 1: 응, 뭔지 알아. 되게 시큼한 맛나죠?] 네. 네. [조사자 2: 초록색이었다가 노란색 되는 거.] 네. 네. 이거예요. 이거. (사진을 보여주며) [조사자 1: 맞어, 맞어, 맞어. 이렇게 별 모양.] 이거예요. [조사자 1: 노란 거. 어 맞아요, 맞어. 얘가 이름이 뭘까? 한국.] [조사자 2: 스타푸르트인거 같은데.] [조사자 1: 스타, 스타, 스타푸르트?] [조사자 2: (휴대폰으로 찾은 사진을 보여주며) 이거 아니에요?] 예, 맞아요. [조사자 1: 예, 맞어. 아 스타푸르트.]

그 동생한테 그거 항(한), 항(한) 나무가 냉겨(남겨) 졌어요. 하나만. 재사(재산) 다 빼고. [조사자 1: 스타푸르트 나무만?] 네, [조사자 1: 형이] 한 그루 냉겨주는(남겨주는) 거예요. [조사자 1: 형이 제사도 가져가고, 재산도 가져가고?] 네. [조사자 1: 아 아까, 아버지가 돌아가신 후 제사를 나누자고 한 게 제사가 아니라, 재산.] 네. 재산. [조사자 1: 돈, 돈?] 네, [조사자 1: 아 오케 오케이. 네 근데 형이 재산을 다 가져가고 오케이. 동생만, 동생한테는 스타푸르트 나무만?] 네.

그, 그리고 이제 동생은 아주 가난해요. 그거 한, 하나 갖고 이제 동네 일이 힘든 일이 다해서 이제 먹기 살, 먹기 살, 살기 위해서. 그래서 음, 어느 날 저기 여름철에 그, 이제 나무는 열매가 많이 달렸어요. 그래서 까마, 까마귀 한 마리 와서 이거 다 뜯어 먹구, 먹는 중이, 이었어요.

그래서 동생, 동생을 나, 나와서,

"이제 먹지 말라고 이제 재산, 재산은 이거 하나밖에 없다."고.

"그 제발 먹지 말라."고.

그래 부탁했는데. 그 까마귀를 말을, 말을 하는 거예요. 네.

"이거 하나 먹으면 이제 금, 금를 하나가, 이제 이거 하나 먹으면 금를 하나 이렇게 돌려준다."고.

[조사자 1: 아 까마귀가?] 예.

"돌려준다."고.

그래 다음날 아치를(아침을) 이제 자루 가지고, 작은,

"이제 이게 이 선을 세 번 이렇게, (손으로 한 뼘씩 재는 것을 보여주며) 자루 길이, 그 재서 만들으라."고.

까마귀가 얘기해줬어요. 세 번만 이 딱. 그래서 그거 그 까마귀 말 듣고 그리고 자루를 만들어서 다음날을 음, 까마귀 등에 타고 이렇게 섬으로 가는 거예요. 섬으로.

네, 섬으로 가서 근데 거기 가보니까 아무도 없어요. 두유하고(돌하고) 모래밖에 없어요. 그래 까마귀한테,

"왜 거짓말을 하냐."고.

"자기한테(자기를) 왜 속인냐."고.

그랬다가, 그 까마귀가,

"자기 거짓말 안 한다."고.

"그 돌, 돌멩이를 줏어서, 이 주머니 그 주머니, 그 주머니 자루 누오보면(넣어보면) 금이 변한다."고.

음, 그래서 해보더니 금으로 이 변했어요. 그 동생 가져가서 이제 부자가 되게 사는 거예요.

그리구, 그리고 이제 형아, 형을, 형이가 그 얘, 동생 집에 가서 그 이야기를 들어서 고 담에 이제 동생한테,

"이 형, 형이 있는 재산들이(재산들과) 그리고 이 나무를 바꾸자."고.

원한 거예요. 네. 바꿔서 이렇게 동생, 동생도 형 말 듣고 바, 박는(바꾼) 거예요.

음, 그리고 이 또 다음 여름철 또 이거 열매를 많이 달렸어요. 또 까마귀 와서 음, 또 먹, 먹고, 그, 그 형이도 동생처럼 똑같이 음, 얘

기하고

"먹지 말라고, 재산 하나도 없다."고.

그 까마귀도 이제,

"하나 먹으면 이제 금으로 하나 돌려준다."고.

그래 똑같이 얘기하고 그 형, 형아를 그 새한테, 아 까마귀한테,

"많이 먹으라."고.

이 시, 이야기하구는 거예요.

그다음 날을 이제 자루를 세 번 해, 세 번 하나, 저기 맞, 저기 길이. [조사자 1: 세 뼘. 응, 한 뼘, 두 뼘, 세 뼘.] 그래서 그 형이 욕심이 나서 그 이거 일곱, 일곱 번 거 재는 거예요. 큰, 큰 자루로.

그래서 다음날도 까마귀 등에 타고 이제 섬으로 가다가 이제 죽어, 죽었는 거예요. 이거 올 때, 올 때는 이제 바다에서 태풍, 태풍가 일어난 거예요. 응, 그 까마귀가 너무 무거워서 바람도 세고, 너무 무거우니까 형, 형한테,

"이거, 그거 좀 마, 조금 이제 떨어주라."고.

이제 무거우니까. 응, 많아, 많아서. 네.

형이 욕심이 부려서 안 놔주는 거예요. 그래서 음, 바람에 세다가, 바람이 너무 세서 형이, 형하고, 이제 금이랑 바다에 빠, 빠드는(빠진) 거예요. 네 그렇게 돼요.

[조사자 1: 아, 그래서 결국 형은 죽었고.] 네.

형제와 별나무 [3]

● **구연정보**

조사일시 : 2017. 11. 02(목) 오전

조사장소 : 인천광역시 미추홀구 용현동

제 보 자 : 융티탄프엉 [베트남, 여, 1988년생, 유학 3년차]

조 사 자 : 오정미, 한상효, 엄희수

● **구연상황**

제보자가 유학생으로서 살아가는 일에 대한 구술을 마친 뒤 조사자가 설화 구연을 본격적으로 요청했다. 그러자 제보자는 아이에게 구연해주었던 것이라며 별나무 이야기를 시작했다.

● **줄거리**

옛날에 두 형제가 있었는데 부모님이 돌아가시자 형이 재산을 다 차지한 후 동생에게는 작은 땅만을 주었다. 동생의 땅에는 별나무 하나가 있었는데, 동생부부는 나무의 열매를 따다 팔아 생계를 유지했다. 그러던 어느 날 새 한 마리가 날아와 별나무 열매를 먹었다. 동생이 새에게 열매를 먹지 말라고 부탁하자, 새는 금조각으로 이를 갚겠다며 세 뼘 너비의 보자기를 준비하라고 했다. 다음날 새는 동생을 태우고 바다 건너 섬에 있는 금산으로 데리고 갔다. 동생은 보자기에 금을 담아 와 부자가 되었다. 이를 알게 된 형은 동생에게 재산을 바꾸자고 했고, 동생은 그 말대로 했다. 형도 똑같이 새와 함께 섬에 갈 기회를 얻었는데, 욕심을 부려서 열두 뼘 크기의 보자기를 만들었다. 형이 큰 보자기에 금을 가득 담고서 돌아오는데 새가 너무 무거워서 견디지 못했다. 결국 형은 바다에 빠지고 말았다.

제가 애기한테 제일 먼저 했던 설화가 떠오르네요. [조사자: 아 그래요?] '게이 헤'라는 설화인데요. 그게 게이는 별나무인가요? 그, 어

떤 게이는 나무이름인데요. [조사자: 게?] 게. [조사자: 게가 나무 이름이에요?] 네. 께이Cây는 나무예요. 그래서 게나무 라는. 네.

근데 그 게가 한국에 없어서 한국말로 뭐라고 하는지 모르겠는데요. 별나무인가요? [조사자: 아, 알아요. 별나무.] 네. [조사자: 그걸 별나무라고 하더라구요.] 한국에서 그렇게 번역이 돼있는 게, 저도 본 적이 있었던 거 같아요. [조사자: 그게 별 모양의 과일 얘기하시는 거죠?] 그죠. 자르면 딱 별 모양이라서.

그거, 애기한테 많이 해줬어요. 그게 제일 쉬웠던 거 같아요. 그거. 할까요? 내용이 뭔지? [조사자: 네, 들려주세요. 그게, 그 별나무 이야기가 베트남어로는 정확히 뭐예요?] '게이 헤'예요. 제가 써드릴까요? [조사자: 써주세요, 네.]

(베트남어로 이름을 써 줌.)

옛날에 어떤 집에서 형제 두 명이 있었는데, 부모님이 돌아가셨어요. 그래서 어, 두 사람, 그니까 두 형제가 따로 살기로 했어요. 근데 형이 조금 욕심이 많은 사람이라서 부모님의 재산, 집 같은 거 다 자기 거고, 다 자기 걸로 하고, 동생한테 남동생한테 어, 작은 땅 조금만 줬어요. 근데 그 땅에는 아무것도 없고 별나무 하나밖에 없었어요. 그래서 근데 그 남동생이 착하니까 거기로 옮겼죠. 그래서 남동생이 결혼해서 그 땅에서 살았어요. 근데 그 땅에 별나무밖에 없으니까 매일 별, 그 열매를 따서 시장에 가서 팔아서 그거를 생계로 했어요. 근데 어느 날, 어느 날 어떤 새가 와서 그 별 열매를 먹고 있는 거예요. 그래서 그 동생이란 사람이 가서 그 새한테 얘기를 했어요.

"우리 집은 이거밖에 없다. 우리 가족의 생계다. 너 그렇게 먹으면 어떡하냐."

이런 거예요. 그래서 그 새가 대답을 했어요.

"별 열매 하나 먹고 금쪽 한 조각으로 갚을 테니까 내일."

그 철로 만든 그거 뭐라고, 가방 같은 거. 철가방? 그니까 옛날에는 가방이라고 부르진 않았고, 네, 아무튼. [조사자: 바구니?] 담을 수 있는. 바구니라기보다는. 철, 그니까 옛날에 비닐봉투 생기기 전에. [조사자: 보자기.] 보자기? 부드럽고? 옷처럼. 네, 아, 천으로. [조사자:

보자기.] 네. 네. 그 보자기, 아 이거 뭐라고 해요, 선생, 교수님? 하나, 둘, 셋. [조사자: 한 뼘.] 아, 세 뼘 보자기,

"세 뼘 보자기 만들어서 가져와라. 내일 아침에."

그래서 그 동생이 와이프한테 얘기를 했어요. 그래서 와이프가 딱, 세 뼘 보자기를 만들어서 기다렸어요. 새가 왔어요. 그날 아침에 새가 와서, 새가 되게 큰 새였나 봐요. 그래서 남동생을, 그 동생이란 사람을 태워서 멀리 날아갔어요. 섬으로 갔어요. 바다 넘어서.

바다 건너서 섬으로 갔는데 그 섬에, 음, 금으로 된 산, 산이, 아무튼 산 안에 금이 아주 많았어요. 근데 그래서 그, 동생이 그, 보자기로 가득 채워서 네, 다시 그 새를 타서 다시 집에 가서 부자가 됐죠. 그래서 잘 살았어요, 와이프랑.

근데 형이 그거 보고 질투를 한 거예요. 배가 아파서 형이 와서 물어봤어요.

"너 어떻게 그렇게 부자가 됐냐?"

그 동생이 솔직하게 얘기를 해줬어요.

"새가 있었다."고.

형이 욕심이 나서

"바꾸자."고.

"내 집하고 니 집 바꾸자."고.

"나는 그 별 나무만 가질래."

그래서 또 기다렸죠. 그 바꿔서 형이 맨날 그 새를 기다렸어요. 네, 어느 날 그 새가 다시 왔어요. 먹고 있었어요. 형이 똑같이 얘기를 했죠. 새도 똑같이 대답을 했어요. 근데 형이 너무 욕심이 많아서 자기 와이프한테,

"세 뼘 말고 열두 뼘으로 해라."

그래서 아주 큰 보자기를 만들었어요. 그래서 그다음 날도 새가 와서 같이 그, 금이 많은 산으로 가서 했는데 너무 욕심이 많아서 그 열두 뼘 보자기를 다 금으로 채웠어요. 그래서 돌아왔는데, 돌아오는 길에 너무 무거워요, 네.

새가 너무 무거워서 못 견뎌서 그래서 이렇게, 바르게 날아가지

않고 이렇게 해서 바다로 떨어졌어요, 형이. 네. 끝이에요. 얘기가. 죽었죠. 부자는 되기는커녕.

[조사자: 그렇구나. 그 별나무 이야기가 되게 유명하더라구요, 베트남에서. 그쵸?] 아, 네. 보편적인.

[조사자: 그 과일이, 궁금한 게 베트남에서 되게, 이게 일반적인 과일이에요? 아니면.] 많이 있는 과일이에요. 흔한 과일이고, 그냥 과일로도 먹고 요리할 때도 먹어요. 네. 다른 나라는 모르겠는데 저는 한국에서는 본 적이 없고. [조사자: 없어요.] 아마 동남아시아 지역에서만 나는 과일인 거 같아요.

[조사자: 여행 갔다가 저 먹어본 적 있는데 되게] 맛없죠? [조사자: 되게 새큼하더라구요, 시원하고.] 아 그게 신 종류도 있고 달달한 종류도 있어요. 잘 골라야 돼요. 저 옛날에, 근데 사실 신 것이 더 흔해요. 더 많아요. 그래서 우리 집 주변에 신맛도 많은데 그 신맛 별나무도 많은데 어떤 집에 그, 달콤한 별나무가 있는 거예요. 그래서 항상 엄마한테,

"엄마 그거 좀 달라고 해줘."

해서 가끔 엄마가 갖다 주면 너무 좋아했어요. 근데 지금 다시 먹어보니까 그렇게 맛있진 않았던 거 같애요. 그 땐 엄청 좋아했었어요. 먹을 거 없어서 그랬나, 그런 생각도 들기도 하고요. 아무튼 아주 흔한 과일이에요.

[조사자: 그럼 사람들은, 베트남 사람들은 이 별나무 보면서 이 이야기가 떠오르겠어요. 어느 정도.] 왜냐면 딱히 그 별나무라는 그 주제가 이렇게 돼있으니까, 제목이 딱 별나무이니까 아마 누구나 이 이야기는 아는 것 같아요. 네. [조사자: 너무 재밌어요.]

그니까 하면서 한국어로 이렇게 뭐라고 표현해야 되는지 조금 헷갈려요. [조사자: 힘들죠? 최고의 한국어 교육 공부가 되고 있어요, 선생님. 그렇지 않나요? (웃음) 근데 너무 잘하셨어요. 정말 확실히, 왜 통역일을 하시고 김영순 선생님이 추천하셨는지도 확실히 알겠어요. (웃음)] 감사합니다.

[조사자: 이 이야기를 제가 베트남 다른 분께도 들었는데 훨씬 디테일

하세요.] 아 그래요? 왜냐면 제가 저도 왠지 모르겠지만 옛날에 이 얘기, 이 이야기를 되게 쉽게 배웠던 것 같아요. 초등학교 때 이, 책에 이 이야기가 있었는데 그래서 머릿속에 남아 있는 거예요. 짧아서 그런 건가요? 저는 이게 짧아서 좋았어요. 다른 베트남 설화가 너무 길어요. '떰깜' 그니까 '콩쥐팥쥐'처럼. '떰깜' 너무 길어서 저는 싫어요. 그리고 잔인해, 잔인하니까. 그래서 저는 애기한테 이 얘기 제일 먼저 했어요.

[조사자: 아, 왜 내가 확실히 다르시구나라고 느끼냐면 다른 베트남 어머님은 그 보자기를, 보자기라고 표현하지 못하시고 바구니, 가방. 그거까지는 괜찮은데 그 어머님들은 큰, '작은 보자기 갖고 오라고 했는데 큰 보자기를 가지고 왔다' 정도인데, 아까 선생님은 세 뼘, 열두 뼘. 훨씬 재미있어요, 이러니까.]

형제와 별나무 [4]

● 구연정보

조사일시 : 2017. 12. 09(토) 오후
조사장소 : 경상북도 경산시 자인면 다문화벗들 성바오로배움터
제 보 자 : 부티프엉 [베트남, 여, 1990년생, 결혼이주 7년차]
조 사 자 : 김정은, 황승업, 강새미

● 구연상황

제보자가 〈백 마디 대나무〉 구연을 마친 뒤, 한국의 〈흥부놀부〉와 같은 형제 이야기라며 별나무 이야기를 구연했다. 캄보디아 출신 씨앙리티아 제보자가 함께 이야기를 들었다.

● 줄거리

형제가 있었는데 부모님이 돌아가신 뒤 형은 놀기만 하고 동생은 열심히 일을 했다. 형은 재산을 다 차지하고는 동생한테는 초가집 하나만을 주고 나가서 살라고 했다. 동생은 별나무의 열매를 팔아서 가난하게 살아갔는데, 새가 와서 열매를 따먹으려고 했다. 새에게 네가 열매를 먹으면 우린 어떻게 하냐고 했더니, 새는 별나무 열매 한 개를 먹게 해주면 금을 주겠다며 세 뼘의 주머니를 만들어 오라고 했다. 동생은 새의 등에 타고 보물이 많은 동굴에 도착한 뒤 주머니에 금을 담아 와서 부자가 되었다. 동생이 부자가 된 사연을 들은 형은 동생과 집을 바꾼 뒤 별나무에 새가 날아오자 금밭으로 가자고 했다. 형은 아홉 뼘의 주머니를 만들어가서 금을 가득 채워서 돌아오다가 새가 무게를 이기지 못하는 바람에 바다에 빠져 죽었다.

옛날, 옛날 어느 마을에 형제가 살았어요. 부모님도 다 잃고 둘이만 살면서 열심히 일해서 부자 되었어요. 둘이도 다 결혼해서 한집에 다 살고 있었어요.

결혼 후에 동생 부부는 너무 열심히 계속 일하고, 근데 형만 놀기만 했어요. 동생만 계속 열심히 일했어요. 계속 일해서 뭐지, [조사자 1: 부자 되나?] 원래 부자 됐어요. 농사를 뭐 풍부(많이) 받았어요. 그때 형은 보고, 이렇게 우리 일 안 해서 동생 자기만 해서 나중에 다 혼자 가질까 봐 걱정 많이 했어요. 그래서 동생한테, 지금 우리 따로 살라고 해요.

따로 살아서 재산은 형은 다 가지고, 동생만 그냥 초가집만 주고 그 집에 마당 스타나무 있어요. 따로 살면서 형이 재산 다 가져가서 놀기만 하고 먹기만 했어요. 근데 동생 아무도 말 안 하고 그냥 열심히 일하고. 그래서 스타프루트starfruit● 나무 열매 나올 때, 동생 그냥 열매 따고 시장에 팔아서 그 돈으로 생계해요.

어떤 날 그 열매 따려고 해요. 나무 위에 큰 새가 열매 먹고 있었어요. 근데 때리도(때려도) 아니고 쫓아도 아니고. 그냥 다 먹을 때까지 기다려주었어요. 그때만 열매 따고 파려고 갔어요. 그 다른 날도 가서 계속 봤어요. 근데도 어떤 날이 너무 많이 먹어서 와이프 그냥,

"새야, 새야 너 이렇게 먹으면 열매 다 나갔으면 우리 어떡해."

그냥 일부러 아니고 장난 같은데, 입으로 그냥 나오는 말. 근데 갑자기 새가 그만 먹고 동생한테,

"한 개 먹으면 금 항아리, 한 덩어리 낼게요."

라고 했어요.

"주머니 세 뼘 만들어서 금 따러 가세요."

라고 했어요.

그래서 동생도 좀 이상해서 믿지 안했는데, 새가 세 번만 그렇게 이야기해서 그냥 주머니 만들었어요.

그다음 날 밥 다 먹고 나서, 갑자기 새바람이 불어서 마당에 큰 새가 있었어요. 동생 그냥 주머니 들고 새 등으로 올라갔어요. 올라가서 새가 동생한테 보물 같은 거 동굴에 데려갔어요. 그 금이랑 뭐

● 흔히 스타푸르트(starfruit)라고 불리는 카람볼라(carambola)는 스리랑카와 인도, 인도네시아가 원산지인 과일이다.

지, [조사자 2: 보석.] 네, 보석 뭐 그런 거 많이 있어요.

"담을, 가져라. 얼마든지 그냥 그 주머니 안에 넣어라. 가져가도 돼요."

그래서 다 담아서 새 등으로 올라가서 집으로 갔어요. 가서 부자가 되었고.

그 소문 들어서 형가(형이) 들어와서,

"이제 우리 바꾸자. 나 재산들 니 다 줄게. 그냥 우리 초가집만 하고 그 나무만 받을게."

그 바꿨어요. 바꿔도 자기 일 안 해요. 그냥 남은 돈만 먹고 새만 기다렸어요.

그래서 어떤 날 또 새가 왔어요. 금방 와서 아직 못 먹었는데도 바로 말했어요.

"새야, 새야. 우리 얼마 안 돼서 먹으면 안 된다."고.

해서 새도 그렇게 말했어요.

"주머니 만들면 금으로, 금밭으로 가자."

고 했어요.

근데 형은 욕심내서 주머니 세 뼘 아니고 몇 개 만들려고 했는데, 뭐 다시 생각하고 혹시나 새 안 데려갈까 봐 걱정하고. 아홉 뼘 주머니 만들었어요. [조사자 1: 세 뼘을 만들어야 되는데 아홉 뼘을 만든 거예요. 더 크게 만들고 싶었는데 참은 거죠, 그것도.] (웃음) 네.

그래서 다음날에 또 밥 먹다가 새가 왔는데, 그냥 밥 그만 먹고 바로 새 등에 올라가고 갔어요. 그 동굴, 보물 있는 동굴에 가서. 자기 너무 욕심이잖아요. 주머니 다 담으고 옷 안에 이렇게 다 넣고. 그래서 너무 무거워서 밖에도 못 나갔어요. 새도 계속 기다리고, 가끔씩 소리 지르고 저녁때까지 나왔어요.

나와서 등 올라가고, 가는 길에 바다에(바다를) 지나가야 되고. 그래 바다에 지나가서 갑자기 또 센 바람이 불어서. 새도 힘이 많이 없잖아요, 무거워서. 그냥 바닥으로 떨어졌어요. 형이 너무 몸 안에 금이 너무 많았잖아요. 그래 무거워서 바로 바다에서 잠겼어요.

[조사자 1: 형은 죽었군요.] 죽었어, 네.

형제와 별나무 [5]

● **구연정보**

조사일시 : 2018. 04. 04(수) 오전
조사장소 : 충청북도 청주시 서원구 모충동
제 보 자 : 팜티루엔(김민주) [베트남, 여, 1987년생, 결혼이주 11년차]
조 사 자 : 오정미, 이원영

● **구연상황**

제보자가 〈쩌우까우 유래〉를 마친 뒤 준비해온 두 번째 이야기를 시작했다. 한국에 없는 별나무의 열매의 과일 이름을 알려주고서 구연을 했는데, 중간에 다른 제보자가 한 명 더 들어오자 이야기를 처음부터 다시 시작했다. 스마트폰으로 사진을 찾아서 조사자들에게 보여주기도 했다.

● **줄거리**

옛날에 부모님을 일찍 여의고 함께 사는 형과 동생이 있었다. 형은 욕심이 많아 유산을 다 차지하고 동생에게는 집 밖의 마당 같은 곳에서 살라고 했다. 동생은 마당에 있는 별나무에서 자라는 과일을 팔아 생계를 유지했다. 어느 날 커다란 새가 날아와서 열매를 먹었다. 동생 부부가 슬퍼하자 그 새가 동생에게 세 뼘 크기의 보자기를 만들라고 했다. 그러더니 동생을 태우고 멀리 날아가 금이 많은 곳에 데려다주었다. 동생은 보자기에 금을 담아 와서 부자가 되었다. 이를 본 형이 자신의 재산을 다 줄테니 별나무와 바꾸자고 했다. 별나무를 차지한 형은 동생과 똑같이 해서 새를 타고 금이 있는 곳으로 갔다. 그러나 형은 욕심을 내어 열두 뼘 크기의 보자기에 금을 가득 담았다가, 돌아오는 길에 새가 무게를 못 이기는 바람에 바다에 빠져 죽었다.

어느 마을에, 에, 형제가, 한 형제라고 할까? 두 형제가 살았습니다. 부모님이 일찍 돌아가서 두 형제가 같이 살았지만, 형은 성격은

욕심 많고, 욕심쟁이, 욕심쟁이. 일하기 싫어서 받기만 하는 거 좋아해요. 근데 대신에 동생이 성격이 부지런하고, 착하고 성실해요. 어 둘이는 결혼해서도 같이 살았어요.

근데, 그, 형은 원래 성격이 욕심 많잖아요. 근데 또, 그, 형의 아내도 남편이랑 똑같애, 욕심 많아. 아무튼 잘 어울렸죠. 욕심이 욕심이 많아서. 많아서. 또 대신에 또 동생 부부도 부지런하고 착하잖아요. 근데 같이 사는데 한 명은 진짜 주인처럼, 노인처럼. 아니, 뭐라고 하지? [조사자 1: 노예.] 네, 노예 사람처럼 살았잖아요.

그래서 그, 동생이 열심히 농사 잘 하니까 그 뭐지? 쌀도 많이 얻고 그 농사를 뭐라고 하지? 수확 많이 하잖아요. 근데 저기, 형은 욕심이 많잖아요. 욕심 많으니까 동생이 나눠 줬나 봐요. 동생보고,

"분가하라."

원래는 반반 나눠줬는데 부모님 돌아가셔도 집, 소, 돼지 뭐 동물들 많잖아요. 근데 원래 우리처럼은 반반 나눠주는데 형은 욕심 많기 때문에 동생 아무것도 안 줬어요. 그냥, 거기, 뭐라고 해? 이렇게 집, 이렇게 마당, 마당이라고, 마당도 아니고. 암튼 집, 우리 집 옛날에 많잖아요. 집만 말고 그 옆에 있는 마당 같은 거 있잖아요, 이런 식으로. 집 여기고,

"니가 여기 나가서 살아."

이렇게 해서는 그, 게이 헤 그 나무 벨라고, 별과일 나무 하나만 있어요. 근데 동생 부부는 원래 착하니까, 달라고 없고 그냥,

"그래."

그러면 자기 일 할 수 있잖아요. 그래서 열심히 나가서 다른 사람 농사해 주구, 그 쌀이랑 뭐 받고. 또 거기 자기 사는 바로 옆에 있는 게(별)나무가 하나 있잖아요. 항상 얘는 애들 해 주구 뭐, 그걸 암튼 맘껏 크도록 얘를 키웠어요. 처음에 얘는 크고, 열매 안 열렸어요. 조그만 애잖아요. 근데 세월이 흘러서 얘도 커서, 나무가 커서 열매 그 낳았거든요.

그래서 어느 날에 그 동생 부부가, 그 게(별나무) 과일? 그 별 과일과 따서 시장에 판매하러 갔는데, 그, 어, 그, 새. 큰 새 뭐라고 하

지? 아, 암튼. 독수리? 독수리가 와서 그, 그 과일 먹었거든요. 근데 동생이,

"먹지 마라."고.

"가라. 우리 전 재산 이거밖에 없다."

그런데 그 새가,

"나는 과일 하나 먹으면, 금 하나는."

그거 옛날에 그거 뭐랄까. 뭐라고, 그. [조사자 2: 금화?] 금, 그거 하나 있잖아요, 옛날에. [조사자 1: 그거 금화라고 해요.] 금화예요? 금화 하나 갚아줬다고. 그래 동생 부부가 또 이상하다고 했거든요. 그리구 그 새가 먹고 나서 그 부부한테 그랬어요. 주머니, 사이즈 알려줬거든요. 이거 뼘? [조사자 2: 한 뼘?] 세 뼘,

"그 사이즈가 세 뼘 주머니 만들어라. 다음에 내가 와서 저기 데리고 가, 저기."

응 그래서 진짜 그런, 약속대로 다음에는 새가 또 와서 게 먹었어요. 먹고. 그다음에 동생이 새의 등으로 태워줬어. 태웠는데 아주 뭐 산을 몇 개 지나가고, 바다 몇 개 지나가고 암튼 멀리까지 갔어요. 그다음에 어느 산에 내려줬구.

거기에서 금이 어마어마 엄청 많아요. 그래서 동생은 성격 원래 욕심 없잖아요. 그만큼만 담았어요. 담았고, 또 다시 새 등으로 올라가서 집으로 돌아갔어요.

그 동생이 갑자기 부자가 됐잖아요. 그래서 형 부부 욕심이 많아서 가서 물어봤어요. 동생 원래 착하잖아요. 그래서 사실대로 다 얘기해줬어요. 그래서 형, 형 부부가,

"그러면 내가 너 집 주고, 소 주고, 모두 내 꺼 재산은 너 주고 나한테 이 나무하고 니가 살았던 집 나 줘라."

그러니까 동생이

"그렇다."

형 원하는 대로 줬어. 그러면 형도 동생 사는 집으로 이사 가고 이거 반대로 갔어요.

그 새가 또다시 왔어요, 왔고. 또 똑같애. 동생이랑 똑같이 와서

먹고, 밥,

"갚아줘라. 먹고 갚아줘라."

그랬는데 지난번에 새가 그 동생 부부한테 그 세 뼘 사이즈의 주머니 만들라고 했잖아요. 이번, 형 부부도 똑같이 그런 말 했는데 원래 욕심이 많잖아요. 세 뼘보다는 열두 뼘을 만들었어요. 그러면 사이즈가 몇 배예요? 네 배? 그렇잖아요.

그래서 똑같애. 새가 태워줬고 그렇게 했어요. 욕심이 많아서 원래 세 뼘 사이즈인데 열두 뼘 사이즈에 금을 다 담았구 거기다가 자기 주머니, 몸에 다 많이 이제 많이 담았어요.

그래서 어, 무겁잖아요. 그래서 암튼 새가 힘껏 날라 집에 왔는데 너무 무거워서 형보고,

"조금 던져 버려라."

계속 말했는데 욕심 많은 사람이 하나도 안 버렸거든. 너무 힘들어서 새가 원래 이러잖아요. 이렇게. 암튼 말 안 들으니까 확 집어던져서 뿡 바다에 떨어져 죽었어요.

그러면 우리는 항상 살면서 욕심이 많으면 안 된다고. 욕심이, 욕심이 많으면은 늘 안 좋은 결과 얻는다고 그런 의미로. (웃음) [조사자 1: 그러네요.]

그러게 암튼 착한 사람이 행복하게 좋은 결과 얻었지만은, 욕심 많은 사람은 그런, 그런.

형제와 별나무 [6]

● **구연정보**

조사일시 : 2018. 12. 13(목) 오전
조사장소 : 서울시 서초구 양재동 카페
제 보 자 : 도티탄(이정민) [베트남, 여, 1989년생, 결혼이주 8년차]
조 사 자 : 오정미, 김민수

● **구연상황**

제보자가 한국인과 결혼해서 정착한 사연을 들려준 뒤 본격적인 설화 구연에 들어가면서 제일 먼저 구연한 이야기다. 가장 기억에 남아있는 이야기라며 구연을 시작했다.

● **줄거리**

옛날에 두 형제가 있었는데 부모님이 돌아가시자 형이 재산을 다 차지하고는 동생에게 별나무만을 주었다. 동생은 별나무로 집을 지었고, 그 별나무에서 열매가 자랐다. 어느 날 새 한 마리가 날아와 별나무 열매를 먹었다. 동생이 새에게 먹지 말라고 부탁하자, 새는 금을 주겠다며 상자를 준비하라고 했다. 다음날 새는 동생을 태우고 바다 건너 섬에 있는 금산으로 데리고 갔고, 동생은 상자에 금을 담아 와서 부자가 되었다. 이를 알게 된 형은 동생이 한 대로 따라 해서 새와 함께 섬에 갈 기회를 만들었다. 그러나 욕심 많은 형은 상자에 금을 너무 많이 담았고, 결국 새가 무게를 견디지 못해 형을 바다에 떨어뜨렸다.

그러면 아마 이거는 기억 머릿속에서 제일 많이 나는 것 같아서, 별나무인가? [조사자: 아 별나무?] 네, 별나무라는 이야기인데.

그냥 편하게 얘기해요? 아니면 목소리 뭐 넣어서 얘기해야 되는 거예요? [조사자: 아니요. 그냥 편하게 그냥. 전혀 이 이야기를 모르는 사람한테 "별나무 이야기 해줄게." 같이 편하게.] 네네.

그 별나무 같은 경우는 집에 형제가 둘이 있는 거고 형제가 둘이고 집에는 부모님이 돌아가셔가지고, 네. 부모님 돌아가셨는데 그런데 형 같은 경우는 욕심이 많아가지고 집 전체 재산을 다 가지고 동생한테 별나무 딱 별나무 하나만 줬어요.

그래서 동생 같은 경우는 되게 착해서 그냥 별나무 베어서 집 지어가지고 가족같이 살았는데. 그런데 어느 날 그 별나무 자라가지고 거기 열매가 맺었어요. [조사자: 응.] 열매가 맺고 또 열매가 익어가니까 갑자기 어디 독수리인가? 무슨 새가 와 가지고 그래서 별나무 과일 열매를 따먹으려고 하니까 그 동생 아내가 말했어요.

"내 전재산이 별 나무 하나밖에 없는데 그거 따 먹으면 우리는 어떻게 먹고 사냐?"

했더니 새가,

"열매 하나 먹으면 그 금, 주겠다."

그래서 조그만 봉투? 봉투 아니라 그 조그마한 담을 수 있는 봉투라고 하나요? [조사자: 궤짝, 궤짝. 상자.] 네, 상자 같은 거 준비해서 나중에 자기 갈 때 같이 가자고 해서 그분은 그 말 듣고 해서 남편한테 얘기했어요.

그래서 남편 똑같이 새가 말하는 대로 그만큼 사이즈 상자를 준비해서 다음날 새가 와가지고 남편, 동생이 새 등에 올라 타가지고 뭐 바다도 건너고 산도 건너서 어느 먼 곳에 갔는데 그쪽에 가보니까 금이든 아니면 보석이 정말 많았는데 근데 동생은 욕심내지 않고 딱 만큼 주어진 만큼을 상자에 담아가지고 가져갔어요.

가져가서 잘 살게 되었고, 그런데 그 이야기 들어보는 형은 욕심이 나가지고 거기서 동생한테 가서 뭐라고 해서, 동생은 솔직히 얘기했어요. 얘기해줬어요. 했더니 저녁에 형이 아내한테 얘기했어요. 그래서 둘이,

"그러면 우리도 집 바꾸자고 하자."

그러니까 동생은 형 집에 가고 형은 동생 집에 가서 열매나 뭐 키우게 되는 거죠. 거기도 또 똑같이 동생처럼 열매가 맺고 열매가

익어가는 시기에 새가 와서 먹었어요. 그런데 지금은 형 아내 같은 경우는 새 보면서 되게 많이 울었어요.

"너는 이런 거 먹으면 우리 어떻게 사냐. 우리 이런 거 하나밖에 없는데 너 먹으면 우린 못 산다."고.

"뭐 먹고 산다."고.

울었더라구요. 그래서 새가 또 똑같이 말했어요.

"열매 하나 먹으면 금 황금동이 한 개 주겠다."

그래서 상자 삼 그램인가? 상자 준비하라 그래서 아내분이 그 말 듣고 남편한테 얘기하고.

그런데 이번에는 그만큼 상자 아니라 되게 그보다 한 몇 배 많은, 한 몇 배 더 큰 상자로 준비해서 또 다음날은 새 등에 올라 타가지고 거기 도착했는데. 그런데 눈에 보이니까 되게 욕심이 나 가지고 욕심이 나서 형이 열심히 주웠어요. 열심히 상자에 담고 몸 구석구석 다 담았어요. 다 담아가지고 기다리다가 지쳐가는 새가,

"빨리 가자."

했는데 형은 욕심이 그때까지도 계속 욕심내가지고 구석구석에 다 담고 그 새 올라갔는데 그 새 올라가니까 너무 무거워가지고 새가 너무 무거워가지고,

"좀 바다에 떨어트려라. 너무 무거워서 못가겠다."

했는데 형은

"네가 이거 제대로도 못하냐."

막 뭐라고 하니까 새가 확 화가 난다고 해야 하나요? 화가 나 가지고 형 바다에 떨어트리게 되었다고 얘기는 아마 거기까지인 거 같아요.

[조사자: 이거 많이 듣기는 했는데, 궁금한 게 선생님 이거 별나무 이야기가 그 베트남어로 한 번도 안 여쭤본 거 같아요. 베트남어로는 뭐예요?] 꺼이케이. [조사자: 한글로 한번 써주시겠어요?] 꺼이? 꺼이는 어떻게 쓰지. 꺼이? [조사자: 꺼이? 께이?] 꺼이 케. [조사자: 꺼이 케. 베트남 분들게 꺼이 케라고 하면 이 이야기인 거예요?] 네.

형제와 별나무 [7]

● **구연정보**

조사일시 : 2019. 01. 03(목) 오후
조사장소 : 서울시 광진구 화양동 건국대학교
제 보 자 : 팜하뷔 [베트남, 여, 1993년생, 유학 1년차]
조 사 자 : 신동흔, 오정미, 엄희수, 박현숙

● **구연상황**

제보자가 〈환검호수〉 이야기 구연을 마쳤을 때, 조사자들이 별나무 이야기를 언급하면서 아는지 물었다. 제보자는 정확히 알지 못한다고 했다. 제보자는 조사자들에게 이야기 내용을 확인해가며 구연했다.

● **줄거리**

옛날에 욕심 많은 형과 착한 동생이 있었다. 형은 재산을 독차지하고 동생을 쫓아냈다. 동생 집 앞에는 별나무 한 그루가 있었다. 까마귀가 나타나 동생에게 금을 가지고 싶으면 가방을 들고 함께 가자고 했다. 동생은 적당한 크기의 가방을 가져가서, 금을 받아와 부자가 되었다. 이 이야기를 들은 형은 욕심이 나서 아주 커다란 가방을 가지고 갔다. 그런데 금을 담아가지고 돌아오는 길에 금이 너무 무거워서 떨어져 죽었다. 욕심을 부리면 안 된다는 교훈이 담긴 이야기이다.

[조사자 1: 그 이야기도 아까 처음에 했던 거 그 별, 별나무? 별이 달린 나무 이야기?] 별이 달린. [조사자 2: 별나무 이야기. 까마귀가 와서 별나무 먹고 착한 동생한테 까마귀 혹은 까치가 "보따리 가지고 나 따라와." 해서 별나무라고.] 모를 것 같은데.

[조사자 1: 지역에 따라 아마 좀 차이가 있으니까. 난 다낭에서 그거를, 호이안에서 그 이야기를 봤었는데.] 오랫동안 그거. 아마 버전 다를 수

도 있을 것 같아요. 또 형제 나오는 거. 그때 제가 아는 이야기, 그거 아마 그냥 이름만 비슷한데 이야기 다를 수도 있어요.

근데 형제 이야기인데 형은 좀 나쁜 사람이고 동생은 착한 사람이에요. 형은 좀 욕심쟁이고 뭔가 돈에 욕심이 많아서 동생은 재산을 다 뺏기고 동생은 쫓겼어요. 동생은 집 앞에는 그 나무는 하나, 그 별나무를 하나 심고 그 나무를 챙기고, 맞는 이야기인가요? [조사자 2: 맞아, 맞아. 형이 동생한테는 별나무만 주고 재산 다 가져가 버리고.]

까마귀 나타날 때는. 동생한테는 나랑 금을 가지고 싶으면 그 가방을 들고 같이 가자고 해서 동생은 적당한 가방만 선택했는데, 형은 그 이야기를 들어서 더 큰 가방을 선택하고 너무, 금을 받을 때 너무 무거워서 떨어졌어요. 떨어지고 죽은 것 같은데요. 그런 이야기인데요.

그런 이야기도 있는데 그거는 그냥 욕심을 부리면 안 된다고. 그런 교훈도 있어요. 생각해보니 이야기마다 교훈 다 있는데 어렸을 때는 그건 모르죠. 어렸을 때는 그거는 그냥 재미있는 이야기인데 중학교 때부터 쯤 이야기를 조금 분석해야 하고 그 안에는 교훈 뭔지 좀 알아야 하는데, 어쨌든 중학생이라도 그거는 이해할 수 없어요.

제비가 물어다준 박씨와 형제

● 구연정보

조사일시 : 2018. 03. 24(토) 오후

조사장소 : 강원도 강릉시 입암동 제보자 지인의 집

제 보 자 : 저우티탄융 [베트남, 여, 1985년생, 결혼이주 9년차]

조 사 자 : 박현숙

● 구연상황

제보자가 〈의붓자매 떰과 깜〉 구연을 마치자 조사자가 할머니에게 들은 이야기 중에 더 기억나는 이야기가 있는지 물었다. 제보자는 형제 이야기로 돈과 좋은 옷감이 나오는 이야기가 있다면서 구연을 시작했다. 구연을 마친 뒤에 할머니가 이 이야기를 해주면서 들려주었던 말을 회상했다. 그 말을 떠올리면 할머니 생각이 난다고 했다.

● 줄거리

두 형제가 살았는데 형이 모든 재산을 차지하기 위해 동생을 쫓아냈다. 동생은 가난하게 살다가 어느 날 다친 제비를 치료해 주었다. 제비는 박씨를 물어다 주었는데 그 씨앗을 심자 박이 하루 만에 자랐다. 동생 부부가 박을 타자 각종 금은보화가 나타나 부자가 되었다. 형이 동생에게 자신의 전 재산을 줄 테니 부자가 되는 방법을 알려달라고 했다. 동생은 형에게 재산을 받고 제비 이야기를 들려주었다. 형은 산속에 허름한 초막을 짓고 제비의 다리를 강제로 부러뜨린 다음 치료해 주었다. 제비가 형에게 박씨를 물어다 주자 형이 기뻐하며 박씨를 심었다, 형 부부는 하루 만에 자란 박씨를 타자 갖은 독충이 나왔다. 형이 동생에게 재산을 돌려달라고 했지만 동생이 거절했다. 동생은 부자로 살고, 형은 거지가 되었다.

[조사자: 그럼 할머니한테 들었던 이야기 중에 또 기억나는 거 혹시 있어요?] 또 두 형제 [조사자: 두 형제 이야기?] 네. 두 형제 이야기. [조사

자: 어떤 이야기예요?] 형제 이야기는 뭐지? 밖에 잘라면은 쿵하고 옷감 좋은 옷감하고 꿈하고 돈하고 나타나는 게 있어요. [조사자: 어떤 이야기예요 그게?]

두 형제 부모가 다 죽고 돌아가시고 두 형제 남았는데 형이 되게 약속하고 그러하고 나니까 자기가 가장 먼저 일부러 쫓아냈어요. 내 집이라고. 너 주는 게, 동생의 집에 작은 허수막하고 칼 하나밖에 안 줬어요. [조사자: 칼?] 네. 칼 하나밖에 안주고,

"그 허수막에, 저쪽에 아버지 땅 다 내 거고, 집 내 거고 뭐든지 여기 집안에 있으면은 다 내 거고, 니가 이 집에 나가고 저쪽에 허수막에 조그만 게 이쪽 산하고 저쪽 산 끝에처럼 그 허수막에 조그맣게 있는 건 니 거라."고.

"거기 가서 살든가 말든가 알아서 해라. 싫으면 말고."

이런 식으로 쫓아냈어요.

그래서 동생이 마누라하고 애들 데리고 저기 허수막으로 갔어요. 어쩔 수 없어서 형이 쫓아내니까 가고 근데 어느 날 작은 새 한 마리가 마당에서 날개가 부러져가고 마당에 떨어졌어요. 그 새가 동생이 거기 뭐라 하지? 집에 데리고 들어오고 치료해 주고 약 발라주고 그러고 자연으로 다시 돌려보냈어요.

그 새가 날아가는데 어느 날에 갑자기 씨앗을 세 개 씨앗을 줬어요. 입에 물고 집에 마당에서 바로 놓고 가버렸어요. 그러니까 동생이 신기해갖고,

"이게 뭔 씨앗이지? 새가 물어놨는데 그냥 한번 심어볼까?"

이렇게 마누라한테 그랬는데, 심어놨는데 신기하게도 하루 사이에 갑자기 전체 집이 다 박줄이 덮였어요. 그래 박도 엄청 큰 박이 다 주렁주렁 달렸는데 동생이,

"이거 먹어도 되는 건지 모르는데, 그냥 우선 따자."

따다가 둘이 마누라하고 자기하고 막 열심히 이렇게 자르다 보니까 거기 박이 터지는 순간에 거기 쭈루륵 금하고 한 개는 금하고. 박이 세 개 나왔어요. 한 개는 금하고 한 개는 동전, 돈이 나오고 한 개는 옷감이에요. 얘네들 옷감 엄청 귀한데 옷감 막 나오고. 근데 갑

자기 하루 사이에 부자가 됐어요. 뭐지? 집도 짓고 그리고 소도 사와서 땅도 사고 살림을 다 해놨는데.

그 해에 아버지 제삿날에 동생이 형집에 찾으러 갔어요. 찾으러 갔는데 갑자기 저 멀리서 동생 보니까 깜짝 놀랐어요.

“얘 왜 이렇게 갑자기 부자가 됐나? 나도 좀 가르쳐 주라. 이 지금의 형의 있는 재산들이 다 너한테 줄 테니까 부자 되는 방법만 알려 달라.”

하니까 동생이,

“좋지요, 뭐. 제가 뭐 어려운 거 아니에요, 형.”

이렇게 얘기하더니, 자기가 어떻게 했냐고 그러니까, 형이. 있는 얘기 그대로 조그만 허수막에 살다가 새 한 마리 뚝 떨어지고 상처 나고 치료해줬더니 이런 이런 일이 벌어졌다 하니까 자기가 전체 있는 소고 뭐고 다 동생 주고 그 허수막으로 둘이 가는 거예요.

저 산에, 그 허수막에 조그맣게 짓고 인제 앉아 기다렸어요. 근데 새는 아무 때나 아파가지고 떨어지는 거 아니잖아요. 그래서 일부러 양궁에다가 쐈어요, 새한테. 새한테 쐈는데 새가 떨어지니까 자기가 데려와서 집에 물 주고 약 주고 그래서 자연한테 돌려줬어요.

돌려줬는데 그 새가 날아갔죠. 날아갔는데 또 똑같이 그 씨앗이 또 그 새가 갔다가 씨앗을 세 개가 물고 왔어요. 마당에 또 갖다놓고 자기 엄청 기뻐가지고,

“와 이제 나 부자 된다. 이제 심기만 해도 기다리면 다 부자가 된다.”

하니까 그거 갖고 심었어요.

심었는데 갑자기 또 똑같이 하루 사이에 박이 크게 나와 갖고 마누라하고 열심히 잘랐더니 거기서 거기 뭐지? 박이 터지는 순간에다가 거기 독사, 독뱀 독뱀이 나타나고. 거기 뭐지? 뱀하고 독 있는 애들만 나왔어요. 전갈, 바퀴, 엄청 무시무시한 지네 이런 거 막 뛰쳐나오고 거기다가 깜짝 놀라가지고 도망갔어요.

도망가고 동생한테 가는데 자기 집 다시 찾아오는 거예요. 동생 안 주죠.

"형이 바꿔줬잖아요. 형한테 얘기해주고 형도 새한테 똑같이 하면 되는 거지 왜 내가 돌려줘야 되나?"

그러니까 동생이 착한 마음이 있다가 부자가 돼버렸고, 뭐든지 다시 찾아야 되고 아버지 제사도 잘 지내주고 형이 너무 고약하고 자기가 욕심 많아서 다시 가난하게 돼 버리는 거예요 거지가 돼 버린 거고. 허수막 하나밖에 없고.

"형이 그 허수막 싫으면 살든가 말든가."

그전에 자기한테 하는 말 똑같이 얘기했어요. (웃음)

[조사자: 형이 했던 말 그대로 돌려줬어요?] 네. 말 그대로 돌려주고 그래도 어쩔 수 없어 거지가 돼 버리는 거죠. 그래 동생이 가족하고 애들하고 행복하게 살았어요. [조사자: 형은 다 망하고?] 형은 제대로 망하고. 그지가 되는 거죠.

그래, 할머니가 항상 얘기하는 거는,

"사람은 살다 보면 욕심내지 마라. 내 거 아니면 욕심내면 좋은 결과 안 나올 거라."

이렇게 항상 제가 할머니한테 많이 듣는 얘기. 얘기해 주지만 또 교육이 되고. 되게 지금 얘기하면 할머니가 많이 생각나요.

[조사자: 생각 많이 나겠네. 할머니가 해줬던 얘기.] 네 생각나요.

제비 돌봐주고 얻은 황금 호박

● 구연정보

조사일시 : 2019. 02. 11(월) 오후
조사장소 : 서울시 용산구 효창동
제 보 자 : 부티킴하(김하연) [베트남, 여, 1993년생, 결혼이주 6년차]
조 사 자 : 황혜진, 오정미, 김민수

● 구연상황

제보자가 〈새가 된 할머니〉 구연을 마친 뒤 이 이야기를 시작했다. 설화 구연에 자신감을 찾은 제보자가 매우 적극적인 태도로 구술했다. 준비해 둔 노트를 보는 횟수를 줄이고 기억을 바탕으로 흥미롭게 구술을 했다.

● 줄거리

한 아이가 다리가 부러진 제비를 돌봐주고 남쪽으로 다시 날아가게 했다. 다음 해에 제비가 돌아와서 씨앗을 주었고, 아이는 씨앗을 심었다. 씨앗에서는 큰 호박이 자라났는데 그 호박에서 많은 금이 나와서 아이는 부자가 되었다. 이 소식을 들은 부자 푸엉이 제비 다리를 일부러 부러뜨려서 고쳐준 뒤 남쪽으로 돌려보냈다. 다음 해에 제비가 다시 씨앗을 물고 왔고, 푸엉은 그 씨앗을 심어서 호박을 얻었다. 푸엉이 그 호박을 가르자 안에서 뱀이 나와서 그를 물어 죽였다.

[조사자: 황금 호박 이야기 할까요?] 네네. 황금 호박.

또 제비 이야기 나오네. 베트남에서 봄에 제비가 많이 나오거든요. 제비가 하늘에서 막 날아다녀요. [조사자: 한국 제비랑 똑같이 생겼어요?] 네.

제비가 다리 부러져서 그 아이가 도와주고 고쳐줬어요. [조사자: 아이가?] 네, 아이가. 상처 난 제비한테 고쳐줬어요. 상처가 고쳐주고 봄이니까 제비는 남쪽으로 추운데 피해 추워서 피해서 남쪽으로 이사가요. (웃음) [조사자: 네. 맞아요.] 그래서 그 제비가 다리가 살쪄서 괜찮아져서 다른 제비 보니까 또 같이 가고 싶은 느낌이 나요. 그래서 아이가,

"이제 너 괜찮아졌으니까 가라."고.

"나중에 또 봄이 오면 나한테 와라."

그렇게 하고 제비가 남쪽으로 날아갔어요.

그리고 다음 년, 다음 해 와서. [조사자: 다음 해.] 네. 다음 해 와서 제비가 돌아왔어요. 그리고 아기한테 한 씨앗 하나, 씨앗 줬어요. [조사자: 씨아? 씨앗!] 씨앗, 네. 씨앗 줬어요. 그리고 아기가 그 씨앗은 심어서 키웠어요.

그리고 그 나무는 막 쑥쑥쑥 커서 그런데 어 뭐였지 열매 그 하나밖에 안 나왔어요. 하나밖에. 그리고 그 열매도 엄청 많이 크게 자랐어요. 엄마가 그 열매는 너무 커서 자르고 집에 갖고 왔는데 호박죽 만들려고 잘랐는데 그 안에 호박 안에서 금이 엄청 많이 나왔어요. 금 한가득 나왔어요. 그래서 그때 그 집 아기 집? 아기 집이 부자되었어요.

부자 되었는데 혼자 갖고 그 쓴 금은 혼자 갖고 쓰는 것 아니고 다른 마을 사람한테도 나누어주고 그래서 소문이 났어요. 부자인 [조사자 2: 부자 아이.] 부잣집 푸엉. [조사자: 아 푸엉 같은 나쁜 부잣집.] 네 네. 맞아요.

푸엉은 그 소문을 들어서 제비 잡아서 다리가 부러지고. [조사자: 제비 다리를 일부러.] 네. 일부러 상처가 나게 했어요. 그리고 제비한테 고쳐주는데 바로 남쪽에 가라고.

"바로 남쪽에 가라."고.

그리고

"봄에 오면 씨앗 가져오라."

그랬어요. 그래서 그 봄에 갖고 오면 그 아기한테 괴롭힌 거라고 그렇게 말했어요.

그래서 봄이 와서 제비가 진짜 왔어요. 진짜 오고 씨앗도 가져왔

어요. 푸엉은 씨앗 심어서 막 기다렸어요. 기다렸는데 한참 호박 열매가 나오고 쑥쑥 컸어요. 그런데 빨리빨리 호박 가져와서 잘랐는데 금은 없고 뱀가(이) 나타나서 그 푸엉을 물고 죽고 말았어요. 물어서 죽게.

[조사자: 이 얘기도 베트남에서 되게.] 네네네. 유명해요.

[조사자: 그러면 혹시 한국의 〈흥부 놀부〉 이야기 아세요?] 네 알아요. 저도 읽었어요. [조사자: 그 얘기 듣고 이 이야기도.] 네. 어느 날 읽었는데 많이 닮았어요. 이야기 찾고 어 베트남에도 있는 이야기 같아서.

[조사자: 네. 저희도 그런 얘기 들으면 너무 신기하고 그런 게 되게 많더라구요. 그래서 아 그렇구나. 재밌다. 여기서는 새가 진짜 제비인 거죠? 봄에 갔다가 와야 하니까?] 네네. 봄에.

[조사자 2: 한국의 제비는 강남으로 가면 중국의 강남으로 간다고 상상을 하거든요? 베트남의 제비는 어디로 가요?] 남쪽에 가요. 북쪽에는 기온이 추워요.

[조사자 2: 그러니까 남쪽이 중국 남쪽 아니면 미얀마 뭐 이렇게.] 아니. 베트남 밑에 미얀마 필리핀 밑에. 남쪽은 따뜻해서 제비는 봄에 아니 겨울에는 가고 봄에 또 다시 오더라구요.

[조사자 2: 원래 이 아이하고 푸엉하고는 안 친했어요? 몰랐어요?] 네. 친하지 않았어요. 그냥 모르는 사이. [조사자 2: 원래 이 아이의 집이 가난했어요?] 네. 가난했어요. [조사자 2: 아 가난했고.]

저 베트남말로 하면 다 있는데 그냥 한국말로 아는 단어만 이야기하는 거예요.

백 마디 대나무 [1]

● **구연정보**

조사일시 : 2017. 12. 07(목) 오전
조사장소 : 인천광역시 미추홀구 용현동
제 보 자 : 융티탄프엉 [베트남, 여, 1988년생, 유학 3년차]
조 사 자 : 오정미, 한상효, 엄희수

● **구연상황**

첫 번째 조사 때와 같은 장소인 인하대학교에서 제보자와 두 번째로 만나 설화 조사를 진행했다. 조사자가 1차 조사 때 제보자가 구연했던 〈의붓자매 떰과 깜〉이야기에 등장하는 뭇할아버지와 관련된 이야기를 청하자 제보자가 〈백 마디 대나무〉 이야기 구연을 시작했다.

● **줄거리**

옛날 어떤 마을에 착하고 성실한 청년이 있었다. 지주는 그를 이용하기 위해서 일을 열심히 하면 자신의 딸을 시집보내 주겠다고 했다. 청년은 삼 년 동안 밤낮으로 열심히 일했지만 지주는 약속을 지키지 않고 딸을 다른 남자와 결혼시키려고 했다. 결혼식 전날 지주는 청년을 불러 결혼식 때 쓸 나무젓가락을 만들 백 마디의 대나무를 가져오라고 했다. 산에 간 청년이 백 마디의 대나무를 찾을 수 없어 울고 있었는데, 뭇할아버지가 나타나 나무를 떼었다 붙일 수 있는 주문을 알려주었다. 청년을 주문을 이용하여 결혼식장에 백 마디의 대나무를 가져다 놓았다. 지주와 사돈은 이를 신기해하며 대나무 가까이 갔다. 그 순간 청년이 주문을 외우자 두 명이 모두 대나무에 붙었다. 지주는 자신을 다시 떼어 주면 딸을 시집보내주겠다고 했다. 청년은 다시 주문을 외워 사람들을 떼어냈고 결국 지주의 딸과 결혼했다.

백 마디의 대나무라는. 그냥 기억나는 대로 할게요. 사실 오래돼 가지구. 옛날에 초등학생 때 배운 이야기인데요.

옛날에 어떤 마을에는 어, 착하고 성실하고 힘이 센, 음, 청년이 있어요. 그 청년이 그 지주 집에 가서 일을 했어요. 근데 아, 맞는지 모르겠어요. [조사자: 아 맞아요, 지주. 지주 집에서 일을 했어요.] 그다음에 그 지주는 딸이 한 명 있나? 그 지주 집의 딸을 좋아하게 됐어요. [조사자: 아, 청년이?] 네. 잠깐만요, 제가 확인해 볼게요. 내용 확인만 할게요.

아, 그게 아니고 좋아하는 거 아니고 그 지주는 딸이 한 명 있는데 그 딸이 청년을 이용하기 위해서 이런 말을 했어요.

"너 열심히 일을 하면 내가 딸을 시집보내 줄게."

그래서 이 청년이 되게 좋아했죠. 엄청 열심히 했어요. 아침 일찍부터 저녁 늦, 늦은 밤까지 열심히 일했어요. 한 삼 년 동안 했죠. 삼 년 동안 했고, 그 지주는 더 부자가 됐죠. 어, 근데 그 지주가 음, 그 약속을 지키진 않았어요. 딸을 다른 부잣집 아들한테 시집보냈어요. 그래서, [조사자: 딸을 딴 데에 벌써 시집을 보내버렸어요?] 아, 보낼려고 했었어요.

근데 어, 결혼하기 전날에 그, 청년을 불러서 어, 이렇게 말했어요.

"너 숲에 가서 그 백, 백 마디의 나무를 가져와서."

어, 그 우리나라는 나무젓가락을 쓰잖아요. 그래서,

"그 결혼식에 쓸 그 나무젓가락을 만들 수 있는 백 마디의 대나무를 가져오면 내가 지금 당장 너한테 딸을 보내주겠다."

그랬어요. 그래서 이 청년이 너무 착하니까 그 말을 믿고 산으로 올라갔는데 계속 찾아도 진짜 백 마디가 있는 대나무는 없었죠. 근데 그래서 너무 실망해서, 슬퍼서 울었어요. 울고 있는데 뭇할아버지가 나타났어요. 에, 뭇할아버지가 나타나서,

"왜 우니?"

물어봤는데 어, 이 청년이 이 그 얘기를 처음부터 끝까지 다 해줬죠. 그래서 뭇할아버지가 도와주기로 했죠.

"그럼 지금 일단 그니까, 한 나무 말고 그냥 백 마디 대나무, 그니까 대나무 백 마디만 가져와라. 그니까 한 나무 말고 그냥 따로 어, 여러 개를 가져와라."

그래서 이 청년이 가져왔어요. 음, 근데 그다음에 어, 뭇할아버지가 그거 가르쳐줬어요. 그니까 그, 신주라고 하나요, 신주? 음, 그니까 어떤 말을, 그니까 마법처럼. [조사자: 주문?] 주문? 주문이에요? 그니까,

"이 말을 읽으면 자동적으로 그 백 마디가 합쳐질 것이다."

그 말을 가르쳐줬어요.

그 말을 한국말로 뭐라고 해요? [조사자: 맞아요, 주문.] 주문이에요? 주문. 그 주문을 알려줬어요. 그니까

"칵 얍, 칵 얍."

그 얍은 합치다 라는 뜻이거든요? 칵 얍, 칵 얍 이라고 부르라고 해서 불렀는데, 진짜 백 마디가 한 나무로 합쳐졌어요.

음, 근데 그 긴 것을 집에 가져갈 수는 없잖아요. 너무 길어서, 그래서 어쩔 줄, 어떻게 해야 될지 몰라서 또 울었어요. 그래서 뭇할아버지가, 그니까,

"분리를 하고 싶을 때는 '칵 솟, 칵 솟.'이라고 불러봐."

그니까 합칠 때는 칵 얍, 칵 얍 그리고 어, 분리할 때는 칵 솟, 칵 솟 이라고.

[조사자: 이것도 베트남어예요?] 베트남어죠, 다. [조사자: 뜻이 뭐예요? '떼어져라'예요?] 네. 떼어져라. 아까는 합, 합쳐라. 네.

그래서 네, 그다음에 그 청년이 그 백 마디의 대나무를 가져가, 집에 가져갔죠. 가져갔더니 다들 결혼식이었어요. 잔치 막 하고, 그랬어요. 그래서 이제야 사기당한 걸 알겠죠, 남자가. 음, 네. 그래서 근데 아무 말도 안 하고, 그 폭, 폭죽놀이 있잖아요. 옛날에 결혼식이나 명절에는 폭죽놀이를 많이 했어요. [조사자: 폭죽, 폭죽. 빵빵.] 폭죽놀이.

그니까 그 폭죽놀이를 할 때까지 기다려서 그때 그, 백, 그, 백 마디를 이렇게 음, 정리를 했어요. 아, 그렇게 그니까 나란히 뭐죠? 그니까 이렇게 나란히 정리했고, 그다음에 그래서 그 지주가 아, 그다음에 '칵 얍, 칵 얍'이라고 불렀어요. 그다음에 한 대나무가 됐죠. 네, 그다음에 음, 그 지주를 불러서 그 딸을 주라고, 했어요.

그 지주가 너무 신기해요. 지주가 대나무를 보고 너무 신기해해

서 다가가서 볼려고 했었는데 어, 그때 이 청년이 또 한 번 '칵 얍, 칵 얍'이라고 불렀어요. 그래서 그 지주가 그 대나무에 붙었어요.

그다음에 사돈이 있잖아요, 그 사돈 지주가 그거 보고 달려가서 떼어줄려고 했었는데 음, 떼어지지가 않았어요. 근데 그때 이 청년이 계속 '칵 얍, 칵 얍'이라고 불렀으니까 또 그 사돈도 붙었어요, 그 대나무에. 네.

근데 그 상황에서 사람들이 너무 무서워서 다가가진 못했고, 그 대나무에 다가가진 못했고 이 두, 지주 두 사람이 너무 무서워서 빌었어요. 청년한테.

"용서해줘라. 내가, 떼어주면, 내가 진짜 딸을 보내주겠다."

그래서 이 남자가 에, '칵 솟, 칵 솟'이라고 불러서 떼어줬어요. 그다음에 지주는 그게 에, 진짜 약속을 지켰어요. 딸을 진짜 시집보내줬어요.

[조사자: 그래서 칵 솟, 칵 솟 해서 떼어줬다.] 네. 그때부터는 사람들이 그 청년을 무시하지는 못했어요.

[조사자: 이거 비슷한 거 한국에도 있어요.] 아 그래요? [조사자: 근데 이제 대나무만 아닌 거지.] 예. [조사자: 우리도 똑같이 지주가 가난한 청년한테 일 부려먹으려고, '내 딸하고 결혼시켜 줄게.' 이러고 거짓말해서 이런 얘기 있어요. 아, 신기하다. 이 이야기를 초등학교 때 많이 봤던 이야기예요?] 네. 책에서. 그니까, 책이에요. 교과서에서. 그니까 우리나라, 저 때는 그때 무슨 과목이었더라? 그냥 이야기 과목이 따로 있었나 봐요. 기억이 안 나지만. [조사자: 너무 재미있어요.]

문학은 아니고, 문학, 왜냐면 우리나라는 어렸을 때 국어 수업이 있죠. 문학 수업은 중학교 때부터 있어요. 그래서 옛날에는, 아마, 아. 그니까 이러한 이야기를 배우는 시간이 따로 있었어요, 옛날에. [조사자: 옛날이야기를?]

네. 옛날이야기를 책을 통해서 다 배웠어요, 저는. 예, 뭐 부모님은 별로 들려주진 않았어요. 부모님은 그냥 자기 얘기만. (웃음) '옛날에는 어떻게 살았다.' 그런 얘기만, 그니까 설화는, 옛날얘기는 별로 없었어요.

백 마디 대나무 [2]

● 구연정보

조사일시 : 2017. 12. 09(토) 오후
조사장소 : 경상북도 경산시 자인면 다문화벗들 성바오로배움터
제 보 자 : 부티프엉 [베트남, 여, 1990년생, 결혼이주 7년차]
조 사 자 : 김정은, 황승업, 강새미

● 구연상황

제보자가 〈의붓자매 떰과 깜〉을 마친 뒤 바로 이어서 구연했다. 착한 사람이면 복을 받고 나쁜 사람이면 벌을 받는 내용이라는 설명을 덧붙였다. 원래 마디가 백 개인 대나무는 없는데 이야기에는 등장한다고 했다. 캄보디아 출신 씨앙리티아 제보자가 이야기를 함께 들었다.

● 줄거리

부자가 자기 집에 일하는 가난한 총각에게 일을 많이 시키며, 백 마디 대나무를 구해 오면 딸과 혼인을 시켜주겠다고 한다. 총각이 갖은 고생을 하자 산신령이 떨어진 대나무들이 붙고 붙었던 대나무가 떨어지게 하는 주문을 알려줬다. 총각이 백 마디 대나무를 가져가서 보니 딸은 다른 사람과 결혼을 하려고 하고 있었다. 백 마디 대나무를 발견한 부자가 가까이 와서 보려고 하자 총각은 주문을 외워 부자를 대나무에 붙이고 사돈까지 나무에 붙였다. 부자는 딸을 주겠다는 약속을 하고서야 대나무에서 떨어질 수 있었다.

옛날에 어떤 총각이 엄마 아빠 다 잃고 혼자 살았어요. 가난해서 그냥 부잣집에 일하면서 밥 얻고 먹었어요.

그 부잣집에 보면서 이제까지 너무 열심히 일했잖아요. 돈도 잘 모으고 그렇기 때문에 계속 잡히고,

'우리 집에 계속 있으면 더 좋아요.'

그렇게 생각해서 그 나쁜 생각을 했어요. 그 총각한테,

"그냥 우리 집에 좀 일해 봐. 3년 후에 내 딸이 결혼시켜 준다."

[조사자 1: 딸하고 결혼시켜 준다 했구나.] 네 계속 믿고 일했어요. 더 열심히 일해서 더 큰 부자 되었어요. 그 총각은 모르잖아요. 계속 그렇게 일하기만 했어요.

1년 지나고, 2년 지나고, 3년도 지나서 안 시켜줬어요.

(다음 내용이 기억하느라 잠시 구연 멈춤.)

다른 부잣집에 딸 결혼식 시켜 준다고 했어요. 그날이면 너무 화려한 잔치 열었잖아요. 그 총각이 좀 이상해요.

"무슨 잔치 왜 그렇게?"

그래서 그렇게 물었는데, 그 대감님이 좀,

"자기하고 우리 딸 결혼식 준비하려고 해서. 니 지금 한 부탁, 결혼하기 전에 한 부탁 있어요. 숲속에 가서 백 마디의 나무 가져와서 젓가락으로 만들어 잔치한다."

고 해요.

그래서 또 믿고 칼로 잡고 숲속 안에 들어갔어요.

숲속에 가서 계속 찾아도, 찾아도 백 마디 나무가 없어요. 그냥 40마디만 밖에 없, 못 찾았어요. 근데 포기 않고 계속 찾아서 가시도 다 몸에 다쳐서. 왜 그렇게 나중에 너무 힘들어서 울었어요. 그때 또 산신령 나왔어요.

"왜 우니?"

또 이야기해 주고. 그래서 산신령 이야기,

"니 그냥 백 마디 따로. 백 마디 나무 따로따로 잘라서 가져오라."

그래서 그렇게 했어요. 가서 산신령

"칵녑, 칵녑."

라고

우리 그냥 '칵녑, 칵녑' 소리 주문하면. [조사자 1: 주문이에요?] 네. 그 말로 주문해요. '칵녑, 칵녑'라고 해요. 그 말로 주문하면 바로 백 마디 나무. [조사자 1: 생겨요?] 네네 나무가 붙어서 한 마디 긴 마디 나와요. 그냥 백 개 이렇게 따로 자르고 그 말로 주문하면 바로

이어지고 긴 나무 되었어요.

그래서 너무 좋아서, 산신령 감사하고 가요. 집으로 갔어요. 근데 너무 길어서 숲속에 못 빠지잖아요. 또 울었어요. 울어서 산신령 또 나와서 묻고,

"이제 백 마디 나무 있는데 왜 또 우냐?"

"이렇게 길어서 숲속에 못 빠져나갔어요."

그래서 산신령,

"칵쳐, 칵쳐."

라고 주문하면 바로 처음 때로 나왔어요. 따로따로 한 개씩, 한 개씩 나왔어요. [조사자 1: 아 다시 또 잘랐구나.] 네.

그래 묶고 자기 집으로 갔어요. 그때 잔치도 아직 하고 있어요. 신부하고 신랑도 보고, 그때 보면서 신부신랑도 봐서 대감님 자기 속이는 거 알아서 너무 화났어요. 그래 뭐지, 대감님 물어.

"왜 그렇게 속였냐? 지금 대나무 다 찾아왔어요."

그랬더니 대감님 보면서 이야기,

"내가 니 백 마디 대나무 가져오라고. 이 백 개 대나무 아니라."

그냥 말 안 하고 순서대로 백 마디 이렇게 놓고,

"칵쳐, 칵쳐."

라고 해서 바로 붙였어요.

대감님 보면서 너무, [조사자 1: 이상하죠. 신기하죠.] 네 가까이 자세히 보려고 해서, 총각은 또,

"칵쳐, 칵쳐."

한 번 더 주문하고. 바로 대감님이 대나무 붙었어요.

같이 붙어서 옆에 뭐지, 그걸 뭐라고 하지? 또 다른 대감님 있잖아요. 그 남자 쪽이 뭐라고 해요? [조사자 2: 장인(사돈) 어른.] 네 장인 어른 도와주려고 해서 가까이 가, [조사자 1: 붙었구나.] 네 또 한 번 또 있고, 또 바로 붙였어요. 너무 무서워서,

"나 좀."

[조사자 1: 떼어주라.] 네.

"바로 딸이랑 시켜준다."

라 했어요. [조사자 1: 결혼시켜 줄게.]

네 그래서 총각은 그냥 다시

"칵쳐, 칵쳐."

해서 다 떨어지고.

그때부터 총각하고 대감님 딸과 같이 결혼해서 행복하게 살았어요.

백 마디 대나무 [3]

● **구연정보**

조사일시 : 2018. 11. 04(일) 오후
조사장소 : 충청북도 진천군 진천읍 벽암리
제 보 자 : 웬태휴 [베트남, 여, 1987년생, 결혼이주 12년차]
조 사 자 : 황혜진, 오정미, 한상효

● **구연상황**

베트남 결혼이주여성 화자를 통해 웬태휴 제보자를 소개받았다. 처음으로 제보자를 만난 조사팀은 진천버스터미널 근처에 있는 커피숍에서 조사를 시작했다. 차를 마시며, 조사팀을 소개한 후 조사의 취지를 설명했다. 그리고 제보자의 기본적인 신상정보를 파악한 뒤 이야기를 요청했다.

● **줄거리**

한 가난한 총각이 있었다. 총각은 부자 영감이 사위로 받아준다는 약속을 믿고서 돈도 받지 않고 머슴처럼 일했다. 열심히 3년 동안 일을 한 총각은 영감에게 이제 딸과 결혼을 시켜달라고 했다. 영감은 총각에게 결혼 예물로 백 마디의 대나무를 가져오라 시켰다. 총각이 대나무를 구하지 못하고 울고 있자, 붓할아버지가 나타나 총각에게 주문을 외우면 스스로 붙고 떨어지는 백 마디의 대나무를 주었다. 총각이 영감에게 대나무를 가져가자 영감은 백 마디의 대나무를 가져오라고 했지 대나무 백 개를 가져오라고 한 것이 아니라고 했다. 총각은 주술을 외워 대나무를 하나로 이었고, 영감까지 대나무에 붙여버렸다. 영감은 총각에게 살려달라고 빌어서 겨우 나무에서 떨어졌다. 총각은 영감의 딸과 결혼하여 행복하게 살았다.

저기 대나무라는 건데요. 백 마디 대나무인데 그거 백 마디라고 얘기해야 하는지 아니면, [조사자 2: 맞아요.] 매듭이라고? [조사자 2:

마디가 맞아요.] 마디 맞아요? [조사자 2: 저희도 마디라고 해요.] 그래요? 근데 어느 책에서 보는데 매듭이라고 하니까 좀, 저는 매듭 해야 하나 그래가지고.

그래서 백 마디 대나무라고 얘기했는데. 어, 옛날 어느 마을에서 부자인 영감 살았어요. 거기에서 또 착한 청년 한 명이 있는데 그 사람, 청년이 되게 가난해가지고 그 영감 집에 들어가서 저기 머슴 같이 일했는데 근데 너무 열심히 일했으니까 영감이 좀 욕심이 많아요. 돈 안 주라고 해서 머리 쓰는 거예요.

"니가 여기 일 하면 한 삼 년 후에 내가 내 딸을 주겠다고 결혼해주겠다."

약속했어요.

그래서 그거 믿고 계속 열심히 뭐 새벽에 일어나고 또 늦게까지 일하고 농사도 지어주고 막, 많이 저기 그 영감 집을 많이 해줬는데 그래서 영감님은 또 다른 마을, 옆 마을에 있는 도련님하고 결혼 약속했대요.

그래서 삼 년 지나니까 이제 그 약속하는 날짜 왔는데 근데 그때도 사위 옆집 도련님이랑 약속하는 저기 왔어요. 똑같이. 그래서 영감님이 안 되겠다고 해서 청년을 불러 왔는데 이제 내가 약속하는 날이 다가오니까,

"니가 가난하는 거는 알고, 아무 것도 갖고 있지 않으니까, 아니까 그래도 예물도 있어야 되는 건데, 그래서 니가 저기 숲속에 들어가서 음, 백 마디 대나무를 저기 가져오라. 그래서 그때 딸을 주겠다"고.

약속하마 그랬는데 청년도 의심 없이 그냥 도끼 한 자루 갖고 숲속에 들어갔는데 그 아무래도 잘라봐도 세워봐도 백 마디는 안 되는 거예요. 그냥 최대 몇십 마디 정도, 최대는 그런데.

그래서 자꾸 깊은 숲속에 들어가고, 찾으니까 없어서, 주저앉아서 울고 있었대요. 근데 그때 마침 부처님, 저기 나타나면서,

"음. 왜 여기 혼자서 울고 있냐?"

고 물어봤대요.

그래서 저기 부처님한테 상세한 얘기, 자기 어떻게, 어떻게 해, 하는지 좀, 그 알려줬대요. 그래서 부처님이 어 청년한테,

"걱정하지 마라. 가서 백 마디 대나무 잘라봐라. 한 마디씩 이렇게 이렇게 잘라오라."

고 해, 시켰대요.

그래서 청년도 그 왜 그러냐고도 이해 안 되는데 그래도 가서 백 마디 저기씩 잘라가지고 왔는데 또 울었대요. 그래서,

"왜 또 우냐."고.

"아니 이거 백 마디 각자 갖고 오는 거 아니라."고.

"대나무 하나로 가져가야지 된다."고.

했어요. 그래서 부처님이

"걱정하지 마라. 나, 내 말을 따라보거라."

그래서, 뭐

"스스로 엮어라. 스스로 엮어라."

합쳐라는 말이에요.

그래서 청년이 말을 주문을 따라 하는데 갑자기 각각씩 있는데 대나무 마디 갑자기 하나씩이 되는 거예요.

[조사자 2: 무슨 주문을 했다고요?]

"스스로 엮어라. 스스로 엮어라."

이렇게 했는데 그래서 한 나무로 돼가지고 백 마디로 되는 거예요. 그랬는데요. 또 청년이 걱정하는 거야.

"이렇게 하면 어떻게 들고 가느냐. 안 되는데."

그래서 청년이 부처님이

"걱정하지 마라. 내 말을 따라 하거라."

주문을 또 외웠대요.

"스스로 떨어져라. 스스로 떨어져라."

그렇게 하니까 또 대나무 원래대로 이렇게 하나씩 하나씩 한 마디씩, 한 마디씩 그거 떨어지는 거예요. 그래서 청년이 너무 기뻐서 부처님한테 감사하다고 하고. 저기 얼른 들고 마을에 내려왔대요.

그래서 마침내 저기 그 영감 집에서 지금 결혼식 올릴라고 준비

하는 거예요. 그러는데 오니까 청년이 오니까 저기 결혼식 하고 있는 중이라서 올리고도 영감한테,

"왜 그러는 거냐?"고.

"약속 안 지키냐?"고.

"내가 약속 지켰는데 왜 영감님이 저기 약속 안 지키냐."고.

그래서 영감님이 대나무 각각 마디씩 보고 웃었어요. 웃으니까,

"내가 백 마디 대나무 가져오라고 하는 건데, 백 마디씩 각각 가져오는 거 아니라."고.

"바보야."

이렇게 얘기하는 거야. 그래서 청년이,

"그러면 이거 보세요."

그래서 그때 백 마디 대나무 그렇게 해놓고 꺼내놓고 주문 외우는 거예요.

"스스로 엮어라. 스스로 엮어라."

그런데 갑자기 대나무 하나로 되니까 또 그래서 영감님이 놀래가지고,

"이게 무슨 일이냐."고.

그렇게 하니까. 그 다가오면서 그때도 청년이 또 주문 외우는 거예요. 조그만 목소리로.

"스스로 엮어라. 스스로 엮어라."

하면서도 또 영감님도 붙으는 거예요. 대나무에서. 꼭대기 위에서 붙이고 그래서 그렇게 해보니까.

또 사람이 또 옆집, 옆 마을이 도련님이 또 보니까 자기 저기 장인어른 이렇게 붙으니까 가서 뗄라고 하는데도 만지니까, 만지니까 청년이 또 주문을 외우죠.

"스스로 엮어라. 스스로 엮어라."

그래서 사람들이 다 한꺼번에 붙어버리는 거예요. 대나무에.

그래서 무서워가지고 또 저기 청년보고 살려달라고 그랬어요.

"살려달라"고.

했는데 청년이 약속대로 저기 해주면 딸을 해주면 허락해주면

저기 살려주겠다고 했는데 그래서,

"알겠다."고.

"알겠다."고.

하면서 그래서 그때 다시 주문 외워가지고,

"스스로 떨어져라. 스스로 떨어져라."

그래서 그때 떨어지고.

저기 옆 마을에 있는 도련님 무서워서 도망가고 그때부터 저기 청년이 저기 아내는 저기 결혼 저기 여자랑 결혼하고도 행복하게 살았대요.

[조사자 1: 저기 머슴은 딸을 좋아했을까요?] 그래서 좋아했다고 동화에 나오는데 아버님의 말을 따라야 되니까 어쩔 수 없어가지고 그래서 마음이 좋았다고 들었어요. 동화에 나왔대요.

(조사자끼리 대화하느라 잠시 중단됨.)

[조사자 2: 저 궁금한 게 아까 저희 배려해서 얘기한 거 같은데 저 총각이 올 때 나타났던 할아버지가 부처님이라고 표현하셨잖아요. 원래 부처님 아니고 뭇할아버지인 거죠?] 네, 맞아요. 근데 여기 부처님이라고 얘기하니까.

[조사자 2: 우리나라에서는 옥황상제, 부처님 산신령 표현하는데 베트남에서 뭇할아버지인 거잖아요.] 붓, 붓. [조사자 2: 붓.] 네. [조사자 1: 붓할아버지.] 네. [조사자 2: 'ㅂ' 받침.] 'ㅂ', 'ㅜ', 'ㅅ'.

[조사자 1: 그럼 이게 약간 부처님도 될 수 있잖아요?] 약간 신선이에요. 신선이에요. [조사자 2: 이 붓할아버지가 〈백 마디 대나무〉처럼 많이 등장한 다른 이야기도 있어요? 혹시.] 어, 있어요. 저기 많이 있어요.

[조사자 2: 혹시 기억나는 거 있어요?] 지금? [조사자 2: 이 붓할아버지가 너무 재미있는 거 같아요. 이 베트남 설화에 보면.] 어 있긴 있는데 저 저는 기억하는 것도 없고 붓 나타나는 거보다. 뭐 새나 저기 동물이랑 저기 이상, 저기 신기한 보물 같은 거 착한 사람한테 갖다 주는 거 있는데, 붓도 많이 있긴 있는데 저는 기억이 안 나서.

[조사자 1: 우리는 저기 그런 거 있는데.]

(조사자 1이 설화 〈금도끼 은도끼〉를 설명함.)

저도 저희도 그런 게, 그런 이야기도 있어요. 근데 저는 가물가물 해가지고 그래가지고 기억 안 나요. [조사자 2: 아니 괜찮아요.] [조사자 1: 비슷한 저기 곤경에 빠져가지고 어쩔 줄 몰라서 울고 있을 때 산속에서 나타나는 구원자 같은 존재.]

[조사자 2: 이야기하실 때 굳이 저기 붓할아버지라고 표현하셔도 돼요. 저희는 그게 더 재미있어요.] 아, 그래요. [조사자 2: 그게 더 신기하고 굳이 부처님 산신령 안 하시고. 붓할아버지로 해서] 그냥 붓할아버지 [조사자 2: 그냥 붓할아버지, 거기 용어로.] 그렇게 해도 돼요?

[조사자 1: 할아버지예요? 할아버지? 할머니는 없어요?] 할머니는 거의 없어요. 다 저기 얘기 들었을 때는 다 붓할아버지 나타나가지고 하는데 그러니까 이렇게 하얗게 이렇게, 이렇게 하는 대나무, 이렇게 막대기로 저 앞부분에 저기 털 같은 거 털 길게 있는 거 갖고.

[조사자 2: 아, 붓할아버지가? 그걸 가지고.] [조사자 1: 붓을 진짜 갖고 다니네. 붓 비슷하지 않아요?] 네, 그렇게처럼 앞에는 길게 약간 손오공 드라마 안에서 위에서 약간 그런 신선들이 있는데. [조사자 1: 그럼 이건 붓이 아니고.] 그럼 뭐라고 이야기해야 되는데 잘 모르겠어요. 그 이름을. [조사자 1: 그냥 봉. 봉.] 그냥 봉이에요? [조사자 1: 그냥 손오공의 여의봉이라고.]

[조사자 2: 아니 그게 총채? 총채라고 해야 되나?] 총채. 약간 먼지 터는 거처럼. [조사자들: 먼지털이.] 그런 거 쓰는데 하얗게. [조사자 1: 그런 붓의 역할을 못하네요.] 네네, 그거 아니고 그냥.

[조사자 2: 저는 붓이라고 하니까 문득 그 앞에 다른 분들이 얘기할 때 뭇할아버지라고 얘기하셨어요.] 붓 붓, 붓할아버지. 원래 베트남 어로는 'ㅂ' 'u' 'ㄷ'인데. [조사자 2: 아 스펠링이?] 네. 네. 스펠링 'ㅂ' 'ㅜ' 'ㅌ' 아니 't' [조사자 2: 't', 't'아 그러면 붓이 맞네요.] 붓.

[조사자 2: 어쩌면 진짜 '부타Budda'에서 온 단어일 수도 있다는 생각이 살짝 드네요.] 붓. 네.

백 마디 대나무 [4]

● **구연정보**

조사일시 : 2018. 12. 13(목) 오전

조사장소 : 서울시 서초구 양재동 카페

제 보 자 : 도티탄(이정민) [베트남, 여, 1989년생, 결혼이주 8년차]

조 사 자 : 오정미, 김민수

● **구연상황**

제보자가 〈형제와 별나무〉 이야기를 마친 뒤 대화를 나누다가 갑자기 이야기가 하나 생각난다며 구연해 주었다.

● **줄거리**

예쁜 딸을 둔 부자가 한 남자에게 자신의 딸과 결혼시키겠다면서 결혼 때까지 무임으로 일을 하라고 시켰다. 시간이 한참 지난 뒤에, 부자는 남자를 속이고 딸을 다른 남자와 결혼시키려 했다. 그리고 남자를 따돌리기 위해 산에서 백 마디 대나무를 가져오라고 했다. 남자가 산속에서 백 마디 대나무를 찾자, 뭇 할아버지가 나타나 남자를 도와 백 마디 대나무를 구해주고, 대나무를 떼었다 붙였다 하는 주문을 알려주었다. 결혼식에 간 남자는 주문을 외워서 부자와 신랑쪽 가족을 붙게 만들었다. 놀란 사람들이 제발 다시 떼어달라고 외치자 남자는 다시 주문을 외워서 백 마디 대나무에서 사람들을 떼어놓았다. 예비 신랑쪽 가족이 놀라서 도망갔고, 남자는 부잣집 딸과 결혼했다.

그 혹시 대나무에 대나무 이거 뭐지 뭐라고 표현하지? [조사자: 마디? 대나무 마디.] 아 네 맞아요. 대나무 마디. 대나무 백 마디라고 하는 이야기인데 이거는 제가 정확히 기억 안 나서 하다가 보고 해야 될 것 같아서 [조사자: 네. 네. 그럼요. 그러셔도 돼요. 중간 중간 보시는 건 괜찮아요.]

베트남이든 한국이든 옛날얘기 시작하면 '옛날 옛날에' 그러더라구요. [조사자: 그럼 그럼요.] 공통점인가요? [조사자: 네. 맞아요.] 그래서 보니까 되게 신기했어요. 한국어 얘기해 주니까 '옛날 옛날에.' 베트남도 그런 식으로 해서 공통점이구나.

그래서 저는, 옛날에는 뭐 그 부잣집이 있는데 근데 그분은 되게 부자인데도 성격이 좀 악하다? 좀 약간 악해서 그래서 그 사람 밑에서 일하는 사람 많이 있는데.

그런데 그 주인이 항상 일하는 사람을, (차를 마신 후) 어떻게 부자가 됐냐고 하면 그 자기 밑에 일하는 사람을 부려먹었어요. 부려먹고 그로 인해 부자가 되었어요. 그래서 이번에도 마찬가지로 그분이 막내딸이 하나 있었는데 그 막내딸이 되게 예뻤어요. 예뻤는데 결혼 안 했고.

그런데 그 집에서 어렸을 때부터 거기서 일, 거기서 살고 그분 밑에 살고 일했던 사람이 있는데 이 사람 같은 경우는 되게 열심히 성실하고 열심히 일하시는 분이었어요. 그래서 이분은 한 15세에서 20세 정도 되니까 그 부자 그분이 그 부잣집 분이 이분 떠날까 봐 걱정돼서 붙잡으려고 해서 말했어요.

"네가 열심히 일하면 내 막내딸 주겠다."

고 말했어요. 불러가지고 얘기했는데, 그래서 불러서

"너는 열심히 일해서 열심히 25세까지 일하면 내 막내딸 주겠다."

했어요.

그래서 그 말 듣고 그분 그 말 듣고 기분이 너무 좋았어요. 너무 좋아가지고 열심히 그전보다 5배 10배 정도 열심히 일했다고 했어요.

그래서 3년이 지나니까 그 막내딸이 좀 크고 그래서 그 막내딸이 크니까 그 지역에서 부잣집 아들이 있어요. 그래서 그 사람은 뭐 자기 아내 되는 사람 구한다고 그 구한다고 해서 이 집한테 가서 물어봤어요. 그래서 이분은 그 사람한테 막내딸 보내주겠다고 약속했어요. 약속해서 준비하고 있는 단계죠?

그런데 그 아래에서 거기 그 집에서 일했던 분 있잖아요. 열심히 일해서 막내딸 주겠다는데 그런데 지금 이러니까 이 사람은 속았구나 하는 생각이 들어가지고 되게 화가 많이 났어요. 화가 난 상태에서 그분 찾아가지고 따졌어요.

“아니, 나한테 막내딸 주겠다고 했는데 왜 지금은 다른 사람한테 시집보내는 거냐.”

그렇게 따졌어요. 따졌더니 그 말 듣고 그 부자집 분이 되게 화가 나가지고 이 사람을 때리려고 했는데 그런데 다시 생각해보고 다시 말했어요.

“올해 우리 막내딸이 다 컸으니까 시집보내야지. 이 결혼식을 준비하는 건 널 위해서 준비하는 거다. 너한테 보내는 거다.”

그렇게 말했어요. [조사자: 거짓말한 거죠?] 그렇죠.

“그런데 이 결혼식 하기 위해서 네가 한 가지 일해야 한다. 바로 너는 산속에 올라가서 대나무 백 마디 구해와라. 구해와서 그거 가지고 결혼식 할 때 전나무 만들어라.”

그래가지고 그 말 듣고 이 남자분은 되게 바로 믿는 거죠. 그래서 바로 산에 올라가가지고 백마디 대나무 찾아보기로 했는데 근데 아무리 헤매도 백 마디 대나무는 찾지 못해가지고 실망해서 앉아서 울었어요.

앉아서 우니까 베트남에는 그 뭐지 [조사자: 뭇 할아버지.] 부타? [조사자: 뭇 할아버지.] 뭇 할아버지? [조사자: 어, 뭇 할아버지? 이렇게 얘기하시던데. 여긴 뭐라고 돼 있어요?] 아니요 여기는 베트남어로 엉보띤인데 제가 기억이…. 무슨 할아버지 나오셔가지고 그 할아버지 되게 피부도 되게 좋고 눈은 반짝반짝하고 입은 되게 웃으면서 가서 물어봤어요.

“너는 왜 울고 있니?”

했더니 이 남자가 처음부터 끝까지 그분한테 얘기 들려줬어요. 그래서 이분은

“그러면 백 마디 대나무인데 백 마디 잘라서 여기 가지고 오라.”

그래서 이 남자는 그 말대로 그 할아버지 말대로 대나무 백 마디 잘라서 가지고 가져왔어요. 그래서 할아버지가 뭐라고 하지? 뭐 해서 뭐 해서 그래서 그 나무는 갑자기 백 마디가 대나무 한 대나무 백

마디 이렇게 잘라져 있잖아요. 그런데 갑자기 한 개로 연결되어가지고 대나무가 백 마디 나무 되었어요.

[조사자: 그러니까 주문.] 주문, 네 맞아요 주문. [조사자: 주문을 걸면 대나무가 백 마디 대나무가 쫙 하나로 되고, 그리고 주문을 외우면 백 마디 대나무가 또 하나하나 다 분리가 되는 거죠?] 네네, 맞아요. 네. 그래서 그거 보고 너무 기뻐가지고 할아버지한테,

"고맙다."고.

무릎 꿇고 막 고맙다고 해서 고맙다고 하려고 하는데 할아버지 사라졌다고 그래서 그제서야 무슨 할아버지죠? [조사자: 뭇 할아버지?] 뭇 할아버지인걸 알게 되었어요. 그런데 백 마디 대나무 집으로 가지고 가려고 하는데, 그런데 대나무가 너무 길어가지고 그거 산에 있는 나무든 다 부딪혀가지고 그래서 어쩔 수 없이 이분도 되게 슬퍼가지고 앉아서 울었어요.

또 우니까 금방 뭇 할아버지 또 올라와서,

"왜 울었어요?"

물어보셨어요.

그래서 또 이번에는 얘기해서 이러이러니까 울었다고 하니까 또 이분도 주문을 외워서 대나무 백 마디가 또 갑자기 백 마디 따로따로 되었어요. 그래서 그거 가지고 집에 가지고 갔죠.

집에 가져가니까 눈앞에 보여주는 광경은 다 결혼식 앉아서 먹고 있었어요. [조사자: 어우.] 앉아서 먹고 있는 거 보고 너무 화가 나가지고 그 남자. 부자분이 쫓아가가지고 따졌어요. 그래서 이분은,

"나는 너한테 백 마디 대나무 가지고 오는 거지 대나무 백 마디 가져오라지 않았어요."

그래서 거기 결혼식에 밥 먹고 있는 분 참석하고 계신 분 되게 그 말 듣고 웃었다고 하더라구요. 그래서 이때는 이 남자는 그 할아버지 불러가지고, 할아버지 주문해서 갑자기 대나무 백 마디가 쭉 해서 나무가 되었어요.

그런데 그때는 대나무 백 마디 나무 한 개로 되잖아요. 또 부자분이 또 거기 붙었어요. [조사자: 왜 붙었어요?] 어 근데 그건 여기서는

따로 안 나오고, 그냥 대나무 백 마디 이렇게 나무 한 개로 되잖아요. 한 개로 되는 당시에 그 부자분도 거기도 붙게 되었어요. 목이. 근데 이때는 목을 빼려고 하는데도 빼지 못했어요.

그런데 그분이… 어 갑자기 까먹었어요. 저희 무슨 말이지 저희 엄마하고 저희 시어머니 관계는 무슨 말이죠? [조사자: 사돈.] 사돈 보면서 가서 그분 꺼내주려고 했는데, 그런데 그 부자분이 꺼내주려고 했는데 그 하인 일하는 분이 있잖아요.

"기다려 내가 할게."

그래서 주문 외워가지고 둘이 같이 붙였어요.

그래서 이제는 그 사돈하고 그 사위 가서 도와주려다가 또 하인 일하는 분이, 이번에도 또 주문 외워가지고 둘이 합쳐서 세 명 거기 붙었어요. [조사자: 혼을 내주는 거죠? 그러니까?] 그렇죠.

또 그때 보니까 양쪽 다 그 모습 보면서 되게 무서워가지고 더 이상 비웃거나 그런 하인분한테 비웃거나 그러지 않았다고 하더라구요. 그래서 한참 지나니까 그 하인분이 또 주문 외워서 그러니까 이때는 세 명 떨어지게 되고.

그래서 끝은 어떻게 되냐면 뭐 사돈 남자 쪽에서 다 남자 쪽은 이런 일 겪고 나니까 모두 짐 끌고 집에 갔다, 집에 갔고, 그리고 부잣집은 막내딸 하인한테 시집보냈다. 뭐 그런 얘기였는데. 제가 하다가 기억 안 나거나 그래서 [조사자: 아니에요. 좋아요.]

무서운 괴물 마잔

● 구연정보

조사일시 : 2017. 12. 07(목) 오전
조사장소 : 인천광역시 미추홀구 용현동
제 보 자 : 융티탄프엉 [베트남, 여, 1988년생, 유학 3년차]
조 사 자 : 오정미, 한상효, 엄희수

● 구연상황

제보자는 〈옥수수의 유래〉 구연을 마친 후, 옛날에 이모에게 들은 이야기라며 괴물 마잔에 대한 이야기 구연을 시작했다. 책에 나오는 이야기가 아니라서 기억과 상상에 의지해서 구술했다.

● 줄거리

옛날에 어느 엄마가 남매에게 심부름을 시키며 마잔이라는 괴물을 조심하라고 경고했다. 마잔은 사람의 모습으로 변할 수 있는 커다란 뱀이라고 했다. 만약 마잔을 만나게 되면 말을 하지 말라고 했다. 실제로 오누이는 마잔을 만났고, 집의 기둥 위로 도망쳐 올라간 뒤 기둥에 기름을 발랐다. 그러자 마잔이 올라오지 못했다.

저 중부에서 태어나서 나중에 온가족이 남부로 이사 왔어요. 그래서. 아 옛날에, 아직 중부에 있었을 때 이모집에 놀러갔는데 그때 이모가 되게 이야기를 많이 해줬거든요. 어, 근데, 기억이 잘 나지는 않는데. [조사자 1: 괜찮아요.]

무서운 얘기예요. 마잔이라고. [조사자 1: 마잔?] 마잔이라고 하는 얘긴데 그 얘기가 제일 기억, 나는 거 같아요. 딴 얘기도 많이 했었는데. [조사자 1: 그거 해주세요. 이 마잔이 무슨 뜻이 있어요?] 마는 무슨, 어, 할머니, 그니까 할머니 아니고 아줌마 같은 존재? 그니까, 근까 나이가 많은 여자를 가리키는 호칭이에요. 근데 잔은 모르겠어요. 그 무슨 의미인지.

아무튼 마잔은 약간 무서운 존재였어요. 그니까 되게, 앙큼하고, 그니까 사람도 아니고, 딱 동물도 아니고 약간 사람과 동물이 섞인 그런 존재였어요. 이 마잔이.

근데 어, 어떤 집에서는 음, 딸 한 명, 아들 한 명, 그리고 엄마가 같이 살고 있었어요. 어느 날 엄마가 일이 있어서 딴 동네로 가게 됐어요. 그래서 가기 전에, 아, 잠깐만요. 가기 전에… 아뇨, 그게 아니고. 아, 딸 아니고, 어느 날 엄마가 아들과 딸을, 딸한테 어떤 일을 시켰어요. 그니까 어디에 가서 뭘 가져오라고 일을 시켰는데, 갈 때는 엄마가 그 얘기를 했어요. 그 마잔이 무서운 존재잖아요. 그래서 마잔 만나면 그 얘기 하지도 말고 좀 조심하라고 그랬어요.

그래서, 근, 그래서 이 남매 두 명이 갔는데, 어, 가는 길에 마잔을 진짜 만났어요. 마잔이 그냥 사람의 모습으로 나타났어요. 그래서,

"어디 가냐?"고.

"집이 어디냐?"고.

물어봤어요. 그래서 얘기는 안했죠.

근데 마잔이 그 사람인 척하면서 사탕수수를 줬어요. 한국에서도 사탕수수 먹어요? [조사자 1: 그럼.] 사탕수수는 그, 달콤한 맛만 먹고 그 내뱉잖아요. 그래서 두 사람, 이 형제, 두 형제, 남매가 사탕수수를 먹고 집에, 그니까 먹으면서 집에 갔는데 가는 길에는 그게 남아 있잖아요. 그, 내뱉는 거.

그래서 마잔이 그, 그 흔적을 따라가서 집을 찾게 됐어요. 근데 그때는 엄마가 집에 없었어요. 그래서 이 형제 두 명이, 남매 두 명이 음, 음, 무서웠어요. 그 마잔이 찾아오니까 무서웠어요.

아 그다음에 어떻게 했는지 모르겠는데 결국 그, 그림이, 기름 있잖아요. 그니까 나무, 아니고 집에는 기둥들이 있어요. 기름을 기둥에 발랐어요. 그래서 그니까, 올라, 올라가고 기둥에 발랐으니까 마잔이 약간 뱀처럼, 뱀보다 큰, 좀 무서운 그거여서. 그니까, 미끄러

우니까 올라오진 못했다고 아무튼 그런 얘기였어요.

[조사자 1: 남매 두 명이 집에 기둥 위로 올라가서 숨은 다음에, 기둥에 기름을 발라서 마잔한테.] 못 올라오게. [조사자 1: 못 올라오게 했다는 거죠?] 네, 네. 이건 진짜 민, 진짜 책에 없는 얘기. 근데 잘, 기억이 잘 안 나요.

이 마잔이 약간, 이모가 설명해주지 않았어요. 어떤 존재냐고 설명하진 않았는데, 좀, 음, 음. 뱀 같았어요. 그때 제 상상 속에는 마잔은 큰 뱀인데 사람으로 변할 수 있는 뱀. 그, 그런 상상 했어요. [조사자 2: 보통 사람들도 마잔 생각하면 약간 뱀 같은?] 모르겠어요. 다른 사람들이 이 얘기를 알고 있는지도 모르겠어요. 네.

[조사자 1: 그럼 못 올라오게 했고, 거기서 끝나요? 이야기가?] 아, 그 다음에 죽인 것 같긴 한데, 진짜 정확히 기억이 안 나서. 죽인 것 같았어요.

[조사자 1: 약간 그거네.] [조사자 2: 해와 달이 된 오누이랑. 헨젤과 그레텔이 섞인.] [조사자 1: 그거네. 어느 나라나 이런 게 있나 보다. 외부인에 대한 약간 두려움?] [조사자 2: 호랑이가 많으니까 우린 호랑이고, 여긴 뱀이 많으니까.] [조사자 1: 그치, 뱀이 많으니까.]

금구덩이와 은구덩이

● 구연정보

조사일시 : 2018. 11. 04(일) 오후
조사장소 : 충청북도 진천군 진천읍 벽암리
제 보 자 : 웬태휴 [베트남, 여, 1987년생, 결혼이주 12년차]
조 사 자 : 황혜진, 오정미, 한상효

● 구연상황

제보자가 〈백 마디 대나무〉 구연을 마쳤을 때 다른 손님들로 인해 카페 안이 조금 어수선해졌다. 조사팀이 다른 이야기를 해달라고 요청하자 제보자가 준비해온 이야기를 시작했다.

● 줄거리

욕심 많은 형이 도끼 한 자루를 동생에게 주면서, 돈이 생기면 아버지의 제사를 지내라고 하고 쫓아냈다. 동생이 깜빡 잠든 사이에 원숭이 떼가 나타나 동생이 죽은 줄 알고서 데리고 갔다. 원숭이들은 동생을 금구덩이와 은구덩이 중 어디에 떨어뜨릴지 고민하다 금구덩이에 떨어뜨렸다. 잠에서 깬 동생은 금구덩이에서 금을 가지고 나와서 부자가 됐다. 이 소식을 들은 형이 동생이 한 것처럼 해서 원숭이 떼에게 잡혀갔다. 원숭이들이 동생과 달리 형을 은구덩이에 던져놓으려 하자 형이 자기를 금구덩이에 넣으라고 소리쳤다. 놀란 원숭이들이 그를 절벽에 던져버려서 형은 돌아오지 못했다.

두 번째 이야기는요. 아까 저 한국처럼 〈은도끼 금도끼〉 있잖아요. 저희도 〈금구덩이랑 은구덩이〉 있어요. [조사자 1: 구덩이?] 네. 구덩이라고 얘기해야 하나? [조사자 1: 구렁이? 구덩이?] 구덩이.

옛날에서, 저희 어느 마을에 저기 형제 두 명이 있었는데요. 형은 욕심쟁이 형이 있고, 착한 동생이 있대요. 여기 비슷한 거는 저기

〈흥부 놀부〉 같은 거 있는데.

그래서, 어느 날에 부모님이 다 돌아가셨대요, 가셨고. 그 남은 부모님의 재산이 어마어마한데요. 근데 욕심 많은 형은 그 재산을 다 가질려고 해서, 어 동생을, 저 도끼 한 자루 주고. 동생한테,

“이거 갖고 살림이 차려라. 살림이 나아지면 아버지 제사도 잊지 말거라. 지내라 니가.”

형, 저기 동생이 너무 착하니까, 그냥 형을 말대로 따라 하는 거예요. 그래서 도끼 한 자루 들고 집에를, 집을 나왔대요. 그래서 원래 형은 재산을 다 갖고 부자여야 되고. 그다음에 동생은 저기 가난하고 하니까 매일매일 저기 산속에 가서 나무하고 파는 거예요. 근데 그렇게 해도 여유 있지 않고 그냥 굶지 않을 정도로 됐대요. 그때 돈이 많이 없었고.

어느 날에 저기 나무를 하러 가는데 너무 힘들어서 잠이 깜빡 잠이 졸라, 졸라, 졸려서 잠이 저기 들었대요, 동생이. 네네. 그래서 자고 있는데 원숭이 저기 원숭이 저기 뭐라고 하죠? [조사자 1: 원숭이? 원주민?] 원숭이에요. 원숭이. [조사자 2: 몽키?] 네, 동물이 원숭이 떼라고 말해야 하죠? [조사자 2: 맞아요. 원숭이떼.] 원숭이떼 있는데요. 갑자기 와가지고 저기 남동생, 동생을 죽을 줄 알고 그냥 들고 갔는데요. 들고 갔는데 그래서 거기 원숭이 대장이 말했대요.

“이 사람을 저기 금구덩이 던져줄까 아니면 은구덩이에 던져줄까?”

했는데 그래서 원숭이들이 서로 보면서 얘기하니까,

“금구덩이예요. 금구덩이 던져주세요.”

했는데 그래서,

“알겠다.”

그래서 금구덩이 던져버리고 갔대요.

짬을, 잠을 깨다가 보니까. 보니까 돌려 보니까 무슨 웬 꿈인가, 이거 생생인가 꿈인가 하는데, 왜 금, 금은 이렇게 많이, 많다고. 그래서 무척 기뻐가지고 그거 갖고, 집은 또 사고 땅은 또 사니까 부자가 되는 거예요.

그래서 형, 옛날 욕심쟁이 형이 말했잖아요? 저기 상황이 나아지면 아버지 제사 하라고 해서 그래서 아버지 제사 준비 하고 있는데 형을 초대 봤대요. 형은 저기 옛날에 말했잖아요.

“제가 이제 상황이 나아졌으니까 아버지 제사를 하라고 해서 형도 오세요. 같이 지내자.”고.

그래서 형은 저기 약간 비웃음을 하면서 말했대요.

“니가? 내가 금길만 다녀. 그래서 내가 니 집에 가고 원한다면 금길을 칠하면서 그때 나를 저기 불러라.”

그렇게 했는데 그래서 형 말대로 또 하는 거예요. 저기 금, 저기 길을 사 가지고 금칠도 하고 나서 다시 초대하니까 형 그때 들으니까 깜짝 놀라면서, 이거 무슨 일이 있었나 싶어서 달려왔대요. 동생한테 달려와서 물어봤대요.

“어떤 상황, 왜 이렇게 됐냐? 니가 어떻게 이렇게 됐냐?”

이렇게 물어보는데 상황, 형 저기 동생이 착하니까 형한테도 들려주고,

“이렇게, 이렇게 됐다.”

하면서.

욕심이 많은 형은 저기 동생의 말 듣고 또 도끼 빌리면서 숲속에 또 들어가는 거예요. 그래서 자기 생각

‘그냥 아무 나무한테 베면 되지 뭐’

하면서 하는 척 하면서도 자는 척도 해요.

졸린다고 자는 척하고 누워보니까 또 원숭이떼도 나타나는 것예요. 또 이번에 대장 또 물었대요. 이 사람도,

“금구덩이 저기 던져줄까 아니면 은구덩이 던져줄까?”

그 원숭이 다 같이

“은구덩이예요.”

그래서 욕심 많은 형은 은구덩이 얘기 들으니까 번쩍 일어나면서

“아니, 아니, 나 은구덩이 싫어. 금구덩이 던져줘.”

그렇게 하는 거예요.

그래서 원숭이 놀리면서 약간 거기 산길에 아마 심연인가, 그거

거기 심연, [조사자 2: 십 년?] 심연, 심연 깊은. [조사자 2: 물속?] 물속에 말고 약간 네. [조사자 1: 벼랑?] 네, 그런 거. [조사자 2: 깊은 무슨 절벽?] 절벽 그런 거처럼. [조사자 1: 위에서 던져서 아래로.] 네.

이러게 가면서 했는데, 어떻게 여기에서 얘기 들은, 들으니까 깜짝 놀랐잖아요. 죽는 줄 알고 들고 갔는데. 근데 살았으니까 놀래서, 여기서 심연, 그 깊은 데서 던져.

[조사자 1: 이런 거 아냐? 땅속 이렇게, 이렇게 생긴 거 여기 던져진 거 아니에요?] 약간 이렇게 절벽. [조사자 2: 절벽, 절벽 낭떠러지 절벽에 던져버린 거죠.] 그래서 그다음에는 형은, 형을 본 사람이 없었대요. 동생은 그냥 행복하게 더 살고 있고.

[조사자 1: 우리 흥부는 자식이 많았어요. 근데 혹시 여기 금구덩이에 빠진 동생은 다른 가족들은 없었나요? 결혼은 안 하고 자식은 없었어요?] 이야기 안에는 저기 자식은 안 나오, 하는데 그냥 저기 형이랑 동생만 있었대요. 이야기 그러면서.

금상자와 은상자

● 구연정보

조사일시 : 2019. 02. 11(월) 오후
조사장소 : 서울시 용산구 효창동
제 보 자 : 부티킴하(김하연) [베트남, 여, 1993년생, 결혼이주 6년차]
조 사 자 : 황혜진, 오정미, 김민수

● 구연상황

제보자가 〈황금 호박으로 부자가 된 아이〉를 구연한 뒤 구연에 자신감을 얻으면서 다른 이야기를 해주었다. 〈별나무〉 이야기를 할까 하다가 그것 대신 새로운 이야기를 구연했다.

● 줄거리

욕심이 많은 형이 부모의 유산을 다 가지고 동생에게는 도끼만 줬다. 동생은 그 도끼로 나무를 잘라서 산속에 집을 짓고 살았다. 하루는 원숭이들이 나타나 동생을 금상자에 넣어 버릴까 은상자에 넣어 버릴까 회의를 하다 금상자에 넣었다. 그 덕에 동생은 부자가 됐다. 이 사실을 알게 된 형과 형수가 원숭이들이 있는 곳을 찾아갔다. 원숭이들이 다시 회의를 하는데, 형과 형수는 자기들을 금상자에 넣으라고 말했다. 놀란 원숭이들은 형과 형수를 강에 던져버렸다.

금상자와 은상자. [조사자 2: 금상자와 은상자.]

그 집은 형제 두 명 있어요. 형은 놀부처럼 부자고 돈이 많아요. 그런데 동생한테 하인처럼 집안일을 하고 있어요. 집안일 해요. [조사자 2: 집안일 다 시켰어요.] 네네. 다 시켰어요. 맞아요.

그런데 부모님의 제사 때 재산을 나누라고 그랬는데 놀부처럼 형수는 동생한테 재산을 아무도 안 준다고 남편한테 얘기했어요. 그래서 형은 형이니까 집하고 재산을 다 갖고, 부모 재산을 다 가져간다고 말했어요. 동생한테. 그리고 동생한테는 그 나무 칼처럼 생긴 건데 뭐지 그게? [조사자 1: 관?] 아니요. 그 칼처럼 생긴 건데 [조사자 1: 칼?] 아니요. 제 핸드폰.

(핸드폰으로 모르는 단어를 검색해서 찾느라 이야기가 잠시 중단됨.)

[조사자 1: 금상자와 은상자니까 상자 같은데?] 아니요. 칼처럼 나무 자르는데 칼처럼 하는 거. [조사자 2: 그러니까 그게 도끼예요.] 도끼, 아! [조사자 2: 도끼.] 도끼만 줬어요.

그래서 동생은 집에서 쫓겨나고 동생은 집 없어서 숲에서 작은 집을 만들었어요. 거기서 산다고 그랬어요. 그런데 숲에서는 이상한 원숭이들, 많은 원숭이가 살았어요. 거기서 그 숲에서. 원숭이가 많이 살아서 동생을 어깨에 메고,

"금상자에 넣을까, 아니면 은상자에 넣을까요?"

얘기했어요.

[조사자 2: 누가?] 원숭이들 [조사자 2: 오케이. 자, 동생이 숲에서 살아 그런데 원숭이들이 동생을 잡아다가 상자에 넣었어요.] 아니요.

"금상자에 넣을까, 아니면 은상자에 넣을까?"

저끼리(자기네들끼리) [조사자 2: 자기네들끼리.] 자기네들끼리 얘기했어요.

그래서 금상자에 넣었어요. 그래서 동생이 일어나니까 그 주변에 금이 엄청 많았어요. 금이 엄청 많아서 그거 갖고 집에 갔어요. 그래서 그때 부자 되었고 큰 금을 형한테 줬어요. 그리고 이야기도 해주고 그 이야기도 해주고. 그래서 형은 탐이 나서 집을 바꾸라고.

"네가 이 큰 집을 다 가져버리고 재산도 다 가져. 내가 그 작은집 아니 나무집을 나 줘라."

[조사자 2: 나 줘라.] 네. 네. 나 줘라.

그래서 형 부부는 집에서 살고 집 주변에 다 바나나 놓았어요. 바나나 놓고 그 원숭이가 오라고. 그래서 며칠 지나서 며칠 다 지나서 원숭이 진짜 왔어요. 진짜 와서 형 부부 잡아서,

"금상자에 넣을까? 은상자에 넣을까?"

얘기했어요. 그래서 그 형수는 그 말을 들어서 원숭이한테

"나는 은상자 말고 금상자에 넣어라!"

그래서 원숭이들은 놀라서 형 부부를 탁 강에서 던져버렸어요.

[조사자 2: 욕심이 나서 말을 하는 바람에?] 네. 네. 맞아요. 하는 바람에 강에서 던져버렸어요. [조사자 2: 형과 형수 모두를.] 네. 모두를.

혹을 가진 두 여자

● 구연정보

조사일시 : 2018. 11. 04(일) 오후
조사장소 : 충청북도 진천군 진천읍 벽암리
제 보 자 : 웬태휴 [베트남, 여, 1987년생, 결혼이주 12년차]
조 사 자 : 황혜진, 오정미, 한상효

● 구연상황

제보자가 〈신기한 물병〉 이야기를 구연하는 동안 카페에 다른 손님이 들어와서 어수선한 상황이 되었다. 그러나 조사자가 다른 이야기를 해달라고 청하자 제보자가 주변 상황에 개의치 않고 다시 이야기를 시작했다.

● 줄거리

낙천적인 성격을 지닌 혹을 가진 여자가 숲에서 길을 잃었다. 여자가 비를 피하려고 불빛이 있는 곳으로 가보니까 그곳에 도깨비들이 있었다. 도깨비들이 노래를 부르면 잔치를 벌이자 여자도 도깨비를 따라 노래를 불렀다. 여자의 노래에 감탄한 도깨비들은 다음날 여자가 다시 그곳으로 오게 하려고 여자의 귀한 물건으로 생각한 혹을 떼어서 두었다. 옆집에 사는 혹 가진 나쁜 여자가 그 말을 전해 듣고서 숲으로 가서 착한 여자가 했던 것처럼 행동했다. 도깨비들은 여자가 노래를 못 부른다며 착한 여자에게서 떼어낸 혹을 나쁜 여자에게 붙였다.

다음에는 약간에는 〈혹을 가진 두 여자〉예요. [조사자 1: 혹을 가진 두 여자?] 네네.

옛날 저기 마을에 음, 가난한 집에 살고 있는데 그 집은 딸을 낳았대요. 낳았는데 얼굴을 저기, 얼굴 위에 혹이 저기 있대요. 있어가지고 크면서 혹이 또 같이 크니까 얼굴도 못생기고, 그 약간, 사람이 만나는 것 좀 꺼려 하면서 부담이 많이 가졌대요. 슬프고. 그래서 근데 그 여자가 씩씩하고 그렇게 뭐, 본인 스스로 생각하니까 괜찮다고. 그래 느꼈는데 [조사자 2: 씩씩하고 낙천적이고.] 네네, 그런 거 생각하면서 지냈대요. 동네 친구들하고.

그 어느 날에 동네 친구가 같이 숲에 들어가서 나무 찾으러 가는 거예요. 장작 찾으러 다니는데, 그 막 찾으면서도 버섯도 찾고 하니까, 본인도 모르게 깊은 숲속에서 들어가는 거예요. 그때는 어 약간 비, 비도 온 비도 오는 느낌이, 날씨가 어두워지고 비도 올 느낌인데, 그 태풍이, 태풍보다 약간 바람, 큰 바람이 불고 어두워지고 하니까 그때 저기 돌아가라고 생각했는데 마침내 어두워서, 길도 모르고 잃어버리고, 그래서 아 본인이 생각이,

'안 되겠다. 지금 돌아가도 안 되고 비도 오고 되니까 여기 저기 있다가 내일 새벽에 가야겠다.'

그래서 그 숲속에서 옛날 오래된 나무 있잖아요. 고목? 그런 거처럼 있는데, 거기 밑에 그 약간 비가 피할 수 있는 정도 한 사람이 들어가는 있대요. 거기 들어가서, 밤에 자야 되니까 거기 들어가서 기다리면서 자고 있는데, 한 새벽 열두 시 한 시 그때, 갑자기 어느 멀리 보면서 어디 불빛도 들어오고 사람도, 노래하는 소리도 들었대요.

그래서 일어나면,

'누가 여기 들어와 있을까.'

생각하고 있어가지고,

'아마 저기 또 길을 잃어버려서 사람들이 여기 와서 불 폈나 봐요.'

이렇게 생각하고 다가오니까 다가오면서 보니까 사람이 아닌 거예요. 사람 모양 아니고, 털 있고 또 까맣고, 약간 그 얼굴 저기 이상하고 생겼대요. [조사자 2: 도깨비?] 네네. 그래서 도깨비 단체, 단이라고 하는데 도깨비 단. 원래 거기 숲속에서 밤에마다 불 피고 노래하고 지냈대요.

그래서 그 돌 밑에 그게 있으면서 지켜보는 거예요. 근데 도깨비 노래가 너무 재미있는 거예요. 그분이 원래 노래도 좀 하니까 노래

도 잘 해요. 이 여자도. 목소리 노래 잘 해가면서 노래 들어보니까 또 재미있는 거예요. 이 여자가 그래서 처음에는 작게 따라 부르면서 하니까 이제 흥이 저기 전에 나오니까 이제 크게 불리는 거예요. 불르면서 같이 노래하면서도.

도깨비 소리 들으니까 도깨비 단이 저기,

"잠깐, 잠깐 누가 다른 소리 들었는데 잠깐 들어보라."

고 해서 그 여자는 목소리 들은 거예요.

그 여자 쪽에서 다가오면서 어, 그 사람보고,

"너 정말 노래 잘 한다. 우리랑 같이 놀자."

하면서.

처음에는 무서웠잖아, 도깨비라. 그래도 음, 괜찮다고 생각하면서 같이 놀았는 거예요. 밤새 같이 춤도 추고 노래하면서 하니까 너무 좋다고, 도깨비들이 먹는 것도 갖다주고 과일 열매 같은 거 갖다주니까, 또 기분이 좋고 같이 놀면서 또 새벽에 되니까 새벽 한 네 시, 다섯 시 쯤 그때 도깨비도 가야 되니까 이제 그 여자한테,

"내일 또 와, 내일 우리 저기 또 놀자, 우리 같이 노래하자."

그래서 여자가,

"글쎄 내일 내가 올 수 있을까? 그래 내가 내일 올게."

그래서 도깨비 갑자기

"근데 안 돼, 네가 그렇게 약속하면 내일 안 오면 어떡해? 뭐가 놓고 가야지. 니가 찾으러, 찾으러 와야지 그때 니가 올 수 있지."

그래서 도깨비가 얼굴 위에 혹이 있는 거 보고,

"이거 뭐지? 이거 니가 제일 귀한 건가?"

그래서 여자는 그냥 가만히 있고 무서우니까 그래서 도깨비가,

"그럼 우리 이거 가져가고 내일 니가 오면 내가 다시 돌려줄게."

그래서 그 혹 떼는 거예요. 떼버리고. 떼자마자 사라지는 거예요.

그거 여자가 너무 기쁘고 또 혹이 없어지니까 다시 저기 마음에 내려오다가 여기, 저기 사람 여기 사람들 막 얘기했어요, 너무 기뻐서. 그래서 그때부터 얼굴도 혹이 없고 예뻐진 거예요.

그래서 또 멀리 있는 마을에 거기까지 소문이 났대요. 근데 거기

에서 부잣집에 아가씨는 있대요. 그 아가씨도 같은 혹을 있는 거야. 아무래도 해도 안 없어지는 거고. 이야기 들으면서 또 이 마을, 있는 마을에 찾아왔대요. 그 아가씨가. 근데 그 아가씨가 성격이 좀 나빠서요. 까칠하고 약간 밑에 사람을 무시하고 그랬대요. 여자 와서,

"어떻게 되는 거냐? 나한테 좀 알려 줘라."

그래서 그 이야기 그대로 그 아가씨한테 말했는데 그래서 그 아가씨도 부하들 보고,

"나도 속에 가겠다."

그래서 근데 가기 전에 그 착한 여자가 말했대요.

"노래해야 한다."고.

"거기 노래 도깨비 노래가 좋아, 좋아한다."고.

"그래서 노래해야 저기 같이 놀 수 있다."고.

"그래서 혹 뗄 수 있다."고.

그랬는데 그 여자가,

"내가 하면 되지 뭐."

라고 하는 거예요, 아가씨가.

그래서 준비하고 숲속 들어가는 거예요. 저녁에 들어가서 원래 저기 귀한 저기 하고 자랐으니까 흙이나 저기 그런 거 싫어하면서도 어쩔 수 없어 하니까, 그 참고 거기 나무 밑에서 기다렸는데 밤이 되니까 도깨비 단이 나오는 거예요. 그래서 도깨비 단이 갑자기,

"왜 그 사람이, 왜 그 여자가 안 오지. 친구가 안 왔지."

그래서 그 뭐지, 보면서 찾으면서 그 아가씨가 봐게 되는 거예요.

"아, 너 왔네, 너 왔구나."

그랬는데 이 아가씨가 그 사람 그 도깨비를 보면서,

"저로 가, 더러운 거, 더러운 놈이야. 너무 더러워, 오지 마 가까이 오지 마."

이렇게 말했대요. 도깨비도 약간, 기분이 상했대요. 그래서,

"오늘 왜 그러냐."고.

"우리 같이 놀자 했는데."

그래서 놀면서도 노래 다시 하는 거예요. 근데 노래 목소리가 이

상한 거예요. 이 사람이 노래 못하니까 아가씨는. 그래서 자꾸 노래 하는데 도깨비 더 짜증나는 거예요. 그래서,

"아니 어제처럼 아니잖아."

라고 했어요.

"너 어제 노래 잘 했는데 오늘 왜 그러냐?"고.

그래서 아가씨가

"몰라 난, 난 어제 목소리 좋았는데, 감기 좀 있어서."

그렇다고 그래서 짜증을 막 내는 거예요. 그래서 근데 노래 좋아하는 도깨비는 노래해야 되는데 노래 자꾸 안 하니까.

"그럼 됐다. 니가 가. 그냥."

도로 이제 가라고. 그래서 가면서,

"이거 가져가라. 니가 어제 네가 어제 가져가는 거 니가 가져가라."고.

그래서 그때 저기 여자가 화나가지고,

"이거 내 꺼 내 꺼 아니라."고.

"내 꺼 아냐. 이거 저 그때 이거 다 내꺼 아냐. 안 가져가 이거 내 꺼 아니라."고.

그때는 그 도깨비가 속은 거 알잖아요.

"아 그럼, 니 그 친구 아니구나. 그래서 노래 못한다고 했구나."

했는데.

"왜 나를 우리를 속이냐?"고.

그래 기분이 더 나쁜 거예요. 그래서 그 여자가 그래서,

"아니 그 애가 나보고 저기 귀한, 귀한 거 찾느라고 다시 왔지. 그 혹을 찾으러 다시 왔지."

하는데 안 믿데요. 도깨비가

"나 믿으겠어. 진짜 그 친구가 너보고 이 귀한 거를 찾는 거냐?"고.

그런 거라고 그래서,

"그러면, 내가 이 혹을 너한테 주고, 만약 그 친구가 만나면, 진짜 그 친구가 진짜 갖고 있으면, 자동 그대로 자기 얼굴 들어온 거고. 아니면 이거 다 니가 갖고 니가 다 가져가라."

고 그런 거예요.

그래서 그 얼굴 이쪽에 있는 혹이 있는데도 한 쪽은 더 붙은 거예요. 두 개, 양쪽에 두 개 붙어가지고, 그래서,

“진짜 혹을 이 주인이 다 갖고 싶으면 이 혹을 자동으로 그 혹을 그 친구한테 갈 거야. 아니면 너, 너 그냥 갖고 이제 영영히 갖고 있는 거라.”

고 했는데.

그래서 던져 놓고 둘이, 도망가는 걸 도깨비 그냥 가고 이 친구, 이 아가씨가 그냥 혼자서 이 두 개 혹이 달리는 거예요. 그때부터 막 울고불고 했는데 그 어쩔 수가 없었대요. 그러니까.

[조사자 2: 원래 주인이 그 혹을 이쪽에 있는 혹을 다시 갖고 싶어하지 않으니까 자동으로 안 간 거죠? 이걸 어디서 보셨어요? 엄마한테 들으셨어요? 동화책에?] 동화책에서 읽고 또, 동화책 하면서 비디오도 만들었대요. 그런 거 보면서.

[조사자 1: 도깨비가 베트남어로 뭐예요?] 어, 위 귀(鬼)예요. 귀, 한자 ‘귀’예요. 그거예요. [조사자 1: 그 발음이 귀가 아니고 위예요?] 위. 위.

[조사자 1: 그다음에 궁금한 게 베트남의 도깨비는 어떻게 생겼어요?] 불(뿔)이 이렇게 조금 올라오고. [조사자 1: 똑같이 뿔이 있어요?] 똑같이 나와요. [조사자 1: 아, 거기도.] [조사자 2: 뿔이 있고 털이 있고.] 털이 있고 [조사자 2: 까맣고.] 까맣고. [조사자 2: 키는 어때요?] 키는 크지 않아요. 그냥.

[조사자 2: 그리고 한국의 도깨비는 방망이 같은 게 있거든요.] 저희도 있고요. [조사자 1: 방망이가 있어요?] 어떤 이야기는 있고, 어떤 이야기는 그냥 얼굴을, 사람의 얼굴이 아니에요. 약간 동물의 얼굴이나 그런 거. 아니면 약간 양쪽에서 이빨 띠 나오는 거 그런 거.

[조사자 2: 우리는 할아버지들 얘긴데. 혹 떼러 갔다가] 혹부리 영감. 그런 거고 저희는 여자요. [조사자 1: 〈혹부리 영감〉 이야기 한국 거 아세요?] 네네. [조사자 1: 그럼 그 얘기 처음 접했을 때 어땠어요?] 아, 우리야 베트남도 있는데. 근데 여자라서.

[조사자 1: 베트남 이야기에 이렇게 도깨비가 등장하는 얘기가 많아

요?] 음, 많아요. 그런 거도 많고 붓할아버지랑 도깨비랑 많이 나타나요, 그런 거는. 왜냐면 그런 거 있어야 이야기가 만들어주니까. [조사자 2: 붓할아버지는 되게 진지하고 힘없는 사람 돕고] 네네.

[조사자 2: 도깨비는] 도깨비는 원래 그 나쁜 쪽에서 생각했는데 근데 여기 혹이 가진 두 여자는 거기는 착한 도깨비 이런 거예요. 보통 다 나쁜 도깨비로 생각하고 있어가지고. [조사자 2: 나쁜 도깨비는 어떤 도깨비예요?] 약간 사람한테 막 이상한 저기 행동이 만들고, 나쁜 짓을 많이 해요. [조사자 2: 장난스러워요.] 장난도 있는데, 약간 나쁘게 만드는 행동이라서 저희 도깨비는 거의 다 나쁜 저기예요. [조사자 1: 사람을 골탕 먹이거나.] 네네, 그런 거, 부추 같은 거도 하고 하니까. [조사자 2: 부추?] 복수. [조사자 2: 복수.] 그래서.

[조사자 1: 이 이야기도 그럼, 처음 접한 거는 동화책? 동화책에서 접하신 거예요?] 네, 동화책 들으면서도 나중에 다 저기 비디오처럼 그 연예인들이 약간 배우들이 그런 거 하면서 또 나오니까 이야기를 많이 들었어요. 저희 옛날부터는 그런 거 책도 읽으면서 그런 비디오도 많이 만들어요. 매일매일 만들면서 들어주니까 텔레비도 나와가지고 많이 들었어요, 옛날에.

마법에 걸려 도깨비 된 남자를 되살린 여자

● **구연정보**

조사일시 : 2016. 11. 27(일) 오후
조사장소 : 충청북도 진천군 덕산면 용몽리
제 보 자 : 누엔티김퍼 [베트남, 여, 1990년생, 결혼이주 7년차]
조 사 자 : 오정미, 이원영

● **구연상황**

제보자는 〈똑똑한 소녀〉 이야기를 구술하다가 이야기가 어려워 중도에 구연을 그친 뒤 잠시 쉬면서 친정아버지와 대화를 나누었다. 하던 이야기를 이어서 구연하는가 했으나, 새로운 이야기라고 했다. 예전에 책에서 보았던 이야기라고 했다. 작중에 등장하는 마법에 걸린 도깨비는 베트남어로 '껑깝'이라고 불리는 괴물이라고 설명했다.

● **줄거리**

옛날 한 마을에 자식이 없는 부부가 있어 하늘에 자식을 달라고 기도를 했다. 한 도깨비가 와서 소원을 들어주겠다며, 만약 딸을 낳으면 도깨비에게 시집을 보내야 한다고 했다. 도깨비와 약속한 부부는 곧 임신하여 쌍둥이 자매를 낳았다. 언니는 못생기게, 동생은 예쁘게 자랐다. 아버지가 일을 하다 마을의 부자를 구해주게 되어 그 집 아들과도 혼인을 약속하게 되었다. 마을의 부자가 도깨비와 함께 찾아와 결혼하자고 하자 언니는 도깨비와의 결혼을 끝까지 거부했다. 도깨비와 약속을 지키지 않으면 부모님이 벌을 받는다는 말에 동생은 도깨비와의 결혼을 허락했다. 부잣집에 시집을 간 언니는 구박을 받으며 살았고 남편은 금방 큰 빚을 지게 되었다. 남편은 언니를 시켜 요술을 부릴 줄 아는 도깨비에게 돈을 만들어 달라고 부탁했지만 도깨비는 거절했다. 화가 난 남자는 도깨비에게 독약을 먹여 죽게 만들었다. 동생이 죽은 도깨비를 보고 슬퍼하면서 눈물을 흘리자 도깨비가 살아나서 잘생긴 남자로 변했다. 이 남자는 자신을 진정으로 사랑하게 된 사람의 눈물이 있어야 도깨비에서 사람으로 돌아올 수 있었고, 비로소 마법에서 풀려났다.

옛날에 한 마을에 [조사자: 딴 얘기야? 이거 아니에요?] 이거 말고요. (웃음) 인제 부부, 한 부부 있어요. 한 부부. [조사자: 한 부부?] 가정에 한 부부, 한 부부.

(아버지와 대화.)

한 부부를 아이를 못 나요. 없어요. 그래 어느 날 이렇게 안, 그 아내. 아내를 이제 이 하, 하늘한테 음, 이제 아이를 주라고 빌, 빌었어요. 응 빌었, 빌어서 그다음에 그, 그때 그 도깨비 한 마리가 왔어요. 어 그 아내한테 와서 음, 저기 그 도깨비를 음, 이렇게 그, 그 그,

"아내를, 소원, 소원을 들어준다고 아이를 하나 주는데, 그 근데, 만약에 이제 딸이 낳으면 그 도깨비한테 이제 쌔기 시집보내라."고.

"그 아들, 아들 낳으면 말고. 딸이 낳으면 이제 그 도깨비를 시집을 보내라."

고 얘기, 얘기해줬어요.

그 아내를, 그 도깨비 이야, 그 도깨비 이야기를 음, 인제 약, 약속, 약속해는, 도깨비랑 약, 약속했어요. 그 얼마 후에 그 아내를 임신해, 했, 하는 거예요. 임신했나, 그 그리고 그 담에는 이 쌍둥이 여자를 낳았어요. 쌍둥이 여자를 낳았고.

이제 언니는 이제 아주 못생겨요, 얼굴을 이제 점 같은 거 많이 생기고, [조사자: 동생이 예쁘고.] 동생은 예뻐요. 그래, 예쁘고. 그 인제 세월이 지나서 이제 부부를 그 약속도 잊어버렸어요.

근데 어느 날은 그 두 쌍동이를 이제 열여덟 살이 되었어요. 되고 그때 그 옛날 도깨비를 지, 집 앞에 이러, 집 앞에 이제 왔어요. 음, 그, 그 부부한테 옛날 이 약속를 인제 얘기하는 거예요.

"그 약속은 지켜야 된다."고.

그 인제 딸이 열여덟 살이니까 근데 큰딸은 아주 그 도깨비보고,

"너무 무섭다."고.

"시집 못가겠다."고.

"이제 안 간다."

고 그래요. 근데 막내를, 막내도 처음에는 안 간다고 했어요. 근데 이제

"시집 안 가면 엄마 아빠를 그 약속 안 지키면 벌받았다."고.

그래서 막내딸은 엄마 아빠 생각해서 이제,

"도깨비한테 시집간다."고..

"이제 간다."고.

"이제 시집을 간다."고.

뭐지 동의, 동의인가? 이렇게 하는 거예요. [조사자: 어어, 시집간다고 동의했어, 허락했어.] 응, 네. 허락해. 마음으로 허락하는 거예요.

근데 그 언니를 언니, 음, 그리고 이제 아버지를, 아버지를 일하다가 이제 다른 마을 사람을 구했어요. 구해다가 이제 구했는 사람이도, 구했는 사람이도 이게 둘이 사돈, 이제 아들이 있어요. 응 아들이 있고, 구해준 사람 아들이 있고, 자기한테 이제 그 사람이 부자예요, 구해주는 사람이 부자고, 나중에 아이들 크면 이제 이 아들 있으니까 뭐 그 그 아, 이 아저씨한테 딸, 딸은 이게 시집, 아 뭐지? 딸은, [조사자: 딸을 시집보내기로 약속했어.] 네, 약속했어요, 맞아요. 응 약속했다가.

근데 이 그때도 도깨비랑 그 사람이도 같이 왔어요. 쌍동이니까 같이 와서 근데 언니는 도깨비한테 안 가고, 동생은 가기로 하, 했어요. 근데 그 언니는 시집을 가서 응, 근데 언니는 아주 못생겼어요. 근데 시집이 마음도 안 들고 그래서 구박받았어요. 언니한테.

그 동생은 도깨비한테, 도깨비 시집가서. 그 담에 여기 언니 신랑이 아주 놀보예요. 막, [조사자: 나쁜 사람이에요?] 네, 나쁜 사람이 이제 나가서 음, 뭐 장난도 하고, 뭐 돈도 많이 빌렸대요. 그래서 돈 많이 빌려고 갚아야 되는데. 그래서 그 근데 동생은 도깨비, 그 도깨비 있잖아요. 또 도깨비는 그냥 도깨비 아니고, 이제 요정도 있는 도깨비인가? 뭐 이게도 만들 수 있고, 저것도 만들 수 있는 거예요.

그래서 그 언니 신랑이 마누라한테,

"그 도깨비한테 이제 돈을 많이 만들어달라."고.

그래서 근데 도깨비는 안 만들어줬어요. 근데 그 언니 신랑이 도깨비 죽이라고 이제 마음을 먹었어요. 음 게 자기 안 도와준다고, 그 나쁜 생각 했어요.

그래서 음 뭐 그 도깨비를 이제 독을, 독, 독 있잖아요. 독 갖다 멕였어요. 도깨비를 죽이라고, 죽이라고. 이제 정신이 나갔어요. [조사자: 언니의 남편이.] 네, 그 약, 독약을 갖다 멕였어요.

근데 이제 도깨비 죽이라고 누웠어요, 근데 누웠어. 그담에 마누라를 와서 막 울었어요. 그 눈물이 떨어져서 도깨비한테 떨어져서 고 담에 도깨비를 사람, 아주 잘생긴, 잘생긴 남자로 변했어요.

그 그거 왜냐면 옛날을 그 사람이 이제 뭐 마법, [조사자: 마법에 걸렸어.] 응, 마법에 걸렸어요. 그 걸려서 이제 자기한테 이제 사랑, 진짜 사랑하는 사람이 만나면, 사람이 그 눈물 자기 위해서 눈물 떨어주면 다시 사람으로 변한다고. 네 돌아왔다고. 그 이야기하는 거예요.

요술 부채를 가진 고아 범

● **구연정보**

조사일시 : 2019. 02. 11(월) 오후
조사장소 : 서울시 용산구 효창동
제 보 자 : 부티킴하(김하연) [베트남, 여, 1993년생, 결혼이주 6년차]
조 사 자 : 황혜진, 오정미, 김민수

● **구연상황**

조사팀은 어린 아기를 품에 안고 온 제보자를 카페에서 만났다. 아기가 시끄러운 환경에 잠이 깼지만, 제보자가 아기를 달래며 조사에 응했다. 조사 환경이 소음이 있어 녹음이 어려웠지만 인적 사항에 대한 이야기를 나눈 뒤 제보자가 설화 구연을 시작했다.

● **줄거리**

마음씨가 착한 고아 범이 살고 있었다. 범은 부모에게서 튼튼한 부채 하나를 유산으로 받았다. 가난한 범은 먹고 살기 위해 부자 프엉의 집에서 물소지기 일을 했다. 하루는 물소 한 마리가 사라져서 울고 있는데, 산신이 나타나서 범의 부채를 요술 부채로 만들어줬다. 요술 부채는 잃어버린 물건을 찾아주는 능력이 있어서, 물소가 어디 있는지 알려 주었다. 부자 프엉은 범의 요술 부채가 탐이 나서 범에게 자신의 재산과 부채를 바꾸자고 했다. 계속 거절하던 범은 배고픈 거지 할아버지에게 밥을 주기 위해 부채를 프엉의 재산과 바꿨다. 그러나 산신이 다시 나타나 착한 범을 칭찬하며 부채를 되찾아주고 부자 푸엉을 물소로 만들었다.

옛날에 그 범이라는 이름 있는 착하고 똑똑한 아이가 있었어요. 그런데 부모님이 일찍 돌아 가셨고 범은 홀로 세상에 남겨졌어요. 그리고 배고파서 마을에 제일 부자인 푸엉, 사람이름. 집에서 물소?

물소지기? 일을 시작했어요. 하인으로 시작했거든요. [조사자: 네.]

그리고 범은 재산이 아무것도 없었지만 부모님께서는 튼튼한 부채를 남겨주셨어요. [조사자: 튼튼한 부채?] 네. 부채. 범은 그 부채를 많이 아끼고 항상 가지고 다녔습니다.

어느 날 범이 물소를 잘 몰다가 물소 등 위에서 잠이 들었어요. 한참 지나서 물소의 등에서 떨어지고 범은 잠이 깼어요. 그런데 물소는 한 마리가 사라져 버렸어요. [조사자: 잠에서 깨어보니 물소 한 마리가 없어졌군요?] 네. 네.

아유, 너무 긴장해서. [조사자: 천천히 하세요. 긴장 안 하셔도 돼요, 잠시 음료 한 잔 마시시면서.] 네.

범은 깜짝 놀라서 물소 찾으러 이리저리 뛰어다녔습니다.

"어떡해 물소가 없어지면 주인님이 많이 혼낼텐데."

물소를 못 찾아서 범은 엉엉 울었어요. 그리고 갑자기 범 앞에서 산신? 한국에서 산신이 있나요? [조사자: 맞아요. 맞아요.] 네. (웃음) 산신이 나타났어요.

[조사자: 베트남에서는 붓할아버지? 이렇게 얘기하던데.] 네네. 맞아요. [조사자: 그렇죠?] 맞아요. 어 [조사자: 그냥 붓할아버지라고 하셔도 돼요.] 저도 그거 몰라서 산신이라고. (웃음) [조사자: 붓할아버지라고 하셔도 돼요.]

산신 할아버지는,

"꼬마야 왜 우느냐."

친절한 목소리로 범에게 물었어요. 범은 산신 할아버지께 다 이야기해 드리고,

"산신님 도와주세요. 물소를 못 찾으면 주인님이 절 집에서 쫓아낼 거예요."

그때 산신은 범의 부채를 만지고 요술 부채로 변하게 해주셨어요. [조사자: 요술 부채로? 뭘 누구를? 아, 이 범을 변하게 해주셨어요?] 아니요. 부채, 그 부채. 부채 만지고 변해졌어요 부채. 변하게 해주셨어요. 그리고 무언가를 찾고 싶으면 부채에게 물어보라고 했습니다.

산신의 말대로 범은 요술 부채에게 물었고 정말 물소를 찾았습

니다. 어, 이거 대화인데 [조사자: 괜찮아요, 대화도 하셔도 돼요. 뭐라고 말했어요?]

"산신님 정말 감사합니다."

그날부터 범은 요술 부채 덕분에 사람들에게도 많이 도와줄 수 있었어요. 어느 날 범이 요술 부채가 있다는 소문을 듣고 푸엉은 샘이 나서 범한테 찾아갔어요.

"범, 너의 부채 나랑 바꿀래? 너 뭐하고 바꾸고 싶니?"

하고 물어봤어요.

[조사자: 푸엉은 그 부자를 말씀하시는 거죠?] 네. 맞아요.

"물소 아홉 마리 줄까?"

그런데 범은 무조건 거절했어요.

"싫어요."

"그러면 물고기 잔뜩 있는 연못은?"

범은 또,

"싫어요."

푸엉은,

"그럼 질 좋은 목재 한가득 줄까?"

범은,

"다 싫어요."

푸엉은,

"아니면 예쁜 공작 줄게. 어때?"

그래도 범은,

"싫다고요. 이 부채는 제 부모님의 유물이란 말이에요. 안 바꿀래요."

범은 바꾸고 싶은 마음은 절대 없었거든요. 그런데 갑자기 어디선가 불쌍한 거지 할아버지가 나타났어요. 할아버지는,

"이 할배는 너무 배가 고프고 추워서 죽을 지경이라네, 먹을 거 좀 주겠니?"

할아버지는 그렇게 말하고 쓰러지고 말았어요. 불쌍한 할아버지를 도와드리고 싶은 범은 마음이 너무 아팠지만 푸엉하고 요술 부채

를 바꾸는 방법밖에 없었어요.

"이제 이 요술 부채는 내 거다, 내 거. 하하하."

푸엉은 신이 났어요. 그런데 거지 할아버지는 산신으로 변해 푸엉 손에 있는 요술 부채를 빼앗았어요.

"마음씨가 고운 범의 요술 부채는 범 너밖에 다른 사람은 가질 자격이 없구나."

하고 말씀하셨어요.

산신은 범에게 요술 부채를 전해주고 착한 범의 마음도 칭찬하셨지요. 그리고 범에게는 욕심이, 아, 그리고 푸엉에게는 욕심이 많고 사납기 때문에 물소로 변해버리라고 말했지요. [조사자: 아, 물소로 변했어요 부자가?] 네.

[조사자: 재밌어요 선생님. 이 이야기 처음 들었어요.] 처음 들었어요? [조사자: 네네.] 그런데 이거는 저도 검색해봤는데 인터넷에 없어요.

모자 바꿔 쓰고 살아난 일곱 형제

● **구연정보**

조사일시 : 2016. 11. 12(토) 오후

조사장소 : 강원도 횡성군 횡성읍 읍하리

제 보 자 : 누구엔티미두이엔(원지영) [베트남, 여, 1989년생, 결혼이주 6년차]

조 사 자 : 박현숙, 김현희, 김민수

● **구연상황**

제보자는 퇴근 후 약속시간에 맞춰 주선자가 제공한 조사 장소로 왔다. 조사자는 제보자에게 조사 취지를 설명한 뒤 인적 사항에 관한 조사를 먼저 진행했다. 이어서 제보자가 준비해온 이야기 구연을 시작했다. 오숙민 작가와 카자흐스탄 국적의 우쿠자노바디나 제보자가 함께 청자로 참여했다. 조사자가 이야기를 알게 된 경로를 묻자 제보자는 어릴 때 엄마가 들려준 이야기라고 했다.

● **줄거리**

옛날에 한 아버지가 가난하여 일곱 아들을 내다 버렸는데 이를 눈치챈 막내가 가는 길에 미리 떨어뜨려 놓은 조약돌을 따라서 형들과 함께 집으로 돌아왔다. 아버지가 다시 아이들을 버리러 떠났고 막내는 길에 빵 조각을 떨어뜨렸는데, 새가 다 먹어버리는 바람에 일곱 형제는 집으로 돌아가지 못했다. 일곱 형제가 한 집에서 하룻밤 신세를 지게 되었는데, 그 집에도 일곱 자식이 있었다. 주인은 일곱 형제를 잡아먹을 때 헷갈리지 않으려고 자신의 일곱 아들 머리에 모자를 씌워 두었다. 이 사실을 눈치챈 막내가 그 모자를 벗겨서 자기 형제들에게 씌웠고, 그 덕분에 살아날 수 있었다. 자신의 아들들을 잡아먹었음을 뒤늦게 깨달은 주인은 일곱 형제를 뒤쫓았다. 그러자 막내가 사람을 죽이고 살릴 수 있는 지팡이를 구해와서 주인을 죽였다. 일곱 형제는 무사히 집으로 돌아가 부모와 잘 살았다.

옛날에 그 한 집에 그 일곱 형제가 태어났어요. 근데 부모님이 가난해가지고 자식을 못 키울 것 같아서 그 멀리 데려 가가지고 버리려고 하는데, 밤에 부부 이야기할 때 제일 막내애가 들었어요. 그래 들었는데 형아들한테 얘기도 안 하고 자기만 혼자 알고 있는 거예요.

그다음 날에 아버지가 그 산에 같이 가가지고 나무 좀 찾으러 가자고 [조사자: 나무 주우러 가자고?] 네, 네네. 그래서 따라갔어요. 근데 그 막내가 아침에 일찍 일어나가지고 돌멩이 조그만 거 잘 주워 모아가지고 주머니에 넣고 가면서 하나씩 이렇게 표시해 놓는 거예요. 그래, 아빠가,

'아주 멀리 여기까지 가니까 집에 못 찾아오겠다.'

그래서 애들보고,

"여기 앉아서 좀 기다려라. 아빠 저기 가서 뭐 좀 먹는 것 좀 찾아오겠다."고.

그래서 가 버리는 거예요. 그래, 기다렸다가 아빠 안 보이니까 애들 막 부르고 대답도 없고 그래서 제일 막내가 형아들 걱정하지 말고 자기가 집에까지 데려다준다고 그래서 돌멩이 가는 그 선을 따라서 집에 찾아왔어요.

부모님이 깜짝 놀랐어요. [조사자: 버렸는데 찾아왔으니.] 네, 버렸는데 찾아왔으니. 그다음 날에도,

"또 한 번 더! 이번에는 어제보다 더 멀리 가야 된다."고.

그래서 그 막내 또 들은 거예요.

막내가 빵 챙겨가지고 가다가 조금씩 뜯어서 길에서 표시해 뒀는데 빵은 가다가 새들이 다 와서 먹어 버렸어요. 그래, 똑같이 아빠가 버리고 자기도 형들한테,

"집에 데려다준다."고.

얘기했는데 다시 보니까 빵이 없어진 거예요. 그래서 집을 못 찾았어요.

그래서 그 제일 높은 나무에 올라가서 연기 나는 데는 집이 있는 거잖아요. 그래서 그쪽으로 가자고 그 집을 찾아왔어요. 그래 그 집

아줌마도 애들 일곱 명 있어요, 똑같이. [청자: 찾아간 집에?] 네, 찾아간 집에. 그런데 자기가,

"하룻밤은 여기 자게 해 달라."고.

그래서 아줌마가 해줬어요. 근데 아줌마 신랑이 그 저기 되게 무서운 사람이에요. 사람도 잡아먹고 그때는 집에 없었는데 저녁에 들어왔을 때 갑자기 애들 많이 보이잖아요. 마누라한테 물어봤어요.

"얘네들, 어디서 왔냐?"고.

그래서,

"저희 아빠를 잃어버려서 여기서 하룻밤만 자게 해 달라."고.

해줬어요.

그래서 그 남편 분이 그 애들을 잡아먹으려고 자기 모자를 준비해 줬어요. [청자: 모자?] 네, 자기애들 일곱 명이면 모자 밤에 같이 자면 헷갈릴까 봐. [조사자: 아, 표시하느라고.] 네.자기 자식은 모자 씌우고 남의 애들은 그냥 재우고. 그래서 또 그 막내가 그거 들었어요. 자다가 자기가 일찍 일어나서 애들 모자 벗기고 자기 형들에게 다 씌워 줬어요. 그래서 그 남자 분이 자기애들 다 먹어 버린 거예요, 밤에 안 보이니까. 모자 있는 애들 자기애들인 줄 알고. [조사자: 놔두고?] 네, 그리고서 먹고서 바로 잤어요, 그 남자가.

그래서 이 막내가 형 깨워 주고,

"도망가자."고.

그 사람 일어나면 자기 잡아먹을까 봐. 그래서 일어나서 도망갔어요. 남자가 일어났을 때 자기애는 안 보이니까 자기가 먹어 버렸다고 깜짝 놀라는 거죠. 그래서 얘네들을 쫓아갔어요. 그런데 자기 그 신발이 있어요. 그거 신으면 한 [청자: 걸음에?] 한걸음에 엄청 멀게 가요. 그래서 애들을 쫓아가가지고 거기 갔다가 그 일곱 형제가 그 막내가 벽에 구멍 동굴 같은 거 들어갔어요. 조그마하니까 들어갔는데 그 남자가 크니까 못 들어가요. [조사자: 못 들어가.] 그래서 그 위에 기다리고 있는 거예요.

그 막내가 그 사람 잘 때 몰래 나와서 그 신발 신고 아줌마 집에 그 남자 집에 찾아가서 마누라보고 [청자: 아이가? 막내아들이?] 네. 그

남자의 마누라보고 그 나이 먹을 때 사람 그 하나 더 [청자: 지팡이?] 네. 지팡이 그거 양쪽에 빨간색이고 파란색 [조사자: 빨간색하고 파란색.] 네, 그런 거 있어서 그 한 파란색이면 그 사람이 죽은 사람 다시 사는 거고 그 사람을 가리키면. 그 빨간색은 살고 있는 사람 [조사자: 죽이는 거야?] 죽여 버리고. 그래서 그 마누라 보고 아저씨가,

"이거 좀 갖다 달라."고.

그래서 아줌마가 줬어요.

얘, 그걸 갖고 그 남자한테 가서 빨강 가르쳐 주고 남자는 죽어 버렸어요. 그리고 집에 찾아갔어요. 자기 집에 일곱 형제가 막내 애가 아까 그거 뭐죠? [청자: 지팡이.] 지팡이. (웃음) 그거 갖고 어려운 사람, 죽은 사람에게 다시 살게 해 주고 [조사자: 파란색 지팡이로] 네 네. 그리고 사람들은 자기 돈도 주고 그래서 부모님이 잘 먹고 살게, 잘 사니까 자기 형제들 잘 키워주는 거예요.

[청자: 근데 부모들을, 자기가 부모들이 자기 자식을 쫓아버렸잖아. 근데 다시 부모한테 갔어요?] 네. [조사자: 착하다.] 자기 갖다 버리려고 알고 있어도 나중에 찾아가요. [청자: 베트남은 효를 많이 강조하더라고, 옛이야기에서.] [조사자: 부모님이 가난해서 아이들을 버리려고 했던 거예요?] 네. 그런데 나중에 그 막내 애가 그 사람들 막 도와주니까 자기들 돈 받고 그러니까 부모님들한테 잘 살을 때는 잘 키워줬다고, 안 버리고. [조사자: 효자네.] 네, 거기까지 끝이에요.

[조사자: 되게 재밌어요. 이야기가. 이 얘기는 언제 들었어요? 뭐 텔레비전으로 봐요? 책으로 읽었어요? 아니면 누구한테 들었어요?] 네, 엄마한테. [조사자: 엄마한테 들었어요? 언제?] 옛날에. [조사자: 어렸을 때?] 네. 근데 그 이야기도 책에 있어요. [조사자: 이 이야기가 그럼 베트남에서 아주 유명한 이야기네요?] 네. 사람들, 알고 있는 사람도 많아요.

의붓자매 떰과 깜 [1]

● **구연정보**

조사일시 : 2016. 11. 21(월) 오후
조사장소 : 강원도 고성군 토성면 봉포리
제 보 자 : 호민두 [베트남, 남, 1997년생, 유학 1년차]
조 사 자 : 조홍윤, 황승업, 김자혜

● **구연상황**

경동대학교 인근의 카페에서 조사를 시작했다. 사전 연락을 통해 조사 취지를 들은 제보자는 두 가지 이야기를 준비했는데 첫 번째 이야기가 한국의 콩쥐 팥쥐와 비슷한 것이라며 〈의붓자매 떰과 깜〉 구연을 시작했다. 한국어 표현이 아주 자연스럽지는 않았지만 이야기의 뼈대를 잘 이어가며 최대한 잘 전달하려고 노력했다. 베트남의 원황하이이옌 제보자는 청자로 참여하여 구연을 경청했다.

● **줄거리**

떰이라는 이름의 소녀가 있었다. 어느 날 떰의 어머니가 돌아가시자 아버지는 깜이라는 딸을 둔 여성과 재혼했는데, 계모와 깜은 떰을 심하게 괴롭혔다. 떰은 항상 낡은 옷을 입고 고된 일을 해야 했던 반면, 깜은 좋은 옷을 입고 아무런 일도 하지 않았다. 그러던 어느 날 왕이 왕비를 찾는 행사를 연다는 소식이 전해졌는데, 깜과 계모는 떰에게 어려운 일을 시켜 가지 못하게 했다. 그러나 부처님의 도움으로 떰은 왕과 결혼할 수 있었다. 이를 시기한 깜과 계모는 떰을 세 번이나 죽였지만, 떰은 매번 다시 살아났고 결국 계모와 깜을 죽였다.

저는 두 이야기 준비했는데 [조사자 1: 어떤 이야기요?] 아, 첫 번째는 아, 그거 우리나라의 옛날이야기 〈떰 깜〉이라고. [조사자 1: 떰 깜?] 예, 〈떰 깜〉이라고 이야기 있습니다. [조사자 1: 네, 해주세요] 한

국, 한국에서 〈콩쥐 팥쥐〉하고 비슷한 이야기예요. [조사자 1: 〈콩쥐 팥쥐〉하고 비슷해요?] 네, 그거는.

떰의 엄마가 죽은 후에 떰의 아버지, 아버지가 다른 여자와 결혼했는데, 그 여자는 깜 엄마 이었어요. [조사자 1: 감 엄마?] 네, 깜 엄마. [조사자 1: 감 엄마가 뭐예요?] [조사자 2: 계모 같은데.] 깜의 엄마. [청자(원황하이이옌): 깜의 엄마는 계모.] [조사자 1: 깜 엄마? 아!] 네. 어, 그다음에 아버지가 죽고 떰이 깜하고 계모와 같이 살았어요. [조사자 1: 아 떰, 깜이 사람 이름이구나?] 네. 사람 이름이에요.

떰이 매일매일 힘들게 일해야 했고, 계모가 떰에게 맛없는 음식을 먹이고 낡은 옷을 입어야 했어요. 그런데 깜이 아무것도 안 했고 행복하게 살았어요. 떰이, 떰이 계모에게 구박당하고 했고, 매일매일 울었어요.

근데 세월이 그렇게 지나가고 어떤 날 왕이 왕비 찾기 위해서 전국에서 행사 열고 예쁜 여자들이 뽑았어요. 근데 계모하고 깜이 떰이 너무 싫어해서 눈과, 눈과 쌀을 합쳐서 떰에게 다시 정리하라고 했어요. [조사자 1: 눈과 쌀을 합쳐가지고?]

눈과 쌀을 합쳐서 다시 정리했어요. 근데 부처님 덕분에 떰에게 예쁜 옷이 생기고 예뻐져서 행사에 가게 되었어요. [조사자 1: 부처님이 도와줬어요?] 네. 그래서 왕이 떰이 처음 보자마자 한 눈에 반했어요. 그래서 둘 다 결혼했어요. 결혼한 다음에 계모하고 깜과 떰에게 해를 입혀서 세 번 쯤 죽고 다시 살았어요. [조사자 1: 세 번이나 죽고 다시 살았어요?] 네. 깜하고 계모 너무 악독해서 결국 죽어야 했고, 착한 떰이 왕 같이 행복하게 살았어요.

그거는 민간 이야기라서 좀 지역에서 결말이 달라요. [조사자 1: 다른 결말들이 있어요?] 네. 그거는 인물의 느낌에 사람들에 따라 결말이 바꿨어요. [조사자 1: 사람들이 느끼는 것에 따라서 바꿔서 이야기해요?] 네. 어떤 지역에서 깜하고 계모 너무 악독해서 나쁜 행동 많이 했는데 그런데 그런 상황에서도 떰이 힘든 것을 다 참았어요. 드디어 떰 스스로 둘 다 죽였어요. [조사자 1: 아, 참다가 떰이 계모랑 깜을 직접 죽였어요?] 네. 근데 다른 지역에서 떰이 착한 이라고 생각해서 둘 다 죽이지 않고 살았어요.

그거는 뭐였지? 베트남에서 옛날에 봉건시대에서 근로계급, 어 많이 힘들게 살았어요. 지주계급에게 착취당하게 되고 그들이 많은 세금까지 내야 했어요. 근데 그런 상황에서도 국민들이 항상 낙관적으로 생각하고 살았어요.

'착하게 살면 행운이 많은다.' '선은 항상 악을 이긴다.'라는 꿈을 표현하기 위해 〈떰 깜〉 같은 이야기 만들어 냈어요. 근데 그리고, 〈떰 깜〉 같은 이야기는 국민들의 정기? [조사자 2: 정신?] 정신적인 기쁨과 힘이 되었어요.

[조사자 1: 호민두 학생도 〈떰 깜〉 이야기 좋아했어요, 어렸을 때?] 아, 너무 좋아하지, [조사자 1: 너무 좋아한 건 아니고?] 네. 그냥 재미있어 들었어요.

의붓자매 떰과 깜 [2]

● **구연정보**

조사일시 : 2016. 11. 27(일) 오후
조사장소 : 충청북도 진천군 덕산면 용몽리
제 보 자 : 누엔티김퍼 [베트남, 여, 1990년생, 결혼이주 7년차]
조 사 자 : 오정미, 이원영

● **구연상황**

〈새엄마 이야기〉를 구연하고 난 뒤 잠시 대화를 나누다가, 조사자가 또 다른 계모담인 〈의붓자매 떰과 깜〉 이야기를 아는지 묻자 제보자가 안다면서 구연을 시작했다. 구연 도중 이야기가 막힌 제보자는 옆방에 계신 친정아버지에게 물어보고 온다며 자리를 잠시 비웠다. 베트남에서 살던 친정 부모님이 일과 육아를 병행하는 딸의 고충을 덜어주려고 잠시 한국에 와서 함께 사는 중이었다. 아버지가 제보자와 함께 거실로 나왔고, 딸은 아버지와 베트남어로 대화한 내용을 한국어로 번역해서 구연했다.

● **줄거리**

홀아버지와 살던 소녀 떰이 있었다. 아버지가 계모와 재혼하면서 떰에게는 깜이라는 의붓동생이 생겼다. 계모는 떰을 구박하고 괴롭히면서 깜에게만 잘해주었다. 왕궁잔치가 열렸는데 계모는 깜만 데리고 가면서, 떰에게는 왕궁에 오고 싶으면 섞어놓은 콩과 쌀 한 가마씩을 다 고르라고 했다. 떰이 시간이 부족해서 울고 있을 때, 요정이 나타나 참새를 불러 콩과 쌀을 따로 고르게 했다. 일을 마친 떰은 요정이 준 유리 구두와 드레스를 입고 마차를 타고 왕궁잔치에 참석해서 춤을 추었다. 그리고 왕자는 떰이 잃어버린 구두를 들고 주인을 찾았고, 떰은 왕자와 다시 만날 수 있었다. 떰은 왕자와 결혼하여 왕비가 되었다. 이후 떰은 아버지를 모시고 왔고, 계모와 깜은 거지가 되었다.

옛날에 아빠랑 이 소녀랑 살고 있어요. 그리고 새엄마가 와서 그리고 여동생 하나 데리고 왔어요. 새엄마 아이를 데리고 와서 음, 이제 새엄마를(새엄마는) 동생을 저기 사랑하고 맛있는 거도 갖다 주고.

근데 저기 그, 그 신랑 딸이 뭐라, 뭐라고 불러요? 신랑 낳은, 신랑 낳은 딸 있잖아요. 새엄마, 새엄마를 부르는 아이를. [조사자 1: 아, 새엄마의 딸? 새엄마의 딸을 뭐라고 부르냐고요? 그냥.] [조사자 2: 남편의 딸?] 네, 남편의 딸. [조사자 2: 원래 딸?] 예. [조사자 2: 친딸?] 남편 친딸이라고 불러요? [조사자 2: 네. 남편의 친딸?] 남편의 친딸을 구박하고. 음, 뭐. [조사자 1: 새엄마가.] 네. 빨래고 어 밥 같은 거 다 시키는 거예요. 바쁜 거를.

[조사자 1: 그, 그 아빠의 그 친딸은 이름이 뭐죠?] 떰이라고. [조사자 1: 떰이죠. 걔가. 떰이고, 친, 아빠의 딸 이름이 걔가 착한 아이고.] 네. [조사자 1: 그다음에 계모가 데려온 아이는?] 깜. 깜이에요. 깜.

네, 그리고 되게 길은데 제가 얘기를 못… [조사자 1: 아니 천천히 하셔도 돼요.] [조사자 2: 천천히 생각하시면서.] [조사자 1: 생각나는 대로.] 아빠 좀 물어볼까요. 아빠한테 물어봐야 되는데. [조사자 1: 아, 어. 물어보고 오셔도 돼요.]

(다른 방에 계시는 아버지께 물어보러 갔다가 거실로 함께 나옴. 아버지의 말을 딸이 통역하여 이야기하기로 함.)

어, 그리고, 그 왕, 저기 왕궁에서 네, 게 왕궁에서 잔치를 열은 거예요. 열어서 그다음에 새엄마와 그, 떰(깜)이랑 같이 가는 거예요. 같이 가서 깜(떰)은 안 데리고 가고, 근데 깜(떰)이, 음, 떰은, 가고 싶다고 이야기했어요.

“데려가 달라.”고.

그런데 새엄마를 음,

“콩이랑 쌀, 아 이제 콩, 콩를, 콩를, 한 가말, 저 쌀 한 가말 갖다 섞으라.”

는 거예요. 섞어서 이제 떰 보고,

“다 골라, 골라, 저기 다 골르고 그, 그다음에 데려간다.”

고 그랬어요. 그래서 음, 시간이 없어서 고르고 있는데, 여, 울고 있었어요. 울고 있다가 이제 음.

(아버지와 대화함.)

거 우이(우니), 울고 있다가 인제 그 신, 뭐지, [조사자 1: 선녀?] 아니요. 저기.

(아버지와 대화함.)

음, 뭐지, 요정? 요정, 요정이 나타나요. 요정 나타나서 음,

“그 왜 우냐?”

고 물어봤어요. 그 떰이 다 이야기를 해, 해서 그러면 요저를(요정이)

“도와준다.”

고 얘기하는 거예요. 그니까 어떻게 도와주냐면 음 인제 참새를 여러 마리를 불렀어요. 그거 콩이 콩대로, 쌀 쌀대로, 이제 다 골라는 거예요. 참새를(참새가) 도와줘서.

그 담에 또 요정이 아, 음 요정이 또 떰이,

“가고 싶, 저기 파티를 가고 싶다.”

고 이야기하고.

그래 요정이를 이제 구두랑, 음 구두랑, 이제 드레스, 드레스를, 또 마자(마차), 마자랑 이제 다 저기 해주는 거예요. 해서 그리고 구두, 구두도 해줬어요. 유리 구두. 네. 유리 구두도 해주고. [조사자 1: 아버님도 유리 구두 얘기하셨어요?] 네. [조사자 1: 혹시. 아, 오케이.] 해서 그다음에, 떰이 파티를 가서 춤이 저그, 춤 저기 예쁘게 해서 갔, 가고 있어요. 음 해서 가서. 이제.

(아버지와 대화함.)

아 그전에 왕자를 가다가요. 이거 전에요. 제가, 제가 빠졌어요. 그전에 왕자를 길에 가다가 구두를 하나 줏었어요. 줏어 그 파티 열으(열) 때 이제,

“사람들과 여, 여성들 와서 구두 신어 보라.”고.

그 파티 열은 거예요. 네, 그래서 떰이 가서 이제 구두도 신어 봤어요. 신어 보고.

“그 발이 맞다.”고.

그, 그 왕이랑 결혼해서 행복하게 사는 거예요.

[조사자 1: 어, 오케이. 그러면 그 나쁜 새엄마랑 깜은 어떻게 됐어요? 깜은 어떻게 됐어요?]

(아버지와 대화함.)

새엄마를 하고, 이제 남편 친딸을, 그 왕, 왕후인가요? 왕, 왕의 마누라 있잖아요? 돼서 그면 그, 그 소식 알, 알아서, 알아서 이제 깜은 다시 집으로 이제,

"아버지 제사라."고.

"집으로 오라."고.

불렀어요.

[조사자 1: 왕비가 돼서.] 네. [조사자 1: 왕비가 돼서 잔치를 벌렸어요. 그래서 아버지를 오라고. 아 오케이.] 그 담에 새엄마랑 떰이.

(아버지와 대화함.)

네, 집에. 아까 어떻게 됐어요? [조사자 1: 결혼해서 행복하게 살았고. 근데 이제 그 딸이 왕비가 돼서 잔치를 벌여서 아버지를 불러서 아버지를 만났어요. 근데 새엄마와 떰은 그다음 얘기를 할려다가 물어보셨어요.] 아, 네 떰이랑 음…

(아버지와 대화함.)

[조사자 1: 벌 받았어?] 네. (웃음). [조사자 1: 벌 받았어?] 네.

[조사자 1: 죽었어요? 우리나라는 되게 잔인하게 죽이거든, 이 똑같은 얘긴데 죽여 우리나라에서는. 요기는? 요기도 그래요?] 죽이지 않았어요. [조사자 1: 아 그러면?] 이, 인제 저기 바, 되게 못 살게 해서 이제 그지(거지)가 되는 거예요. 엄마, 네.

[조사자 1: 오케, 오케이. 거지가 되었다.]

의붓자매 떰과 깜 [3]

● **구연정보**

조사일시 : 2017. 11. 02(목) 오전
조사장소 : 인천광역시 미추홀구 용현동
제 보 자 : 융티탄프엉 [베트남, 여, 1988년생, 유학 3년차]
　　　　　백옥장 [베트남, 여, 1982년생, 유학 10년차]
조 사 자 : 오정미, 한상효, 엄희수

● **구연상황**

〈형제와 별나무〉 이야기 구연을 마친 후, 융티탄프엉 제보자가 한국의 <콩쥐팥쥐>와 비슷한 이야기인 〈의붓자매 떰과 깜〉 구연을 시작했다. 이야기가 길고 화소가 많아 중간 중간에 다소 어려움을 겪기도 했다. 구연 중간에 백옥장 제보자가 합류하여 구연을 도왔다. 그리하여 뒷부분은 공동구연에 가까운 형태로 구술이 진행되었기 때문에 뒷부분은 공동구술로 정리하였다.

● **줄거리**

떰이라는 소녀가 새어머니와 그 딸인 깜과 같이 살게 되었는데, 새어머니와 깜은 떰을 괴롭혔다. 어느 날 떰과 깜이 물고기를 잡으러 갔는데 떰이 열심히 일하여 물고기를 많이 잡자 놀기만 하던 깜이 떰이 머리를 감는 동안 물고기를 가지고 가버렸다. 떰이 곤경에 처할 때마다 뭇할아버지가 나타나 도움을 주었지만, 결국 떰은 깜으로 인해 죽임을 당했다. 떰이 죽은 뒤, 한 할머니가 티나무 열매를 집에 가져갔는데 할머니가 집을 비운 사이에 떰이 열매에서 나와 집안일을 했다. 그러던 중, 시찰을 나온 왕자가 할머니의 음료 가게에 들렀다가 쩌우깜을 씹었는데, 아내인 떰이 만들어주던 것과 맛이 같았다. 왕자는 그걸 만든 사람을 소개해 달라고 했고, 떰은 왕자와 재회할 수 있었다. 떰은 깜을 죽여 젓갈을 담가 새어머니에게 갖다 주었다. 결국, 깜을 먹은 새어머니는 기절했다.

(융티탄프엉 제보자가 구연을 시작함.)

옛날에 어떤 아, 집, 아 그니까 떰이라는 소녀가 있었는데 어머니가 돌아가셔서 아버지가 새어머니랑 결혼해서 새어머니랑 살기로, 아, 살게 됐어요.

근데 나중에 아, 그리고 그 새어머니한테는 깜이라는 딸이 있어요, 네. 근데 나중에 아버지도 돌아가니까 떰은 결국 그 새어머니랑, 그 동생, 배 다른 동생이랑 살게 됐죠? 그래서 함부로, 아주 많이, 힘들었어요. 왜냐면 새어머니가 착한 사람이 아니라서 떰한테는 일도 많이 시키고 네, 그랬었어요.

어느, 어느 날 떰이랑 깜이 강에 가서 물고기를 잡았는데 떰은 자기 일을 열심히 했는데, 깜은 자기 일을 열, 그냥 하지 않고 놀고 있었던 거예요. 근데 점심시간이 됐을 때 집에 돌아가야 되잖아요? 근데 깜은 아무, 물고기도 잡지 못했으니까 떰한테 이렇게 말했어요.

"언니, 언니 머리에 뭐가 묻어있어요. 강이, 이렇게 잠겨서 씻어라."

강이니까, 그니까

"머리에 뭐가 묻어있으니까 머리를 이렇게 숙여서 씻어라."

라고 했어요.

그래서 떰이 따라 했죠. 따라 해서, 따라 했는데 그, 그 거기 머리 씻는, 머리 감은 동안에 깜이 떰의 물고기 바구니를 가져갔어요. 어머니한테 가서 자기가 했다고, 잡았다고. [조사자 1: 어, 씻는 동안에?] 네.

아무튼 뺐어요. 뺏긴 거죠? 음, 네. 그리고 아무튼 떰은 계속 그런 식으로 당하기만 했어요. 그래서, 아, 그렇게 당할 때마다 떰이 울었어요. 울었으니까 신이 나타난 거예요. 그 울음소리를 들으면 그 신이 나타났는데 베트남어로 그 신은 '엉릇'이라고 불러요. 베트남 민간신앙에서 되게 착한 이미지를 가지는 신인데, 엉릇. [조사자 1: 엄불.] 엉. 엉은 할아버지예요. 그니까 릇할아버지가, [조사자 1: 아, 엉이라는 게 할아버지고, 엉불?] 릇. [조사자 1: 릇.] 네.

그니까 릇할아버지가 나타나서, 뭐해줬죠? 기억이 안 나네요.

[조사자 1: 뭇할아버지가 나타나서?] 나타나서,

"왜 우냐."고.

그래서 떰이 그렇게 얘기를 하니까 뭇이, 뭇할아버지가 다른 물고기 바구니를 뭐 해줬나요, 해줬던 거 같아요. 저는 기억. 아무튼. [조사자 1: 괜찮아요.] 아무튼 떰이 울 때마다 그 뭇할아버지가 나타났어요. 그래서. [조사자 1: 도와줬어.] 네.

그래서 떰이 집에 갔는데, 아 죄송해요. 기억이 안 나요. [조사자 1: 괜찮아요, 괜찮아. 올 때마다 도와줬어요, 도와주다가.] 어느 날, 그니까 베트남에서는 소하고 물소들이 있잖아요. 물소를 키울 때 항상 그니까 애기들이 물소를 데려가서 밭, 논에 가서 그니까 풀을 먹게 하고, 그런 일이 있었어요. 그니까 농촌에서 사는 아이들한테. 그래서 떰도 어느 날 어, 아 죄송해요. 아직 그때가 아니에요. [조사자 1: 괜찮아요.]

아 떰이 갔는데, 집에 가니까 음. 깜이랑 새어머니가 그 생선을 다 먹었어요. [조사자 1: 아 맞아요, 그러고 있었어요.] 다 먹었고 딱, 한 마리만 남았어요. 그 생선 이름이 멍이에요. 아 잠깐만요, 사진 보여드릴게요. 어떤 생선 종류였냐면, 이게 한국어로 뭐라고 부르는지 모르겠어서요. 아, 말레, 뭐였더라? 말레이고비. [조사자 1: 말레이고비.] 한국어로 그렇대요. 이거 생선이에요. 좀 작아요, 한 엄지손가락 만해요. [조사자 1: 음, 엄지손가락 만한.]

그래서 그거만 남아서 떰이가 우물에 그거, 그 생선을, 물고기를 넣어서 키웠어요. 그래서 밥 먹을 때 항상 자기 밥을 조금 남겨서 그 생선한테, 그 물고기한테 줬어요. 그 물고기 부를 때마다 부르는 말이 따로 있어요. 그니까 멍멍방방, 그니까 그 물고기 이름이 멍이니까 조금 말을 이렇게 멜로디 있게 해서 멍멍방방. [조사자 1: 멍멍방방 이렇게.]

"우리 집 금과 같은 은과 같은 밥을 먹거라. 남의 집 맛없는 죽을 맛없는 밥을 먹지 말라."

아무튼 그런 시가 있어요. 부르는 시가 따로 있어서. 음, 네. 그래서 그렇게 그니까 그렇게 부를 때마다 그 물고기가 나와서 먹었어요. 우물 밑에서 좀 떠서. 네, 먹었어요. 그래서 새어머니하고 깜하고 그걸 보고 조금 좀 궁금했어요.

"뭐하지?"

그래서 몰래, 몰래 지켜봤어요. 그래서 어느 날 새어머니가 떰한테 물소를, 그 소를 데려서 물소예요. 소가 아니고.

"물소를 데려서 "좀 멕여라. 풀을 멕여라. 좀 멀리 가서."

그니까,

"가까이에서 하면 사람들이 물소를 잡으니까. 멀리 다른 동네로, 다른 마을로 가서, 잡아라."

아 좀, 방목해라? 뭐죠? [조사자 1: 풀 먹이고.] 풀 먹이고. 네.

그래서 떰이 그 말을 듣고 멀리 갔는데 왔을 때는 그 물고기를 먹었어요, 그 저기 새엄마하고 깜이. 뼈만 남았어요. 그래서 떰이 또 울었죠. 아, 저 기억났어요. 아까 뭇할아버지, 그니까 죄송해요. 아까 떰이 그 얘기, 그, 떰이가, 깜이 자기의 물고기를 다 뺏어 갔을 때, 얘가 남은 거예요. 그 멍이 물고기 남은 거예요. 그래서 뭇할아버지가,

"괜찮아. 너가 이거 키워. 이 물고기를 우물에다 넣어서 키워."

그래서 따라 한 거예요. 네. 그죠. 그때는 떰의 바구니에 이 물고기 딱 한 마리, 작으니까. 다른 고기들은 아마, 왜냐면 민물, 민물고기도 좀 다양하잖아요. 근데 얘가 작아요. 그래서 남은 거예요. 그래서, 네. 그래서 그렇게 키우고 물소들을 데리고 저기 멕이고 다시 왔을 때는, 그, 저기 이 물고기를 잡아먹었어요. 두 사람이.

(설화 구술 중에 또 다른 베트남 유학생 백옥장이 합류함.)

저 계속 얘기할게요. 까먹을까 봐. 떰깜 얘기하고 있어요.

그래서 또 울었어요. 그래서 뭇할아버지가 나타나서,

"왜 우냐."고.

그래서 그 얘기를 해주니까. 울어서 그 뭇할아버지가 왜 우냐고 물어보니까 그 얘기를 다시 해줬어요. 그래서 뭇할아버지가,

"괜찮아, 니가 그 생선의 뼈를 침대 다리…"

그니까 침대는 다리가 네 개 있잖아요. 항아리에, 작은 항아리가 있어요, 베트남에서. 그니까.

"작은 항아리에 그 넣어서, 그 뼈를 넣어서 침대 네 다리, 다리

네 개 밑에 묻으라."고.

그니까 땅을 아마 파서 묻으라고 했어요. [조사자 1: 그니까 생선 뼈를] 항아리에. [조사자 1: 침대 밑에 있는] 아니요. 항아리에 넣어서 침대 밑에 묻으라고. [조사자 1: 네.]

그래서 떰이 따라 했어요. 네.

근데 어느 날 왕자가 무슨 파티? 그쵸, 축제. 축제가 있었어요. 축제가 있어서 아, 떰이랑, 아니요. 새어머니랑 떰이 뭐 예쁜 옷도 준비해서 축제에 나가려고 했었는데 아, 축제를 나갈려고 했었어요. 근데 떰도 가고 싶었는데 아.

[백옥장: 새어머니랑 깜이죠.] 네? [백옥장: 새어머니랑 깜.] 아, 제가 떰이라고 했어요? 아, 죄송해요. [조사자 1: 알아들었어요.] 저 항상 말을 헷갈리게 해요. [백옥장: 내용은 다 알고 계시니까.] 그러실 거 같아요.

[조사자 1: 깜을 축제에 데리고. 근데 떰이 가고 싶었어.] 근데 떰이 예쁜 옷이 없어요. 그래서 울었어요. 아아 아뇨. 떰한테 일을 시켰어요. 그, 검은 콩이랑 빨간 콩을 다 섞어서 분류하라고. 못 가게. 그래서 분류를 하라고 했었는데 떰이 또 울었죠. 그래서 뭇할아버지가 나타나서,

"왜 우냐?"고.

그래서 떰이 그 얘기를 하니까 뭇할아버지가,

"괜찮아."

그래서 참새, 많은 참새들을 불러서 도와줬어요. 참새들이 분류를 해줬어요. 그렇죠? 그다음에 또 울었어요. 막상 가려고 하니까 옷이 없는 거예요, 예쁜 옷이. 또 울어서 뭇할아버지가 또 나타나서 어, 떰이, 떰한테

"괜찮아."

근데 뭇할아버지가 나타날 때마다 항상,

"너 왜 울어? 너 왜 우니?"

그 질문이 있어요. 그래서 그 말도 베트남에서 유명해요. [조사자 1: 아 진짜?]

"너 왜 우니?"

이런 거 많아요. [조사자 1: 그 베트남어로 뭐라고 해요?]

"비사오번커홉Vì sao bạn khóc? 람사오번커홉Lam sao bạn khóc?"

커홉은 울다예요. 번은 너. [조사자 1: 그래서 유명하구나 이 말이.] 네, 이 말이 좀 흔해요.

[백옥장: 요즘 우리 이런 말 많이 했어요. 코메디 나올 때.] 네, 코메디 나올 때도 많이 흉내 내고. [백옥장: 연애할 때, 친구끼리도 그런 말 써요.] 친하면, "너 왜 우니", "람사오번커홉Lam sao bạn khóc?" 이렇게 해요. 뭇할아버지 흉내 내서. 네.

그래서 그, 아,

"람사오번커홉Lam sao bạn khóc?"

하고 물어보니까 떰이 얘기를 한 거예요. 옷이 없다고. 그래서

"아, 그럼 니가 예전에 묻었던 뼈 항, 생선뼈 항아리를 꺼내보라."고.

"그 침대 네 다리 밑에 있는 그 항아리들 꺼내보라."

고 했어요.

그래서 꺼내니까 그 안에 예쁜 옷들 많이 나타난 거예요. 뭐 구두도. 그래서 떰이 예쁘게 꾸며서 축제 나갔어요. 근데 다리를 지나갈 때 구두 하나가 강, 좀 떨어졌어요. 근데. [백옥장: 이거 신데렐라 같애요.] 지금부턴 신데렐라 같다.

그래서 왕자가 구두를 보고 너무 좀, 작고 예쁘니까. 발 사이즈가 작았나 봐요. 그래서 작고 예쁘니까 좀 그 구두의 주인을 찾으려고 했었는데 찾지 못했어요. 그래서 계속 찾았, 계속 그 축제가 끝났을 때에도 왕자는 계속 그 구두의 주인을 찾았어요, 찾고 있었어요. 그래서 어느 날 그, 셋이 사는 마을에 가서 주인을 찾았는데 깜이랑 깜의 엄마도 다 신어보려고 했는데 안 들어간 거예요. 발 사이즈가 너무 커서. 에, 그래서 근데 떰도 한 번, 에, 신어봤는데 딱 맞는 거예요. 그때, 그쵸? 떰이 황후가, 그 왕의 와이프가 됐어요. 황후, 황후가 된 거죠.

그래서 또 그때 깜이랑 깜의 엄마가 너무 질투를 많이 했어요. 떰이 잘 되니까. 그래서 여러 번 막, 음, 막, [백옥장: 암살.] 암살 같은

거? 여러 번 나쁜 짓을 막 했어요. 어. 아, 지금까지는 또 잔인한 장면들이 많이 나타나는데. [조사자 1: 해주세요.]

어느 날, 아, 그 떰의 아버지의 제삿날이었어요. 그래서 떰이 궁에서 다시 집으로 와서 아버지의 제사를 지내, 지내러 왔는데, 깜이랑 깜의 엄마가 떰을 죽일려고 네, 떰한테 네, 떰보고 나무 위에 올라가서 까오? [백옥장: 야자나무 같은 거.] 그런 열매를 네, 따오, 저기, 따오라고 했어요. [조사자 1: 떰에게 시킨 거예요?] 떰에게 시켰어요.

그래서 떰이 그 나무 위에 올라갔어요. 그 나무 특징이 가지가 없고, 그냥 나무 이렇게 길쭉하게. 아주 높아요. 그래서 거기 올라가면 그, 올라갔는데 밑에서 나무를 잘랐어요. 그래서 떰이 넘어서, 넘어져서 죽었어요.

그래서 깜이 대신 언니 대신에 궁으로 들어갔죠. 입궁했어요. 언니 대신 입궁해서 왕의 와이프가 됐죠. 왕의 와이프가 돼서.

근데 떰이 죽고 나서 새가 자꾸 노란색? 어떤 예쁜 새가 됐어요. 크기 작고. **새라고 하는데 아, 한국어로 뭐라고 해요? [백옥장: 나도 모르지.] [조사자 1: 하여간 예쁜 작은 새가 됐고.] 예쁜 작은 새가 됐어요. [백옥장: 노란색.] 노란색. 네.

그래서 그 새도 궁에 가서 가끔 소리를 냈어요. 그니까 떰이 아, 깜이 왕궁에서 왕의 옷도 빨고, 뭐, 말리고 그런 일도 하고 있었어요. 그래서 그 새가 그걸 보고

"내 남편의 옷을."

그니까 약간 시를 불렀는데 그 시의 내용은

"내 남편의 옷을 빨면 깨끗하게 빨아라."

그리고 저기,

"내 남편 옷을 말릴 때는 제대로."

저기, 아, 단어가 어려워요. [조사자 1: 말릴 거면 빠짝 말려라.] 네, 그니까, 네.

아무튼 그래서 그다음에 뭐죠 언니? 깜이, 아, 그래서 깜이 그 새한테 화가 나서 잡아먹었죠? 잡아서 저기 털을 다 빼서 요리해 먹었죠. 그래서 그 털들이 있잖아요. 털을 버렸는데, 그 땅에서 어떤 티나

무가 나타난 거예요.

[백옥장: 특별한 과일인데, 과일은 향기, 파인애플처럼 향기 좀 나고. 우리 먹을 수 있고.] 한국에선 아무튼 없는 나무, 과일인데. [백옥장: 우리 여자들 다 좋아하는 과일.] 근데 북부에 많이 있죠. 남부엔 없어요 언니. [백옥장: 없어요?] 네. [조사자 1: 남부에는 그 나무가 없어요?] 잘 없어요. 전 못 봤어요. 그니까 베트남 북부에 많이 있는 그런 나무? 그런 과일?

[조사자 1: 그 이름이 뭐예요?] 티. [조사자 1: 그 나무 이름이 티예요? 과일 이름은?] 똑같아요. [조사자 1: 티.] 그쵸. 뭐 사과나무하고 사과는 똑같은 것처럼.

[조사자 1: (사진을 보면서) 어머, 감같이 생겼다, 우리.] 네, 감처럼 생겼는데 완전 맛은 달라요. [백옥장: 우리 여자들은 다 좋아해요. 이거 먹고 이빨 안 닦으면 충치하고 입 냄새 되게 심하게 나요.]

저 지금 그 맛도 생각이 안 나는데. 너무 오래 돼서. 어렸을 때, 아주 어렸을 때 먹어서. [백옥장: 근데 이거 향기 너무 좋아요.] 맛있어요 언니? [백옥장: 향기 너무 좋아. 보통 여자들 향수 안 쓰면 이거 하나 주머니에 넣으면 일주일 동안.] 향기로워요. [조사자 1: 얘를 그냥 가서, 막 시장 같은 데서 사먹을 수 있어요?] 네. [백옥장: 너무 싸요. 너무 싸요. 지금 없을 걸?]

그래서 그 나무가 이렇게 쭉쭉 올라와서 그 나무 안에 딱 열매 하나밖에 없었어요. 근데 너무 향기가 좋은 거예요. 이 과일의 특징이기도 하고. 네. 너무 향기가 좋아요.

[조사자 1: 이거 약간 모과 같애요, 한국에. 모과랑 좀 닮았어요.] [백옥장: 근데 모과 딱딱하잖아요. 이건 말랑말랑해요.] [조사자 1: 아, 모과도 아시네요? 훌륭하다.] [백옥장: 그 뭐지, 홍시처럼.] [조사자 1: 홍시, 아. 감 같다.] 근데 맛은 완전 다르죠. [백옥장: 향기도 나도.] 그냥 생긴 거는 조금 그런데.

[조사자 1: 어쨌건 그 나무 안에서 열매가 딱 하나만 열렸어요.] 네. 향기가 너무 좋았어요. 그래서 어떤 할머니가 있었는데 그 할머니는 시장에 갈 때, 갔다 올 때마다 그, 그, 이 티나무의 열매가 너무 향기

가 좋아서, 좋았었어요. 할머니가. 그래서 할머니가, [백옥장: 따지 못하는데] 따진 못해서 [백옥장: 이야기하는 거죠.] 말을 했어요. 그니까 티,

"티야 티야."

[백옥장: "내려와라."]

"내 바구니에 내려와라. 나는 그냥 맡기만 할 것이다. 먹지는 않을 것이다. 그니까 냄새만 맡을 것이다."

그니까 그런 말을 했으니까 저절로 내려온 거예요, 애가. 그래서 할머니는 약속하는 대로 그냥 집에, 집에 놔뒀어요.

근데 매일 할머니가 시장에 갔다 오는 사이에는 막 집에 가면 뭐 어떤, 사람이 집안일 다 했던 것처럼 깨끗하고 밥도 다 차려져 있어요. 그니까 이 티 열매에서 떰이 나타난 거죠. 왜냐면 떰이 원래 죽어서 이 티가 된 거잖아요. 그래서 떰이 항상 나타나서 할머니 집도 깨끗하게 청소하고. 그리고 어, 뭐죠? 밥도 맛있게 차려주고. 그래서 다시 그 나무로 돌아가요.

그래서 할머니가 그거 너무 놀랬어요. 뭐가 뭔지 몰라서, 신기했어요. 어느 날 그냥 시장가는 척하는데 다시 돌아왔어요. 그니까 중간에 다시 돌아오니까 떰을 잡은 거예요. 그래서 그때부터,

"할머니랑 같이 살아라. 다시 저기 티 안으로 도망가지 말고."

그래서 예, 둘이 같이 살았어요. 근데 어느 날 왕이 필드워크field-work, 시찰가면서 할머니 집에 잠깐 들렀어요. 근데 잠깐 들러서 물을 먹, 마셨는데, 아.

[백옥장: 같이 살았는데.] 예전에 같이 [백옥장: 할머니가 시장에 가지 않고 집에서 가게, 물, 음료수 가게를 열었어요.] 아 맞다 맞다. [백옥장: 그래서 유명해졌기 때문에 왕, 왕자님이 지나가면서 들렀어요.] [조사자 1: 아, 할머니가 그때부터 약간, 음료수 가게를 한 거에요?] 네. [조사자 1: 근데 유명해졌고, 그래서 이 왕이 왔구나.] 특히 그 가게에서는.

[백옥장: 근데 우리, 그거는 떤 발랑에 떤랑 이야기 했잖아요.] 그니까 쩌우, 베트남 사람이 씹어서, 이를 시커멓게 하는 그거 있었잖아요. 알고 계실 텐데요. 베트남 사람들이 뭐, 씹으면, 저기 어떤 나뭇잎이랑 뭐 씹으면 나중에 이빨이 다 시커멓고 건강해지는. [백옥장: 이거

저번에 이야기, 발표하신 분 얘기했던 이런 이야기. 형제는 한 여인은 결혼해가지고 그 이야기잖아요. 야자나무.] 야자나무. 아무튼 이런 것을 팔았어요, 그 가게에서. 그거 베트남어로 써드릴게요, 나중에.

[백옥장: 쩌우깜. 왜냐면 그때는 베트남은 그때는 특징한 게, 할머니들은 녹차, 녹차 타서 파는 거예요. 음료수는 과일 같은 거 아니고 녹차 타서 파는 거예요.] [조사자 1: 그걸로 차를 만드는 거예요?] 아니요. [백옥장: 차도 팔고, 이거도 팔아요. 왜냐면 이거 씹으면.] 베트남 사람들은 차를 마실 때 옛날 사람들이 이거 많이 씹어요. 씹고 그냥 뱉어요. [조사자 2: 맛없는 거 아니에요?] [백옥장: 아니에요.] [조사자 2: 맛있어요?] [백옥장: 써요.] 어떤 맛인지 모르겠어요. [백옥장: 쓰고, 엄청 매워요.] 써요. 맵고, 쓰고. [백옥장: 쓰고, 근데 이거 뱉고 나면 립스틱처럼 빨개지고.] 빨개지고, 이빨은 꺼매지지 않아요? [백옥장: 아니요. 이빨은 건강하게 해주는 거, 약처럼 하는 거지.] 아무튼 옛날 분들이, 제 할머니 시대. 에. 그런 거를 씹, 많이 씹었어요.

그래서 어, 그래서, 에. [조사자 1: 왕이 방문했어요.] 왕이 방문했어요. 근데 막상 그거 씹어보니까 옛날에 떰이 왕이랑 살았을 때 만들어줬던 그것이랑 너무 똑같은 거예요, 맛이. 똑같은 거예요. 그래서 와이프가 그리워서,

"혹시 이거 누가 만들었냐, 그 만드는 사람을 좀, 좀, 저기 소개시켜 달라."고.

할머니한테.

그래서 할머니가 떰을 데리고 왔어요. 왜냐면 떰이 그, 그것을 만들었으니까. 네, 그래서 만났는데, 네. 와이프였어요. 떰이었어요. 그래서 데리고 다시 궁으로 갔어요. 네.

데리고 궁으로 갔고, 깜이 나중에 어떻게 됐어요? 죽었죠? 떰이. 그, 왜냐면 이게 거의, 결인데. [조사자 1: 결말.] 결말인데. 여러 가지 결말이 있었는데 근데 저는 여기까지만 기억하고. [조사자 1: 데리고 간 것까지만 기억이 나세요?] 네.

(이하의 구연은 두 제보자와 조사자들의 대화 형태로 진행됐으므로 대화체로 정리함.)

조사자 1 : 그다음에 깜이 어떻게 됐는지는 기억이 안 나요?

백옥장 : 그, 근데 보통 우리 교육받을 때 뒷부분은 안 하는 거예요. 왜냐면 뒷부분 이야기하면 떰이 안 좋은 사람이 되거든요. 왜냐면 깜이 또다시 죽여서 액젓, 액젓처럼 담겼어. 그런, 그런 이야기.

융티탄프엉 : 너무 잔인해요.

조사자 1 : 어, 너무 궁금한 게 오, 떰이 깜을 죽여서 그, 액젓 같은 걸 만들어요?

융티탄프엉 : 네.

조사자 1 : 한국도 그래요.

융티탄프엉 : 에?

조사자 2 : 맞아요.

조사자 1 : 한국도 그래요.

융티탄프엉 : 아.

백옥장 : 그런데, 우리 그거는 어머니들한테 이야기 듣는 것만 했고요. 근데 책에서 지금은 안 나와요.

융티탄프엉 : 책에서 제가 배웠던 거는 이거까지만.

조사자 1 : 저희 나라도 그래요. (웃음)

융티탄프엉 : 아니 어떻게.

조사자 1 : 그니까, 어린이들한테 보여주는 동화책이나, 이런 데에서는.

백옥장 : 왜냐면 떰은 처음부터 끝까지 예쁜 모습이었잖아요.

조사자 1 : 어어어어, 여기까지만 하지만.

융티탄프엉 : 당하기만 했고.

조사자 1 : 실제로 할머니들이 얘기하는 거는, 그래서 벌로 말하자면 깜을 죽여서 그걸로 젓갈을 담그는 게 있어요.

융티탄프엉 : 오마이 갓.

백옥장 : 근데 왜냐면 뭐죠.

조사자 1 : 베트남도 지금 그런다는 거죠?

백옥장 : 책, 교육적으로는 예쁘게 해줘야 하는데. 근데 인간이면 그게 맞는 거예요. 많이.

융티탄프엉 : 한이 너무 가득 있어서.

백옥장 : 그러니까 그런 반전이.

융티탄프엉 : 왜냐면 언니는 많이 알아요. 왜냐면 언니가 고등학교는 문학 재능학교? 국문 재능학교에서 나온 거예요. 저는 잘 모르겠어요.

조사자 1 : 아, 아주 잘하셨어요. 그니까 지금 액젓을 담그는 이본도 많이 있다 라는 거잖아요 베트남에서? 할머니들이 얘기하시는 그런 거. 어머 신기하다.

조사자 2 : 그래서 한국에서는 젓갈 담가서 깜 엄마한테 줘요, 먹으라고.

백옥장 : 맞아요, 맞아요.

융티탄프엉 : 아 그래요?

백옥장 : 똑같애요.

조사자 1 : 진짜로?

백옥장 : 먹어보라고. 그러니까.

융티탄프엉 : 그래요?

백옥장 : 그, 엄마가 먹어본 다음에 떰이 "너, 니, 엄마의 딸이래." 그니까 깜 엄마는 죽어버렸어요.

조사자 2 : 똑같은데.

백옥장 : 기절해요.

조사자들 : 소름.

백옥장 : 왜냐면 본인이 딸이, 딸 먹었기 때문에.

융티탄프엉 : 아 저도 깜 엄마가 나중에 기절한 거는 들었던 거 같아요.

조사자 1 : 오, 그런데 궁금한 거. 액젓 담가서 엄마까지 죽게 하는 거, 그게 굉장히 할머니들 사이에는 일반적이 거예요? 대개?

백옥장 : 너무 일반적인 거예요.

조사자 1 : 오.

백옥장 : 근데 나는 공부했을 때 교재까지 나오는 거 공부하고, 그다음에 선생님들은 여러 가지.

융티탄프엉 : 그런 이본이 있었다.

백옥장 : 버전들은 다.

조사자 1 : 그러면, 액젓 담그는 거. 우리도 그런 거야. 액젓 담그는 버전도 있고, 다른 버전도 있거든요? 다른 버전은 또 어떻게 돼요?

백옥장 : 근데 요즘 그 액젓 버전까지만.

조사자 1 : 전승이 되고 있어요?

융티탄프엉 : 네.

조사자 1 : 오.

융티탄프엉 : 다른 건 못 들었던 거 같애요.

백옥장 : 그러니까 엄, 할머니들은 그 보통의 너무 인간적인 교육을 시키는 거예요.

조사자 1 : 맞어.

백옥장 : 많이, 피해를 많이 받으면 복수해야 된다. 그런 거.

조사자 1 : 맞아요, 벌 받아야지.

백옥장 : 너무 착하면은 그 뭐죠, 천국에 가야하는데. 인간이에요, 인간. (웃음)

융티탄프엉 : 베트남에서 가끔 이런 말 있어요. '뭇할아버지는 없다.' 그니까 여기서는 떰이 항상 울면 뭇할아버지가 나타나서 도와줬잖아요. 그래서 베트남에서 흔히 하는 말이 아, "실제로 이 세상에 뭇할아버지 어디 있겠어?" 아 그런 말도 약간 교육적인 사상? (웃음)

조사자 1 : 아, 맞어. 그렇게 울기 만하면 나타나는 뭇할아버지 누구나 있었으면 하지만.

융티탄프엉 : 그죠.

조사자 1 : 현실은.

백옥장 : 근데 너무 잘해요. 다 기억, 다 기억하네. 나는.

융티탄프엉 : 아녜요. 저하면서 까먹어서 다시 갔다 왔다하고 그랬어요. 근데 이게 너무 길어서 저는 애기한테 한번 해 볼려고 했었는데 반까지도 못하고 그냥, 아, 포기했어요.

백옥장 : 책만 읽어 주는 거지.

조사자 1 : 이 똑같은 얘기가 한국엔 '콩쥐 팥쥐'인 거 아시죠?

융티탄프엉 : 네.

백옥장 : 네, 콩쥐 팥쥐.

조사자 1 : 와우. 근데 이 얘기, 제가 '떰 앤 깜' 많이 들었거든요? 논문도 많이 써져 있는데, 액젓이 똑같은 거 처음이야.

융티탄프엉 : 언니가 잘 오셨네요. 진짜.

조사자 1 : 완전 소름이야, 어우. 그렇군요. 너무 재밌다.

조사자 2 : 신기해요.

조사자 1 : 신기해요.

의붓자매 떰과 깜 [4]

● **구연정보**

조사일시 : 2017. 12. 09(토) 오후
조사장소 : 경상북도 경산시 자인면 다문화벗들 성바오로배움터
제 보 자 : 부티프엉 [베트남, 여, 1990년생, 결혼이주 7년차]
조 사 자 : 김정은, 황승업, 강새미

● **구연상황**

캄보디아의 씨앙리티아 제보자가 〈형님과 매제〉 구연을 마친 뒤 부티프엉 제보자가 구연을 시작했다. 조금 긴 이야기인데 어릴 때 많이 들었던 것이며, 앞서 구술된 캄보디아 이야기와도 비슷하고 한국의 〈콩쥐팥쥐〉하고도 비슷하다며 구연을 시작했다. 씨앙리티아 제보자가 청자로서 이야기를 함께 들었다.

● **줄거리**

떰의 새엄마는 의붓딸인 떰만 일을 시키고 자신이 데려온 딸 깜은 놀게 했다. 하루는 엄마 심부름으로 새우를 잡았는데, 깜은 놀기만 하다가 의붓언니 떰이 잡은 것을 가져가버렸다. 떰이 새엄마에게 혼날 것 같아 울고 있는데 산신령이 물고기를 주었다. 떰이 물고기를 키우는 것을 보고 새엄마와 깜이 잡아먹어서 뼈를 침대 아래에 묻었다. 마을에 잔치가 있는데 새엄마는 떰에게 벼를 빻아 놓아야 올 수 있다고 했다. 산신령이 까치를 불러 해결한 뒤 침대 밑을 보라고 하자 옷과 구두가 나왔다. 껌은 다리를 건너다 구두 한 짝을 잃어버렸는데, 임금님이 탄 코끼리가 소리치는 것을 보고 구두를 발견했다. 임금은 구두가 맞는 사람을 찾다가 떰이 주인임을 알고 그녀를 아내로 맞았다.

임금과 살던 떰은 깜이 '까오' 열매를 따자고 해서 나무에 올라갔는데 깜이 나무를 흔드는 바람에 떨어져 죽었다. 떰은 새가 되었는데, 새엄마가 그 새를 잡아먹었다. 그 후에 뼈를 버린 곳에서 큰 나무가 생겼다. 임금이 그 나무에만 가서 지내자 새엄마는 다시 나무를 태웠다. 그 재에서 다시 나무가 나왔는데 '티 나무'다. 지나가던 할머니가 열매를 얻어서 돌아왔는데, 자기 모르는 새 집안일이 다 되어 있어 몰래 살펴보니 열매가 아가씨로 변하는 것이었다. 임금이 지나가다 떰을 알아보게 되어 궁으로 다시 데려 왔다. 깜이 언니에

게 어떻게 전보다 더 예뻐졌냐고 물어보자 떰은 끓는 물에 들어가 보라고 했다. 떰이 깜을 젓갈로 만들어 새엄마에게 가져다주었고, 새엄마는 젓갈이 딸인 것을 알고 놀라서 죽었다.

옛날에 떰과 깜이 살았어요. 둘이 아빠 같은데 엄마에 따로 그렇게 했어요. 떰이 언니고 깜은 동생이고. 떰은 엄마 일찍 돌아가시고 아빠 새엄마 데려와서 같이 살았어요. 새엄마 원래 그렇게 해요. 모든 일이 떰한테만 시키고, 깜은 그냥 빈둥빈둥 놀기만 했어요.

어떤 날 엄마 둘이한테 바구니 한 개씩 주고,

"논에 가서 새우 잡으라."고.

"누구 많이 잡으면 집에 올 때 새 옷 사준다."고.

했어요. 그래서 둘이 논에 가서, 원래 떰이 좀 열심히 했잖아요. 계속 열심히 잡고, 깜이면 논 위에 그냥 놀기만 했어요. 그 집에 올 때, 떰이 많이 잡았고 깜이 하나도 못 잡았어요. 그거 보면서 자기 언니한테,

"언니 머리 진흙이 좀 많이 붙어서 좀 깜아라. 아니면 집에 오면 엄마 화날까 봐."

그래서 동생 말한테 믿고, 그냥 저 멀리 가서 머리 감았어요. 그 사이에 깜은 그 새우 다 자기 바구니에 넣어서 먼저 집에 달려갔어요. 떰은 머리 다 감고 다시 오면 하나도 없고. 그때 그냥 '엉엉' 울었어요. 울어서 산신령, 산신령 나와서 물었어요.

"왜 우니?"

그래서 다시 이야기해주고. 산신령,

"울지 말고 바구니 안에 보고 뭐 랑 있으나 좀 봐라."

했어요. [조사자 1: 뭐가 있을 거니까 봐라.] 네. 떰은 보고 그때 한 물고기 남았어요. 산신령,

"이 물고기로…"

집에 마당 뒤에 우물 있잖아요.

“그 우물, 거기 넣고 키워라. 한 번 밥 먹을 때 한 그릇씩 주고.”

주문 한 말도 있어요. 그 물고기 우리 베트남으로 ‘몽’라고 했어요. 이름 ‘몽’라고 해요. [조사자 3: 몸?] 몽. 네 그냥 ‘몽’라고 해요. 그래서 밥 줄 때 그냥

‘몽몽방방, 은밥, 금밥 먹으러 나와라, 쇠밥 먹지 마라’고.

그 말로 하면 그 올라가서 밥 먹어요. 우물 밑에 물 있잖아요. 불러야 되고, 그래 올라가서 밥에 넣고 먹어요. 계속 그렇게 하다가 새엄마 보면서 좀 이상해요. 그래서 깜한테 시켰어요.

“딸아! 몰래 보라.”

고 해서, 그거 보고 그다음에 엄마한테 이야기해주고. 다음날이 돼서 새엄마 떰한테,

“소 먹이러 논에 가야 돼.”고.

그때 엄마 떰한테, 이제 동네 논이면 못 가고, 계속 일부러 하면 또 잡혀요. 그래서

“좀 멀리 다른 동네 가라.”

고 해요.

그래서 떰도 그렇게 말대로 갔고. 그 집에 있을 때 엄마하고 동생 가서 똑같이 떰한테, 그 물고기. 그 말로 주문하고 그 고기 잡아먹었어요. 잡아서 나중에 저녁에 올 때 떰은 밥을 주고 계속 말해도 안 나왔어요. 그냥 피 한 물방울만 나왔어요. 그거 보면서 안 좋은 일 나와서 그 생각했고, 또 울었어요. 그때 울어서 산신령 또 나왔고,

“왜 우니?”

또 다시 이야기해주고. 산신령,

“엄마 집에 그냥 고기 잡혀먹었다.”고.

“지금 뼈, 그 물고기 뼈가 찾아서 그 통, 그냥 플라스틱 같은 거에 넣어서 그 침대”

우리 베트남에 침대, 한국 이렇게, 이 (앞에 놓인 책상을 만지면서) 이거처럼 상에 이렇게 네 개에 다리 있어요. 그래서 침대에 묻으라고 했어요. 그래 떰가 그렇게 했어요.

근데 계속 찾아도 뼈 못 찾았어요. 갑자기 하다가 어떤 딱 고기,

아 그냥 딱 한 마리 지나가서,

"나 뼈 한 주먹에 주면 나 뼈 찾아줄게."

라고 했어요.

그래서 뼈 그냥 하나 주고. 다 먹고 나서 그 부엌 안에 재 있잖아요. 그 안에 묻었어요. 그래서 다 해주고, 그 플라스틱 안에, 그 침대에 묻고 덮어서.

그래서 조금 후에 그 마을에 공원에 그 잔치 있어요. 그 잔치 있어서 엄마하고 깜도 또 다 예쁜 옷 입고 준비(해) 갔어요. 근데 가기 전에, 아 떰도 가고 싶은데 새엄마 보면서, 벼, 쌀 있잖아요. 우리 쌀하고, 한국에 쌀하고 톨 있잖아요. 근데 우리 그냥 쌀하고 벼. [조사자 3: 쌀하고 풀?] 네 한국에 쌀하고 톨하고, 우리 베트남 그냥 쌀하고 벼, 아직 껍질 안 빼는 거. 그거 뭐라고 해요?] [청자: 벼.] 네 벼하고 쌀. 같이 섞어서 나누라고 해요.

그래서 엄마하고 동생 먼저 가고 떰이 집에 그냥 이거 보면서 울었어요. 산신령 또 나와서,

"또 왜 우냐?"

"잔치에 가고 싶은데 엄마 이렇게 해서 나누라고, 다 나누면 갈 수 있다고 했어요."

그래서 산신령이,

"걱정하지 마라."

새, 까치? 까치라고 해? 새. [조사자 2: 까치.] [조사자 1: 까치가 왔구나.] 네.

"그거 불러서 나눠줄게요."

라고 했어요. 그래서 떰은 걱정해요.

"새 혹시나 다 먹으면 어떡해. 집에 오면 엄마도 화내요."

그래서 산신령,

"걱정하지 마. 할테니 그냥, '새야, 새야 좀 나눠줘. 먹으면 나 때린다.' 그렇게 말하면 괜찮다."고.

해요. 그래서 그렇게 하고, 금방 나눠줬어요. 그래서 또 다 했고. 준비가면 또 울어요. 산신령 또 물어,

"왜 우냐? 다 했잖아요."

"예쁜 옷 없어서 울어요."

그래서 산신령이,

"전에 물고기 뼈, 침대 밑에 묻었던 거 파서 봐라."

그래서 가서 다 했어요. 안에 예쁜 옷, 구두 많이 다 나와요. 그거 입고 가요.

가는 길에 우리 다리 하나도 건너가야 되고, 그래 거기 가다가 구두 한 짝이 떨어졌어요. 너무 급하고 어떻게 찾는지도 못해서 그냥 갔어요. 조금 후에 임금님 그 지나가고, 코끼리, 그때 코끼리 타고 지나갔어요. 그러니까 그 이상한 거, 코끼리도 계속 안 가고 소리만 계속 쳐서. 임금님이 좀 이상해서,

"신하들이 좀 밑에 가봐라. 뭐 있을지 왜 그러냐."

가서 구두 한 짝이 잡았어요. 보면서 귀엽고 예뻐요. 잔치에 가서, 누구 이거 맞으면, 이 구두 맞으면 같이 결혼한다고 생각했어요.

잔치 가서 여자들은 다 모여서 그 구두 한 번 맞춰보고, 근데 맞춘 사람 없었어요. 그래서 엄마도, 깜도 다 같이 하고. 그다음에 떰가(떰이) 나와서 엄마하고 깜 너무 깜짝 놀랐어요.

'어떻게 그렇게 예쁘냐.'

생각하고, 또 질투도 많이 하고.

근데 가서 떰하고 바로 맞았어요. 그 주머니 안에도 한 짝을 다 꺼내서. 그때 임금님하고 떰은 같이 결혼했어요.

떰은 지금 궁궐에서 행복하게 살았잖아요. 근데 엄마하고 아빠 제사도 안 잊어버려요. 제삿날이라서 임금님한테,

"집에 엄마하고 준비하고 싶어요."

그래 집에 가서, 엄마하고 동생 보면서 너무 질투하고. 그 나쁜 생각이 또 들었어요. 그래서 우리 베트남 전통이면 제사할 때 나무 열매 '까오cau'라고 해요. 그거 꼭 있어야 되고, 근데 그 나무 옛날에 너무 높아요. 그래서 그 일로 떰한테 시켰어요. 올라가서 열매 따라고 해요.

그래서 떰도 올라가고, 밑에 엄마하고 동생 도끼 잡고 잘라요.

[조사자 1: 도끼로 잘랐어요, 올라가 있는데.] 네. 그래서 나무 흔들어서 떰한테 물었는데,

"왜 이렇게 많이 흔들려서."

엄마 뭐,

"개미 쫓아주라고 해서. 걱정하지 마라."

금방 말해서 바로 밑에 뭐지, 강 아니고 우리 그냥. [조사자 1: 호수? 연못?] 호수 같은 거. 네네. 거기 떨어져서 죽었어요. 죽어서 옷 다 빼고 동생한테 입혀 궁전에 보냈어요. 뒤에 좀 무서워요. 그래서 보냈어요. 계속 가서 임금님한테,

"떰은 조심 안 해서 연못에 떨어져서 죽었어요."

라고 이야기했어요.

그래 같이 살다가 떰은 죽어서 또 새 되었어요. 새가 되었어요. 새가 되어서 궁궐에 날라 갔어요. 가서 그때 깜은 빨래하고, 그래 떰도,

"우리 남편 옷 빨래할 때 가시 없는 꽃에 넣어라. 아니면 난 얼굴에 찔릴 거야."

[조사자 1: 찌를 거야, 이렇게 얘기했구나.] 네 그렇게 했어요. [조사자 1: 우리 남편 옷 제대로 안 하면.] 네. 그래서 다하고 궁궐, 임금님 있는 방에 가서 계속 따라 하고. 또 소리, 새소리처럼 노래 같은 거해요. 그 임금님이 좀,

'왜 그렇게?'

그렇게 생각하고. [조사자 1: 이상했죠.] 네. 그렇게 생각하고. 옛날에 왕이면 옷이 좀 크잖아요. 그래서,

"새야, 새야 내 부인이면 옷에 들어와."

그렇게 말해서 바로 옷에 들어가고.

들어가서 임금 너무 좋았어요. 너무 화려한 금으로 그 새 집 만들어주고, 매일매일 새만 같이 놀고. 깜은 보면서 너무 속상하고. 그렇게 해서 집에 가서 엄마한테 또 이야기했어요.

"엄마, 새를 잡아먹으라."

고 했어요. 궁궐에 가서 또 잡아먹었어요. 더(뼈)는 또 뒤에 마당에 버렸어요.

나중에 임금님 물으면 뭐 어디 갔는지 몰랐어요. 근데 그 더(뼈)는 또 큰 나무 나왔어요. 그래서 어떤 날 임금님이 산책으로 가고, 그 나무 보면서 너무 커서 너무 시원해요. 그래서 우리 베트남에 그냥 그네 같은 거. 그냥 누워, 그거 뭐라고 해지? [조사자 2: 해먹.] 네네.

"그거 하라."고.

[조사자 1: 그물침대 만들었군요.] 네 맞아요. 그래서 계속 그때부터 시간 있을 때 그 나무에 가서 쉬어요, 쉬었어요. 깜은 관심 없어서 또 엄마한테 그렇게 이야기했고. 엄마,

"나무 잘라서 그 나무로 옷 만들, 기계 만들어라."고.

[조사자 1: 베 짜는 것처럼 기계가 이렇게.] 네. 만들라고 했어요. 그래서 깜도 말대로 그거 하고. 이번에 물어서,

"태풍 때문에 쓰러졌다."

그렇게 했어요. 나중에 자기, 깜은 옷 만들 때 그 기계 또 소리 났어요. 뭐

"언니 남편 뺏더니 니 눈을 뺄 거야."

그러고 했어요.

깜은 뜨면서 너무 무서워서, 엄마한테 또 얘기했어요. 엄마,

"기계 태워라. 그 재는 멀리 버려라."고.

"안전할 거야."

라고 했어요.

깜은 또 그대로 하고. 재를 멀리 버렸어요. 근데 그 재는 또 한 나무 나왔어요. 우리 베트남 그 나무이름 '티'라고 해요. 열매 너무 향이 좋아요. 그래서 그 티는 열매 나올 때 향이 너무 좋아서 사람도 많이 좋아해요.

어떤 날이 할머니가 지나가고, 향이 너무 좋아서 열매보고 한 티 열매 크고 있어요. 그거 보면서 바구니 이렇게 하고,

"티야, 티야. 나 바구니에 떨어져봐. 집에 안 먹고 그냥 향기만 맡을 거야."

라고 말 그만 끊자마자 떨어졌어요.

[조사자 1: 그 말을 들으니까 바구니에.] 네. 그래 집에 가서 할머니

그냥 구경만 하고 향기만 이렇게 맡고.

근데 할머니 매일 장사 나가잖아요. 집안에 그냥 누구 모르겠는데 집안일 다 하고, 청소도 다 하고. 좀 이상해서 어떤 날 할머니 그냥 장사 나가는 척해서 다시 돌아갔어요. 몰래 보고. 그 티 열매 안에 한 아름다운 아가씨 나와서 다 하고. 그 밥하고 청소하고 다 하고 나중에 또 다시 들어가요. 근데 하다가 할머니 바로 들어가고, 아가씨 바로 안고 그 열매 껍질에 다 찢어버렸어요. 그래서 못 들어가서 그 때 아가씨하고 할머니 그냥 딸하고 엄마처럼 친하게 살았어요.

그 어떤 날 임금님도 그냥 지나가서 이 집이 너무 깨끗하고, 그렇게 해서 물을 얻어 마시고 싶어서 그 들어갔어요. 들어가서, 할머니 우리 베트남에도 그 나물도 먹어요. 원래, [조사자 1: 그 나물을 박같이, 우리나라처럼 이렇게 하는 게 있나 보다.] 네. 그래서 그 대접했어요.

근데 임금님 보면서 만드는 방법, 옛날에 떰 만드는 거 비슷해요. 그래서 물어서,

"이 나무로 누구 만들었냐?"

고 물었어요.

"우리 딸 만들었다."

고 했어요.

"딸 얼굴 좀 보게 불러주세요."

라고 해서 불렀어요. 나와서 바로,

"떰."

이라고 했어요.

알아봐서. 그 할머니한테, 다시 임금님 할머니한테 이야기해주고. 그 떰은 다시 궁궐에서 데려갔어요. 거기 가서 깜은 너무 깜짝 놀라고. (떰이) 그전에보다 지금 더 예뻐졌어요. 그래서 깜은 또 떰한테,

"언니 어떻게 이렇게 더 예뻐졌다."고.

물었어요. 그러니까 떰은,

"너도 그렇게 예쁘고 싶어? 내가 해줄게."

그래서 자기 좋았잖아요.

"바로 그렇게 해주세요."

라고 했어요. 그래서 떰은 신하들한테,

"땅에 한"

뭐지,

"파요."

[조사자 1: 땅을 파요?] 네.

"그리고 물도 한 쪽도 끓여라."

고 했어요.

신하들한테 명령하고. 다하고 떰은 깜한테,

"너 이거 안에."

금방 파놓은 거잖아요.

"들어가라."

고 해요.

그래서 자기도 예쁘게 생각해서, [조사자 1: 예뻐지고 싶으니까.] 네 그냥 들어갔어요. 떰은 신하들한테, 금방 끓은 물 있잖아요.

"그거 넣어라."고.

해요. [조사자 1: 물을?] 네 뜨거운 물 있잖아요.

"그거 넣어라."

고 했어요.

[조사자 1: 끓은 물을 넣으라고 했구나.] 네. 그래서 바로 죽었어요.

그래서 죽어서 그걸로 젓갈로 만들었어요. 젓갈 만들어서 엄마한테 보냈어요. 딸로 보내줘서, 자기 좋아 계속 맛있게 먹었어요. 먹다가 똑소리 있잖아요. 똑소리? 그 새잖아요. 똑소리? 그 뭐라고 해? [조사자 3: 독수리.] 네. 그 집 위에 있고,

"맛있냐? 맛있냐? 엄마 딸 먹어서 맛있냐? 남으면 나도 좀 줘."

라고 했어요.

엄마 그렇게 들으면서 너무 화내고

"독수리로 쫓아버려."

하고 욕하면서.

어떤 날 밥할 때 가서, 항아리 안에 밥이 없고, 아 쌀이 없고 그냥 깜 머리만 봤어요. 보면서 너무 깜짝 놀라서 쓰러져 죽었어요. 끝

났어요, 한 개.

이거 우리 베트남 제일 유명해요. 동화, 만화 얘기들 만들면 '그냥 떰하고 임금님 결혼, 행복하게 살았어요' 그거만까지 하고. 근데 우리 드라마도 나왔어요. 그래 드라마면 끝까지 해요. 뒤에 너무 무섭잖아요. 얘기에 만화 안 나오고, 그때 드라마면 나와요.

의붓자매 떰과 깜 [5]

● **구연정보**

조사일시 : 2017. 12. 11(월) 오전
조사장소 : 충청북도 청주시 서원구 모충동
제 보 자 : 팜티루엔(김민주) [베트남, 여, 1987년생, 결혼이주 11년차]
조 사 자 : 신동흔, 오정미, 한상효

● **구연상황**

조사자가 누가 먼저 베트남의 옛이야기를 이야기해줄지 물으니, 팜티루엔이 이야기를 준비했다며 먼저 이야기를 시작했다. 꺼낸 이야기는 〈의붓자매 떰과 깜〉이었는데, 이야기하려니까 생각이 잘 안 난다며 망설이기도 했다. 같은 베트남 출신의 띵티름 제보자가 청자로 참여했다.

● **줄거리**

떰이라는 여자아이가 부모와 살고 있었는데 어머니가 죽어서 아버지가 새장가를 갔다. 떰은 새어머니와 그 딸인 깜과 같이 살게 되었는데, 둘은 늘 떰을 괴롭혔다. 어느 날 떰과 깜이 물고기를 잡으러 갔는데, 떰은 열심히 물고기를 잡자 놀기만 하던 깜이 그 물고기를 가지고 가 버렸다. 떰이 울고 있을 때 뭇할아버지가 나타나서 연못에 물고기 한 마리를 데려가 키우라고 했다. 떰이 물고기를 키우는 걸 본 새어머니는 그 물고기를 잡아먹었다. 다시 뭇할아버지가 나타나서 그 가시를 침대 다리에 묻으라고 했다. 어느 날 새어머니는 떰을 따돌리고 깜과 함께 잔치에 갔다. 떰이 울고 있으니까 뭇할아버지 나타나 물고기 뼈로 예쁜 신발을 만들어 주었다. 떰은 그 신발을 신고 파티에 가서 왕자를 만나 결혼하게 되었다. 하지만 계모가 떰을 죽였고, 깜이 떰의 행세를 하며 왕자와 살았다. 떰은 새와 티히나무 열매 등으로 환생하여 남편과 만나 자신의 억울함을 밝혔다. 떰은 깜을 뜨거운 물에 들어가게 한 뒤 젓갈로 만들어서 계모한테 먹게 했다.

아. 저요 준비했어요. [조사자 2: 준비했어요, 준비했어요.] 〈떰 앤 깜〉, 네. 막상 긴장하니까 까먹었네요. 음, 아 맞다. 그, (웃음) 그 어떤 집에 엄마는 돌아가셨고. 아빠는 새엄마를 맞이했고, 주인공은 떰, 새엄마의 딸은 깜이라고 하거든요. 엄마 돌아가시고 떰은 새엄마랑 동생이랑 아빠랑 같이 살고 있어요. 근데 그 한국 속담 같은 거 있잖아요. 피 안 섞으면은 밉고 잘 안 해주고 그러잖아요. 이런 베트남도 똑같아요. 그래서 떰은 항상 구박받고 힘든 일을 저기 새엄마가 시켰어요. 깜은 그냥 편하게 부지런한 성격 아니라서 에, 그냥 그렇게 같은 집에 사는데 한명은 힘든데 한 명은 편한다고 그런 상황이죠.

근데 어느 날에 새엄마가 그 떰하고 깜하고 나가서 어, 저기 나가서 뭐였지. 새우가 새우 잡으라고 했어요. 근데 떰은 부지런한 성격이고 또 새엄마가 많이 못 잡으면 새엄마가 혼날까 봐 그래서 열심히 잡았어요. 다만 깜은 성격이 놀기만 하고 일 안하잖아요. 근데 하루 종일 해도 하나도 못 잡았어요. 그 집에 가려고 했는데 깜은 떰한테 그랬어요.

"언니야 언니 머리카락에 흙이 많이 붙었다. 세수하라."

떰한테 그랬어요 떰은 그 말을 믿고 저기 거기 뭐라고 하지, 그 [조사자 2: 냇가?] 네. 냇가에서 저기 진짜로, 저기 머리카락을 씻었어요. 그 순간에 깜 아 저기, 떰이 저기 잡았던 저기 새우 다 자기 바구니에서 저기 담았어요. 먼저 갔어, 집으로. 떰은 다시 씻고 나서 올라가니까 자기 꺼 하나도 안 남았어요. 그래 엉엉 울었어요. 그때는 그 할아버지. 저기 그 하늘에 내린 할아버지. 뭐라고, 말하죠. 봇. 뭇. 보든데, 한국말 없어요? 한국말은 뭐라고 해요? [조사자 2: 일종의 산신령 같은 존잰데, 뭇할아버지라 하시면 돼요.] 뭇할아버지? 뭇할아버지가 나타나서 물었어요.

"왜 우냐."고.

그래 떰은 사실대로 할아버지에게 말해줬어요. 뭇할아버지가 그럼

"거기 바구니 안에 뭐 있는지 확인해 봐."

라고 말했어요. 저기 떰은 저기, 물고기 가붐, 가붐cá bơn.● [청자: 작은 물고기.] 가봄. 한국어도 있긴 하는데. [청자: 구러기?] (청자에게) 아냐. 아냐. [청자: 구러지?] 아냐, 아냐. 그냥 가봄이라고 할게요. 가봄. 가봄. 한 마리 있어요.

"그 물고기 집에 가 키워라."

떰은 할아버지 말대로 저기 집에 가져가서 그 우물, 우물 맞아요? [조사자 2: 네. 우물.] 네. 우물에 키웠어요. 하루에 삼 끼. 세끼? 밥 한 그릇을 줘요. 줄 때마다는 그 그런 말 했어요. 그 베트남 말은 몽 방방, (베트남 말로 구연한 후) 그런 뜻으로 그런 말을 들으면은 저기 물고기가 올라가서 밥 먹으거든요. [조사자 2: 금봉방방 그게 한국말로 뭐예요?] 그냥 이름, 그 물고기 이름. [청자: 밥 먹으러 나와라.] [조사자 2: 아 밥 먹으러 나와라.] 그런 아 그리고 그 저기 깜하고 엄마는 그 수상하잖아요. 너무 행동 수상해서 어느 날에 따라갔어요. 그 소리도 들었어요. 그다음, 떰은 멀리에서 소, 소 소 데려다가 저기 멀리에서 소 좀 풀 좀 먹게 하잖아요, 시켰어요. 그때는 깜하고 엄마는 그 물고기 잡아먹었어요. 에 잡아먹고 떰이 갔다 와서 평일처럼 밥을 갖다 줬는데, 아무도 불러도 가봄 안 타났어요. 또 울었어요. 뭇할아버지 또 나타났어요.

"왜 우냐."

그러니까 또 그렇게 이야기해줬어요.

"봄 하나 없어졌다."고.

뭇할아버지가,

"그럼 그, 그 물고기 뼈가 찾아라, 찾아서 그 그릇에, 네 그릇에 놓고 떰을 자는 침대에서 그 네, 뭐라 하죠? 다리, 다리, 에, 침대 다리에 갖다 너라."

떰도

"그렇게, 그렇게 그렇게 했어요."

했는데, 또 아. 어느 날에 그 왕자가 그 잔치 파티, 파티가 저기

● 가붐(cá bơn)은 베트남 물고기의 이름으로 한국의 광어이다.

열렸어요. 거기 있는 그 여자들, 아가씨들 재밌게 옷 예쁘게 차려서 거기 가서 참석하라고 했거든요. 근데 새 엄마가 그 쌀하고 쌀 아직 저기 까지 않은 그 상태에서 섞어서 떰한테 시켰어요.

"너 이거 다 이거 골라고 나서는 잔치 음, 저기 파티에 참석할 수 있다."고.

그때는 깜하고 엄마는 예쁘게 먼저 나갔어요. 이만큼을 보고 언제까지 고를 수 있냐고 그래서 또 울었어요. 울었는데 뭇할아버지 또 나타나서.

"왜 우냐."

고 물었어요. 근데 떰이 또 사실대로 이렇게

"새엄마가 다 골라, 라고 다 하고나서는 저기 갈 수 있다."고.

그때 뭇할아버지가 그랬어요. 그전에 있는 물고기 뼈 저 다리에 네 군데 했잖아요.

"그거 꺼내라."고.

네 그래서 떰은 그거 따랐어요. 하나는 예쁜, 예쁜 원피스 변하고, 하나는 그 말, 말차? [조사자 2: 마차.] 아 마차? 마차 변하고, 또 하나는 말되 가. 그리고 하나는 뭐라고 뭘 표현하지 기억 안 나네, 뭐였지. 아 그 거기 운전하는 사람. [청자: 기사, 기사.] [조사자 2: 마부. 마부.] 그래 변했어요. 그래서 또 뭇할아버지가 새, 참새, 참새 불러와서 눈 깜짝 사이에 다 골랐어요. 그거. 그래서 떰은 그 예쁜 원피스 입고 또 준비해놓은 마차 올라가서 파티에 갔어요. 갔는데 그 강을 지나가서 다리 있잖아요. 지나가서 떰 실수로 신발 한 짝이 거기 떨어졌어요. 네. 근데 그때 왕자님이 지나가는데 그 순간 말 안 가요. 말이 힝 소리가 그래서 그대로 멈췄어요. 왕자가 이상해서 그 공관들에게 거기 강에 뭐 있 뭐 있길래 이상했잖아요. 찾아 찾아, 찾아오라고. 공관들은 신발을 찾았어요. 그 왕자가,

"그러면 오늘 파티에 참석 사람 중에 아니면 이 지역 중에 어떤 아가씨 이 신발의 이 신발의 주인공 오면 결혼하겠다."

라고 명령을 내렸어요. 그래서 다 저기, 다 저기 신어봤, 신어봤는데 하나도 안 맞아서 그중에서도 깜하고 깜 엄마도 다 해봤어요.

근데 안 되고. 마지막에 떰 차례, 떰 차례인데 딱 신어보자마자 맞췄어요. 그리고 떰의 있는 주머니에 꺼내는 한 짝에 같이 있어놨어요. 그때요 저기 떰은, 떰하고 왕자님하고 결혼했어요. 결혼했는데, 어느 날에 그 아빠의 제사 그 떰은 저기 집에 갔어요, 갔는데. 베트남에 그 나무, 그 나무 있어요 그 까오라는 이름 있거든요. 그 열매에서 그 제사 까오하고 이파리 라자아우 라는 그 두 개 있는데 제사 때. 새엄마가 떰한테 시켰어요. 그 올라가서 그 열매 따오라고. 떰 올라갔는데, 새엄마가 밑에는 저기 짤랐어요 나무로, 그래서 나무 넘어지면 떰도 저기 떨어져서 죽었어요. 떰이 죽었는데 자기 딸 깜, 저기 깜이 저기 왕궁에 들어가서 자기 떰의 자리에 대신 저기 저기로 저기했어요.

떰은 억울해서 죽었잖아요. 근데 그 새, 새가 예쁜 새, 한국 새 그 이름 뭐지 암튼 새 예쁜 새 변했, 저기 했어요. 근데 그 떰의 왕국에 들어가서 그 깜은 음, 남편의 그 왕자 옷, 지금 왕이라고 해야 하나 옷을 빨고 있는데, 그 모습 보고 말했어요.

"내 남편 옷 빨으면 깨끗하게 빨아라."

라고 큰 소리로 말했어요.

근데 왕은 그 소리 듣고

"어, 나의 아내 목소리 같다."

그래서 그 새보고 말했어요. 내 아내 맞으면은 내 저기 이 여기 여기 그 옛날에 그 왕은 이거 크잖아요. 들어가라. 그 말이 끝나고 바로 들었거든요. 그때부터는 아침부터 저녁까지 밤부터 아침까지 왕하고 새 같이 놀고 있어요.

깜은 그거 보고 너무 질투 나서 엄마한테 일렀어요. 엄마가

"그럼 그 새 잡아먹어라."

그래서 돌아가서 그 새 잡아먹었어요. 잡아먹고 그 터는 저기 마당에 어디 한쪽으로 좀 갖다 버렸어요. 거기에서 나무 올라갔어요. 그 나무가 되게 튼튼한 나무인데, 그 나무가 너무 예쁘게 올랐어요. 똑바로 올라가니까 또 저기 뭐지 시원한 암튼 거기 시원하게 밑에. [조사자 1: 그늘.] 그늘. 그늘. 그래서 왕은 매일 나가서 그거 있잖, 흔들 침대 한국에서 흔들 침대 같은 거, 베트남에서. [청자: 해먹. 해먹.]

해먹, 해먹 양쪽에 그것도 저기 거기 매일매일 거기 누웠어요. 그런데 깜은 그것도 속상해 또 엄마한테 일렀어요.

"그럼 그거 짤라."

짤라서 그거 그거 이름 뭐지 저도 모르는데 한국어 그거 있잖아요. 직접 이거 만드는. [조사자 2: 톱?] 톱? [조사자 1: 대패?] 그 우리 지금 미싱하고 기술 좋아면은 이거 바로 나오잖아요, 그때 그전에는 하나씩 하나씩. [조사자 2: 베틀. 옷을 만드는 베틀 베, 베.] 베틀. 아 그거 만들었어요. 근데 깜은 할 때마다 [조사자 2: 그 나무로 베틀을 만들었어요?] 네. 네. 할 때마다 이상한 소리 나거든요. 그래서 깜은 무서워서 엄마한테 또 일렀어요. 엄마가

"그럼 그거 태워라, 태워서 길거리에 버려라."

깜은 말 따라서 태우고 길거리에 버렸어요. 근데 거기에서 또 한 나무 올라갔어요. 그 뭐였지. 열매. 열매 뭐라고 하지. 베트남에 열매 있어요. [청자: 티히.] 티히 있어요. 티히라고 그러는데 한국, 한국어 없으니까. 그런데 다른 나무에서 주렁주렁 나오는데, 그 나무는 하나만 나왔어요. 하나만 나왔는데 거기 어떤 할머니가 시장에 저기, 차 이런 차 저기 파는 할머니가 왔다갔다하니까 보고 너무 예쁘고 그다음에 그 할머니가 지말로 있는 건가 그, 그 불렀어요.

"저기 할머니한테 오라."고.

"할머니 안 먹고 그냥 너 너만 같이 있, 있으면 된다."고.

그 말 한순간에 뚝 떨어졌어요. 할머니는 집에 갖다 놨어요. 진짜 안 먹어. 그거 먹어도 되거든요. 그 열매 근데 안 먹었어요. 근데 할머니가 시장을 가고 오는 때는 집이 다 정리하고 깨끗하고 누구나 와서 집 저기 정리했어요. 근데 하루도 아니고 매일매일 그랬거든요. 할머니가 시장 가실 때 완전 집 안 청소 안 하는데 올 때는 깔끔하게 정리했어요. 근데 이상한데 할머니가 갔는데 중간에 돌아온 거예요. 집에 살짝 열어보고 그때는 예쁜 아가씨 한 명이 나와서 집 정리 해줬어요. 근데 거기 그 열매를 보고 그 열매는 껍, 껍질만 남은 거예요. 할머니가 빨리 들어가서 그 아가씨 안아주고

"나랑 같이 살아 어디 가지 말고."

또, 그런 열매 껍질 다 찢어버렸어요. 그 아가씨 저기 못 돌아가게 그 안에. 그래서 그때부터는 그 할머니랑 그 아가씨랑 같이, 같이 살았어요.

또 그 어떤 날에 왕, 저기 그 궁, 어디지. 미, 어떻게 사람들 사는지 저기 돌아다녔잖아요. [조사자 2: 시찰 다녔어요.] 예. 할머니의, 그 할머니 집에 갔어요. 가서 차 마시고 또 그때 그 베트남의 풍습이 그거 있어요. 그 열매 그, 떰 아빠 제삿날에 떰이 올라가서 그 열매 따고 하고 그 이빨 있잖아요. 그 베트남 풍습 그때 예전에 그거 먹었어요. 또 여자고 여자는 그거도 예쁘게 하는지 그것도 표시해 나왔거든요. 근데 차 마시면서 그거 보고,

"어 이거 내 아내 하는 거 똑같네."

그러거든요. 그래서 그 할머니한테

"이거 혹시 누구 만들었냐?"

고 물었거든요. 근데 할머니가 떰을 불러 왔어요. 근데 왕은 떰을 보고 자기 아내라고 저기, 네 거기. 음. 그래서 그때부터는 떰. 아 왕자, 그때 왕자, 왕자가 떰 데리고 와서 왕궁에서 같이 살았어요. 근데 깜도. 깜이 떰 보고

"언니 왜 그러게 예뻐졌냐."고.

"죽고 살고, 죽고 사는데 왜 이렇게 예뻐졌냐?"고.

근데 어, 그래 떰이 이, 그동안 깜하고 엄마가 했는 일이 용서할 수 없나 봐요. 그래서

"그래, 너도 예쁘고 싶, 싶어요?"

라고 물었거든요. 깜은

"네, 언니처럼 예쁘고 싶다."고.

에, 그래서 그 구멍에게 그 에, 그거 뭐지 이렇게 그, 땅을 파서 구멍 파서 그거를 뜨거운 물에 내부었어요.

"너 저기 들어가라. 예뻐지라."고.

그래서 깜은 그 말을 믿고 들어갔어요. 근데 뜨거운 물 들어가면은 (웃음) 죽었지. 에, 그래서 깜은 죽, 깜은 죽었어요. 죽었고, 그걸로 아, 그거 마지막 좀, 안 되겠네. 그걸로 그 그그, 뭐지. 장아치. 말

할 수 있나. 장아치 아니면 [조사자들: 젓갈?] 아 젓갈, 젓갈을 만들어서 그거는 깜 엄마 보냈어요. 깜 엄마 보내고 자기 딸 몰르고 그냥 맛있게 먹었어요. 그니까, 어 저기 새 한 마리 지나가서

"자기 딸 먹었는데 뭐 그렇게 맛있냐."고.

네. 그래도 깜 엄마도 몰락하고 또 마지막에 조금 남았잖아요. 깜 머리 보고 엄마는 그 말로 충격 받아서 바로 또 죽었어요. 결국은 그 저기 착한 사람이면은 그 뭐 좋은 이렇게 받고, 나쁜 사람은 악, 그런다고. 네. 네. 근데 좀 무섭지 않아요? 마지막에. 저도 마지막에 마음에 좀. 마음에 좀. 그러면 결국은 떰도 똑같이 나쁜 일을 했잖아. 너무. 깜은 떰은 너무 셌나. [조사자 1: 잘했어요.]

의붓자매 떰과 깜 [6]

● 구연정보

조사일시 : 2018. 02. 06(화) 오후
조사장소 : 경상남도 진주시 상대동 진주 YWCA 다문화작은도서관
제 보 자 : 찐티배트 [베트남, 여, 1985년생, 결혼이주 4년차]
조 사 자 : 박현숙, 김민수

● 구연상황

제보자가 〈쩌우까우 유래〉 구연을 마친 뒤 조사자가 떰깜 이야기를 아는지 묻자 안다면서 곧바로 구연을 시작했다. 앞서 구연한 경험 덕분에 자신감이 생겼는지 비교적 상세하게 구연했으며 한국어 번역이 어려운 경우 옆에 있던 이유나 제보자에게 물어 확인하여 구연했다. 제보자가 구연하는 동안 어린 아들이 뛰어다니면서 놀기도 하고, 중간에 엄마를 찾기도 하면서 다소 어수선한 분위기에서 구연이 이어졌다. 찐티배트 제보자가 구연하는 동안 이유나 제보자와 까오민리 제보자는 이야기판에 청자로 참여하면서 구연에도 도움을 주었다.

● 줄거리

옛날에 각각 딸을 한 명씩 키우고 있는 한 아버지와 어머니가 재혼을 했다. 아버지의 딸은 떰이고 어머니의 딸은 깜이었다. 새어머니는 떰을 구박했고, 깜은 착하고 예쁜 떰을 질투했다. 떰이 물고기를 많이 잡아놓으면 깜이 가져가서 자신의 공으로 돌렸다. 떰은 깜이 남겨놓은 물고기 한 마리를 데려가 키우며 의지했다. 깜은 그 물고기마저 잡아먹고 뼈만 침대 밑에 던져놓았다. 떰이 슬픔에 빠져 울자, 요정이 나타나서 물고기 뼈를 잘 묻어두면 훗날 신기한 일이 생길 거라고 했다. 얼마 후 왕자가 아내를 구하는 무도회가 열렸다. 새어머니는 떰에게 일거리만 잔뜩 주고 깜만 데리고 무도회에 갔다. 떰은 물고기 뼈 무덤에서 나온 예쁜 구두를 신고 뒤늦게 무도회에 가서 왕자를 만났다. 떰이 12시가 되자 급히 돌아오다가 구두 한 짝을 잃어버렸다. 왕자가 구두의 주인을 찾으러 다니다가 구두 임자인 떰을 힘들게 만나 결혼했다. 그런데 깜이 떰을 죽이고 왕자비의 자리를 차지했다. 떰이 죽어서 된 나무에는 열매가 한 개

만 열렸다. 가난한 할머니가 열매를 집에 두니 떰이 열매 속에서 나와서 집안 일을 해주었다. 둘은 함께 살게 됐는데, 왕자가 전쟁에 나갔다가 그들이 사는 마을에 들어왔다. 왕자는 할머니가 가져다준 음식을 먹고 떰을 찾아내어 왕궁으로 돌아왔다. 깜은 살아 돌아온 떰을 보고 화가 나서 심장이 터져죽었고 떰과 왕자는 행복하게 잘 살았다.

그 떰 깜은 친아버지, 친아버지가 떰은 언니인데 그 아버지의 딸이에요. 깜은 동생인데 뒤에 마누라의 딸이에요. 그래서 둘이는 사이 아무것도 아닌 진정한 사이 아니고 그냥 엄마 딸이랑 아빠 딸이에요.

같이 한집에 사는데 떰은 아주 착하고 예쁜 딸이에요. 근데 깜은 너무 미워서 언니는 너무 예쁘고 사랑을 많이 받아서 나는 안 예쁘고 사람이 미워서 그래서 언니를 밉고,

'꼭 내가 언니가 받고 있는 사랑을 꼭 받아야 한다.'고.

그리고 깜의 엄마도 같은 성격이라서 딸 많이 도와줬어요.

어느 날에 떰은 아주 1년 매일매일 일을 하고 아주 고생을 시켜요. 고생하는 일을 시켜요 근데 깜은 아무것도 일 안 하고 그냥 아주 잘 살고 있어요. 근데 떰은 너무 마음씨 너무 착하고 그래서 늘 강물에 나가서 물고기를 잡아요. 물고기를 잡는데… 어 무슨 생선 잡는가? 우리가 그 생선 이름이 뭐지? [청자: 검은색도 있고, 주황색도 있고.] [조사자: 고기가? 검은색도 있고 주황색도 있어요?] 네. (스마트폰으로 검색한 사진을 보여주며) 이 고긴데. [조사자: 아, 그냥 물고기라고 하시죠.] 네. 그 고기 엄청 많이 잡았는데.

깜은 아무것도 안 하고 그냥 놀기만 하다가 언니가 세상 많이 잡았어요. 자기는 아무것도 안 잡으니까,

"언니 머리에 뭐 흙 좀 묻었어요. 머리 좀 감고 오세요. 안 그러면 엄마가 혼내요."

그렇게 했어요. 그 떰은 너무 착해서 진짜인 줄 알았어요. 그래서 강물에 가서 머리 감았어요. 감고 나서오니까 자기 잡은 물고기들 없어졌어요. 깜은 다 가져가서 집에 먼저 갔어요. 내가 다 많이 잡

았다고 자랑하려고 갔어요.

떰은 아무것도 많이 잡았는데 지금 물고기 아무것도 없어가지고 아 너무 슬퍼서 울고 있었는데 근데 다라이에 딱 한 마리 남았어요, 그 물고기. 그래서 떰은 그거 가지고 집에 가져가서 키웠어요. 저 물통 아닌데 그건. 항아리에 그 물고기 키웠어요.

근데 깜은 그래도 언니가 왜 맨날 거기에 가서 재미있고 노래도 부르고 그렇게 행복하게 사는 거 또 미워서, 언니가 그렇게 행복하게 보이나 해서 어느 날에 언니가 집에 없는 동안에 그 물고기 잡아서 먹었어요. 잡고 먹었어요. 그 뼈가지(뼈) 물고기의 가시를 침대 밑에 옛날에 침대에는 밑에는 땅이에요. 그 이렇게 만들지 않고 땅이에요. 거기 침대 밑에 있어요.

그 언니가 논에 갔다 오니까 맨날 그 밥을 가지고 그 물고기에게 주는데 아무리 불러도 물고기 안 나와요. 그래서 또 울고 있었는데 하늘의 신, 신이 나와가지고,

"네가 왜 우냐? 울지 말고 그 물고기 가시가 지금 침대 밑에 있어. 그거 가지고 땅, 땅에 묻어. 묻으면 나중에 신기한 일이 있을 거야. 울지 마라."고.

그 떰은 그렇게 신의 말씀을 받아서 따라 했어요.

그 어느 날에 왕자, 왕자가 마누라 구한다고 통보가 방송에 나왔어요. 깜은 아주 신기해서,

"내가 꼭 왕자의 마누라 될 거야!"

이렇게 하고 엄마가 예쁜 옷을 많이 사주고 예쁜 구두도 사줬어요. 화장도 많이 하고 그 축제에 갔어요. 근데 떰은 가고 싶은데 그 계모랑 동생은 언니 못 가게 해서 언니 그 4일이랑 6월에, 아니 콩 중에 몇 개까지 섞어서,

"언니가 이거 다르게 골라서 이거 다 골라야 갈 수 있어. 다 못 고르면 못 가. 안 돼."

그러고 해서 떰은 또 울면서 그 콩을 골랐어요. 그때 신이 나와가지고 새들, 새들을 불러서 떰을 도와주라고 콩을 골랐어요. 떰은 다 골랐는데 그 콩은 다 골랐어요.

근데 떰도 울었어요.

그 신은,

"왜 우냐?"

고 하드니,

"제가 예쁜 구두가 없어서 못가요."

하고, 그래서 신은,

"네가 그때 물고기의 가시를 묻은 거 한번, 한번 뒤져보라."

하셨어요.

그때 떰은 어 그 묻은 거 뒤집어 보니까 예쁜 구두 나왔어요. 그때 너무 행복하고 너무 기뻐서 축제에 갔어요. 예쁜 구두에다가 거기에 가서 사람들 즐겁게 춤도 추고 그렇게 많이 재미있어요. 재미있는 그 뭐지? 재미있는 놀이 많이 했어요. [조사자: 무도회? 파티?] 네, 파티했어요. 그때 왕자가 떰 봤어요.

'와 저 여자 참 예쁘네, 참 착해 보이네.'

마음에 들었어요. 근데 그 조건은 떰은 구두 신고 밤 12시 안에 집에 돌아가요. 안 그러면 그 구두가 없어졌어요. 그래서 떰은 너무 재미있게 놀고 있다가 시간을 보니까,

'지금 딱 12시네. 안 되겠다. 빨리 뛰어가야 해.'

하다가 잃어버렸어요, 한쪽을.

그 왕자가 쫓아갔는데 떰이 없어지고 그냥 구두만 잡았어요. 그때 맨날 구두 갖고 있어 그 떰은 생각이 나요. 그다음 날에 왕자가,

"이 사람이 있는 이 구두 신을 수 있는 사람 찾으라."

고 했어요. 그때 깜은,

"그 구두 내 거야!"

라고 했어요.

근데 신어 보니까 발 너무 커요. 그래서 구두를 못 신었어요. 드디어 떰은 그 구두 신어보니까 딱 맞고 그 왕자가,

"어 이 사람 맞아!"

그래서 데려가서 왕자랑 결혼했어요.

근데 결혼했어도 깜은 언니 미워서 꼭 언니의 남편을,

"내 남편!"

이라고 했어요.

그때 깜은 언니 죽이려고 했어요. 이건 언니가 죽었어요. 언니가 나무 됐어요. [조사자: 죽어서?] 네, 죽어서 나무를 됐어요.

그 나무 아주 이 이야기는 참 길어요. [조사자: 네 긴 것도 괜찮아요. 해주세요.] 네. 그 나무를 됐는데 열나무예요. 그 열나무는 딱 한 개만 있어요. [조사자: 뭐가, 열매가? 아니면 나무가?] 그 나무 열매, 그 과일. 딱 하나만. [조사자: 딱 하나만 열려요?] 네.

그 어떤 할머니가 건너가서 아주 잘 못사는 할머니인데 가서 그 과일을 보니까,

"과일아! 과일아! 나한테 갈래? 나 먹지 않고 그냥 보기만 할게."

라고 하셨어요.

그때 이 나무 스스로 할머니의 모자를(모자에) 들어갔어요. 그때 할머니가 너무 기뻐서 혼자 사셔요. 기뻐서 집에 가져가서 침대 위에 놨어요. 날마다 할머니가 그 뭐라고? 병이랑 봉지 줍고 갖다 파는 일을 뭐라고 하지? (이유나 제보자와 잠시 베트남어로 대화를 나누다가) [청자: 그 할머니가 한국에 하면 박스 줍고, 빈병 줍고 그런 일.] [조사자: 박스 수거하고 병 주워서 파시는 분?] 네네. 맨날 할머니가 나가서 그런 일 하셔요. 떰은 그때마다 그 과일에 나와서 사람이 되고 집안일도 하고 밥도 해 놓았어요. 할머니 오시면 과일로 들어가요.

그때 할머니가 신기해서,

'어? 누구지? 누가 내 밥 해줬지? 누가 내 집 깨끗하게 해줬지?'

그렇게 하다가 어느 날에 할머니가 모르게 나간, 일하러 가신다고 하다가 집에 들어왔어요. 그때 떰을 봤어. 근데 떰은 그 과일로 못 들어가게 손을 잡았어요. 그리고 그 과일은 갖다 버렸어요.

그때 떰이랑 할머니 같이 사셔요. 같이 사는데 어느 날에 그 왕자가 마누라가 없어져서 깜은 언니 대신에 들어갔어요. 그 왕자의 와이프가 되어서. 근데 왕자가 마음이 너무 차가웠어요. 그냥 떰만 생각해요. 기억하고 너무 보고 싶고.

어디 그 마을에 어느 날에 그 전쟁하다가 그 마을에 들어갔어요.

가 보니까 그 아까 그 얘기했던 [조사자: 그 쓰레기 주워서 일했던 할머니?] 아니요. 저우까우? [조사자: 항아리?] 아니요. [청자: 쩌우까우.] [조사자: 아. 쩌우까우.] 네. 그거 할머니 갖다 드렸어요. 왕자인 줄 모르고 일반 사람인 줄 알아서 쩌우까우를 줬어요.

근데 왕자가 이 쩌우까우를 보니까 내 마누라 한 거 참 비슷해요. 그리고 먹고 보니까 느낌 똑같아요. 그래서 할머니한테,

"이거는 누가 하셨냐?"

고 하더라고요. 그 할머니가,

"내 딸이 했다."

고 해서 왕자가,

"꼭 그 딸을 보고싶다."고.

"그 딸을 꼭 만나야 된다."고.

그래서 드디어 두 사람 만났어요. 그때 왕궁으로 데리고 갔어요. 그때 깜은,

"언니 죽었는데 왜 또 다시 만났니."

[청자: (쩌우까우 열매 사진을 보여주면서) 이거, 이거. 열매는 이거.] [조사자: 아하] 결혼식할 때 이렇게 만들어요.

언니 집에, 왕궁에 다시 들어온 거 보니까 너무너무 화나서 그때 심장 터져가지고 피가 나고 죽었어요. 그거까지 끝이에요.

[조사자: 그리고 둘은?] 그리고 두 사람은 행복하게 살았어요.

의붓자매 떰과 깜 [7]

● **구연정보**

조사일시 : 2018. 03. 24(토) 오후
조사장소 : 강원도 강릉시 입암동 제보자 지인의 집
제 보 자 : 저우티탄융 [베트남, 여, 1985년생, 결혼이주 9년차]
조 사 자 : 박현숙

● **구연상황**

제보자가 〈민병대를 조직하여 프랑스에 맞선 응우옌쭝적〉 이야기 구연을 마친 뒤 조사자가 제보자에게 떰 깜 이야기를 아는지 묻자 안다면서 구연을 시작했다. 아버지의 친딸은 '떰'이고 새엄마의 딸인 못된 언니 이름은 '깜'이라고 했는데, 이야기 구연 과정에서 아버지 친딸 이름을 '깜'으로 혼동해서 구술했다.

● **줄거리**

옛날에 떰의 가족이 행복하게 살았다. 떰의 엄마가 병으로 세상을 떠나자 아버지는 떰을 위하여 새 아내를 맞았다. 아버지가 사업을 하러 멀리 떠나면 깜을 데리고 시집온 새엄마가 떰을 구박했다. 떰은 항아리에 키우는 물고기에 의지하며 매일 밥을 주자 의붓언니 깜과 새엄마가 물고기를 잡아먹었다. 떰은 쌓여있는 물고기뼈를 확인하고 슬피 울다가 요정이 물고기뼈를 묻으라는 곳에 묻었다. 어느 날 왕자가 무도회를 열자 새엄마가 떰에게는 일을 시켜놓고 깜만 데리고 갔다. 떰이 울고 있을 때 요정이 나타나서 무도회 참석 방법을 알려주었다. 떰은 물고기를 묻은 땅에서 꺼낸 상자 속에 든 새 옷과 새 신을 신고 무도회에 가서 왕자와 사랑에 빠졌다. 떰은 새엄마가 무서워서 무도회가 끝나기 전에 급히 돌아오다가 신 한 짝을 잃어버렸다. 왕자가 신의 주인을 찾으라고 명령하여 한 군사가 떰과 깜의 집으로 찾아왔다. 깜이 억지로 신을 신으려고 했으나 맞지 않았고 떰의 발에 꼭 맞았다. 군사가 왕자에게 신 임자를 찾았다고 알리러 간 사이에 깜이 질투를 하여 떰을 연못에 빠트려 죽였다. 그리고 떰의 신을 들고 왕자에게 찾아가서 떰 행세를 하며 왕자를 속였다. 떰은 죽은 자리에서 티나무로 자라나 열매가 되었다. 가난한 할머니가 티나무 열매를 집으로 가져왔는데 외출하고 돌아오면 누군가 밥을 지어놓았다. 할머니는 나무열매에서 나온 떰을 발견하고 함께 살았다. 떰이 왕궁으로 찾아가서 자신이 떰임을 밝히자 깜이 놀라 도망치다가 절벽에서 떨어져 죽었다. 떰은 왕자와 결혼하여 행복하게 살았다.

떰 깜은 전설 얘기. 실제로 있는지 없는지도 몰라요. [조사자: 알 수 없지?] 네, 알 수가 없어요. [조사자: 맞아. 어떤 이야기예요?]

옛날에 어떤 동네에 가족이 엄마 아빠하고 딸이가 살고 있어요. 되게 행복하게 살고 있는데 딸 하나밖에 없으니까 되게 예뻐주고 잘 가르쳐 주고 섬세하고 뭐든지 다 척척 잘하는 애예요.

근데 엄마가 갑자기 어느 날 몸이 많이 아프고 돌아가셨어요. 그 때는 떰은 여자애가 남고 아버지하고 둘이 사는데 집에 집 안에 있는 편이세요. 그리고 그 할아버지, 아버지가 뭐 어떤 일 하냐면은 장사, 지금 말하면 보따리장사? 그런 분이 항상 물건 사고 돌아다니고 집에서 항상 비어요.

그러니까 애가 작았는데 아버지 생각에 애가 여자애인데 작았는데 혼자 집에 두면 불안하고 근데 애가 같이 있으면 일도 못 하고 살 수가 없다고 보니까 아 새엄마 만들어주면 좋겠다 싶어가지고 새엄마 일부러 만들어줬어요. 아줌마. 이쪽에서는 아줌마가 또 남편이 돌아가셨고 과부가 됐는데 딸내미도 하나 있어요.

아버지가 생각할 때는,

'딸내미가 있으니까 우리 딸도 비슷해서 이렇게 생각해주고 잘 살펴주겠지.'

하면서 집에 데려왔어요, 믿고.

그리고 애 맡겨 놓고 장사하러 다녔어요. 근데 옛날에는 장사하면 뭐라 하냐면 시골에서 때쿵시도 가면, 수도 가면은 길 안 좋고 말 타고 배 타고 하면 몇 개월 걸려요. 몇 개월 걸리면 떰하고 새 엄마가 딸내미가 깜이라고 언니, 한 살 위에 언니 있어요. 그러니까 둘이 집에 놓고,

“둘이 잘 살펴주세요.”

하면서 부탁하고 가는데 이분이.

이 아줌마가 못된 걸 모르죠. 되게 못된 사람이에요. 뭐라 생각하고 들어온 거냐면 재산. 재산 뺏기 위해서. 되게 구박하고 애한테는 집 살림 자기가 안하고 애한테 시키고 예쁜 옷도 못 입게 하고, 예쁜 거하고 자기 이번에 오기 위해서 깜은 되게 자기 집이잖아요. 엄마도 예쁘니까 되게 많이 챙겨주고 새 옷도 많이 입고 뭐 짐 있는 거 다 빼서 자기 딸내미한테 주고. 깜이라는 언니가.

위에 언니한테 다 주고 동생은 부엌에 있어요. 부엌에서 뭐,

“밥해라. 빨래해라. 닦어라. 물 떠와라. 오리 딱개 끼우고 사료 줘라.”

모든 일은 다 동생한테 가고.

이따가 그 모르시죠, 아버지가 집에 없으니까. 없으니까 이렇게 하다가 집에 오면 또 새엄마가 되게 예뻐해 줘요, 아버지 앞에서. 근데 동생 깜(떰)은 항상 너무 착해. 아버지가 마누라니까 아버지가 마음 아플까 봐 아빠 생각을 위해서 모든 일을 숨겼어요. 숨기고 참고 아버지한테 한마디도 안 하지.

“새엄마도 잘 해주고.”

그렇게 하다가 어느 날에 나이 드시고 아팠어요, 아버지가. 아파가지고 돌아가시고 그 재산은 아예 뺏기는 거죠. [조사자: 새엄마한테?] 새엄마한테. 언니한테.

다 뺏기고 자기는 구석에 주방 구석에 살고 그래도 엄마라고 부르고 엄마 말하는 거 법이라고 뭐라고도 안 해요. 시키는 대로 다 하는데 어 뭐라고 하냐면 저 나라에서 물소 키우는 집이 많아요. 물소 키우면은 물소가 사람 집에서 잘려고 갖고 올 때도 있고 물소 데리고 나가 논에서 나가서 잡초 먹는 것도 풀어 놓으면은 지킬 사람이 있잖아요. 그 언니는 안 하고 동생이 시켜요.

그 어느 날 새엄마가 소 두 마리 주고,

“저 멀리에 논에서 소한테 배부르게 먹여 주고 와라.”

근데 시켰다가 일부러 구박하는 거죠, 못살게.

'네가 못 살면 집을 떠나라. 전체 다 내 거 돼버리니까.'

그래도 얘는 시키는 대로 다 해요. 아침에 가고 저녁까지 깜깜하면 또 소 데려오고 그러니까 이 방법도 안 되고.

그러다가 어느 날에 뭐라고 바구니 이렇게 대나무로 만드는 [조사자: 대나무바구니] 네. 바구니에다가 두 개 주었어요. 두 개 주고 깜이 하나 하고 동생 하나하고 떰은 하나 하고 그 바구니 주는데 시켰어요. 뭐지?

"생선 잡아 와라. 누가 많이 잡아 오면 내가 상 주는 거다."

근데 꽤 야박한 게 뭐냐면 동생이 강에 들어가고 그 물고기 잡고 그렇게 열심히 하는데 언니는 그냥 위에서 앉아서 놀고 있어요. 우아하게 [조사자: 아무 것도 안 하고?] 아무 것도 안하고 옷 더러울까 봐.

"내 예쁜 치마 더러울까 봐. 나 아무것도 안하니까 네가 알아서 해라."

이러다가,

"네가 내 몫까지 채워놔 달라."

그랬는데 근데 동생이 그거 있잖아요.

"엄마가 누가 많이 채우고 먼저 오면 상 주니까 언니가 알아서 해라."

이렇게 얘기해 놓고 강에 들어가고 잠수하고 물고기 잡고 하는데 가득 채웠어요. 가득 채웠는데 그 야속한 언니가 앉아 와 해서 앉았다가 다 채우고 나니까 이거 탐났어요.

'이거 갖고 오면 엄마가 나 상 주겠지?'

하면서, 동생한테,

"어 동생아 너 머리에 진흙 많이 묻었다. 강에 들어가서 그거 좀 감고 와라."

언니 그렇게 얘기하니까 자기한테 뭐라고 해야 되지? 챙겨주는 줄 알고,

"네."

하고 들어가서 머리 감죠.

강에다가 멀리 감았는데 들어가서 머리 감는 순간에 언니가 동

생 바구니가 바뀠어요. 자기 걸로 가득 채우고 최대한 빨리 집에 들어가서 엄마한테 자랑하고.

"내가 이거 이만큼 잡았다. 동생 어딨는지 몰라. 동생은 놀고 있겠지."

하면서 이렇게 얘기하다가.

그러다가 동생이 머리 감고 올라가니까 빈 바구니 보니까 울었어요. 속상해서 앉아서 울었는데 다행히 보니까 그 바구니 밑에서 조그만 물고기 하나 남아요. 그래서 그 물고기 하나 갖고 자기 항아리에다가 항아리 아니고 [조사자: 바구니?] 아니 뭐지? 한국에서 장 담는 항아리 있잖아요. 큰 거 거기 집어넣고 키웠어요.

몰래 집에 갖고 와가지고 작은 물고기가 한 마리 키우는데 자기 밥 먹을 때마다 조금씩 빼고 물고기한테 주는 거예요. 이름을 지어주고 '뽕'이라고 이름을 뽕이라고, 물고기 뽕이 이름이라고 불러가지고 밥 먹을 때,

"뽕아. 뽕아. 밥 먹어라."

이렇게 부르면 얘도 위로 올라가요. 또 위로 올라가서 받아먹고 밑에 들어가서라 안 잤다가 키우고 어느 날 좀 컸어요. 물고기가 좀 컸는데 언니한테 눈에 띈 거죠.

'얘 수상해. 얘 매일 거기 가서 '뽕아. 뽕아.' 부르면서 밥 주는데 그거 뭐지?'

이렇게 지켜보다가 나중에 와서 보니까 물고기 있어요. 물고기였는데 엄마한테 그거 얘기하고 둘이서 이 물고기 잡아먹겠다고 그거 뭐지? 동생 시키고 물소를 다음에 엄청 멀리,

"이 동네에서 밥 주지 말고 이 동네에서 가까우니까 나중에 뭐 다른 동네 가서 잡초 없을 때는 여기서 주라. 다른 동네 아주 멀리 가서 물소한테 잡초 주고 밥 멕여 갖고 와라."

오고 가는 기간에 이 두 사람이 와서 밥 갖고 와가지고,

"뽕아 뽕아 밥 먹어라."

이렇게 얘기 불렀더니 얘가 올라오는 거예요. 큰 항아리가 이렇게 올라왔는데 바로 잡았어요. 잡았는데, 잡아먹었는데 이 뼈가 그냥

뭐라고 하지 불 때는 부엌 옆에다 던져버렸어요.

그러니까 깜(떰)이 동생이 물소 밥 주고 저녁에 들어오더니 평소대로 밥 갖고 와가지고 부르고 생선한테 물고기한테 자기한테는 친구가 되는 거죠. 의지가 다른 데 없으니까. 밥을 불렀는데 아무리 불러도 올라오지 않아요. 되게 슬피 울더니 부엌에 들어갔더니 뼈가 남는 게 봤어요. 그 뼈가 모여 갖고 계속 앉아서 되게 슬프게 울었어요.

근데 갑자기 요정 뭐라고 하지 요정? 옛날에 뭐지? 요정이 이렇게 '뿅' 나타나는 할머니 하나 있어요.

"얘야. 왜 울어."

하니까,

"저 물고기가 죽었다."고.

"뼈만 남아서 되게 속상해서 울고 있어요."

이렇게 얘기했더니 그 할머니가,

"니 걱정하지 말고 이 뼈가 다른 사람 모르는 장소에 갖다 묻어놔라. 나중에 신기한 일이 일어날 거다."

이렇게 얘기해주고 사라졌어요. 없어졌어요. 이따가 얘기 듣고 얘가 뼈 모으고 땅에서다가 자기가 아는 장소 거기다 묻어 버렸어요.

근데 어느 날 왕의 아들 [조사자: 왕자.] 왕자가 **하게 되는 날인데 뭐라고 하지? 나라에서 되게 예쁜 여자가 모이라고 한 거예요. [조사자: 파티 같은 거예요?] 네, 파티 모으는 거? 누구든 다 참석할 수 있는 것이라서.

근데 동생은 새엄마가 동생한테 안 챙겨주고 자기 딸내미한테 새 옷 입혀주고 화장해주고 머리 예쁘게 해주고 보냈어요. 근데 깜(떰)은 되게 못가니까 마음이 아프고 속상하고 앉아 울었어요. 앉아 울었는데 자기가 못 가니까. 울었는데 갑자기 또 그 할머니가 '뿅' 나타나갖고,

"얘야, 왜 우니?"

하니까 깜(떰)이 얘기해주는 거는,

"자기도 파티 가고 싶고 참석하고 싶었는데 근데 새 옷도 없고 신발도 없고 이런 모습으로 갈 수가 없어요."

그러니까 할머니가,

"얘야. 너 물고기 뼈가 묻은 장소 기억나니?"

이러니까,

"네 기억나요."

"그럼 거기 가서 다시 그거 꺼내봐라. 거기서 좋은 일 생길 거다."

그러니까 또 없어졌어요, 할머니. 없어졌다가 깜(떰)은 얘기 듣는 대로 가서 땅 파고 꺼내 보니 땅속에서 상자 하나 나왔어요. 그 상자에서 신발하고 새 옷하고 저 나라에 옛날에 뭐지? 머리띠 같은 거 있어요. 천으로 만들어서 돌돌 말아갖고 이렇게 끼는 데가 있는데 뒤도 있고 되게 예쁜 옷이 생겼어요. 신나가고 그거 옷 입고 파티 갔어요.

근데 원래는 깜(떰)이 예쁘게 다른 사람보다 눈에 잘 띄는데 근데 항상 부엌에 있으니까 얼굴도 얼룩져버렸고 막 그지같은 옷 입고, 찢어진 것만 입고 다니니까 그날 새 옷 입고 되게 예쁘게 들어가니까 새엄마가 얘 누군가도 못 알아볼 정도예요.

못 알아보는데 그 참석할 때 왕자가 눈 띄었어요. 깜(떰)이 마음에 들어갖고 근데 같이 다시 춤을 췄어요. 그날 파티 밤에 저녁에 깜(떰)은 되게 마음이 불안해요, 또. 언니하고 엄마 그 자리에 있으니까 알아볼까 봐. [조사자: 알아볼까 봐?] 그리고 엄마 언니보다 더 일찍 들어가야 되는 거지. 왜냐면 엄마가 가기 전에 못 가게 했으니까. 네가 집에 시켰고, 집에서 일 시켰어요. 뭐라고 했냐면 쌀에다가 콩에다가 섞어가고 한 바구니 크게 줬어요.

"네가 그거 다 골라야 파티 갈 수 있다."고.

파티 가면 누가 골랐어요. 아무도 못 골랐잖아요. 그래갖고 못 골라가지고 그 상태로 있는데 요정이 '뿅' 나타나서 할머니들이 도와주는 거죠. 새 불러가지고.

"콩은 콩대로 팥은 팥대로 골라가지고 여기는 새들이 맡겨놓고 너는 파티 갔다 와라."

가기는 갔지만 좋기는 좋지만, 항상 마음 불안한 거죠. 알까 봐 해서. 그래서 빨리 들어가려고 하니까 파티 빠져나오고 막 뛰어가더니 신발 한 쪽이 막 벗겨졌어요. 떨어졌는데 그것도 줍는 시간이 없으니까 그냥 뛰어갔어요. [조사자: 아 못 줍고.]

못 줍고 뛰어가게 됐는데 집에 가니까 옷들이 갑자기 사라지고 물고기 뼈로 사라진 상태였어요. 그러니까 자기가 부엌에 들어가고 아무도 안 계시고 엄마한테,

"잘 다녀오셨어요."

언니한테,

"재미있게 했냐?"고.

이렇게 인사했더니 참 재밌게 놀고 왔대.

"너 못 가서 참 아쉽다."고.

언니가 못되게 약 올리는 거예요.

그러니까 자기도 깜(떰)도 자기도 갔다고 말 안 하고.

그래도 마음에 속상하는 거는 새 옷 갑자기 다 사라지고 나중에 왕자는 만날 수가 없잖아요. 그거 생각하니까 속상하고. 근데 신기하게도 신발 한 쪽은 사라지지 않아요. 왕자 갖고 있는 신발 한 쪽이. 왕자가 그 신발 한 쪽 갖고 그 여자가 생각나는 거예요.

'어떻게 하든 찾아야 되겠다. 온 나라 뒤집어서라도 내가 이번에 찾아야 된다.'

그러니까 찾으러 다녔는데 여자라면 누구나 신발 한 번씩 다 신어보라고 명령 내렸어요. 근데 여자들이 다 발 집어넣으면 작거나 아니면 크거나 맞지 않아요. 그러니까 그날에도 깜(떰)의 집에 군사들이 그 신발 갖고 왔는데 발 채워 달라니까 언니가 먼저 했어요.

"나야 나 내 거!"

막 먼저 뛰어나와갖고,

"이거는 내 거다."

근데 자기 신었는데도 들어가지 않아요, 그 신발이. 들어가지 않고 발 컸는데 억지로 집어넣어가지고. 자기 거라고 억지로 집어넣는데 안 되니까 그 군사가 가라고 했는데 깜(떰)이 살짝 옆에서,

"혹시 제가 신어 봐도 되냐?"고.

자기 딱 봐도 자기 신발인 거 알아요. 그래 기뻐갖고 군사는 명

령 내려요.

"누구나 여자, 아가씨들 다 신을 수 있다."

고 해서 뭐 집 사는 집 노예 상관없대요.

그래서 자기 신었어요. 근데 신자마자 딱 맞는 거예요. 군사가 거기에서 찾았다고 바로 데려가지 않았어요. 그때 바로 데려가면 얼마나 좋은데. 그것도 깜을 집에, 거기 그 집에 두고 왕자한테 가서 얘기하는 거예요.

"사람 찾았다."고.

근데 그 엄마, 새엄마하고 언니가 얼마나 못됐는지 그 뭐라고 해야 되지? 얘가 옛날부터 계속 구박하는데 만약 왕자의 왕비가 되면 우리한테는 엄청 구박하고 그렇게 생각하고 있으니까. 그리고 그 자리도 탐이 났어요. 탐이 나니까 둘이가,

"얘. 없애야 된다."고.

그날의 뭐라고 그러지? 그거 뭐지? 되게 달래갖고 뭐지? 땅 파는 우물 거기서 못 따라오더니 거기서 밀어버렸어요. 죽었, 떰이 죽고. [조사자: 연못? 그런 만들어놓은 물 모아놓은 데다가?] 응, 거기 밀어버려갖고 죽었어요, 깜은 죽고.

그리고 그 언니가 자기가. 그 신발 자기 거라고 궁에 들어갔어요, 엄마랑. 근데 아무리 봐도 왕자님이 봐도 이분 아니야. 근데 자기 신발 맞다고 얘기하고 이 집의 군사도,

"그 집에 갔다 온 건 맞다."고.

"찾았다."

고 하니까 아무리 봐도 마음에 안 들어요.

안 드는데 거기서 뭐라 해야 되지? 깜(떰)이 죽은 자리에서 나무가 하나 새싹이 올라오고 나무가 되게 큰 나무가 돼버렸어요. 그 나무가 신기하게도 과일 하나밖에 없어요. 그 나무 과일 하나밖에 없는데 그 옛날에 뭐라고 하지? 그 집 할머니네, 가난한 할머니가 한 분이 있는데 그날 맨날 거기 지나갈 때마다 그 나무 이렇게 쳐다보고 과일 하나 달렸는데 되게 빨갛게 익었는데 떨어지지 않아요. 떨어지지 않아. 이 할머니도 혼자 살고 가난하고 할머니가 뭐 지나갈

때마다 거기 앉아갖고 쳐다보더니 그 나무가 이름이 티나무 있는데 티나무 밑에 앉아서 꼭 그렇게 그거 어디 박아갖고,

"티야 티야. 내 주머니한테 떨어져 주면은 내가 먹지 않고 향으로만 맡을 거야."

라고 했더니 갑자기 뚝 떨어졌어요. 할머니 있는데, 그 주머니 있는데 뚝 떨어졌어요.

할머니 약속한 대로 진짜 먹지 않고 날마다 향이 좋으니까 그냥 맡고 거기 상에서 올려놓고 집에 나가요. 집에 나가는데 신기하게도 집에 오면은 누구가 와서 청소해놓은 것처럼 엄청 깨끗하고, 먼지 하나도 없고. 그리고 할머니 들어가기 전에는 밥상 이렇게 딱 따뜻하게 밥상 차려놓고 있는 상태예요.

그러니까 할머니가,

'이거 귀신의 일인가 누구의 일인가?'

궁금하고. 그날 어느 날에 여러 번 그랬다가 어느 날 할머니가 일부러 혼자 앉아가지고 크게 소리 내고 얘기했어요.

"아유. 오늘 멀리 동네에 가서 동네 일 봐야겠다. 난 멀리 갔다 오니까 오늘 좀 힘들 거 같다. 빨리 이제 나가야지."

하면서 얘기하다가 나갔어요.

근데 할머니가 나간 게 아니고 일부러 얘기하다가 [조사자: 일부러 소리만 크게] 어디지? 나가다가 어디다가 뒷집에 돌아가 가지고 뒤에다가 숨어서 기다리고 누구 와서 그런 거 일 해 주는 게 그거 확인하려고 일부러 숨었어요.

숨었다가 갑자기 과일이 뒤 과일이 '뿡' 나타나는 거예요. 젊고 예쁜 아가씨에다가 나타나갖고 평소 하는 대로 집을 닦아주고 정리해주고 밥하고 있는데 할머니가 엄청 깜짝 놀라는 거예요. 놀라는 순간에 머물렀지만 자기 혼자 있으니까 되게 고마워하고 막 뛰어오고 깜(떰)한테 두 손 잡았어요.

"아가야. 어디 가지 마라. 이제 나랑 엄마하고 엄마 딸처럼 이렇게 지내고 살자."

이렇게 손을 잡았다가 깜도 자기 있던 일들이 다 얘기해 주고 그

러고 둘이 되게 소박하게 작은 집에서 살았어요. 근데 그렇게 살았지만, 또 왕자님이 생각나는 거예요. 자기가 나무가 되고, 과일이 되고 과일**가 되어 살게 되는 게 그 너무 착한 마음씨 때문에 신에게 감동을 받아갖고 그렇게 만들어줬어요, 다시 환생해 주는 게.

그래서 궁으로 찾아갔어요. 왕궁으로 찾아가고 관에서 배고 진실 있는 얘기 다 알려주시고. 그리고 그 신발을 신어보더니 딱 맞았어요. 있다가 그 일에 떠들었고 부녀, 그 모녀가 아이 때문에 놀래고 도망갔어요.

도망갔는데 도망가고 이쪽에 도망가는데 절벽에서 떨어져서 죽는 거. 죽고, 둘이 절벽에서 떨어져서 죽고 깜(떰)하고 왕자님하고 둘이 결혼하게 되고 되게 행복하게 살았어요.

의붓자매 떰과 깜 [8]

● **구연정보**

조사일시 : 2018. 11. 19(월) 오후
조사장소 : 서울시 관악구 신림동 서울대학교
제 보 자 : 쩐티빅프엉 [베트남, 여, 1977년생, 기타]
조 사 자 : 오정미, 엄희수

● **구연상황**

〈미처우 공주와 중수이 왕자〉 이야기를 마친 후 제보자와 조사자들이 담소를 나누었다. 조사자가 제보자에게 베트남의 유명 민담인 〈떰 깜〉을 들려달라고 하자 제보자가 가능하다고 하며 이야기를 시작했다. 구연 과정에서 이야기와 관련되는 나무 사진을 검색해서 보여주기도 했다.

● **줄거리**

전처 딸인 떰과 계모의 딸인 깜이 있었다. 계모와 깜은 떰에게만 일을 많이 시키고 떰이 기르던 물고기마저 몰래 잡아먹었다. 마을에 축제가 열렸을 때 홀로 집에 남겨졌던 떰은 뭇할아버지가 알려준 대로 하여 예쁜 옷을 찾아 입고서 말을 타고 축제 장소에 갔다. 가는 도중 신발 한 짝을 잃어버렸는데 이를 발견한 왕이 주인을 찾은 끝에 떰을 아내로 맞이했다. 질투를 한 깜과 계모는 교활한 술수를 써서 떰을 세 번이나 죽였지만 떰은 그때마다 다른 모습으로 살아났고, 마침내 왕과 만나서 재결합했다. 떰이 더 예뻐진 모습을 보고 시샘한 깜이 비결을 물어보자 떰은 끓인 물로 목욕을 하라고 했다. 깜이 그 말대로 하다가 죽자 떰은 깜의 시체로 젓갈을 만들어 계모에게 갖다 주었다.

〈떰깜〉 베트남어로 된 거는 되게 시가 많이 들어가요. 아주 좋은 시를 많이 들어가니까.

옛날에 그 뭐지? 그 한 그, 애기가 있는데 아이, 여자 아이가 있는데 엄마가 먼저 여의고 그냥 그 아버지는 그냥 다른 사람을 결혼하게 됐어요. 그래서 그 뭐죠? 계모라고 하는 거죠? 계모도 그냥 한 여자 딸, 한 딸이 있구요.

한 딸이 있는데 결혼하고 나서 얼마 안 되고 그 아버지도 돌아가셨어요. 그 떰은 깜, 동생인데. 동생이라고 할까? 그 다른, 계모의 딸. 함께 살았구요. [조사자 1: 떰이 원래 아이고?] 떰이 원래 아이고. [조사자 1: 깜이 계모가.] 계모의 아이.

아버지가 돌아간 후에 계속 그 계모하고 동생, 깜이라는 동생과 함께 살게 되었는데, 그 원래 떰은 아주 마음씨도 좋고 열심히 공부, 열심히 일하고 모든 일을 다 잘해요. 그런데 깜이라는 동생은 좀 놀기만 잘하고 아무것도 하지 못하고요. 마음도 그냥 착하지 않고 너무 뭐, 어쨌든 마음이 좋지 않은 여자예요.

근데 그 계모는 자기 아이를 너무 예쁘게 해주고 떰만 그냥 일만 시켜요, 다른, 다른 일을 신경 써주지 않고 그냥 일만 시켜줘요. 그래서 그, 밥도 제대로 못 먹고 일만 어, 시켜요.

그래서 그 어느 날 둘이가 같이 논에 가서 그 새우를 잡으라고 해요. 계모는. 그런데 그 둘이가 뭐지? 바구니를, 바구니 아니고 뭐지? 대나무로 만든, 엮어 만든 그, 그거. 그, 뭐라고 할까? 바구니 아니고, 바구니 아니고. 안쪽에는 그냥 병 같은 거 생겼는데. [조사자 1: 물고기 잡는 도구예요?] 네, 도구. [조사자 1: 그렇게 설명해 주셔도 돼요. 물고기를 잡는 도구.] 그거 가지고 논에 가서 물고기나 그냥 뭐 새우 같은 거를 잡으라고 명령했어요.

떰이라는, 떰은 원래 열심히 하고 일을 다 솜씨도 좋고 또 일을 잘하니까 새우를 많이 잡았어요. 잡았는데, 깜은 아무것도 못하고 놀기만 해요. 그래서 그냥 논에 가서는 나비도 날아가고 그 뭐지? 새도 우는 모습을 보니까 너무 재미있게 하니까 내가 그냥 놀기만 했어요.

그냥 그때는 뭐지? 해가 질 때는 집에 가는 시간이 됐어요. 보니까 자기 바구니에 있는 거 아무것도 없어요. 근데 그냥 떰이 있는 바구니가 가득히 차 있어요. 그냥 뭐 새우나 물고기 되게 많이 있잖아요. 그래서,

'어떻게 하지? 이제 집에 돌아가면 그냥 엄마가 좀 혼낼 거야.'

그런 생각이 들어요.

'어떻게 해야 되지?'

생각해서 그냥 떰한테 이렇게 말해요.

"언니야, 언니야. 언니 머리가 너무 더러워요."

(조사자에게) 땅에 그냥 뭐지? [조사자 1: 진흙?]

"진흙 묻어서 더럽다. 거기 그냥 강물에 들어가서 좀 감아라."

이렇게 했구요, 그냥. 베트남 말, 시로 했구요.

(베트남어로 말함.)

"언니야, 언니야. 언니 머리카락에 흙, 진흙이 묻어서 너무 더럽다. 그래 그 강물에 내려가서 좀 깨끗하게 씻어라. 그렇지 않으면 엄마가 혼난다."

그렇게 해요. 그래서 그냥 떰은 그냥,

"진짜야?"

너무 걱정해요. 진짜 동생의 말 따라 강물에 들어가서 계속 자기 머리를 감았구요. 깨끗하게. 그 동안, 하는 동안에 깜이 그 뭐지? 안, 강가에, 강가에서 떰의 잡은 물고기나 새우 다 자기 바구니로 좀 빼앗아 먼저 갔구요.

그래서 깜, 떰은 어, 다 그 머리 감고 나서 그 보니까 다 없어졌어요. 아, 너무 무섭고 이제는 그냥 빈 바구니 가지고 집에 돌아가면 좀 혼내고 어머니, 계모는 혼내고 아마 매를 맞을까 봐 너무 걱정하고 있구요. 그래서 막 울었어요. 막 울었어요. 어떻게 하는지 잘 몰라요. 막 그냥 길가에서 앉아서 울고 있어요.

그때는 그, 불. 신령. 신령이 나타나서 물어봤어요. [조사자 1: 불? 불의 신령이에요? 그냥 신령이에요?] 신령. 그냥 신령이에요. 신령이 나타나서 물어봤어요.

"애야, 애야. 왜 우냐?"

고 물어봤어요.

그래서 떰은 그냥 자기 사정을 말해주었어요.

"이제는 그냥 빈손으로 돌아가면 그냥 혼내고 어머님, 계모는 혼내고 매를 맞을 거라."고.

그냥 그렇게 얘기 해주었구요. 신령님은,

"걱정 마라. 걱정 마라."

그렇게 말하고,

"다시, 니 바구니 다시 보라."

고 했구요.

그 보라고 하니까 그냥 떰은 다시 자기 바구니를 보니까 그냥 한 작은 물고기 하나 남아있어요. 그래서 그 신령님께 그렇게 사실을 알려주었어요. 신령님께서는,

"이런 물고기를 가지고, 집에 가지고 가서 우물에 내려줘서 그냥 매일매일 밥을 줘라."

그렇게 했구요.

"그래서 그냥 밥, 밥을 줄 때마다 주면서 이런 노래를 불러라. '물고기야 물고기야' (베트남어로 말한 후) '우리 그냥 올라와서 우리 금처럼 귀한 밥, 은처럼 귀한 밥을 먹어라. 다른 집의 밥을 먹지 마라.' 그런 노래를 불러라."

(제보자가 다시 베트남어로 노래를 읊은 후.) 그런 말을 있구요, 시로. 계속 그런 시, 했구요. [조사자 1: 이 시를 누가 부른 거예요? 물고기가?] 떰, 떰을 부르라고 해요. 그 신령님이. 신령님이 떰에게는,

"물고기에게 밥을 주면서 이런 노래를 불러라."

그렇게 말했어요.

그래서 그 떰을, 물고기를 가지고 와서 그냥 우물, 자기 우물에 길렀어요. 그 뭐지? [조사자 2: 놔줬어요? 풀어줬어요?] 풀어서 그냥 기르고 있었어요. 그래서 매일 자기 밥을 먹지 않고 남겨, 남겨주고 그냥 그릇을 뭐지? 설거지를 할 때 그 밥을 가지고 와서 물, 우물에 놔주면서 그냥 그렇게 했구요. 그래서 그냥 계모하고 동생이 너무 이상하게 생각했구요.

'매일매일 밥을 다 먹지 않고 남겨주는 거는 그냥 뭐하려고 하는 거지?'

계속 그냥 의심해요. 그래서 그 깜을 시켜서 염탐하라고 해요.

그래서 어떤 그 어느 날, 깜이가 떰을 따라갔어요. 떰은 설거지 하러 갔는데, 그 우물에 갔는데 깜도 따라갔구요. 몰래 따라갔는데 그래서 그냥 들어보니까,

'아, 이런 노래를 부르면서 밥을 주는구나. 물고기에게 밥을 주었구나.'

이렇게 다시 계모한테 알려주었어요. 그래서 계모는 계속,

'아 그렇구나. 이러한 물고기를 잡아먹어야지.'

그런 생각이 들어요. 떰을 불러서 이렇게 말했어요.

"애들아, 애들아. 애야, 애야. 내일 물소…."

원래 베트남에는 물소 되게 많아요.

"물소를 내일, 물소가 풀을 뜯어먹게, 내일 아침에 물소를 풀을 뜯어먹게 해주면 그냥 가까운 논에 가지 말고 먼 논에 가라. 가까운 논에 가면 그냥 마을 사람들이 잡아, 물소를 잡아 먹을 거야."

그렇게 하라고 그래요.

그래서 그냥 떰은 아주 계모의 말을 믿고 아주 먼 논에 가서 물소의 풀을 뜯어 먹게 해 주었구요. 그 동안, 그 하는 동안에 떰, 계모하고 깜은 집에서 그냥 물고기를 잡아먹었어요. 잡아먹고, 그냥 그 뭐지? 뼈 있잖아요, 뼈. 물고기의 뼈를 그냥 그 원래 아 뭐라고 할까? 털인가? [조사자 2: 비늘?] 그거 아니라. 아, 그 원래 그냥 그때는 그, 뭐지? 재료, 있잖아요 재료. 원래 뭐지? 짚, 짚, 그냥 그 밥을 지을 때, 짚을 해서 성에서 하잖아요, 그쵸? [조사자 2: 밥을 지을 때?] 지을 때. [조사자 1: 항아리?] 그거 아니라. 그 뭐라고 할까? [조사자 1: 솥?] 그거, 아니고 그냥 아 잠시만요. (제보자가 단어를 찾은 후) 뼈를 숨겼구요.

그거는 떰은 찾지 못하게, 찾아내지 못하게 물고기의 뼈를 숨겼는데 어디 숨겼는지 그 부엌에 있는 거기 있잖아요 그냥. 그, 숨었어요. [조사자 1: 아궁이.] 아궁이, 아궁이 있는 거 뭐죠? 그, 아궁이에 잠시만요. (제보자가 단어를 찾음.) [조사자 1: 짚?] 짚, 지푸라기 짚. 짚을 다 태우고 나서. 태우고 나서 남은 거. [조사자 1: 재.] 재 아 맞아요. 재로. 아 맞아요. 재로 덮어서 숨겼어요.

그래서 그냥 그 떰은 물소를 그 풀을 뜯어먹고 배부르게 뜯어먹은 후에 집으로 돌아갔구요. 갔는데 다른 마찬가지로 계속 그냥 먹은 후에 밥을 먹은 후에 계속 설거지를 하러 갔는데 그냥 그 밥을 가지고 우물에 가서 물고기를 주려고 했는데 계속 노래를 불렀는데도 물고기 올라가지 않아요. 올라오지 않았어요. 그래서 어, 너무 슬퍼서 또 울었어요. 또, 그냥 그 우물가에, 우물가에 앉아서 울고 있는데 신령이 다시 나타나서 물어봤어요.

"왜 또 우냐?"

고 물어봐요. 그래서 다시 얘기해줘요. 그래서 신령님이 이렇게 말해요.

"니가 그 물고기, 그 물고기의 뼈를 찾아내서, 찾아내서. 항아리, 항아리 네 개를 나눠서 넣고 그 침대."

그 침대 원래 다리 있잖아요? [조사자 1: 참대 밑에.] 침대 밑에는 원래 베트남에서는 침대 밑에는 다리는 그, 네 개 있잖아요.

"침대 다리 밑에는 묻어라."

그렇게 했구요. 묻으라고 했구요. 그래서 그냥 신령님의 말에 따라 했어요. 떰은.

했는데 어느 날에 음, 그, 마을에 그냥 축제가 있어요. 축제가 있는데 깜은 아주 화려한 옷을 입고 축제에 나갔어요. 떰은 어, 그, 옷이 없어요. 아주 더러운 옷만 있으니까 축제는 이런 옷을 입고 가면 좀 뭐지? 아주 뭐, 안 되는 거 같다고 생각해서 그냥 또 울어요. 집에서 혼자서 있으면서, 아 그거 아니고. 그냥 또 떰도 그냥 뭐 그 하고 싶어요. 가고 싶은데 그냥 그 계모는,

"너 이거 하고 나서 가라."

벼하고 쌀을 섞어서 떰에게 주고,

"벼하고 쌀로 분리해서, 분리하고 나서는 가라."

고 해요.

그거 불가능하죠. 그래서 그냥 혼자서 하면서 떰은 혼자서 하면서 계속 그냥 생각해요. 너무 슬프고 자기 신세를 생각해서 너무 슬프고 또 울어요. 울어요. 신령님이 가서, 그 나타나서 물어봐요.

"왜 우냐?"

고 물어봤는데,

"그 계모는 그 벼와 쌀을 섞은 그 한, 그 바구니를 주고 이거는 따로따로 분리하라고 했는데 제가 도대체 못한다."

고 해요. 그래서 그 신령님이가

"걱정 마. 내가 도와준다."

그렇게 하면서 새들을 불러서 도와달라고 해요. 그래서 새가 날아와서 좀 분리해주었어요. 근데 떰도 울어요. 또 하고 나서 또 울어요. 그냥 신령님께서,

"왜 울어요?"

물어봐요.

"내가 그냥 축제도 참석하고 싶은데 이제는 예쁜 옷이 없어서 참석하지 못해요."

그렇게 대답해요.

"걱정 마라. 니가 뭐지? 침대 다리 밑에 있는 항아리 꺼내 봐라."

그렇게 했구요. 떰은, 그 네.

부처님. 부처님 뭐죠? 원래 신령님 베트남 사람들은 '뭇'이라고 해요. [조사자 1: 알아요. 뭇할아버지.] 네, 뭇할아버지. 그래서 신령님보다는 '뭇 부처님'이라는 더. [조사자 1: 그 뭇 할아버지가 부처인 거예요? 선생님?] 부처. [조사자 1: 부타. 부타예요?] 부타, 네. [조사자 1: 아, 그 뭇 할아버지가?] 네.

그래서 그냥 부타 할아버지가 그렇게는 하구요. 그래서 그냥 말에 따라서 그냥 항아리 꺼내봤어요. 그래서 한 항아리에서는 그냥 말 하나 있고, 아주 아름다운 말. 숫말. 한 마리 있고. 그리고 어떤 항아리는 뭐, 아주 아름다운 옷을 여러 가지 있구요. 어떤 항아리에는 뭐, 그, 신발. 아주 그냥 아주 예쁜 신발, 화려한 신발 있구요.

그래서 떰이 그 옷을 입고 신발을 신고 말을 타고 축제에 나갔어요. 축제에 나갔는데 그때는 그, 어, 말을 타고 가니까 그냥 되게 많이 그, 축제하는 개최하는 곳에서 떰의 집에 좀 멀어, 떨어져 있으니까 좀 빨리빨리 가야 돼요. 그래서 그냥 말을 타고 달려가요.

달려가는데 그냥 그냥 거기 강이 있어요. 강이 있는데 그 강에 다리가 있어요. 다리 하나 있는데 그 떰이 그냥 말을 타고 그 달려오자마자 그 다리가, 도착하자마자 말이가 '히이잉' 소리가 내고 그냥 막 달려가요. 그래서 그냥 떰이 너무 황당해서 그냥, 황홀? 황홀해서 그냥 놀래, 놀라서 그냥 신발을 하나 떨어뜨렸어요.

[조사자 1: 말을 타고 가다가 다리 앞에서 갑자기 말이 혼자 쉬이익 가버려, 말이 혼자 쫙 가버려요?] 아니 혼자 아니고 그냥 그때 그냥 다리 앞에는 그냥 말이 이렇게 [조사자 1: 아 이렇게 혼자 쇽 말이 놀래서 이렇게 '히이잉' 해서 신발이 한 쪽 벗겨져요?] 네, 신발 한 쪽이 벗겨졌어요. 그래서 그 물가에 강물 떨어졌어요. 그, 그런데 그냥 시간 없어가지고 그냥 지나갔어요.

그냥 지나갔는데 그때는 임금, 임금님이 그냥 신하들을 데리고 축제도 참석하려고 해요. 또 그 뭐지? 뭐, 그 다리를 지나가고 있는데 그 임금님이 그 타고 있는 말을 거기까지 멈추고 있어요. 계속 안 달려요. 아주 무슨 일이 생긴지 좀 몰라서 계속 그 하고 그래서 임금님이 사람 시켜서 좀 찾아보라고 그냥 뭐가, 강물에 뭐가 있는지 찾아보라고 해요. 그래서 그냥 신하들이 강물에 들어가서 찾아봤더니 신발 한 쪽이 있다고 그래요. 가지고 와서 그, 임금님 그 신발을 가지고 축제를 갔어요.

그래서 그냥 소문, 소식을, 소문? 어쨌든 그냥 그, 그 말을 했구요.

"누가 이 신발을 신을 수 있으면 내가 그 사람을 아내로 삼는다."

고 그래요.

그래서 음, 다른 사람들이 다 신어 봐요. 누구나 참석, 그 축제에 참석하는 사람들이 다 신어 봐요. 그런데 다 안 돼요. 그런 또, 깜, 떰의 동생 계모의 딸 신어보는데 떰이 발이 너무 커서 도대체 못 들어가요. 그때는 떰은 나타나서 신어봤어요. 신어봤는데 깜, 깜은 봤어요.

"어머니, 어머니. 떰 언니 아니야? 떰 언니 아니야?"

"아니야. 그거 아니야."

그래서 계속 보니까 딱 떰이라고 해요. 딱 보니까. 그래서 그냥 계모는 이런 말을 해요.

"충(忠)과 경(敬)이 지금 못하는데, 도자기 한 조각이 어떻게 할 수 있느냐?"

그렇게 해요. 그냥 자기, 자기하고 자기 딸은 충하고 경을 좀 비교하고, 그 떰은 그냥 도자기 한 조각처럼 생긴다고, 그런 좀 비슷하게 생각한다고 그래요. 시로 있어요. (베트남어로 말한 후) 그냥, 여기는 그냥 대나무 숲에 떨어버린, 떨어버린 도자기 한 조각이 뭘 할 수 있냐고 그렇게 그, 아주 뭐지? 비난하게 했구요. [조사자 1: 비웃는 거죠?] 비웃는 거예요.

"충과, 충경이 할 수 없는데, 할 수 없는데."

그냥 뭐지?

"대나무 숲에 버린, 도자기 한 조각이 어떤 일을 할 수 있느냐?"

그렇게 했구요.

그런데 딱 들어가요. 떰이 그냥 발을 올려, 들어보니 딱 들어가요. 그래서 그 임금님이 그냥 자기 말대로 떰을 아내로 삼고 그냥 궁궐에 데리고 갔어요. 그러니까 그냥 이 계모하고 깜은 너무 뭐지? 질투해요. 질투하고 그냥 계속 그냥 어떻게 깜, 떰을 좀 뭐지? 그냥 뭐, 살해할 수, 모해할 수 있을까 막 생각해요.

한편 떰은 그냥 궁중에 살고 있는데 아주 그냥 뭐, 뭐지? 행복하게 살고 있는데 아직 아버지의 제사날 기억하고 있어요. 그래서 제사날 되자 임금님께 말씀드리고 집에 돌아갔어요. 아버지를 제사 드리려고. 집에, 자기 집에, 계모의 집에 돌아갔어요.

계모는 이때가 좋은 기회라고 생각해요. 그래서 빈랑나무 있잖아요. 계모 집에 빈랑나무 있잖아요. 빈랑나무가, [조사자 1: 밥 싸먹는다는 나무인 거죠?] 네. 빈랑나무 아시죠? [조사자 1: 보기는 했는데 선생님 한글로 정확히 어떻게 써야 돼요?] '떼이까오cây cau'라고 해요. 빈랑.

여기는 그 전설도 있어요. 빈랑나무, 아주 좋은 전설. [조사자 1: 이거 끝나고.] (웃음) [조사자 1: 이야기 끝나고.] [조사자 2: (스마트폰으로 찾은 사진을 보여주며) 이렇게 생겼나 봐요?] 네, 맞아요, 맞아요. [조사자 1: 빈랑나무 진짜 많드라구요.] 네.

빈랑나무 있는데 그 빈랑나무가 연못가에 있어요. 연못가에 있는데 그래서 그냥 계모는 이렇게 말해요.

“얘야, 이제 아버님께서는 생전에 그 빈랑나무 열매를 아주 좋아하니까 제사날 너는 좀 빈랑나무 올라가서 좀 열매 좀 따 와.”

그렇게 하구요. 그래서 그냥 어, 떰은 의심하지 않고 그냥 올라가서 따려고 해요. [조사자 1: 의심 좀 하지.] (웃음) 올라가고 따고 있는 중, 따고 있는 중인데 계모하고 깜은 그 밑에 그 있는 거는 그냥 칼로 그냥 자르려고 해요 나무를. 자르려고 하구요. 그래서 그 흔들리잖아요, 막 흔들리구 있구요, 나무는. 그래서 떰은,

“엄마, 어머니! 뭐 하고 계세요?”

그렇게 물어봐요. 그런데 그냥 계모는,

“아니야. 그 개미, 개미가 너무 많이 있어서 내가 개미 좀 쫓아내고 있어. 니가 물지 않고 그냥 쫓아내고 있다.”

그렇게 대답해요.

그런데 ‘쾅!’ 빈랑나무가 무너져서 떰은 그, 연못에 풍덩 떨어져서 죽었어요. 네.

그래서 떰은 죽은 후에 그 계모는 그 떰의 입은, 입었던 옷을 벗어서 그냥 자기 딸 입혀서 그냥 궁궐에 보내주었어요. 보냈어요. 네, 그냥 음, 그런데 떰은 죽어서 새, 새가 변했어요. 새가 되었어요. 그래서 그냥 음, 어떤 데가, 어, 새가 되었는데. 잠시만요. 음, 맞아요. 새, 새가 되었어요.

그냥 새가 그 궁전에 들어가서 계속 그냥 임금님의 계시는 곳에 계속 거기 있어서 울어요. 울어요 그냥. 아주 슬프게 울었구요. 울었어요. 그래서 임금님이,

‘아, 자기가 아내이구나.’

그런 생각이 들어서 그런 소리를 했구요. 그 새 이름이 뭐라고 할까? 꾀꼬리? 꾀꼬리. 꾀꼬리예요.

“꾀꼬리야, 내 아내가 맞으면 여기 소매 속으로 들어와라.”

그렇게 말을 했구요. 그래서 그 꾀꼬리가 쏙 들어갔어요. 그 소매 속으로 쏙 들어왔구요. 그래서 임금님 항상 매일매일 그냥 꾀꼬리와 함께 놀아요. 깜은 그냥 생각없구요. 매일매일 그냥 꾀꼬리만

함께 있고 시간을 좀 그, 뭐지? 생각하지 않았구요.

깜은 다시 엄마한테 가서 하연해요. [조사자 1: 하소연.] 하소연했어요. 그래서 어떻게 해야 할지 좀, 해달라고 그래요. 그래서 그냥 계모는

"너는, 그 새를 잡아먹어라. 잡아 죽여라."

고 해요.

그래서 그냥, 어, 그래서 음, 아 또 그래요. 그냥 그, 깜 아직 그거 아니고. 새를 함께, 매일매일 새와 함께 놀고 있으니까 깜이 너무 질투해서, 질투해요. 깜을 그냥 임금의 옷을 할 때마다는 그 꾀꼬리는 이런 말을 해요.

"내 남편의 옷을 빨래할 때 깨끗하게 빨래해라. 내 남편의 옷을 널을 때."

그 아주 뭐지? 긴 거. [조사자 1: 빨랫대.] [조사자 2: 빨랫줄?] 빨랫대? [조사자 1: 빨랫줄?] 빨랫줄 아니고 그냥, 어, 그 대나무, 대나무로 만든 거.

"빨랫대로 널어라."

[조사자 1: "빨래를 빨랫줄에 널어라."] 어.

"널어라. 그렇지 않으면, 내가."

뭐지? 이렇게. 음.

"니 얼굴을 긁었다."

[조사자 2: "할퀼 거야."] 어, 할퀴다. 그렇게 했구요.

그래서 깜이 너무 무서워서, 너무 무서워해서, 그 엄마한테 가서 네, 얘기해주었어요. 그래서 엄마한테는

"너는 그 새를 잡아 죽여라. 죽여라."

그랬구요.

그래서 깜은 사람을 시켜서 새를, 진짜 그냥 잡아 죽여서, 죽어, 그 먹었어요. 그 먹고 그냥 고기를 먹고 그냥 그 털, 새 털을 다 먼 곳에 버렸어요. 그, 네. 거기서 멀었는데, 버렸는데. 음, 거기서는 그 뭐지? 나무 두 개는 나타났어요. 나무 두 개는, 베트남 말로 '수안다오'라고 해요. 찾아보세요.

(조사자들이 스마트폰으로 검색함.)

[조사자 1: 그 털이 버려진 곳에.] '수안다오'이라는 나무를 에, 났어요. (제보자가 스마트폰으로 검색하여 보여주며) 이런 나무예요, 이 나무. 이 나무가 '수안다오'. 그 두 자루가 나타났어요. 두 자루. [조사자 2: 두 그루?] 아, 그루. 두 그루나 나타나구요.

근데 임금님이 나무나 너무 예뻐서 그래서 그냥 그 그믐인가? 그물침대에 걸어서 그냥 매일매일 거기서는 잘 거예요, 그냥. 낮에. 그래서 그냥 임금님이 그냥 거기 그물침대를 그냥 거기 누워서 잘 때마다 그냥 그 떰이 나타나서 임금님 이렇게 부채질해주고 있구요. 깜이 너무 질투하고 그래서 그냥 사람을 시켜서 그 나무를 잘라서 태워버려요. 태워버리고 그냥 그, 재? 재를 아주 먼 곳에 버렸어요. 아주 먼 곳에 버렸구요.

음, 근데 거기 그 버린 곳에 또 하나, 그 나무가 나타났어요. '티'라고, '게이티'라고 해요. [조사자 1: 이번에는 한 그루가 생겼어요?] 네, 한 그루. (제보자가 스마트폰으로 검색하여 사진을 보여주며) 이렇게 생겼구요. '게이티'라고 해요. 향기 아주 좋은 나무구요. [조사자 1: 아, 저걸로 무슨 차도 만들어 먹는다고.] 그거 아니고. [조사자 1: 아니에요?] 되게 좋은 향기 아주 좋은 열매가 있으니까 그 열매를 따서 항상 그 그물, 그 넣어서 침대 위에 향기 맡아서 그래요.

그냥 나무가 그 하나 생겼는데, 하나 생겼는데 그냥 나무가 아주 특이하게 딱 한 열매만 맺었어요. 그 열매가 아주 높은 그 가지 위에 열려 있구요. 그래서 그냥 어떤 그, 노바, 노파 있죠? 노파가 자식 없는 노파, 그 뭐지? 가게 있잖아요, 가게 하나. 작은 가게 하나 있는데 거기 가게는 뭐, 원래 빈랑, 빈랑 열매하구 뭐 그, 차 같은 거는 팔아요. 녹차 같은 거 팔아요.

그래서 그, 아침에 노파가 시장에 가요. 시장에 가는 길에, 가는 길에서 그 나무의 열매를 봤으니 그냥 이렇게 말해요.

"티야, 티야."

그 열매, 티라고 해요.

"티야, 티야. 내 주머니에 떨어져라. 내가 먹지 않고 그냥 향기만 맡을 거야.”

그렇게 해요. (제보자가 베트남어로 말한 후) 그렇게 시처럼 하구요.

그 노파가 말을 끝나자마자 그, 그 열매가 풍덩 떨어져요 그냥. 그 노파의 주머니에. 그래서 그 노파 원래 자식 없잖아요? 자식 없으니까 그냥 그, 열매를 가지고 집에 왔구요. 와서 그냥 뭐 자기 제단 있잖아요. 조상님의 제사 지내는 제단 있구요. 거기 놓구 그냥 매일 매일 향기 맡으려고 거기 넣었어요.

어느 날 노파가 그 시장에 갔구요. 갔어요, 그냥. 갔다 올 때마다 밥이 다, 밥상에 다 차려놓았어요. 너무 신기하게 사람이 없는데 왜 그렇게 밥상이 있냐구, 아주 신기하게 생각했구요. 그래서 어느 날 이렇게 생각해요.

‘내가 누가 나를 도와주는지 좀 밝혀야 되겠다. 밝혀내야 되겠다.’

그런 생각이 들어요. 그래서 그 어느 날 노파가 시장 가는 척하고 그냥 갔다가 다시 와서 숨겨서 봐요. 숨겨보니까 그냥 그 열매 속에서는 한 여자가 아름다운 여자가 나타나서, 나와서 집안일도 하고 정원에 하는 일도 해요. 하고 나서도 다시 열매의 속으로 들어가요.

노파가 그렇게 그냥, 그런데 그 여자가 그냥 들어가는, 들어가기 전에 확 달려와서 잡았어요.

“들어가지 마라. 나와 함께 살자.”

그렇게 했구요. 그때부터는 떰은 노파와 함께 살게 되었어요.

그 노파가 원래 차하고 녹차, 그리고 뭐 빈랑나무의, 그리고 그냥 또 있구요. 이런 거 있어요. 원래 베트남 그런 풍습 있거든요. 빈랑나무하고 이런 거. (제보자가 스마트폰으로 찾아 보여주며) 이거, 이거. 뭐라고 할까? 페프나무처럼 생겼는데 페프 아니구요, ‘조우컹’이라고 해요. [조사자 1: ‘조우컹’. 아 이 이야기도 있잖아요. 씹으면 까매지는 거.] 네네. 그거. [조사자 2: 할머니들이 많이 씹는 거.] 네네. 그거 맞아요, 그거. 그거 그, 팔아요.

그래서 그냥 떰은 그 노파 도와서 해요. 그거 만들어서 팔아요. 이 나뭇잎은 좀 예쁜 모양으로 만들어서 팔아요. 그런데 그냥 어느 날, 임금님이 그냥 지나갔구요. 지나가는 길에서 그냥 그 노파의 가게에 들렀어요. 들렀어요. 들르다 보니 딱 이거, 그 나뭇잎에 그냥 예쁜 모양으로 좀 생긴 걸 봤어요. 어, 그래서 물어봤어요. 그거는 아주 떰이 만든 거 똑같애요. 아주 똑같애요. 그래서 물어봤어요.

"이거 누가 만들었냐?"

고 물어봐요. 그래서 노파가

"우리 딸 만든다."

고 그래요. 만든 거라고 대답해요. 그래서

"노파의 딸 좀 보여 달라."

고 해요.

그래서 노파가 그냥 떰을 불러왔어요. 보니까 오, 좀, 좀 서로 알아보고 그래서 그, 임금님이 그냥 떰을 다시 궁전으로 들어, 데리고 갔죠. 어, 깜은 어 그 떰의 다시 궁궐으로 들어가 보니까 어 너무 질투했구요. 떰이 예전보다 더 예뻐졌다고 그래요. 그래서 너무 질투해서 이런 말을 해요.

"떰 언니야, 떰 언니야. 어떻게 해서 그렇게 예뻐졌어요?"

그렇게 물어봐요. 그래서 그냥 어,

"너도 이렇게 예쁘고 싶으냐?"고.

"예뻐지고 싶으냐?"

고 물어봤구요.

"네."

그렇게 대답해요. 그러면…

[조사자 1: 그러면 떰이 그전보다 더 예뻐진 거네요?] 네. [조사자 1: 확실히? 그쵸?] 그런데 이거 좀 많이 논란을 일으켰구요. 떰은 그냥,

"너도 이렇게 예뻐지고 싶으냐?"고.

물어봤어요. 깜은.

"네, 그렇죠."

대답해요.

"그러면 그냥 그, 땅을 파서 한 그…"

덩어리? 엉덩? [조사자 2: 웅덩이?]

"웅덩이 좀 깊은 거. 깊은 웅덩이 좀 만들어 와라."

그렇게 했구요.

하고 그냥 뭐지? 아주 물통. 큰 물통을 글러봐라. [조사자 1: 큰 물통을 어떻게 해요?] 글러요. [조사자 1: 글러. 굴려.] 아, 굴려. [조사자 1: 깊은 웅덩이를 만들어라.] 굴러 아니고 뭐지? 원래 그냥 따뜻하게 만들어야 되잖아요. [조사자 2: 끓여라?] 네, 끓여라. [조사자 1: 아, 뜨거운 물을 끓여라.] 네.

"끓여라."

그렇게 했구요. 그래서 그냥,

"그런 물을, 그런 물로 목욕하면 예뻐질 거야."

그렇게 했구요. 깜은 떰의 말을 믿고 그렇게 따라 했어요. 죽었죠. (일동 웃음)

그래서 죽었구, 떰은 그런 깜의 시체를 그 뭐, 그 뭐지? 뭐라고? [조사자 1: 젓갈?] 젓갈 아니구 뭐지? 엉덩, 항아리에 담아서 젓갈로 만들어서 네, 계모에게 보내주었어요.

계모가 너무 고맙다고 생각하고 매일매일 그거를 젓갈을 꺼내서 먹어요. 한 까마귀가 그냥 집에 그, 지붕에 그 앉아있고 울었어요.

"맛있냐? 맛있기는요. 맛있기는, 맛있기는. 니가, 그 엄마는 딸의 고기를 먹는데 맛있기는요. 혹시 남아있으면 나한테 좀 줘라."

그렇게 했구요. 그런데 그냥 계속 그런 말이 있어요. 보통 베트남 말로는.

(베트남어로 말함.)

"맛있기는 뭘요. 그 엄마가 딸의 고기를 먹는데. 남아있으면 나 좀 줘라."

[조사자 1: 어, 무서운 얘기네.] 그래서 그냥 믿지 않아요. 계모는 믿지 않죠. 믿지는 않아요.

그런데 다 먹고 나서는 뼈, 머리 뼈가 나타났어요. 너무 좀 놀래서 그냥 죽었어요.

[조사자 1: 재밌어요. 선생님의 <떰 깜>이 가장 구체적이고 재미있었어요. 힘드시죠 선생님?] [조사자 2: 진짜 긴 이야기네요.] 네, 이거는 되게

길어요. 좀 시도 많이 들어가요, 항상. 보통 베트남 사람들이 얘기해 줄 때 그 안에 시도 함께 들려줘요. [조사자 1: 멋있다.]

[조사자 2: 너무 깜이, 떰을 여러 번 죽여요.] 세 번 정도, 세네 번 정도. [조사자 2: 젓갈이 될 만하네요.] (일동 웃음) [조사자 2: 너무 많이 죽여서. 너무 많이 죽이니까. 그래도 떰은 깜을 한 번밖에 안 죽였잖아요. 근데 깜은 떰을 세 번이나 죽였으니까.] 네 번, 네 번이지? 처음에는 연못에 떨어져 죽고, 두 번째는 새, [조사자 2: 새 잡아먹고.] 잡아먹고. 네 번째는 그, 수안나무. 두 자루, 그루. 베어서 태워버리고. 아 세 번이죠, 세 번.

[조사자 2: 근데 한국의 〈콩쥐팥쥐〉에서는 그 임금이, 남편이 그 처음에 아내 바뀐 걸 못 알아보잖아요. 팥쥐가 콩쥐를 죽인 다음에 콩쥐의 집에 가서 아내인 척하는데 남편은 그걸 못 알아보잖아요. 그런데 여기 〈떰 깜〉에서는 임금이 다 알아보고. 새인데도 알아보고. 그게 좀 감동적인 거 같애요.] 깜, 떰을 많이 생각해서 떰의 그 모습이 좀 항상 눈에 보여요. 그래서. 새도 그냥 아, 자기 아내처럼.

[조사자 2: 깜은 계속 질투하고. (웃음) 나무도 많이 나오네요.] 네, 나무 두 번째. 빈랑나무, 그리고 수안나무. 그리고 티나무.

[조사자 2: 근데 마지막에 그 까마귀 노래가 좀 무서워요.] 아, 그죠. 무서워요. (웃음)

똑똑한 아이

● 구연정보

조사일시 : 2018. 12. 13(목) 오전
조사장소 : 서울시 서초구 양재동 카페
제 보 자 : 도티탄(이정민) [베트남, 여, 1989년생, 결혼이주 8년차]
조 사 자 : 오정미, 김민수

● 구연상황

제보자가 〈나무 아래 앉은 아이〉 구연한 뒤 뭇할아버지에 대한 대화를 하다가 기억 나는 이야기가 하나 있다며 이 설화를 구연해 주었다.

● 줄거리

왕이 인재를 찾기 위해 말을 타고 길을 떠났다. 한 농부를 만난 왕은 그에게 물소가 하루에 얼마나 땅을 갈 수 있는지 물었다. 농부가 답하지 못하자, 옆에 있던 농부의 어린 아들이 왕에게 타고 온 말이 하루에 얼마나 가느냐고 물었다. 왕은 아이를 시험하기 위해 수소 세 마리를 주며 새끼를 낳아서 아홉 마리를 만들어오라고 했다. 아이는 궁 앞으로 가서 울며 아버지가 동생을 낳아주지 않는다고 떼를 썼다. 아버지가 어찌 자식을 낳느냐면서 웃는 왕에게 아이는 수소가 어찌 새끼를 낳느냐고 물었다. 왕은 다시 새 한 마리를 주며 밥상 세 개를 차리라고 했다. 아이는 바늘을 왕에게 주며 새 잡을 칼을 만들어 달라고 했다. 그때 이웃 나라에서 전쟁을 일으키기 전에 이 나라에 인재가 있는지 탐색하려고 큰 우렁이를 보내서 실로 우렁이를 통과시켜보라고 했다. 아무도 문제를 풀지 못할 때 아이가 개미의 허리에 실을 묶은 뒤 우렁이 반대편 끝에 참기름 냄새를 나게 해서 우렁이를 통과시켰다. 아이는 그 왕국의 신하가 되었다.

그냥 저기 '똑똑한 애기'라는 이야기인데. 이거만 제가 장면 장면 기억이 나는 거 같아서. [조사자 1: 네네.] 똑똑한 애기.

그 뭐 옛날에는 베트남에서 왕비 있잖아요. 왕비라고 해야 하나요? [조사자 1: 왕비? 왕의 부인.] 아니 왕. [조사자 1: 왕.] 왕이 있었는데 왕이 자기 밑에 있는 밑에 하는 사람 누구지 [조사자 1: 신하?] 네 신하한테 나라 전체 찾아봐서 제일 잘하는 사람 뭐지? [조사자 1: 똑똑한 사람?] 재능 많은 사람 똑똑한 사람? [조사자 1: 인재.] 인재, 인재! 인재 찾으러 다니라고 하셨어요.

그래서 이분이 가서 되게 어려운 질문 많이 했어요. 인재 찾으려고 해서, [조사자 1: 신하가?] 네네. 그런데 아무리 돌아다녀봤자 그렇게 인재 찾지 못해서 정말 못했어요. 그래서 어느 날 어느 마을을 지나갔는데 길거리 보니까 아들하고 아빠가 같이 일하고 있었어요. 그래서 우선 아빠가 물소? 아빠는 물소랑 같이 일하잖아요. [조사자 1: 응. 응.] 물소 끌고 아들은 땅 하고 거기서 그 모습 보고 물어봤어요.

"어, 물소 하루에 얼마나 땅 갈 수 있냐?"

그래서 아빠 그 말 듣고 서고 있는데,

'뭐라고 대답해야 되지?'

하고 있는데 갑자기 8살 아이가 다시 물어봤어요.

"그러면 저는 이 질문 하겠다. 이 말은 하루에 얼마나 갈 수 있나요?"

[조사자 1: 질문이 뭐라구요?] 말, 말. [조사자 1: 홀스Horse? 홀스, 말, '히히힝' 하는 말?] 네네 말. 하루에 몇 걸음 갈 수 있냐. [조사자 1: 아 신하가 탄! 그 말이!] 네.

"신하가 탄 말이 하루에 몇 걸음 갈 수 있냐? 그러면 우리 물소 하루에 땅 얼마나 몇 길 갈 수 있는지 알려줄게."

그래서 그 말 듣고 신하가 어떻게 대답해야 되는지 몰라가지고,

'아아 정말 인재인 거 같다. 더 이상 어디 안 가도 되겠다.'

생각했어요. 그래서 동네에서 사는 사람들이 그래서 아빠하고 아들이 사는 곳에 물어봐서 뭐 왕한테 가서 말했어요. 그래서 그 말 듣고 왕이 되게 기뻤어요. 기뻤는데 그게 정말 인재인지 아닌지 아직 정확하지 않으니까 다시 다시 그 아기 사는 마을에 뭐가 내렸어요.

바로 그 찹쌀 세 가마하고 그리고 물소. 그런데 무슨 물소지? [조

사자 1: 잠깐만요? 잡쌀? 찹쌀 세 가마?] 네 찹쌀 세 가마라고 해야 되나요? 그 베트남에서는 찹쌀 담는 바구니 있는데 옛날 바구니 있어요. 그거하고 물소. 아 갑자기 생각 안 나네. (조사자를 보며) 동물한테 뭐 성별 가리면 뭐죠? 아! 수컷 암컷 [조사자 1: 아 성별.] 수컷 물소 세 마리 줬어요. 찹쌀 세 가마하고 [조사자 1: 자, 찹쌀 세 가마니.] 찹쌀 세 가마니 [조사자 1: 아하. 오케이 오케이. 찹쌀 세 가마니와 그다음에?] 물소. [조사자 1: 물소?] 물소 수컷. [조사자 1: 물소 수컷으로] 세 마리. [조사자 1: 세 마리. 아하, 오케이.]

줬는데 이 세 마리를 어떻게 새끼 낳아서 아홉 마리로 만들으래요. [조사자 1: 아하, 수컷으로?] 그런데,

"내년에, 내년에는 어떻게 아홉 마리 가져가서 해야 된다."고.

"바쳐야 된다."고.

"만약에 아홉 마리까지 만들지 못하면 그 마을에 사는 사람들이 다 벌을 받게 되는 거라."고.

그렇게 내렸대요.

그런데 이 말 들어보니까 거기 사는 마을 사람들이 어떻게 해야 되는지 모르겠다며 또 다들 모여서 의견 회의도 하고 근데 아무리 회의하고 의논해도 방법을 못 찾았어요. 그래서 이 이야기 막 마을에서 회의하고 하니까 그 애기 귀에, [조사자 1: 들어갔어요.] 네, 들어갔어요. 그래서 이 아기가 그런 거예요.

"아니 뭐 왕한테 이런 거 받을 수 있는 건 되게 오랜만인데 그냥 마을 주민분한테 물소 세 마리 중에서 두 마리 잡고 그래서 찹쌀도 세 가마니에서 두 가마니 가져와서 요리해서 마을 사람들 다 같이 실컷 먹자."

이렇게 애기했어요. [조사자 1: 아이가?] 네. 아이가 물소 한 마리하고 찹쌀 가마니 한 가마니 남아서 팔아가지고 그거 왕궁에 가는 비용으로 해서 둘이 아빠 아들이 그쪽으로 가는 걸로 해서 아빠가 그런 말 듣고 말했어요.

"너는 다 먹어 버리면 어떻게 해. 그렇게 하지 마."

그런데 아들이 무조건,

"아빠는 내가 알아서 하니까 아빠는 걱정하지 마."

그렇게 말하고서 아빠는 거기 마을 사람들한테 이렇게 얘기했어요. 그런데 마을 사람들 그 말 듣고 그 말 들어도 좀 약간 의심이 되잖아요. 다 잡아먹어가지고 자기가 책임지겠다니. 그래서 그냥 약속 쓰라고 했어요. 그래서 각서 쓰고 그래서 마을 사람들이 물소 두 마리 잡고 찹쌀 두 바구니 맛있게 먹었다고 하더라구요. [조사자 1: 아이 말대로?] 네네, 아이 말대로.

그 나머지 한 마리 팔아가지고 아빠하고 그 아들이 왕궁에 갔어요. 왕궁에 가니까 아빠는 밖에서 기다리고 아들은 그 안에 들어가서 뭐 밖에 일 왕궁 밖에 서고 계시는 분 이름이? [조사자 1: 경비? 신하?] 지금 경비라고 해야 하나요? [조사자 2: 경비병, 병사?] 네, 병사 같아요. [조사자 1: 어 병사.] 거기 서고 있는 그 사람 모르게 들어가서 큰 목소리로 울었어요. [조사자 1: 누가 누가 아이가?] 아이가. 그 모르게 들어가서 그 안에 한가운데서 큰 목소리로 울었어요.

그래서 왕이,

"그 아이 좀 데리고 와봐."

해서 물었어요.

"너 이 꼬마야 무슨 일이니? 왜 여기 와서 우니?"

그랬어요. 그래서 이 꼬마가 말했어요.

"우리 엄마는 일찍 돌아가시고 아빠는 아기 낳아서 동생 안 낳아 주려고 해요. 그래서 나는 친구 없으니까 그래서 울었다."고.

왕에게,

"어떻게 좀 해서 우리 동생 좀 낫게 해달라."

이랬어요. 그 말 듣고 그래서 왕이든 신하든 다 웃었어요.

"그러면 동생 있으면 너 아빠도 결혼하라 해야지. 네 아빠는 남자인데 어떻게 아기를 낳냐?"

그래서 그 아기가 그 말 듣고 웃었어요.

"그러면 왜 우리 마을한테 수컷 물소인데 어떻게 아기 낳아서 9마리 되라고 만들으라고 하는 거냐?"

그래서 왕은 그 말 듣고 웃었죠. [조사자 1: 지혜로운 아이네요.] 지

혜로운 아이? 그래서 뭐 뒤에서는,

"그냥 내가 그냥 해보는 거다. 그러면 너는 그 물소 가지고 잡아 먹지."

그래서 그 아이가,

"저희는 이미 잡아먹었다."

그래서 그때 그제서야 왕이,

'아 얘가 정말 지혜로운 애구나.'

알게 되어가지고 그다음 날도 다른 거 심화 실험했다는 거 같아요.

아빠하고 아들이 같이 밥 먹고 있는데 이때는 또 왕이 새 한 마리 가져왔어요. [조사자 1: 또 시험하는 거예요?] 시험하는 거죠. 새 한 마리가 가지고 와서 밥상 세 개 차리래요. 그래서 그 애가 그 말 듣고 아빠한테 바늘. 바늘 갖다 달라 그래서 그 아기는 바늘 가져와서 신하한테 갖다 줬어요. [조사자 1: 뭘 반을 가져가?] [조사자 2: 바늘.] 바늘. [조사자 1: 아 바늘? 오케이 오케이.]

그래서 이거 가지고 와서 왕한테,

"이거 칼로 만들어 달라. 칼로 만들어서 나는 그 칼로 새 잡아먹을 거다."

[조사자 2: 요리를 하겠다?] 네. 그래서 그 말 듣고는 왕이 ,

'정말로 지혜로운 아이이다.'

하고 인정해서 그 아이 불러가지고 뭐 돈 주고 그랬어요.

어 정말 긴데? 아직 안 끝났어요.

그래서 그때는 그 당시에서 전쟁? 전쟁이 있는 옆에 나라는 침입? 침입이라고 해야 되나요? [조사자 1: 응 침입.] 침입하려고 했어요. 침입하려고 했어요. 그래서 그때는 침입하기 위해서는 이 나라에는 인재가 있는지 파악하기 위해서 그 뭐지? 이름이 기억 안 나는데 그 군인 바다 산은 잠시만 제가… [조사자 1: 네, 천천히 하세요.]

(내용을 찾아봄.)

골뱅이? 우렁? 골뱅이 우렁 같은 건데 되게 길어요. [조사자 2: 되게 길다구요?] 네. 길고 [조사자 1: 우렁이가? 지렁이?] 아뇨. 아뇨. [조사자 2: 구렁이요? 뱀?] 아뇨 그게 아니라 우렁 같은데 조금 길어요. 그래서 그거 가지고 와서.

[조사자 1: 달팽이처럼 생긴 거예요?] 잠시만 제가 [조사자 2: (그림을 그려 보이며) 이런 거 말하는 거예요?] 그런가? [조사자 1: 그림 잘 그리는데?] [조사자 2: 이렇게 생기지 않았어요?] [조사자 1: 우렁, 골뱅이] [조사자 2: 약간 이렇게 이렇게.] 네네, 맞아요 맞아요. (사진을 보여주며) 이거요. [조사자 1: 어, 맞아요. 그거 베트남 사람들도 먹죠?] 네. 먹어요. [조사자 1: 되게 좋아하던데.] [조사자 2: 아, 이거. 맞네요.] [조사자 1: 맞아 골뱅이.] 맞아요 골뱅이. 근데 좀 길어요. 그런데 [조사자 1: 우렁이가 유독 길어요.] 네네.

그런데 실 가지고 와서 그거 통과시키래요. [조사자 1: 뭐를 우렁이를?] 근데 되게 길고 하니까 통과시키라는데 또 그 말 그거 듣고 되게 신하들이 서로 의논하고 방법 찾는데도 뭐 어떤 사람들은 입으로 불고 어떤 뭐 하는데도 여러 가지 방법 찾았는데도 못 찾아 없다고 못 찾았다고.

[조사자 1: 잠깐 전쟁이 났어.] 아뇨. [조사자 1: 전쟁이 막 나려고 해.] 그래서 그 나라는 그쪽에서는 여기 인재가 있는지 파악하기 위해서 이거 좀 약간 실험하려고 해서 이렇게. [조사자 1: 하는 거고 이걸 우렁이한테.] [조사자 2: 아뇨. 아뇨. 우렁이한테가 아니고 엄청 긴 우렁 껍질을 보내서 여기서부터 여기까지 실로 통과시키라고 한 거죠.] 네. 맞아요.

[조사자 2: 우리, 구슬.] [조사자 1: 아! 구슬 꿰듯이! 그게 세 번째 시험이었던 거예요?] 네.

다른 나라 이 세 번째는 다른 나라에서 다른 나라 보내는 거고, 첫 번째 두 번째는 그 왕이 내려 본 거고. [조사자 2: 왕은 인정을 했고.] [조사자 1: 응 인정을 했고 또 다른 나라에서 또 이 아이를 시험.] 여기가 인재가 있는지 이 나라에 침입하려는데 이 나라에서 인재가 있는지 파악하기 위해서 보내는 거예요.

"우리나라는 이런 게 있는데 너희 한 번 해봐."

이런 식으로 해서 신하들 의논하면서 못하면 저기서 너넨 못한다고 막 그러니까 되게 여러 방법 했는데 안 돼가지고 마지막에 신하들이 의논해서 방법했는데도 안돼서 마지막이 그 아이한테 물어봤어요. 음. 그래서 그 물어보니까 들어보니까 그 아기가 노래 불렀더라구요.

그래서 노래 보니까 노래 속에서는 뭐

"개미 한 마리 잡아가지고 그 개미의 등에 실을 묶어가지고 그래서 반대쪽에는 기름."

기름이라고 해야 되나요?

"기름 발라놔요. 그러면 그 냄새 맡고 개미가 지나간다"고.

"그러면 그때는 실을 통과시킬 수 있다."

그렇게 말했어요. 그래가지고 그렇게 해보니까 되었다고.

[조사자 1: 그 방법 다시 한 번만 얘기해 줄래요? 아이가 노래를 불렀고?] 그 여기서는 노래 노래 나왔는데 그 내용은 노래 내용은, 그냥 뭐 개미 한 마리 잡아가지고 개미 등에 허리에 실 묶어놔요. 그리고 우렁이 한쪽에 놓잖아요. 그리고 반대쪽은 기름 같은 거 발라놔요. 그러면 그 개미가 냄새 맡으면 지나가서 지나가잖아요. 기름 있는 곳에 가려니까 지나가니까 그럼 그때는 실을 통과시킬 수 있다. 개미 통해서.

[조사자 1: 아 알겠다. 우렁이 끝에 기름 냄새가 나게 한 다음에 개미 한 마리를 실 넣고 우렁 속으로 들어가게 해가지고? 아 천재네 진짜. 끝?] 네, 끝이에요. 네네.

뭐 나중에 이 애기도 뭐가 된다고 하고 끝이에요. 나중에 뭐.

[조사자 1: 그래서 이 아이가 결국 선택을 받는 걸로 끝나는 거예요?] 그래 나중에는 크면 왕국에 가서 무슨 신하인가 뭐가 되었다. 뭐 이렇게.

똑똑한 소녀

● 구연정보

조사일시 : 2016. 11. 27(일) 오후
조사장소 : 충청북도 진천군 덕산면 용몽리
제 보 자 : 누엔티김퍼 [베트남, 여, 1990년생, 결혼이주 7년차]
조 사 자 : 오정미, 이원영

● 구연상황

사전 연락을 통해 제보자 자택에 도착한 뒤 인사를 나누고서 거실에 앉아 조사를 시작했다. 제보자의 시어머니와 두 어린 자녀, 그리고 친정부모님이 자택에 머물고 계셨다. 제보자는 말을 잘 못한다며 주저했지만, 조사자들이 편하게 하라고 권하자 준비해둔 자료를 보면서 구연을 시작했다. 이야기 후반부에는 청자로 참여하던 친정아버지가 베트남어로 이야기 구술을 도왔다.

● 줄거리

홀아버지와 살던 소녀가 있었는데, 왕이 소녀가 사는 마을을 없애려고 했다. 마을 사람들은 이에 반대하며 왕에게 살려 달라고 부탁했다. 왕은 수컷 소 한 마리를 주면서 송아지를 낳게 하면 마을을 살려 주겠다고 했다. 마을 사람들이 깊은 걱정에 빠지자 소녀는 이를 해결하고자 왕에게 접근했다. 울고 있는 소녀를 본 왕이 연유를 묻자 소녀는 엄마 없이 아버지와 둘이 사는 것이 외로워 동생을 갖고 싶다고 하는데도 아버지가 낳아주지 않는다고 했다. 왕이 아버지가 혼자서 어떻게 동생을 낳느냐고 하자 소녀는 왜 황소 한 마리만 주고 송아지를 낳으라고 했냐고 반문했다. 왕은 소녀의 말이 맞다고 하면서 마을을 살려 주었다.

처음 애기는요, 음, 똑똑한 소녀이라고요. [조사자 1: 똑똑한?] 소녀. [조사자 1: 소녀.] 네. [조사자 1: 똑똑한 소녀.] 네.

옛날 옛날에 음, 어느 마을에 음, 소녀 하고 아빠랑 살고 있어요. 엄마는 일찍 돌아가서스고(돌아가셨고). 음, 그리고 저기 그 마을을. 음,

"없어지라."고.

왕이,

"마을을 없어지라."

고 시키는 거예요. 그 마을 사람들이 저기 인제,

"반대하라."고.

근데 그리고 저기 왕이 인제 조경이 하나 준다고요. [조사자 1: 조경?] 네. 그 수걱(수컷) 소를 한 마리 갖다 저기 갖다 주고, 그 수걱(수컷) 소를 이케,

"송아지를 낳아, 낳을라."고.

"그 낳을라."

고 시키는 거예요. 근데 수걱(수컷)는 인제 새끼를 못 낳잖아요. 그래서 [조사자 1: 아 수컷 소?] 네. 네.

[조사자 1: 수컷 소를 얘기하셨구나. 아 오케 오케이. 예, 잠깐만 다시 한번 정리할게요. 소녀와 아빠만 살고 있었어요. 그런데 왕이 마을에 왔어. 그죠?] 네. [조사자 1: 그다음은 뭐라고요? 다시, 미안. 앞에 거 다시.] 네. 그 마을을 이제, 이제, 사, 사, 없어져라고. [조사자 1: 왕이? 그 마을을 없앨려고 했어요?] 네. 네. [조사자 1: 아 오케이.] 네.

그래서 마을 사람들이 걱정을 많이 하고 있는데, 이제 음, 왕에게 부탁 하나 있어요.

"뭐 조건이나 뭐 좀 있으면 좀 해달라."고.

"마을 살려, 살려라."고.

부탁하는 거예요. 근데 왕이 이게 수걱(수컷), 수걱(수컷) 소를 한 마리 갖다 주고,

"그 수걱(수컷) 소를 새끼, 새끼 낳을라고, 낳아야 돼. 응, 낳을 수 있으면 그 마을이 이제 지켜준다."고.

그랬어요. 근데 수, 수걱(수컷)는 새끼를 못 나, 못 나서 그래서,

"어떡해야 하냐."고.

마을 사람들이 걱정하고, 하고 있는데. 이제 그, 그중에 그, 이 소녀를 그 이야기 들어서 그 담에 그 왕한테, 그 왕한테 음, 막 달려가서 울고 있는 거예요.

"그 왜 우냐?"

고 물어봤더니.

"이 저기, 아빠하고 둘이 너무 외로워서 혼자라서 동생 하나 저기 갖고 싶다."고.

"근데 아빠가 안 낳아주는 거라."고.

그래서 왕이가

"아빠는 저기 남잔데 어떻게, 어떻게 동생을 나주냐."고.

음, 얘기하다가 그 담에 소녀를(소녀는) 왕한테, 왕에게,

"왜 수걱(수컷) 소를 한 마리 갖, 저기 마을에 키, 갖다 주고, 저기 새끼 낳으면 어떻게 낳으냐?"고.

그 소리해서 그 왕, 왕를(왕은) 소녀에게,

"음, 맞는 소리라."고.

그래서 그 마을이(마을을) 살려줬어요.

지혜롭게 의사 구실을 해서 결혼한 소년

● **구연정보**

조사일시 : 2019. 01. 09(수) 오후
조사장소 : 경기도 안양시 만안구 석수동
제 보 자 : 도티탄(이정민) [베트남, 여, 1989년생, 결혼이주 8년차]
조 사 자 : 오정미, 강새미

● **구연상황**

제보자가 조사자들과 만난 뒤 처음으로 구연한 이야기였다. 제보자는 팔을 다쳐서 거동이 불편했지만 밝은 표정으로 구연했다. 교과서에 실린 이야기는 아니지만, 베트남에서 굉장히 유명한 이야기이며 어린이용 방송에도 나온 이야기라는 설명을 덧붙였다.

● **줄거리**

옛날에 어느 마을에 예쁜 소녀를 좋아하는 가난한 소년이 살았다. 그때 마을에 나쁜 사람이 있었는데 소녀를 위협해서 결혼하려고 했다. 소년은 바위를 던져서 남자가 그리 못하게 방해했다. 그때 고을의 높은 사람의 아내가 목에 가시가 걸려서 의원을 찾고 있었다. 남자가 복수를 하려고 소년을 유명한 의사라고 거짓말하여 부자에게 보냈다. 소년은 고생 끝에 여자를 웃게 만들어서 가시를 빼내는 데 성공했다. 그리고 임금에게 간 소년이 지혜를 써서 공주가 세 마디의 말을 하게 하고, 나라의 병자들 문제를 해결했다. 소년은 공주와의 결혼을 사양하고 마을로 와서 자기가 좋아하던 소녀와 결혼했다.

이 사람 그냥 도자기 만드는데 되게 가난했다고 해야 되나요? 가난하고 아마 늙은, 나이 많은, 연세 많이 드시는 어머니 같이 살고 있고. 그 마을에서는 되게 예쁜 소녀 한 명이 있었어요. [조사자: 손녀?] 소녀. 여성? 여성이야 되나요? [조사자: 소녀, 걸girl 여성.] 네.

여성 있었는데 그 여성은 되게 예쁘고. 그래서 그 마을에 있는 남자들 되게 그 소녀한테 막 되게 많이 좋아해서 그 여성한테,

"같이 시집, 장가가고 싶다."

[조사자: 남자가 그 소녀를 좋아했어요?] 남자들. 그 남자도 그 소녀 좋아하고, 그 마을 안에 많이 사는 남자들도 그 소녀 되게 좋아해서 장가가고 싶다 했는데, 이 남자 '떰'이라는 이름 가지고 있어요.

근데 그 마을 안에서는 되게 나쁜 사람이 한 명 있는데, 나쁜 남자? 약간 성격도 안 좋고 그런 남자 있는데 그 소녀한테 다가와서 되게 위협하고 되게 그런 거해서. 그 소녀 자기한테 시집오게끔 했대요. 근데 그 모습 지켜보는 남자가, 지켜보는 남자 바위 가지고 그 남자 있는 곳에 던져서 그 남자 그 행동 못하게 했어요.

근데 그 남자는 바위 던지는 사람 누구인지 알고. 그래서 그다음에는 복수하겠다고 결심했고.

근데 어느 날에서는, 옛날이니까 뭐 어떻게 지금 따지면 시라고 해야 하나요, 시의원? 그 사람들 와이프가 아파가지고 그래서,

"훌륭한 의사가 있으면 그쪽에 보내서 자기 아내 병 고쳐주라."고.

그렇게 내렸는데. 근데 그 나쁜 남자가,

"이 도자기 일하는 사람이 유명한 한의사라."고.

"그래서 거기 가서 그 사람한테 가서 병 고칠 수 있으니까 그 사람한테 가세요."

그렇게 했대요.

또 이 남자는 마찬가지, 근데 사람들 뭐 이 남자 집에 오는데 근데 이 남자는,

"나는 한의사가 아니라."고.

"나는 한의에 대해서 아무것도 모른다."

그런데 지금 따지면 시, 뭐라 해야 되나 시의원이라고 해야 되나요? 그분은 그냥,

"그래도 우리 와이프는 병 고쳐주라."

억지로 집으로 끌고 왔어요.

이 남자는,

'어떡하지?'

이러도 못하고 저러도 못하는데,

'그냥 한 번 해보자.'

고 했어요.

했더니 보니까 이분 아내 분이 목에 가시? 뼈? 생선 가시 목에 걸리는 거 알고. 그래서 이 사람 어떻게 했냐면, 바지에. 처음에는 이 사람,

"안 하겠다."

하니까 그분은 사람 주어가지고 하인 주어가지고,

"이 사람 할 때까지 계속 때려라."고.

했대요.

[조사자: 잠깐만, 누가 누구를 때려요?] 그 시의원 같은 사람이라고 해야 되나요. 그 사람은 근데 이 남자가,

"자기 한의원, 한의사가 아니라."고.

했잖아요. 그래서,

"못 하겠다."

근데 시의원 같은 경우는,

"너는 왜 우리, 너 한의사 유명한데 왜 우리 와이프 안 고쳐 주냐."

해서 계속 때렸대요. 할 수 있을 때까지. 그래서 이 사람은

'이대로 맞아 죽어버리는 것보다 차라리 그냥 한 번 해보자.'

하고 하기로 했는데, 들어와서 그 아내분 보니까 목에 가시 걸려 있는 것 보고.

그래서 이 남자 어떻게 했냐면 바지, 한 쪽 바지 올려가지고 금방 맞아서 멍든 곳을 보여주고 계속,

"아프다."고.

계속.

"아프, 아프다."

고 해서 그 환자하고 그 환자 가족들을 웃기게 만들었대요.

되게 웃기게 만들어서 그래서 환자분도 많이 웃어가지고서 기침해서 드디어는 그 가시가 빠져나왔대요. [조사자: 기침을 해서.] 네.

그래서 어 이거 보니까 이 남자는 어쩔 수 없이 그냥 상도 받고 그렇게 되었고. 또 이 사람은 그다음에는, 이 사람은 또 억지로 된 한 의사 또 왕한테 소개해줬어요.

근데 왕은 공주 한 명 있었는데 공주는 무슨 병에 걸렸는지 모르지만 갑자기 말 안 한대요. 그래서 왕이 말대로는,

"만약에 너는 우리 공주 한 세 마디만 말 할 수 있게 해주면 우리 공주한테 장가갈 수 있게 해주겠다."

그래서 이 남자 어떻게 했냐면, 들어가서 밥 하려고 했는데. 근데 밥은 보니까 맨날맨날 밥, 그 돌들이 세 개 넣어가지고 그 저 밑에 불 넣잖아요. 근데 이 남자는 두 개만 넣고 위에서 냄비 올려놓는 거예요. 근데 냄비 올리니까 계속 쓰러지잖아요. 쓰러지는 모습 보니, 공주 보니까 너무 답답해서 그래서 말했어요.

"너 이렇게 멍청하냐. 이렇게 한 개 더 놔야 세 개 되어서 이렇게 되는 거지, 안 넘어지지. 두 개는 어떻게 하겠냐?"

그래서 이 남자는 공주 말대로 했고. 그다음에는 불 피우려고 하는데, 근데 이 남자는 돌 두 개 가지고 마찰시켜서 불을 피우려는데 근데 마찰시키기만 하는데 아무것도 안 넣었어요. 그래서 계속 했는데 또 이번에는 공주 그거 보고,

"너 정말 바보이구나! 이거는 뭘 넣어가지고."

그 불 모이는 거 뭐죠? 뭐 그거 넣어가지고 그래야. [조사자: 불쏘시개.] 네네.

"그래야 불이 붙는 거 아니냐?"

근데 이 남자도 뭐가, 또 세 번째는, 그 공주, 또 그 두 번째 했고. 세 번째는,

"너는 젓가락 놔야 젓가락에 불이 붙는 거 아니냐. 너 이렇게 바보, 이렇게 바보인 줄 몰랐다."

그래서 공주는 세 마디 했어요.

그 모습 보고 왕이 되게 기뻐했는데, 근데 막상 공주 가난한 사람한테 보내주려니까,

'이 사람 너무 가난해서 안 되겠다. 그래서 안 보내.'

그래서 좀 약간 말이. 그래서,

'이 사람 안 되겠다. 그래서 어떻게 해야 되지?'

그래서 왕이 생각하다가 그냥 이 사람한테,

"너는 시민."

지금 말로는 시민인데 옛날 말로는 뭐였는지 모르겠어요.

"시민한테 병 다 고쳐주지 못하면 너 머리 자르겠다."

했어요.

그래서 이 남자는 어쩔 수 없이 가서 나와가지고.

그때는 왕한테 거기 시민들 병 걸리는 사람들을 다 나오게 해서 이 사람들 고치라고 했어요.

그래서 이 사람 그런 거예요. 그 병이 오래 걸린 사람 이름 뭐라고 하죠? [조사자: 오랫동안 아픈 사람이요?] 네. [조사자: 환자?]

(제보자가 단어를 찾느라 잠시 구연을 멈춤.)

난치? 난치가, 불치? 불치병? [조사자: 맞아요. 난치병, 불치병. 오랫동안 병이 안 낫고 계속 아픈 거.] 그가 말했어요.

"이 중에서 불치병 아닌 사람은 빨리 돌아가라."

그랬더니 듣는 사람이 거의 다 돌아갔어요. 그래서 또 그 마지막 말은,

"그러면 이제는 불치병 걸린 사람 한 명 불에 태워."

필요해서 그 사람이 불에 태워버렸대요. [조사자: 한 명만 남은 거예요?] 아니 아직 많이 남았는데, 근데 이중에서 병이 제일 심한 사람 한 명 필요해서 그 사람은 불태워서. 그 태운 거 가져와 다른 사람한테 먹이겠다는 거죠.

그래서 그 소리 듣고 아무 사람도 남지 않았대요. 그냥 돌아갔고. 그래서 그 모습 보고 왕이 되게 좋아하고 드디어는 공주 그 남자한테 시집보내기로 했는데.

근데 이 남자는 거절하고,

"그냥 옛날에 같이 자랐던, 같은 마을에 자랐던 그 예쁜 여자 같이 결혼하겠다."

고 해서 그렇게 그 여자 같이 결혼하게 됐다. 그런 이야기였어요.

지혜로운 막내 사위

● **구연정보**

조사일시 : 2019. 01. 09(수) 오후
조사장소 : 경기도 안양시 만안구 석수동
제 보 자 : 도티탄(이정민) [베트남, 여, 1989년생, 결혼이주 8년차]
조 사 자 : 오정미, 강새미

● **구연상황**

제보자는 〈나라 구하고 승천한 영웅 댕잠〉 구연을 마친 뒤 다음 이야기를 고르기 위해 집에 있던 베트남 옛날이야기 책을 살폈다. 책을 살피다가 이 이야기가 마음에 들었는지 구연을 시작했다.

● **줄거리**

가난한 막내 사위를 무시하는 장인과 장모가 있었다. 하루는 술에 취한 장인이 마을 웅덩이에 있는 물을 다 마셔도 취하지 않는다고 허세를 부렸다. 그 말을 들은 마을 이장이 웅덩이의 물을 마시는 일을 두고서 내기를 하자고 했다. 장인이 웅덩이 물을 다 못 마시면 자신의 재산을 이장에게 모두 주고, 다 마시면 이장의 땅을 모두 받기로 했다. 뒤늦게 술에서 깬 장인은 자신이 한 약속에 대해 걱정을 하기 시작했다. 막내 사위가 그 말을 듣고는 웅덩이의 물만 마시기로 한 것이니 웅덩이에 연결된 강을 끊어달라고 말하라고 알려주었다. 막내 사위의 지혜로 재산을 뺏기지 않게 된 장인은 사위와 사이좋게 지내며 살았다.

어느 집에서는 딸 다섯 명 있었어요. 그래서 사위도 다섯 명인데 그중에서 막내 사위는 되게 가난했어요. 그래서 그 집에 엄마 아빠 되게 사위, 다섯 번째 사위 무시하고 다른 사위들보다 무시했어요.

그래서 어느 날 명절이었는데 부잣집이 아빠가 거기 앉아가지

고, 술 마셔가지고 술 취해서 말했어요. 그래서 동네 사람들이,

"취했냐?"

고 물어봤더니 그분은,

"나는 어떻게 취하냐."고.

(조사자를 향해) 그 웅텅이라고 하나요? 그 물 고여 있는 곳이? [조사자: 웅덩이?]

"웅덩이처럼 마셔도 취하지 않는다."

그래서 그 사람이 그 말 듣고. [조사자: 누가?] 동네 사람. [조사자: 부모님들이 막내 사위를 무시했고.] 네 무시했고.

근데 명절 때, 이 명절에 거기 동네에서 모임 장소 있나 봐요. 거기 가서 이 사람 나가서 술 마시는 거죠. [조사자: 누가 술을 마셔요. 막내 사위가?] 아뇨 그 집 부모. 아빠가. [조사자: 친정 아빠가.] 네. 친정 아빠가 술 마셨는데 그중에서 모임 장소 중에서 한 명이 그 모습 보고 물어봤어요.

"술 취했어요?"

그래서 남자 아빠가 말했어요.

"나는 어떻게 취하겠냐. 이 웅덩이처럼 많은 술을 마셔도 안 취한다."고.

그 말 듣고 동네 사람들은 그러면 이 사람한테, 되게 부잣집 아빠인 이 사람한테 벌주려고. 놀리려고 해야 되나요? 그래서 말했어요.

"정말인가? 그러면 이 웅덩이 있는 물 다 마실 수 있냐?"고.

그래서 이 남자가,

"당연하지! 나는 다 마실 수 있지."

그 말 듣고 마을에 살고 있는 사람, 최고이라는 사람 뭐라고 하죠? [조사자: 어른?] 아니. 마을인데, 마을에서 그 마을 관리하는 사람. [조사자: 이장님?] 이장. 이장이 말했어요.

"만약에 이 웅덩이 있는 물 다 마실 수 있으면 나는 이 땅 주겠다. 그런데 못 마시면 너 재산 전부 다 마을 사람한테 나눠줘야 된다."

고 말했어요.

그래서 취하고 있는 상태에서 땅 받을 수 있으니까 그래서,

"좋겠다."

고 해서 각서 썼어요.

"만약에 이 웅덩이 안에 있는 물을 마시지 못하면 집 전체 재산 다 마을에 나눠줘야 된다."

근데 집에 가보니, 각서 쓰고 싸인했어요. 근데 집에 가보니까 다음 날 술 깨는 상태에서 다시 생각해보니까,

'아 큰일 났겠다.'고.

'어떻게 그 웅덩이에 있는 물 다 마실 수 있겠냐?'

그래서 걱정하고 있는데 갑자기 막내 사위가 왔어요. 원래 평소에서 막내 사윗감 보면 약간 무시하고 그러는데, 근데 이번에서는 일이 어떻게 될지 몰라가지고 그래서 그냥 사윗감한테 얘기했어요. 그래서 사윗감은,

"걱정하지 마시오. 물바가지 준비, 집에 있는 사람들 하나씩 준비해 달라."

그래서 어느 시기, 웅덩이에 있는 물을 다 먹어야 되는 시기 왔어요. 그래서 그 아빠가 집에 있는 소도 잡고, 돼지도 잡아가지고 동네 사람들 와서 맛있게 먹고 동네 사람들 앞에서 말했어요.

"우리는 이 웅덩이에 있는 물 다 마시겠다."

그래서 그 말 듣고 동네 사람들 되게 신기해.

'어떻게 이 웅덩이에 있는 물 다 마실 수 있겠냐?'

그래서 다 궁금해하고 거기 왔어요. 그래서 아침, 다음 날 아침에 그 집 식구 다 웅덩이 앞에 나와서 말했어요.

"나는 각서처럼 웅덩이에 있는 물을 다 마실 수 있겠지만 이 강에 있는 물을 다 마시지 않아요. 그러니까 나는 이 강에 있는 물 다 마시지 않기 위해서 이 웅덩이만 막아놔 달라."고.

"그러면 나는 이 웅덩이에 있는 물만 먹겠다."

그래서 이 말 듣고 동네에 있는 사람. 아 마을에 있는 최고 관리. [조사자: 이장.] 이장 이 말 듣고,

'이 사람은 잔머리 썼구나.'

그러니까 이제는 두 사람이서 이기는 사람 없이. 없던 일로 했

다. 그때부터는 다섯째 사위를 되게 좋아하게 되었고.

[조사자: 웅덩이가 있고 강이 이렇게 있으면 연결이 된 거죠? 그래서 웅덩이 물을 퍼도, 퍼도 그 강에서 물이 흘러 내려오는 건데. 사위가 머리를 써서 '나는 이 웅덩이 물만 마실 테니까 강에서 오는 물을 못 오게 하면 마시겠다' 그런 지혜를 준 거네요.] 네.

거짓말 잘하는 꿔이

● **구연정보**

조사일시 : 2019. 01. 30(수) 오전
조사장소 : 경기도 안양시 만안구 석수동
제 보 자 : 도티탄(이정민) [베트남, 여, 1989년생, 결혼이주 8년차]
조 사 자 : 오정미, 한상효

● **구연상황**

제보자가 〈달 속으로 간 사내와 나무〉를 구연한 뒤, 다음 이야기의 주인공의 이름도 꿔이라고 하면서 새로운 이야기를 시작했다. 이 이야기는 이전에 제보자가 들은 적이 있는 것인데 베트남 전래동화를 알려주는 사이트에서 다시 찾아서 이야기해주는 것이라고 했다. 이 이야기는 사람을 잘 속이는 꿔이라는 아이의 몇 개의 에피소드로 구성되어 있다.

● **줄거리**

부모님을 여의고 삼촌 부부와 사는 꿔이는 사람을 잘 속이는 재주를 가졌다. 꿔이의 소문을 들은 부자가 자신을 밖으로 나가게 해 보라고 하자, 꿔이가 집 안에서 집 밖으로 나가게는 못하지만 밖에서 안으로 들어오게 할 수 있다고 했다. 알겠다고 하며 부자가 집 밖으로 나가자 꿔이는 부자를 집 밖으로 나가게 했으니 자신이 부자를 속였다고 말했다. 하루는 돈이 필요했던 꿔이가 삼촌 부부가 키우던 돼지를 팔았다. 꿔이는 돼지를 팔면서 돼지꼬리만 남겨 달라고 했다. 꿔이는 돼지꼬리를 땅속에 묻고는 숙모가 오자 어떤 할아버지가 와서 그 돼지를 잡아서 땅 밑으로 들어갔다며 자신은 못 가져가게 꼬리를 붙잡고 있었다고 했다. 숙모는 꿔이가 시키는 대로 돼지꼬리를 붙잡고 그 사이 꿔이가 땅을 팠다. 땅을 팠는데도 돼지가 없는 걸 보여주면서 꿔이는 이미 돼지가 저 세상 갔으니 이제 어쩔 수 없다고 했다. 이와 같이 계속 꿔이에게 속은 삼촌 부부는 꿔이를 물에 빠트려 죽이려고 했다. 구사일생으로 살아난 꿔이가 다시 삼촌 부부를 속여서 그들이 대신 물에 빠져 죽게 했다. 꿔이는 결국에는 왕까지 속여 그 나라의 왕이 되었다.

그 거짓말 너무 잘 하는 사람, 꿔이라는 사람이에요. [조사자: 거짓말 잘하는 꿔이.] 정말 거짓말 잘 하고 정말 사람 잘 속이는 잘 속이는데, 에고, 길어 너무 길어서 생각 잘 안 나는데 살짝 보다가 [조사자: 보셔도 돼요. 보시고 천천히.] 그냥 모르면 제가 다시 한번 보면 될 거 같고.

이 사람, 꿔이라는 이름이 또 꿔이예요, 옛날에 꿔이라는 이름이나 애기 많이 있더라고요. 거짓말 잘 하고 사람 속도 잘 속이는 사람인데 이 사람은, 엄마 아빠는 돌아가시고 작은, 작은 아빠? 작은 아빠 같이 아빠하고 작은 엄마 같이 살게 되었어요. 근데 이 사람은 거짓말 잘 하고 되게 똑똑하기도 하고 거짓말도 잘 하고 사람 잘 속이고 막 그래, 그랬어요. [조사자: 꿔이가?] 그래서 되게 유명한, 그 마을에서 되게 유명했어요.

또 어느 날, 그거. [조사자: 사람들이 꿔이가 거짓말쟁이인 거 알아요? 마을 사람들이?] 거짓말쟁이고 근데 사람 거짓말 생기보다 사람 속, 잘 속이는 사람 속 잘 속이는 사람이라 유명했어요. 그 사람 잘 속이고.

근데 어느 그래서, 그거서 유명하니까 어느 날, 어느 부잣집 사람한테 그 귀, 그 소문 들리는 거예요. 그 사람은,

"안 믿기겠다."

그 사람은 꿔이 보러 왔어요.

"너는, 나는 이 자리에 앉아 있는데 너는 말해서 내가 속아가지고 대문 앞에 나오게끔 하면은 내가 돈 얼마나 주겠다."

하고 꿔이가 말했어요.

"아니 이렇게 마음먹고 이렇게 앉아 있으면 내가 어떻게 속겠냐?"

그러니까

"대문 앞에 나와서 그럼 내가 분명히 여기 오게끔 할 수, 해 주겠다."

해서 그 말 듣고 그분은 바로 대문 나왔어요. 보니까 큰 소리 말했어요.

"너를 한 번 보세요. 제가 이렇게 말해도 이분 발로 대문 갔죠?

이분이 속았어요."

해가지고 이 사람은 되게 억울하면서도 어쩔 수 없이 돈 줬어요.

(조사자가 이야기를 다시 확인함.)

꿔이는,

"아니 이렇게 마음 먹고 안심이, 나는 어떻게 속아서 어떻게 해서 대문 앞에 나올, 나올 수 있겠느냐?"

그러니까,

"이제 대문 나와서 내가 분명히 여기 올 수 있게끔 해주겠다."

[조사자: 내가 오히려 올 수 있게끔 내가 하겠다.] 아니요. 꿔이가,

"대문 나와라. 그러면 나는 여기서 여기 올 수 있는, 올 수 있게끔 내가 해주겠다. 어떻게 해서 내가 속여서 너가."

(조사자가 이야기를 다시 확인함.)

이분은 속아가지고 그냥 가는 거죠. 읽어보니까 이거는 들어, 되게 이연이 비슷한 이야기 많은데 되게 재밌어 가지고. [조사자: 이 꿔이에 관련된 시리즈가 있을 거 같아요.] 엄청나게 많았어요. 여기든, 여기 대한 얘기도 그런 이야기 엄청 많아, 많아요.

[조사자: 또 다른 꿔이 이야기도 있어요. 선생님?] 있어요. 꿔이도 되게 많고 베트남에서 특히는 꿔이라는 얘기, 뭐 천재 대한 얘기, [조사자: 머리 똑똑한 사람, 천재.] 아니면 형제에 대한 이야기는 정말 많아요.

[조사자: 베트남에는 천재, 아니면 형제.] 형제 무슨 형제, 이렇게 항상은 아빠 엄마 돌아가시고 그렇게 해서 항상 그렇게 얘기해요. 그래 보니까 되게 많아요. 꿔이 아니면 누구 대해서 뭐 그런 것도 많고.

그래서 이 그렇게 해서 그 사람 갔잖아요. 이 얘기 긴데. [조사자: 또 다른 이야기인 거죠?] 아니요. [조사자: 꿔이 이야기예요?] 꿔이 이야기 되게 길어요. 이 사람은 이렇게 속아잖아요. 말했어요.

"어, 보세요. 내가 이렇게 해서 이번에 대문 앞에 나왔으니까 이번에 속았는, 이분이 내 말에 속여서 이렇게 나왔다."

해서 이분은 고놈이 어쩔 수 없이 돈 주게 되었어요.

그래서 그렇고 뭐. 그때는 뭐 꿔이네는 작은아빠, 엄마네 집에서

돼지 키웠어요. 근데 돼지 키우는데 그 돼지 팔고 돈 가져와서 뭐 사 먹겠다는 생각 때문에 그래서 돼지 파는 사람 불러서 돼지 팔았어요. 이 사람한테

"비밀로 해달라."

하고 그리고.

"자기 꼬리, 돼지 꼬리 살아있는 돼지 잘라서 꼬리 하나만 주라."

그 사람도 그렇게 해 줬어요. 꿔이는 어떻게 했나면 땅 파가지고 그 꼬리는 땅에 살짝 넣었다가 나머지 꼬리 나왔잖아요. 그럼 옆에는 땅 되게 딱딱하게 해 놔가지고 거기서 있다가 작은엄마 오셨어요. 작은엄마 오시니까 되게 불쌍한 목소리로 당황스런 목소리로,

"작은엄마 어떡해요? 어떤 할아버지가 올라와가지고 그 돼지 잡아서 가셨다, 가셨어요. 제가 붙잡았는데도 돼지 꼬리 땅 밑에 내려갔어요. 그 할아버지가 돼지 데리고 이제는 돼지는 다 내려가고 꼬리만 남아 있어요. 근데 어떡해요? 돼지가 살리려면은 이 땅 파가지고 돼지 꺼내야 돼요. 그러니까 작은엄마는 돼지 꼬리 잘 보세요. 근데 살짝 잡아, 잡으셔야 돼요. 그 뭐 세게 땡기면은 뭐 돼지가 밑에 떨어질 수 있다."

그래서 어머니가 그 돼지도 아깝기도 하고 어떻게 되는지 모르겠다, 그냥 꿔이 시키는 대로 했어요. 꿔이 가서는 뭐 가지고 와서 땅 팠어요. 근데 꿔이는 땅 어떻게 파냐면 이렇게 파가지고 밑에 팠어요. 옆에, 옆에 파고 밑에 돼지 꼬리 밑에 팠어요. 그래서 밑에 파면 돼지 꼬리 당연히 밑에 땅으로 떨어지잖아요. 그러니까,

"어떡해요. 어쩔 수 없어요. 이렇게 할아버지가 이렇게 돼지 다 가져갔어요. 어떡해요."

그래서 뭐 밑에는 베트남 엄푸이라는 나, 엄푸이라는 단어인데 다른 세상이요. [조사자: 아 엄푸이가.] 아 엄푸가 다른 세상으로 내려갔으니까. 보통 베트남에서 사람 죽으면은 한국에서 뭐 하늘나라 저승이나 에 저승에 내려갔다. 그래서,

"어쩔 수 없다."

그래서,

(전화가 와서 잠시 중단됨)

[조사자: 엄푸이, 다른 세상.] 저, 저승이라고 해야 되나. [조사자: 저승 다른 세상, 베트남 분도, 베트남 사람들도 죽으면 가는 세상도 있다고 생각하고 그게 엄푸이죠? 그러면 더 궁금한 건 엄푸이가 보통 땅 밑에 숨어 있다고 생각해요? 선생님? 그건 아니고.] 땅 밑에 베트남에 하늘나라라고 생각 [조사자: 생각 안 하고.] 왜냐하면 사람 죽으면은 땅에 땅속에 묻잖아요. 그래서 엄푸는 그 속에. [조사자: '땅속에 있다.' 그랬어요, 선생님.]

그래서 어느 또 그 이야기 끝났죠. 돼지는 이렇게 속여가지고 넘어갔어요. 그래서 어쩔 수 없이 그랬어요.

어느 날은 꿔이는 작은아버지가 같이 시장에 갔어요. 근데 꿔이는 손에 들고 있는, 베트남 옛날에 시골에 같은 경우는 그 대나무로 만드는 바구니 있어요. 그 바구니는 거의 구멍이 없어요. 구멍 너무 작아서 안 보여요. 그 꿔이는 그 손, 작은아빠 뒤로 따라가서 그 바구니, 바구니 가져갔어요.

근데 갑자기 작은아빠가(작은아빠보다) 앞에 나서가지고 한참 뛰었어요. 뛰어가지고 왜 바구니 물 물소 똥 있잖아요. 물소 똥 거기 있었어요. 길에, 꿔이는 그 물소 그 바구니로 물소 똥 덮었어요. 덮어가지고, 한참 작은아빠가 오셨어요.

"아빠 금방 내가 이 새가 잡았는데 근데 이제 손 넣으면은 아빠는 집에 가서 그른(그릇) 가져와요. 그른 가져와. 이렇게 바구니 위에 이렇게 쪄 놓으면은 새가 내가 이 바구니 빼더라도 새가 도망가지 않고 그러니까 그 이 새 잡아가지고 먹으면 되겠다."

그래서 그 말 듣고 또 작은아빠도 집에 가서 그른 가지고 와서 그 바구니 위에서만 막 쪄 넣었어요. 어쨌든부터 도망가게끔 했더니, 근데 그 보니까 사람 되게

"신기하다. 왜 갑자기 이렇게 한 길 가운데서 뭐하고는 치고마고는"

이 사람한테 막 모였어요. 보였는데 근데 뭐 그 바구니 빼니까 그 손에 집어넣었잖아요. 그 빼니까 손에 묻은 거는 새가 아니라 소

똥이었어요. 그래서 그거 보니까 아빠가 되게 화가 났어요.

"아니 어떻게 사람 속일 수 있느냐?"

그러니까 화가 나가지고 화가 나고 집에 가서 야단쳤어요.

또 어느 날, 다른 날은 같이 작은아빠 같이 논밭에서 일하고 나왔어요. 근데 아빠가 한참을 일하다가 목이 말라가지고 꿔이한테 시켰어요.

"너 집에 가서 물 좀 가져오라."

꿔이 집에 갔어요. 집에 가니까 되게 황, 되게 다급한 목소리, 울면서 말했어요.

"어떡해 작은어머니 어떡해요. 아빠가 일하다가 작은아빠 일하다가 물소, 물소가 아빠 이렇게 머리 뿔이로 해서 아빠 돌아가셨어요. 엄마. 간 막 나오고 돌아가셨어요. 어떡해요."

그래서 그 소리 듣고 또, 어머니 울면서 달려왔어요. 달려갔어요. 꿔이도 되게 길이 되게 여러 가지 있잖아요. 이 길은 짧은 길 돌아가지고 또 아빠한테 갔어요.

"아빠 어떡해요. 어머니 집에서 이렇게 뭐 꺼내다가 뭐 꺼내가 떨어져 위에서 떨어져가지고 죽었어요."

또 그 말 듣고 또 작은아빠 또 울면서 집에 달려갔어요. 너무 달려, 달려갔다가 갑자기 부딪혔어요. 부딪히니까 자기 아내하고 부딪히는 거예요. 둘이 부딪혀가지고 그래서 그제서야,

"꿔이한테 속았구나."

되게 화가 나가지고 걔가 화가 나가지고 그 작은아빠가,

"어떻게 하면 어떻게 너는 어떻게 나한테 그럴 수 있니?"

해서 그 꿔이한테 벌주고,

"너 어쩔 수 없어요. 더 이상은 이 세상 살면 안 되겠다."

해서 그 약간 뭘로 대나무로 만들어서 꿔이 거기 넣어가지고 물속에 넣으려고 했어요. 근데 물속에 넣으니까 꿔이 그렇게 거기 강가에 있는 곳에.

(전화가 와서 잠시 중단됨.)

강가에 가서 너무 꽁꽁 묶었잖아요. 팔다리, 팔다리, 그 안에 넣

었으니까 움직일 수 없어요. 근데 꿔이가 말했어요. [조사자: 물속에 들어간 채로.] 네, 물속 안 갔어요. [조사자: 아직 안 가고.] 들어가려고 했어요. 근데 꿔이가 울면서 되게 불쌍한 목소리로 말했어요.

"어 작은할아버지. 아 작은아버지는 저는 이 세상 이렇게 말도 잘하고 거짓말 잘하는 것은 저, 저한테는 작은 책이 있어요. 그 책이 있어야 제가 지금같이 이렇게 거짓말 잘하고 돈도 벌고 살았어요. 그러니까 저는 저승 세상 가서도 이렇게 잘, 거짓말 잘할 수 있도록 그 책 가지고 오렴, 마지막 저의 마지막 소원이다."

이렇게 말하고 아빠도, 되게 작은아빠도 그 말 듣고 불쌍해서 그냥 집에 가서 책 찾았어요. 집에 가는데 꿔이는 한편, 꿔이는 그 안에서 지나가는 그 피부병 걸린 사람 보여, 근데 베트남 포이라는데 한국에서 무슨 병, 베트남의 그 병에 걸리면 소 피부병인데 소 막 구멍이 나고 막 그래, 그랬는데 그 사람 봤어요.

"어 너, 저기요, 이리 와봐. 나는 또 너처럼 병 걸려가지고 이렇게 꽁꽁 묶고 저이 나는 우리 아빠는 나는 꽁꽁 묶고 저기 놓고 무슨 넣었다가 올렸다가 넣다가 원래 더 나는 이제 멀쩡혀, 다 나았다."

그래서 그 소리 듣고 되게 궁금해서 꿔이 꺼냈어요. 꺼내가지고 풀어줬어요. 부모님 감탄했어요.

"어 이렇게 낫구나. 나도 낫고 싶다. 그러니까 나는 여기 너 대신 들어갈게. 그 대신 나는 조그만한 돈이 있어요. 이 고마, 고마운 마음 보답하기 위해서 너 이거 가져라."

그래서 걔는 이렇게 들어가서 꿔이는 먹고, 이따 아빠는 집에서 그거 찾았잖아요. 없어가지고 또 속았어요. 나와가지고 근데 확인하지 않고 그거 물속에 던져, 던져버렸어요. 그 사람 아쉽게도 조금 죽게 되죠.

그래서 던져 버려서, 꿔이는, 한편 꿔이는 또 그 돈 가지고 그 돈 가져와서 가다가 강가에서, 강가에서 뭐지, 물속 들어가는 거 뭐죠? [조사자: 강가에서?] 물속 들어가는, 갑자기 생각 안 나요. 수영도 하고 뭐 [조사자: 잠수?] 네 잠수. 잠수하고 잠수하는 체하고 손은 이렇게 그 막 받았던 있잖아요. 막 이렇게 물속에서 보이게끔, 했어요.

지금 그때 딱 마침 지나가는 관, 있어요. 그 사람이 [조사자: 죽은 사람을 묻는 관?] 아니요. 관 아니라 그, 관은 베트남어이구나. 그 시장에서 일하는 관직 있는 사람. 그 사람 봤어요. 그 사람이 그 모습 봤어요.

"재가 손에 든 건 뭐지?"

돈이, 동전, 돈인 거 같은데 그래서 바로 불렀어요.

"아이 꼬마야, 너 뭐하고 있는, 거기서 뭐하고 있니?"

그래서 꿔이가 말했어요.

"저는 그 마을 저 다리에서 놀다가 그 끔 한 덩이하고 거기 뭐 무슨 뭐하고 돈이 떨어졌어요. 그래서 찾고 있는데 아무리 찾아도 돈이, 금이 안 보여요. 못 찾았어요. 단, 단지 돈만 딸랑만 찾았어요. 어떡해요?"

그래서 그 소리 듣고 되게 욕심이 나가지고,

"그럼 나는 거기서 찾겠다."

하고 말했어요.

"또 빨리 찾고 나는 수영해야 하니까 빨리 나와."

이렇게 했어요. 그래서 그때는 옷 다 벗고, 버렸죠? 만(말)도 거기가 말 타고 왔으니까.

그래서 이 사람 꿔이는 그냥 올라왔어요. 올라가서, 그 사람이 잠수하는 동안 꿔이는 얼른 그 사람 옷 입었어요. 그래서 그 사람이 올라오니,

"너는 잠수하고 올라오는, 너는 왜 내 옷 입고 있니?"

"아니 나는 추워서 잠깐 입고 있을게요."

이 사람 또 다시 잠수해서 금 찾고 있는데 이 꿔이는 옷 다 입고 말 타고 떠났어요. 말 타고 떠나는데 이 사람 올라오니까 자기 옷 하고 말 없어져가지고,

'속았구나.'

이렇게 생각하고. 거기까지밖에 생각이 안 나.

(잠시 생각하느라 이야기는 멈춤.)

아 그전에서 이 관은 막,

"너 이름이 뭐냐? 어디서 사냐?"

했어요. 그래서 이 사람은,

"나는 이름은."

뭐지. 한국에서 막 놀러서 다니는 얘들 뭐라고 붙잖아요. 그 막 공부하지 않고 놀러다니는 얘들은 무슨 이름 붙죠? [조사자: 별명 같은 거? 깡패?] 아니 깡패. [조사자: 공부 안 하고?] 공부도 안 하고 맨날 놀고, 노숙도 많이 하게 만약에 그 얘 보면은 아, 이런 얘이다. 그 공부 안 하고 계속 돌아다니는, 날라리, 날라리 [조사자: 날라리.] 그래서 꿔이가.

"내 이름은 날라리야. 내 이름은 날라리이고 내 집은 이 세상이다."

그렇게 말했어요. 그래서 그 관은 그래서 그분은 믿고, 근데 올라가서 그때 올라갔잖아요. 올라가서 꿔이 없어지니까 어쩔 수 없이 꿔이의 옷 입고 막 돌아다니고 찾았어요.

"날라리 사람 봤냐?"고.

근데 만나는 사람마다 되게 비웃으면서 그 말 듣고 비웃으면서 갔어요. 그래서 계속 물어봐가지고 또 어떤 여자한테 물어봤어요.

"이 날라리 봤냐?"고.

이 여자는,

"나는 가지고 놀고 있는 거냐?"고.

그 여자, 때렸어요. 이 남자한테. 이때는 이때서야 ,

"아 속았구나."

네, 그렇게.

아 그거 가지고 와서 그 꿔이는 사람 옷 관의, 관직에 있는 사람, 옷 입고 말타고 집에 다시 왔어요. 그래서 아빠, 작은아빠하고 작은엄마 만나서,

"어 저는 저 세상 갔어요. 저 세상 갔는데 우리 엄마도 만나보고 할아버지 할머니 양쪽 다 만나봤었는데, 우리 엄마, 우리 아빠도 잘 살고 있다. 그래서 저는 이 옷도 입혀주고 이 말 타도 줬어요. 그래서 저는 작은아빠, 작은엄마 보고 싶어가지고 다시 찾아왔다. 그러니까

할아버지 할머니도 작은엄마 아빠 되게 많이 보고 싶고, 뭐 보고 싶어요."

그랬더니 그 말 듣고 잡은 아빠가 되게 믿어가지고,

"그러면 나도 그쪽에 갈 수 있는 거야? 어떻게 하면 나는 갈 수 있어?"

그랬더니 꿔이는,

"아 그러면 작은아빠 저 해주는 거처럼 하시면 돼요. 근데 무거우니까 그쪽까지 강가 앞에까지 가져갈 수 없으니까 그거 준비해서 강가 들어가서"

[조사자: 뭘 준비해요?] 그 대나무,

"그거 준비해서 거기 가서 들어가시면 제가 굴러 드릴게요."

그래서 그 말 듣고 아빠, 아빠 엄마 또 만나시고 또 돌아오실 수 있다니까 그 말 듣고, 똑같이 했어요. 그래서 그 둘이는, 두 분은 바닥에 떨어져서 죽었죠.

그래서 꿔이는 또 작은아빠, 작은엄마 남겨진 재산 받게 되고 사람, 살았어요. 그때 그래가지고 그래서 꿔이는 되게 일도 안 하고 돈만 쓰고 그래서 얼마, 안 있어요. 그 재산은 다 쓰게 되고 그래서 얼마 안 있어 쓰게 되고.

그래서 꿔이는 이때는,

'멀리 떠나고 싶다. 멀리 두고 떠나고 싶다.'

해서 이렇게 다 준비 먹은 거 다 준비해서 가, 가는데 그래서 가는데 멀리 가서 그 산에 갔어요.

산에 갔는데 그 꿔이는 뭐라, 뭐라 하냐면, 그 땅 파가지고 땅 자기 코끼리 잡으려고 코끼리 잡으려고 땅을 팠어요. 땅 파가지고 그 위에서 가려놔 가지고 구멍 없는 거처럼 해서 코끼리 한 마리 걸렸어요.

코끼리는 어떻게 걸렸냐면, 머리는 밑으로 하고 위에 똥. [조사자: 엉덩이가.] 엉덩만 위로 해서 꿔이도 이렇게 위서 옆에 있는 틈, 빈틈은 돌 집어넣었어요. 돈 집어넣어 가지고 뭐하냐면, 그 코끼리 춥잖아요. 그럼 꿔이는 그 코끼리 똥꼬 구멍이 파가지고, 파가지고 어떻게 하냐면 파서 나중에 뭐 산이니까 새들이 와서 죽어가는 코끼리 먹잖아요. 또 새가 엄청 들어왔어요. 새가 거의 똥구멍 통해서 코끼리 몸 속 들어가서 먹으려고 하잖아요. 그래서 들어가서, 엄청나게 들어갔는데 이때는 꿔이 뭐냐면 똥꼬 막아 놨어요.

똥꼬 막아놔 가지고 그러면 새가 엄청난 새가 거기 있으니까 하늘에 뜨는 거예요. 그 코끼리채 하늘에 떴어요. 그래서 꿔이도 그 코끼리 잡고 하늘에 날아갔어요. [조사자: 새 때문에 새가 하도 많이 들어가서.] 그래서 하늘로 갔는데. 그러니까 무슨 그 무슨 그 나라에서 되게 무슨 검문도 많고 그래서,

'어, 거기 가고 싶다.'

했어요.

그래서 그 코끼리 배에서 두드리니까 안에 새가 무서워가지고 안 날잖아요. 그럼 코끼리가 내려, 천천히 내려가는 거예요. 천천히 내려가서 그 약간 궁궐 같은데 왕이 있는데 갔어요.

근데 갑자기 꼬끼리 타고 오니까

"왕도 이거는 사람 아니라 그 되게 [조사자: 귀한 사람이 하늘에 오는 사람.] 하늘에 오는 사람, 내려온 사람이다."

해서 대접도 잘 하고 또 왕도 이게 꿔이 밑에 앉아요. 대접도 되게 잘하고.

저 왕도 어느 날,

"나도 이렇게 새, 코끼리 타고 하늘 날아가고 싶은데 어떻게, 어떻게 하면 좋을까요?"

그래서 꿔이가 말했어요.

"괜찮네요. 그냥 일단은 새가, 아니 코끼리가 되게 예민하니까 그냥 자고 저런 옷 바꿔서 입고 코끼리 타면 돼요. 근데 바다 한 바다에 가면은 그 새, 아 코끼리가 물 먹어야 하니까 그 밑 똥구멍에는 버튼 그거 빼야 돼요."

그럼 거기 떨어져 가지고 떨어지는 거죠. 그래 꿔이는 이 나라 왕이 되었어요.

네모난 뱀

● 구연정보

조사일시 : 2017. 12. 07(목) 오전
조사장소 : 인천광역시 미추홀구 용현동
제 보 자 : 융티탄프엉 [베트남, 여, 1988년생, 유학 3년차]
조 사 자 : 오정미, 한상효, 엄희수

● 구연상황

제보자가 〈무서운 괴물 마잔〉 이야기 구연을 마친 후, 조사자가 혹시 뱀과 관련된 또 다른 이야기가 있는지 물었다. 그러자 제보자는 〈네모난 뱀〉 이야기가 떠오른다며 구연을 시작했다.

● 줄거리

옛날에 한 부부가 있었는데 남편이 매우 게을렀다. 하루는 아내가 남편에게 논에 가서 일을 하고 오라고 했는데, 게으른 남편이 논에 갔다 바로 돌아왔다. 화가 난 아내가 남편에게 왜 일찍 돌아왔냐고 묻자, 남편이 8미터나 되는 커다란 뱀을 만나서 그냥 왔다고 했다. 아내가 뱀이 너무 크다고 하자, 남편이 뱀의 크기를 줄였다. 계속 길이를 줄이다 보니 뱀의 폭과 길이가 똑같아져 네모난 뱀이 되었다. 결국 남편은 자신이 거짓말을 하고 있다는 것을 증명한 셈이 되었다.

[조사자 1: 선생님 참, 베트남에도 뱀 많죠?] 네. 많아요. [조사자 1: 예를 들어 캄보디아 같은 경우 뱀이 약간 그, 뭐라 하지. 나쁜 여자가, 결혼한 여자가 다른 남자랑 사통하면 뱀을 낳는다 그래서 그렇게 뱀을 표현하고 이야기하던데 베트남에는 뱀에 관련된 이야기는 없어요?] 아, 아, 있는데. 아 갑자기 그 얘기가 기억나네요. 네모난 뱀. [조사자 1: 그거 해주세요.] 네모난 뱀. 아 근데, 네네. 아무튼 그 뭐지?

어, 옛날 어떤 집에서 남편과 아내 같이 살고 있었는데, 그 아줌마하고 아저씨가 같이 살고 있는데 아저씨는 진짜 게으른 사람이에요. 그니까 논에 가서 일을 해야 되는데 맨날 아줌마만 하고, 아저씨는 맨날 그냥 쉬고만 있어요. 그래서. [조사자 1: 어느 나라나.] 아줌마가 맨날 아저씨한테 일을 해라 그랬는데 맨날 핑계를 해요. 그래서 갑자기 어느 날 아저씨가 논에 갔는데 바로 왔어요. 바로 들어왔어요. 그래서 아줌마가 물어봤어요.

"왜 이 시간에 들어오냐."고.

그래서 아저씨가,

"아, 그게 아, 어, 논에 갔는데 무서운 뱀을 봤다. 근데 크고 진짜, 어, 요만하게 길고, 요만하게 넓고 그랬, 그런 뱀을 만났다. 한 길이는 한, 팔 미터 정도."

옛날에는 미터라는 단위, 미터라는 단위는 아니고 아무튼 그런 이만한.

"그니까 팔 미터, 넓이도 팔 미터 정도 됐다."

그래서 아, 죄송해요, 죄송해요. 아 그게 아니고,

"길이는 팔 미터, 그리고 넓이는 사 미터 정도 된 뱀이었다. 너무 큰, 두께가. 그니까 그래서 너무 큰 뱀이었다."

그래서 와이프, 아줌마가,

"무슨 뱀이 팔 미터나 길어?"

그래서

"팔 미터 정도는 아니지만 한 육 미터 정도는 됐을 거다."

그래서 아, 아줌마가,

"아이, 무슨 뱀이 육 미터나 기냐?"

그래서 아저씨가 계속 줄였어요. 그 길이를. 그래서,

"아니야, 육 미터 정도는 안 되지만, 사 미터 정도는 됐을 거다. 확실해."

그래서 아줌마가,

"야, 뱀이 두께도 사 미터, 길이도 사 미터. 그러면 네모난 뱀이야?"

그래서 아저씨가 그때 황당해서 그니까, 본인이 거짓말을 하고 있는 걸 들켰으니까 아무 말도 못했대요. (웃음)

[조사자 1: 아 그게 끝이에요?] 그냥. [조사자 1: 크기를 계속 줄였다?] 네. 아, 이게 약간 코미디 같은 얘기였어요.

[조사자 1: 소화, 소화네. 근데 왜 제목이 네모난 뱀이에요?] [조사자 2: 네모나잖아요. 그 뱀 모양새가.] [조사자 1: 아, 점점 이렇게.]

그니까 아줌마, 아저씨가 계속 거짓말을 했으니까 결국에는 그 사 미터 길이하고, 사 미터 두께. [조사자 1: 아, 폭과 길이를 계속 줄이다 줄이다가. (웃음)] [조사자 2: 뱀이 네모나게 돼버렸어.] [조사자 1: 어, 어.]

[조사자 1: 거짓말치면서. 그렇군. 게으른 남편의 이야기구나.] [조사자 2: 아 재밌다.]

대나무에 걸린 밥솥

● **구연정보**

조사일시 : 2017. 12. 07(목) 오전
조사장소 : 인천광역시 미추홀구 용현동
제 보 자 : 융티탄프엉 [베트남, 여, 1988년생, 유학 3년차]
조 사 자 : 오정미, 한상효, 엄희수

● **구연상황**

제보자가 〈네모난 뱀〉 구연을 마친 뒤 바로 이어서 또 다른 소화를 구연했다.

● **줄거리**

남편이 게으른 아내에게 밥솥을 대나무에 걸어놓으면 저절로 밥이 된다고 했다. 부인이 정말로 그렇게 했지만 결국 밥은 익지 않았다.

아, 그런. 우리 엄마가 그게 엄마가 들려준 얘긴데. 다른 하나, 하나 더 할까요? [조사자 1: 아유 좋죠. 좋죠. 선생님.] 제목은 기억이 안 나요. [조사자 1: 제목은 우리가 듣고 만들면 돼요. (웃음) 선생님이 붙여주시면 되는데.]

아, 옛날에 어떤 집에서 와이프가 진짜 게으른 사람이었어요. 남편은 맨날 일하는데, 와이프는 맨날 집에 가면 밥도 안 하고, 맨날 게으름을 부르니까, 부리니까. 성이 바뀌었나? 아저씨가 그랬나 아줌마가 그랬나? 네, 아줌마가 게을렀던 거 같아요.

그래서 어느 날 남편이 아, 농담으로 했어요.

"밥 지을 때는 그, 부엌에서 지을 필요 없고 그냥 대나무에다가 걸어 놓으면 저절로 익는다."고.

그 농담을 했는데 와이프가 진짜 그런 줄 알고 진짜 그렇게 했어요. 근데 아, 이거 제대로 해드려야 되는데. 근데 그렇게 했는데 안 익었다는 그런 코메디가 있었어요.

[조사자 1: 소화네. 이것도.] 응. 응. [조사자 1: 이건 뭐라고 하지? 게으른 부인과 남편이라고 할까?] [조사자 2: 아니면 대나무에 걸린, 뭐 이렇게.] 어, 밥솥. [조사자 1: 그래. 대나무에 걸린 밥솥.]

[조사자 1: 베트남에도 이런, 약간 소화 같은 이야기들이 있네요?] 많아요. [조사자 1: 아, 많아요?] 네. [조사자 1: 사회주의 국가여서 없나 그랬는데.]

속에 있는 물을 버리러 가겠습니다

● 구연정보

조사일시 : 2018. 11. 19(월) 오후
조사장소 : 서울시 관악구 신림동 서울대학교
제 보 자 : 쩐티빅프엉 [베트남, 여, 1977년생, 기타]
조 사 자 : 오정미, 엄희수

● 구연상황

제보자가 〈나라를 구하고 승천한 영웅 댕잠〉 구연을 마친 뒤 조사자와 이런 저런 얘기를 나누다가 한국의 방귀쟁이 며느리에 대한 말을 듣고서 베트남에 알려진 방귀에 대한 소화를 들려주었다.

● 줄거리

어느 부모가 딸에게 시집가면 모든 것을 시부모님께 말하라고 당부했다. 어린 딸이 시집가서 소변을 보고 싶었다. 어린 딸은 시부모님께 가서, "자기 몸 속에 있는 물을 버리러 가겠다."고 했다.

베트남도 비슷한 이야기 있는데 좀, 그, 우화, 우화 아니라 소화. 좀 짧은 이야기. [조사자 1: 그런데 사실은 그 이야기가 단순하게 이제 웃음만 나는 이야기가 아니라 문화적으로 접근을 한 거죠, 선생님? 문화교육을 위해서?] 베트남, 어, 그런 면도 있어요.

며느리가 그냥 시집에 갔을, 왔을 때 부모님이 그 뭐지? 얘기를 해줬구요.

"어디 가거나 시부모님께 말씀 드리고 가라."

고 했으니까.

[조사자 1: 베트남도 그 이야기가 있어요? 그 이야기부터 해주세요.]

(일동 웃음) [조사자 1: 그 이야기 제목이 뭘까요?] 그, 원래 제목은 원래 시로 만든 거예요. 어, 그, 〈아버님, 아버님 제가 좀 그 속에 있는 물을 좀 배출하러 간다고 합니다.〉 그렇게 말씀했고요. [조사자 1: 아, "아버님, 아버님. 제가 속에 있는 물을 버리러 가겠습니다."] 네, 그렇게.

원래 그냥 어린 며느리 있는데, 시집가기 전에 그 엄마가 아주 좀, 자세하게 가르쳐주었어요.

"원래 그냥 어디 가거나 그냥 무슨 일을 하거나 다 부모님께 말씀드리고 하라."고.

꼭 기억하라 그렇게 말씀해 주셨으니까 그냥 며느리가 그냥 시집에 와서 살면서 자기가 되게 뭐, 소변을 보고 싶었는데 어떻게 해야 하는지 좀 잘 몰라서. 부모님한테 어떤 말씀을 드릴까 많이 고민하다가 결국 그런 말씀을 드렸구요.

"어머님, 아버님, 제가 이제 그 속에 있는 물을 버리러 가겠습니다."

그런 말씀을 드렸어요.

그리고 어떤 날, 그, 방귀 있잖아요. 방귀를 해야 하는데, 어, 엄, 어머니가,

"방귀는 그냥 어른 앞에서 하면 안 된다."고.

그런데 며느리가 시집 올 때부터는 그냥 계속 그냥 어른한테, 어른과 함께 있으니까 어떻게 하는지 계속 참고 참고. 결국 참지 못할 것 같아서. 참다가 좀, 못해서 그냥 '뻥' 뀌었어요. [조사자 1: 뀌었어요? 끝이에요? 시부모님 앞에서] 네, 시부모님 앞에서.

[조사자 3: 그래서 그 시부모님들이 뭐라고 했는지는 안 나와요?] 그거는 결국 내리지 않고, 뀌었다고. [조사자 1: 그럼 이 이야기를 했을 때 베트남 사람들이 웃고.] 많이 웃겼죠. (웃음)

시, 항상 시로 만들어서 하니까 그냥. [조사자 1: 아, 이 이야기를 시? 포임poem?] 그, 그 며느리의 말을 보통, 일반 말 알 아니고 시로 말씀드리는 거예요.

(제보자가 베트남어로 시를 읊음.)

그냥 베트남 전통시 장르 있어요. 6·8 구의 그런 시 있거든요.

그런 6·8체로 딱 맞춰서 말씀드렸어요. [조사자 1: 그 시를 만약에 한국말로 번역하면, 물론 6·8구체가 아니겠지만. 어떤 거예요? 완전 직역을 하면?] 어,

"어머님 아버님."

어떻게, 어떻게 번역해야 되나?

"어머님, 아버님 좀 말씀이 있습니다. 제가 이제 좀 속에 있는 물을 버리러 가야 하겠습니다."

그렇게 말씀드렸구요. 근데 그냥, 그냥 그냥 일반 말 아니고 시로. [조사자 1: 시로, 어.] [조사자 2: 오줌, 소변이라는 말이 아니라 속에 있는 물.] 속에 있는 물. (웃음)

[조사자 1: 아, 실제 베트남 말로도? 소변이라는 단어가 있는데, 그 단어를 안 쓰고 그냥 속에 있는 물.] 그냥 단어를 안 쓰고 그냥 '속에 있는 물.' [조사자 1: 어머, 재밌다.] 항상, 속에 있는 물을 배출하러 가겠다고 그런 말씀해요. (일동 웃음) 재밌죠? [조사자 1: 나름 돌려서 말한 거네요.] 그렇게. [조사자 1: 아, 재밌다.]

제보자 정보

누구엔티미두이엔(원지영)

[베트남, 여, 1989년생, 결혼이주 6년차]

누구엔티미두이엔 제보자는 1989년에 베트남 껀터에서 막내로 태어났다. 2010년에 결혼하여 강원도 횡성군에서 6년째 살고 있다. 슬하에 어린 형제를 두고 있다. 현재 직장생활과 육아를 병행하고 있다.

누구엔티미두이엔 제보자는 수줍은 표정을 하며 작은 목소리로 구연했지만 비교적 차분하고 섬세하게 이야기를 구연했다. 한국어 'ㄱ' 발음을 어려워했지만 비교적 정확하게 발음했고, 비언어적인 표현 없이 천천히 구술에 집중했다. 기억력이 좋아서 구연한 이야기의 완결성이 높으며, 장면 표현이 풍부한 편이다. 구연할 때 청중과 눈을 맞추고 반응을 살피며 부연 설명을 덧붙였다.

누구엔티미두이엔 제보자의 조사는 총 2회 진행되었다. 1회는 소개자 오숙민 작가의 자택에서, 2회는 제보자 자택에서 진행했다. 2회 조사 때는 한국에 방문한 친정어머니가 청중으로 참여했다. 제보자 자택에서 조사를 진행할 때에는 어린 자녀들이 함께 있어서 다소 어수선한 분위기였지만, 제보자의 적극적인 구연 태도로 이야기판을 잘 마무리할 수 있었다. 2회에 걸친 이야기판에서 총 12편의 자료를 구연했다.

누엔티김퍼

[베트남, 여, 1990년생, 결혼이주 7년차]

누엔티김퍼 제보자는 두 어린 자녀와 남편, 시어머니 그리고 베트남에서 온 친정 부모님과 함께 생활하고 있었다. 그녀는 하노이에서 멀리 떨어진 작은 시골에서 태어나, 농사를 짓는 아버지를 도와 유년시절을 보냈다. 한국에 대한 긍정적인 생각이 있어서 한국 남성과 결혼한 뒤 수원 등의 지역을 거쳐 충청북도 진천에서 살고 있다. 한국어는 결혼 직후에 살던 수원에 위치한 다문화센터에서 배웠으며, 고급 수준의 말하기와 듣기가 가능했다. 누엔티김퍼 제보자는 조사 당시에 진천의 청소업체에서 근무하고 있었다. 어린 자녀의 양육을 위해 베트남의 친정 부모님을 한국으로 초대했다.

누엔티김퍼 제보자는 베트남의 다양한 설화를 직접 구술하기도 했고, 친정아버지의 구술을 한국어로 통역하여 설화를 구술하기도 했다. 총 8편의 설화를 구연했다.

누엔티한

[베트남, 여, 1991년생, 결혼이주 7년차]

팜티루엔 제보자의 소개로 만난 제보자이다. 한국 남성과 결혼하여 청주에서 살게됐는데, 처음에는 시부모님 및 시조부와 함께 살았다고 한다. 남자를 하늘로 대하는 한국 문화가 낯설어 결혼 초기에 적응하기 어려웠으며, 한동안 아기를 갖지 못해 고생했다고 한다. 현재는 분가하여 살고 있으며 직장생활도 하고 있다. 시간상의 문제로 총 2편의 설화만 구술했지만, 고급 수준의 한국어를 구사하며 완결성이 있는 이야기를 들려주었했다.

도티탄(이정민)

[베트남, 여, 1989년생, 결혼이주 8년차]

도티탄 제보자는 베트남 하이퐁이 고향으로, 6남매 중 둘째이다. 고등학교를 졸업 후 대학에 진학하고자 했지만, 집안 형편상 한국 남자를 소개받아 결혼했다. 특히 어머니의 권유로 한국 남자와의 결혼을 결심했으며, 2010년에 결혼하여 한국으로 이주했다. 한국에 이주한 뒤주로 인터넷 강의와 사회 통합프로그램을 통해 한국어와 한국문화를 학습했고, 성공적인 문화적응을 거쳐 워킹맘으로 살아왔다. 동남보건대학교에서 베트남 유학생을 관리하는 일을 했고, 서초 인력센터와 코트라 등에서 멘토로서 강의를 하고 있다.

고급 한국어 수준을 가진 도티탄 제보자는 한국어가 유창하여 설화 구술이 훌륭했다. 총 3회에 걸친 조사를 통해 베트남의 다양한 설화를 구술했다. 구연한 이야기는 총 20편에 이른다.

띵티름(이지우)

[베트남, 여, 1983년생, 결혼이주 9년차]

띵티름 제보자의 고향은 하노이에서 2시간 정도 떨어진 하이정이다. 앞서서 한국 남성과 결혼한 사촌 언니의 소개로 남편을 만나 결혼했고, 계속 청주에서 정착하여 살고 있다. 처음에 출입국 사무소에서 운영하는 한국어교실에서 한국어를 배웠으며, 다양한 베트남 커뮤니티 활동을 하면서 한국어를 더 공부할 수 있었다. 팜티루엔 제보자와 함께 베트남의 전통춤을 추는 활동을 하고 있다고 했다. 조사 당시에 남편과 함께 가게를 운영하며 일을 하고 있었다. 띵티름 제보자는 한국에서 가장 힘든 점이 다문화가정에 대한 선입견과 편견이라고 했다. 베트남을 알리고 싶은 마음이 조사에 응한 이유라고 밝혔다. 능동적인 태도로 총 6편의 설화를 구술했다.

백옥장

[베트남, 여, 1982년생, 유학 10년차]

백옥장 제보자의 고향은 하노이 근처에 있는 박닌Bắc Ninh이다. 하노이에 위치한 대학을 졸업한 후 베트남에서 한국 회사에 3년 동안 다녔다. 그 후 대구로 유학을 왔고, 2007년에 인하대학교에서 석사과정에 입학했다. 과정 중에 공과대학에서 유학중인 베트남 남자를 만나 연애한 후 결혼했다. 현재는 2명의 딸을 낳고 단란한 가정을 꾸리며 인천에 살고 있다. 남편은 박사과정 졸업 후 인하대학교에서 연구교수를 했으며, 제보자도 출산 후 다시 복학하여 학업을 이어나가고 있다. 베트남으로 다시 돌아가기보다 한국에서 계속 거주하며 안정적인 생활을 영위해 나가고 싶다고 했다.

백옥장은 본래 베트남 문학을 전공한 제보자로서, 설화를 자세하게 기억하며 구술하는 특징을 나타냈다. 융티탄프엉 제보자와 함께 이야기 구술에 나섰는데, 기회가 될 때마다 이야기를 주도해 갔다. 총 5편의 자료를 구연했다.

부티킴하(김하연)

[베트남, 여, 1993년생, 결혼이주 6년차]

부티킴하 제보자는 베트남 하이퐁이 고향으로, 2013년에 한국 남성과 결혼하여 이주했다. 처음에 대구에 정착했는데 대구 사람들의 따뜻한 배려가 문화적응에 많은 도움이 되었다고 한다. 3년 동안 대구에서 산 후, 남편의 직장 때문에 서울로 이사했다. 서울은 대구보다 적응하기 어려웠지만, 다문화센터 선생님과 가족, 특히 남편의 배려로 두 딸과 함께 서울에서도 잘 적응하고 있다. 현재 부티킴하 제보자는 남편과 다문화센터 선생님의 권유로 한국방송통신대학교의 유아교육과에 입학하여 공부하고 있다. 베트남에서도 유아교육을 전공한 만큼 그 경험을 바탕으로 장래에 유치원 선생님이 되는 목표를 가지고 있다.

부티킴하 제보자는 어린 딸을 안고 설화를 구술할 만큼 적극적인 의지를 가진 제보자였다. 다만 첫 만남이어서 긴장을 많이 했고 시끄러운 주변 환경 때문에 구연에 어려움이 있었다. 총 6편의 설화를 구술했다.

부티프엉

[베트남, 여, 1990년생, 결혼이주 7년차]

부티프엉은 1990년에 베트남 북쪽 하이펌에서 태어났다. 21살에 결혼으로 이주해 경산시에서 남편과 1남 1녀의 자녀와 살고 있다. 제보자는 한국에 올 때 한국어를 배우지 못했었는데, 경산시에 있는 다문화벗들 성바오로배움터에서 한국어를 공부하며 많이 늘었다고 했다. 다문화벗들에서 많은 이주민들과 교류를 하고 있었다.

제보자는 조사자와 만남을 약속한 뒤 베트남의 책들을 구하고 한국인들에게 소개하고 싶은 좋은 이야기들을 한국어로 바꾼 뒤 수녀님들과 구연 연습을 했다고 했다. 조사를 시작하자, 한국어를 천천히 정확하게 발음하려고 노력하면서 이야기를 이어갔다. 베트남에만 있는 이야기 요소들을 한국 사람들이 잘 이해할 수 있도록 변형하기도 했다. 들려준 이야기들은 모두 긴 것들이었는데 차근차근 잘 풀어나갔다. 한국 설화와 비교할 수 있는 이야기들을 중심으로 총 5편의 이야기를 구연했다.

엔티터번(이연아)

[베트남, 여, 1984년생, 결혼이주 11년차]

엔티터번 제보자는 1984년에 베트남에서 태어나서 결혼 전까지 베트남에서 살았다. 남편과 결혼해서 한국에 왔으며 전라남도 진도군에 11년째 살고 있다. 슬하에 2녀를 두고 있으며, 한국명은 이연아이다.

엔티터번 제보자는 한국 이주 경력에 비하여 한국어 구사 능력이 부족한 편이다. 한국어 표현이 서툴러 구연할 때 이야기 전달력이 떨어졌다. 그럼에도 제보자는 이야기판에 적극적으로 참여하여 자신이 아는 이야기를 들려주고자 했다. 신이담이나 신이체험담을 즐겨 구연했다. 조용한 목소리로 이야기를 풀어갔으며 손짓을 자주 곁들였다. 결혼과 출산에 관한 경험담을 구연할 때는 옛날 일을 떠올리며 울먹이기도 했다. 단독으로 3편의 이야기를 구술했고, 베트남 국적의 호티홍녀 제보자 및 필리핀 국적의 메리안 제보자와 함께 3편의 자료를 구연했다.

원황하이이옌

[베트남, 여, 1997년생, 유학 1년차]

이 제보자는 '이옌'이라는 약칭을 썼는데, 정식 이름은 원황하이

이옌Wonhoang Hi Iyen이다. 1997년에 베트남에서 태어났다. 호민두 제보자와 함께 이야기판에 참여했다. 한국어 학습 기간에 비해 꽤 유창한 한국어 구사 능력을 나타냈다. 이야기판에서 호민두 제보자의 구연을 적극적으로 돕기도 했다. 원황하이이옌 제보자가 단독으로 구연한 이야기는 1편이다.

웬태휴

[베트남, 여, 1987년생, 결혼이주 12년차]

웬태휴 제보자는 2006년에 한국 남성과 결혼하여 한국으로 이주했다. 결혼 후 지금까지 계속 충북 진천에서 거주하고 있으며, 남편과 시어머니 그리고 두 아들과 함께 살고 있다. 이주 초기에는 교회와 다문화센터를 통해 한국어와 한국문화를 배웠지만 베트남과 다른 한국 문화에 적응하기 어려웠다고 한다. 2012년부터 진천 다문화센터에서 통번역 일을 하면서 한국에서 성공적으로 문화적응을 했다.

통번역 일을 하는 웬태휴 제보자는 한국어가 유창하여, 설화를 구술하는 데 전혀 어려움이 없었다. '엮어라. 스스로 엮어라.'와 같은 고급 어휘를 사용할 만큼 표현력이 뛰어났다. 총 7편의 설화를 구연했다.

융티탄프엉

[베트남, 여, 1988년생, 유학 3년차]

융티탄프엉 제보자의 고향은 베트남 중부에 위치한 광빈성이다. 중학교 때 가족이 남부로 이사하여, 성장기 대부분을 남부의 잘라이성에서 보냈다. 대학생 때 고려대학교로 1년 동안 교환학생을 왔고, 그 경력을 토대로 달랏대학교에서 한국어 강사를 했다. 강사생활 중에 베트남 남편을 만나 결혼하여 딸도 낳았다. 그 후 더 큰 꿈을 위해 2015년에 인하대 석사과정으로 홀로 유학을 왔다. 현재, 딸은 베트남에서 친정 부모님이 키워주고 있으며, 남편도 베트남에서 직장생활을 하고 있다. 박사과정을 마치고 베트남으로 돌아가 교수가 되는 것이 꿈이다.

제보자는 통역 일까지 할 정도의 고급 수준 한국어 능력으로 다양한 베트남 설화를 구술했다. 다른 베트남 제보자에게 들을 수 없었던, 〈물배추 여신〉, 〈네모난 뱀〉 등의 문화교육적 가치가 있는 설화를 다수 구술했다. 2회의 조사를 통해 총 17편의 이야기를 들려주었다.

응웬후우통

[베트남, 남, 1986년생, 이주노동 7년차]

응웬후우통 제보자는 1986년 베트남에서 태어났다. 2007년 한국 취업을 희망했으나 한국 경기가 좋지 않아 베트남 터미널에서 관리직으로 근무하다가, 2010년에 포천에 있는 소 사료 제조공장에 취업했다. 취업 초창기에는 한국어 교육을 수강하기 위하여 새벽 3시에 수강신청 줄을 서는 열정을 보이기도 했다. 제보자는 2015년에 취업 비자 만기로 베트남으로 일시 귀국했을 때 현재 아내와 만나 연애를 시작했다. 이후 한국에 재취업했으며, 회사의 배려로 아내와 함께 기숙사에서 함께 생활하고 있다. 아내와 한국에서 안정적으로 살기 위해 성실히 일하며 살아가고 있다.

응웬후우통 제보자는 이목구비가 또렷하고 둥근 얼굴형으로 수줍음이 많다. 한국어 ㄹ 발음을 다소 어려워했으나 발음을 정확하게 하려고 애썼다. 성격이 꼼꼼하여 민담 구연을 할 때에는 스마트폰 검색을 통해 내용을 꼼꼼하게 살피고 메모를 한 뒤 구연했다. 이주 생활담 외에 베트남 설화 3편을 구연했다.

저우티탄융

[베트남, 여, 1985년생, 결혼이주 9년차]

저우티탄융 제보자는 1985년에 베트남에서 태어났다. 남편과 결혼하여 한국에 왔으며 강원도 강릉시에서 9년째 살고 있다.

저우티탄융 제보자는 두 번에 걸친 조사자와의 만남에서 모국의 이야기를 할 수 있어서 좋다면서 이야기판을 적극적으로 이끌어

나갔다. 이야기를 구연할 때의 한국어 구사 능력은 중급 수준이었으나, 표현력이 풍부하고 인물 간의 대화체를 자주 사용했다. 조사자가 베트남의 설화 구연을 요청했을 때 제보자는 어릴 때 여름이면 달빛 아래에서 할머니에게 이야기를 반복적으로 자주 들었다면서 기억을 되살려 즉석에서 구연했다. 저우티탄융 제보자는 이야기 구연을 하면서 어린 시절의 추억에 잠기곤 했으며, 나라를 위해 싸운 인물에 대해 구연할 때는 감사한 마음을 나타내며 울먹이기도 했다.

저우티탄융 제보자는 주로 고향의 전설과 역사 인물담 위주로 구연했다. 이야기 내용과 관련된 실존 배경이 있는 경우에는 사진을 찾아서 직접 보여주기도 했다. 이야기와 관련되는 많은 정보를 상세하게 제공하려고 했다. 구연한 설화 중 총 8편을 정리 대상으로 삼았다.

전티흐엉

[베트남, 여, 1992년생, 결혼이주 6년차]

전티흐엉 제보자는 1992년에 베트남 하이즈엉에서 태어났다. 스무 살에 베트남에서 3개월 동안 한국어를 배운 뒤 남편과 함께 한국에 왔다. 경기도 안산에서 시부모님, 남편, 딸과 거주하고 있다. 제보자는 한국어를 시부모님께 배우고, 복지관과 센터에서도 배웠다고 하는데, 안산에서 베트남 관련 행사가 있을 때 통역을 맡을 정도로 한국어가 유창한 편이다. 한국 생활에 만족한다고 했다. 안산의 〈세계문화체험관〉에서 다문화강사로 활동 중이며, 안산 다문화 작은도서관에서 이주민들과 옛이야기 모임을 하고 있다.

제보자는 조사의 의도를 바로 알아차리고 어린 시절부터 들었던 이야기를 들려주었다. 조사자들이 내용을 이해했는지 살피며 차근차근하는 내용을 구연했다. 행사에 일을 하러 가야 하는 상황이라서 3편의 설화만 들을 수 있었다.

쩐티빅프엉

[베트남, 여, 1977년생, 기타]

쩐티빅프엉 제보자는 베트남 하노이대학교의 한국어 및 한국 문화학부 교수이다. 서울대학교에서 박사과정을 수료한 후 학위논문을 위해 베트남과 한국을 오가며 연구를 하고 있다. 조사 당시에 여행 방문자로서 단기간 한국을 방문해서 청강생 자격으로 논문 준비를 하고 있었다.

쩐티빅프엉 제보자와는 총 2회에 걸쳐 설화 조사를 진행했다. 설화를 구술하면서 이야기와 관련한 역사적 배경에 대하여 설명하는 특징을 보였다. 예컨대 〈환검호수 유래〉를 구술하면서 '레 왕조'에 대해 자세하게 설명해서 이해를 도왔다. 학문적 지식을 바탕으로 설화를 구술하는 것이 특징적이었다. 한국 설화에 대한 이해도가 높아, 한국 설화와 베트남 설화를 비교하여 비교문학적 관점에서 설화를 구술하기도 했다. 2회의 조사를 통해 총 14편의 설화를 구술했다.

찐티배뜨

[베트남, 여, 1985년생, 결혼이주 4년차]

찐티배뜨 제보자는 1985년 베트남 동탑에서 태어났다. 4년 전 남편과 결혼하여 경상남도 진주시 상봉동에 거주하고 있다. 현재 어린 자녀의 육아와 화장품 판매 일을 병행하고 있다.

찐티배뜨 제보자는 이야기 구연에 적극성을 나타냈다. 구연할 때 온화한 표정을 띠며 차분한 목소리로 베트남 설화와 이주생활담을 들려주었다. 한국어 발음이 비교적 정확하고 구연 속도도 적절하여 전달력이 뛰어났다. 알고 있는 이야기를 가능한 한 많이 들려주려고 했으나 구연 과정에서 어린 자녀를 돌보느라 구술이 중단되곤 했다. 이주생활담 구연 과정에서 타국에서 받은 서러움과 외국인에 대한 차별적 시선에 관해 말할 때는 감정이 북받쳐 울먹이기도 했다. 구술한 자료 중 정리 대상으로 삼은 설화는 2편이다.

팜티루엔(김민주)

[베트남, 여, 1987년생, 결혼이주 10년차]

팜티루엔 제보자는 베트남의 하롱베이가 고향이다. 한국 드라마를 통해 한국 남성에 대한 호기심이 생겼고, 우연한 기회에 베트남에서 남편을 만났다. 당시 제보자는 20살이었는데 남자는 22살이나 연상이었다. 제보자의 할아버지가 남편을 본 뒤 결혼을 허락했다고 한다. 결혼하여 2명의 자녀를 출산했으며, 시어머니와 함께 청주에서 지금까지 계속 살고 있다. 시어머니와 남편의 지지를 받으며 한국어를 공부하여 현재 청주의 다문화센터에서 통번역을 하고 있다. 다양한 커뮤니티 활동을 하며 한국에서 성공적인 문화적응을 하고 있다. 고급 수준의 한국어 구사 능력을 갖추고 있다.

팜티루엔 제보자는 총 3회에 걸쳐 조사에 응했다. 2·3차 조사에서 다른 베트남 이주여성을 조사팀에게 소개해서 함께 조사에 임했다. 설화를 구술하는 내내 적극적이고 유쾌한 태도를 나타냈다. 구연한 설화는 총 11편이다.

팜하뷔

[베트남, 여, 1993년생, 유학 1년차]

팜하뷔 제보자는 베트남의 하노이가 고향이다. 고향에 부모님과 여동생이 살고 있으며, 한국에서 혼자 유학 중이다. 한류의 영향을 받아서 2017년 12월에 한국에 처음으로 왔다. 한국에 처음 도착했을 때, 무엇보다도 하얀 눈이 가장 신기했다고 한다. 제보자는 건국대학교에서 석사과정에 재학중으로, 한국 생활을 잘 즐기고 있다고 했다. 베트남 친구와 방을 얻어서 생활하고 있으며, 시간이 나면 좋아하는 한국 가수가 나오는 프로그램에 방청객으로 가기도 한다. 제보자는 다양한 경로를 통해 한국어를 공부하고 있으며, 장래 희망은 한국어 선생님이다.

팜하뷔 제보자는 고급 수준의 한국어 실력으로 베트남 설화와 문화에 관해 총 9편을 구술했다. 구술한 설화는 다른 제보자들도 아는 유명한 것들이었다.

호민두

[베트남, 남, 1997년생, 유학 1년차]

호민두 제보자는 1997년에 국영 공장의 관리직에 종사하는 아버지와 자영업을 하는 어머니 사이에서 베트남 응웨안Nghe Ahn에서 태어났고, 고등학교를 졸업할 때까지 그곳에서 살았다. 한국에 유학 오기 전 3개월여 간 한국어를 공부했으며, 양호한 수준의 한국어 실력을 갖추고 있다. 유학 생활을 마친 후 고국으로 돌아가면 베트남 발전을 위해 일하겠다는 포부를 갖고 있다.

호민두 제보자는 학창시절에 학교에서 배운 건국신화와 유래담, 민요 등을 구연했는데 구연 과정에서 자료들의 의미를 설명했다. 이야기 내용을 최대한 자세하게 구연하기 위해 노력했다. 정리 대상으로 삼은 이야기는 총 4편이다.

호티홍녀(한수아)

[베트남, 여, 1986년생, 결혼이주 11년차]

호티홍녀 제보자는 1986년에 베트남 기엔장에서 태어났다. 남편과 결혼하여 한국에 왔으며 전라남도 진도군에서 11년째 살고 있다. 슬하에 두 명의 자녀를 두고 있고, 진도 다문화지원센터에서 직장생활을 하고 있다.

호티홍녀 제보자는 한국어 수준이 매우 뛰어나다. 구연할 때 약간의 비음이 있으나 발음이 비교적 정확하고 어휘 구사력도 뛰어났다. 성격이 밝아서 이야기판을 주도적으로 이끌어 나갔다. 조사자가 질문하는 이야기에 관해 알고 모름의 답변이 명확했으며, 아는 이야기는 적극적으로 구연에 나섰다. 구술한 자료 가운데 공동구연 설화 2편을 포함해 총 5편의 설화를 정리 대상으로 삼았다.